westermann

D Eins

Deutsch

D Eins

Deutsch

Herausgegeben von
Claus Gigl und Klaus-Michael Guse

Erarbeitet von
Klaus Ackermann, Carolin De Marino, Luise Esser, Katharina Fischer, Maria Fuhs, Klaus-Michael Guse, Lucia Haldorn, Franziska Happ, Christian Kass, Christina Knott, Markus Alexander Kopp, Thomas Petri, Andreas Seidler, Pablo Thau, Dorothee Wielenberg

Druck A[1] / Jahr 2023
Alle Drucke der Serie A sind im Unterricht parallel verwendbar.

Redaktion: Lena Höing, Christina Kauschke
Illustrationen: Matthias Berghahn, Yaroslav Schwarzstein
Umschlaggestaltung und Layout: Janssen Kahlert Design & Kommunikation, Hannover
© istockphoto.com/bojanstory
Satz: CO typomedia GmbH
Druck und Bindung: Westermann Druck GmbH, Georg-Westermann-Allee 66, 38104 Braunschweig

ISBN 978-3-507-**69015**-8

Schwerpunkt: *Texte* schreiben

Schwerpunkt: *Texte* lesen und untersuchen

8. Beziehungen in der Lyrik untersuchen

9. Kafkas Parabeln erschließen und verstehen

10. Eine Novelle erschließen und interpretieren

11. Reden analysieren, ihre Wirkung erkennen und bewerten

Anhang

Methoden und Arbeitstechniken

Wissen und Können

D Eins ist euer persönliches Deutschbuch. Es begleitet euch durch das ganze Schuljahr und ihr lernt damit alles, was in diesem Jahr im Fach Deutsch Thema ist. Im Inhaltsverzeichnis (S. 3–7) könnt ihr nachschauen, worum es in den einzelnen Kapiteln geht.

Wie die Kapitel aufgebaut sind

Alle Kapitel sind gleich aufgebaut. So findet ihr euch leicht zurecht:

Einstieg

Hier erfahrt ihr, womit ihr euch in diesem Kapitel beschäftigt. Fotos, Bilder und erste Aufgaben führen euch in das Thema und die Arbeitsschwerpunkte ein.

Kompetenzen aufbauen

Das ist der wichtigste und deshalb auch der umfangreichste Teil eines Kapitels. Ihr lernt Schritt für Schritt alles, was ihr am Ende der Einheit können sollt. Manchmal könnt ihr bei Aufgaben zwischen verschiedenen Möglichkeiten (A und B) auswählen. Und oft gibt es auch noch **rote** Aufgaben zum Weiterarbeiten.

Zwischencheck

Beim Lernen ist es wichtig, immer mal wieder zu prüfen, was man schon weiß und kann – und was vielleicht noch nicht so gut klappt. Im Zwischencheck findet ihr Aufgaben, mit denen ihr euren Lernstand einschätzen könnt:
😊 Kein Problem, das kann ich gut.
😐 Das kann ich schon ganz gut, brauche aber noch etwas Übung.
😕 Das habe ich noch nicht richtig verstanden, das muss ich noch mal wiederholen.
Hinter den Smileys steht immer, wo ihr passend zu eurem Lernstand wiederholen oder weiterarbeiten könnt.

Gelerntes anwenden und vertiefen

Hier könnt ihr nach dem Zwischencheck weiterarbeiten:
- Seiten und Aufgaben mit grauen Aufgabenziffern sind für alle, die noch ein wenig Übung und Anwendung des Gelernten brauchen, damit sie es sicher beherrschen. Sie passen zu diesem Smiley: 😐.
- Seiten und Aufgaben mit roten Aufgabenziffern sind für alle, die das Gelernte vertiefen wollen. Sie passen zu diesem Smiley: 😊.
- In manchen Kapiteln findet ihr auch Ideen zur kreativen Weiterarbeit.

Leistungsnachweis

Hier zeigt ihr, was ihr gelernt habt, oder bereitet euch auf eine Klassenarbeit vor.

Wie man im Buch schreiben und markieren kann

Direkt ins Buch dürft ihr nichts hineinschreiben oder auf den Seiten markieren. Wenn ihr eine durchsichtige Folie über die Seite legt, könnt ihr darauf mit wasserlöslichem Folienstift schreiben.

Was man im Buch alles nachschlagen kann

Manchmal braucht man einen kleinen Anstoß, um mit einer Aufgabe besser klar zu kommen. Wenn ihr die Rakete seht, findet ihr hinten im Buch eine Starthilfe.

Der Pfeil zeigt an, an welcher anderen Stelle im Buch ihr noch einmal nachlesen könnt, was euch bei der Lösung der Aufgabenstellung nützlich sein kann. Er zeigt euch auch, wie einzelne Kapitel verknüpft sind und wo ihr euch mit einem bestimmten Thema vielleicht schon einmal beschäftigt habt.

Im Anhang des Buchs (ab Seite 354) findet ihr im Nachschlageteil **Wissen und Können** weitere interessante Informationen: Hier steht noch einmal übersichtlich gegliedert und zusammengefasst, was ihr in D Eins seit Klasse 5 nach und nach erarbeitet habt, z. B. zum Recherchieren und Vortragen, zum Diskutieren und Debattieren, zu Parabeln und anderen Textsorten, zu den Satzgliedern oder zum Rechtschreiben.

Was zum Buch noch dazugehört

Wenn ihr eines dieser Piktogramme seht, könnt ihr euch im **Medienpool**
- einen kleinen Film ansehen,
- eine Hördatei anhören
- oder zusätzliche Texte lesen / ausdrucken.

Über die Internetadresse **www.westermann.de/69015-medienpool** könnt ihr diese Medien abrufen.

Wann immer das Computersymbol neben einer Aufgabe auftaucht, wisst ihr, dass ihr diese, in Absprache mit eurem Lehrer oder eurer Lehrerin, auch mit einem **Textverarbeitungsprogramm** bearbeiten könnt.

Immer wenn ihr dieses Piktogramm im Buch seht, bekommt ihr einen Hinweis, welche Seiten aus dem **Arbeitsheft D Eins** zu der Seite im Buch passen.

In einer digitalen Welt wird **Medienbildung** immer wichtiger – auch im Fach Deutsch. Sobald dieses Symbol neben einer Kapitelüberschrift oder Aufgabe auftaucht, zeigt es an, dass ihr hier eure Medienkompetenz besonders trainieren könnt.

Kommunikation mithilfe von Modellen untersuchen

Einander verstehen – Sprechen verstehen

Wenn wir uns untereinander verständigen, benutzen wir unsere Sprache. Aber unsere Kommunikation ist weit mehr als nur der gegenseitige Austausch von Laut- oder Schriftzeichen. Wir „sprechen" auch mit unserem Körper: Wir setzen unsere Mimik ein, gestikulieren mit den Händen und auch unsere Haltung ist Teil unserer Kommunikation.
Obwohl (oder vielleicht gerade weil?) unsere Kommunikation so vielschichtig ist, kommt es immer wieder zu Missverständnissen und Streitigkeiten. Und dann denken wir über unsere Sprache nach. Kommunikationsmodelle können die Vorgänge beim miteinander Sprechen erklären. Können sie auch helfen, Missverständnisse zu verstehen und sie zu vermeiden?

KOMMUNIKATION IST EINE WAFFE

In diesem Kapitel lernt ihr, …
- welche Rolle die Körpersprache bei der Kommunikation spielt,
- verschiedene Kommunikationsmodelle zu verstehen,
- Gespräche mithilfe von Kommunikationsmodellen zu untersuchen.

1 „Man kann nicht nicht kommunizieren. In der Gegenwart eines anderen Menschen hat jedes Verhalten Kommunikationsbedeutung."

Paul Watzlawick, Philosoph und Psychologe

2 „Verdammt lang her, dass wir gesprochen haben,
Und dass vom einen auch was beim anderen ankam –
So lang, dass ich mich kaum erinnern kann."

BAP: Verdammt lang her, 1982

3 Passant A fragt
Passant B: „Können Sie mir sagen, wo das Kunstmuseum ist?"
Passant B: „Ja." Geht weiter.

4 Gespräch zwischen einem Ehepaar:
Frau: „Sebastian hat wieder eine Fünf geschrieben!"
Mann: „In welchem Fach?"
Frau: „In Englisch. Dabei hatte er so viel geübt. Jetzt ist er völlig fertig, sitzt deprimiert in seinem Zimmer und würde am liebsten gar nicht mehr zur Schule gehen."
Mann: „Wie ist die Arbeit insgesamt ausgefallen?"
Frau: „Das weiß ich nicht. Er ist jedenfalls verzweifelt ..."
Mann: „Wo genau liegen denn seine Probleme?"
Frau: „Keine Ahnung! Er tut mir so leid ..."

5 Lukas fragt seine Freundin: „Wie gefällt dir mein neues Auto?"
Julia: „Momentan kämpft die Automobil-Branche mit erheblichen Problemen, besonders im Bereich der Mikrochips ..."

6 „Der Körper lügt nie."

Johannes Galli, 2008

7 „Der Körper spricht immer."

Samy Molcho, 2006

8 „Dass einer lächeln kann und immer lächeln / Und doch ein Schurke sein."

Shakespeare: Hamlet, 1602

1 Tauscht euch über die Zitate und Abbildungen aus. Welche Abbildung würdet ihr welchem Zitat zuordnen? Begründet eure Zuordnung.

2 Kommunikation – was ist das? Formuliert ausgehend von den Zitaten und Abbildungen Aussagen über Kommunikation. Welche Aspekte gehören dazu? Welche Probleme und Störungen können auftreten?

3 Erörtert bei den Zitaten 2–5, welche Kommunikation gelungen und welche misslungen ist. Diskutiert, woran dies liegen könnte.

Einen Sachtext über nonverbale Kommunikation erarbeiten

Kommunikation – was ist das? Gibt es Kommunikation ohne Sprache?

1 Betrachtet die Bilder und deutet Mimik und Gestik: Welcher Gesichtsausdruck bzw. welche Geste vermittelt welche Botschaft?

2 Tauscht euch aus: Bei welcher Mimik und Gestik wart ihr euch bei der Bedeutung einig, bei welchen traten Unstimmigkeiten auf? Welche konntet ihr gar nicht deuten oder wart euch bei der Deutung sehr unsicher? Diskutiert, woran das liegen könnte.

Textverarbeitungsprogramm

3 *Sich mit Händen und Füßen verständigen – Kommunikation ohne Sprache: nützlich oder schwierig?* Halte deine Erkenntnisse über die Verständigung mithilfe von Mimik und Gestik in einem Text fest.

Kommunikation ohne Sprache – Sprachlose Kommunikation?

Kommunikation ist das Zauberwort unserer Zeit. Alles dreht sich um Kommunikation, auf allen Kanälen soll und kann kommuniziert werden, möglichst rund um die Uhr und rund um den Erdball. Kommunikationsfähigkeit gilt als Schlüsselkompetenz.
Aber was bedeutet Kommunikation eigentlich? Das Wort leitet sich ab vom lateinischen „communico“ (gemeinsame Sache machen, mitteilen, gemeinsam beraten, in Gemeinschaft treten; Duden) und bezeichnet die Eigenschaft lebendiger Wesen sich auszutauschen, um Kontakte zu knüpfen, Paare oder Gruppen zu bilden und so die Überlebenschancen zu verbessern. Dieser Informationsaustausch funktioniert auf körperlicher (Gerüche, Farben, Bewegungen, Gestik, Mimik usw.), lautlicher (Geräusche, Sprache) oder technischer (mithilfe von Medien) Ebene; wobei beim Menschen die Sprache eine wichtige Rolle spielt.
Bei diesem Austauschvorgang zwischen einer Senderin/einem Sender und einer Empfängerin/einem Empfänger müssen beide Seiten über einen gemeinsamen Vorrat an Zeichen verfügen (Fachbegriff: Code), sodass das Gesendete (Nachricht) bei der Empfängerin/dem Empfänger entsprechend ‚verstanden‘ (decodiert) werden kann.

Bevor der Mensch zur Sprache fand, kommunizierte er mithilfe der Körpersprache, der nonverbalen Kommunikation. Das tut er auch heute noch. Dabei ist vielen Menschen nicht bewusst, dass sie auf nonverbale Art einerseits Signale an ihre Umgebung aussenden und selbst mit dem Körper auf die Signale der Umwelt reagieren. Körpersprachliche Reaktionen können unwillkürlich ablaufen (z. B. Reflexe wie Erröten, Erbleichen, Blinzeln) oder vom Menschen willentlich gesteuert werden. Säuglinge und Kinder beobachten und imitieren die Verhaltensweisen der Menschen in ihrem Umfeld und eignen sich so ein für ihren Kulturkreis typisches Basisrepertoire der Körpersprache an.
Bei der Körpersprache unterscheidet man: Mimik, Blickverhalten, Gestik, Bewegungen der Ab- und Zuwendung sowie Raumverhalten.

Mimik
Überraschung, Angst, Ärger oder Wut, Ekel, Trauer, Glück, Freude – Menschen auf der ganzen Welt kann man diese Grundemotionen auf dem Gesicht ablesen, denn egal welcher Kultur sie angehören, drücken sie sie ähnlich aus und verstehen sie bei anderen. Andererseits kann Mimik auch bewusst gesteuert und eingeübt werden, ein bestimmter Gesichtsausdruck kann zur Gewohnheit werden, sodass man nicht zwingend von einem Gesichtsausdruck auf eine bestimmte Emotion schließen kann.

Blickverhalten
Die Bewegung der Augen und die Blickrichtung signalisieren dem Gegenüber, woran wir interessiert sind. Schauen wir uns etwas oder jemanden besonders lange oder besonders oft an, zeigen wir Interesse – entweder im positiven (Liebe, Zuneigung) oder negativen (Misstrauen, Hass, Aggression) Sinn.

Gestik

Babys bewegen ihre Hände und Arme zunächst spontan und lernen durch Beobachtung, dass bestimmte Bewegungen in der Umgebung bestimmte Reaktionen auslösen: Das Baby streckt den Arm aus, die Mutter gibt ihm die Flasche in die Hand. So werden die meisten Gesten gelernt, d. h. auch Gestik ist kulturabhängig.
Im Gespräch mit anderen unterstreichen oder ergänzen Gesten Gesagtes (z. B. Hinweisgesten beim Erklären, das Melden im Unterricht). Zu den eher unwillkürlichen Gesten gehören die Verlegenheitsgesten (z. B. über die Haare streichen), die wir ausführen, wenn wir verlegen, gelangweilt, müde oder verängstigt sind, um Anspannung und Nervosität zu verringern. Darüber hinaus gibt es sogenannte emblematische oder symbolische Gesten; das sind Handbewegungen, deren Bedeutung in einer Kultur festgelegt ist. Das heißt auch, dass die Bedeutung ein und derselben Geste von Kultur zu Kultur unterschiedlich sein kann. Deutlich wird dies z. B. bei der Geste des hochgereckten Daumens, der in der westlichen Kultur „OK“ oder Zustimmung signalisiert, in anderen Kulturen jedoch als ein obszönes Zeichen gilt.

Bewegungen der Zu- und Abwendung
Mit dem Körper führen wir Bewegungen aus, mit denen wir uns der Umwelt zu- oder abwenden. In der Regel signalisiert eine zuwendende Bewegung (z. B. den Kopf jemandem zuneigen) Interesse und Aufgeschlossenheit; während abwendende Bewegungen (z. B. sich umdrehen) vom Gegenüber als Desinteresse oder Ablehnung interpretiert werden können. Ähnliches gilt für sogenannte Barrierebewegungen, wie z. B. das Kreuzen der Arme vor der Brust, mit denen wir eine Art Grenze zwischen uns und unserer Umgebung ziehen.

Raumverhalten (Proxemik)
Mit diesem Begriff bezeichnet man die Position der Kommunikationspartner bzw. deren Raumnutzung. Die Art und Weise, wie sich Menschen in einem Raum positionieren, wie sie zusammenstehen und sitzen, kann der Betrachterin bzw. dem Betrachter etwas über die Beziehungen verraten. Dabei ist auch der Abstand wichtig, den die Menschen zueinander einhalten. Verhaltensforscher/-innen haben dafür den Begriff der Distanzzonen geprägt und unterscheiden zwischen intimer, persönlicher, sozialer und öffentlicher Distanz. Größere Nähe kann größeres Interesse signalisiert, andererseits als Aggression und Bedrohung empfunden werden.

Grundsätzlich gilt für die gesamte Körpersprache:
- Es kommt auf das Zusammenspiel von Gestik, Mimik, Körperhaltung usw. an.
- Umgebung und Gesamtsituation spielen eine große Rolle: Ist sie dem einzelnen vertraut oder fremd? Usw.
- Jede/-r entwickelt im Laufe des Lebens eine individuelle, für sie bzw. ihn typische Form der Körpersprache.

4 Tauscht euch mit einer Lernpartnerin oder einem Lernpartner darüber aus, welche eurer Erkenntnisse ihr im Text wiederfinden konntet und welche Aspekte euch neu sind oder euch überraschen.

5 Ordnet einzelne Bilder (Abbildung auf S. 12) Aussagen aus dem Text zu und begründet bzw. erläutert eure Zuordnung.

Nonverbale Signale in der NS-Propaganda-Rede deuten, S. 252/253

6 Erläutert mithilfe des Textes den Zusammenhang zwischen Kommunikation und Körpersprache. Geht dabei auch auf die Rolle der Kultur ein.

Arbeitsblatt: Körpersprache untersuchen

7 Betrachtet die Bilder im Medienpool, beschreibt und deutet den körpersprachlichen Ausdruck mit Bezug zum Text, und stellt eure Ergebnisse im Plenum vor.

Tipp

Mögliche Szenen wären zum Beispiel: ein Mädchen erzählt seiner Freundin von einer schlechten Schulnote und wie ihre Eltern darauf reagiert haben; Freunde treffen sich, ein Junge reagiert eifersüchtig auf das Verhalten eines anderen gegenüber seiner Freundin usw.

8 a) Entwerft in Gruppenarbeit eine Szene aus dem Alltag.
b) Stellt eure Szene ohne Worte, lediglich mithilfe der Körpersprache im Plenum dar. Lasst die Zuschauenden herausfinden, worum es in der Szene geht.

9 Beschreibt die Schwierigkeiten, die im Zusammenhang mit der Körpersprache auftauchen können, und klärt, wo die Grenzen der Kommunikation mithilfe der Körpersprache liegen.

10 Nenne Situationen, in denen Körpersprache besonders wichtig ist, und entwirf eine Liste von Tipps: Worauf sollte man bei der Körpersprache in verschiedenen Situationen achten?

Arbeitsheft, S. 6

Kommunikationsmodelle kennenlernen

Das einfache Kommunikationsmodell

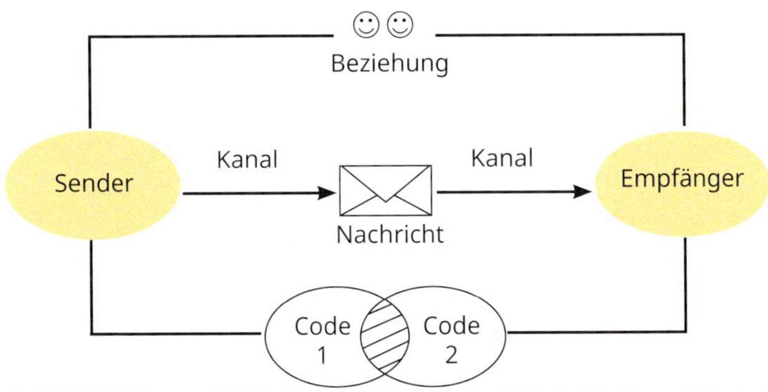

Tipp

Das einfache Kommunikationsmodell kennt ihr bereits aus Band 8.

1 a) Erläutert das oben abgebildete Modell.

b) Erläutert mithilfe des Modells den folgenden Dialog.
Schülerin in der Mensa: „Ich hätte gerne Gericht A."
Köchin: „Gericht A ist aus. Es gibt nur noch Gericht B."

Kommunikationsstörungen erkennen und lösen, S. 358/359

2 Wendet das Modell auch für die nonverbale Kommunikation (Körpersprache) an. Geht dabei von einfachen Beispielen aus, bei denen ausschließlich nonverbal kommuniziert wird. Benennt, was in euren Beispielen jeweils Kanal, Nachricht und Code sind.

3 Formuliert Aussagen über die sprachliche Kommunikation, die ihr anhand der Abbildung gewinnen könnt. Geht dabei auch auf den Unterschied zwischen Körpersprache (nonverbaler Kommunikation) und Sprache ein.

Das Modell sprachlicher Kommunikation von Roman Jakobson

Wenn Kommunikation der Austausch von Information ist, leuchtet es ein, dass die Möglichkeiten der Körpersprache begrenzt sind. Komplexe Mitteilungen lassen sich auf diesem Weg nicht vermitteln. Dies kann nur die menschliche Sprache. Sprachforscher/-innen entwarfen Modelle, mit deren Hilfe sich der Informationsaustausch durch Sprache erfassen und untersuchen lässt. Der russische Sprachforscher Roman Jakobson (1896–1982) führte die Begriffe ‚Kontext', ‚Kontakt' (Kontaktmedium oder Kanal) und ‚Kode' ein, um Aspekte zu erfassen, die für die sprachliche Kommunikation wichtig sind. Bezogen auf das Beispiel des Mädchens in der Mensa heißt das:

Wir können den Inhalt oder Gegenstand des Gesprächs benennen: das Essen (‚Kontext'). Es handelt sich um ein mündliches Gespräch, Mädchen und Köchin sprechen direkt miteinander (‚Kontaktmedium' oder ‚Kanal'). Beide benutzen Deutsch, d. h. dieselbe Sprache (‚Kode').
So wird deutlich, dass selbst bei einem alltäglichen Gespräch mehr abläuft als ein einfaches ‚Geben' und ‚Nehmen' von Informationen, da im Hintergrund bestimmte Faktoren das Gespräch ‚mitregeln'. Bewusst bemerken wir diese Faktoren oft erst, wenn Störungen auftreten, das Gespräch also nicht mehr reibungslos funktioniert, wenn z. B. nicht derselbe Kode benutzt wird oder einem der Gesprächspartner/-innen nicht klar ist, worum es eigentlich geht (‚Kontext').

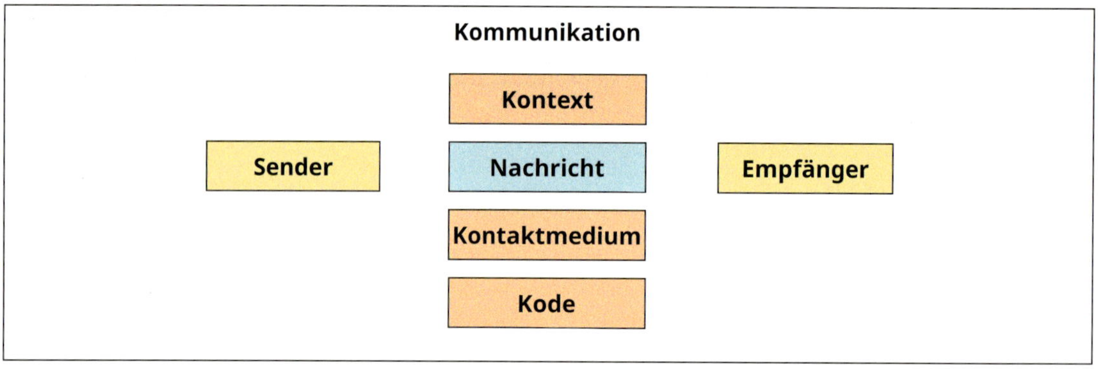

4 Vergleicht das vereinfachte Modell mit Jakobsons Modell und haltet Gemeinsamkeiten und Unterschiede fest.

Sprachliche Kommunikation – „Spiel nach Regeln" oder „Eisberg"?

Kommunikation – Spiel nach Regeln
Jede Kommunikation, jedes Gespräch ist ein ‚Spiel nach Regeln', an die sich die Kommunikationspartnerinnen und -partner mehr oder weniger unbewusst halten. Der englische Sprachforscher Paul Grice (1913–1988) beispielsweise bezeichnet Kommunikation als ‚kooperatives Handeln' mit dem Ziel der Verständigung. Demnach bildet das Kooperationsprinzip die Basis jeder sprachlichen Kommunikation: Zwischen den Gesprächspartner/-innen gibt es eine Art stillschweigender Übereinkunft, dass jede und jeder auf die andere oder den anderen so eingeht, dass das Gespräch ‚vorankommt' bzw. funktioniert. Dazu gehören vier Regeln, Grice nennt sie ‚Maximen', die man auch als die unausgesprochenen Spielregeln eines Gesprächs bezeichnen kann.

(1) Die Maxime der Quantität: Jeder Gesprächsbeitrag muss so informativ wie möglich sein, andererseits sollte er nicht zu viele Informationen enthalten.
(2) Die Maxime der Qualität: Die Gesprächsbeiträge sind wahr.

(3) Die Maxime des Relevanzgebotes: Die Beiträge sind für das Thema des Gesprächs von Bedeutung, d.h. relevant.
(4) Die Maxime der Modalität: Mehrdeutigkeiten, Ausschweifungen und Unordnung sind zu vermeiden.

Demnach funktioniert ein Gespräch, wenn die Gesprächspartnerinnen und -partner sich an diese Regeln halten. Problematisch wird es, wenn eine oder mehrere Regeln missachtet werden.

Alltagskommunikation – Spiel von Bedeutungsabsicht und Interpretation

Dazu kommt, dass ein Teil der Information von der Sprecherin oder dem Sprecher möglicherweise nur angedeutet wird; dies sind Aspekte, die in einer Äußerung ‚mitschwingen', ohne dass sie explizit ausgedrückt und ‚zur Sprache gebracht' werden. In einem Gespräch kann also mehr Information vermittelt werden, als wörtlich gesagt wird. Wie bei einem Eisberg bildet das wörtlich Gesagte nur die Oberfläche eines Gesprächs, das Angedeutete und die Deutungen (Interpretationen) des Gesagten, die jede/-r der Gesprächspartner/-innen vornimmt, bilden den ungleich größeren Teil einer Kommunikation, der gewissermaßen ‚unter Wasser' liegt.

Die Senderin bzw. der Sender im Fokus

Im Hinblick auf die Senderin bzw. den Sender und ihre bzw. seine Rolle im Gespräch kann man fragen: Welches Ziel verfolgt sie oder er? Was sind ihre bzw. seine Sprechabsichten? Hier unterscheidet man zwischen Aufforderung, Expression, Information, Werbung und Appell. Diese Absichten treten nicht immer ‚in Reinform' auf und überschneiden sich teilweise. Die Aufforderung „Gib mir bitte den Teller!" ähnelt sprachlich dem Appell „Sei doch still!", da in beiden Fällen die Absichten direkt auf die Empfänger/-innen zielen.
Ist Expression (Ausdruck) die Sprechabsicht, will die Senderin bzw. der Sender in erster Linie etwas über sich ausdrücken: „Ich habe mich wahnsinnig über das Geschenk gefreut!" Dominiert die Information, konzentriert sich die Sprecherin bzw. der Sprecher auf den Sachverhalt, sie bzw. er will Fakten vermitteln: „Paris ist seit Jahrhunderten die Hauptstadt Frankreichs." Auch um die Sache geht es bei der Werbung, wobei hier eindeutig positiv Position bezogen wird: „xy ist der beste Freizeitpark ..." Werbung kann sich verknüpfen oder überschneiden mit Aufforderung oder Appell: „xy ist der beste Freizeitpark überhaupt, da musst du unbedingt hinfahren!"

Die Sprache im Fokus

Die Sprache verändert sich je nach Sprechabsicht. Eine besonders charakteristische Form nimmt sie an, wenn das Sprechen gewissermaßen zum Handeln wird, wie es z.B. bei der Sprechabsicht Aufforderung der Fall ist. „Hör sofort damit auf!" Bei Befehlen, Aufforderungen, aber auch bei Bitten, Versprechen, Beleidigungen, Verboten, Warnungen usw. zielt die Sprache auf eine aktive Veränderung der Realität.

5 a) Wähle drei Informationen über sprachliche Kommunikation aus dem Text aus, die du für besonders wichtig hältst. Erläutere sie deiner Lernpartnerin bzw. deinem Lernpartner mit eigenen Worten und begründe, warum du sie ausgewählt hast.

b) Wähle drei Informationen aus, die dir unklar sind. Tauscht euch über Unklarheiten aus.

Einen One-Minute-Talk halten, S. 361

Textverarbeitungsprogramm

6 a) Verfasse einen Text für einen One-Minute-Talk zum Thema: *Sprachliche Kommunikation: alltäglich, kinderleicht, schwierig?* Verwende dabei folgende Begriffe:

Sender/-in, Empfänger/-in, Code, Regeln, Sprechhandeln, Interpretation, Kooperationsprinzip, Sprechabsicht, Störungen ...

Feedback geben, S. 357/358

b) Haltet mehrere One-Minute-Talks und gebt euch gegenseitig ein Feedback.
Welcher ist am besten gelungen?

Starthilfe, S. 422

7 Formuliert weitere Beispiele für sprachliche Aussagen, die direkte, reale Folgen haben.

8 Werft noch einmal einen Blick auf die Zitate und Abbildungen auf den Einstiegsseiten des Kapitels (S. 10/11) und setzt sie in Beziehung zu Informationen aus dem Text.

9 Entscheide dich mit deiner Lernpartnerin oder deinem Lernpartner für eines der Modelle (Jakobson oder Grice) und erläutert die folgenden Fragen mit Bezug zum jeweiligen Modell:

- Welche Bedingungen müssen erfüllt sein, damit ein Gespräch gelingt?
- Welche Störungen können entstehen, wenn welche Regeln verletzt werden (Grice) bzw. welche Störungen können im Hinblick auf die verschiedenen Aspekte der Kommunikation entstehen?

Stellt eure Ergebnisse im Plenum vor.

10 Erklärt mit Bezug zu Beispielen, inwiefern Kommunikationsmodelle helfen können, Gespräche besser zu verstehen.

Ein Gespräch mithilfe eines Kommunikationsmodells untersuchen

Folgendes Gespräch zwischen den Ehepaaren Alain und Annette und Michel und Veronique stammt aus dem Theaterstück „Der Gott des Gemetzels" (2006) von Yasmina Reza.
Der 11-jährige Ferdinand, Alains und Annettes Sohn, hat Bruno, den Sohn von Michel und Veronique, bei einer Prügelei so schwer verletzt, dass Brunos Schneidezahn abgebrochen ist. Die Eltern, die sich zuvor nicht kannten, treffen sich, um das Problem zu klären.

➔ *Theater (Drama), S. 396/397*

Yasmina Reza: Der Gott des Gemetzels

Die Kunst des zivilisierten Umgangs

Veronique: [...] Jedenfalls danken wir Ihnen, dass Sie gekommen sind. Keiner hat was davon, wenn wir uns von Gefühlsmechanismen steuern lassen.
Annette: Wir haben zu danken. Wir.
Veronique: Ich glaube, wir brauchen uns nicht gegenseitig zu danken. Zum Glück gibt es immer noch die Kunst des zivilisierten Umgangs miteinander, oder?
Alain: Die die Jungs offenbar nicht beherrschen. Also, ich meine unserer!
Annette: Ja, unserer! ... Und was wird aus dem Zahn, dessen Nerv verletzt ist? ...
Veronique: Tja, das ist noch unklar. Die Ärzte sind zurückhaltend mit einer Prognose. Anscheinend liegt der Nerv nicht gänzlich bloß.
Michel: Nur eine kleine Stelle liegt bloß.
Veronique: Ja. Ein Teil liegt bloß, der Rest ist noch geschützt. Deswegen wird der Zahn nicht verödet, jedenfalls vorerst nicht.
Michel: Der Zahn soll noch eine Chance bekommen.
Veronique: Es wäre auf jeden Fall besser, eine Wurzelkanalbehandlung zu vermeiden.
Annette: Ja ...
Veronique: Also wird der Zahn jetzt beobachtet, damit der Nerv eine Chance hat, sich zu erholen.
Michel: Solange bekommt er ein keramisches Inlay.
Veronique: Ein Zahnersatz kann jedenfalls nicht vor dem achtzehnten Lebensjahr gemacht werden.
Michel: Nein.
Veronique: Dauerhafter Zahnersatz wird erst nach abgeschlossenem Wachstum eingesetzt.
Annette: Natürlich. Ich hoffe, dass ... Ich hoffe, dass alles gut wird.
Veronique: Hoffen wir's.

1 Formuliert euren ersten Eindruck von dem Gespräch:
- Worum geht es?
- Wie verhalten sich die Gesprächspartner/-innen?
- Funktioniert das Gespräch?
- Wo deuten sich möglicherweise Probleme an?

Starthilfe, S. 422

2 Untersucht das Gespräch mit Bezug zur Theorie von Paul Grice. Weist nach, inwiefern sich die Gesprächspartner/-innen an das Kooperationsprinzip und die vier Regeln halten. Belegt eure Ergebnisse am Text.

3 Untersucht das Gespräch unter den Gesichtspunkten,
- dass die Sprecher/-innen bestimmte Informationen nur andeuten und
- welche Deutungen die Empfänger/-innen jeweils vornehmen.

Untersucht einzelne Äußerungen im Hinblick auf mögliche Sprechabsichten.

4 Skizziert die Körpersprache zu den Redebeiträgen der Figuren. Welche Mimik, Gestik, Körperhaltung begleitet das Gespräch? Wie stehen, sitzen, bewegen sich die Ehepaare im Raum? Bezieht die Fotos der Inszenierungen in eure Überlegungen mit ein.

Arbeitsheft, S. 7–9

Die vier Seiten einer Botschaft – Das Kommunikationsmodell von Friedemann Schulz von Thun erarbeiten

„Du verstehst mich nicht!" – Beispiele gestörter Kommunikation untersuchen

Lukas und Hanna planen einen gemeinsamen Ausflug.

Lukas: Ich habe das durchgerechnet, mit 50 Euro kommen wir hin. Die Busfahrt kostet 10 Euro, der Eintritt 5 Euro, und wenn wir nicht so viel für das Essen ausgeben, können wir auch noch ...

Hanna: Spinnst du? Hör auf, mich wie ein Baby zu behandeln! Immer bestimmst du, was wir machen. Ich bin doch nicht deine Sklavin!

Sophie und Lena arbeiten an einem Referat.

Sophie: Ich glaube, ich schaffe das nicht. Ich habe mir alles Wichtige notiert, aber wenn ich dann vor der Klasse stehe, werde ich rot und bekomme keinen Ton heraus oder ich fange an zu stottern. Ich meine, die warten doch nur darauf, dass ich mich verhasple, und dann lachen sie los. Am liebsten würde ich in die Parallelklasse wechseln.

Lena: Schon gut. Ich halte deinen Teil auch.

Joshua und Yasmina sind befreundet und üben für eine Deutscharbeit.

Yasmina: Deine Inhaltsangabe ist noch nicht richtig; hier schreibst du in der falschen Zeit und dieses Detail ist überflüssig. Ich glaube, du musst sie überarbeiten.

Joshua: Was hast du eigentlich seit neuestem gegen mich? Immer meckerst du an mir herum ...

Solveig und Melek unterhalten sich.

Melek: Ich finde, in letzter Zeit nutzt du mich nur noch aus. Außerdem hast du gestern mit Sam über mich gelästert. Ich hab's sogar mitbekommen und mich total geärgert.

Solveig: Du, ich habe gerade auch nur Probleme. In Englisch verpasst mir die Kremer eine Fünf, und wenn ich auch eine in Mathe bekomme, kriege ich zuhause sowas von Ärger, das kannst du dir nicht vorstellen ...

Paula läuft auf dem Pausenhof zu Herrn Ruland, einem Lehrer.

Paula: Kommen Sie schnell, Herr Ruland! Da hinten prügeln sich Rodi und Hannes. Hannes macht den Rodi total fertig ...

Herr Ruland: Ich bin doch nicht euer Polizist! Die Jungs sollen ihre Streitigkeiten unter sich lösen.

1 a) Sucht euch in Partnerarbeit zwei der obigen Dialoge aus und ermittelt, warum die Kommunikation gestört ist. Formuliert Hypothesen über mögliche Gründe. Bezieht euch dabei auch auf Informationen aus dem Text „Sprachliche Kommunikation – Spiel nach Regeln oder Eisberg?".

b) Stellt eure Ergebnisse im Plenum vor.

2 „In allen Gesprächen geht es darum, dass eine/-r der Kommunikationspartner/-innen die andere oder den anderen missversteht." Inwiefern trifft diese Einschätzung zu bzw. trifft nicht zu? Argumentiert mit Bezug zu euren eigenen Erklärungen.

3 Untersucht die von euch gewählten Gespräche mit eurer Lernpartnerin oder eurem Lernpartner nun genauer.

a) Formuliert möglichst genau, welche Intention jeder Aussage der ersten Sprecherin bzw. des ersten Sprechers zugrunde liegt und welche Information(en) sie oder er vermitteln möchte.

b) Formuliert möglichst genau,
- wie die Kommunikationspartnerin bzw. der Kommunikationspartner (zweite/-r Sprecher/-in) die Äußerung versteht bzw. deutet und
- auf welchen Aspekt der Äußerung von Sprecher/-in 1 sie oder er damit reagiert.

c) Was stellt ihr fest? Fasst eure Ergebnisse in einer Tabelle nach dem folgenden Muster zusammen.

Sprecher/-in 1 hat folgende Intention/will folgende Information vermitteln:	Sprecher/-in 2 deutet die Äußerung folgendermaßen:
...	...

d) Stellt eure Ergebnisse im Plenum vor.

4 Haltet fest, welche weiteren Aspekte – außer der Vermittlung einer Sachinformation – in einer sprachlichen Äußerung eine Rolle spielen bzw. mitschwingen können.

Vier Schnäbel, vier Ohren – das Kommunikationsmodell von Friedemann Schulz von Thun

Im Zentrum des Kommunikationsmodells des Psychologen Friedemann Schulz von Thun steht das Kommunikationsquadrat. Mithilfe des Quadrates lassen sich sowohl sprachliche Mitteilungen untersuchen als auch Kommunikationsstörungen aufdecken. Der Grundgedanke: Jede Äußerung enthält mindestens vier Botschaften gleichzeitig.

1. **Der Sachinhalt:** Jede Äußerung enthält eine Information über eine Sache oder einen Sachverhalt. Dies ist in etwa vergleichbar mit Jakobsons Begriff des ‚Kontextes' und lässt sich – vereinfacht ausgedrückt – erfragen mit: Worum geht es?
2. **Die Beziehung:** Mit jeder Äußerung vermittelt die sendende Person der empfangenden Person zugleich ihre Sicht der Beziehung. Wie sieht die Sprecherin bzw. der Sprecher die Beziehung? Welches Bild hat sie bzw. er von der Empfängerin oder dem Empfänger?

3. **Die Selbstkundgabe oder Selbstoffenbarung:** Ob bewusst oder unbewusst – jede Mitteilung, jede Äußerung enthält immer auch (mehr oder weniger deutliche) Hinweise darauf, wie die sprechende Person sich selbst sieht. Was gibt die Sprecherin bzw. der Sprecher über sich selbst preis? Was verrät sie bzw. er über sich?
4. **Der Appell:** Mit der Äußerung will die Senderin bzw. der Sender Einfluss auf die Empfängerin bzw. den Empfänger ausüben und sie oder ihn vielleicht zu etwas veranlassen. Der Appell kann offen zutage liegen – „Gib mir bitte das Buch!“ – oder in der Botschaft verborgen sein. Wozu will die Sprecherin bzw. der Sprecher die Empfängerin bzw. den Empfänger veranlassen? Wozu will sie bzw. er die Empfängerin bzw. den Empfänger bringen? Was soll sie bzw. er tun?

Um die Gleichzeitigkeit dieser vier Aspekte in einer Äußerung zu verdeutlichen, spricht Schulz von Thun auch von den „vier Schnäbeln“, denn jede Äußerung beinhaltet immer alle vier Aspekte; dabei können ein oder zwei Aspekte dominieren und von der Sprecherin bzw. dem Sprecher bewusst angesteuert werden. Dennoch schwingen auch die anderen Aspekte stets mit und lassen sich nicht unterdrücken.

Und so wie die sprechende Person quasi ‚mit vier Schnäbeln‘ spricht, hört die empfangende Person mit vier Ohren. Analog nennt Schulz von Thun sie: Sachohr, Selbstkundgabeohr, Beziehungsohr und Appellohr. Die Empfängerin bzw. der Empfänger kann also jede Äußerung potenziell auf allen vier Ebenen wahrnehmen und verstehen. Und sie bzw. er muss eine Äußerung nicht unbedingt auf der Ebene verstehen und wahrnehmen, die die Sprecherin oder der Sprecher intendiert hat. Diese Überlegung ist der Schlüssel für viele Missverständnisse und Kommunikationsstörungen.

5 Vergleicht das Modell und Schulz von Thuns Begriffe mit euren Ergebnissen aus Aufgabe 4 und benennt Gemeinsamkeiten und Unterschiede.

6 a) Wählt eine oder mehrere Äußerungen (S. 21) aus und schlüsselt sie anhand des Kommunikationsquadrates auf.
b) Erklärt, auf welchem ‚Ohr‘ die Kommunikationspartnerin bzw. der Kommunikationspartner die Äußerung verstanden hat. Formuliert dann eine Antwort, die zu der Intention (‚dem Schnabel‘) der Äußerung passt.

7 Eine zum ‚Schnabel‘ passende Antwort löst jedoch nicht automatisch das zugrunde liegende Problem. Schreibt die Dialoge nach der ersten Äußerung so um, dass die Verständigung zwischen den Partner/-innen besser gelingt.

Einen Dialog mithilfe des Modells von Schulz von Thun untersuchen und Charaktere und Beziehungen erschließen

Yasmina Reza: Der Gott des Gemetzels

Das Kind mit dem zerschmetterten Gesicht und der ausgesetzte Hamster

Die zwei Ehepaare unterhalten sich über den Konflikt der Söhne.

Veronique: Haben Sie gewusst, dass er Ferdinand nicht verraten wollte.

Michel: Nein, wollte er nicht.

Veronique: Das war beeindruckend, dieses Kind mit seinem zerschmetterten Gesicht, den zerschmetterten Zähnen zu sehen, das ihn partout nicht verraten wollte.

Annette: Kann ich mir vorstellen.

Michel: Aber seien wir ehrlich, Veronique, das lag auch daran, dass er vor seinen Klassenkameraden nicht als Denunziant dastehen wollte, das war nicht nur Tapferkeit.

Veronique: Stimmt schon, aber Tapferkeit ist auch eine Art Gemeinschaftssinn.

Annette: Natürlich ... Und wie ...? Also, ich meine, wie haben Sie erfahren, dass es unser Ferdinand war?

Veronique: Wir haben Bruno erklärt, dass er diesem Jungen keinen Gefallen tut, wenn er ihn deckt.

Michel: Wir haben zu ihm gesagt, wenn dieser Junge denkt, er kann ungestraft drauflosprügeln, warum sollte er dann damit aufhören?

[...]

Annette: Haben Sie noch weitere Kinder?

Veronique: Bruno hat eine neunjährige Schwester, Camille. Sie ist gerade böse auf ihren Vater, weil ihr Vater heute Nacht ihren Hamster weggeschafft hat.

Annette: Sie haben ihren Hamster weggeschafft?

Michel: Ja. Dieser Hamster veranstaltet nachts einen unerträglichen Lärm. Das sind nachtaktive Tiere. Bruno hatte Schmerzen, dieser Lärm hat ihn völlig fertiggemacht. Ehrlich gesagt hatte ich den Hamster schon längst abschaffen wollen, und jetzt hab ich gesagt, es reicht, ich hab ihn genommen und auf die Straße gesetzt. Ich hab gedacht, diese Tiere fühlen sich im Rinnstein wohl, in der Kanalisation, aber denkste, er saß auf dem Bürgersteig wie versteinert. Offenbar sind Hamster weder Haustiere noch Wildtiere, ich weiß nicht, wo die eigentlich leben. Bringst du einen Hamster auf eine Lichtung im Wald, ist er da genauso unglücklich. Ich weiß nicht, wo man mit so einem Tier hinsoll.

Annette: Sie haben ihn draußen gelassen?

Veronique: Er hat ihn draußen gelassen und Camille erzählt, er sei weggelaufen. Aber sie hat ihm nicht geglaubt.

1 a) Formuliert in zwei bis drei Sätzen, worum es in dem Gespräch geht.
b) Weist mit Bezug zum Modell von Paul Grice nach, inwiefern sich die Dialogpartnerinnen und -partner an die vier Maximen sprachlicher Kommunikation halten.
c) Stellt dar, welche Konflikte sich unterschwellig andeuten.

Theater (Drama), S. 396/397

2 a) Untersucht den ersten Teil des Gesprächs (über Brunos Verletzung, bis Z. 24), indem ihr Veroniques Äußerungen mithilfe des Kommunikationsquadrates aufschlüsselt. Achtet dabei besonders auf die Selbstkundgabe.
b) Untersucht Michels Entgegnungen unter dem Aspekt, auf welchem Ohr (bzw. auf welchen Ohren) er Veroniques Äußerungen versteht und wie er jeweils reagiert.

3 Untersucht Michels Äußerungen (im zweiten Teil über den ausgesetzten Hamster, ab Z. 25) mit Bezug zum Kommunikationsquadrat.

4 a) Charakterisiert auf der Basis eurer Ergebnisse Veronique und Michel.
b) Stellt begründet Vermutungen über die Beziehung der beiden an.

Charakterisieren (Figuren), S. 383/384

5 a) Untersucht die Äußerungen des anderen Ehepaares, Annette und Alain, mit Bezug zum Modell von Schulz von Thun.
b) Beurteilt auf der Basis eurer Ergebnisse ihre Rolle in dieser Phase des Gesprächs.

Arbeitsheft, S. 10–12

Schätze deinen Lernstand ein

Ein Gespräch mit Bezug zu Kommunikationsmodellen untersuchen

Die Beschwerde

Samstagmorgen an der Rezeption eines Hotels. Das Ehepaar B. (beide Mitte 40) will auschecken. Die Rezeption ist nicht besetzt, das Ehepaar wartet einige Minuten; Herr B. telefoniert, dann erscheint Frau A., die 25-jährige Hotelangestellte.

Herr B: Endlich! Das wurde aber auch Zeit! Es ist unmöglich, was Sie hier veranstalten – wissen Sie überhaupt, wie lange wir schon warten?

Frau A: Entschuldigung, ich konnte nicht schneller …

Herr B: Unerhört! Da muss ich erst anrufen, damit überhaupt jemand an der Rezeption erscheint. Wir bezahlen ein Schweinegeld für die Übernachtung, da darf man ja wohl einen guten Service erwarten!

Frau A: Selbstverständlich. Es tut mir auch wirklich leid, aber …

Herr B: Außerdem haben wir beim Frühstück ewig auf den Kaffee gewartet. Da kam auch niemand. Also wenn Sie so ein Hotel führen, dann müssen Sie sich nicht wundern, wenn Sie keine Gäste haben. Dann können Sie bald dichtmachen!

Frau A *(kämpft mit den Tränen)***:** Ich weiß das! Ich habe mich doch schon entschuldigt. Aber ich muss Sie bitten, mich nicht so anzufahren, es ist schließlich nicht meine persönliche Schuld. Ich habe Sie nicht mit Absicht warten lassen. Ich konnte wirklich nicht schneller kommen.

Herr B: Dann geben Sie meine Beschwerde an Ihren Vorgesetzten weiter! So kann man doch nicht mit Gästen umgehen!

Frau A: Ich weiß das, aber …

Herr B: Wir haben geglaubt, das sei ein gutes Hotel, Sie haben fünf Sterne! Wir bezahlen fast 200 Euro für die Übernachtung. Dafür erwarten wir einen entsprechenden Service.

Frau A: Ich gebe das selbstverständlich weiter. *(Weint.)* Aber hören Sie auf, in diesem Ton mit mir zu sprechen und mich zu beschimpfen. *(Fasst sich mühsam.)* Ich kann doch auch nichts daran ändern. Das Einzige, was ich tun kann, ist Ihnen im Preis für die Übernachtung entgegenzukommen, für alles Übrige wenden Sie sich bitte selbst an die Direktion.

Herr B: Unerhört ist das! So einen schlechten Service haben wir noch nie erlebt. Also gut, machen wir es so.

Frau A: In Ordnung. Und entschuldigen Sie, dass ich so emotional reagiert habe, das war nicht richtig von mir.

1 Halte in wenigen Sätzen fest, worum es in dem Gespräch geht.

2 Untersuche das Gespräch mit Bezug zur Theorie von Paul Grice, indem du
- überprüfst, ob die vier Maximen eingehalten werden und
- festhältst, welche unausgesprochenen Aspekte in dem Dialog eine Rolle spielen.

3 a) Untersuche Herrn B.s Äußerungen mit Bezug zum Kommunikationsquadrat von Friedemann Schulz von Thun, indem du drei seiner Redebeiträge mithilfe des Quadrates aufschlüsselst.
b) Untersuche drei Äußerungen von Frau A. in gleicher Form.

4 Beurteile das Kommunikationsverhalten der Dialogpartner/-innen:
- Inwiefern führt Herrn B.s Verhalten zur Eskalation des Konflikts?
- Verhält Frau A. sich richtig? Hätte sie den Konflikt auch anders lösen können?

5 a) Überlege dir mögliche körpersprachliche Elemente des Gespräches und beschreibe sie:
- Welche Gestik, Mimik, Haltungen, Bewegungen könnten Herrn und Frau B.s Verhalten kennzeichnen?
- Wie verhält sich Frau A.?

b) Stelle begründet Vermutungen an, welche körpersprachlichen Verhaltensweisen eher eskalierend, welche eher deeskalierend wirken.
c) Stelle Vermutungen an, inwiefern Frau B. durch nonverbale Kommunikation zur Eskalation oder zur Deeskalation des Konfliktes beitragen kann.

→ Seite 29/30, B
→ Seite 28, A
← Seite 19/20, 24/25

Zwei Dialoge aus Theaterstücken mit Bezug zu Kommunikationsmodellen sowie die Rolle der Körpersprache untersuchen

Theater (Drama), S. 396/397

A Einen Dialog mit Bezug zum Kommunikationsquadrat untersuchen

Yasmina Reza: Der Gott des Gemetzels

Und so was läuft?

Nachdem Michel von der Aussetzung des Hamsters erzählt hat, drängt seine Frau Veronique darauf, dass sich Ferdinand bei Bruno für den Schlag entschuldigt, was bei dessen Vater Alain nicht auf Gegenliebe stößt. Michel und Veronique bieten den Gästen Essen und Getränke an, dann kommt man auf die Berufe zu sprechen.

Alain: Und womit handeln Sie?

Michel: Mit Metallwaren. Beschlägen. Türschlösser, Türklinken, Schweißkupfer, und Haushaltsartikel, Töpfe, Pfannen ...

Alain: Und so was läuft?

Michel: Na ja, goldene Zeiten haben wir nie erlebt, schon als wir angefangen haben, war es hart. Aber wenn ich jeden Morgen mit meiner Aktentasche und meinem Katalog losziehe, läuft es. Zum Glück sind wir saisonunabhängig, anders als im Textilbereich. Obwohl, Terrinen für Entenleberpastete gehen natürlich auch bei mir im Dezember besser!

Alain: Ja ...

Annette: Als Sie gesehen haben, dass der Hamster erstarrte, warum haben Sie ihn nicht wieder ins Haus gebracht?

Michel: Weil ich ihn nicht anfassen konnte.

Annette: Sie haben ihn doch auch auf den Bürgersteig gebracht.

Michel: Ich habe ihn in seiner Schachtel runtergebracht und rausgekippt. Ich kann so ein Tier nicht anfassen.

1 Findet euch in Vierergruppen zusammen. Untersucht die Äußerungen der Dialogpartner/-innen mit Bezug zum Kommunikationsquadrat und zieht daraus Schlüsse im Hinblick auf Charakter und Position der Figuren in dem Gespräch.

Textverarbeitungsprogramm

2 Skizziert – auf der Basis der Ergebnisse aus der ersten Aufgabe –, wie das Gespräch weitergehen könnte.

3 Verseht die Szene mit Regieanweisungen zur Körpersprache der Figuren. Entwerft zwei Versionen: Die Dialogpartner/-innen verhalten sich
- eher aggressiv und feindselig (eskalierend) und
- deeskalierend, besänftigend.

4 Probt die Szene in eurer Gruppe auf zwei verschiedene Arten.

B Einen Dialog mit Bezug zu Kommunikationsmodellen untersuchen

→ *Theater (Drama), S. 396/397*

Patrick Hamilton: Gaslicht

Ich bin doch nicht wahnsinnig!

London um 1900: Bella und Jack Manningham sind seit fünf Jahren verheiratet und leben seit kurzem in einem vornehmen Haus, wo seltsame Dinge geschehen. Jack macht gegenüber der Dienstbotin Andeutungen über das merkwürdige Verhalten seiner Frau und stellt dieser zugleich einen gemeinsamen Theaterbesuch in Aussicht. Bella ist voller Vorfreude.

Bella: […] Ach! Wie ich mich auf morgen Abend freue, Jack!

Jack *(beobachtend)*: Tatsächlich? So sehr?

Bella: Wahnsinnig, zum Verrücktwerden …

Jack: Wenn das so auf dich wirkt, können wir uns das Vergnügen ja öfter leisten. Warum nicht?

Bella: […] Seit unseren Flitterwochen war es nicht mehr so nett und gemütlich – ich glaube, seit damals sind wir nicht mehr richtig zusammen ausgegangen! Aber morgen Abend – Warum kommst du denn nicht, Jack?

Jack *(den Blick starr auf die gegenüberliegende Wand gerichtet, gefährlich)*: Ich weiß nicht …

Bella: Was ist denn? Komm, der Tee wird kalt.

Jack *(drohend, leise unheimlich)*: Bella.

Bella *(erstarrt, von Angst gewürgt)*: Jack, was hast du? Was fehlt dir?

Jack *(knapp, gehalten)*: Das weiß du wohl am besten, was wieder einmal fehlt.

Bella: Nein!

Jack *(langsam)*: Es ist etwas verschwunden … *(wendet ihr brüsk den Rücken zu)* Ich will nicht hinsehen. Tu es sofort wieder hin, wo es hingehört! Es ist die letzte Chance für dich. Wenn es in zwei Minuten wieder an Ort und Stelle ist, lasse ich Gnade für Recht ergehen und tue, als sei nichts geschehen.

Bella: Jack! Sieh mich an! Sage mir, was du vermisst! Ich weiß von nichts, ich versichere es dir. Alles ist da.

Jack: Halt mich nicht zum Narren! Es ist etwas verschwunden. An der Wand hinter dir.

Bella *(wendet sich um)*: Ja … das Bild … Das Bild ist nicht da. Wer hat das nun wieder heruntergenommen?

Jack: Ja, das möchte ich auch wissen. Wer? Wer soll das wissen, wenn du es nicht weißt.

Bella: Ich weiß es nicht – ich weiß es wirklich nicht …

Jack: Schluss mit dem Unfug. Hole es sofort von da, wo du es versteckt hast, und hänge es an seinen Platz!

Bella: Ich habe es nicht versteckt, ich habe das Bild nicht angerührt. Das muss jemand anderer getan haben, bestimmt. Ich weiß nicht, wo es ist.

Jack: Und du bildest dir ein, dass ich auf einen so plumpen Schwindel hereinfalle?

Bella *(geht zu ihm hin)*: Ich sage die Wahrheit, Jack, ich weiß nichts davon. Um Himmels willen … *(sie umklammert ihn)* Schau mich nicht so erbarmungslos an. Ich war es nicht, unmöglich, das kann nicht sein, das war jemand anderer, Jack, irgendjemand, ich weiß nicht, wer.

Jack *(kalt und höhnisch)*: Der Herr Niemand … Was? Der große Unbekannte? Komm mir bloß nicht mit solchen Ausreden, die kenn ich.

Bella: Sei gut, Jack. Sei wieder lieb! Hilf mir! *(Sie drängt sich an ihn.)*

Jack: Lass mich los, verrücktes Geschöpf! *(Schüttelt sie ab.)*

Bella *(wimmernd)*: Ich war es nicht. Ich bin doch nicht wahnsinnig!

Sprachliche Manipulation erkennen, S. 318

1 a) Tauscht eure Eindrücke aus: Was läuft hier falsch? Formuliert Hypothesen zur Erklärung des Gespräches.

b) Recherchiert den Begriff des Gaslightings und erläutert ihn mit Bezug zum Dramendialog.

2 Untersucht das Gespräch mithilfe einer oder mehrerer Kommunikationstheorien genauer:

- Begründet die Wahl des Kommunikationsmodells bzw. der Modelle.
- Untersucht mehrere Äußerungen der Gesprächspartner/-innen mit Bezug zu dem bzw. den Modellen, und formuliert auf der Basis eurer Ergebnisse Aussagen zu den Charakteren und ihrer Beziehung zueinander. Bezieht auch die Körpersprache in eure Überlegungen ein.

3 Stellt begründete Vermutungen an, wie die Szene weitergehen könnte.

Textverarbeitungsprogramm

Starthilfe, S. 422

4 Schreibt den Dialog so um, dass Bella den Konflikt für sich entscheiden kann. Behaltet dabei Jacks Strategie, Bella etwas zu unterstellen, möglichst bei.

5 Stellt euch eure Ergebnisse im Plenum gegenseitig vor.

So könnt ihr weiterarbeiten:

- Verfasst in Gruppen Dialoge, in denen es zu Störungen oder Missverständnissen kommt. Tauscht die Dialoge aus und analysiert das Gespräch mit Bezug zu einem oder mehreren Kommunikationsmodellen. Schreibt den Dialog so um, dass es zu einer Klärung des Konfliktes kommt.
  Stellt eure Ergebnisse im Plenum vor.
- Haltet fest, wie Kommunikationsmodelle zur Klärung von Kommunikationsproblemen und Missverständnissen beitragen können, und entwickelt auf der Basis der Modelle Strategien zur Lösung von Kommunikationsproblemen.

Zeige, was du kannst

Keine Absicht

Frau Bergs kommt am Sonntagmorgen in das Zimmer ihres Sohnes Moritz (16).

Frau Bergs: Moritz, ich muss dringend mit dir sprechen. Hast du mal ein paar Minuten Zeit?

Moritz: Was ist denn nun schon wieder los?

Frau Bergs: Nicht in diesem genervten Ton! Ich ärgere mich wirklich über dich. Wir hatten ausdrücklich verabredet, dass die Küche aufgeräumt wird und die Sachen weggeräumt werden, wenn man etwas benutzt hat. Ich komme heute morgen in die Küche und da steht noch der ganze Krempel von deinem gestrigen Pizzaessen! Nicht mal Teller und Besteck hast du in den Geschirrspüler geräumt. Allein der Anblick hat mir schon am frühen Morgen den Tag verdorben.

Moritz: Oh nein! Das hab' ich vergessen! Niklas rief an, ich sollte sofort kommen und ihm bei etwas helfen, da hab' ich alles stehen und liegen lassen und bin los. Danach hab' ich nicht mehr daran gedacht. War echt keine Absicht, ehrlich.

Frau Bergs: Du kennst die Regel genau und du hast dich daran zu halten! Ich bin nicht deine Putzfrau und du kein Baby mehr. Wann kapierst du das endlich?

Moritz: Entschuldigung ...

Frau Bergs: Deine Entschuldigung nützt mir wenig, wenn du dein Verhalten nicht änderst.

Moritz: Jetzt geht das wieder los! Ich musste dringend weg, verstehst du das nicht? Immer kritisierst du an mir herum, dir kann man nichts recht machen ...

Frau Bergs: Das ist vollkommener Unsinn! Hast du aufgeräumt oder nicht? Na also!

Moritz: Ich hab's dir doch erklärt! Aber mit dir kann man ja nicht sprechen, das ist total sinnlos ...

1 Untersuche den Dialog:
- Formuliere einen einleitenden Satz und fasse den Inhalt des Gesprächs kurz zusammen.
- Untersuche den Dialog mit Bezug zu einem oder mehreren Kommunikationsmodellen.
- Formuliere ausgehend von deinen Ergebnissen Aussagen zur Beziehung und Position der Dialogpartner/-innen und erkläre die Entstehung des Konflikts.

2 Schreibe den Dialog so um, dass der Konflikt für beide Seiten zufriedenstellend gelöst wird. Beginne nach Moritz' erstem Redebeitrag (Z. 3).

Textverarbeitungsprogramm

Präsentieren und rezipieren

1900 – eine Welt im Umbruch

Der Beginn eines neuen Jahrhunderts hatte für Menschen schon immer einen besonderen Reiz, da dieses Ereignis normalerweise maximal einmal in einem Leben vorkommt. Doch in kaum einer Zeit waren die Veränderungen und Entwicklungen so groß wie bei der Jahrhundertwende um 1900.

In diesem Kapitel lernt ihr, ...

- Recherchestrategien gezielt einzusetzen,
- einen Hörtext in seinen zentralen Aussagen zu protokollieren,
- eine mündliche Präsentation zu planen, zu halten und auszuwerten.

1 a) Tauscht euch über euer Wissen und eure Erfahrungen zu Berlin aus.
- Was wisst ihr über die Stadt?
- Welche Orte oder Sehenswürdigkeiten sind euch bekannt?
- Welchen Eindruck habt ihr von Berlin? Was verbindest du persönlich mit Berlin?

b) Betrachtet den Stadtplanausschnitt von Berlin Mitte: Markiert mithilfe einer Folie alle Orte, die ihr kennt oder an denen ihr bereits gewesen seid. *Folie*

c) Sucht auf dem Stadtplan den Alexanderplatz und beschreibt seine Lage innerhalb der Stadt: Was zeichnet die Lage besonders aus?

Tipp zu a)

Erinnert euch dazu auch an das Kapitel „Eine Gedichtinterpretation schreiben" aus Band 9, in dem ihr euch mit Großstadtlyrik beschäftigt habt.

2 Betrachtet die beiden Fotos vom Alexanderplatz.

a) Beschreibt die beiden Fotos: Wodurch zeichnet sich der Alexanderplatz auf dem jeweiligen Bild aus?

b) Vergleicht die beiden Fotos miteinander: Welche Gemeinsamkeiten stellt ihr fest? Was hat sich im Laufe der gut 100 Jahre, die zwischen den Fotos liegen, verändert?

3 a) Entscheidet euch für eines der beiden Fotos und verfasst einen Text, der die Wahrnehmung und Gedanken aus der Sicht eines Menschen wiedergibt, der auf dem Foto über den Alexanderplatz geht. Thematisiert dabei zum Beispiel folgende Aspekte:
- Was sieht eure Person? Wie nimmt sie den Alexanderplatz wahr?
- Wie fühlt sich eure Person? Was geht ihr durch den Kopf, wenn sie sich über den Platz bewegt?
- Was macht eure Person? Woher kommt sie gerade? Wohin könnte sie unterwegs sein?

Beginnt zum Beispiel so:

Mein Name ist Alexander Bergen und ich bin Straßenbahnfahrer hier in Berlin. Ich bin gerade auf dem Weg zur Arbeit und muss dabei den Alexanderplatz überqueren. Jedes Mal, wenn ich diesen Platz überquere, bin ich überwältigt …

Textverarbeitungsprogramm

b) Stellt euch eure Texte gegenseitig vor und vergleicht, inwiefern sich die Wahrnehmungen der Personen unterscheiden.

c) Tauscht euch darüber aus, ob ihr gerne in der Zeit um 1900 gelebt hättet.

4 Im Gedicht „Straßenbild" von Max Hoffmann heißt es im ersten Vers „Hier ist der Kreuzungspunkt! Hier pulst das Leben!".

a) Probiere aus, wie du den Vers auf unterschiedliche Weise aussprechen kannst. Entscheide dich für die Lesart, die dein Verständnis am besten verdeutlicht.

Starthilfe, S. 422

b) Stelle Vermutungen an, warum die Menschen die Welt um 1900 so unterschiedlich wahrnehmen konnten: Welche Veränderungen haben vermutlich stattgefunden? Welche Wirkung haben die Veränderungen wahrscheinlich auf die Menschen der damaligen Zeit gehabt?

Einen komplexen Sachtext mithilfe einer Concept Map erschließen

Die Welt um 1900 ist eine Welt der Gegensätzlichkeiten: Auf der einen Seite steht die moderne Technik, die die Menschen beeindruckt, auf der anderen Seite die soziale Lage vieler Menschen, die von Armut und Krankheit geprägt ist.

1 Seht euch die Kreidezeichnung des Künstlers Heinrich Zille aus dem Jahr 1902 an, welche die Zustände in den Arbeiterwohnungen der damaligen Zeit in Berlin zeigt.

a) Beschreibt genau, wie die Wohnung aussieht und welche Personen sich in der Wohnung aufhalten.

Starthilfe, S. 422

b) Der Mann, der die Wohnung gerade betritt, ist ein sogenannter „Schlafgänger“. Dieser mietete sich gegen eine geringe Summe für ein paar Stunden pro Tag ein Bett in der Wohnung der Familie, um darin zu schlafen, während beispielsweise der Familienvater bei der Arbeit ist. Notiert für die Mutter, aber auch für den Schlafgänger die Gedanken, die sie im auf der Zeichnung dargestellten Moment haben könnten.

c) Stellt eure notierten Gedanken vor der Klasse vor und erstellt gemeinsam eine Liste mit möglichen Problemen, die die Menschen zur damaligen Zeit hatten.

2 Lest den Text von Ulrike Moser und notiert Textstellen, die euch unverständlich sind.

Ulrike Moser

Sozialgeschichte: Berlin um 1900

In nur drei Jahrzehnten ist die alte Residenz-, Beamten- und Garnisonsstadt nach der deutschen Reichsgründung 1871 zur modernsten und am raschesten wachsenden Metropole Europas geworden. [...]
Die erste elektrische Straßenbahn der Welt startet 1881 in Lichterfelde. Die neue, Zug um Zug eingeführte Stadtbahn ist Europas erste Hochbahn überhaupt. Unter ihren Ziegelarkaden richten sich Läden und Gastwirtschaften ein. Während oben die Züge rollen, bestellt man eine Etage tiefer die nächste Molle. 1896 ist mit dem Bau des U-Bahn-Netzes begonnen worden. Und trotz seiner hoch entwickelten Verkehrsmittel, trotz zehn Fernbahnhöfen ist Berlin eine der autoverrücktesten Städte Europas. 1902 muss

der erste Polizist zur Verkehrsregelung auf den „Linden“ abgeordnet werden. „Sähe ein Unbeteiligter, Ruhiger von irgendwoher hinein in dieses unablässige Rollen, Tuten, Drängen, Rufen, Scharren, Klingeln, in dieses Vorwärtsschieben und Umherwimmeln“, notiert ein Beobachter, „es müsste ihm vorkommen, als jage ein böser Dämon alle diese Menschen dort im Kreise umher.“ Nervosität und Übererregung sind die typischen Krankheiten der Großstadt.

Aber in Berlins Norden und Osten, in den heruntergekommenen Arbeitervierteln, wo geht es hier schon aufwärts? Wohnungen sind knapp. Die Nachfrage übersteigt ständig das Angebot. Und eine skrupellose Grund- und Bauspekulation sorgt dafür, dass es auch so bleibt. Wer kein Geld hat, der strandet in den Mietskasernen-Vierteln im Wedding oder in der Luisenstadt (im heutigen Kreuzberg), in Neukölln, in Friedrichshain. Oder es verschlägt ihn in das Gewirr schmaler und feuchter Gassen des Scheunenviertels nördlich des Alexanderplatzes, das als die verrufenste Gegend Berlins gilt. […]

Das Klopfen, Hämmern und Sägen aus den Werkstätten übertönt den ganzen Tag hindurch Kindergeschrei und das Rufen und Schwatzen der Mütter. Hier stehen überquellende Mülleimer und oft auch der Abort. Nach der Berliner Bauordnung, die bis 1887 gilt, brauchen die Hinterhöfe nur eine Länge und Breite von je 5,30 Meter zu haben – so groß, dass der Spritzenwagen der Feuerwehr darin eben wenden kann.

„Kaum irgendwo in der Welt wohnt man so dicht; es ist, als ob nicht für Menschen Unterkunft geschaffen werden sollte, sondern für Maulwürfe“, ist in der Zeitschrift „Die Zukunft“ zu lesen. […]

Um 1895 leben in Berlin 43,7 Prozent der Bevölkerung in Wohnungen mit nur einem beheizbaren Zimmer, das in der Regel gleichzeitig als Küche, Wohn- und Schlafstube dient. Die Gemeinschaftstoilette auf dem Treppenpodest oder im Hof wird manchmal von mehr als 40 Personen benutzt. Licht und Luft kommen oft allein über Lichtschächte – wenn die Wohnung nicht gleich im lichtlosen Keller liegt. Drangvolle Enge herrscht überall. Kinder, Kranke, zwischendrin viel zu schnell gealterte Frauen, die als Heimarbeiterin etwas dazuverdienen versuchen. […]

Um ihre Miete bezahlen zu können, sind viele gezwungen, in den ohnehin schon überfüllten Wohnungen „Schlafburschen“ aufzunehmen. Dann müssen die Kinder zusammenrücken, auf zusammengeschobenen Stühlen schlafen oder auf dem Fußboden, um Platz für den zahlenden Schlafgänger zu schaffen.

Hier stinkt es nach Armut, nach verbranntem Kohl und billigem Schnaps, nach Schweiß und feuchten Wänden.

3 Erschließe den Sachtext, indem du folgendermaßen vorgehst:

→ *Sachtexte, S. 393/394*

a) Tausche dich mit einer Lernpartnerin oder einem Lernpartner über die Textstellen aus, die jeweils schwierig für euch waren. Überlegt gemeinsam, wie ihr die Textstellen versteht. Klärt eventuell unbekannte Begriffe mithilfe eines Wörterbuchs.
b) Schreibe Fragen zu den Punkten auf, die für dich interessant sind und die der Text beantworten könnte.
c) Lies den Text nun genau, markiere mithilfe einer Folie die Schlüsselwörter.

Folie

d) Teile den Text in Sinnabschnitte ein und finde zu jeder Einheit eine Überschrift.
e) Vergleiche deine Ergebnisse mit deiner Lernpartnerin oder deinem Lernpartner und übernimm gegebenenfalls passendere Formulierungen.

4 a) Informiert euch mithilfe des Methodenkastens darüber, wie eine Concept Map erstellt wird.

b) Fertige zur Situation in Berlin um 1900 eine Concept Map an, indem du die Informationen aus dem Sachtext strukturiert darstellst. Orientiere dich dabei an den Schritten aus dem Methodenkasten.

5 a) Vergleiche deine Concept Map mit der einer Lernpartnerin oder eines Lernpartners und erläutert euch gegenseitig die Zusammenhänge, die ihr jeweils dargestellt habt. Beurteilt dann, welche Concept Map besser gelungen ist.

Einen Museumsgang durchführen, S. 379

b) Hängt eure ausgewählten Concept Maps auf und führt einen Museumsgang durch. Bewertet die Concept Maps, indem ihr euch Notizen zu folgenden Kriterien macht:

- Reduzierung auf Wesentliches
- inhaltliche Richtigkeit
- Kennzeichnung der Beziehungen (zum Beispiel die Beschriftung der Pfeile)
- grafische Gestaltung/Übersichtlichkeit

Methode

Einen Sachtext in einer Concept Map visualisieren

Lesetechniken anwenden, S. 389/390

Concept Maps sind eine Möglichkeit, komplexe Zusammenhänge in Sachtexten als übersichtliches Schema grafisch darzustellen. So gehst du vor:

1. **Erschließe** den Sachtext zunächst mit den dir bekannten Lesetechniken.
2. Überlege, wie du deine Concept Map **übersichtlich** anlegen kannst, beispielsweise von oben nach unten oder von links nach rechts. Notiere dann das **Thema** oben oder links und entwickele von dort deine Übersicht.
3. Nimm nur **zentrale Aspekte** des Themas in deiner Concept Map auf.
4. Nutze **visuelle Verstärker**. Kennzeichne Hervorhebungen durch Umrahmungen, schreibe in Großbuchstaben oder verwende farbliche Markierungen, Symbole oder Illustrationen, um einzelne Aspekte zu betonen.
5. Verdeutliche Beziehungen zwischen den einzelnen Aspekten durch **Pfeile**. Beschrifte diese mit **Verben** oder **Schlüsselwörtern**, um die Art der Beziehung zu erklären.

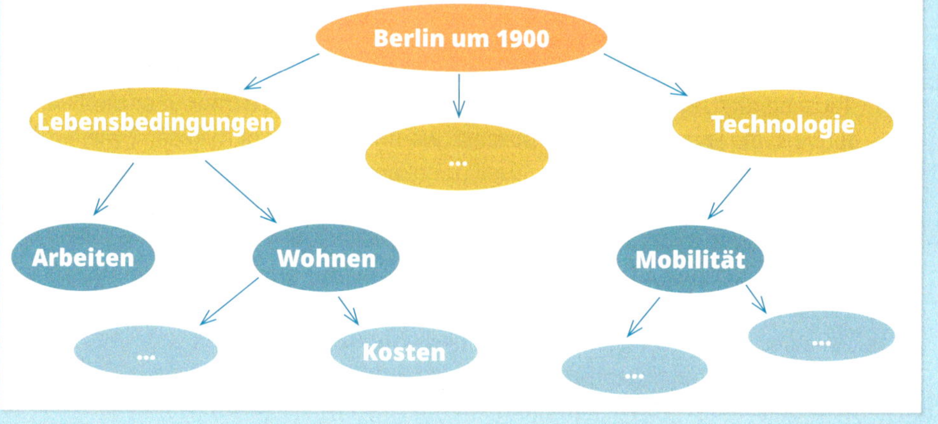

Arbeitsheft, S. 13 – 15

Recherchestrategien gezielt einsetzen

Wenn man zu einem Thema Informationen sucht, ist es wichtig, sich genau zu notieren, welche Gedanken man in welchem Material gefunden hat, um später damit weiterarbeiten zu können.

1 a) Stelle dir vor, bei euch zu Hause gäbe es nur ein Zimmer, das sich beheizen ließe: Welche Konsequenzen hätte dies für deinen Alltag? Wie würde das euer Zusammenleben zu Hause verändern? Verfasse einen kurzen Text, in dem du deine Gedanken und möglichen Gefühle schilderst.

Textverarbeitungsprogramm

b) Stellt euch eure Texte gegenseitig vor und vergleicht eure darin geschilderten Wahrnehmungen miteinander.

c) Diskutiert, inwiefern die Situation von Familien in Berlin um 1900 überhaupt vorstellbar ist: Was macht es aus eurer Sicht schwierig, sich die Situation vorzustellen?

2 Ein Sachtext wie der von Ulrike Moser ist nur der Ausgangspunkt einer Recherche zu einem Thema.

a) Erstelle eine Liste mit mindestens fünf Fragen, die dich zum Thema *Die Zeit um 1900* interessieren.

b) Vergleiche deine Fragen mit einer Lernpartnerin oder einem Lernpartner.

c) Entscheidet euch für eine Frage, zu der ihr genauer recherchieren wollt.

3 Bereitet eine Internetrecherche vor, mit der ihr Materialien zu eurer Frage finden könnt. Orientiert euch dabei am Methodenkasten auf der folgenden Seite und geht so vor:

a) Wählt Stichwörter aus, die die Aspekte gut beschreiben. Ihr könnt das Thema dazu auch in Unterthemen unterteilen, zum Beispiel: Wohnsituation Arbeiter Berlin 1900

b) Vertieft eure Recherche, indem ihr Synonyme oder vergleichbare Begriffe für eure Suchbegriffe verwendet und die Suche mit ihnen wiederholt, zum Beispiel: Unterkunft Arbeiter Großstadt 1900

Synonyme und Antonyme, S. 417

c) Verwendet Bool'sche Operatoren und Trunkierungen, um eure Suche zu konkretisieren, zum Beispiel: Wohnsituation Arbeiter „in Berlin" 1870...1930 related:http:www.geo.de

d) Wiederholt eure Suche mit einer Meta-Suchmaschine und vergleicht die Ergebnisse.

4 a) Speichere drei Materialien, die zur Beantwortung eurer Frage geeignet sind. Notiere dir zu jedem Material die Quelle.

Material erschließen und eine Stoffsammlung anlegen, S. 96–103

b) Bewerte die Quellen, indem du überprüfst, ob die Autorin bzw. der Autor bekannt ist und inwiefern die Seite einen seriösen Eindruck macht. Nutze dazu die Checkliste aus dem Medienpool.

Checkliste: Bewertung von Quellen

Methode

Recherchestrategien gezielt einsetzen

Um gezielt nach Informationen zu suchen, ist es oft sinnvoll, die Suche auf unterschiedliche Arten und Weisen zu optimieren:

1. **Auswahl der Suchbegriffe:** Verwende mehrere Suchbegriffe, um Ergebnisse zu erhalten, die so genau wie möglich zu deiner Frage passen. Probiere zudem ähnliche Suchbegriffe oder Kombinationen aus.
2. **Bool'sche Operatoren und Trunkierungen:** Nutze Suchoperatoren, die deine Ergebnisse passgenauer machen. So kannst du nach Ausdrücken suchen, die wörtlich auftauchen („"), Begriffe ausschließen (-), auf einer bestimmten Website suchen (site:), einen Zahlenbereich eingrenzen (...), auf ähnlichen Websites suchen (related:) oder sogar gezielt nach Definitionen suchen (define:). Eine Übersicht, welche Operatoren du verwenden kannst, findest du auf den Hilfeseiten der Suchmaschinen.
3. **Auswahl der Suchmaschine:** Verwende mehrere Suchmaschinen, um unterschiedliche Ergebnisse zu erhalten. Meta-Suchmaschinen durchsuchen mehrere Suchmaschinen gleichzeitig und können so dabei helfen zu sehen, welche Treffer besonders oft auftauchen.
4. **Quellen bewerten:** Überprüfe, inwiefern deine gefundene Quelle geeignet ist. Achte darauf, ob das Material eine klar erkennbare Autorin bzw. einen klar erkennbaren Autoren hat, keine zweifelhaften Absichten verfolgt und einen seriösen Eindruck macht (zum Beispiel ohne auffällig viele Rechtschreibfehler).

5 Wertet eure Internetrecherche mit einer Lernpartnerin oder einem Lernpartner aus:
a) Tauscht eure gefundenen Materialien aus und überfliegt diese. Überprüft, ob die Materialien für die Beantwortung der Frage geeignet sind.
b) Erstellt für die geeigneten Materialien jeweils ein Exzerpt.

→ *Ein Exzerpt erstellen, S. 121*

→ *Einen One-Minute-Talk halten, S. 361*

→ *Eine Gliederung erstellen, S. 376*

6 Bereitet nun in Einzelarbeit einen One-Minute-Talk zu der von euch ausgewählten Frage zum Thema *Die Welt um 1900* vor.
a) Überlege, welche Informationen du in deinem Vortrag unterbringen willst. Gliedere dazu deine 60 Sekunden genau und fasse die wichtigsten Informationen aus den recherchierten Materialien zu Gliederungspunkten zusammen.
b) Kürze deine Notizen auf zentrale Schlagworte. Orientiere dich dabei an deiner Gliederung. Fasse dich kurz, um beim Vortrag die Zeit nicht zu überschreiten.
c) Übe deinen Vortrag vor deiner Lernpartnerin oder deinem Lernpartner. Achte während des Vortragens darauf, dass die Inhalte trotz der Kürze verständlich bleiben. Lass dir anschließend von deiner Lernpartnerin oder deinem Lernpartner eine Rückmeldung geben.

7 a) Tragt eure One-Minute-Talks in der Klasse vor.
b) Zieht ein Fazit, welche neuen Informationen zur Situation in der Zeit um 1900 ihr aus den Kurzvorträgen mitnehmt.

Einem Hörtext gezielt Informationen entnehmen

Nicht nur Sachtexte bieten sich für das Sammeln von Informationen zu einem Thema an, sondern auch Hörtexte wie Radiobeiträge oder Podcasts können nützliche Informationen liefern. Doch wie wertet man solche Materialien gezielt aus?

1 a) Erstelle eine Liste mit Assoziationen, die du hast, wenn du an den Begriff Blut denkst.
b) Vergleicht eure Überlegungen: Inwiefern unterscheiden sich eure Assoziationen? Welche Eindrücke stehen mehrheitlich im Vordergrund?
c) Diskutiert gemeinsam folgendes Sprichwort: „Blut ist dicker als Wasser."

2 Der Hörtext, den ihr im Weiteren auswertet, trägt den Titel „Die Blutgruppen werden entdeckt".
a) Tauscht euch mit eurer Lernpartnerin oder eurem Lernpartner aus, was ihr bereits über Blutgruppen wisst.
b) Überlegt, welche Informationen möglicherweise im Hörtext präsentiert werden. Formuliert Fragen, die aus eurer Sicht für die Hörerinnen und Hörer interessant sein könnten.

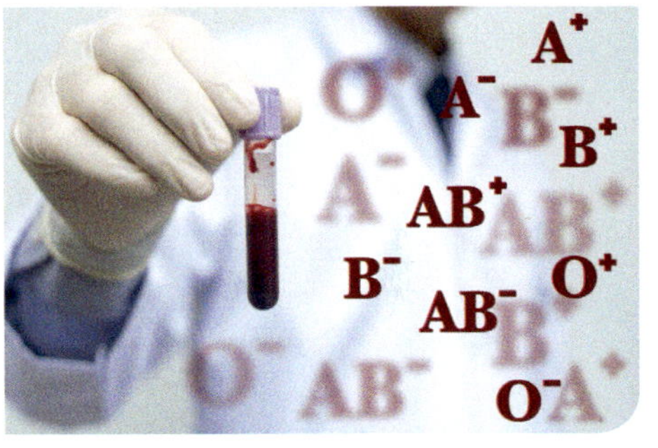

3 a) Höre dir den Hörbeitrag sorgfältig an und arbeite heraus, welche Aspekte thematisiert werden. Halte beim Hören die einzelnen Aspekte in kurzen Schlagworten fest.
b) Vergleiche deine Schlagworte mit einer Lernpartnerin oder einem Lernpartner: Was ist aus eurer Sicht das Hauptthema des Hörbeitrags?
c) Erstellt eine Gliederung des Hörbeitrags. Übernehmt dazu die folgende Tabelle in euer Heft und tragt jeweils ein Schlagwort pro Abschnitt des Hörbeitrags in die linke Spalte ein.

„Die Blutgruppen werden entdeckt"

Abschnitte des Hörbeitrags	**Notizen**
Einführung (0:00 – 0:24)	*14. November 1901; Wiener Arzt Karl Landsteiner berichtet über die Entdeckung der Blutgruppen*
Kontext der Entdeckung (0:24 – 1:00)	*Landsteiner erforschte die Eigenschaften des menschlichen Blutes in seiner Freizeit*
...	...

4 Höre dir den Hörbeitrag ein zweites Mal an. Notiere für jeden Abschnitt Details und genauere Informationen, die aus deiner Sicht wesentlich sind, in der rechten Spalte der Tabelle.

5 a) Vergleiche deine Notizen mit einer Lernpartnerin oder einem Lernpartner. Ergänzt bzw. korrigiert eure Notizen, falls nötig.

b) Überprüft, welche eurer Fragen aus Aufgabe 2 b) im Hörtext beantwortet worden sind. Markiert die entsprechenden Antworten in der Tabelle mit einem gelben Textmarker.

c) Überlegt, welche weiteren Informationen aus eurer Sicht noch wesentlich sein könnten. Markiert diese Informationen mit einem grünen Textmarker.

6 Schlussfolgert, warum die Entdeckung der Blutgruppen von zentraler Bedeutung für die Menschheit gewesen ist. Nutzt hierzu auch die Informationen, die ihr in eurer Tabelle markiert habt.

7 Die Zeit um 1900 ist auch die Zeit der Erfindungen und Entdeckungen.

a) Recherchiert, welche weiteren bedeutenden Erfindungen und Entdeckungen in der Zeit um 1900 unter anderem gemacht worden sind.

Starthilfe, S. 422

b) Technischer Fortschritt und soziales Elend prägten in gleicher Weise die Zeit um 1900. Diskutiert, wieso der technische Fortschritt für einen Großteil der Bevölkerung zunächst nicht zu einer Verbesserung der Lebenssituation geführt hat.

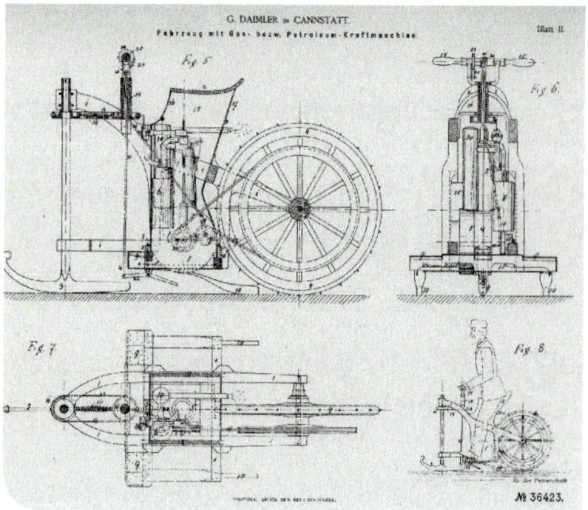

Wissen und Können

Einem Hörtext Informationen entnehmen

Beim Auswerten eines Hörtextes kommt es darauf an, Wichtiges von Unwichtigem zu unterscheiden. Hierzu ist es notwendig, dass du ganz gezielt darauf achtest, welche Informationen du benötigst. Gehe dazu so vor:

1. Sieh dir den **Titel** des Hörtextes an, dies kann beispielsweise der Name der Folge eines Podcasts sein. Überlege, welche Aspekte du in diesem Text erwartest, und formuliere **Fragen**, die aus deiner Sicht für Hörerinnen und Hörer interessant sein könnten. Lies einen **Einführungstext**, falls vorhanden, um deine Vermutungen zu konkretisieren.
2. Hör dir den Hörtext ein erstes Mal an. Versuche das **Hauptthema** des Textes zu erkennen und notiere dir **wesentliche Schlagworte**, die dir helfen, den Text in Abschnitte zu gliedern.
3. Erstelle eine grobe **Gliederung** des Hörbeitrags, damit du beim zweiten Hören gezielter Notizen machen kannst.
4. Hör dir den Hörtext ein zweites Mal an. Notiere dir **zu jedem Abschnitt Informationen**, die dir wichtig erscheinen.

Eine mündliche Präsentation planen

Der Erfindergeist um 1900 zeigte sich in allen Lebensbereichen. In diesem Teilkapitel lernt ihr, eine Präsentation zu einer Erfindung der Zeit vorzubereiten und zu halten.

1 a) Was erkennst du auf dem Foto unten? Beschreibe die Maschine so genau wie möglich. Beachte auch den Schriftzug.
b) Stelle Vermutungen darüber an, welche Funktion diese Maschine wohl haben könnte.

2 Die Conchiermaschine hat die Schokoladenproduktion entscheidend verändert und ist bis heute von wichtiger Bedeutung. Im Folgenden erarbeitet ihr ein Referat zum Conchieren.
a) Was weißt du bereits über die Herstellung von Schokolade? Tausche dich mit einer Lernpartnerin oder einem Lernpartner über dein Vorwissen aus.
b) Sammele in Einzelarbeit Leitfragen für dein Referatsthema, die dich und deine Mitschülerinnen und Mitschüler interessieren könnten. Notiere deine Fragen, zum Beispiel:

- Was passiert beim Conchieren?
- Welche Vorteile bietet das Conchieren gegenüber anderen Verfahrensweisen?
- Welche Lebensmittel werden conchiert?

c) Stelle deine Leitfragen einer Partnerin oder einem Partner vor. Entscheidet anschließend gemeinsam, welche eurer Leitfragen dem Thema des Referats und den Interessen eurer Mitschülerinnen und Mitschüler am besten gerecht werden.

3 Recherchiere gezielt nach Informationen zu deinen Leitfragen. Mithilfe einer Mindmap kannst du die Ergebnisse dazu strukturieren:

a) Notiere deine Leitfragen zunächst auf den Hauptästen der Mindmap.

Folie

b) Lies den folgenden Artikel aus einer Tageszeitung und markiere die Informationen, die dir für die Beantwortung deiner Fragen wesentlich erscheinen, in unterschiedlichen Farben.

c) Formuliere deine Markierungen in eigenen Worten und trage diese Stichworte in die Mindmap ein. Notiere dir in Klammern die Quelle, aus der du die Informationen jeweils hast.

Bitte, was ist eigentlich Conchieren?

Selbstverständlich sind Ihnen die Begriffe Smirting, Qigong und Microdermabrasion vertraut. Selbstverständlich wissen Sie auch ganz genau, was Conchieren ist. Es ist Ihnen nur eben entfallen. Keine Sorge, wir helfen Ihnen gerne auf die Sprünge.

Falls Sie sich jetzt einen verzweifelten Hausherrn vorstellen, der mit Gabel und Messer bewaffnet den saftigen Gänsebraten möglichst kunstvoll zu zerlegen versucht, dann liegen Sie falsch. Denn dabei handelt es sich um das Tranchieren. Sie müssen eher an ein Dessert denken, denn „conchiert" wird bei der Schokoladenherstellung.

Der Schweizer Schokoladenfabrikant Rodolphe Lindt erfand 1879 ein Gerät, das der Schokolade zu ihrer cremig-zarten Konsistenz verhelfen sollte. Weil es eine muschelähnliche Form hatte, nannte Lindt es „conche", nach dem spanischen Wort „concha" für „Muschel".

Die vorher durch Walzen fein zerriebene Schokolade wird darin erwärmt und sorgfältig vermischt, durch ständiges Umrühren entsteht eine glatte Masse. Diese wird durch Umwälzen durchlüftet, sodass sich unerwünschte Bitterstoffe verflüchtigen, die den Geschmack oder den Geruch der Schokolade später beeinträchtigen würden. Gleichzeitig können sich so die Aromastoffe besser ausbreiten, die die Schokolade veredeln. Durch das Erwärmen verliert die Schokolade an Feuchtigkeit, ihr Feuchtigkeitsgehalt beträgt jetzt weniger als ein Prozent. Dieser Nebeneffekt ist wichtig für die vollständige Geschmacksentfaltung, aber auch dafür, dass die Schokolade später ausformbar ist. Die gesamte Prozedur dauert bis zu 72 Stunden, ihre Dauer ist abhängig vom verwendeten Gerät, aber auch vom jeweiligen Rezept.

Conchiert wird heutzutage nicht mehr nur Schokolade, die Erfindung von Lindt haben mittlerweile auch die Hersteller von Speiseeis für sich entdeckt. Während die Eismasse von −4 auf −14 Grad Celsius abkühlt, wird sie conchiert, also intensiv verrührt. Dabei bilden sich sowohl winzige Eiskristalle als auch fein verteilte Luftblasen. Sie geben dem Eis seine cremige Konsistenz, ohne dass viel Fett hinzugegeben werden muss. Die Eisproduzenten werben dann mit besonders fettarmem Eis für kalorienreduzierten Genuss.

4 Der Schweizer Rodolphe Lindt, der das Conchieren erfunden hat, gilt als Pionier der Schokoladenherstellung. Werte einen Hörbeitrag zum Erfinder aus.

a) Entscheide dich, ob du entweder den Beitrag aus der Reihe „Stichtag“ oder den Beitrag aus der Reihe „ZeitZeichen“ des WDR auswerten willst.

b) Höre dir den Hörbeitrag zweimal sorgfältig an und arbeite die wesentlichen Informationen heraus.

c) Vergleiche deine Notizen mit jemandem, der den gleichen Beitrag bearbeitet hat. Korrigiere deine Notizen, falls nötig.

d) Stelle deine Notizen einer Mitschülerin oder einem Mitschüler vor, die oder der den jeweils anderen Beitrag bearbeitet hat. Überprüft, welche Informationen in beiden Beiträgen enthalten sind und inwiefern sich die Informationen unterscheiden.

e) Entscheide, welche Informationen über Rodolphe Lindt für dein Referat wichtig sind. Überlege dazu, inwiefern die Informationen hilfreich sind, die Leitfragen, die du entwickelt hast, zu beantworten. Trage die von dir ausgewählten Informationen in deine Mindmap ein. Notiere dir in Klammern auch hier die Quelle, aus der du die Informationen hast.

„Stichtag“

„ZeitZeichen“

Tipp

Lies noch einmal den Wissen-und-Können-Kasten auf Seite 40 und mache dir klar, wie du deinen Hörtext auswertest.

5 Notiere dir Fragen, die offengeblieben sind, und führe eine Internetrecherche durch, um selbstständig weitere Informationen zu finden. Ergänze anschließend nochmals deine Mindmap.

6 Erstelle mithilfe deiner Mindmap eine Gliederung für dein Referat.

a) Notiere dir an den Hauptästen Zahlen, die deutlich machen, in welcher Reihenfolge du sie im Referat thematisieren möchtest.

b) Überlege, in welcher Reihenfolge du die Unterpunkte für jeden Ast jeweils aufgreifen würdest.

Eine Gliederung erstellen, S. 376

7 Damit die Zuhörenden deinem Referat gut folgen können, kannst du die Inhalte mithilfe von am Computer gestalteten Präsentationsfolien veranschaulichen.

a) Erstelle zunächst eine leere Präsentation, indem du das Präsentationsprogramm öffnest und über den Button Neu eine leere Datei erstellst.

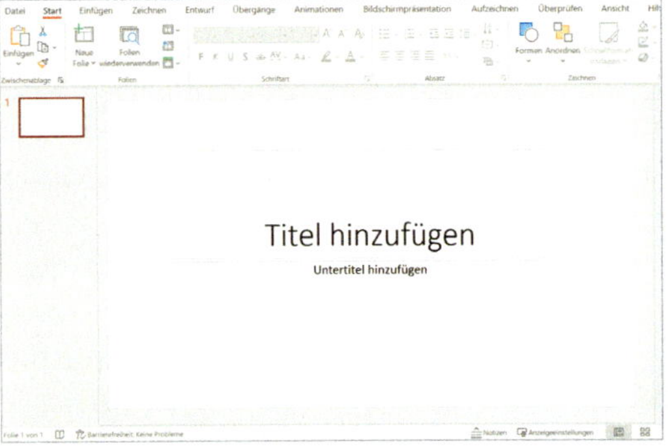

b) Lege das Rahmenlayout deiner Präsentation fest: Klicke dazu in der Menüleiste auf Entwurf oder Thema und sieh dir die Vorlagen an. Entscheide dich für ein Layout, das dir besonders ansprechend erscheint.

c) Gestalte die Titelseite deiner Präsentation. Klicke dazu mit der Maus das obere Textfeld an und füge eine Überschrift ein, die das Thema deines Referats interessant zusammenfasst. Ergänze einen Untertitel im unteren Textfeld, wenn du weitere Informationen hinzufügen möchtest.

d) Erstelle eine Gliederungsfolie für dein Referat. Füge dazu über den Button Neue Folie eine weitere Folie hinzu und wähle als Überschrift beispielsweise den Begriff „Gliederung“. Formuliere dann aus deinen Leitfragen Überschriften und notiere sie auf deiner Gliederungsfolie.

Ein Quellenverzeichnis anlegen, S. 380

Tipp

Weniger ist hier mehr! Denke daran, dass Bilder und Animationen deine Präsentation unterstützen und nicht vom Inhalt ablenken sollen.

8 a) Erstelle die weiteren Folien deiner Präsentation. Verteile deine ausgewählten Informationen dazu auf einzelne Folien. Orientiere dich an deiner Mindmap und überlege, wie viele Folien du pro Unterthema benötigst.

b) Um deine Folien noch interessanter und ansprechender zu gestalten, kannst du Bilder einfügen. Recherchiere dazu im Internet nach interessanten Bildern, die zu deinem Thema passen, und speichere sie. Notiere dir die Quelle, aus der du das jeweilige Bild entnommen hast. Diese Information benötigst du zur Erstellung eines Quellenverzeichnisses am Ende der Präsentation. Wähle ein oder mehrere passende Bilder aus und füge sie in die Präsentation ein.

c) Füge Animationen ein, um deine Präsentation aufzulockern oder die Aufmerksamkeit der Zuhörerinnen und Zuhörer zu lenken. Wähle das Element aus, das du animieren möchtest, klicke in der Menüleiste auf Animationen und die passende Animation, um das Element hervorzuheben.

Starthilfe, S. 422

9 Runde die Struktur deines Referats ab:

a) Überlege dir eine Einleitung, die neugierig macht und deine Zuhörerinnen und Zuhörer für das Thema begeistert.

b) Gestalte Überleitungen zwischen deinen einzelnen Aspekten, sodass ein „roter Faden" entsteht. Lies dazu auch den Wissen-und-Können-Kasten.

c) Formuliere einen Schluss, der die wichtigsten Informationen in einem Fazit knapp bündelt. Überlege dazu, welche Informationen deine Zuhörerinnen und Zuhörer unbedingt in Erinnerung behalten sollen.

Wissen und Können

Ein Referat strukturieren

Ein gutes Referat schafft es, die Zuhörerinnen und Zuhörer auf ansprechende Art und Weise zu informieren. Damit dies gelingt, sollte das Referat einige Punkte berücksichtigen:

1. Dein Referat sollte **klar** und **gut nachvollziehbar strukturiert** sein, also unter anderem eine interessante Einleitung, einen Hauptteil und einen klaren Schluss haben. Achte darauf, dass sich die einzelnen Teile sinnvoll miteinander verknüpfen lassen. Überlege dir **Überleitungen**, notiere sie aber nur auf deinen Karteikarten.
2. Sorge für **Transparenz**, indem du deinen Zuhörerinnen und Zuhörern auf einer **Gliederungsfolie** durch die Überschriften zeigst, welche Unterthemen du ansprechen wirst.
3. Verteile deine Informationen angemessen auf einzelne Folien. Deine Präsentation soll dein Referat **unterstützen**. Verwende also nur **Stichworte** und **Visualisierungshilfen** und verzichte auf ausführlichere Texte.
4. Achte auf **Einheitlichkeit** und **Übersichtlichkeit**. Verwende möglichst ein einheitliches Layout und achte darauf, dass dein Text gut lesbar ist. Verwende dazu eine angemessene Schriftgröße und gut lesbare Farben.

Arbeitsheft, S. 16/17

Eine mündliche Präsentation vorbereiten und üben

Bei einem Referat ist es wichtig, dass du die gesammelten Informationen nicht einfach abliest, sondern auf interessante Art und Weise strukturiert vorträgst. Daher ist es sinnvoll, sich für den Vortrag Stichworte zu formulieren, die bei der Präsentation helfen.

1 Erkläre, nach welchen Kriterien die Karteikarte zum 2. Gliederungspunkt erstellt worden ist.

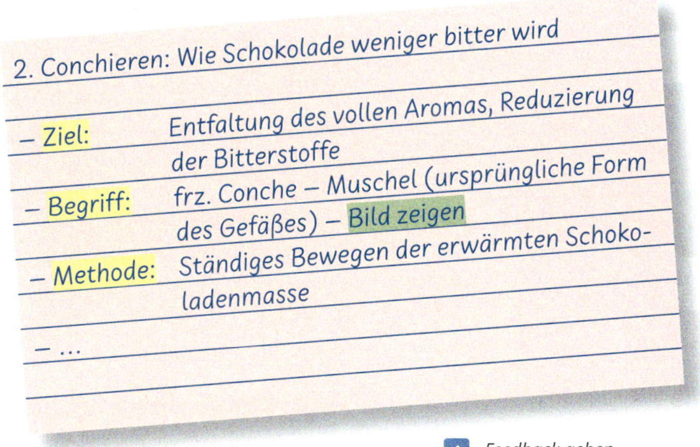

2 Übt euren eigenen Vortrag mithilfe eurer Karteikarten ein. Berücksichtigt dabei auch die Hinweise im Wissen-und-Können-Kasten unten.

3 Tragt eure Referate einer Lernpartnerin oder einem Lernpartner vor und gebt euch gegenseitig Feedback zur Vortragsweise. Achtet auch auf das Verhalten: Was soll beibehalten werden? Was soll verändert werden?

→ *Feedback geben, S. 357/358*

Wissen und Können

Eine mündliche Präsentation halten

1. Halte während deiner Präsentation **Blickkontakt** zu deinen Zuhörerinnen und Zuhörern.
2. Stehe mit **offener Körperhaltung** vor dem Publikum und verschränke nicht deine Arme.
3. Sprich **deutlich**, **lebendig** und **nicht zu schnell**. Lege Sprechpausen ein, damit deine Zuhörerinnen und Zuhörer dir besser folgen können.
4. Trage möglichst **frei** vor: Lies deine Notizen nicht ab, sondern benutze deine Stichwortkarten als Gedächtnisstütze.
5. **Aktiviere** dein Publikum, indem du zum Beispiel Fragen stellst oder Probleme für eine anschließende Diskussion benennst.
6. Du kannst beispielsweise **Anschauungsmaterial** wie Bilder oder Grafiken mitbringen. Zeige dieses Material während deines Vortrags oder gebe es zur Ansicht herum.

Eine mündliche Präsentation auswerten

Einen Sachtext über nonverbale Kommunikation erarbeiten, S. 12–14

1 a) Betrachte das Bild: Was fällt dir auf? Notiere dir, was der Vortragende gut macht.
b) Stelle Vermutungen an, warum das Publikum einen unaufmerksamen Eindruck macht.

Beobachtungsbogen zum Referat

2 Um möglichst konkrete Rückmeldungen geben zu können, solltet ihr Beobachtungskriterien festlegen. Übertragt dazu den Beobachtungsbogen in euer Heft oder nutzt die Vorlage aus dem Medienpool.

Beobachtungskriterien: Die/der Vortragende ...	☺	😐	☹	**Notizen**
gestaltet eine Einleitung, die zum Thema hinführt und neugierig macht.	■	■	■	...
stellt die Informationen nachvollziehbar und verständlich dar.	■	■	■	...
bündelt die Ergebnisse in einem abschließenden Fazit.	■	■	■	...
erklärt Fachbegriffe.	■	■	■	...
spricht laut, deutlich und nicht zu schnell.	■	■	■	...
trägt lebendig und abwechslungsreich vor.	■	■	■	...
hält Blickkontakt zu den Zuhörer/-innen.	■	■	■	...
trägt die Informationen überwiegend frei vor und nutzt ihre/seine Notizen nur als Unterstützung.	■	■	■	...
...	■	■	■	...

a) Überlegt gemeinsam, welche weiteren Kriterien euch bei einem Referat noch wichtig sind. Ergänzt diese im Beobachtungsbogen.
b) Füllt den Beobachtungsbogen während der Referate eurer Mitschülerinnen und Mitschüler aus. Entscheidet euch bei jedem Kriterium für eine Bewertung und ergänzt Notizen, um eure Einschätzung anschließend begründen zu können.
c) Formuliert auf der Grundlage eurer Notizen eine Rückmeldung an die Vortragende oder den Vortragenden. Sagt zunächst, was gut gelungen ist. Formuliert anschließend eure Kritik als Ich-Botschaft und begründet sie. Bleibt dabei sachlich.

3 Reflektiere die Rückmeldungen, die du zu deinem Vortrag erhalten hast: Welche Schlussfolgerungen kannst du daraus ziehen? Halte deine Schlussfolgerungen in Form von Tipps fest, zum Beispiel: Ich muss üben, langsamer zu sprechen, damit meine Zuhörerinnen und Zuhörer mir leichter folgen können ...

Einen Vortrag protokollieren und inhaltlich auswerten

1 a) Überlegt, wann und zu welchem Zweck Protokolle geschrieben werden.
b) Habt ihr selbst schon Protokolle geschrieben? Tauscht euch über eure Erfahrungen aus.
c) Besprecht, was der Unterschied zwischen einer Mitschrift und einem Protokoll ist. Lest dazu auch den Wissen-und-Können-Kasten.

2 Übt das Verfassen einer Mitschrift. Geht dazu so vor:
a) Hört euch dazu den Beginn des Referats zum Conchieren an. Haltet die wesentlichen Informationen stichpunktartig fest. Verwendet vor allem Nomen und Verben in euren Stichpunkten, aber auch sinnvolle Abkürzungen, um beim Notieren Zeit zu sparen. Achtet zudem darauf, dass ihr Namen und Zahlen sorgfältig festhaltet.
b) Tragt eure Notizen einer Lernpartnerin oder einem Lernpartner vor und überprüft, ob ihr alle wichtigen Ergebnisse richtig und verständlich wiedergegeben habt. Überarbeitet die Mitschrift gemeinsam, wenn nötig.

Referat zum Conchieren

Eine Mitschrift anfertigen, S. 360/361

Wissen und Können

Ein Protokoll zu einer mündlichen Präsentation verfassen

Beim Protokollieren geht es darum, **Abläufe** und/oder **Ergebnisse** von mündlichen Präsentationen oder Diskussionen sachlich genau festzuhalten. Voraussetzung ist dafür eine sorgfältige **Mitschrift** des Vortrags oder des Gesprächs. Bei einer Mitschrift hältst du stichpunktartig die wichtigsten Inhalte fest.

So ist ein Protokoll aufgebaut:

1. Der **Protokollkopf** enthält den Ort, das Datum und die Uhrzeit (Beginn und Ende), die Anwesenden, die Abwesenden, den Namen der Protokollführerin/des Protokollführers und den Anlass des Protokolls (zum Beispiel Protokoll zum Referat zum Thema Conchieren).
2. Im **Protokolltext** werden die wesentlichen Inhalte der Beiträge zusammengefasst, wobei je nach Protokollart der Text unterschiedlich ausführlich sein kann. Ein **Verlaufsprotokoll** erfasst das Geschehen chronologisch und ist relativ ausführlich, ein **Ergebnisprotokoll** hält nur die Ergebnisse oder Beschlüsse fest. Ein **Unterrichtsprotokoll** ist eine Mischform aus Verlaufs- und Ergebnisprotokoll und hält neben den Ergebnissen einer Stunde auch die wesentlichen Erarbeitungsschritte fest. Ein Protokoll kann in Stichpunkten, aber auch im Fließtext verfasst werden.
3. Am **Ende** des Protokolls werden **Ort und Datum** des Protokolls genannt und das Protkoll von der Protokollführerin/dem Protokollführer **unterschrieben**.

3 a) Lies dir den Auszug aus einem Protokoll zu einem Referat zum Thema *Conchieren* durch und überlege, um was für eine Art von Protokoll es sich handelt. Begründe deine Einschätzung.
b) Erkläre mithilfe des Wissen-und-Können-Kastens, welche Teile des Protokolls du im Beispiel erkennen kannst.
c) Markiere in deiner Mitschrift aus Aufgabe 2 die Informationen, die aus deiner Sicht besonders wichtig sind.
d) Nutze die Vorlage aus dem Medienpool und vervollständige auf der Grundlage deiner Markierungen das Protokoll.

Protokoll zum Referat

Protokoll zum Referat zum Thema „Conchieren" vom 12.05.2023

Ort:	Hans-Müller-Gymnasium Herne, Raum N204
Zeit:	09.45 – 09.55 Uhr
Anwesende:	26 Schülerinnen und Schüler der Klasse 10b, Frau Hansen
Es fehlen:	Laura Rust, Emre Yilmaz
Protokollant:	Magnus Meyer

1. Einführung:

- Schokolade kennen wir in Europa seit dem Jahr 1492, als Christoph Kolumbus die ersten Kakaobohnen aus Amerika mit nach Europa brachte.
- Da die Kakaobohnen unverarbeitet aber ungenießbar sind, wurden sie erst im Jahr 1544 am spanischen Königshof als Getränk beliebt, als man die Kakaobohnen mit Honig und Rohrzucker süßte.
- Die erste Schokoladenfabrik Deutschlands wurde 1804 in Halle an der Saale gegründet.

2. Der Vorgang des Conchierens:

- Der Begriff Conchieren stammt vom französischen Wort „Conche" (Muschel).
- Beim Conchieren wird durch das ständige Bewegen der erwärmten Schokoladenmasse verhindert, dass Bitterstoffe entstehen.
  [...]

Herne, 13.05.2023 — *Magnus Meyer*

4 a) Fasse in drei Sätzen zusammen, was du durch das Referat gelernt hast.
b) Formuliere zwei Fragen zum Thema, über die du gerne ausführlichere Informationen hättest.
c) Vergleicht eure Überlegungen mit einer Lernpartnerin oder einem Lernpartner: Inwiefern macht ein gutes Referat „Lust" am Weiterarbeiten?

Schätze deinen Lernstand ein

Teilweise sind die Trends von heute gar nicht so neu, wie man vielleicht denkt. Dies kann man zum Beispiel an der Erfindung der E-Mobilität sehen.

E-Mobilität – gar kein neuer Trend

E-Mobilität – für viele klingt das nach moderner Technik. Doch den ersten Elektromotor für ein Schiff gab es schon in den 1830er-Jahren. [...]

Die ersten Schritte hin zur Elektromobilität machte Luigi Galvani 1780, indem er mithilfe von chemisch erzeugter Elektrizität Froschschenkel zum Zucken brachte und so die Elektrizität erforschte. Zwanzig Jahre später, also im Jahr 1800, schaffte es dann Alessandro Volta mit sogenannten galvanischen Elementen die erste Batterie zu bauen. [...]
Das erste wirklich straßentaugliche Gefährt mit Elektroantrieb kam dann im Jahr 1882 heraus. Die beiden Physiker William Edward Ayrton und John Perry hatten das leichte Dreirad entwickelt, mit dem man bis zu 14 Stundenkilometer schnell und 40 Kilometer weit fahren konnte. [...]
Ausgerechnet mit einem Elektroauto fuhr der erste Mensch über 100 Stundenkilometer schnell: Der belgische Ingenieur und Rennfahrer Camille Jenatzy soll laut Aufzeichnungen 1899 mit dem von ihm entwickelten Fahrzeug „La Jamais Contente" (franz. für „Die nie Zufriedene") 105,876 Stundenkilometer gefahren sein und damit den neuen Geschwindigkeitsrekord aufgestellt haben.
Um 1900 setzten sich elektrisch betriebene Fahrzeuge dann im Alltagsbetrieb durch. Etwa 30 Prozent Marktanteil – so gehe man heute davon aus – sollen die E-Autos zu dieser Zeit in den USA gehabt haben, sagt Bettina Gundler, Leiterin des Verkehrszentrums im Deutschen Museum. 40 Prozent aller Fahrzeuge waren um 1900 dampfbetrieben, der Rest Benziner, so Gundler. Amerikanische Werbetexter lobten schon damals die Sauberkeit und – gemessen an der komplizierten Handhabung der ersten Autos mit Verbrennungsmotoren – die Bedienungsfreundlichkeit der E-Autos. Um den E-Motor anzulassen, musste man schließlich nur den Strom mithilfe eines Kontaktsteckers einschalten. Beim Benziner war das viel komplizierter. Meist musste für den Start des Motors eine Kurbel außen am Fahrzeug betätigt werden. Aber auch zu jener Zeit waren Elektroautos eher Stadtautos. Denn, wer nur in der Stadt unterwegs war, der störte sich nicht an der geringen Höchstgeschwindigkeit und der begrenzten Reichweite der Elektrofahrzeuge.

1 Lies den Text und trage die wesentlichen Informationen in eine Mindmap ein.

2 Bereite einen kurzen Vortrag vor, in dem du über die Entwicklung der E-Mobilität informierst.

→ Seite 50–52, B
→ Seite 50/51, A
← Seite 41–44

Eine Beurteilung einer Epoche vornehmen

Kaum eine Zeit ist derartig zwiespältig wahrgenommen worden wie die Zeit um 1900.

1 a) Halte drei Schlagworte fest, die dir bei der Bearbeitung dieses Kapitels zur Zeit um 1900 in Erinnerung geblieben sind.
b) Tauscht euch mit euren Mitschülerinnen und Mitschülern in Kleingruppen aus: Welcher Eindruck der Zeit ist bei euch vorwiegend entstanden?

2 a) Erschließe den Text „Die Zeit um 1900 in Literatur und Gesellschaft" und halte die wichtigsten Informationen stichpunktartig fest.
b) Überlege, welche Wahrnehmung der Zeit um 1900 durch den Text entsteht: Beschreibt der Text die stattfindenden Entwicklungen vorwiegend positiv oder negativ? Begründe deine Einschätzung anhand von Textbelegen.

Die Zeit um 1900 in Literatur und Gesellschaft

Die Zeit um 1900 ist eine Zeit des Umbruchs und der Veränderung. „Plötzlich hatte sich in ganz Europa ein beflügelndes Fieber erhoben", schrieb der Schriftsteller Robert Musil, „überall standen Menschen auf, um gegen das Alte zu kämpfen." Egal ob Frauenbewegung, Sozialreformen oder Technikeuphorie: Die gesamte Zeit ist von Veränderungen durchzogen, die unterschiedlichste Reaktionen auslösten.

Deutlich sehen kann man dies am Beispiel Berlin: Zuallererst faszinierte Berlin die Menschen aufgrund seiner schieren Größe, da es sich nach der Gründung des Deutschen Kaiserreichs im Jahr 1871 schnell zu einer der größten Städte entwickelte. Mit der wachsenden Bevölkerung und dem Wirtschaftswachstum hielt auch bald die neue Technik Einzug. S- und U-Bahnen wurden ebenso gebaut wie neue Mietskasernen und Fabriken. Aber auch Künstler entdeckten die Weltstadt für sich.

Berühmte Maler wie Ludwig Meidner oder Otto Dix, aber auch bedeutende Autoren wie Gottfried Benn oder Alfred Döblin lebten in Berlin und ließen sich von der Großstadt inspirieren. In ihren Erzählungen, Gedichten und Gemälden stellten sie besonders ihre inneren Eindrücke von der Großstadt dar, die sie verzauberte und berauschte, aber auch überwältigte und verunsicherte.

Diese Künstler, die man Expressionisten nennt, provozierten mit ihren Gedichten und Bildern. Sie stellten nicht die Wirklichkeit der Großstadt dar, sondern thematisierten sie als Bedrohung für den Menschen, der in der modernen Zeit zu einem Ding wird. Die Geschwindigkeit und Reizüberflutung der modernen Welt werden dabei in der extremen Subjektivität zum Ausdruck gebracht. Die Empfindungen des Einzelnen stehen im Vordergrund, wobei diese zwischen Begeisterung und Abscheu schwanken. Einerseits fasziniert der Fortschritt die Menschen, andererseits werden mit den schnell wachsenden Städten vermehrt soziale Probleme sichtbar.

Das Grauen, das die Menschen angesichts des sinnlosen Massensterbens im Ersten Weltkrieg (1914–1918) erlebt hatten, führte dann dazu, dass die Fortschrittsbegeisterung deutlich nachließ.

A Einen Kurzvortrag zur Beurteilung einer Epoche vorbereiten

3 Der Journalist Peter Watson bezeichnet die Epoche um 1900 als „Marktplatz der Ideen“, während andere Autor/-innen die Zeit eher als menschenverachtend wahrnehmen.
a) Erkläre die beiden Positionen in eigenen Worten.
b) Sammle Argumente, die für die beiden Positionen jeweils sprechen. Nutze dazu deine Ergebnisse aus Aufgabe 2.
c) Entscheide dich für die Position, die dich stärker überzeugt.
d) Ergänze weitere Argumente, die deine Position unterstützen. Nutze dazu auch die Materialien, die du im Kapitel bereits bearbeitet hast.

4 Bereite einen Kurzvortrag vor, in dem du zur Aussage aus Aufgabe 3 Stellung beziehst. Gehe dazu so vor:
a) Überlege dir einen interessanten Einstieg, mit dem du deinen Kurzvortrag beginnst. Achte darauf, dass du einerseits das Thema vorstellst, andererseits die Aufmerksamkeit deiner Zuhörerinnen und Zuhörer gewinnst.
b) Stelle die beiden Positionen aus der Aussage kurz in eigenen Worten vor.
c) Benenne deine Position und begründe sie. Nutze dazu deine Notizen aus Aufgabe 3 d), indem du überlegst, welche Argumente aus deiner Sicht besonders wichtig sind und in welcher Reihenfolge du sie präsentieren willst.
d) Formuliere ein Fazit, in dem du deinen Hauptgedanken knapp zusammenfasst.

→ *Argumente gewichten, S. 354*

→ *Einen Kommentar planen, S. 104/105*

B Ein Kontroversenreferat vorbereiten und halten

3 a) Erschließe den Text „Die Überfülle des Erlebens“, den du in Auszügen bereits aus Band 9 kennst, und halte die Hauptaussagen ebenfalls in Stichpunkten fest.
b) Analysiere, auf welche Art und Weise die beiden Verfasser ihre jeweilige Position präsentieren.
c) Stelle die Aussagen der beiden Texte vergleichend gegenüber, zum Beispiel:
Während in Text A die Faszination der Menschen für neue Erfindungen betont wird, sieht Text B die Veränderungen eher kritisch, da …
d) Nimm kritisch Stellung zu den Positionen der beiden Verfasser: In welchen Punkten scheint dir die Argumentation der beiden Verfasser nicht nachvollziehbar? Begründe deine Einschätzung.

4 Bereite ein Kontroversenreferat zu den beiden Texten vor.
a) Überlege dir einen interessanten Einstieg, mit dem du deinen Kurzvortrag beginnst. Achte darauf, dass du einerseits das Thema vorstellst, andererseits die Aufmerksamkeit deiner Zuhörerinnen und Zuhörer gewinnst.
b) Stelle deine Ergebnisse aus Aufgabe 3 strukturiert und nachvollziehbar dar.
c) Formuliere ein Fazit, in dem du deinen Hauptgedanken abschließend knapp zusammenfasst.

Kurt Pinthus

Die Überfülle des Erlebens (1925)

Welch ein Trommelfeuer von bisher ungeahnten Ungeheuerlichkeiten prasselt seit einem Jahrzehnt auf unsere Nerven nieder! Trotz sicherlich erhöhter Reizbarkeit sind durch diese täglichen Sensationen unsere Nerven trainiert und abgehärtet wie die Muskulatur eines Boxers gegen die schärfsten Schläge. Wie erregte früher ein Mordprozess [...] die Welt, wie wurde das Schicksal jedes Raubmörders oder Räuberhauptmanns mit fiebernder Spannung von ganzen Nationen verfolgt – während wir heute in einer ganz kurzen Zeitspanne gleich eine Serie von Massenmördern erleben, deren jeder in aller Ruhe mitten in der Öffentlichkeit ein paar Dutzend Menschen abgeschlachtet hat. Man male sich zum Vergleich aus, wie ein Zeitgenosse Goethes oder ein Mensch des Biedermeier seinen Tag in Stille verbrachte, und durch welche Mengen von Lärm, Erregungen, Anregungen heute jeder Durchschnittsmensch täglich sich durchzukämpfen hat, mit der Hin- und Rückfahrt zur Arbeitsstätte, mit dem gefährlichen Tumult der von Verkehrsmitteln wimmelnden Straßen, mit Telefon, Lichtreklame, tausendfachen Geräuschen und Aufmerksamkeitsablenkungen. Wer heute zwischen dreißig und vierzig Jahre alt ist, hat noch gesehen, wie die ersten elektrischen Bahnen zu fahren begannen, hat die ersten Autos erblickt, hat die Jahrtausende lang für unmöglich gehaltene Eroberung der Luft in rascher Folge mitgemacht, hat die sich rapid übersteigernden Schnelligkeitsrekorde all dieser Entfernungsüberwinder, Eisenbahnen, Riesendampfer, Luftschiffe, Aeroplane miterlebt.

Wie ungeheuer hat sich der Bewusstseinskreis jedes Einzelnen erweitert durch die Erschließung der Erdoberfläche und die neuen Mitteilungsmöglichkeiten: Schnellpresse, Kino, Radio, Grammophon, Funktelegraphie. Stimmen längst Verstorbener erklingen; Länder, die wir kaum dem Namen nach kennen, rauschen an uns vorbei, als ob wir selbst sie durchschweiften. [...]

Vor kurzem noch ungeahnte Möglichkeiten der Elektrizitätsausnutzung, unheilbare Krankheiten, Diphtherie, Syphilis, Zuckerkrankheit durch neuentdeckte Mittel heilbar geworden, das unsichtbare Innere unseres Körpers durch die Röntgenstrahlen klar vor Augen gelegt, all diese „Wunder" sind Alltäglichkeiten geworden. Im Jahre 1913 noch erließ eine Zeitschrift ein Preisausschreiben: „Welche Nachricht würde sie am meisten verblüffen?" Wie harmlos erschienen die Antworten gegen die Ereignisse, die kurz darauf einsetzten. Der Krieg begann sich über Erde, Luft und Wasser zu verbreiten, mit Vernichtungsmöglichkeiten, die die Phantasie auch der exzentrischsten Dichter nicht zu ersinnen gewesen war. Unsere Heere überfluteten Europa; Dutzende von Millionen Menschen hungerten jahrelang; aus Siegesbewusstsein stürzten wir in Niederlage und Revolution; Kaiser, Könige und Fürsten wurden dutzendweise entthront. Wer soll noch durch Menschenunglück erschüttert werden, der erlebte, dass vier Millionen Menschen durch Menschenhand im Krieg umgebracht wurden? Die Länder erbebten von Attentaten und Revolten; politische und soziale Ideen, von denen unsere Großeltern noch nichts ahnten, wuchsen über die Menschheit und veränderten das Antlitz der Völker und der Erde. Das Geld, einziger Maßstab realen Besitzes, verlor seinen Wert und eroberte ihn wieder. Staatengebilde brachen zusammen; Konferenzen versuchten vergeblich der Welt eine Neuordnung zu geben. Die urälteste Monarchie der Erde, China, ward Republik ... und Maschinen, Maschinen eroberten unsere Planetenkruste. Zusammengeballt in zwei Jahrzehnte erlebten wir mehr als zwei Jahrtausende vor uns. Was haben wir noch zu erwarten, zu erleben? Vermögen wir uns noch zu wundern?

Zeigt, was ihr könnt

Eine Ausstellung gestalten

Aufgabe: Gestaltet mit eurer Klasse eine Ausstellung, in der ihr die Zeit um 1900 vorstellt.

So könnt ihr vorgehen:

Die Ausstellung planen

- Listet die verschiedenen Themen auf, die ihr in diesem Kapitel bearbeitet habt.
- Überlegt, wie ihr eure Ausstellung gestalten wollt:
  - Wer möchte welches Thema präsentieren?
  - Wo wollt ihr die Ausstellung durchführen? Gibt es in eurer Schule einen Raum, der sich dafür anbietet?
  - Wen wollt ihr zu eurer Ausstellung einladen? Soll eure Ausstellung nur für euren Jahrgang, die gesamte Schule oder sogar für externe Gäste geöffnet sein?

Die Ausstellung vorbereiten

- Gestaltet zu jedem Thema eine Präsentation. Achtet darauf, dass eure Präsentation die wichtigsten Informationen anschaulich und interessant präsentiert.
- Gestaltet eine Vertonung eurer Präsentation, sodass eure Besucherinnen und Besucher sich die Präsentation eigenständig ansehen können. Nehmt dazu einen kurzen Vortrag zu jeder Folie auf, der beim Ansehen der Präsentation eigenständig abgespielt wird. Klickt dazu in eurer Präsentation in der Menüleiste auf Aufzeichnen und sprecht euren Vortrag entweder mit Video (Von Beginn an) oder als Audioaufnahme (Audio) ein.

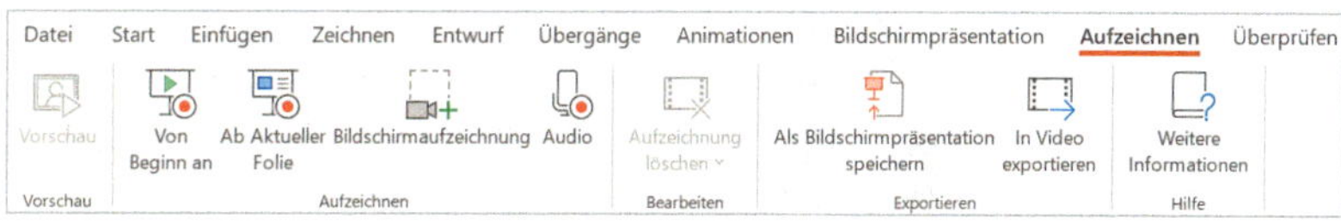

- Klickt ihr auf Teilen am rechten oberen Bildschirmrand, könnt ihr einen Link zu eurer fertigen Präsentation erstellen, mit dem eure Besucherinnen und Besucher sich die Präsentation eigenständig ansehen können.
- Bereitet euren Ausstellungsort vor, in dem ihr den Raum kreativ gestaltet und die Links zu euren Präsentationen gut sichtbar aufhängt. Nutzt dazu zum Beispiel QR-Codes, die ihr aus euren Links erstellen könnt.

Eure Ausstellung präsentieren

- Führt eure Besucherinnen und Besucher durch eure Ausstellung. Gebt ihnen die Möglichkeit, sich eure Präsentationen in Ruhe anzusehen, und informiert sie zusätzlich, indem ihr mögliche Rückfragen beantwortet.

So könnt ihr weiterarbeiten:

Wenn ihr eure Ergebnisse vertiefen wollt, könnt ihr zusätzlich weitere Themen erarbeiten, die aus eurer Sicht besonders interessant sind. Ihr könnt beispielsweise auch die Situation in eurer Stadt zur Zeit um 1900 genauer in den Blick nehmen. Führt hierzu eine Recherche durch und bereitet das Thema so vor, dass ihr es im Rahmen eurer Ausstellung präsentieren könnt.

Sich in virtuellen Welten bewegen

Mein Ich zwischen biologischer und künstlicher Realität

Virtuelle Realität nimmt immer mehr Raum in unserem Alltag ein. Viele von euch haben sicherlich schon einmal in einer virtuellen Welt mit einer VR-Brille auf dem Kopf gespielt. Aber wir können auch soziale Kontakte rund um den Globus knüpfen, ohne unser Zimmer zu verlassen. Museen lassen mithilfe virtueller Technik vergangene Welten aufleben und wir können uns durch Gebäude oder ganze Städte bewegen, die es längst nicht mehr gibt. Chirurginnen und Chirurgen lernen operieren, indem sie Avatare steuern, die andere Avatare in der virtuellen Welt operieren.

Die Möglichkeiten der virtuellen Realität scheinen unbegrenzt zu sein. Aber wie verändert sich unser Leben, wenn immer mehr Menschen Zeit in einer virtuellen Welt verbringen?

In diesem Kapitel lernt ihr, ...

- wie die virtuelle Welt unser Leben verändern könnte,
- welche Möglichkeiten der Beeinflussung es in virtuellen Welten gibt,
- welche Wirkung Algorithmen in der digitalen Welt haben können,
- wie man ein Portfolio zu einem Thema anlegt.

Eva Wolfangel

Mein Leben als Avatar

Aber was ist schon wirklich: Kaum habe ich den würfelförmigen Raum mit den Glasfronten betreten, der nur in der Brille existiert, verschwindet die andere Realität. [...] Mache ich einen Schritt auf meinem Wohnzimmerboden, gehe ich auch in dem virtuellen Raum einen Schritt. Neige ich den Kopf, tut das auch mein Avatar, in dessen Körper ich die andere Welt erlebe. Ich drehe mich um mich selbst und wundere mich, wie real das alles wirkt: oben, unten, links, rechts – egal wohin ich schaue, die Illusion ist so perfekt, dass mein Wohnzimmer und mit ihm die ganze andere Welt für mich verschwinden. Ich staune über die Bäume vor dem Fenster, die sich im Wind wiegen als wären sie echte Bäume, draußen plätschert friedlich ein kleiner Fluss und mündet in einen Wasserfall. Wenn ich mich dem Ausgang nähere, wird das Plätschern lauter, und auch das Vogelgezwitscher und das Rauschen der Blätter, die Gespräche der Männer im Hintergrund werden leiser. [...] Ich spüre die Sonnenstrahlen auf meiner Haut, auch wenn das tatsächlich nicht sein kann. Hier werden so viele Sinne bedient, dass mein Körper den Rest einfach ergänzt. Ein Frieden breitet sich in mir aus, von dem ich nicht weiß, ob er vielleicht auch nur virtuell ist.

1 Beschreibt die Elemente virtueller Realität, die auf den Bildern auf der linken Seite dargestellt werden.

2 Habt ihr selbst bereits Erfahrungen in der virtuellen Welt gemacht? Wer hat in einem Museum mithilfe einer VR-Brille fremde Welten oder untergegangene Städte erkundet? Wer hat sich schon einmal auf einer Plattform für virtuelle Realität als Avatar mit anderen Avataren getroffen? Berichtet von euren Erfahrungen.

3 Eva Wolfangel schildert, wie es ihr beim Eintauchen in die virtuelle Welt ergangen ist.
a) Beschreibt ihre Eindrücke.
b) Könnt ihr ihre Eindrücke nachvollziehen? Ist es euch ggf. bereits ähnlich ergangen?
c) Eva Wolfangel stellt sich zu Beginn die Frage „Was ist schon wirklich?". Erläutert, warum sie sich diese Frage stellt.

Tipp zu c)

Sollte euch die Frage „Was ist wirklich?" merkwürdig vorkommen, ist das nicht schlimm. Im Verlauf des Kapitels wird diese Frage mehrfach wieder aufgegriffen.

Im Laufe dieses Kapitels erstellt ihr ein Lernportfolio. Lest dazu zunächst auf den Methodenseiten (S. 348/349) genau nach, was ein Lernportfolio ist und wie ihr es anlegt. Auf den folgenden Seiten findet ihr Materialien und Aufgaben, die euch als erste Anregungen dienen. Immer dann, wenn das nebenstehende Symbol auftaucht, seid ihr allein gefordert: Bearbeitet eine oder mehrere der Aufgaben und sammelt sie in eurem Portfolio.

Über ein zweites Leben in der virtuellen Welt nachdenken

Als virtuelle Welt bezeichnet man eine computergestützte Umgebung, die von vielen Benutzerinnen und Benutzern „bevölkert" sein kann. Die Nutzerinnen und Nutzer erstellen sich einen persönlichen Avatar; damit erkunden sie unabhängig voneinander die virtuelle Welt, nehmen an unterschiedlichen Aktivitäten teil und kommunizieren mit anderen.

1 Lies den Erfahrungsbericht von Eva Wolfangel und halte die zentralen Gedanken in Stichpunkten fest.

Eva Wolfangel

Mein Leben als Avatar

Eva Wolfangel ist Journalistin. Sie berichtet 2016 in einer Reportage über einen Selbstversuch in der virtuellen Welt.

Wo bin ich? Ich bin in der Zukunft. Und zugleich bin ich im Hier und Jetzt. Ich bin in der Realität. Und zugleich in etwas gänzlich anderem, etwas von der Qualität eines Traumes. Ich bin in der Virtuellen Realität. Es heißt, die virtuelle Realität sei unsere Zukunft und dass wir uns in zehn oder zwanzig Jahren hier begegnen werden statt weite Reisen anzutreten zu unseren Liebsten. Noch sind nur wenige Menschen unterwegs in dieser Welt, die es eigentlich nicht so richtig gibt, und die auf mich aber in diesem Moment verdammt echt wirkt. [...]

Es ist nicht so, dass mich niemand gewarnt hätte. In unzähligen Gesprächen mit Entwicklern, Philosophen und Psychologen habe ich vor allem eines immer wieder gehört: die Virtuelle Realität wirkt echt, fast zu echt. Gamer berichten von allzu brutalen Killerspielen, manche haben Probleme, einen virtuellen Mord zu verarbeiten, andere warnen mich: Missbrauch in dieser Realität fühlt sich so echt an, dass Menschen Traumata davontragen – die sich in der echten Welt fortsetzen. Wieder andere schwärmen von den Möglichkeiten der sozialen Interaktion, gerade so wie im richtigen Leben. Forscher versichern mir: In Zukunft, wenn diese neue Technologie massentauglich wird, dann werden wir nicht nur dreidimensionale Computerspiele spielen. Menschen, die zu weit auseinander leben, um sich real zu treffen, können in dieser virtuellen Welt gemeinsam Abenteuer erleben, musizieren, Filme anschauen oder einfach nur reden. Raum und Zeit werden überwunden. Ich denke bei diesen Gesprächen immer an meine Freundin in Neuseeland und meinen Bruder in Brasilien, mit denen ich nur wenig Kontakt habe, weil mir beim Telefonieren, Mailen und Chatten etwas fehlt. Social Virtual Reality – das klingt wie ein schöner Traum. [...]

Eines Tages habe ich mich gemeinsam mit meinen neuen Spielkameraden auf einen Felsen gebeamt, vor meinen Füßen geht es hunderte

Meter in die Tiefe. Unten sehe ich die Pyramide, die gestern noch riesig und unüberwindlich vor mir stand, jetzt sieht sie winzig klein aus, die Menschen auf ihr wie Läuse. Ich drehe vorsichtig den Kopf: hinter mir ist der Fels, keine Fluchtmöglichkeit. Ich zittere, kann mich nicht bewegen, denke kurz an diese andere Welt, die so weit weg ist, in der ich auf einem soliden Wohnzimmerfußboden stehe. Oder doch nicht? Der Gedanke beruhigt mich nicht. Das hier fühlt sich echter an. Ich erstarre. Mein Körper signalisiert mir: Gefahr!

Auch das wusste ich, und konnte es trotzdem nicht glauben. Viele Spieler und Psychologen haben mich von diesem Effekt gewarnt. Unzählige Male habe ich den Satz gehört: „Das wirkt so echt, das kannst du dir nicht vorstellen.“ Ja, konnte ich bis jetzt auch nicht. Gleichzeitig bietet genau das, was mich hier an meine Grenzen bringt – obwohl ich im echten Leben nicht besonders ängstlich bin – für andere Menschen große Chancen: Angststörungen aller Art könnten in Zukunft so therapiert werden. Erste Experimente laufen bereits, mit vielversprechenden Ergebnissen: Menschen mit Höhenangst üben den Blick in virtuelle Abgründe, Menschen mit Platzangst fahren in virtuellen Aufzügen und durch Tunnels, Patienten mit Sozialphobie treffen auf virtuelle Menschen und lernen, das auszuhalten. Die Therapie der Zukunft.

Aber ich suche nicht nur die Therapie der Zukunft, nicht nur Abenteuer und Spiele – ich suche das soziale Leben der Zukunft! […]

Eine lila Frau reißt mich aus meiner verträumten Stimmung. Ihre runden Augen leuchten sanftrosa auf, als sie sich als „Sana“ vorstellt und mich fragt, wer ich bin. Sie hat eine warme weiche Stimme. Obwohl ich ihre Mimik nicht sehe, habe ich das Gefühl, dass sie mich anlächelt. Sie spricht langsam und überlegt. Es sind kleine Signale, die sie sehr aufmerksam wirken lassen. Ihr leicht geneigter Kopf, das sanfte Nicken, das aus dem echten Leben in die virtuelle Welt übertragen wird, die kaum hörbaren „hmms“. Ich erfahre, dass sie aus Ägypten stammt, eine gläubige Muslimin ist, und jeden Tag nach dem Fastenbrechen von der echten in die virtuelle Welt reist. Und du? Ah eine Deutsche. Anfangs habe sie Vorurteile gegen Deutsche gehabt, gegen Europäer, eigentlich gegen Westler allgemein. „Fühl dich bitte nicht angegriffen“, sagt sie höflich, „aber ich dachte lange, dass Westler keine Manieren haben, dass sie sich daneben benehmen, dass sie gewalttätig sind und überall Dreck rumliegen lassen. Aber ich habe hier viele sehr liebe Europäer kennen gelernt.“

Die virtuelle Realität kann auch das: Menschen aus verschiedenen Kulturkreisen zusammen führen. Durch die Avatare herrscht eine große Toleranz, gezwungenermaßen: es gibt eine begrenzte Auswahl an Modellen für unsere virtuellen Körper, nur die Farbe kann man wählen, äußerlich sind alle mehr oder weniger gleich. Erst im Gespräch und vor allem durch die Stimme kommt der echte Mensch hinter dem Avatar zum Vorschein. Erstaunlich schnell vergesse ich, dass ich mit Figuren rede, die äußerlich aussehen wie Roboter. […]

Nach der ersten Woche ziehe ich Bilanz: Ich bin übersättigt von gefühlt hunderten gleichförmigen Gesprächen: Wer bist du? Woher kommst du? Was machst du hier? Mit welchem Gerät bist du hier? Ich bleibe einige Tage offline, ziehe mich in mein echtes Leben zurück und überlege, wie es weitergehen kann. Ich würde gerne Beziehungen knüpfen. Intensiver mit einzelnen Nutzern zusammenkommen. Wenn, dann ist das doch die Zukunft! [...]
Vor meinem inneren Auge fügt sich langsam ein Puzzle zusammen: über unsere virtuelle Zukunft. Vielleicht ist diese Zukunft ein neuer Raum für alle. Für Träume und Visionen. Für Menschen, die nur spielen wollen. Und für andere, die hier ihr soziales Leben aufbauen, weil das in der Realität für sie nicht funktioniert. Ein tröstlicher Gedanke irgendwie.

2 Nehmt im Plenum Stellung zu den Ausführungen Wolfangels.
  a) Erklärt zunächst, wie es möglich ist, dass sich das Agieren in der virtuellen Welt so echt anfühlt.
  b) Haltet ihr ihre Darstellung für zu übertrieben oder für realistisch?
  c) Habt ihr möglicherweise eigene Erfahrungen in einer wie von Wolfangel beschriebenen virtuellen Welt oder einer ähnlichen Plattform? Berichtet davon und bezieht eure Erfahrungen in die Stellungnahme ein.

3 Ein beliebter Vorgänger der von Wolfangel beschriebenen „Social Virtual Reality" war die Plattform „Second Life".
- Recherchiert, um welche Plattform es sich dabei handelt und was Nutzerinnen und Nutzer dort machen konnten.
- Erläutert, was mit dem Namen der Plattform zum Ausdruck gebracht werden soll, und diskutiert, ob der Anspruch berechtigt oder übertrieben ist.

Anregungen für euer Portfolio zum Thema
1. Recherchiere zu ähnlichen Plattformen, die eine virtuelle Umgebung schaffen. Berücksichtige dabei auch Erfahrungsberichte von Userinnen und Usern und nimm dazu persönlich Stellung.
2. Überlege, welche Möglichkeiten und welche Gefahren solche Plattformen bieten. Halte deine Überlegungen fest.
3. Unternehmt in einer Gruppe einen Selbstversuch auf einer Plattform, die eine virtuelle Umgebung anbietet, und haltet eure Erfahrungen fest.
   ACHTUNG: Unternehmt den Selbstversuch nur unter Anleitung eurer Lehrkraft in der Schule.

Die eigene Selbstdarstellung in der virtuellen Welt untersuchen

Auch die Social-Media-Plattformen zählen zur virtuellen Welt. Jede und jeder von euch nutzt wahrscheinlich mindestens eine der vielen Plattformen, um sich darzustellen und mit anderen zu kommunizieren. Doch wie präsentiert ihr euch dort? Ist euer Auftritt eher eine Art „zweites Leben" oder entspricht er eurem wirklichen Ich?

Fakes oder Fakten: Die Darstellung auf Social-Media-Plattformen

Allgemein wird angenommen, dass die Darstellungen auf Social-Media-Plattformen zumindest sehr geschönt sind: Bilder werden sorgfältig inszeniert und aufwändig bearbeitet, persönliche Eigenschaften erscheinen beinahe makellos. Das Ich erscheint also virtuell retuschiert. In vielen Fällen sollen sogar vorsätzlich Fake-Profil angelegt werden. Zwei neuere Filmproduktionen haben sich diesem Thema angenommen: Zum einen die 2022 erschienene Dokumentation „Tinder-Schwindler" über einen Hochstapler, der sich als Milliardär auf einer Dating-Plattform ausgegeben hat, um anschließend Frauen, die er getroffen hat, um etliche Tausend Euro zu betrügen. Zum anderen die ebenfalls 2022 erschienen neue Serie „Inventing Anna". Die Serie greift eine wahre Geschichte auf. Die gebürtige Russin Anna Sorokin wechselt nach dem Abitur in Eschweiler nach New York, nennt sich Anna Delvey und gibt sich als reiche Millionenerbin und Unternehmerin aus. Unter anderem mithilfe eines geschickt aufgebauten Social-Media-Auftritts gewinnt sie Zugang zur High Society New York. Über Jahre finanzieren ihr ihre wohlhabenden Bekannte, aber auch Banken ihr luxuriöses Leben. 2017 wurden ihre Betrügereien aufgedeckt und sie wurde zu einer mehrjährigen Haftstrafe verurteilt. Noch in der Haft konnte sie die Rechte an der Verfilmung ihrer Geschichte verkaufen.

1 Lest den obigen Text und fasst zusammen, welchen Eindruck er über die Selbstdarstellung auf Social-Media-Plattformen vermittelt.

Süddeutsche Zeitung

Identität in sozialen Netzwerken

Eine Studie des Psychologischen Instituts der Johannes-Gutenberg-Universität Mainz gelangt zu einem anderen Ergebnis bezüglich der Social-Media-Auftritte.

Online-Profilen auf sozialen Netzwerken haftet der Ruf an, ein idealisiertes Selbstbild zu präsentieren. Eine Studie zeigt nun das Gegenteil. Die Teilnehmer sozialer Netzwerke [...] verleihen mit ihren Profilen meist der eigenen Persönlichkeit Ausdruck und schaffen keine geschönte, künstliche Identität. Zu diesem Ergebnis kommt ein Psychologen-Team der Johannes Gutenberg-Universität Mainz, das in Zusammenarbeit mit deutschen und US-amerikanischen Kollegen 236 Nutzerprofile untersucht hat.

„Die Ergebnisse haben uns selbst überrascht, weil sie der weit verbreiteten Meinung widersprechen, dass Online-Profile nur dazu verwendet werden, ein Ideal der eigenen Person zu präsentieren", erläuterte Teammitglied Mitja Back vom Psychologischen Institut der Universität in einer Mitteilung vom Mittwoch. „Online-Profile vermitteln tatsächlich ein sehr genaues Bild der Profilinhaber."

Die Forscher erhoben mit Fragebögen die Eigenschaften der Profilbesitzer und ihre Vorstellungen davon, wie sie gerne wären. [...] Anschließend beurteilten Fremde die Profile und schilderten ihren Eindruck von der jeweiligen Persönlichkeit.

Das Urteil der Fremden wurde mit den Antworten der Nutzer und dem idealisierten Selbstbildnis verglichen. „Es zeigt sich, dass die spontanen Eindrücke der fremden Beurteiler mit den tatsächlichen Eigenschaften der Profilbesitzer übereinstimmen und nicht durch deren Selbstidealisierung verfälscht werden", hieß es in der Mitteilung.

Die Persönlichkeit spiegele sich wie in vielen anderen Dingen auch im Online-Profil wieder, erklärte Back. Die Ergebnisse der Untersuchung sprächen dafür, dass sich die Profile wegen der Vielzahl an persönlichen Informationen besonders gut dafür eigneten, die Persönlichkeit auszudrücken. Deshalb verwundere es nicht, dass sich soziale Netzwerke solcher Beliebtheit erfreuten.

Die Nutzer könnten einander informieren, wer sie sind, und damit dem Bedürfnis nachkommen, wahrgenommen zu werden. „Zum anderen verlassen sich Nutzer sozialer Netzwerke auf die Informationen, die sie fremden Profilen entnehmen." Das fördere das Vertrauen in solche Netzwerke und begünstige deren Nutzung.

2 Fasst die Ergebnisse der Studie des Psychologischen Instituts der Johannes-Gutenberg-Universität Mainz zusammen.

3 Untersucht in Partnerarbeit eure eigenen Social-Media-Auftritte und klärt dabei die Frage, ob sie eurem wirklichen Ich entsprechen.

a) Entwickelt dazu im Klassenverband zunächst einheitliche Kriterien für die Untersuchung, die ihr in einem Untersuchungsbogen festhaltet.

Untersuchungsbogen zum Social-Media-Auftritt

Mögliche Kriterien zur Untersuchung der Social-Media-Auftritte

gesprächig, gesellig	*eher in sich gekehrt*
offen für neue Erfahrungen	*an Bewährtem festhaltend*
diskussionsfreudig	*auf Harmonie bedacht*
optimistisch	*pessimistisch*
gewissenhaft	*leichtfertig*
…	…

b) Beurteilt anschließend anhand der Kriterien euren eigenen Auftritt und notiert eure Bewertung auf eurem Untersuchungsbogen.

c) Lasst im nächsten Schritt eure Partnerin oder euren Partner euren Auftritt bewerten und die Ergebnisse festhalten. Dabei sollte sie oder er eure eigene Bewertung nicht kennen.

d) Vergleicht nun jeweils die eigene mit der fremden Bewertung. Entspricht die Wirkung der gewollten Selbstdarstellung?

e) Diskutiert im Plenum über die Ergebnisse.

Tipp zu e)

Die Diskussion sollte ohne konkrete Beispiele geführt werden. Niemand sollte bloßgestellt werden.

4 Bezieht noch einmal die beiden Texte von S. 59 und S. 60 in eure Überlegungen ein. Diskutiert im Plenum auf der Basis eurer Untersuchung aus Aufgabe 3, welche Darstellung nach eurer Erfahrung die Wirklichkeit treffend beschreibt.

Anregungen für euer Portfolio zum Thema

1 Dokumentiere auf der Basis der Ergebnisse aus der Aufgabe 3 deine Selbstdarstellung in den sozialen Medien und reflektiere deren Wirkung.

2 Untersuche die Geschichte deiner Selbstdarstellung und stelle dar, was du im Laufe der Zeit verändert hast und warum. Hat die Beschäftigung mit dem Thema im Unterricht zu einer Veränderung geführt?

3 Vergleiche dein Profil mit anderen.

Meine Spuren in der virtuellen Welt – Die Folgen von Identitätsdiebstahl in der virtuellen Welt kennenlernen

Wenn wir uns in der virtuellen Welt bewegen, hinterlassen wir Spuren. Ob auf Suchmaschinen, bei Streamingdiensten, auf Social-Media-Plattformen oder beim Online-Shopping. So entsteht nach und nach unsere digitale Identität. Aber diese Identität ist nicht immer sicher: Mit wenigen Tricks sind Kriminelle in der Lage, unsere Daten zu stehlen und in unserem Namen oder zu unserem Schaden Straftaten zu begehen.

Polizei Brandenburg

Was genau ist (d)eine digitale Identität?

Kurz gefasst sind es alle Möglichkeiten und Rechte des einzelnen Nutzers sowie seine Aktivitäten im Internet. Es sind also sämtliche Arten von Nutzerdaten, zum Beispiel Zugangsdaten in den Bereichen:

- Kommunikation (E-Mail- und Messengerdienste […], soziale Netzwerke […]),
- E-Commerce (Onlinebanking, Onlinebrokerage[1], internetbasierende Vertriebsportale jeglicher Art […] oder Buchungssysteme für Flüge, Reisen, Hotels, Mietwagen usw.),
- Berufsspezifische Informationen (zum Beispiel Nutzung eines Home-Office für den Zugriff auf firmeninterne technische Ressourcen),
- E-Government (z. B. elektronische Steuererklärung) sowie
- Cloud-Computing.

Es sind aber auch alle anderen zahlungsrelevanten Informationen (insbesondere Kreditkartendaten, Zahlungsadressen und andere), welche ebenfalls Bestandteil dieser digitalen Identität sind.

[1] Onlinebrokerage: Börsengeschäfte, die online über Portale getätigt werden.

1 a) Erläutere mithilfe des Textes, was eine digitale Identität allgemein ausmacht.
b) Stelle zusammen, in welchen Bereichen du bereits digitale Spuren hinterlassen hast.

Recherchestrategien gezielt einsetzen, S. 37/38

2 Lest den folgenden Text über Identitätsdiebstahl und recherchiert anschließend weitere Fälle von Identitätsdiebstahl.

Identitätsdiebstahl

Identitätsdiebstahl ist das Thema von zahlreichen Thrillern. Die Realität ist auf den ersten Blick weniger spannend, kann aber für die Betroffenen sehr unangenehme Folgen haben. Das Portal der Verbraucherzentrale listet zahlreiche Fälle auf und rät zu Vorsichtsmaßnahmen. Nachfolgend drei typische Beispiele:

Beispiel 1: Ein Verbraucher hat noch nie etwas im Internet bestellt. Nicht einmal eine E-Mail-Adresse besitzt er. Umso erstaunter ist er, als ein Inkassounternehmen die Bezahlung mehrerer Online-Bestellungen von ihm verlangt. Die Täter benötigten lediglich den Namen und die Adresse, um Waren zu bestellen, die sie dann beim Postzusteller abfingen. Da die Bestellungen auf Rechnung getätigt wurden und der Verbraucher keine Kenntnis von den Rechnungen hatte, beauftragte der Online-Shop ein Inkassounternehmen mit der Eintreibung der Kaufpreise.

Beispiel 2: Eine Verbraucherin erhält über ein soziales Netzwerk eine Freundschaftsanfrage ihrer Freundin. Tatsächlich wurde der Account der Freundin gehackt und wird nun von Kriminellen verwendet. Die Kriminellen geben also vor, die Freundin zu sein und bitten die Verbraucherin um Hilfe. Der Verbraucherin werden Codes auf ihr Smartphone zugeschickt, die sie über ein soziales Netzwerk an die Kriminellen weiterleiten soll. Bei diesen Codes handelt es sich um Bezahl-Codes, die später auf der Mobilfunkrechnung der Verbraucherin abgerechnet werden. Schaden: 900 Euro.

Beispiel 3: Der Verbraucher denkt, er testet für ein Marktforschungsinstitut das Video-Ident-Verfahren einer Bank. In Wirklichkeit eröffnet er ein reales Konto auf seinen Namen, das für Geldeingänge von Fakeshops oder ähnlichen Betrügereien genutzt werden soll. Schaden: Eine drohende Anklage wegen leichtfertiger Geldwäsche.

Text leicht verändert

3 Reflektiert euer eigenes Verhalten im Internet. An welchen Stellen könntet ihr gefährdet sein?

4 a) Stellt gemeinsam Verhaltensregeln zusammen, die einem Identitätsdiebstahl entgegenwirken können.
b) Erstellt einen Flyer für jüngere Mitschülerinnen und Mitschüler, in dem ihr über das Thema *Identitätsdiebstahl* informiert und wichtige Verhaltensregeln zusammenstellt. Recherchiert dazu auch Tipps und Regeln, die Verbraucherzentrale und Polizei geben.

Textverarbeitungsprogramm

Recherchestrategien gezielt einsetzen, S. 37/38

Anregungen für euer Portfolio zum Thema

1 Erfasse und dokumentiere deine eigene digitale Identität. Erstelle einen Steckbrief deiner digitalen Identität.

2 Recherchiere, welche Spielfilme es zu dem Thema gibt. Suche dir einen aus und beurteile ihn: Geht er das Thema realistisch an, ist der Film reißerisch, veraltet, schlecht informiert, informativ etc.

Die Macht der Algorithmen – Die Folgen der Auswertung der virtuellen Spuren diskutieren

Nicht nur Kriminelle nutzen die Daten, die ihr im Internet über euch hinterlasst. Eure Daten sind auch für die großen Anbieter von Suchmaschinen, Social-Media-Plattformen und Streamingdiensten zu einem kostbaren Gut geworden. Im Grunde genommen bezahlt man die Nutzung dieser Dienste mit seinen Daten – und das hat Folgen …

1 a) Lies dir die Zusammenfassung des Interviews mit Markus S. Kleiner durch und mache dir dazu Notizen.

„Entmündigung im Streaming"

b) Hör dir im Medienpool das gesamte Interview an und ergänze deine Notizen.

Markus S. Kleiner

Entmündigung im Streaming?

Markus S. Kleiner ist Professor für Medien- und Kommunikationswissenschaft. Im Gespräch mit dem Deutschlandfunk (Dlf) vom 01.10.2020 erläutert er seine These, dass Streamingdienste die Demokratie bedrohen. Eine Zusammenfassung des Gesprächs durch den Dlf:

Durch personalisierte Streaming-Oberflächen bekomme man nur einen Ausschnitt der Realität zu sehen, warnt Medienwissenschaftler Marcus Kleiner. […] In seinem Buch […] kritisiert Autor und Medien- und Kulturwissenschaftler Marcus S. Kleiner das System Streaming. Problematisch sei, dass sich die Nutzerinnen und Nutzer „für die selbstbestimmte Entmündigung entscheiden", da Streamingdienste durch die Personalisierung lebten und bestimmten, was wir sehen: „In jeder Sekunde, in der wir streamen, werden unsere Daten, unser Streamingverhalten aufgezeichnet und algorithmisch ausgewertet", so Kleiner. Dadurch bekomme man immer wieder neue Empfehlungen, wüsste gar nicht warum und würde so zu einem „Konsumobjekt".

Die Algorithmen der Streamingdienste schlagen den Nutzern personalisierte Musik vor. Doch das funktioniert nicht für alle Menschen gleich gut, erklärt Informatiker Markus Kleiner im Dlf.

Er kritisiere in erster Linie das System, weniger die Inhalte, so der Autor: „Es geht wesentlich darum, dass Daten heutzutage Macht bedeuten. Wer die meisten Daten sammelt, hat eine große Macht über die Darstellung von Wirklichkeit. Durch personalisierte Streaming-Oberflächen bekomme man nur einen Ausschnitt der Realität zu sehen. Ein Problem sei auch, dass sich viele nicht mehr darüber empören würden, was mit unseren Daten passiere und dass uns die Digitalwirtschaft „Wirklichkeitsbrillen aufsetzt, die gar nicht unsere eigenen sind", meinte Kleiner.

Er selbst könne nicht den Weg weisen, wie man aus dieser Krise heraus komme, betonte Kleiner. Er wolle nur den Status Quo aufzeigen und auch ein Generationsbild aufzeigen: Viele Menschen seien geprägt durch ihr Leben in den digitalen Medien, lebten in einer „On-demand-Gesellschaft“ und erwarteten immer nur, dass ihnen so schnell wie möglich alles zustehe, was sie wissen wollten.
Um diese Situation letztlich zu verändern und Streamingdienste zu nutzen, um die Demokratie nicht zu gefährden, sondern zu stärken, sei es wichtig, dass vier Instanzen miteinander kommunizieren: Die Streamingunternehmen, die Politik, die Abonnentinnen und Abonnenten und der Verbraucherschutz. „Und nur wenn die miteinander kooperieren und die Streaminganbieter bereit wären, viel mehr Transparenz über die algorithmische Auswertung des Publikums zu gewähren, könnten wir die Streamingverhältnisse verändern“, so Kleiner im Dlf.

2 Kleiners These ist, dass Streaming zur Entmündigung führe.
a) Formuliert eine Definition des Begriffs „Entmündigung“.
b) Erläutert davon ausgehend die Argumentation von Kleiner.

Starthilfe, S. 422

3 Führt eine Podiumsdiskussion zur Frage durch, ob Streamingdienste zu einer Entmündigung der Benutzerinnen und Benutzer führen. Geht dabei folgendermaßen vor:
- Sammelt in Gruppen Argumente sowohl für die Pro- als auch für die Kontra-Auffassung. Recherchiert ggf. dazu im Internet.
- Bildet anschließend Pro- und Kontra-Gruppen sowie eine weitere Gruppe, die die Diskussionsleitung vorbereitet.
- Arbeitet die Argumente für eure Position durch und überlegt auch Gegenargumente für die gegnerische Position. Bestimmt jeweils eine Sprecherin oder einen Sprecher in eurer Gruppe.
- Führt die Podiumsdiskussion durch.
- Gebt anschließend den Teilnehmerinnen und Teilnehmern ein Feedback und wertet die Diskussion inhaltlich aus.

Eine Podiumsdiskussion führen, S. 346/347

Tipp

Eine Moderatorin bzw. ein Moderator und jeweils zwei Pro- und zwei Kontra-Teilnehmer/-innen sollten auf dem Podium sein.

Feedback geben, S. 357/358

Anregungen für euer Portfolio zum Thema

1 Stelle dein eigenes Streamingverhalten dar und reflektiere es.
- Welche Plattformen nutzt du?
- Welche Geräte benutzt du?
- Wie schaust du? Neigst du zum Binge-Watching?
- Schaust du mehr allein oder mit Freunden und der Familie?
- Welchen Einfluss auf dein Streamingverhalten haben die Vorschläge der Plattform?

2 Recherchiere die Folgen der Streamingdienste für die Film- und Musikschaffenden. Kennst du jemanden, die oder der professionell Musik macht? Mache ein Interview mit ihr oder ihm und dokumentiere es.

3 Recherchiere die ökologischen Folgen des Streaming und dokumentiere deine Ergebnisse.

Arbeitsheft, S. 18–21

„Ich bin dein Mensch" – Die Bedeutung humanoider Roboter entdecken

Können die Algorithmen über uns auch dazu genutzt werden, einen humanoiden Roboter zu programmieren, der zu uns passt und uns im Alltag begleitet? Der deutsche Spielfilm „Ich bin dein Mensch" von Maria Schrader von 2021 stellt genau diese Frage.

Ich bin dein Mensch: Eingangsszene

Tom und Alma lernen sich kennen

Die Wissenschaftlerin Alma lässt sich auf die Teilnahme an einer Studie ein, um Gelder für ihre Forschungen zu bekommen. Bei dem Experiment soll Alma einige Wochen mit einem humanoiden Roboter verbringen, der sich an ihre Wünsche und Bedürfnisse anpasst, um der perfekte Partner für Alma zu werden. Die erste Begegnung wird in einem Club arrangiert. Doch der erste Flirt misslingt, weil Tom, der humanoide Roboter, ein technisches Problem hat: Er friert ein. Im Anschluss wird Alma an die Bar gebeten, wo die Mitarbeiterin, die Alma und Tom zuvor einander vorgestellt hat, sich für das Missgeschick entschuldigt. Im Hintergrund tanzen Paare zu Salsa-Musik.

Mitarbeiterin: Bitte verzeihen Sie diese kleine Komplikation. Ich kann Sie beruhigen: Das kommt bei diesem Modell sehr, sehr selten vor, das ist quasi ein Lottogewinn, wenn das passiert. Also, von der Wahrscheinlichkeit her. Aber ich kann Ihnen versichern, dass unsere Techniker das bis morgen Abend behoben haben. Wir sind wirklich untröstlich über diese unangenehme Verzögerung.

Alma: Kein Problem.

Mitarbeiterin: Sie glauben nicht, wie kompliziert es ist, einen Flirt zu programmieren. Eine falsche Bewegung, ein falscher Blick, ein unbedachtes Wort, schon ist die ganze Romanik dahin, oder etwa nicht? [*Sie lächelt. Im Hintergrund werden mehrere Paare im Flirt gezeigt.*] Vielleicht kommt Ihnen das ganze Ambiente etwas übertrieben vor, aber zum einen liefert uns diese romantische Begegnung wichtige Informationen für die letzten Einstellungen, zum anderen: Auch wenn Sie Tom als eine von zehn Expertinnen nur für drei Wochen testen werden, ist doch eine erste Begegnung in der richtigen Atmosphäre von großer Bedeutung.

Alma: Ganz schöner Aufwand.

Mitarbeiterin *flüsternd*: Aber auch nicht ganz so groß, wie Sie denken.

Text leicht verändert

1 Beschreibt, wie das Kennenlernen von Mensch und Roboter durch die Herstellungsfirma arrangiert worden ist.

Starthilfe, S. 422

Stereotype in Gedichten und ihre Brechung analysieren, S. 180–183

2 Untersucht, welches Rollenverständnis die Programmiererinnen und Programmierer der Roboter geleitet hat.

Ich bin dein Mensch: Szene im Forschungsinstitut

Die Programmierung humanoider Roboter

Wenig später trifft Alma ihren Chef (den Dekan des Instituts, Roger) in seinem Büro, der gleichzeitig in einer Ethikkommission arbeitet.

Alma: Die testen mich, scannen mein Gehirn, multiple choice ohne Ende – dann speisen Sie diese Dinger mit sogenannten mindfiles von 17 Millionen Menschen, Charaktermerkmale, Ansichten, Gefühle, alles unvorstellbar aufwändig; will gar nicht wissen, was das kostet – und was kommt dann dabei raus? „Deine Augen sind wie zwei Bergseen, in denen ich versinken möchte!“[1]

Roger: Vielleicht kennen die dich ja besser als du selbst. Also ... ich würd’ das ja ganz gern mal ausprobieren.

Alma: Dir deine Traumfrau basteln lassen.

Roger: Joa ... Aber ich hab’ sie ja Zuhause ... Gut, Spaß beiseite. Egal, wie wir das alles finden. Ich bin in die Ethikkommission geladen und brauche deine Studie.

Alma: Schreibe ich dir blind.

Roger: Alma. Es geht immerhin darum, ob diese Dinger in Deutschland heiraten dürfen, arbeiten, Pässe kriegen, Menschenrechte oder eingeschränkte oder wie man das dann nennen will ...

Text leicht verändert

[1] Das hat Tom zu Alma gesagt, um den Flirt vor dem Tanz zu eröffnen. Alma findet das offensichtlich kitschig.

3 Erläutert, welche Bedeutung die Algorithmen bei der Herstellung und Programmierung der Roboter spielen.

4 Obwohl die Programmierung von Tom sehr aufwendig ist, ist Alma unzufrieden. Erklärt, warum sie das Ergebnis nicht überzeugt, und diskutiert, woran es liegen könnte.

Starthilfe, S. 422

5 Formuliere eine kurze Stellungnahme zur Frage „Was würdest du dir von einem humanoiden Roboter wünschen?“.

Die historische Entwicklung des Motivs untersuchen und deuten, S. 266–269

6 Formuliere ein Regelwerk aus fünf bis acht Regeln für den Umgang mit humanoiden Robotern. Notiere dir stichwortartig Begründungen für die einzelnen Regeln, die du aufgestellt hast.

Tipp zu 6

In der obigen Filmszene nennt die Filmfigur Roger schon einige Aspekte, an denen du dich orientieren kannst.

Einen Kommentar planen, S. 104/105

Anregungen für euer Portfolio zum Thema

1 Recherchiere zur Frage, ob der Einsatz von Robotik in Pflege und Kinderbetreuung ethisch vertretbar ist. Bilde dir zur Frage eine eigene Meinung und lege sie begründet dar.

2 Die Filmfigur Roger sitzt in einer Ethikkommission, die nach dem Feldversuch entscheiden sollen, ob Roboter heiraten dürfen, Menschenrechte und Pässe bekommen. Schau den Film ganz und entscheide die obigen Fragen begründet auf der Basis der Filmhandlung.

Schätze deinen Lernstand ein

Das Portfolio reflektieren und überarbeiten

Das Arbeiten mit einem Portfolio ist nur dann wirklich sinnvoll, wenn du immer wieder in deine Aufzeichnungen hineinschaust und über deinen Lernweg nachdenkst. Dabei kommentierst du deine alten Inhalte und verknüpfst sie mit neueren. Du setzt also die einzelnen Elemente deines Lernportfolios miteinander in Verbindung.

1 Gehe dein Portfolio noch einmal systematisch durch und überlege, wie du jeweils vorgegangen bist. Die untenstehenden Leitfragen helfen dir dabei. Notiere dir die Reflexion in einer anderen Schriftfarbe, sodass neuen Einträge von den ursprünglichen gut zu unterscheiden sind.

- *Wie bin ich bei den einzelnen Themen jeweils vorgegangen? Welche Beispiele habe ich gewählt?*
- *Welche Hilfsmittel habe ich benutzt und welche Methoden habe ich angewendet? Was davon war hilfreich und hat mich vorangebracht, was hat sich nicht bewährt?*
- *Welche Aufgaben konnte ich erfolgreich bewältigen? Was waren die Gründe dafür?*
- *Bei welchen Aufgaben hatte ich Schwierigkeiten? Warum war das so?*
- *Was habe ich inhaltlich bisher gelernt?*

2 a) Tausche dein Portfolio mit mindestens einer Mitschülerin oder einem Mitschüler aus und vergleiche Vorgehensweise und Inhalte.

b) Ergänze ggf. dein Portfolio um inhaltliche Aspekte, auf die du durch den Vergleich gestoßen bist.

3 Bringe abschließend dein Portfolio „in Form“:
- Füge ein Deckblatt hinzu.
- Vereinheitliche das Layout und füge eine Seitenzählung ein.
- Verfasse eine Einleitung, in der du dein Vorgehen und deine Lernerfolge kurz erläuterst.

☺ → Seite 69–72, B
😐 → Seite 69–71, A
☹ ← Seite 348/349

Die Grenzen zwischen biologischer und virtueller Welt erkunden

Menschen, die sich in der virtuellen Welt bewegen, berichten übereinstimmend, dass sie mit dem gesamten Körper in eine zweite Wirklichkeit eintauchen. Sie sind emotional voll eingebunden, fühlen sogar Sonne auf ihrer Haut, wenn ihr Avatar in die Sonne tritt, obwohl sie sich in einem abgedunkelten Raum mit einer VR-Brille vor den Augen befinden. Wie können wir dann eigentlich die virtuelle Welt von der gewohnten biologischen noch unterscheiden?

Thomas Metzinger im Gespräch mit Planet Wissen

Zwischen biologischer und virtueller Welt macht unser Gehirn keinen Unterschied

Der Philosoph und Neuro-Ethiker Thomas Metzinger hält eine Unterscheidung zwischen virtueller und biologischer Welt für grundsätzlich schwierig.

Moderatorin: Thomas Metzinger [...] forscht daran, wie wir Realität wahrnehmen und wie sich diese Wahrnehmung durch virtuelle Realität verändert. Seine erste Erkenntnis: Unser Gehirn macht zwischen biologischer und virtueller Realität gar keinen prinzipiellen Unterschied.

Thomas Metzinger: Das, was wir unser bewusstes Erleben nennen, ist eigentlich nichts als eine virtuelle Realität, die unser Gehirn erzeugt. Das heißt: Unsere bewussten Erlebnisse sind vom Inhalt her die Inhalte eines Modells der Wirklichkeit, die unser Gehirn erzeugt.

Moderatorin: Dass Menschen in künstliche Welten eintauchen, ist an sich gar nichts Neues. Gamer kennen das Gefühl, wirklich zu kämpfen. Aber virtuelle Realität kann uns noch tiefer abtauchen lassen. Sie erzeugt das Gefühl, auch körperlich dort zu sein. Die natürliche Umgebung verschwindet, die VR liefert Augen, Ohren und bald dem ganzen Körper überzeugende Wahrnehmungen. So wird der Avatar für das Gehirn wirklich zum eigenen Körper [...].

Thomas Metzinger: Wenn diese Technologie noch besser wird in den nächsten fünf oder zehn Jahren, dann wird auch der Grad des Embodyments[1], der körperlichen Identifikation mit Avataren oder Kunstwesen stärker werden. Und das wird dann sehr direkte Folgen auch auf unser Selbstmodell im Gehirn haben.

[1] Embodyment: *wörtl.* Verkörperung

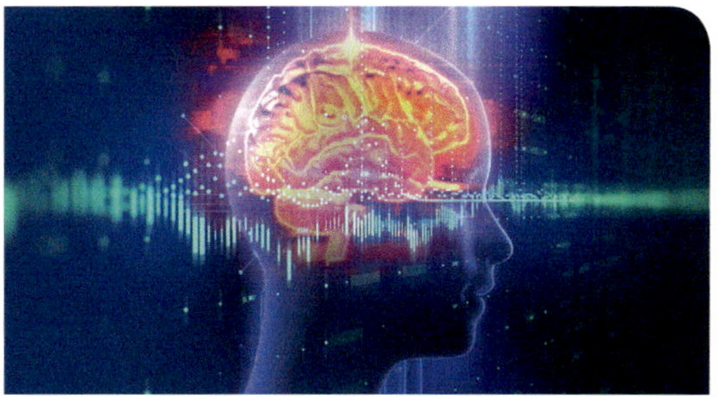

1 Erläutert die Theorie von Thomas Metzinger.
- Was meint Metzinger mit dem Modell der Wirklichkeit, das unser Gehirn erzeugt?
- Welche Rolle spielt dabei die „virtuelle Welt", so wie er sie versteht?
- Nenne Beispiele, die die Theorie veranschaulichen könnten.

2 Im Folgenden wendet ihr die Theorie an einem Beispiel an. Lest dazu zunächst den Dialog zwischen Morpheus und Neo aus dem Film „Matrix" von Lana und Lilly Wachowski.

Matrix

Was ist Realität?

Der Film „Matrix" aus dem Jahr 1999 handelt davon, dass die Menschen in einer virtuellen Welt von Maschinen gefangen gehalten werden. Sie dienen den Maschinen lediglich als Energielieferanten. Das Programm „Matrix" gestaltet die künstliche Wirklichkeit, die die Menschen umgibt. Neo, ein Computerspezialist, entdeckt, angeleitet durch den Widerstandkämpfer Morpheus, allmählich das Komplott der Maschinen.

Neo: Genau in diesem Augenblick sind wir in einem Computerprogramm?

Morpheus lächelt.

Morpheus: Ist es so schwer zu glauben? Deine Kleidung ist anders, die Stecker in deinem Kopf und deinen Armen sind verschwunden. Guck deine Haare an, du warst kahl vor wenigen Augenblicken.

Neo berührt seine Haare.

Morpheus: Das ist, was wir residuales Selbstbild nennen. Die mentale Projektion von deinem elektronischen Selbst. Krass, oder?

Neos Hand berührt das rissige Leder des Stuhls.

Neo: Und das – das ist nicht real?

Morpheus: Was ist real? Wie definierst du real? Wenn du über das redest, was du fühlst, riechst, schmeckst oder siehst, dann bezeichnet „real" einfach elektrische Signale, die von deinem Gehirn interpretiert werden.

Er nimmt eine Fernbedienung und klickt auf den Fernseher. Auf dem Bildschirm sehen wir Bilder der Stadt aus dem 20. Jahrhundert, in der Neo lebt.

Morpheus: Das ist die Welt, wie du sie kennst. Die Welt, wie sie am Ende des 20. Jahrhunderts besteht. Die gibt es jetzt nur noch als Teil einer neural-interaktiven Simulation, die wir Matrix nennen.

Er wechselt den Kanal und wir sehen eine Stadt, die sich sehr von der eben gesehenen unterscheidet.

Morpheus: Du hast in einer Traumwelt gelebt, Neo. Wie in Baudrillards[1] Vision hat sich dein ganzes Leben innerhalb eines Stadtplans abgespielt, nicht auf einem tatsächlichen Grund und Boden. Und hier ist die Welt, wie sie tatsächlich heutzutage existiert.

Im Hintergrund sehen wir von fern Ruinen einer Zukunftsstadt aus dem Ödland auftauchen wie die geschwärzten Rippen eines verwesten Körpers.

Morpheus: „Die letzten Reste des Realen." [...]

Morpheus: Was also ist die Matrix? Kontrolle.

Er öffnet die Rückseite der Fernbedienung.

Morpheus: Die Matrix ist eine computergenerierte Traumwelt, hergestellt, um die Menschen zu kontrollieren und sie schließlich in dies hier zu verwandeln.

Er hält eine kupferne Batterie hoch.

[1] Jean Baudrillard (1929–2007): einflussreicher französischer Medienkritiker

3 Wendet die Theorie von Thomas Metzinger an, um die Szene aus dem Film zu interpretieren.

a) Schildert genau das Problem, das Neo in Bezug auf die Unterscheidung von virtueller und biologischer Realität hat.

b) Erläutert die Erklärung von Morpheus, warum es Neo (und den Menschen in der Matrix) so schwerfällt, zwischen biologischer und virtueller Welt zu unterscheiden. *Starthilfe, S. 422*

c) Wie würde Metzinger Neos Problem erklären? *Starthilfe, S. 423*

d) Diskutiert, für wie realistisch ihr es haltet, dass es Menschen nicht mehr gelingt, zwischen biologischer und virtueller Welt zu unterscheiden.

Ⓐ Einen Three-Minute-Talk halten

Aufgabe: Erstellt in Vierergruppen jeweils einen Three-Minute-Talk zum Thema: *Was heißt hier Realität? – Die Bestimmung der Grenzen zwischen biologischer und virtueller Realität.* *Einen One-Minute-Talk halten, S. 361*

4 Recherchiert zunächst zu Bereichen, in denen heute virtuelle Realitäten eingesetzt werden. Schaut euch dazu zum Beispiel die Bedeutung des virtuellen Lernens allgemein an oder besonders den Einsatz virtueller Technik bei der Ausbildung von Chirurginnen und Chirurgen. Nutzt dazu die Internetlinks im Medienpool. *Internetlinks: Virtuelles Lernen*

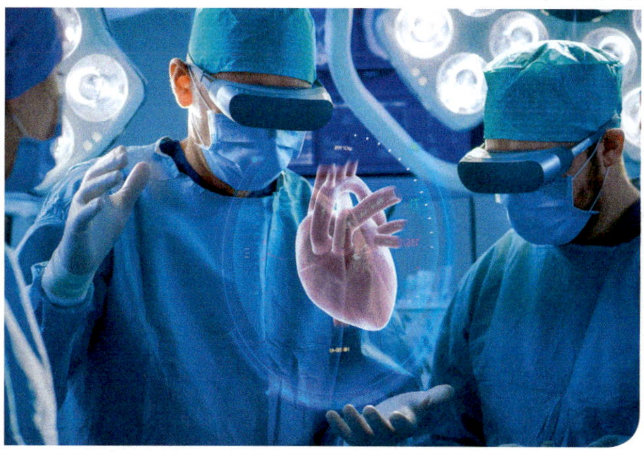

5 Diskutiert eure Ergebnisse in der Gruppe.

6 Konzentriert euch anschließend bei der Ausgestaltung eurer Ausführungen auf die Wahrnehmung von Menschen und auf die Prozesse im Gehirn.

7 Formuliert gemeinsam den Text für euren Three-Minute-Talk. Geht dabei auf jeden Fall auf die Theorie von Thomas Metzinger und auf die analysierte Filmszene aus „Matrix“ ein. Ergänzt den Text um Beispiele aus eurer Recherche, z. B.: *Textverarbeitungsprogramm*

Wie kann es sein, dass Chirurg/-innen operieren lernen, indem sie eine Operation durch einen Avatar an einem anderen Avatar durchführen? Was passiert dabei in ihrem Gehirn?

B Einen Podcast erstellen

Podcast, S. 370

Aufgabe: Erstellt in Vierergruppen jeweils einen Podcast zum Thema: *Was heißt hier Realität? – Die Bestimmung der Grenzen zwischen biologischer und virtueller Realität.*

Internetlinks: Virtuelles Lernen

4 Erweitert eure theoretischen Kenntnisse, indem ihr zu dem Thema recherchiert. Nutzt dazu die Internetlinks im Medienpool.

5 Diskutiert die Rechercheergebnisse in der Gruppe.

Vorlage: Manuskript Podcast

6 Legt den Podcast als ein Interview an.
- a) Nehmt eure Notizen zur Theorie von Metzinger und zur Filmszene als Ausgangspunkt.
- b) Entwickelt daraus zunächst die Fragen der Moderatorin oder des Moderators und notiert diese. Das können auch die Fragen sein, die ihr ganz zu Beginn der Beschäftigung mit dem Thema hattet.
- c) Erweitert den Podcast um die Themen, die ihr zusätzlich recherchiert habt.
- d) Arbeitet nun die Antworten eurer Gesprächspartnerin bzw. eures Gesprächspartners aus und haltet diese schriftlich fest.
- e) Formuliert abschließend noch einen Einstieg und eine Abmoderation.

Tipp

Ihr könnt eure Aufnahme mit Hintergrundmusik und Soundeffekten attraktiver gestalten. Setzt diese Mittel aber sparsam ein.

7 Nehmt den Podcast mit verteilten Rollen auf.

8
- a) Stellt euch im Plenum gegenseitig mindestens einen Three-Minute-Talk und einen Podcast vor.
- b) Bezieht Stellung zu den präsentierten Inhalten und erörtert die Ausgangsfrage weiter.

Anregungen für euer Portfolio zum Thema

Nehmt den Three-Minute-Talk bzw. den Podcast sowie die Diskussion im Plenum zum Ausgangspunkt, um eure Position zur Frage, wie sich die Grenzen zwischen biologischer und virtueller Welt bestimmen lassen, zu formulieren.

Zeige, was du kannst

Die Präsentation deines Portfolios vorbereiten

Eine Portfolioarbeit sollte in einem Gespräch über das Portfolio münden. Denn schließlich willst du ja auch ein Feedback für deine Arbeit bekommen. In gewisser Weise hast du bereits (mindestens) ein Gespräch über dein Portfolio geführt. Man kann nämlich die Reflexion durchaus als einen inneren Dialog bezeichnen.

1 Gehe noch einmal dein gesamtes Portfolio durch und kommentiere es erneut, wie du es bereits beim Zwischencheck (S. 68) gemacht hast. Markiere auch dieses Mal deine Anmerkungen in einer gesonderten Farbe.

→ *Eigene und fremde Fehler korrigieren, S. 342*

2 Formuliere einen kurzen Einführungsvortrag und lese ihn dir mehrfach durch. Notiere dir ggf. Stichworte auf Karteikarten, die dir bei der Präsentation helfen, deinen Vortrag sicher und richtig vorzutragen.

→ *Eine mündliche Präsentation vorbereiten und üben, S. 45*

3 Überlege dir, ob du deinen Vortrag zusätzlich visualisieren willst. Fertige also ggf. ein kurzes Handout oder eine Computerpräsentation an.

Tipp

Hier gilt das Prinzip „KISS“ (= keep it small and simple). Mach also nicht zu viel: Schließlich soll das Portfolio im Mittelpunkt stehen.

4 Probe deinen Vortrag mit Freunden oder deinen Eltern und lass dir ein Feedback geben. Nutze das Feedback für Verbesserungen.

So könnt ihr weiterarbeiten:

Ihr könnt zu jedem weiteren Thema im Deutschunterricht ein weiteres Portfolio anlegen. Und selbstverständlich kann man auch in anderen Fächern mit Portfolios arbeiten. Es ist sogar möglich, eine Klassenarbeit durch ein Portfolio zu ersetzen. Sprecht mit eurer Lehrkraft über die verschiedenen Möglichkeiten.

Musikvideos untersuchen, verstehen und gestalten

Mehr als nur Musik und Text

Musikvideos sind ein beliebtes Unterhaltungsmedium aber auch eine eigene Kunstform. Sie ergänzen Songs um eine Bildebene, die mit der Musik und dem Text eines Songs in Verbindung steht. In diesem Kapitel lernt ihr, wie diese Verbindungen untersucht und auch selbst produktiv hergestellt werden können.

In diesem Kapitel lernt ihr, ...

- das Verhältnis von Text und Bild zu untersuchen,
- das Verhältnis von Musik und Bild in Musikvideos zu untersuchen,
- verschiedene Deutungsmöglichkeiten für Songtexte zu entwickeln,
- selbst produktiv die Videospur zu einem Song zu gestalten.

1 Betrachtet die Bilder aus den Musikvideos auf der linken Seite.
- Überlegt gemeinsam, welche Musik zu welchem Bild passen könnte.
- Tauscht euch darüber aus, welche Bedeutung Musikvideos für euch haben.
- Schildert, was sich für euch verändert, wenn ihr einen Song nicht nur hört, sondern ein Video dazu seht.

2 Mit Sicherheit kennt jede/jeder von euch einige Musikvideos, die sie/er besonders gut oder interessant findet. Stellt euch die Videos gegenseitig vor. Geht dabei folgendermaßen vor:
a) Bildet Vierergruppen und bereitet ein Placemat vor.
b) Benennt in eurem Feld jeweils drei Musikvideos und gebt stichwortartig an, warum ihr sie ausgesucht habt.
c) Dreht das Placemat anschließend dreimal und lest euch die Vorschläge der anderen durch.
d) Einigt euch gemeinsam auf ein oder zwei Videos, die ihr in der Klasse vorstellen wollt.
e) Stellt euch die Videos vor und benennt dabei, was euch besonders beeindruckt hat.

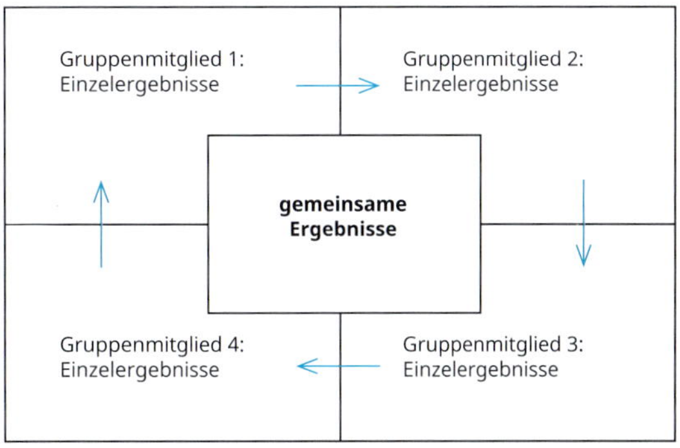

➔ *Placemat-Methode, S. 361*

Tipp zu e)

Wenn es rechtlich möglich ist, könnt ihr das Video auch zeigen. Fragt eure Lehrkraft.

3 Diskutiert auf der Basis der vorgestellten Videos, was im Allgemeinen ein Musikvideo interessanter macht als den Song allein. Beachtet dabei die Verbindung von Text, Bild und Musik.

4 Ermittelt Unterschiede und Gemeinsamkeiten bei den vorgestellten Musikvideos.
a) Arbeitet dazu zunächst noch einmal in euren Gruppen und fertigt eine Tabelle mit Unterschieden und Gemeinsamkeiten an.
b) Versucht die vorgestellten Videos in unterschiedliche Kategorien einzuteilen und findet für jede Form einen Begriff.
c) Stellt euch anschließend die Ergebnisse im Plenum vor und diskutiert, welche Einteilung euch am meisten überzeugt.

Tipp

Im Verlauf dieses Kapitels werdet ihr eure Ergebnisse überprüfen können.

Das Zusammenspiel von Musik, Text und Bild im Musikvideo erfassen

Der Text eines Songs und die visuelle Ebene des Videos können in unterschiedlichen Verbindungen stehen. Die Bilder können den gesungenen Text illustrieren, sie können aber auch etwas anderes zeigen als in den Worten besungen wird und damit für eine Spannung zwischen den verschiedenen Wahrnehmungsebenen sorgen. Dieses Verhältnis könnt ihr im Folgenden an Beispielen untersuchen.

1 a) Lies den untenstehenden Text zum Song „Großstadtvagabunden" der Band Punch Drunk Poets.

→ *Lyrisches Ich, S. 390*

b) Formuliere das Thema des Textes in ein bis zwei Sätzen. Stelle Vermutungen an, wer das lyrische Ich und wer das angesprochene Du sein könnten. In welcher Verbindung stehen sie zueinander? Gehe dabei insbesondere auf die Verse 1, 10 und 25 ein.

c) Beschreibe die Stimmung, die durch den Songtext vermittelt wird. Notiere dir deine Überlegungen, indem du Nomen mit ausdrucksstarken Adjektiven formulierst.

→ *Nomen, S. 410*
→ *Adjektive, S. 398*

Punch Drunk Poets

Großstadtvagabunden

Weck' mich auf wenn es wieder Sommer wird
Nimm mich mit ich bin schon lange nicht mehr hier
Nur die Straße und du bist mein Zuhaus'
Du bist mehr als eine Stadt und viel mehr als ich brauch'

Jede Gasse erinnert mich an dich
In jedem Fenster sehe ich dein Gesicht
Sie rufen Namen, Floskeln, Sätze
Doch ich versteh' die Worte nicht

Und auch du bist schon lange nicht mehr hier
Und was bleibt ist ein zerrissenes Blatt Papier

Samstagnacht und lauer Sommerregen
Dreck im Rinnstein, Großstadtleben
Auch wenn ich fort bin, irgendwie bleibe ich hier
An den Wänden, in Gedanken, bei dir

Und auch du bist schon lange nicht mehr hier
Und was bleibt sind fünf Korn und ein, zwei Bier

Kleinstadtromanze
Landstreicherliebe
Großstadtvagabunden
Helden und Diebe
Kleinstadtromanze
Landstreicherliebe
Großstadtvagabunden
Helden und Diebe

Ich hoffe du bleibst Gold

2 a) Tauscht euch in der Klasse über eure ersten Analyseergebnisse zu Thema und Stimmung des Textes aus.
b) Diskutiert, welche Musik zu Thema und Stimmung eurer Meinung nach passen könnten.

3 Hört euch nun zunächst nur den Song (also ohne das Video) an.
a) Entspricht der Song euren Erwartungen? Welche der geäußerten Erwartungen hat die Musik am ehesten getroffen?
b) Beschreibt, wie der Song die von euch ermittelte Stimmung des Textes und sein Thema umsetzt. Notiert zunächst eure Beobachtungen stichwortartig in Einzelarbeit, bevor ihr euch in der Klasse austauscht.
c) Hat das Hören des Songs eure ersten Eindrücke zu Thema und Stimmung des Textes verändert? Tauscht euch darüber aus.

„Großstadt-vagabunden“

4 Betrachte nun den Videoclip zum Song „Großstadtvagabunden“.
a) Haltet fest, was in dem Video gezeigt wird.
b) Welche Stimmung wird im Video vermittelt? Vergleicht eure Eindrücke mit den Überlegungen, die ihr zur Stimmung des Textes und der Musik angestellt habt. Stimmen die Eindrücke überein oder nicht?
c) Beschreibt, welche visuellen Mittel im Video eingesetzt werden, um die bestimmte Stimmung zu erzeugen.

„Großstadt-vagabunden“

Starthilfe, S. 423

5 Erschließt euch in Partnerarbeit den ersten Teil des Musikvideos genauer. Geht dabei folgendermaßen vor:
a) Betrachte zunächst in Einzelarbeit das Video bis Min. 01:35 erneut und zähle mit, aus wie vielen Einstellungen es besteht. Fertige eine Übersicht an, in der du die einzelnen Einstellungen aufführst.
b) Notiere nun, was in den Einstellungen jeweils zu sehen ist.
c) Vergleicht eure Notizen in Partnerarbeit und korrigiert sie ggf.
d) Ordnet mithilfe des Wissen-und-Können-Kastens die einzelnen Einstellungen der entsprechenden Form von Musikvideos zu.

Wissen und Können

Formen von Musikvideos unterscheiden

Bei Musikvideos kann zwischen zwei Formen unterschieden werden. Es gibt sogenannte **Performance-Videos**, in denen die Musikerinnen und Musiker bei der Aufführung des Songs singend, tanzend und Instrumente spielend zu sehen sind. Außerdem gibt es **narrative (erzählende) Videos**, in denen nicht die Aufführung des Songs gezeigt wird, sondern eine Geschichte, die in Verbindung mit dem Songtext steht. Häufig gibt es auch eine Mischung der beiden Formen.

6 a) Übertragt nun eure Beobachtungen für die ersten vier Verse (bis Min. 00:40) in ein Storyboard.
b) Fertigt eine Skizze zur Bildebene an und beschreibt, was im Songtext zu hören ist.
c) Haltet genau die Zeiten der einzelnen Einstellungen fest.
d) Stellt die Storyboards im Plenum vor, vergleicht sie miteinander und korrigiert sie ggf.

Bild (Skizze)	Handlung im Bild	Songtext	Form	Zeit
…	…	…	…	…

7 a) Notiert, in welchen Einstellungen des Videos Musik und Bildebene miteinander in Beziehung stehen.
b) Notiert ferner, in welchen Einstellungen es eine Verbindung zwischen Songtext und Bildebene gibt.

8 a) In Aufgabe 4 auf S. 75 habt ihr bereits versucht, Musikvideos in verschiedene Formen einzuteilen. Überprüft mit den hier erworbenen Kenntnissen eure Einteilung.
b) Wendet eure Kenntnisse an, indem ihr euch die Videos aus dem Medienpool anschaut und entscheidet, ob es sich um Performance-Videos oder narrative Videos handelt. Diskutiert im Plenum über eure Zuordnungen.

Internetlinks: Musikvideos

Arbeitsheft, S. 22 – 24

Einen Songtext vortragen und dabei deuten

Manche Songtexte entfalten von sich aus bereits unterschiedliche Deutungsmöglichkeiten. Daher lohnt es sich, sie genauer zu betrachten. Die Textuntersuchung kann im Anschluss auch mit der Untersuchung des Videoclips in Verbindung gebracht werden, da sich die Videoclips oft selbst als eine Deutungsmöglichkeit des Textes verstehen lassen.

1 Der folgende Song von Deichkind hat den Titel „Denken Sie groß“. Sammelt Assoziationen zu der Frage, was es bedeuten könnte, im Leben groß zu denken.
- Lasst zunächst einmal euren Gedanken eine Minute freien Lauf. Notiert ggf. stichwortartig, was euch in den Sinn kommt.
- Äußert eure ersten Ideen in Form eines Blitzlichtes: Alle Schülerinnen und Schüler kommen der Reihe nach einmal zu Wort.

Tipp

Ihr könnt euch von dem Bild des Trump-Towers inspirieren lassen.

2 Bereitet in Vierergruppen einen ausdrucksstarken Vortrag zu dem Songtext „Denken Sie groß“ vor, mit dem ihr eure Deutung des Textes umsetzt. Geht folgendermaßen vor:
a) Lest zunächst den Text in Einzelarbeit und macht euch Notizen zum Text.
b) Formuliert euer Textverständnis in zwei bis drei Sätzen.
c) Besprecht in der Gruppe euer Textverständnis und verständigt euch auf eine Deutung.
d) Überlegt gemeinsam, wie ihr den Text vortragen wollt. Markiert dazu die Schlüsselbegriffe des Textes. Entscheidet anschließend folgende Fragen:
   - Gibt es eine Sprecherin/einen Sprecher oder mehrere?
   - Wie sollen Mimik und Gestik eingesetzt werden, damit ihr die gewünschte Wirkung erzielt?
e) Übt den Vortrag. Achtet dabei auch auf Lautstärke, Betonung, Sprechtempo ...

→ *Vorlesen und vortragen, S. 364*

Tipp

Bestimmt am besten eine Regisseurin/einen Regisseur, die/der euch bei der Umsetzung hilft.

Deichkind

Denken Sie groß

[Refrain:]
Heute ist der Tag, jetzt geht es endlich los
Sie erreichen Ihre Ziele – Denken Sie groß
Ein bisschen Größenwahnsinn kann nicht schaden
Und auf einmal könn'n Sie fliegen – Denken Sie groß
Geben Sie nicht auf und leben Sie den Traum
Dafür muss man kein Genie sein – Denken Sie groß
In jedem Menschen steckt ein Visionär
Setzen Sie die Energie frei

Ich geb' Ihnen einen Tipp: Denken Sie groß
Was zweifeln Sie so? Übernehmen Sie die Show!
Mit dem richtigen Riecher sind Sie der Leader
Und spielen schon bald in der obersten Liga
Trinken Sie den Baikalsee[1] auf ex
Zum Frühstück Blattgold auf die Smacks
Starten Sie durch, wie die Antonow[2]
Denken Sie an Dollars und entfliehen Sie dem Moloch[3]

Denken Sie Trump-Tower[4] – da steht er
Ich bau' ihn höher – zwei Kilometer
Flugzeugträger Leasing-Rate
Zahl' ich mit der schwarzen Kreditkarte
Fahr'n Sie durch die Stadt mit 'nem Monstertruck
Jagen Sie die Bräute wie ein Raubtier
Scheffeln Sie Milliarden, darin könn'n Sie baden
Gewinnen Sie jetzt genau hier

[Refrain:]
Heute ist der Tag [...]

Ich sitze in mei'm Privatjet und öffne mein Schiebedach
Flieg' 'ne riesen Acht, hab' grad' an Sie gedacht
Denken Sie groß, wie Calmunds[5] Appetit
So wie Baumgartner[6], wenn er in das All fliegt
In harten Zeiten muss man Leistung zeigen
Wie ein Schwertransport voll mit Platinscheiben
Hier geht's um höher, schneller, weiter
Kaufen Sie kein Weed[7], Mann, kaufen Sie Jamaica

Bauen Sie kein Reihenhaus, bauen Sie ein'n Vorort
Und herrschen dort als glücklicher Warlord[8]
Denken Sie groß, wie der Benzinverbrauch
Von 'nem Containerschiff, dann geht es bergauf
Wo bleibt Ihr Einsatz, wo bleibt der Wille
Lasern Sie die Welt und dann weg mit der Brille
Sie müssen sich nur noch entscheiden
Wenn Sie bitte hier unterschreiben

[Refrain 2x:]
Heute ist der Tag [...]

[1] Baikalsee: See im Süden Sibirien; tiefster und wasserreichster See der Erde
[2] Antonov: Flugzeug
[3] Moloch: Bezeichnung für eine sehr große Stadt
[4] Trump-Tower: Hochhaus in New York, gehört dem ehemaligen Präsidenten der USA Donald Trump
[5] Reiner Calmund: ehemaliger Fußballfunktionär, früher sehr beleibt
[6] Felix Baumgartner: österreichischer Extremsportler, ist als erster Mensch 2012 aus dem All zur Erde gesprungen
[7] Weed: Marihuana
[8] Warlord: Kriegsfürst, der unabhängig von staatlicher Gewalt ein Gebiet beherrscht

3 Stellt eure Aufführungen des Textes der Klasse vor und gebt euch gegenseitig ein Feedback.
- Lasst dabei zunächst die Zuschauerinnen und Zuschauer ermitteln, wie ihr den Text gedeutet habt.
- Erklärt anschließend, welche Wirkung ihr mit eurem Vortrag erzielen wolltet und vergleicht sie mit dem tatsächlichen Resultat.

4 a) Ein zentrales sprachliches Mittel des Songtextes sind die umgangssprachlichen Hyperbeln (= Übertreibungen). Sucht zehn dieser Aussagen heraus und formuliert sie hochsprachlich so um, dass sie weniger übertrieben klingen. Orientiert euch an der folgenden Tabelle:

➔ *Sprachliche Mittel, S. 394/395*

Aussage aus dem Text	**Umformulierung**
Übernehmen Sie die Show	*Sie dürfen ruhig einmal im Mittelpunkt stehen.*
Mit dem richtigen Riecher sind Sie der Leader	*Auch Sie haben durchaus Führungsqualitäten.*
Trinken Sie den Baikalsee auf ex	…
…	…

b) Tragt den Song in der veränderten Version erneut vor und diskutiert, wie sich seine Wirkung verändert hat.

c) Lest den Wissen-und-Können-Kasten und diskutiert, wer mit dem Song parodiert werden könnte. Wer könnte die Aufforderungen sprechen, an wen könnten sie gerichtet sein?

5 Formuliert im Stil von Deichkind weitere Empfehlungen zum Thema *Denken Sie groß*. Orientiert euch an euren ersten Assoziationen.

Wissen und Können

Parodien verstehen

Eine **Parodie** (von *griechisch* parodia = Gegengesang oder verstellt gesungenes Lied) ist eine **übertreibende** oder **verzerrende Nachahmung** von etwas Bekanntem. Die Parodie kann dazu dienen, die parodierte Vorlage **lächerlich** zu machen oder zu **kritisieren**.

➔ *Humor und Ironie als literarische Stilmittel und ihre Möglichkeiten erschließen, S. 174–177*

Das filmische Erzählen des Videos erschließen

Oft erzählen Musikvideos eine Geschichte, die über den eigentlichen Songtext hinausgeht. Die Aussage des Songtextes wird dadurch erweitert und zumeist auch klarer. Ganz deutlich ist das bei dem Video zum Song „Denken Sie groß", denn das Video enthält eine Rahmenhandlung, die im Song gar nicht vorkommt.

„Denken Sie groß"

1 Betrachtet den Videoclip zu dem Song „Denken Sie groß" von Deichkind.

2 Tauscht euch anschließend über eure Eindrücke aus.
- Wie wirkt das Video auf euch?
- Entspricht das Video euren Erwartungen?
- Was findet ihr besonders auffällig?

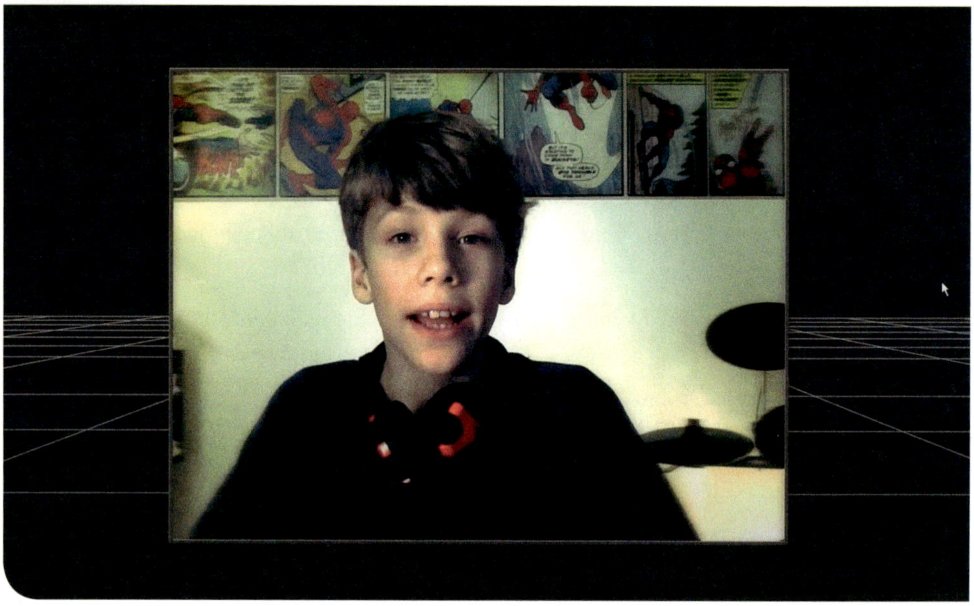

Rahmenhandlung und Binnenhandlung, S. 392

3 Untersucht nun zunächst ausschließlich die Rahmenhandlung des Videos.
a) Schaut euch dazu die beiden Szenen (Min. 0:00 bis 0:18 und 2:37 bis 2:52) gesondert an.
b) Übersetzt, was in den beiden Szenen gesprochen wird.
c) Erläutert, was der Junge macht. Klärt dabei, in welchem Verhältnis die Rahmenhandlung zum restlichen Video steht.
d) Erläutert die Aussagen des Jungen in Bezug auf den Songtitel.

4 Schaut euch das komplette Video erneut an. Achtet dabei besonders auf die Passagen zwischen der Rahmenhandlung und am Ende des Videos.
a) Vergleicht die Darstellung in den beiden Passagen (0:18 bis 2:37 und ab 2:52).
b) Bezieht die Aussage des Jungen, dass er ein Tutorial macht, ein und erläutert, in welchem Verhältnis die beiden Passagen zueinander stehen.

Starthilfe, S. 423

5 Bildet Vierergruppen und analysiert die erste Passage (Min. 0:18 bis 2:37) gemeinsam genauer.

a) Findet Beispiele, in denen Songtext und Bilder miteinander korrespondieren und notiert sie in einer Tabelle nach dem folgenden Muster.

Songtext	Bilder im Video
„Trinken Sie den Baikalsee auf Ex" (V. 16)	*Rettungsring*
„Monstertruck" (V. 25/26)	*Elektrocaddy*
„Ich sitz in mei'm Privatjet" (V. 31)	…
…	…

b) Nicht zu allen Zeilen im Songtext findet man entsprechende Bilder. Sucht euch drei Zeilen ohne Bilder im Video aus und recherchiert nach Bildern, mit denen ihr die Zeilen illustrieren könntet.

c) Diskutiert, welche Bilder geeignet sind, und fügt eine kurze Beschreibung der ausgewählten Bilder in die rechte Spalte der Tabelle ein.

d) Stellt euch eure Illustrationen mithilfe der Tabellen vor und diskutiert, ob die Art der Illustration zu dem Video passen würde.

6 Wendet euch in euren Gruppen dem Schlussteil (Min. 2:52) des Videos zu.

a) Erstellt eine Tabelle, in der ihr die einzelnen Einstellungen notiert.

1	*Häuser*
2	*Auto im Monument Valley*
3	…

b) Auch wenn ihr nicht alle Einstellungen zweifelsfrei zuordnen könnt, untersucht, wie die Reihenfolge grundsätzlich verstanden werden kann. Diskutiert in eurer Gruppe, welche Verbindung zwischen der Reihenfolge der Einstellungen und dem Titel des Songs besteht.

c) Stellt abschließend die Ergebnisse eurer Analyse im Plenum vor und tauscht euch über eure Interpretationen aus.

Details der Videogestaltung entdecken

Wie im Film und in der Literatur werden auch im Musikvideo zahlreiche Stilmittel eingesetzt, um die Wirkung des Videos zu erhöhen. Einige dieser Stilmittel sollt ihr im Folgenden in einer arbeitsteiligen Gruppenarbeit entdecken und euch deren Wirkung gegenseitig vorstellen.

1 a) Bildet sechs Arbeitsgruppen und entscheidet euch in der Gruppe für eines der folgenden Stilmittel im Video:
- Ⓐ die Darstellung der Musiker im Video,
- Ⓑ die Kameraeinstellungen im Video,
- Ⓒ das Verhältnis von Musik und Bild im Video.

Jedes Stilmittel sollte nach Möglichkeit von zwei Gruppen untersucht werden.

b) Arbeitet mit dem entsprechenden Aufgabenangebot Ⓐ, Ⓑ oder Ⓒ weiter.

Ⓐ Die Darstellung der Musiker im Video

2 Betrachtet erneut das Video und konzentriert euch dabei auf die Darstellung der Musiker.

3 Beschreibt genau, wie die Musiker dargestellt werden.
- Achtet dabei vor allem auf ihre Bewegungen, die Art, wie sie sprechen oder singen, und auf ihre Kleidung.
- Arbeitet auch die Unterschiede in der Darstellung zwischen den beiden Hauptteilen (0:18 bis 2:37 und ab 2:52) des Videos heraus.

→ *Einen Sachtext über nonverbale Kommunikation erarbeiten, S. 12–14*

4 a) Entwickelt eine Deutungshypothese zur Art der Darstellung. Sie sollte auf jeden Fall auch den Titel des Songs einbeziehen.

b) Belegt eure Deutungshypothese durch eine genauere Analyse einzelner Darstellungen.

Starthilfe, S. 423

→ *Deutungshypothesen formulieren, S. 384*

5 Bereitet eine kurze Präsentation (max. 5 Minuten) für den Rest der Klasse vor.

a) Erstellt dazu ein Szenenprotokoll zu ausgewählten Ausschnitten. Orientiert euch dabei am Storyboard auf Seite 78.

b) Entscheidet, ob ihr eure Analyse und Deutung mithilfe des Szenenprotokolls zu Beginn präsentiert oder erst die entsprechenden Ausschnitte aus dem Video zeigt. Wenn ihr erst die Ausschnitte zeigt, könnt ihr euren Mitschülerinnen und Mitschülern auch einen Beobachtungsauftrag geben, der ihnen hilft, eure nachfolgenden Ausführungen besser zu verstehen.

Tipp

Ein Szenenprotokoll ist ähnlich wie ein Storyboard, allerdings wird hierbei auf die Skizzen der Einstellungen verzichtet.

B Die Kameraeinstellungen im Video

2 Betrachtet erneut das Video und konzentriert euch dabei auf die Kameraeinstellung.

Filme und Serien untersuchen, S. 365/366

3 Beschreibt die Kameraeinstellung ausgewählter Einstellungen. Vergleicht dabei besonders die Einstellungen in den beiden Hauptteilen des Videos. Wie verändern sich die Einstellungen?

4 Entwickelt eine Deutungshypothese zur Art und Weise der Kameraeinstellungen. Sie sollte auf jeden Fall auch den Titel des Songs einbeziehen.

Starthilfe, S. 423
Deutungshypothesen formulieren, S. 384

5 Bereitet eine kurze Präsentation (max. 5 Minuten) für den Rest der Klasse vor. Geht so vor, wie in Aufgabe A 5 beschrieben.

C Das Verhältnis von Musik und Bild im Video

2 Betrachtet erneut das Video und konzentriert euch dabei auf das Zusammenspiel von Musik und Bild im Video.

3 Wählt einzelne Einstellungen aus und beschreibt sie genau. Was ist dort im Bild zu sehen und was ist dabei auf der Tonebene zu hören? Orientiert euch an der Tabelle.

Beschreibung der Bildebene	Beschreibung der Tonebene	Zeit
…	…	…

4 a) Entwickelt eine Deutungshypothese zum Zusammenspiel von Musik und Bild. Soll dadurch etwas Bestimmtes zum Ausdruck gebracht werden?
b) Findet einzelne Beispiele, die eure Hypothese belegen, und analysiert sie genau.

Deutungshypothesen formulieren, S. 384

5 Bereitet eine kurze Präsentation (max. 5 Minuten) für den Rest der Klasse vor. Geht so vor, wie in Aufgabe A 5 beschrieben.

6 Stellt euch die Gruppenpräsentationen nacheinander vor und gebt euch jeweils ein Feedback. Zu jedem Thema stellt eine Gruppe vor, die zweite Gruppe ist die Kontrollgruppe und ergänzt ggf.

Feedback geben, S. 357/358

Schätze deinen Lernstand ein

Punch Drunk Poets

Planetarium

Und wir tun so als wären das originelle Ideen
Als wär' das alles neu
Wir schreien unsere Geschichten in den Wind
Als würde das was bringen

Nenn mich Korsakow[1]
Denn ich vergesse jeden Tag
Wie ich noch vor Kurzem so
Neben dir lag

Und ich wünschte, dass nur einmal einer redet über mich
Wie jeder jeden Tag über dich
Wie jeder jeden Tag über dich

[Refrain:]
Das sollte doch ein Anfang sein
Doch fühlt sich wie das Ende an
Deine Lippen bewegen sich, doch ich versteh dich nicht
Ich versteh dich einfach nicht

[Refrain]

Hast du bock heute Nacht
Nur mit mir durch die Stadt
Ich bin dein Planetarium
Wie es leibt und lebt

Weil sich alles nur
Nur um dich dreht
Weil sich alles um dich
Nur um dich dreht

[Refrain 2x]

Ist das Erwachsensein?
Ist das Erwachsensein?
Ist das Erwachsensein?
Nein!

[Refrain 2x]

[1] Gemeint ist der russische Neurologe Sergei Korsakow (1854–1900), nach dem das Korsakow-Syndrom benannt ist, das im Verlust des Kurzzeitgedächtnisses besteht.

1 Lies den Text zum Song „Planetarium" der Band Punch Drunk Poets und halte fest, welche Stimmung er erzeugt.

2 Notiere dir stichwortartig, wie du den Text verstehst.
- Was ist deiner Meinung nach das Thema des Textes?
- In welcher Beziehung stehen das lyrische Ich und das lyrische Du zueinander?
- Wie verstehst du den Titel des Songs und den Vers „Ich bin dein Planetarium"?

Belege dein Verständnis jeweils am Text.

3 Betrachte den Videoclip zum Song „Planetarium" der Punch Drunk Poets und untersuche folgende Aspekte:
- die Stimmung in Musik und Video im Vergleich zum Text
- die Verbindung zwischen Musik und Video
- die Verbindung zwischen Songtext und Video

Notiere die Untersuchungsergebnisse schriftlich und belege sie mit Beispielen.

„Planetarium"

4 Lege abschließend dar, wie du den Titel „Planetarium" verstehst. Beziehe dabei deine Überlegungen aus Aufgabe 2 ein.

5 Untersuche die Form des Videos. Finde für jede Form drei Beispiele, beschreibe in einem Satz, was zu sehen ist und gib die genaue Zeit der Szene an.

6 Das Video enthält einige parodistische Elemente. Benenne fünf Elemente und beschreibe sie. Erkläre, was daran parodistisch ist und was (oder wer) parodiert wird.

→ *Seite 90,* B
→ *Seite 88/89,* A
← *Seite 84/85*

Ein eigenes Video zu einem Song gestalten

In den letzten Jahren hat sich ein Trend etabliert, dass Musikkonsumierende mehr und mehr zu Produzierenden werden. Mit einfachen Mitteln stellen Nutzerinnen und Nutzer zu ihren Lieblingssongs eigene Videos her und stellen sie auf eine Plattform. Im Folgenden könnt ihr genau das einmal ausprobieren und dabei euer Wissen anwenden.

A Ein narratives Video zu einem vorgegebenen Songtext planen und erstellen

Joris

Herz über Kopf

Hast mich lang nicht mehr so angesehen
Hab viel zu oft versucht uns zu verstehen
Die Augen treffen sich, der Wein ist schon halb leer
Oh, ich weiß ganz genau, was du grad denkst
Der Zug ist abgefahren, die Zeit verschenkt
Fühlt sich so richtig an, doch ist so falsch

Und immer wenn es Zeit wär' zu gehen
Vergess ich was mal war und bleibe stehen
Das Herz sagt bleib, der Kopf schreit geh

Herz über Kopf
Herz über Kopf

Trägst deine Haare immer noch wie früher
Und du tanzt genau wie früher
Die Augen treffen sich der Raum ist schon halb leer
Haben uns so oft gesagt es geht nicht mehr
Das war am Anfang schwer, doch jetzt viel mehr
Musik ist aus und du kommst immer näher

Und immer wenn es Zeit wär' zu gehen
Verpass ich den Moment und bleibe stehen
Das Herz sagt bleib, der Kopf schreit geh

Herz über Kopf

Und immer wenn es Zeit wär' zu gehen
Verpass ich den Moment und bleibe stehen
Das Herz sagt bleib, der Kopf schreit geh

Herz über Kopf
Herz über Kopf

Herz über Kopf
Lass ich dich immer noch nicht gehen
Lass ich dich immer noch nicht gehen
Auch wenn es längst Zeit wär' zu gehen

Herz über Kopf

Und immer wenn es Zeit wär' zu gehen
Verpass ich den Moment und bleibe stehen
Das Herz sagt bleib, der Kopf schreit geh

Herz über Kopf

Und immer wenn es Zeit wär' zu gehen
Verpass ich den Moment und bleibe stehen
Das Herz sagt bleib, der Kopf schreit geh

Herz über Kopf

1 Lies zunächst in Einzelarbeit den Text des Songs. Mache dir Notizen zur Stimmung des Songs und zur Aussage, so wie du sie verstehst.

2 Bildet Arbeitsgruppen und tauscht euch in der Gruppe über die Stimmung und Aussage des Songtextes aus.

3 a) Diskutiert miteinander, wie ihr die Geschichte, die der Song erzählt, umsetzen wollt:
- Wer soll das lyrische Ich sein? Wer das lyrische Du?
- In welcher Situation befinden sich die beiden?
- Wie kann man den Zwiespalt zwischen Herz und Kopf darstellen?

b) Überlegt als nächstes, an welchen Stellen des Textes im Video ein Schnitt gesetzt werden, also eine neue Einstellung im Bild gezeigt werden soll. Tragt dazu die entsprechenden Textabschnitte in die Felder der Storyboard-Vorlage aus dem Medienpool ein.

Vorlage: Storyboard

4 Ladet nun den ausgewählten Song auf euer Smartphone oder Tablet und notiert euch die genaue Zeitangabe, an der ihr die Schnitte setzen wollt, ebenfalls im Storyboard. Achtet dabei auch darauf, dass sich die Schnitte dem Rhythmus der Musik anpassen.

Tipp

Sprecht mit eurer Lehrkraft darüber, welche rechtlichen Aspekte es dabei zu beachten gibt.

5 Haltet mit einfachen Zeichnungen und Beschreibungen im Storyboard fest, was in den einzelnen Einstellungen jeweils im Bild zu sehen sein soll.

6 Setzt die Videoaufnahmen mit einem Smartphone oder Tablet um. Wie lange die einzelnen Einstellungen dauern sollen, könnt ihr durch die Zeitangaben in eurem Storyboard errechnen. Der genaue zeitliche Zuschnitt der einzelnen Einstellungen lässt sich aber auch im Anschluss im Videobearbeitungsprogramm noch anpassen.

Tipp

Beachtet dabei, dass ihr aus rechtlichen Gründen für Aufnahmen, auf denen die Gesichter von Schüler/-innen zu erkennen sind, eine Einverständniserklärung der Eltern braucht.

7 Fügt die einzelnen Aufnahmen in einem Videobearbeitungsprogramm auf dem Smartphone oder Tablet zusammen und unterlegt sie im Anschluss mit der Tonspur des Songs. Wenn die Schnitte nicht genau an den gewünschten Stellen sitzen, könnt ihr die Länge der einzelnen Einstellungen noch einmal anpassen.

B Ein kontrastives Video zu einem selbst gewählten Song planen und erstellen

Tipp

Wenn ihr eine Parodie versuchen wollt, könnt ihr auch den Song von Joris (S. 88) nehmen.

1 Bildet Arbeitsgruppen und diskutiert, welchen Song ihr für euer Video nehmen wollt.

2 a) Transkribiert nach der Einigung auf einen Song den Songtext oder ladet ihn (falls möglich) aus dem Internet herunter und druckt ihn aus.
b) Lies danach in Einzelarbeit den Text des gewählten Songs. Mache dir Notizen zur Stimmung des Songs und zur Aussage, so wie du sie verstehst.

3 Tauscht euch in der Gruppe über die Stimmung und Aussage des Songtextes aus.

4 Diskutiert miteinander, wie ihr die Geschichte, die der Song erzählt, kontrastieren wollt.
- Soll die Filmhandlung nur immer das Gegenteil des Textes erzählen oder wollt ihr eine Parodie auf den Text versuchen?
- Geht zunächst am besten von einzelnen Versen oder Strophen aus und entwickelt kontrastive Szenen.

5 Arbeitet nun weiter wie in den Aufgaben A 4–7 beschrieben.

Feedbackbogen: Musikvideo

8 Präsentiert eure Videos abschließend in der Klasse und gebt euch gegenseitig ein Feedback. Nutzt dazu den Feedbackbogen aus dem Medienpool.

Zeige, was du kannst

Aufgabe: Entwickle Ideen für einen Videoclip zu dem Song „Pocahontas" von AnnenMayKantereit und halte sie in einem Storyboard fest. Orientiere dich an der Vorlage.

- Mache dir zunächst Notizen dazu, wie du den Text verstehst.
- Entwickle davon ausgehend eine Aussage und ein Konzept für das Video.
- Überlege dir für die Umsetzung, an welchen Stellen des Textes du einen Einstellungswechsel im Bild einfügen möchtest. Trage dann die entsprechenden Abschnitte des Songtextes in die Felder des Storyboards ein.
- Zeichne und beschreibe im Anschluss, was in den einzelnen Einstellungen jeweils zu sehen sein soll.

Nr.	Bild (Skizze)	Handlung im Bild	Songtext	Form der Einstellung	Zeit
1		…	…	…	…

Tipp

Die Bildebene kann dabei die Aussage des Textes illustrieren oder diese kontrastieren und umdeuten.

AnnenMayKantereit

Pocahontas

An der Haltestelle stehen und es tut
Weh, dich schon wieder so wiederzusehen.
Und es tut weh, dass wir gleich wieder gehen.

Und es tut weh, dass man sich nur sieht,
Weil bei mir soviel Zeug von dir
Rumliegt, das ich nicht mehr ertrage.

Ich halt dich nicht fest
Und lass dich nicht los,
Du gibst mir den Rest,
Die Tasche ist groß.

[Refrain:]
Es tut mir leid Pocahontas,
Ich hoffe, du weißt das.
Es tut mir leid Pocahontas,
Ich hoffe, du weißt das.

Eigentlich sind wir viel zu lange zusammen, um jetzt damit aufzuhören.
Aber das ist 'n verdammt beschissener Grund.
Und mir ist nicht egal,
Wie gut du mich kennst.
Und mir ist nicht egal,
Wie du mich nennst.
Und mir ist nicht egal,
Wo du grade pennst.

[Refrain]

Tut mir so leid Pocahontas.
Pocahontas
Pocahontas
Pocahontas

Es tut mir leid Pocahontas,
Ich hoffe du weißt das.
Es tut mir leid Pocahontas,
Du weißt das.

Ich halt dich nicht fest
Und lass dich nicht los
Ich halt dich nicht fest.

Einen Kommentar materialgestützt schreiben

Lesen ist wie atmen

Die Öffentlichkeits-AG am Heinrich-Heine-Gymnasium arbeitet an ihrem Online-Magazin „Bewegt!". In diesem Magazin werden regelmäßig die unterschiedlichsten Themen aufgearbeitet, welche die Jugendlichen beschäftigen und bewegen. Artikel können sowohl Mitglieder der AG selbst veröffentlichen als auch die gesamte Schülerschaft. Das Online-Magazin erfreut sich einer immer breiteren Leserschaft, worunter Schülerinnen und Schüler der eigenen, aber auch fremden Schulen, Eltern und Geschwister fallen. Eine Gruppe Schülerinnen und Schüler möchte einen Kommentar zu Alberto Manguels Aussage „Lesen ist wie atmen" verfassen, in dem sie sich mit dem Thema *Lesen* argumentativ auseinandersetzen.

Es gibt Bücher, die uns in einer Stunde mehr leben lassen, als das Leben uns in zwanzig Jahren gewährt.

Oscar Wilde

In Büchern liegt die Seele aller gewesenen Zeit.

Thomas Carlyle

In diesem Kapitel lernt ihr ...

- Merkmale eines Kommentars kennen,
- einen Kommentar materialgestützt zu planen,
- einen Kommentar zu schreiben.

1 a) Formuliere knapp deine ersten Gedanken bezüglich der Aussage „Lesen ist wie atmen“.
b) Schau dir die Bilder und Zitate auf der linken Seite an. Diskutiert in der Klasse, in welchem Zusammenhang diese mit dem Kapitelthema *Lesen ist wie atmen* zusammenhängen.
c) Findet gemeinsam Oberthemen zu den Bildern und Zitaten wie z. B. Literatur gibt Einblick in fremde Welten und haltet diese fest.

Der Schriftsteller ***Alberto Manguel*** *ist 1948 in Argentinien geboren und lebt mittlerweile in Kanada.*

2 a) Stelle Vermutungen dazu an, warum ausgerechnet das Thema *Lesen* die Schülerinnen und Schüler beschäftigt.
b) Tausche dich mit einer Partnerin oder einem Partner über deine Überlegungen aus.

3 a) Lege eine eigene Lesebiografie an, in der du über deine Lesegewohnheiten und Lesevorlieben schreibst. Verwende dafür die Vorlage aus dem Medienpool.
b) Interviewe deine Mitschülerinnen und Mitschüler bezüglich deren Lesebiografien.
c) Führt eine Klassenumfrage zu den Lesegewohnheiten durch. Nutzt ein geeignetes (Online-)Tool, um eure Ergebnisse visuell darzustellen.

Vorlage: Lesebiografie

4 a) Formuliere Sätze, welche die Wichtigkeit und Bedeutung von Lesen für dich hervorheben. Beziehe dich dabei auf deine eigenen Erfahrungen. Du kannst deine Sätze wie folgt beginnen: Lesen ist ...
b) Tauscht euch im Plenum über eure Ergebnisse aus.

5 Diskutiert, inwiefern die folgende Grafik etwas über die Bedeutung des Lesens aussagt.

Titelproduktion in Deutschland

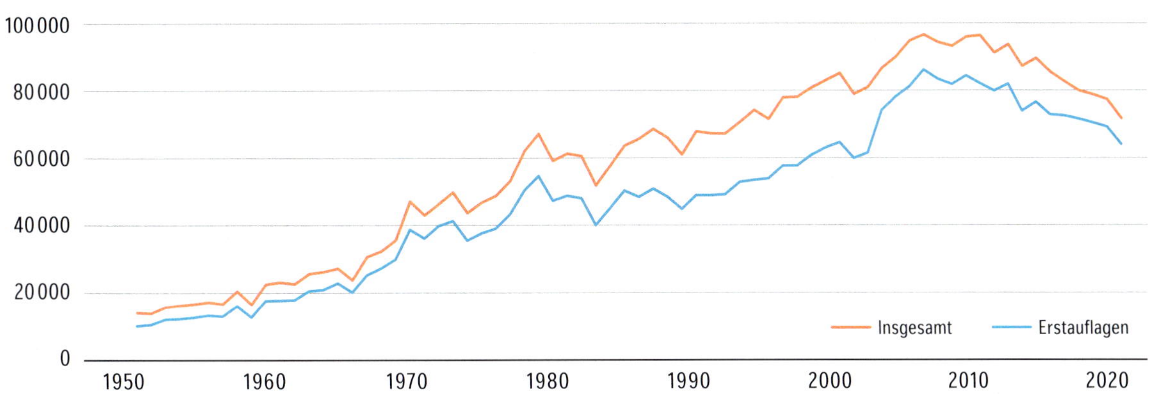

Quelle: Börsenverein des Deutschen Buchhandels, Frankfurt am Main.

Problemstellung und Schreibauftrag klären

Eine Gruppe von Mitgliedern der Öffentlichkeits-AG möchte einen Kommentar zu der Aussage „Lesen ist wie atmen" schreiben und in ihrem Online-Magazin veröffentlichen. Du entscheidest dich dafür, ebenfalls mitzuarbeiten. Bevor es nun an die Recherche und das Schreiben geht, müsst ihr euch gemeinsam darüber klar werden, über was und wie genau ihr schreiben wollt.

1 Zunächst werden folgende Fragen diskutiert. Mache dir Notizen zu den einzelnen Punkten:

a. Wie ist die Aussage „Lesen ist wie atmen" zu verstehen?
b. Was ist das Ziel dieses Kommentars?
c. Wer ist die Leserschaft und was bedeutet das für die Schreibplanung?

2 a) Diskutiere mit einer Partnerin oder einem Partner die Aktualität des Themas *Lesen*.

b) Überlegt, welche Aspekte bei der Auseinandersetzung mit diesem Thema eine Rolle spielen und dementsprechend in dem Kommentar behandelt werden sollten. Beachtet dabei auch eure Ergebnisse von den Einstiegsseiten des Kapitels (S. 92/93). Sammelt eure Gedanken z. B. in einer Mindmap.

Starthilfe, S. 423

3 Die Gruppe ist sich darüber einig, dass die Argumente wirkungsvoll sein müssen, egal, wie sie sich zu der Aussage „Lesen ist wie atmen" positionieren.
Halte stichpunktartig fest, welche Einflussfaktoren für die Wirksamkeit von Argumenten eine Rolle spielen.

Folie

4 Zudem diskutiert die Gruppe über die Textsorte des Kommentars.
Sabine hat zwei Textauszüge mitgebracht: einen Kommentar aus einem Internetforum (Text 1) und einen aus einer Zeitschrift (Text 2). Vergleiche beide Textausschnitte miteinander und halte die Unterschiede sowie Gemeinsamkeiten fest.

Text 1

Boah, also ich finde, dass das nicht stimmt, dass Lesen so ist wie atmen. Ich komme gut auch ohne Lesen klar. Wenn ich etwas wissen will, dann schaue ich mir halt Videos im Internet an. Das ist viel einfacher als lesen.

Text 2

Laut Alberto Manguel ist Lesen wie atmen. Aber wie kann dies sein? Atmen ist lebensnotwendig, Lesen jedoch nicht. Doch lesen wir jeden Tag: Nachrichten, Anweisungen, Schilder und noch Vieles mehr. Lesen ist also Bestandteil unseres täglichen Lebens ebenso wie das Atmen.

5 Abschließend schauen sich die Gruppenmitglieder ein Erklärvideo an.
a) Erkläre mithilfe des Erklärvideos, welchen Kriterien ein Kommentar gerecht werden muss und welche unterschiedlichen Arten eines Kommentars existieren.
b) Ordne nun die beiden Textbeispiele aus Aufgabe 4 den Kommentartypen zu.

„Der Kommentar“
Einem Hörtext Informationen entnehmen, S. 40

6 Eines ist deiner Gruppe schnell klar: Da ihr für eine Online-Zeitung schreibt, möchtet ihr einen Kommentar verfassen, der dem Beispieltext 2 (Aufgabe 4), einem sogenannten Argumentations-Kommentar, entspricht. Überlege, welche Gründe für diese Entscheidung sprechen.

7 a) Lege eine Checkliste in Form einer Tabelle an und trage die bisher erarbeiten Aspekte ein, die du bei beim Verfassen eines Kommentars beachten musst. Untergliedere dabei in Planungsprozess, Schreibprozess und Allgemeines.
b) Lies den Wissen-und-Können-Kasten unten und ergänze deine Checkliste ggf. um fehlende Aspekte.

Vorlage: Checkliste Kommentar

Im Laufe dieses Kapitels erstellt ihr eine Checkliste, welche wichtige Aspekte beinhaltet, die später bei dem Verfassen des Kommentars beachtet werden müssen. Immer dann, wenn das nebenstehende Symbol auftaucht, erweitert eure Tabelle.

Wissen und Können

Die Textsorte des Kommentars kennen

Der Kommentar ist eine journalistische Textsorte, bei der eine Verfasserin bzw. ein Verfasser den **eigenen Standpunkt** zu einem bestimmten Ereignis, einer speziellen Tatsache oder Gegebenheit äußert. Dabei reagiert die Verfasserin bzw. der Verfasser auf etwas bereits Berichtetes oder auch Gesagtes. Dies muss zunächst kurz erläutert werden, damit die Lesenden den Ausgangspunkt des Kommentars nachvollziehen können.

Ein Kommentar ist grundsätzlich **sachlich** geschrieben. Da es sich um die Meinung der Verfasserin bzw. des Verfassers handelt, kann sprachlich aber auch mit **Stilmitteln** gearbeitet werden. Der Journalist Walther von la Roche (1936–2010) unterscheidet folgende Formen des Kommentars:

- Beim **Geradeaus-Kommentar** äußert die Verfasserin bzw. der Verfasser die eigene Meinung, ohne diese groß argumentativ zu untermauern.
- Das Ziel des **Argumentations-Kommentars** ist es, die Leserin bzw. den Leser von der eigenen Meinung zu überzeugen. Aus diesem Grund werden Argumente für und gegen die eigene Meinung dargestellt.
- Beim **Einerseits-Andererseits-Kommentar** legt die Autorin oder der Autor sowohl die Pro- als auch die Kontra-Argumente dar, ohne dass dies am Schluss in eine eigene Meinung oder einen Appell mündet.

Sprachliche Mittel, S. 394/395

Arbeitsheft, S. 25/26

Material erschließen und eine Stoffsammlung anlegen

Das Schreiben vorbereiten, S. 381/382

Gemeinsam habt ihr die folgenden Materialen zu dem Thema *Bedeutung des Lesens* gefunden. Bevor ihr die einzelnen Materialien gemeinsam sichtet, bereitet ihr zunächst das Lesen vor.

1 Tausche dich in einer ersten Brainstorming-Phase mit einer Partnerin oder einem Partner zu dem Thema *Bedeutung des Lesens* aus. Formuliert gemeinsam Fragen, die sich eine Leserin bzw. ein Leser bei dem Thema stellen könnte und die in eurem Kommentar beantwortet werden sollten. Nehmt hierzu auch eure Gedankensammlung von Aufgabe 2 (S. 94) zur Hand.

Lesetechniken anwenden, S. 389/390

Recherchestrategien gezielt einsetzen, S. 37/38

Einen Sachtext in einer Concept Map visualisieren, S. 36

2 Legt mithilfe der Materialien (M 1 – M 7) und euren eigenen Ideen eine Stoffsammlung an.

a) Prüft die Materialien auf deren Qualität hin und verwendet nur zuverlässige Quellen.

b) Formuliert ausgehend von den Fragen aus Aufgabe 1 Oberthemen und sammelt diese z. B. in einer Mindmap. Überprüft dann beim Lesen der Materialien, welche Thesen, Begründungen und Beispiele sich für die einzelnen Themenbereiche in den unterschiedlichen Materialien finden lassen und notiert diese.

c) Ergänzt ggf. Oberthemen, die ihr beim Lesen der Materialien findet und ebenfalls als wichtig oder interessant erachtet.

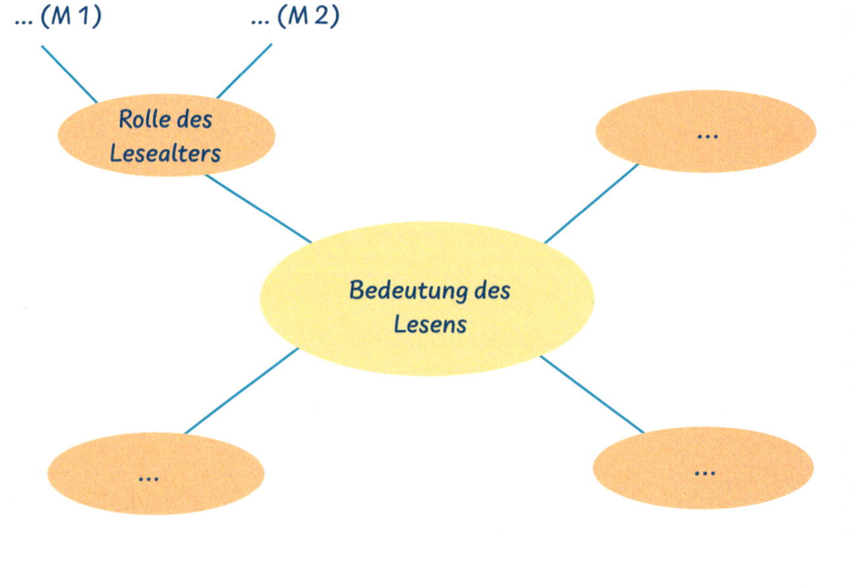

3 Nimm eure Ergebnisse aus der Klassenumfrage bezüglich eurer Lesebiografien (S. 93) zur Hand und prüfe, inwiefern diese Informationen bietet, die ebenfalls in die Stoffsammlung aus Aufgabe 2 aufgenommen werden können.

Der Lesealltag von jüngerer und älterer Generation unterscheidet sich gravierend

M 1

Frage: "Im Alltag liest man ja ganz verschiedene Sachen. Was von der Liste lesen Sie im Alltag häufiger mal?"

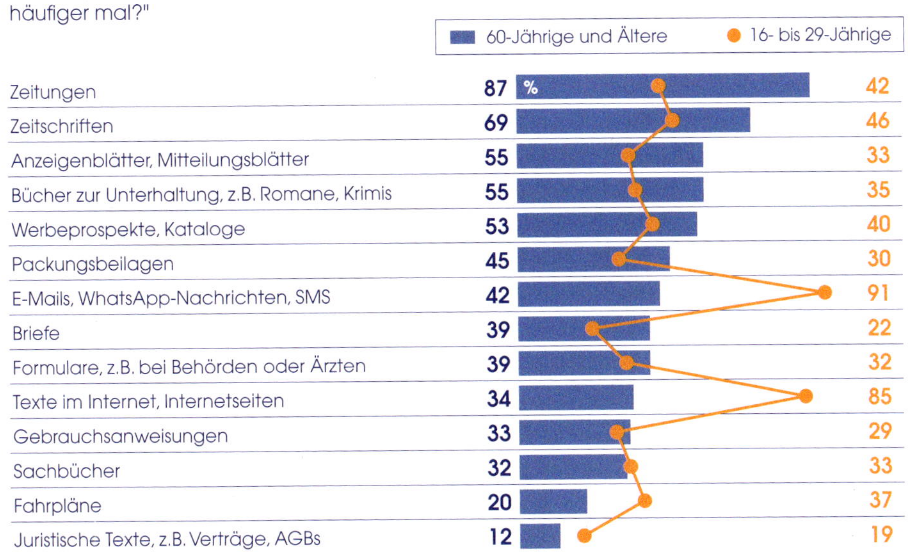

Basis: Bundesrepublik Deutschland, Bevölkerung ab 16 Jahre
Quelle: Allensbacher Archiv, IfD-Umfrage 11088

Durchschnittliche Lesedauer von Kindern und Jugendlichen an einem Wochentag (Mo-Fr) in Minuten

M 2

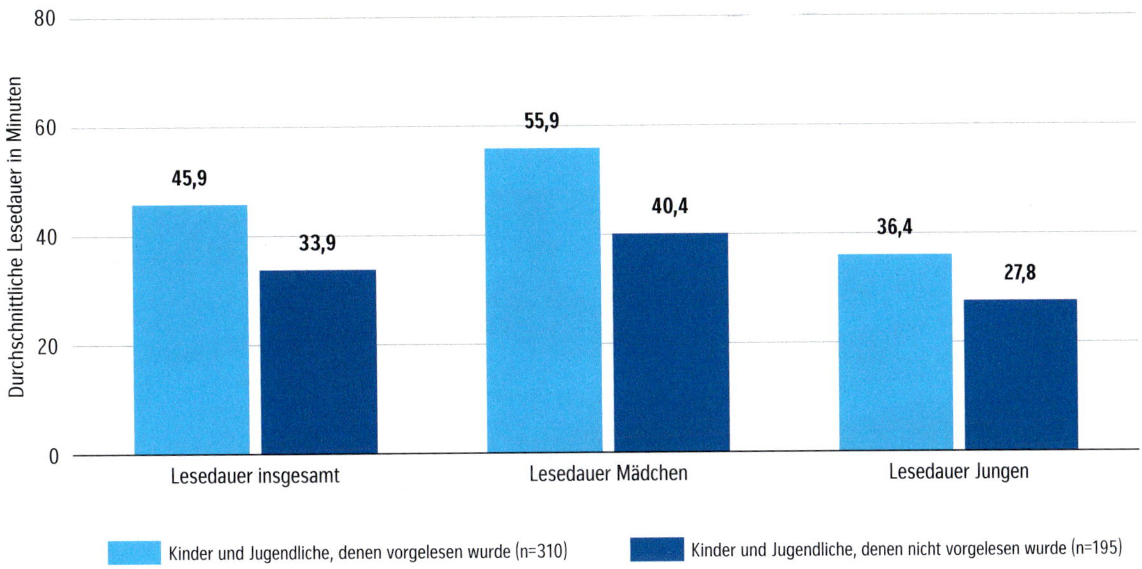

Weitere Informationen: Deutschland; iconkids & youth; 11.07.2011 bis 29.07.2011; 505 Kinder und Jugendliche: 10-19 Jahre Quelle: Deutsche Bahn; Stiftung Lesen; Die Zeit; © Statista 2022

Johannes Bruggaier

Lesen bildet? Von wegen: Wir lesen zwar viel – aber das Falsche!

M 3

Unsere heutigen Lektürevorlieben sind eine Ursache für die vielen ideologischen Grabenkämpfe. Es wäre an der Zeit, wieder mehr Romane zu lesen.
Wenn die Aufklärung ihre damals gegebenen Versprechen eingelöst haben soll, dann müssten Toleranz, Verständnis und Demut heute täglich gelebte Werte unserer Gesellschaft sein. Denn das Lesen, so lautete die seit dem 17. Jahrhundert verbreitete Hoffnung, bilde den Menschen, forme ihn zu einem reflektierenden, vernunftgeleiteten Wesen. Und gelesen wird heute tatsächlich – mehr als je zuvor: auf Smartphones und Tablets, in Suchmaschinen und den sozialen Netzwerken.

Lesen bildet? Offenbar nicht!

Das Resultat aber hat mit Reflexion und Vernunft nicht viel gemein. Stattdessen erleben wir die tägliche Konfrontation ideologisch starrer Positionen. Je nach Standpunkt leben wir in einer Gesellschaft der Frauenfeindlichkeit oder aber im Gegenteil der feministischen Hysterie, der linksgrünen Meinungshegemonie oder aber des strukturellen Rassismus. Lesen bildet? Offenbar nicht!
Entweder gibt es gar keinen Zusammenhang zwischen dem Lesen und dem kulturellen Fortschritt des Menschen. Oder aber: Wir haben in jüngerer Zeit das Falsche gelesen.

Drei Arten der Lektüre

Es gibt drei Arten der Lektüre: die belletristische, die informierende und die durchsuchende. Der deutsche Buchhandel hat in den vergangenen Jahren einen dramatischen Absatzeinbruch erfahren. Dabei hat vor allem die belletristische, also die schöngeistige Literatur, massiv an Lesern verloren. Was geschieht beim Lesen von solchen Werken? Und wie könnte sich dieser deutliche Rückgang deshalb auf unsere Kultur ausgewirkt haben?
Beim Lesen von Romanen oder Novellen erschafft sich der Leser eine neue Welt. Jedes Sprachbild, jede Figur und jede Szene will interpretiert werden. Die Kinderbuchautorin Kirsten Boie erklärte es in einem SÜDKURIER-Interview einmal am Beispiel des Begriffs *Vater*. „Taucht er in einem Text auf, so entstehen in Ihrem Kopf völlig andere Bilder als in meinem“, sagte sie.

Welche Persönlichkeit sich ein Leser unter *Vater* vorstellt – ob es ein herrischer oder ein gütiger Charakter ist –, das hängt von seiner ganz eigenen Prägung und Lebenserfahrung ab. [...] Wer Romane liest, erkennt, dass ein Ding von verschiedenen Seiten gleichermaßen wahr sein kann. Oder wie es der Maler Pablo Picasso formulierte: „Wenn es nur eine Wahrheit gäbe, könnte man nicht hundert Bilder über dasselbe Thema malen." Es gibt kein besseres Training für informierende Literatur wie Sachbücher oder auch journalistische Texte aktivieren unsere Fantasie in deutlich geringerem Umfang. Kirsten Boies fiktive Vaterfigur müssen wir uns erst geistig erschaffen: ihr Aussehen, ihre Stimme, ihr ganzes Auftreten. Bei real existierenden Personen wie US-Präsident Donald Trump dagegen ist das nicht nötig. Weil ihr Erscheinungsbild bereits allgemein bekannt ist, gleichen einander auch unsere individuellen Lektüreergebnisse. Wer allein informierende Literatur liest, gewöhnt sich deshalb an einen absoluten Wahrheitsbegriff.

Wust von kleinsten Einheiten

Und wie verhält es sich nun mit der durchsuchenden Lektüre? Sie ist ein vergleichsweise neues Phänomen. Der Blogger Schlecky Silberstein bezeichnet damit in seinem Buch „Das Internet muss weg" (Knaus-Verlag) das bloße Abscannen von Textflächen im digitalen Raum. Es handelt sich dabei meist um einen Wust von kleinsten Einheiten wie Suchergebnissen [...] oder Kurznachrichten [...].

Bei der Belletristik geht es um Sinnerfassung und gleichzeitige Konstruktion einer fiktiven Wirklichkeit. Bei informierender Literatur geht es allein um Sinnerfassung. Beim reinen Durchsuchen von Texten dagegen geht es nicht mal mehr um das. Was zählt, ist der flüchtige Kick einer flüchtigen Emotion: die Empörung über andere Überzeugungen, die Freude über Wortmeldungen von Gleichgesinnten.

Was Kinder lesen – REaD-Studie erläutert kognitive Konsequenzen und pädagogische Herausforderungen (2014) M 4

[...] Lesen ist eine komplexe kognitive Fähigkeit, deren Erwerb nicht selbstverständlich ist. Kinder brauchen deshalb pädagogische Unterstützung, um die Herausforderungen des Schriftspracherwerbs erfolgreich zu meistern. Die PISA-Studien haben gezeigt, dass dies nicht allen Kindern gleich gut gelingt: Lesen ist der schulische Fähigkeitsbereich, in dem sich vielleicht die größten Unterschiede zwischen Schülerinnen und Schülern offenbaren und in dem es besonders schwierig ist, effektive Trainings- und Fördermaßnahmen zu implementieren. Das Forschungsteam REaD am Max-Planck-Institut für Bildungsforschung untersucht, warum das so ist.

Ist Lesen schwierig?

Warum ist Lesen eigentlich so schwierig? Erwachsene vergessen häufig, dass Lesen alles andere als selbstverständlich ist. Für sie ist es eine hoch automatisierte Fähigkeit, die selbstständig und ohne große Anstrengung ausgeführt wird. In der Tat können Erwachsene „nicht nicht lesen". [...] Das war jedoch nicht immer so.

Was lesen Kinder?

Eines ist klar: Wie andere Dinge im Leben, lernt man Lesen nur dadurch, dass man es tut. [...]

Wieviel lesen Kinder?

[...] In der Schule selbst lesen Kinder kaum, zumindest nicht in der Grundschule. Ein durchschnittliches Lesebuch für den Deutschunterricht in der dritten Klasse hat ungefähr 30.000 Wörter – das ist in etwa der Umfang, den auch ein Band der „Drei ???“-Serie hat. Ein Buch wie Cornelia Funkes „Tintenherz“ (140.000 Wörter) umfasst ungefähr so viele Wörter wie alle Schulbücher der ersten bis zur vierten Klasse zusammen.

Es ist deshalb wahrscheinlich, dass die meiste Lektüre in außerschulischen Situationen konsumiert wird – oder eben auch nicht. Darüber hinaus sind die meisten Lese-Episoden nicht in einen erzieherischen Kontext eingebunden, etwa in den Unterricht, sondern finden eher nebenher und selbstgesteuert statt. Fragt man Kinder und Jugendliche danach, wann und was sie in den letzten Tagen außerhalb der Schule gelesen haben, dann erhält man meist einen Mittelwert von ungefähr fünf Minuten pro Tag. Dabei gibt es aber erhebliche Unterschiede: Einige lesen gar nicht und andere dafür eine Stunde. [...]

Ein Kind, das durchschnittlich lange und gut liest, wird am Ende der sechsten Klasse ungefähr zwei Millionen Wörter gelesen haben (das entspricht ungefähr zweimal dem Umfang aller Harry-Potter-Bände). Ein Kind, das hingegen das Lesen fast vollständig vermeidet und eher zähflüssig liest, kommt nur auf etwa zehn Prozent davon. Gleichzeitig kann ein Kind, das doppelt so viel liest, leicht vier bis sechs Millionen Wörter in der Grundschule lesen. Wie bei allen exponentiell verlaufenden Wachstumsprozessen machen sich selbst kleine Unterschiede in den Anfangszuständen schnell bemerkbar.

Was hat das für Konsequenzen?

Es ist einfach zu sehen, dass die oben skizzierte Wachstumsdynamik erhebliche Konsequenzen hat, und zwar sowohl für die Fähigkeiten der Schülerinnen und Schüler als auch für das Handeln von Eltern und Lehrern. Zunächst einmal kann sich durch das Zusammenspiel von Leseverhalten und Lesefähigkeit ein positiver „Engelskreis“ ergeben: Menschen, die mehr und anspruchsvollere Bücher lesen, üben diese Fähigkeiten mehr und werden dadurch immer besser. Entsprechend hat das Forscherteam auch herausgefunden, dass das Lektüreverhalten stark mit anderen sprachlichen Leistungen der Kinder zusammenhängt: Kinder, die viele Kinderbücher kennen, haben einen größeren Wortschatz und lesen flüssiger. Leider ist jedoch der umgekehrte Fall wesentlich häufiger: Kinder, denen das Lesen schwerfällt, vermeiden es, dadurch fällt es ihnen immer schwerer und sie vermeiden es immer weiter.

Obwohl die Leseforschung diese komplexen Wechselbeziehungen zwischen dem, was Kinder lesen und dem was sie können, schon lange beobachtet, ist noch nicht klar, was man am besten dagegen tun kann. Sicherlich liegt die Lösung in einem Zusammenspiel unterschiedlicher Maßnahmen gleichzeitig: Die Lehrkräfte in der Schule sind wichtig, haben aber häufig nicht die Zeit, sich in jedem Einzelfall um das Lektüreverhalten ihrer Schülerinnen und Schüler zu kümmern. Lesepaten-Systeme sind sicherlich eine gute Sache, aber es ist unklar, wie nachhaltig die Wirkung solcher eher punktuellen Maßnahmen ist. Programme zur Förderung der Lesemotivation sind ebenfalls gut und sinnvoll, aber aus kognitiver Perspektive meist zu unspezifisch. Gerade die schwächeren Schülerinnen und Schüler, denen das Dekodieren einfachster Wörter noch sehr schwerfällt, bedürfen der gezielten Förderung und Übung, um sie überhaupt erst in die Lage zu versetzen, eigenständig weiterzulesen. Denn das ist das Entscheidende: Statt einmal die Woche zum Leseunterricht zu gehen oder, von den Eltern vorgeschrieben, die obligatorischen fünf Minuten zu Hause lesen zu müssen, ist es wichtig, das „kognitive Immunsystem“ der Kinder soweit zu stärken, dass sie in der Lage (und willens) sind, sich eigenständig mit Büchern und Texten auseinanderzusetzen – egal ob in altmodischer Papierform, als E-Book oder im Internet.

Forumsbeiträge

M 5

Warum gibt es Menschen, die nicht gerne lesen?

Gibt es dafür eine wissenschaftliche Erklärung oder woran liegt das?

10 Antworten   Sortieren nach: Relevanteste Antworten zuerst

Mignon2
vor 6 Jahren

Warum gibt es Menschen, die nicht gerne schwimmen, Sport treiben, kochen, saubermachen, den Rasen mähen, ihre Steuererklärung machen usw.? Gibt es dafür eine wissenschaftliche Erklärung oder woran liegt das? Jeder Mensch hat Vorlieben für bestimmte Tätigkeiten und Antipathien für andere Tätigkeiten. Alles ist Geschmackssache.

Tini12
vor 6 Jahren

Muss es für alles eine wissenschaftliche Erklärung geben? Du magst vielleicht kein Fußball oder Pferderennen oder was weiß ich und genauso mögen manche Leute eben keine Bücher.
Wenn ich jetzt spekulieren müsste, würde ich vielleicht sagen, dass Bücher lesen ihnen zu lange dauert. Vielleicht hat es auch was mit mangelnder Vorstellungskraft zu tun.

verreisterNutzer
vor 6 Jahren

Faulheit oder
andere Interessen
Nicht jeder Mensch ist gleich.
Manche lieben Filme
Andere hassen sie
Manche lieben Bücher
Andere hassen sie
Manche können ohne Smartphone nicht leben
Andere wissen nicht mal, was das ist ;-)

Alexandra0809
vor 6 Jahren

Nun, es gibt Menschen, die lesen sehr viel und gerne. Dann gibt es aber auch Menschen, die nur das lesen, was sie müssen, betätigen sich dafür aber lieber im handwerklichen Bereich oder gehen sehr viel schwimmen oder ...
Menschen sind verschieden. Ich habe einen Sohn, der schon immer sehr viel gelesen hat, aber auch eine Tochter, die nur sehr wenig liest, dafür sehr viel an der Nähmaschine sitzt.

Studie zur Schullektüre

M 6

Was lesen Jugendliche der achten und neunten Jahrgangsstufe in der Schule? Was würden sie gern im Unterricht lesen? Und was lesen sie privat? Unter der Leitung von Wissenschaftlerinnen der Universitäten Hildesheim und Potsdam und der Pädagogischen Hochschule Nordwestschweiz wurden jeweils circa 1100 Acht- und Neuntklässler aus Niedersachsen und der Schweiz befragt.
Nach Ergebnissen der Studie „Texte, Aktivitäten und Motivationen im Literaturunterricht der Sekundarstufe I“ („Tamoli“) lesen Schülerinnen und Schüler in ihrer Freizeit am liebsten Science-Fiction und Fantasy (42 Prozent), gefolgt von Abenteuergeschichten (38), Krimis und Spionagethrillern (36), Horror- und Gruselgeschichten (35) sowie Comics (35). In der Schule würden sie bevorzugt Science-Fiction, Krimis, Comics und Horrorgeschichten lesen.
Tatsächlich stehen im Deutschunterricht nach Angaben ihrer Lehrerinnen und Lehrer politische und gesellschaftskritische Texte (84 Prozent) an der Spitze, danach folgen Bücher über Probleme von Jugendlichen (36), moderne Romane (28), klassische Literatur (27) und historische Stoffe (25) – alles Inhalte, die bei der Freizeitlektüre nicht mal jeder fünfte Befragte nennt. Umgekehrt kommen die Lieblingsstoffe der Jugendlichen mit Ausnahme der Abenteuergeschichten im Unterricht kaum (Science-Fiction, Krimis) oder gar nicht vor (Horror, Comics). Bei den Titeln gehören „Harry Potter“, „Gregs Tagebuch“, „Tschick“ und „Das Schicksal ist ein mieser Verräter“ zu den Favoriten der Jugendlichen. In den 62 befragten Klassen wird vor allem der Jugendroman „Tschick“ gelesen, gefolgt von „Die Welle“, „Löcher“, „Der unvergessene Mantel“, „Abby Lynn“ und „Das Tagebuch der Anne Frank“.

Leseratten leben länger: So gesund ist Bücherlesen

M 7

Lesen lindert Stress und fördert Entspannung
Einer Studie an der University of Sussex zufolge kann das Lesen den aktuellen Stresspegel um bis zu 68 Prozent senken. Um das zu überprüfen, führten Wissenschaftler mit den Teilnehmenden Tests durch, die sie unter Stress setzten und ihre Herzfrequenz messbar nach oben trieben. Anschließend sollten sie sechs Minuten lang still sitzen und lesen. Dabei stellte sich heraus: Das Herz beruhigte sich, offensichtlich nahm die Anspannung ab.
Zwar ist ein großer Teil dieser Entspannung wohl dem Stillsitzen zuzuschreiben – doch genau dazu werden wir beim Lesen meist „gezwungen“. Diesen positiven Effekt scheinen Bücherwürmer auch aktiv zu spüren, wie das Ergebnis einer umfangreichen britischen Umfrage zeigt: 58 Prozent der Befragten gaben an, dass sie beim Lesen am besten entspannen können.

Lesen als Demenz-Prävention
Untersuchungen haben gezeigt, dass regelmäßiges Bücherlesen wahrscheinlich dazu beitragen kann, das Risiko für eine Demenz zu senken. Forschende stellten fest, dass die Erkrankungsrate bei intellektuell aktiven Menschen geringer war. Und nicht nur das. Normalerweise nimmt die Leistung des Gehirns im Alter ab. Es kann Informationen schlechter aufnehmen, der aktive Wortschatz sinkt. Wissenschaftler haben jedoch nachgewiesen, dass es möglich ist, durch häufiges Lesen zumindest einen Teil dieser Alterserscheinungen bei den verbalen Fähigkeiten zu kompensieren.

Höhere Lebenserwartung durch Bücher

Das alles sind gute Gründe, um mehr Bücher zu lesen, aber die Ergebnisse einer US-amerikanischen Studie mit 3.635 Teilnehmenden über 12 Jahre hinweg liefern ein noch besseres Argument: Sie haben ermittelt, dass eifrige Leser von Büchern im Durchschnitt 23 Monate länger lebten als Personen, die keine Bücher lasen. Damit wäre auch die Frage beantwortet, warum es für Leser sinnvoll wäre, noch mehr zu lesen.

Macht Lesen intelligenter?

Lesen ist also gesund, aber macht es auch schlau? An erster Stelle trägt es zu einer positiven Entwicklung von Kindern bei. Es verbessert den Wortschatz, die Rechtschreibung, die Ausdrucksfähigkeit und das Allgemeinwissen. Anders gesagt: Leseratten haben eine größere verbale Intelligenz. Dabei beeinflussen sich die einzelnen Faktoren gegenseitig und erhöhen so insgesamt die kognitiven Fähigkeiten. Lesen sorgt also tatsächlich dafür, dass das Gehirn besser arbeitet.
Vorlesen regt die Fantasie an und erweitert den Wortschatz Ihrer Kinder. Das stärkt ihre Lesekompetenz.

Was bewirkt Lesen im Gehirn?

An der Emory University in Atlanta haben Forschende zeigen können, dass das Lesen im Gehirn sogar auf biologischer Ebene Spuren hinterlässt. Sie machten Gehirnscans der Probanden und baten sie, jeden Abend in einem ausgewählten Buch zu lesen.
Am nächsten Morgen wiederholten sie die Scans – und fanden Veränderungen: In einem Gehirnbereich, der für die Aufnahme von Sprache zuständig ist, war die sogenannte Konnektivität erhöht. Das heißt, der Informationsfluss der Neuronen funktionierte besser. Das Gleiche galt für die Zentralfurche des Gehirns (Sulcus centralis). Diese Struktur wird mit Körperempfindungen in Verbindung gebracht.
Das Interessante daran: Diese Veränderungen im Gehirn waren noch fünf Tage nach dem Lesen vorhanden. Wie lange sich Leseerlebnisse oder Lieblingsbücher auf die Biologie des Gehirns auswirken, muss noch im Detail erforscht werden.

Deshalb ist Lesen besser als Fernsehen

Informationen und spannende Geschichten kann auch das Fernsehen vermitteln. Warum ist es trotzdem besser, mehr zu lesen? Während regelmäßiges Lesen Demenz womöglich vorbeugen kann, fördert Fernsehen die Gehirntätigkeit anscheinend nicht im positiven Sinne – im Gegenteil.
Bei einer Langzeitstudie haben Forschende Hinweise darauf gefunden, dass intensiver Fernsehkonsum von mehr als vier Stunden täglich das Risiko für eine Demenz erhöhen könnte, weil es vermutlich dazu beiträgt, dass Gehirnzellen früher absterben.

4 Erkläre begründet, welche Quelle du in deiner Stoffsammlung nicht beachtet hast.

Starthilfe, S. 423

5 Überlege, warum es sinnvoll ist, sich Gedanken darüber zu machen, worauf man achten möchte, bevor man Materialien zu einem bestimmten Thema sichtet.

Starthilfe, S. 423

6 Recherchiere abschließend eigenständig nach weiterem Material, das zusätzliche Argumente für deinen Standpunkt bezüglich des Themas *Bedeutung des Lesens* liefert, und ergänze diese in deiner Stoffsammlung. Notiere die jeweilige Quelle.

Recherchestrategien gezielt einsetzen, S. 37/38

Arbeitsheft, S. 27–30

Einen Kommentar planen

Bevor der Kommentar geschrieben werden kann, muss deine Gruppe zunächst klären, welche Position sie in dem Kommentar vertreten möchte, und dann eine Gliederung erstellen.

1 Entscheide dich, welche Meinung du selbst vertreten möchtest:
- Führe dir noch einmal vor Augen, was die Aussage „Lesen ist wie atmen" bedeutet.
- Kannst du der Aussage zustimmen, nicht zustimmen oder vielleicht teilweise zustimmen?
- Soll es um das Lesen von Literatur, informierenden Texten oder das Lesen im Allgemeinen gehen?
- Möchtest du mit einem Appell an die Leserinnen und Leser enden und was soll dieser enthalten?

→ *Appellieren, S. 372*

→ *Linear oder antithetisch argumentieren, S. 373*

2 a) Erkläre, welchen Unterschied es zwischen einer linearen und einer antithetischen Argumentation gibt.

b) Halte tabellenförmig fest, inwiefern sich der Kommentar und die klassische schulische Argumentation unterscheiden und welche Gemeinsamkeiten bestehen.

Kommentar	Argumentation
• *informativ, argumentativ* • *Schwerpunkt stärker auf den Argumenten, welche die eigene Meinung vertreten.* • …	• *argumentativ* • *Pro und Kontraargumente sind ausgewogen vorhanden* • …

c) Was bedeuten die Ergebnisse für deinen Kommentar und deine Gliederung?

3 a) Gehe nun deine Stoffsammlung (S. 96, Aufg. 2) durch und markiere die Aspekte, die du für deinen Kommentar verwenden möchtest, in einer einheitlichen Farbe.

b) Streiche Dopplungen und Informationen, die du nicht verwenden möchtest.

c) Leite aus den markierten Informationen Argumente ab und notiere diese.

4 Sortiere die Argumente aus Aufgabe 3.

a) Welches Argument soll im Zentrum stehen und dementsprechend mehr Raum einnehmen? Markiere dein Hauptargument.

b) Entscheide dich für eine sinnvolle Reihenfolge der einzelnen Argumente und versieh die einzelnen Argumente mit der entsprechenden Zahl.

5 Prüfe die Oberthemen aus deiner Stoffsammlung. Markiere die Oberthemen, die unmittelbar miteinander zusammenhängen, mit demselben Symbol.

6 Erstelle eine Gliederung, die den Aufbau der Argumente für deinen Kommentar abbildet und die zu deiner gewählten Vorgehensweise passt.

Eine Gliederung erstellen, S. 376

7 Markiere in deiner Gliederung die Aspekte, die du stärker ausführen möchtest, weil sie entweder sehr wichtig sind oder aufgrund ihrer Komplexität detaillierter erklärt werden müssen.

8 Arbeite mit einer Partnerin oder einem Partner zusammen. Stellt euch gegenseitig eure Gliederungen vor und erklärt, wie ihr genau vorgehen möchtet. Orientiert euch dabei an den folgenden Leitfragen:

- Warum hast du dich für deine Abfolge der Argumente entschieden?
- Welche Argumente hältst du für deine Meinung für besonders essenziell?

Partner A beginnt mit der Vorstellung. Während Partner B sich ggf. Fragen zum Vorgehen notiert. Partner B orientiert sich an folgenden Leitfragen:

- Bauen die Argumente sinnvoll aufeinander auf?
- Sind die angesprochenen Argumente stichhaltig?
- Welche Fragen bleiben eventuell unbeantwortet?

Feedbackbogen: Gliederung

9 Entscheide, welche Hinweise du von deiner Partnerin bzw. deinem Partner übernehmen möchtest und überarbeite deine Gliederung entsprechend.

Methode

Einen Kommentar planen

- Kläre den Ausgangspunkt. Überlege dir dazu, auf welches Ereignis, welche Entwicklung oder welche Aussage du dich in deinem Kommentar beziehen möchtest.
- Erschließe das Thema mithilfe einer Stoffsammlung.
- Mache dir klar, welche Meinung du zu dem Thema vertrittst.
- Entscheide dich für eine passende Kommentarform.
- Erstelle eine Gliederung, in der du die Argumente, die du verwenden möchtest, in einer passenden Reihenfolge anordnest.

Arbeitsheft, S. 31/32

Einen Kommentar gestalten

Als nächstes berät deine Gruppe, wie der Kommentar gestaltet werden sollte und welchen Kriterien er entsprechen sollte.

Eine gute Überschrift finden

1 Zuerst überlegt ihr euch in der Gruppe eine Überschrift für euren Kommentar. Sabine hat bereits einige Vorschläge formuliert. Gib ihr eine Rückmeldung.

a. Lesen ist wie atmen – der (Sauer-)Stoff zum Leben/, gegen Langeweile!
b. Lesen ist wie atmen – oder vielleicht doch eher wie Baldrian/ein Schlafmittel.
c. Lesen ist wie atmen – und wer nicht atmet hat/ist schon verloren!

2 Halte ausgehend von Sabines Vorschlägen fest, welche Kriterien die Überschrift eines Kommentars erfüllen muss.

3 Formuliere eine Überschrift für deinen Kommentar.

Merkmale einer passenden Einleitung erarbeiten

4 Bevor die Einleitung des Kommentars geschrieben wird, diskutiert ihr in eurer Gruppe, welchen Kriterien eine gute Einleitung gerecht werden muss. Deine Gruppenmitglieder haben hierzu verschiedene Meinungen:

Reagiere auf die Ideen deiner Gruppenmitglieder, indem du ihnen erklärst, welche Merkmale eine gute Einleitung hat. Halte deine Erklärung schriftlich fest.

Starthilfe, S. 423

5 Lies die drei Beispiele für den Anfang einer Einleitung und wähle begründet den passendsten Satz aus.

a. Der folgende Text handelt von der Wichtigkeit und Bedeutung des Lesens.
b. Der Schriftsteller Alberto Manguel sagte einmal, Lesen sei wie atmen und machte somit unmissverständlich klar, welche Bedeutung Lesen in unserer Gesellschaft hat.
c. Ich lese sehr gerne und viel, weshalb ich mich gerne näher mit der Bedeutung von Lesen beschäftigen möchte.

6 Stelle Überlegungen dazu an, inwiefern eine Einleitung als erstes verfasst werden sollte oder erst, nachdem der Hauptteil und der Schluss formuliert wurden.

*Ein **kohärenter Text** ist ein zusammenhängender Text, der einen roten Faden hat.*

Anschließend macht ihr euch noch einmal Gedanken, wie ihr einen Text kohärent und nachvollziehbar schreiben könnt.

7 Einem Mitglied aus deiner Gruppe fällt auf, dass die Texte, die ihr gefunden habt, häufig aus verschiedenen Absätzen bestehen. Überlege, welche Funktion diese Absätze haben.

Starthilfe, S. 423

8 Lies die folgenden Absätze und erläutere, inwiefern sie sich in ihrer Funktion (informierend, argumentativ) unterscheiden.

Normalerweise nimmt die Leistung des Gehirns im Alter ab. Es kann Informationen schlechter aufnehmen, der aktive Wortschatz sinkt.

Ein Grund, warum man lesen sollte, ist die Tatsache, dass Lesen den Alterungsprozess unserer kognitiven Fähigkeiten verlangsamt. Eine Studie hat gezeigt, dass häufiges Lesen den Alterungsprozess des Gehirns zumindest teilweise kompensieren kann.

Tipp

Ein Argument besteht aus folgenden Argumentationsschritten:

Behauptung
↓
Begründung
↓
Beispiel/Beleg/Vergleich/Folgerung
↓
Rückführung

9 a) Untersuche die beiden folgenden Texte auf die Elemente eines Argumentes hin.
b) Halte schriftlich fest, zu welchem Ergebnis du gekommen bist und welche Erkenntnis daraus resultiert.

Text 1

Lesen ist sogar besser als Fernsehen, da es sogar Demenz vorbeugen kann, während Fernsehschauen Demenz sogar noch begünstigt. Eine Studie weist darauf hin, dass intensiver Fernsehkonsum scheinbar sogar dafür sorgt, dass Gehirnzellen früher absterben. Deshalb sollte man spannende Geschichten lieber in einem Buch lesen, statt sie im Fernsehen zu schauen (vgl. M 7).

Text 2

Doch wieso sollte man Hunderte von Seiten eines Romans wie z. B. Herr der Ringe lesen, wenn uns der Film dieselbe Handlung in viel kürzerer Zeit und deutlich bequemer präsentiert?
Nun, Forschungsergebnisse weisen zumindest darauf hin, dass intensiver Fernsehkonsum Gehirnzellen früher absterben lässt, wohingegen viel Lesen das Bilden neuer Gehirnzellen sogar fördert. Da sollte man sich doch wirklich genau fragen, ob der Griff zum Buch nicht doch die bessere Alternative ist.

10 Euer Gruppenmitglied Mark hat einen Kommentar der Autorin Stefanie Wirsching gefunden, den er für gelungen erachtet (S. 109). Um euren Kommentar sprachlich ähnlich zu gestalten, entscheidet ihr, euch zwei Textauszüge genauer anzuschauen. Zunächst analysiert ihr die Argumentationsstruktur:

Folie

a) Lies die Textauszüge und untersuche sie in Bezug auf die Argumentationsstruktur.

Diagramme auswerten und erstellen, S. 384

b) Fertige ein Flussdiagramm an, welches die Argumentationsstruktur widerspiegelt.

c) In den Textausschnitten werden sogenannte sprachliche Handlungen vollzogen. Notiere diese in einer Tabelle. Lasse Platz für eine weitere Spalte.

Textabschnitt/ Zeile	Sprachliche Handlung	...
...	*Es wird eine Behauptung aufgestellt.*	...
...	*Die eigene Meinung wird mithilfe eines Beispiels untermauert.*	...
...	...	...

11 Im nächsten Schritt analysiert ihr die verwendete Sprache genauer.

Starthilfe, S. 423

Formulierungsmuster in Texten, S. 404

a) Notiere in deiner Tabelle aus Aufgabe 10 c) in einer weiteren Spalte, mit welchen Formulierungen die sprachlichen Handlungen vollzogen werden.

b) Ergänzt weitere Formulierungen, mit denen dieselben sprachlichen Handlungen vollzogen werden können.

Starthilfe, S. 424

c) Untersuche den Kommentar auf weitere sprachliche Auffälligkeiten und notiere diese. Überlege, welche Funktion die verwendete Sprache haben könnte.

Sprachliche Mittel, S. 394/395

12 In einem Kommentar kann auch mit bildlicher Sprache gearbeitet werden. Untersuche, welche rhetorischen Mittel die Autorin Stefanie Wirsching in ihrem Kommentar verwendet und welche Funktion diese haben. Sammelt diese in einer Tabelle.

Rhetorisches Mittel	Funktion
...	...

13 Besprecht gemeinsam, welchen Unterschied es für einen argumentativen Text macht, ob rhetorische Mittel verwendet werden oder nicht. Haltet eure Überlegungen stichpunktartig fest.

Stefanie Wirsching

M 8

Warum Lesen auf dem Papier immer noch so wichtig ist.

Auszug 1:

Gelesen wird viel. Das Gelesene aber nicht unbedingt richtig verarbeitet, zumindest nicht am Bildschirm. Müssen wir das Lesen neu lernen?
Es gibt so viel Text auf dieser Welt wie noch nie. Weil die Menschheit so viel schreibt und so viel liest wie noch nie: Bücher, Berichte, Zeitungen, Blogs, Tweets bis hin zu Messenger-Nachrichten wie diesen: „Alles o.k." – „Passt". Die logische Schlussfolgerung muss demnach lauten: Um die Lesefähigkeit kann es dann doch gar nicht schlecht bestellt sein und die ständige Warnung vor einem Rückgang der Lesekompetenz ist vielleicht doch eher der Klagegesang eines Rudels von Kulturpessimisten.
Es wird gelesen, überall. Und alles mögliche. Auch die dicken Romane noch, siehe Leipzig, wo gerade die Buchmesse beginnt. Zwar wird auch dort in der Branche wieder diskutiert, was man mit jenen machen soll, die verloren gegangen sind, keine Bücher mehr kaufen wollen, aber in einem Land, das jährlich etwa 90.000 Neuerscheinungen auf den Markt bringt, kann man wohl kaum vom Lesenotstand sprechen. [...]
Alles o.k., passt? Die Annahme ist aber dennoch falsch. Weil sie einen wichtigen Faktor nicht einberechnet. Die Trainingsumstände. Lesen ist eine Kulturtechnik, die eingeübt werden muss. Was derzeit trainiert wird: vor allem die Kurzstrecke. Das kleinteilige Lesen. Und das meist digital. Schnell mal Mails checken, schnell mal die Nachrichten überfliegen, wer schneller liest, ist schneller fertig, schneller woanders ... Es gibt sogar wunderbare Schnelllese-Kurse mit phänomenalen Ergebnissen beim Lesesprint. [...]

Auszug 2:

Und die Forscher verdammen auch nicht das digitale Lesen, nennen ja auch Vorteile, sondern fordern nur, dass wir nicht halb blind vor lauter Fortschrittsbegeisterung das Gedruckte vorschnell in die Altpapiertonne treten. Vor allem an die Schulen richtet sich ihr Appell: Mag das iPad auch noch so cool sein, für die Entwicklung des kindlichen Leseverständnisses und des kritischen Denkens kann ein Buch dann halt womöglich doch das wertvollere Tool sein. Und was ebenfalls zum Lehrplan zählen muss: Wie man einen langen Text konzentriert auch am Bildschirm lesen kann.

Text leicht verändert

Merkmale eines passenden Schlusses erarbeiten

Auch der passende Schluss ist für einen gelungenen Kommentar sehr wichtig. Dementsprechend untersucht die Arbeitsgruppe den Schluss des Kommentars genauer und vergleicht ihn mit einer klassischen Argumentation.

Starthilfe, S. 424

14 Untersuche die beiden folgenden Schlussvarianten.
- a) Erkläre, welchen Schluss du dem Kommentar und welche der traditionellen Argumentation zuordnest.
- b) Untersuche die verwendete Sprache in den Schlussvarianten. Inwiefern unterscheidet sich diese?
- c) Untersuche, inwiefern sich die beiden Varianten inhaltlich unterscheiden.
- d) Halte ausgehend von deinen Ergebnissen Leitlinien für den Schluss eines Kommentars fest.

Text 1

Man könnte es auch so sagen: Die Trainingsbedingungen müssen überdacht und angepasst werden. Nicht nur die Sprint-, sondern auch die Langstrecke müssen trainiert werden.

Text 2

Abschließend lässt sich also festhalten, dass das analoge Lesen eine wichtige Kulturtechnik ist, die es gilt, zu bewahren. Dementsprechend sollte das Lesen von Büchern auch weiterhin Teil unseres Privat-, aber auch schulischen Lebens sein.

☑ Checkliste

Einen gelungenen Kommentar gestalten

Ein guter Kommentar hat ...
- ☑ eine Überschrift, die den Lesenden Lust auf den Text macht, ohne zu viel zu verraten,
- ☑ eine Einleitung, die den Schreibanlass/das Thema klärt und eine kurze erste Einführung ins Thema gibt. Möglicherweise wird auch eine Frage aufgeworfen,
- ☑ einen Hauptteil, der bezüglich der Argumentationsstruktur offen ist, dennoch einen roten Faden hat und die Meinung der Autorin bzw. des Autors deutlich werden lässt,
- ☑ eine sachliche Sprache, bei der jedoch auch Gebrauch von rhetorischen Mitteln gemacht werden kann,
- ☑ einen Schluss, der das Wichtigste zusammenfasst, dabei jedoch auch sprachliche Mittel aufweist.

Tipp

Mehr über die Funktion der rhetorischen Mittel im Kommentar erfährst du auf Seite 108 in Aufgabe 12.

Arbeitsheft, S. 31/32

Schätze deinen Lernstand ein

1 Prüfe, welche Kommentartypen es gibt und notiere diese in deinem Heft.
a. der Einerseits-Andererseits-Kommentar
b. der Meinungs-Kommentar
c. der Informations-Appell-Kommentar
d. der Argumentations-Kommentar
e. der Geradeaus-Kommentar
f. der Positiv-Kommentar

2 Erkläre, wie sich die existierenden Kommentartypen voneinander unterscheiden.

3 a) Erkläre anhand der drei folgenden Texte, bei welchem es sich eher um einen Kommentar handelt, so wie ihn die Öffentlichkeits-AG gerne veröffentlichen möchte.
b) Erkläre anhand der übrigen Textbeispiele, warum es sich hierbei nicht um passende Textauszüge handelt.

→ *Seite 112/113,* B
→ *Seite 112/113,* A
← *Seite 94/95, Wissen u. Können*

Text 1

Eine Umfrage zur Lesedauer von Jugendlichen hat festgestellt, dass Mädchen deutlich länger lesen als Jungen. Darüber hinaus konnte festgestellt werden, dass sowohl Jungen als auch Mädchen mehr lasen, wenn sie früher von den Eltern etwas vorgelesen bekommen hatten.

Text 2

Puh, also ich lese eigentlich gar nicht gerne. Vielleicht manchmal ein paar News auf den sozialen Netzwerken. Ich denke, lesen ist echt out. Wofür soll man lesen, wenn man auch einfach ein Video anschauen oder Fernsehen kann?

Text 3

Lesen am Computer ist „in“, aber das Lesen von gedruckten Büchern „out“. Sind damit Buchhandlungen, Buchdruck und Co. obsolet geworden? Brauchen wir Bücher dann überhaupt noch?
Das Lesen von langen Texten ist heutzutage immer seltener von Nöten. Es reicht, wenn wir schnell die Schlagzeilen im Internet lesen, unsere kurzen E-Mails oder Textnachrichten sichten und wenn nötig, im Internet mittels Suchdiensten die gewünschten Informationen bereits kompakt und knapp verfasst finden. Verblasst damit unsere Kulturtechnik und wird ein Schatten seiner selbst?

Ein Plädoyer für eine Gedichtauswahl schreiben

*Ein **Plädoyer** ist eine Rede oder ein Appell, bei dem die Zuhörenden mithilfe von Argumenten vom Standpunkt der Rednerin bzw. des Redners überzeugt werden sollen.*

→ *Redegattungen unterscheiden, S. 240*

Am 3. Februar 1468, also vor über 550 Jahren, starb Johannes Gutenberg, dem man die Erfindung des Buchdruckes zuschreibt. Im Andenken an ihn und seine Errungenschaft plant die Öffentlichkeits-AG am Heinrich-Heine-Gymnasium eine Lesung aus verschiedenen Bestsellern. Für die Einladung soll ein Flyer gedruckt werden, auf dessen Vorderseite ein Gedicht zum Thema *Bücherlesen* abgedruckt werden soll. Dafür können sowohl eigene Gedichte geschrieben als auch bereits existierende verwendet werden.

→ *Gedichte, S. 386/387*

A Du entscheidest dich dafür, selbst ein Gedicht zum Thema *Bücher* bzw. *Bücher lesen* zu verfassen.

1 Erstelle eine Mindmap, in der du festhältst, welche Aspekte des Bücherlesens du mit deinem Gedicht ausdrücken möchtest.

2 Überlege dir, welche Form dein Gedicht haben soll: Wie viele Strophen möchtest du schreiben und soll sich das Gedicht reimen?

3 Verfasse dein Gedicht und überlege dir eine passende Überschrift.

Textverarbeitungsprogramm

4 Um deine AG-Mitglieder von deinem Gedicht zu überzeugen, schreibst du ein Plädoyer, in dem du begründest, warum ausgerechnet dein Gedicht auf den Flyer kommen sollte.

→ *Gedichte, S. 386/387*

B Als Mitglied der AG hast du dich dafür entschieden, ein bereits bestehendes Gedicht vorzuschlagen. Du hast auch bereits zwei Gedichte gefunden, musst dich jedoch noch für eines der beiden entscheiden. Um deine Entscheidung besser treffen zu können, untersuchst du die beiden Gedichte zunächst genauer.

1 Lies die beiden Gedichte auf der folgenden Seite.
a) Schreibe Assoziationen und Ideen auf, die dir beim Lesen der Gedichte in den Sinn kommen.
b) Formuliere eine Deutungshypothese für die beiden Gedichte.
c) Notiere – ausgehend von deinen Ergebnissen –, welche Aspekte des Lesens jeweils angesprochen werden.

→ *Deutungshypothesen formulieren, S. 384*

2 Entscheide dich begründet für eines der beiden Gedichte.

Textverarbeitungsprogramm

3 Um deine AG-Mitglieder von dem Gedicht deiner Wahl zu überzeugen, schreibst du ein Plädoyer, in dem du begründest, warum ausgerechnet das von dir gewählte Gedicht auf den Flyer kommen sollte.

Günter Kunert

Bücherlesen

Bücherlesen ist vonnöten,
soll euch nicht die Dummheit töten:
Wer nicht gerne Bücher liest,
ist für mich ein blödes Biest!
Bücherlesen, liebe Leute,
nicht erst morgen, sondern heute!
Heute gilt's, den Kopf zu füllen,
dass nicht laut vor Lachen brüllen
alle Affen hier im Zoo
über euren Kopf voll Stroh:
Stroh soll raus und Wissen rein,
das gilt nicht für euch allein,
sondern klar für jedermann,
der das Alphabet schon kann.
Ohne Bücher seid ihr Tröpfe,
sogar Holz- und Wasserköpfe!
Nur durch Bücher wissen wir:
Warum gibt es Menschen hier?
Denn kein Schaf gibt euch Bescheid,
keine Katze ist bereit,
Menschenkinder zu belehren,
die nicht auf die Bücher hören.
Hühner, Enten, Spatzen, Spechte
wissen leider nicht das Rechte,
was für Menschen wichtig wär.
Also: Nehmt die Bücher her,
lest und werdet sacht gescheit,
dass ihr einst die Klügren seid.

Hartmut Kulick

Bücher

Bücher
können
reden,
lachen,
weinen,
träumen,
reisen.

Irgendwann
braucht jedermann
ein Buch
mit dem er
reden,
lachen,
weinen,
träumen,
reisen
kann.

Sich auf eine Klassenarbeit vorbereiten

Tipp

Vergiss nicht, deinen Text am Ende noch einmal zu überarbeiten.

Aufgabe: Schreibe ausgehend von dem folgenden Text und deiner bisherigen Stoffsammlung zu den bereits gelesenen Materialien einen Kommentar ggf. mit einem Appell im Schlussteil. *Textverarbeitungsprogramm*

Lesen, nur lesen! – Wie neue Technologie und alte Ignoranz die schönste aller Kulturtechniken gefährden

M 9

Liebe Leserin, lieber Leser, Sie tun etwas, das auszusterben droht; Sie lesen einen Text.

Wie anders wäre es, wenn Sie diesen Leitartikel als Video anschauten: Vielleicht spreche ich Ihnen dann zu langsam, nervt Sie das Foto hinter mir oder lenkt Sie meine Gestik ab. Sie können es nicht ändern. Ich sende, Sie empfangen.

Da Sie diesen Text aber lesen, beginnen Sie zwei Gespräche: eines mit mir, eines mit Ihnen selbst. Vielleicht stoppen Sie beim Lesen, schweifen ab, denken nach. Durch die lange Weile Ihrer eigenen Geschwindigkeit entsteht etwas Neues.

Lesen ist die wichtigste Kulturtechnik, die Menschen haben. Lesen erschließt einem die Welt, erzeugt Mitgefühl, lässt einen die Furcht vor dem Furchtbaren überwinden, indem es das Furchtbare in Worte fasst. (Nicht zuletzt: Lesen macht Freude, was man auch an diesem Freitag sieht, wenn beim Bundesweiten Vorlesetag von ZEIT, Stiftung Lesen und Deutsche Bahn Stiftung 160.000 Ehrenamtliche Kindern vorlesen.)

Doch derlei Aktionen dürfen einen nicht täuschen: Das Lesen ist von zwei Seiten gefährdet, von neuer Technologie und alter Ignoranz.
So schnell wie nie ändert sich, wie Menschen kommunizieren. Erst haben sie immer mehr gelesen und geschrieben; sie simsten, whatsappten und posteten. Die neue Schriftlichkeit verbreitete sich so schnell, dass Pessimisten von einer „Kultur des gesenkten Blicks" sprachen, in der jeder in sein Smartphone starrt und in dudenferner Orthografie textet.

Jetzt kommt etwas Neues: die Kultur des gespitzten Mundes. Sprache ist der nächste große Schritt der Digitalisierung. Als Mobilfunk teuer war, verschickte man Datenpartikel namens SMS. Heute sendet man lange Ansagen, die man in das Smartphone vor seinem Mund spricht. Kein Dialog entsteht, sondern digitales Rede-Pingpong. Zudem sprechen Menschen nun mit Maschinen, mit schlauen Systemen, [...] die beliebte Weihnachtsgeschenke werden. [...]

Der neue Modus erfasst auch die Hochkultur: Weniger Menschen kaufen Bücher, mehr gehen jedoch auf Buch-Events wie Lesungen; es reicht ihnen, sich durch den Autor „belesen zu fühlen", wie die FAZ schrieb.

Wer immer spricht und nie schweigt, hat irgendwann nichts mehr zu sagen. Selbst der Beredsame kann sich nicht aus sich selbst reproduzieren, er braucht den Raum des stillen Zwiegesprächs mit dem Geschriebenen. Wenn alle nur noch senden, wird immer mehr Gesendetes bedeutungslos. Sprechen ohne Lesen ist Gelaber.
Deutschland lebt von neuen Ideen und Erfindungen. Es müsste daher zu den vordringlichsten Aufgaben von Bildungspolitikern zählen,

das Lesen zu retten. Doch seit Jahren ignorieren sie es und verlieren dabei die aus den Augen, die wenig Chancen und kaum eine Lobby haben: 7,5 Millionen Menschen können kaum lesen und schreiben. 28 Prozent der Eltern lesen ihren Kindern in den ersten drei Lebensjahren nicht regelmäßig vor. In acht deutschen Bundesländern sank die Lesekompetenz der Grundschüler zwischen 2011 und 2016, was nur deswegen nicht so auffiel, weil die Leistungen bei Rechtschreibung und Mathe stärker nach unten gingen.

Es gibt zwei Wege, mit diesen Befunden umzugehen: Kulturpessimisten bejammern genießerisch den Untergang; das lindert den Schmerz, macht die Rettung jedoch unwahrscheinlicher. Optimisten hingegen setzen auf die produktive Verunsicherung, die die Krise des Lesens auslöst. Vielleicht kann sie ein „Gesetz" inspirieren, das der Althistoriker Wolfgang Riepl vor hundert Jahren in einer Arbeit über das „Nachrichtenwesen des Altertums" aufstellte: Dem zufolge verdrängt eine neue Kommunikationsform eine alte nicht, sondern führt diese auf ihre eigentliche Stärke zurück. Das Lesen wird man also nicht durch Weltuntergangsgerede retten, sondern indem man es groß macht und besonders. Viele Geschichten der Weltliteratur handeln von unerhörten Begebenheiten. Solche Begebenheiten müssten die Optimisten fürs Lesen erschaffen. Was das sein kann? Kleine Aktionen, von Lese-Flashmobs bis zu Bücherschränken an jeder Ecke, aber auch große Dinge wie grandiose Bibliotheksbauten; so gehen in sozialen Netzwerken gerade Bilder der neuen Bücherei von Binhai viral, einem spektakulären Palast der Bücher, der ausgerechnet im hyperschnellen China gebaut wurde.
Wer das Lesen feiert, der rettet es.

Informierende Texte materialgestützt schreiben

Flucht aus der Heimat – Exilautor/-innen im Porträt

Seit Menschen Literatur schaffen, kommt es immer wieder vor, dass sie aus ihrer Heimat fliehen müssen, weil ihre Gedanken den Mächtigen missfallen. Am Bertolt-Brecht-Gymnasium findet deshalb eine Projektwoche zum Thema *Flucht aus der Heimat – Exilkünstler im Porträt* statt. An deren Ende steht ein Projekttag, bei dem die Schülerinnen und Schüler über das Leben verschiedener Künstlerinnen und Künstler im Exil informieren. Die Klasse 10b hat sich dazu entschieden, literarische Porträts über das Leben von Exilautorinnen und -autoren zu erstellen.

◂ **Bertolt Brecht**

1933 – 1948 im Exil in Prag, Wien, Zürich, Paris, Stockholm, Helsinki, Moskau, Santa Monica

◂ **Anna Seghers**

1933 – 1947 im Exil in Paris, Martinique, New York, Veracruz, Mexiko Stadt

Stefan Zweig ▸

1934 – 1942 im Exil in London, New York, Petropolis

Vicki Baum ▸

1932 – 1960 im Exil in Los Angeles

In diesem Kapitel lernt ihr, ...

- Materialien wichtige Informationen zu entnehmen, sie auszuwerten und zu beschreiben,
- Materialien auf ihren Informationsgehalt und Nutzen hin zu bewerten,
- Texte materialgestützt zu planen, zu gliedern und adressatengerecht zu verfassen,
- informierende und erzählende Passagen zu nutzen, um ein literarisches Porträt lebendig wirken zu lassen,
- ein literarisches Porträt kriteriengeleitet zu überarbeiten und eine endgültige Fassung zu erstellen.

1 Betrachte die Porträts auf der linken Seite.
a) Beschreibe, wie die dargestellten Personen auf dich wirken. Begründe, wodurch diese Wirkung zustande kommt. Gehe dabei auf die Gesichtsausdrücke, die Körperhaltung, die Farbwahl usw. ein.
b) Vergleiche deine Ergebnisse mit einer Partnerin oder einem Partner. Überlegt, was die Künstlerinnen und Künstler mit diesen Porträts erreichen möchten.

2 a) Vergleiche die folgende Definition des literarischen Porträts mit deinen Überlegungen aus Aufgabe 1 und nenne Gemeinsamkeiten sowie Unterschiede.
b) Diskutiere mit einer Partnerin oder einem Partner, welche Konsequenzen sich daraus ergeben und worauf ihr bei einem literarischen Porträt achten müsst.

Das *literarische Porträt* stellt das Leben einer bekannten Persönlichkeit vor, die in ihrem Denken, Wirken und Handeln gezeigt werden soll, sodass ein möglichst lebendiges Bild der dargestellten Person entsteht.

3 a) Erkläre mithilfe der folgenden Definition den Begriff Exil.
b) Äußere anschließend Vermutungen darüber, warum die dargestellten Personen Deutschland verlassen haben könnten.

Mit dem Begriff *Exil* beschreibt man die langfristige Abwesenheit vom eigenen Heimatland. Er leitet sich vom lateinischen *Exilium* ab, was soviel wie „Verbannung“ oder „in der Fremde sein“ bedeutet. Die Ursachen, warum Menschen ins Exil gehen, können sehr vielfältig sein und umfassen unter anderem zwangsweise Ausbürgerung, Vertreibung, Verbannung, politische oder religiöse Verfolgung und auch unerträgliche Lebensverhältnisse. Vielfach liegt die Entscheidung der Exilanten, ihre Heimat zu verlassen, auch in der Einschränkung ihrer freien Persönlichkeitsentfaltung begründet. Deshalb hoffen die Menschen, dass sie im Exil keine Einschränkungen erleben müssen. In der Regel basiert das Exil nur zu Teilen auf Freiwilligkeit, sodass die Exilanten ihren Zustand als unangenehm und bedrückend empfinden, da sie z. B. nicht die Möglichkeit haben, sich in ihrer gewohnten Sprache ausdrücken zu können. Sie hoffen darauf, wieder in ihre Heimat zurückkehren zu können, sobald der Exilgrund beseitigt ist.

4 Lies die folgenden Begriffe. Erläutere, wie sie mit dem Thema *Exil* in Verbindung stehen.

Heimat Vertreibung emigrieren Angst Tod Rückkehr
Fremde Einsamkeit Verlust Krieg Kritik
Heimatlosigkeit Fremdheit ausgestoßen Abwendung

5 Diskutiert in der Klasse, ob eine Auseinandersetzung mit Exilautorinnen und -autoren auch heute noch von Bedeutung ist.

Merkmale eines literarischen Porträts kennenlernen

Die Klasse 10b hat sich entschlossen, über das Leben verschiedener Exilautoren zu informieren. Dafür möchte die Klasse literarische Porträts für einen Ausstellungskatalog erstellen. Mehrere Gruppen schreiben verschiedene Texte, von denen der beste ausgewählt wird.

1 Formuliere Erwartungen, die du an ein literarisches Porträt hast und notiere sie.

2 Ein Mitschüler hat bei einer ersten Recherche den Text M 1 gefunden, den er gerne als Beispiel für ein literarisches Porträt nutzen möchte.
a) Erläutere, inwiefern der Text deine Erwartungen erfüllt bzw. nicht erfüllt. Was fehlt deiner Meinung nach?
b) Erarbeite mithilfe des Wissen-und-Können-Kastens unten Kriterien für ein literarisches Porträt und benenne Aspekte, die im Text M 1 fehlen.

Starthilfe, S. 424

3 a) Erkläre, was einen informierenden Text – wie es ein literarisches Porträt ist – von einem argumentativen Text unterscheidet.
b) Formuliere Schlussfolgerungen, die sich daraus für einen informierenden Text ergeben.

Wissen und Können

Merkmale eines literarischen Porträts kennenlernen

Ziel eines **literarischen Porträts** ist es, Leserinnen und Lesern eine **bekannte Persönlichkeit** (z. B. Schriftstellerinnen und Schriftsteller, Schauspielerinnen und Schauspieler oder Künstlerinnen und Künstler) vorzustellen.
Bei einem Porträt geht es darum, neben Lebensdaten und -abschnitten die **besondere Leistung** oder **Bedeutung** der Person möglichst **anschaulich** darzustellen. Der Text ist in erster Linie informierend, sollte aber neben sachlichen auch persönliche Aspekte beinhalten.
Ein literarisches Porträt stellt immer auch eine **subjektive** Sichtweise auf die Porträtierte oder den Porträtierten dar. Die Autorin oder der Autor wählt selbst aus, worauf der Blick der Leserinnen und Leser gelenkt werden soll oder welche Aspekte besonders beleuchtet werden sollen. Verschiedene literarische Porträts über ein und dieselbe Person können also ganz unterschiedlich sein.

Bertolt Brecht

M 1

War Bertolt Brecht ein Emigrant? Er selbst hat sich so nicht verstanden. Gegen den Begriff, der eine Wahlfreiheit impliziert, die für die Vertriebenen nicht gegeben war, hat sich Brecht stets gewehrt. Sein Freund und Kollege Berthold Viertel schreibt schon 1938 über ihn: „Ein deutscher politischer Auswanderer willst Du nicht sein, nur ein Vertriebener, ein Verjagter, dessen Denken, Fühlen, Planen unermüdlich um den deutschen Boden kreisen, um das deutsche Volk, dessen Zukunft die deine sein wird, einer entfremdeten Gegenwart zum Trotz."
Bevor Brecht 1933 aus Deutschland floh, war er einer der bekanntesten Theaterautoren in Deutschland. 1922 feierte *Im Dickicht der Städte* in München Premiere – schon die zweite Vorstellung wurde von Nationalsozialisten gestört und kurz danach abgesetzt. Spätestens nach der Uraufführung der *Dreigroschenoper* wurde Brecht auch über die Grenzen von Deutschland hinaus bekannt.

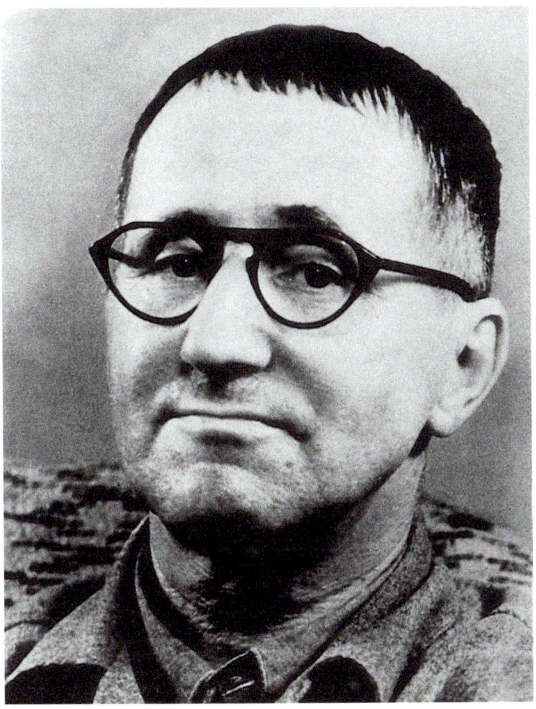

Während des Reichstagsbrands am 27. Februar 1933 lag Brecht im Krankenhaus. Er konnte es aber am gleichen Tag noch verlassen und packte die wichtigsten Sachen zusammen – vor allem seine Manuskripte. Über Prag und Wien floh er gemeinsam mit seiner Frau Helene Weigel in die Schweiz und dann nach Svendborg in Dänemark. Nach dem Einmarsch der deutschen Truppen in Dänemark begab er sich nach Finnland. Im Mai 1941 erhielt Brecht ein Visum für die USA. Sechs Jahre verbrachte er in Los Angeles, wo er sich in einer deutschen Exilgemeinschaft bewegte, der auch seine Freunde Lion Feuchtwanger und Hanns Eisler angehörten, wirklich angekommen ist Brecht dort nie.
Nachdem Brecht vor dem Ausschuss für unamerikanische Umtriebe[1] verhört wurde, ging er 1947 in die Schweiz, das einzige Land, für das er eine Aufenthaltsgenehmigung erhielt. Von dort aus sondierte er die Entwicklung des Theaters in Ost-Berlin und kehrte 1948/1949 dorthin zurück, wo er als Schriftsteller und Theaterschaffender eine der zentralen Figuren im Kulturbetrieb der jungen DDR wurde.

[1] Ausschuss für unamerikanische Umtriebe: Gremium in den USA, das nach dem Zweiten Weltkrieg die Bedrohung durch Kommunisten untersuchte

Das Schreiben eines literarischen Porträts vorbereiten

Das Schreiben vorbereiten, S. 381/382

Die Mitschülerinnen und Mitschüler deiner Gruppe haben bereits zahlreiche Materialien (M 1 – M 8) gesammelt, die sie zum Verfassen eines literarischen Porträts nutzen möchten. Bevor ihr anfangt, euren eigenen Text zu schreiben, müsst ihr zunächst das vorliegende Material auswerten. Bearbeitet dazu die folgenden Aufgaben. Die Materialauswahl ermöglicht es, einen Text über Bertolt Brecht oder Anna Seghers zu verfassen. Entscheide dich für eine der beiden Personen, bevor du weiterarbeitest.

1 Verschaffe dir Klarheit über die Aufgabenstellung.

a) Kläre zunächst die Schreibaufgabe, indem du folgende Fragen beantwortest:
- Was ist das **Thema** des Textes?
- Was ist das **Ziel** des Textes?
- **An wen** ist der Text gerichtet?
- Welche **Kriterien** muss der Text erfüllen?

b) Vergleicht eure Antworten im Plenum. Worauf müsst ihr besonders achten? Welche Schwierigkeiten gibt es gegebenenfalls?

2 a) Überlege, welche Aspekte du zum Thema *Exil* bereits kennst. Halte deine Ergebnisse stichpunktartig fest.

b) Vergleiche deine Ergebnisse mit einer Partnerin oder einem Partner.

c) Formuliere Fragen, auf die du dir durch die Materialien (M 1 – M 8) eine Antwort erhoffst.

Lesetechniken anwenden, S. 389/390

Vorlage: Textarten bestimmen

Starthilfe, S. 424

3 a) Lies die bereitgestellten Materialien (M 1 – M 8) zügig durch, um dir einen Überblick zu verschaffen.

b) Bestimmt die unterschiedlichen Textarten der vorliegenden Materialien.

c) Erklärt, welche Funktion sie jeweils erfüllen und welche Bedeutung diese für euer literarisches Porträt haben.

Textverarbeitungsprogramm

Texte überarbeiten, S. 380/381

4 a) Verfasse mithilfe des Methodenkastens auf der foglenden Seite Exzerpte zu den vorliegenden Materialien.

b) Vergleicht eure Exzerpte mit einer Partnerin oder einem Partner und überarbeitet sie ggf.

Methode

Ein Exzerpt erstellen

Mithilfe eines Exzerpts (*lat.* excerpere: herausnehmen, auswählen) kannst du Texte erschließen und sie strukturiert wiedergeben, sodass du zu einem späteren Zeitpunkt wieder darauf zurückgreifen kannst. Auf diese Weise lassen sich bei der Recherche zunächst die Informationen aus verschiedenen Materialien sammeln, um die Informationen anschließend zu vergleichen und miteinander in Bezug zu setzen.

1. Lies den Text, um dir einen Überblick zu verschaffen, worum es im Text geht und zu welchem Aspekt dir der Text Informationen liefern kann.
2. Halte im Exzerptkopf das Thema und die Quelle des Textes fest.
3. Lies den Text abschnittsweise erneut und gib jeweils die Kerngedanken des Textes in eigenen Worten wieder, indem du sie umschreibst (paraphrasierst).
4. Erscheinen dir Textstellen besonders wichtig, kannst du sie wörtlich zitieren. Notiere dir dazu die Seitenzahl, um das Zitat wiederzufinden.
5. Du kannst auch weiterführende Ideen, Anmerkungen oder kritische Fragen vermerken. Kennzeichne diese durch eckige Klammern, um sie nicht mit der Darstellung im Text zu verwechseln.

→ *Zitieren, S. 382*

5 a) Tauscht euch mit einer Partnerin oder einem Partner darüber aus, welche Inhalte ihr für wichtig erachtet. Bedenkt, dass die Materialien auch Informationen beinhalten, die für eure Aufgabe nicht von Bedeutung sind. Begründet eure Auswahl.

b) Werte die Materialien nun aus. Übertrage deine Ergebnisse für eine bessere Übersichtlichkeit in eine Tabelle oder auf Karteikarten.

Inhaltsaspekte	**Textbelege**
Flucht aus Deutschland nach dem Reichstagsbrand	*M 1*
…	…

Bertolt Brecht

M 2

An die Nachgeborenen (1939) (Auszug)

Wirklich, ich lebe in finsteren Zeiten!
Das arglose Wort ist töricht. Eine glatte Stirn
Deutet auf Unempfindlichkeit hin. Der Lachende
Hat die furchtbare Nachricht
Nur noch nicht empfangen.

Was sind das für Zeiten, wo
Ein Gespräch über Bäume fast ein Verbrechen ist
Weil es ein Schweigen über so viele Untaten einschließt!
Der dort ruhig über die Straße geht
Ist wohl nicht mehr erreichbar für seine Freunde
Die in Not sind?

Es ist wahr: ich verdiene noch meinen Unterhalt
Aber glaubt mir: das ist nur ein Zufall. Nichts
Von dem, was ich tue, berechtigt mich dazu, mich satt zu essen.
Zufällig bin ich verschont. (Wenn mein Glück aussetzt, bin ich verloren.)

Hildegard Brenner

M 3

Deutsche Literatur im Exil 1933–1947

Als deutsche Literatur im Exil wird diejenige deutschsprachige Literatur bezeichnet, die durch den Nationalsozialismus direkt oder indirekt ausgebürgert wurde, d.h. im Ausland erscheinen musste und dem deutschen Lesepublikum in der Regel nicht zugänglich war. Zu ihren Autoren zählen Deutsche, Österreicher, deutschschreibende Tschechoslowaken, Ungarn, Schweizer, Amerikaner – darunter vereinzelt auch Autoren, die zwar in persona[1] nicht emigrieren mussten, deren Werke aber nach 1933 bzw. 1938 außerhalb ihrer Heimatländer gedruckt bzw. verbreitet werden durften. [...]
Hitlers Ernennung zum deutschen Reichskanzler (30.1.1933), der nächtliche Reichstagsbrand als Symbol und die tags darauf (28.2.1933) erlassene Notverordnung als Mittel zur Ausschaltung der politischen Gegner hatten die ersten Emigrationswellen ausgelöst. [...]
Wie Presse und Rundfunk wurde nun der Literatursektor einer „Neuordnung der Werte im Sinne der nationalen Erhebung“ unterzogen. Ausstellungen und öffentliche Schandmale, Pressekampagnen und Agitationstrupps nahmen die Freund-Feind-Scheidung vor: kritisches [...] Denken wurde als „zersetzend“, „intellektuell“, „jüdisch“, „kommunistisch“, „international“ gebrandmarkt und ihm die neue Nationalideologie eines deutschen Blutstaates, den es von „Parasiten“ zu „säubern“ gelte, entgegengesetzt. Als Instrument dieser geistigen Ausbürgerung dienten, von langer Hand vorbereitet, die sogenannten schwarzen Listen[2]. [...] Aufgrund dieser Richtlinien wurden die Bibliotheken und Buchhandlungen gesäubert. Höhepunkt der öffentlichen Diskriminierung war dann die Bücherverbrennung in den deutschen Hochschulstädten am 10. Mai 1933. [...]
Die dritte, für die deutsche Literatur entscheidende Fluchtbewegung über die Grenzen setzte ein.
Nicht nur das jüdische Bürgertum verließ das Land. Die Künste und Wissenschaften verloren ihre besten Vertreter.
Die Mehrzahl derer, die aus politischen, rassischen, religiösen oder sonstigen Gründen im Ausland Schutz suchten, hielt den Nationalsozialismus für eine mehr oder weniger flüchtige Episode der an Erschütterung reichen deutschen Politik. Der Blick blieb nach Deutschland gerichtet. Das Gespräch riss nicht ab. [...]
Für die mittlere und jüngere Schriftstellergeneration waren die zwölf, durchweg fünfzehn Jahre erzwungenen Exils entscheidende Phasen ihrer Entwicklung. [...] Thomas Mann, Bertolt Brecht, Hermann Broch, Heinrich Mann und Anna Seghers erreichten ihre literarischen Höhepunkte im Exil. Ein neues Publikum las ihre Bücher. [...]
„Ihr Lebensfaden ist abgeschnitten, sie sind Kadaver auf Urlaub“, hatte Reichsminister Goebbels den Emigranten 1933 nachgerufen. Das Gegenteil war eingetreten: die deutsche Literatur im Exil war zu einer geistigen Macht geworden [...].
Mit Kriegsausbruch begann eine neue, verlustreiche Phase in der Geschichte der deutschen Exilliteratur. Eine überstürzte Fluchtbewegung setzte ein, weg vom europäischen Kontinent. [...]
Seit Ende 1945 lösten sich die Emigrantenzentren langsam auf. Die Verlage kehrten 1948 nach Deutschland zurück.
Im Frühjahr 1945 waren die ersten Aufrufe an die Exilschriftsteller ergangen, nach Deutschland zurückzukommen. Oftmals um Jahre zögernd folgten die meisten diesem Ruf.

[1] in persona: persönlich
[2] schwarze Listen: Listen der Nationalsozialisten, auf denen Namen von Kunstschaffenden standen, die dem NS nicht genehm waren

Bertolt Brecht – Eine Kurzbiografie

M4

* 10.2.1898 in Augsburg
† 14.8.1956 in Berlin

Augsburg, seine Geburtsstadt, stieß den respektlosen Sohn rasch ab. Er hatte an zu vielen Stellen seine Kritik an Herkunft und Erziehung deutlich formuliert und passte so einfach nicht ins gewohnte Bild. 1917 ging er zum Studium der Medizin nach München, arbeitete zeitweise als Sanitäter in einem Lazarett und schrieb 1918 sein erstes, damals schockierendes Stück über einen wüsten Säufer, Herumtreiber und Mörder, *Baal*. Dieses und sein zweites, noch erfolgreicheres Stück, *Trommeln in der Nacht*, machten ihn rasch als Bürgerschreck bekannt. Dazu trugen auch Plakate im Zuschauerraum bei wie: „Glotzt nicht so romantisch“, mit denen Brecht seine neue, andere Auffassung vom Theater schon andeutete. Ab 1922 lebte Brecht als Regisseur und Schriftstellerin in Berlin. Hier knüpfte er Kontakte zu bedeutenden Künstlern und beschäftigte sich intensiv mit den Lehren des Marxismus. [...] In den 1930 beginnenden Lehrstücken wie *Der Jasager*, *Der Neinsager* und *Die Mutter* erprobte und kritisierte Brecht die Möglichkeiten gesellschaftsbewussten, marxistisch ausgerichteten Handelns. Dadurch geriet er nicht nur mit „strengen“ Kommunisten in Konflikt, sondern vor allem mit den Nationalsozialisten. Nach deren Machtergreifung floh Brecht mit seiner Frau, der Schauspielerin Helene Weigel, zunächst nach Dänemark, dann über Schweden, Finnland und Moskau 1941 nach Kalifornien.

In Santa Monica traf er auf viele deutsche Schriftsteller wie Döblin und H. Mann und lernte Einheimische wie Aldous Huxley und Charlie Chaplin kennen. Seinen kargen Lebensunterhalt verdiente er sich durch Filmdrehbücher. In dieser Zeit entstanden so bekannte Stücke wie *Leben des Galilei*, *Der gute Mensch von Sezuan*, *Mutter Courage und ihre Kinder* und die Parabeln *Die Rundköpfe* und *Die Spitzköpfe*. Sie alle zeigten Brechts neues Theaterkonzept: Die „verfremdende“ Darstellung einer Handlung auf der Bühne, Filmeinblendungen, Projektionen, Transparente und eingestreute Songs sollen den Zuschauer dabei daran hindern, sich mit dem Bühnengeschehen zu identifizieren. Brecht nannte dieses auf kritische Distanz ausgerichtete Theater das „epische“, mit aktiv mitdenkenden, nicht nur genussvoll klatschenden Zuschauern. [...]

1947 verließ Brecht die USA, nachdem er vor einem Ausschuss für „unamerikanische Umtriebe“ einem peinlichen Verhör unterzogen wurde, um nach Hause zurückzukehren. Da er in den drei Westzonen nicht willkommen war, ging er zunächst in die Schweiz und übernahm dann 1948 sein „altes“ Theater am Schiffbauerdamm in Ost-Berlin. Er erwarb die österreichische Staatsbürgerschaft, blieb aber, vom sozialistischen Regime großzügig unterstützt, in Berlin und er erarbeitete mit einem „Berliner Ensemble“ Muster-Inszenierungen seiner Stücke. Jetzt allmählich begannen diese, auch die Bühne im Westen zu erobern. Heute zählt Brecht zu den meistgespielten Bühnenautoren unseres Jahrhunderts. [...] Offiziell hochgeehrt starb Brecht 1956 in Ostberlin.

Inge Stephan

M 5

Die besondere Rolle Brechts

Für die Exilliteratur war Brecht (1898–1956) nicht nur als Lyriker, Prosaist und Dramatiker, sondern auch als Literaturtheoretiker von besonderer Bedeutung. Dass seine große Produktivität auch nach 1933 ungebrochen blieb, war auch ein Verdienst der Frauen, die mit ihm ins Exil gingen, ihm die Mühen des Alltags fernhielten und Bett und Schreibtisch mit ihm teilten. Helene Weigel, die seit 1927 zahlreiche Frauenrollen in Brechts Stücken verkörpert hatte und 1929 dessen Ehefrau geworden war, trug als „jüdische Frau" in *Furcht und Elend des Dritten Reiches* maßgeblich zum Erfolg des Stückes im Exil bei. Nach der Rückkehr in die damalige SBZ[1] hat sie zusammen mit Brecht das „Berliner Ensemble" zu einer der wichtigsten Theaterstätten in Deutschland gemacht. [...]

Wie kaum ein anderer Autor seiner Zeit stellte sich Brecht mit seiner literarischen Produktion auf die Bedürfnisse des Exils ein und zog Konsequenzen für Inhalt und Form seiner dramatischen Produktion. Hatte in der ersten Fassung des *Galilei* der Schwerpunkt noch auf den Widerstandscharakter der Figur gelegen, um dem Kampf gegen die Hitlerdiktatur eine historische Parallele zu geben, so lag der Schwerpunkt der zweiten Fassung auf der Problematik von Wissenschaft in der modernen Gesellschaft, die sich für Brecht durch Hiroshima in aller Schärfe stellte. [...] Insofern setzte Brecht mit seinem *Galilei* seine kritische Haltung gegenüber dem Kapitalismus, die er in seinem anderen Exildrama vor allem als Faschismuskritik[2] formuliert und thematisch gestaltet hatte, auf einer neuen Ebene fort.

[1] SBZ: Sowjetische Besatzungszone (spätere DDR)
[2] Faschismus: das politische System des Nationalsozialismus

Claudia Heitmann und Matthias von der Bank

M 6

Deutsche Künstler im Exil

Skandinavien: Die Exilländer Norwegen und Schweden

Die skandinavischen Länder standen anfangs noch kaum im Fokus der Exilsuchenden. Zum einen wegen der längeren Reise, zum anderen weil die Länder zum Teil restriktive[1] Zuwanderungsregelungen hatten, die auf eine baldige Weiterreise abzielten. [...]

In Schweden herrschte in den 1930er-Jahren eine prinzipiell ablehnende Haltung gegenüber Flüchtlingen. 1938 hatte man sich dort, ebenso wie in der Schweiz, für die Einführung des „J-Stempels" in den Pässen deutscher Juden stark gemacht. Mit dieser Maßnahme sollte die allgemeine Visumpflicht für alle Reichsdeutsche umgangen werden. Gleichzeitig bestand die Möglichkeit, Juden als solche zu identifizieren und ihnen die Einreise zu verwehren. Erst im Frühjahr 1940, als man sich mit den Flüchtlingen aus den besetzten Nachbarländern Norwegen und Dänemark konfrontiert sah, wurden die Bestimmungen gelockert. Den jüdischen Flüchtlingen wurde jedoch weiterhin die Einreise erschwert. Die politischen Flüchtlinge wurden zumeist ohne Einschränkungen aufgenommen. [...] Die Umstände trugen dazu bei, dass sich viele Emigranten nach einer baldigen Weiterreisemöglichkeit umsahen, so z.B. Bert Brecht[2] oder Paul Wieghardt, der mit seiner Frau über die Sowjetunion, Japan und Panama in die USA gelangte. [...]

Das Exil in den USA

Die USA nahmen mit Abstand die meisten Emigranten aus Deutschland auf. Als klassisches Einwanderungsland boten die USA für rechtsgültig Eingereiste zudem die Möglichkeit, nach fünf Jahren die Staatsbürgerschaft zu erwerben. Um eine ungeregelte Masseneinwanderung zu begrenzen, legte das Immigrationsstatut von 1921 allerdings pro Land feste Quoten für die Visavergabe fest. 1938 standen nach diesem Quotensystem den etwa 300.000 Anträgen aus Deutschland nur 27.330 zu vergebende Visa gegenüber. Neben dem Quotenvisum benötigte man noch ein sogenanntes „Affidavit". Dies war die Erklärung eines amerikanischen Staatsbürgers, im Notfall den Einwanderungskandidaten finanziell zu unterstützen. [...]

Viele Emigranten rechneten zunächst nicht mit einem längeren Exil, so dass sie nach 1933 die europäischen Nachbarländer bevorzugten. Erst später versuchten sie, von dort aus in die USA zu gelangen. So etwa Charlotte Berend-Corinth, die ab 1931 in Italien lebte und erst nach dem Erlass der antijüdischen Gesetze durch Mussolini im Jahr 1938 in die USA emigrierte. Arthur Kaufmann ging 1933 zunächst in die Niederlande und von dort aus 1936 in die USA.

Ebenso waren die USA das Ziel derjenigen, die ab 1940 aus Frankreich und den anderen von der Wehrmacht besetzten Ländern fliehen mussten. Hierfür steht das Schicksal von Julius W. Schülein, der 1933 erst nach Frankreich emigrierte, dort 1939 als feindlicher Ausländer interniert[3] wurde und erst 1941 über Portugal in die USA fliehen konnte. Mit Kriegseintritt der USA am 11. Dezember 1941 wurden die Emigranten als mögliche Spione angesehen und durch das FBI besonders überprüft.

Rückkehr aus dem Exil

Nach den beispiellosen Verbrechen des NS-Regimes und den Verwüstungen des Zweiten Weltkriegs verspürten die meisten Emigranten keinen Wunsch, nach Deutschland zurückzukehren. Viele hatten sich nicht nur vom deutschen Staat, sondern auch von der deutschen Kultur abgewendet. Von den jüdischen Emigranten kehrten nur 5 % zurück. Die größte Gruppe davon waren Rückkehrer aus Israel. Die Motive waren sehr unterschiedlich. Manche hatten sich in dem neuen Staat beruflich oder kulturell nicht eingefunden. Andere kamen zunächst befristet wegen der Regelung von Restitutions[4]- und Entschädigungsfragen zurück nach Deutschland und blieben dann dauerhaft. Etwas anders sah es bei den nichtjüdischen, politischen Emigranten aus. Sie standen vor der Frage, in welche Besatzungszone beziehungsweise in welchen deutschen Teilstaat sie zurückkehren sollten. Die meisten gingen in den Westen. Nur solche Künstler, die sozialistischen oder kommunistischen Ideen nahestanden, wählten die sowjetische Besatzungszone und später die DDR aus. [...]

Manchen gelang ein Neuanfang in der Nachkriegsgesellschaft, anderen blieb ihre neue, alte Heimat fremd.

[1] restriktiv: eingeschränkt/beschränkt
[2] Bert Brecht: gemeint ist Bertolt Brecht
[3] internieren: politische Gegner, Feinde, Angehörige eines gegnerischen Staates in staatlichen Gewahrsam nehmen, in Lagern unterbringen
[4] Restitution: Rückgabe oder Entschädigung des eingezogenen Vermögens von Verfolgten

Kurzbiografie Anna Seghers

M7

19.11.1900	Anna Seghers wird in Mainz als Netty Reiling geboren.
1919–1924	Anna Seghers studiert unter anderem Geschichte und Kunstgeschichte.
1927	Veröffentlichung ihrer ersten Erzählung mit dem Titel „Grubetsch“; der Text wird als Fortsetzungsgeschichte in einer Zeitung veröffentlicht und ist mit *Seghers* signiert
1928	Anna Seghers erhält für die Erzählung „Aufstand der Fischer von St. Barbara“ ihre erste Auszeichnung. Sie wird Mitglied der KPD[1].
1932	Die Schriftstellerin warnt in ihrem Roman „Die Gefährten“ vor den Gefahren des Faschismus.
1933	Kurzzeitige Verhaftung durch die Gestapo[2] und anschließende Flucht nach Paris
1940	Nach dem Einmarsch deutscher Truppen in Frankreich flieht Seghers nach Marseille in den unbesetzten Teil Frankreichs.
1941	Flucht nach Mexiko
1942	Gründung der Zeitschrift „Freies Deutschland“ und Veröffentlichung ihres Romans „Das siebte Kreuz“, der sie weltbekannt macht
1944	Veröffentlichung des Romans „Transit“, in dem Seghers die Erfahrungen ihrer Flucht verarbeitet; Verfilmung des Romans „Das siebte Kreuz“ in den USA
1947	Rückkehr nach West-Berlin und Eintritt in die SED[3]; Auszeichnung mit dem Büchner-Preis für ihren Roman „Das siebte Kreuz“
1950	Umzug nach Ost-Berlin
1951	Auszeichnung mit dem Nationalpreis der DDR
1952–1978	Seghers ist Vorsitzende des Schriftstellerverbands der DDR.
01.06.1983	Tod in Ost-Berlin

[1] KPD: Kommunistische Partei Deutschlands
[2] Gestapo: geheime Staatspolizei
[3] SED: Sozialistische Einheitspartei Deutschlands

Fluchtbewegung deutscher Schriftsteller nach 1933

M8

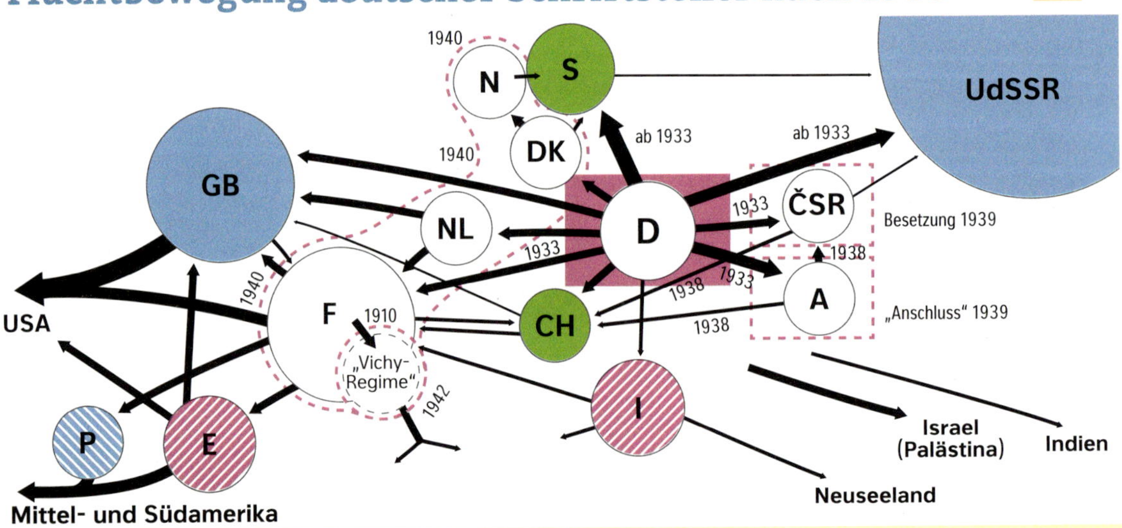

Ein literarisches Porträt planen

Bevor du mit dem Verfassen des Porträts beginnst, ist es wichtig, dass du dir einen Überblick über die Informationen verschaffst und deinen Text planst, damit dein literarisches Porträt über einen *roten Faden* verfügt. Verwende dazu deine Tabelle oder deine Karteikarten (siehe S. 121), in die du die Inhaltsaspekte der Materialien M 1 – M 8 eingetragen hast.

1 a) Notiere Themenblöcke, die du für dein literarisches Porträt nutzen möchtest.
b) Bringe diese in eine sinnvolle Reihenfolge und markiere sie anschließend in unterschiedlichen Farben.
c) Vergleiche deine Ergebnisse mit einer Partnerin oder einem Partner, indem ihr Ähnlichkeiten und Unterschiede benennt.

Tipp zu 1 a)

Setze bei der Auswahl der Themenblöcke eigene Schwerpunkte.

2 Ordne die Inhalte aus deiner Tabelle oder deinen Karteikarten den entsprechenden Inhaltspunkten zu, indem du diese in denselben Farben markierst. Achte dabei darauf, dass es nicht zu Wiederholungen kommt.

3 Diskutiert gemeinsam, was für die Leserinnen und Leser von Interesse sein könnte und was nicht. Streicht Informationen, die ihr für überflüssig haltet, aus eurer Tabelle oder euren Karteikarten.

4 Eine Schülerin hat für ihre Textplanung eine Liste mit sogenannten Wegmarkern für ihren Hauptteil begonnen.
a) Beschreibe, wie die Schülerin vorgegangen ist und erkläre, wobei ihr die Wegmarker helfen können.
b) Erstelle eine eigene Liste mit Wegmarkern. Nutze dafür deine Ergebnisse aus Aufgabe 3.
c) Präsentiert euch eure Wegmarker und gebt euch gegenseitig Rückmeldung.

***Wegmarker** helfen dir bei der Textplanung. Sie legen fest, in welcher Reihenfolge du die verschiedenen Inhaltsaspekte anordnest und sorgen so dafür, dass dein literarisches Porträt einen roten Faden bekommt.*

Zitieren, S. 382

5 Da sich der Inhalt deines literarischen Porträts aus verschiedenen Materialien speist, ist es wichtig, den Ursprung fremder Gedanken durch Zitate zu kennzeichnen.

a) Erklärt den Unterschied zwischen direkten und indirekten Zitaten und wiederholt die Zitierregeln.

b) Wähle mindestens fünf aussagekräftige Textstellen aus den Materialien M 1 – M 8 aus, die du direkt oder indirekt zitieren möchtest, und notiere sie dir. Achte dabei auf die richtige Zitierweise.

c) Ordne die Zitate Themenblöcken zu, indem du sie in den entsprechenden Farben markierst.

d) Kontrolliert gegenseitig, ob ihr richtig zitiert habt.

Starthilfe, S. 424

6 a) Wähle aus den Beispielen eine passende Überschrift für ein literarisches Porträt aus. Begründe deine Wahl.

Bertolt Brechts Leben im Exil

Rebell auf der Flucht

Brecht – ein Kommunist in den USA?

Textverarbeitungsprogramm

b) Formuliere eine passende Überschrift für dein literarisches Porträt. Gebt euch anschließend gegenseitig Feedback zu euren Überschriften.

Wissen und Können

Anschaulichkeit, Einfachheit und Vielfältigkeit in einem literarischen Porträt gezielt einsetzen

Damit ein Text die Leserinnen und Lesern nicht langweilt, muss er **anschaulich**, **einfach** und **vielfältig** gestaltet sein. Diese Aspekte sind für das literarische Porträt von großer Bedeutung. Nur wenn sie beachtet werden, ist der Text interessant und gut zu verstehen.

- **Anschaulichkeit** erreichst du z. B. durch Anekdoten und Zitate von oder über die zu beschreibende Person. Es kann auch sinnvoll sein, rhetorische Fragen zu stellen, um das Interesse der Leserinnen und Leser aufrechtzuerhalten. Auch mithilfe von Metaphern kannst du Ereignisse oder Besonderheiten in einem literarischen Porträt anschaulich darstellen.
- **Einfachheit** bedeutet, dass ein Text leicht und angenehm zu lesen ist. Dies gelingt dir, indem du auf lange, komplizierte und verschachtelte Sätze verzichtest. Das bedeutet aber nicht, dass du nur Hauptsätze aneinanderreihen solltest. Vermeide möglichst Passiv- oder Partizipialkonstruktionen, da diese sachlich und umständlich wirken.
- **Vielfältigkeit** spielt eine ebenso große Rolle bei Texten, damit die Leserinnen und Leser nicht gelangweilt werden. Diese erreichst du, indem du Texte abwechslungsreich gestaltest. Du kannst z. B. humorvolle und sachlich-neutrale Textpassagen einsetzen. Außerdem ist es für Leserinnen und Leser angenehm, wenn auf komplexe Sätze einfache Sätze folgen.

7 Eine Schülerin hat bereits einen ersten Text zu Bertolt Brecht verfasst. Einen Ausschnitt davon findest du im Folgenden abgedruckt.

... Brecht gehörte zur ersten Welle von Künstlerinnen und Künstlern von Auswanderern, die bereits 1933 kurz nach der Machtübernahme der Nationalsozialisten einsetzte (vgl. M 3). Er ging, nachdem er zuvor woanders war, in die USA und traf sich dort mit anderen deutschen Schriftstellern, die auch dorthin geflohen waren. Sie alle waren in Santa Monica. Dort kam es zu einem regen Austausch der deutschen Schriftsteller untereinander. Nach dem Krieg kehrten vielen von ihnen nach Deutschland zurück (vgl. M 6). Auch Brecht, der ging in die spätere DDR. ...

Merkmale des epischen Theaters erkunden, S. 160

a) Lies den Wissen-und-Können-Kasten auf der linken Seite und fasse ihn in eigenen Worten zusammen.

b) Bewerte den Text der Schülerin hinsichtlich der Umsetzung von Anschaulichkeit, Einfachheit und Vielfältigkeit.

Starthilfe, S. 424

c) In der folgenden Tabelle findest du Beispiele für sprachliche Mittel, die einen Text anschaulich, einfach und vielfältig wirken lassen. Ergänze die Tabelle, indem du weitere sprachliche Mittel nennst, und formuliere anschließend jeweils ein passendes Beispiel.

Sprachliche Mittel, S. 394/395

sprachliche Mittel	Beispiele
rhetorische Fragen	*Warum kehrte Brecht nach Deutschland zurück?*
Vergleiche	*Die Bücherverbrennung glich einer totalen Kulturvernichtung.*
Metaphern	*Emigrationswelle (M 3, Z. 18/19)*
...	...

d) Ⓐ Überarbeite nun mithilfe der Beispiele aus Aufgabe c) den obenstehenden Textauszug, damit er anschaulich, einfach und vielfältig wird.

Ⓑ Schreibe einen neuen Auszug. Verwende dabei sprachliche Mittel, die den Text anschaulich, einfach und vielfältig wirken lassen.

Textverarbeitungsprogramm

Ein literarisches Porträt schreiben

Nachdem du alle Informationen ausgewertet, ausgewählt und geordnet hast, schreibst du nun das literarische Porträt. Der Text sollte zwischen 500 und 600 Wörter umfassen.

Die Einleitung schreiben

1 Erinnere dich an Merkmale, die eine gelungene Einleitung erfüllen muss. Tauscht eure Überlegungen im Plenum aus.

Textverarbeitungsprogramm

2 a) Schreibe selbst eine Einleitung und wähle eine passende Überschrift.
b) Vergleiche deine Einleitung mit einer Partnerin oder einem Partner. Gebt euch gegenseitig Rückmeldung.

Den Hauptteil schreiben

Folie

Starthilfe, S. 424

3 a) Lies die folgenden Textauszüge und vergleiche sie miteinander. Wie wirken sie auf dich?
b) Wähle den Auszug aus, den du als literarisches Porträt für gelungener hältst. Begründe deine Auswahl.
c) Erläutere mithilfe des Wissen-und-Können-Kastens auf der folgenden Seite die Bedeutung erzählender Passagen für ein literarisches Porträt.

Anna Seghers (19.11.1900–01.06.1983)

... Nachdem Paris und große Teile Frankreichs von deutschen Truppen besetzt worden waren, musste Anna Seghers mit ihren Kindern auf abenteuerliche und risikovolle Weise erneut fliehen. Es gelang ihr, mit ihrer Familie Marseille zu erreichen und von dort im März 1941 über New York nach Mexiko zu gelangen.
Dort lebte und arbeitetet Seghers. Während ihres Aufenthaltes in Mexiko verarbeitete sie die Erlebnisse ihrer Flucht auf literarische Weise. 1947 kehrte die Schriftstellerin schließlich nach Deutschland zurück. Es zog sie nach Berlin, genauer gesagt nach Ost-Berlin. Auch nach 1949 blieb Seghers dem kommunistischen Teil Deutschlands treu. Sie hoffte auf die Verwirklichung einer sozialistischen Gesellschaft in der DDR. ...

... [Seghers] wurde aufgrund ihres politischen Engagements verhaftet und floh kurz darauf im Januar 1933 mit ihrer Familie über die Schweiz nach Paris, 1940 weiter in das unbesetzte Frankreich nach Marseille und von da aus 1941 über Ellis Island/New York nach Mexiko-City. [...] 1947 kehrte S. nach Deutschland, genauer nach Ostberlin, zurück. Auch ihre Entscheidung für die spätere DDR ist Ausdruck ihrer Parteinahme für den Teil des Landes, der nach ihrer Auffassung allein den Weg in eine sozialistische Zukunft gehen konnte. ...

Wissen und Können

Erzählende Passagen in einem literarischen Text schreiben

Grundsätzlich soll ein literarisches Porträt über das Leben der beschriebenen Person informieren. Dabei lassen sich **Informieren** und **Erzählen** nicht immer voneinander trennen. Vor allem bei einem literarischen Porträt sind erzählende Passagen wichtig, um die beschriebene Person „lebendig" werden zu lassen. Leserinnen und Leser können auf diese Weise besondere Ereignisse, Lebensabschnitte oder Entscheidungen „miterleben" und besser nachvollziehen.
Ein literarisches Porträt soll also nicht nur sachliche Informationen liefern. Wenn es ausschließlich um Informationen ginge, wäre es auch möglich, einen Lexikonartikel zu schreiben. Das literarische Porträt **lebt geradezu von erzählenden Passagen**, die die beschriebene Person in verschiedenen Facetten darstellen; oft auch in besonderen Situationen.
Um ein möglichst lebendiges Bild zu erhalten, können **direkte Aussagen** und **Zitate** verwendet werden, die von der beschriebenen Person selbst stammen oder die über sie geäußert worden sind. Dadurch erhält das literarische Porträt neben einem **sachlich-informierenden** auch einen **erzählenden Charakter**.

4 Verfasse mithilfe deiner Gliederung (S. 127, Aufgabe 4) den Hauptteil deines literarischen Porträts.

Textverarbeitungsprogramm

Den Schluss schreiben

5 a) Überlege gemeinsam mit einer Partnerin oder einem Partner, was einen guten Schluss ausmacht. Diskutiert auch, was bei einem Schluss nach Möglichkeit vermieden werden sollte.
b) Diskutiert gemeinsam in der Klasse: Sollte im Schluss eure eigene Meinung deutlich werden?

6 a) Schreibe selbst einen passenden Schluss.
b) Vergleiche deinen Schluss mit einer Partnerin oder einem Partner. Gebt euch gegenseitig Rückmeldung.

Textverarbeitungsprogramm

Arbeitsheft, S. 33–40

Ein literarisches Porträt kriterienorientiert überarbeiten

Texte gemeinsam mithilfe von Textverarbeitungsprogrammen überarbeiten, S. 350/351

Im Englischen heißt es „Writing is rewriting" – Ist der Text erst einmal geschrieben, dann hast du den Großteil der Arbeit schon hinter dir. Allerdings gelingt ein Text nur selten beim ersten Mal so gut, dass er nicht mehr überarbeitet werden muss.

Textlupe: Literarisches Portät

Rechtschreibung überarbeiten, S. 334

Textverarbeitungsprogramm

1 a) Arbeitet in Vierergruppen. Lest euch gegenseitig eure Texte vor und wählt einen davon aus, den ihr gemeinsam überarbeiten möchtet.

b) Überarbeitet den Text gemeinsam mithilfe der Textlupe. Geht dabei zunächst auf die Aspekte ein, die ihr für gelungen erachtet. Nennt dann Stellen, die eurer Meinung nach überarbeitet werden müssen und überlegt gemeinsam, wie ihr diese verbessern könnt.

c) Schreibt den überarbeiteten Text ab.

Einen Museumsgang durchführen, S. 379

2 Präsentiert euch mithilfe eines Museumsgangs gegenseitig eure Texte. Wählt dann den Text aus, den ihr für den gelungensten haltet und begründet.

☑ Checkliste

Ein literarisches Porträt kriterienorientiert überarbeiten

Der Text.../Im Text...

Allgemein

☑ entspricht den Kriterien für ein literarisches Porträt.
☑ berücksichtigt das Schreibziel und die Adressaten.

Inhalt

☑ enthält einzelne Passagen, die von der Sachlichkeit des reinen Informierens abweichen, um eine Lebendigkeit des Dargestellten zu erreichen.
☑ finden sich ausreichende Informationen der Materialien (nicht zu viel, nicht zu wenig).
☑ sind die verwendeten Informationen untereinander angemessen gewichtet.
☑ werden die verwendeten Informationen sinnvoll aufeinander bezogen.
☑ weist keine Wiederholungen auf.
☑ werden die gedanklichen Zusammenhänge nachvollziehbar dargestellt.

Aufbau

☑ enthält eine passende Überschrift, die Interesse weckt.
☑ ist sinnvoll und für die Leserinnen und Leser nachvollziehbar.
☑ weist erkennbare Sinnabschnitte (Absätze) auf.

Sprache

☑ ist sprachlich richtig.
☑ sind Wortwahl, Formulierungen und Stil an die Adressaten angepasst.
☑ sind Zitate als solche gekennzeichnet.

Schätze deinen Lernstand ein

Ein Mitschüler aus einer Parallelklasse hat im Zuge der Projektwoche ebenfalls mit einem literarischen Porträt über eine Exilautorin begonnen - Vicki Baum. Er bittet dich um Rückmeldung zu seinem Text und um Mithilfe bei der Überarbeitung.

Hedwig Baum wurde am 24. Januar 1888 in Wien als Tochter eines jüdischen Beamten geboren. Zunächst ließ sie sich als Harfenistin ausbilden und arbeitete einige Zeit als Musikerin. Der Beruf führte sie in mehrere deutsche Städte. Sie war in erster Ehe mit dem Schriftsteller und Journalisten Max Prels verheiratet. Sie veröffentliche unter seinem Namen erste Gedichte. Erst 1914 veröffentlichte sie ihren ersten Roman unter ihrem Künstlernamen „Vicki Baum". Zwei Jahre später heiratete sie erneut, nämlich den Dirigenten Richard Lerd und beendete ihre Karriere als Harfenistin. Sie wurde Mutter von zwei Söhnen und die Familie zog 1917, bereits nach der Geburt des ersten Sohnes, von Kiel nach Hannover, weil Vickis Mann dort eine Stelle als Dirigent bekommen hatte (vgl. M 3). 1920 veröffentliche Vicki Baum den Roman „Der Eingang zur Bühne" beim Ullstein-Verlag. 1928 gelang ihr schließlich mit dem Roman „Stud. chem. Helene Willfüer" endgültig der große Durchbruch im deutschsprachigen Raum (vgl. M 1, M 4).
Ihr wohl größter Erfolg war der Roman „Menschen im Hotel", der 1929 erschien. Ihr Erfolg lag vor allem in den Problemen der Gegenwart, die sie in ihren Romanen behandelte, begründet. Baum gelang es, spannende Unterhaltung mit einer präzisen Beschreibung der Gesellschaft zu verbinden, sodass die Leserinnen und Leser sich in den Geschichten wiederfinden konnten. Klaus Mann sagte über Vicki Baum, sie „ist eine Frau guten Willens, die das Herz am rechten Fleck hat, und sie versteht ihr Handwerk." (M 5). Die Literaturkritik aber bewertete sie weniger positiv. Zu sehr habe sie den Geschmack der Masse im Blick, zu kitschig und zu trivial seien ihre Texte.
Ein Jahr später wurde er in einer von Baum selbst für das Theater angepassten Form aufgeführt (vgl. M 2). 1931 wurde ihr angeboten, in Hollywood daraus einen Film zu machen. Baum nahm das Angebot an – sie schien bereits zu ahnen, wie sich das politische Klima in Deutschland zum Schlechten ändern würde. 1962 sagte sie über ihre damalige Einschätzung folgendes: „Was sich in Deutschland vorbereitete, sah ich nach meinen sieben Monaten in den USA viel klarer als die gescheiten, gut informierten, erfahrenen politischen Köpfe bei Ullstein" (M 1). 1932 zog sie schließlich in die USA, genauer nach Los Angeles in Kalifornien.
Ihr Gefühl hatte sie nicht getäuscht. 1933 wurden ihre Werke neben denen zahlreicher anderer Schriftstellerinnen und Schriftsteller verbrannt und verboten. Zuvor war sie von Nationalsozialisten als „jüdische Asphaltliteratin" verunglimpft worden. Ihre Werke seien amoralisch und sensationslüstern, so der Vorwurf. Dass es sich bei Vicki

Baum um eine der erfolgreichsten Autorinnen der Weimarer Republik handelte, spielte in der Diktatur keine Rolle (vgl. M 5).
Baum nahm 1938 die US-amerikanische Staatsbürgerschaft an und veröffentlichte weiter zahlreiche Texte in englischer Sprache. Auch auf dem englischsprachigen Markt war Vicki Baum erfolgreich. Die Adaptionen ihrer Werke für den Film und die Bühne ermöglichten es ihr, in den vornehmen Stadtteil Pacific Palisades zu ziehen und eine luxuriöse Villa zu beziehen. Sie lebte dort in Nachbarshaft zu weiteren deutschen Exilliteraten wie Thomas Mann oder Lion Feuchtwanger (vgl. M 4, M 5).
Die Arbeit als Drehbuchautorin lag Vicki Baum weniger. Die Arbeitsweise gefiel ihr nicht, sie sollte „wie ein Spielautomat" (M 3) funktionieren. Baum gab die Arbeit als Drehbuchautorin wieder auf und schrieb vor allem Romane und Artikel für Zeitschriften (vgl. M 3).

Merkmale eines literarischen Porträts erkennen

Folie

1 a) Lies zunächst den Text aufmerksam durch.
b) Notiere die Merkmale für ein literarisches Porträt und identifiziere sie im Beispieltext.
c) Hältst du den Text insgesamt für gelungen? Begründe deine Meinung.

Ein literarisches Porträt angemessen formulieren

Textverarbeitungsprogramm

2 a) Benenne Textteile, die deiner Meinung nach zu sachlich formuliert sind.
b) Wähle einen Textteil aus und überarbeite diesen, sodass er angemessen formuliert ist.
c) Wähle eine passende Überschrift für das literarische Porträt.

Erzählende Elemente in einem literarischen Porträt verwenden

Textverarbeitungsprogramm

3 Nutze die folgenden Stichpunkte, um einen Schluss für das literarische Porträt zu schreiben, der in einem erzählerischen Stil gehalten ist.

- *Erfolg in den USA, Baum passt sich Sprache und Kultur an*
- *nach Kriegsbeginn: Hilfe für Schriftstellerkollegen; Baum setzt sich ein (vgl. M 1)*
- *nach Kriegsende: Reise nach Europa; trotz Verbot immer noch populär*
- *ABER: keine Rückkehr nach Deutschland!*
- *Zitat Baum: „Ich weiß, was ich wert bin; ich bin eine erstklassige Schriftstellerin zweiter Güte." (M 1).*
- *Tod: 29. August 1960 in LA*

→ Seite 138, B
→ Seite 138, A
← Seite 132, Checkliste

Hörfassungen zu einem literarischen Porträt erstellen

Eine Gruppe von Schülerinnen und Schülern hat sich dazu entschlossen, ein literarisches Porträt über Heinrich Mann zu verfassen, da die Klasse im Laufe des Schuljahres einen seiner Romane gelesen hat. Die Schülerinnen und Schüler haben bereits einige Materialien gesammelt, die aber noch ausgewertet werden müssen. Sie planen, ihre Ergebnisse in unterschiedlichen Hörfassungen zu präsentieren.

Marike Eckholt

M 1

Lexikoneintrag „Heinrich Mann“

Wenige Wochen nach der Reichsgründung Bismarcks wurde M. als ältester Sohn eines Lübecker Senators und Kaufmanns geboren. Von seiner Mutter, deren kreolisch-brasilianische Abstammung als ungewöhnlich für sein Umfeld gelten musste, erhielt er ebenso literarisch-musische Anregungen wie von anderen Verwandten. Als ausgesuchter Erbe der Handelsfirma seines zum Großbürgertum der Hansestadt zählenden Vaters ging M. nach der vorletzten Klasse vom Gymnasium ab und durchlief 1889 eine Buchhändlerlehre in Dresden, die er nach einem knappen Jahr abbrach. 1890-1892 war M. Volontär im S.-Fischer-Verlag in Berlin und unternahm dort auch Studien.

Der Tod des Vaters und die Auflösung der Firma 1891 sowie eine Lungenblutung 1892 bereiteten den Weg für ein zunächst vom Besuch diverser Badeorte geprägtes Reiseleben, das der nun freie, gesundheitlich labile Schriftsteller 1893-1898 mit mehreren Aufenthalten in Italien verband. M. schrieb erste Erzählungen und Romane wie *Das Wunderbare* (1897) oder *Das Verbrechen* (1898). [...] M. war in dieser Schaffensphase zwar hoch produktiv, jedoch vereinsamt. Der von ihm besonders geschätzten Schwester Carla, die 1910 Selbstmord beging, ist wohl das Thema des 1903 entstandenen Romans *Die Jagd* zu verdanken. Darin wird eine unerfüllte Liebesbeziehung geschildert. [...]

1914 brach die Beziehung zwischen M. und seinem Bruder Thomas zunächst völlig ab; Ursache war Thomas' enthusiastische Bejahung des Krieges und der deutschen Haltung. [...]

1933 emigrierte M., seit 1930 geschieden, zusammen mit seiner neuen Gefährtin Nelly Kroeger nach Frankreich. Der schon 1933 ausgebürgerte M. wurde 1939 tschechischer Staatsbürger und engagierte sich im Exil mit zahlreichen Beiträgen in zahlreichen antifaschistischen Zeitschriften [...]. 1940 floh M. aus dem besetzten Frankreich über Spanien und Portugal nach Los Angeles. [...] Nelly Kroeger, die M. 1939 geheiratet hatte, verübte unter dem Eindruck materieller Probleme des Paares 1944 Selbstmord. Zudem sollten sich die politischen Hoffnungen M.s auf eine Verbindung von Frankreich und der Sowjetunion nach der Zerschlagung des NS-Regimes nicht erfüllen. Der nun vereinsamte M. blickte durch die Hauptfigur, eine österreichische Aristokratin, in *Der Atem* noch einmal auf die Epoche vor dem Zweiten Weltkrieg zurück.

Er starb im Alter von 79 Jahren 1950 in Santa Monica (Kalifornien) kurz vor seiner geplanten Rückkehr nach Ostdeutschland. Ihm war die Präsidentschaft der Deutschen Akademie der Künste (der DDR) angeboten und 1949 auch der Nationalpreis des gerade gegründeten zweiten deutschen Staates verliehen worden. [...]

Der politische Moralist M., der das Ende der ersten deutschen Demokratie durch seinen Einsatz für eine Verbindung sozialdemokratischer bis hin zu kommunistischen Kräften zu verhindern suchte, wurde 1933 in Frankreich und dann 1940 in den USA seiner Wirkungsmacht beraubt. M. wurde, wie vielen Exilautoren, bis Ende der 60er-Jahre in Westdeutschland wenig Aufmerksamkeit geschenkt.

Kurzbiografie Heinrich Mann

M 2

27.03.1871	Geburt in Lübeck
13.10.1891	Tod des Vaters und Umzug der Familie nach München
1892	Heinrich Mann erleidet eine Lungenblutung.
1900	Veröffentlichung des Romans „Im Schlaraffenland. Ein Roman unter feinen Leuten"; Beginn einer kreativen Schaffensphase; Heinrich Mann kritisiert in seinen Romanen zunehmend die gegenwärtige Gesellschaft im Kaiserreich.
1905	Heinrich Manns erfolgreichster Roman „Professor Unrat" wird veröffentlicht.
1914	Bruch mit seinem Bruder Thomas Mann, der den Krieg begeistert aufgenommen hat.
1915	Veröffentlichung des Essays „Zola", in dem Heinrich Mann sich gegen die nationalistische und antifranzösische Stimmung in Deutschland ausspricht.
1922	Versöhnung mit seinem Bruder Thomas
1930	Die Verfilmung des Romans „Professor Unrat" unter dem Titel „Der blaue Engel" beschert Heinrich Mann Weltruhm.
1931	Ernennung zum Präsidenten der Sektion Dichtkunst bei der Preußischen Akademie der Künste
1933	Emigration nach Frankreich
1939	Ausbürgerung aus Deutschland und Annahme der tschechischen Staatsbürgerschaft
1940	Flucht über Spanien und Portugal in die USA; Manns Leben ist geprägt von Erfolglosigkeit und zunehmender Vereinsamung
12.03.1950	Tod in Santa Monica (Kalifornien)

Heinrich Mann

M 3

Schule der Emigration

Die Emigration als Schicksalsgemeinschaft hat Aufgaben. Die erste ist die materielle Versorgung der Emigranten, die zweite ihr physischer Schutz. Weiter muss sie mit ihrer Sache die Öffentlichkeit der Welt beschäftigen, wie ihr jüdischer Teil es schon jetzt tut. Endlich muss sie die Emigranten politisch erziehen. Im Politischen ist wohlverstanden das Sittliche und das Geistige mitinbegriffen.

Es darf nicht sein, dass die düstere Not herrscht oder dass die Menschen, die „zu Hause" von Qual und Tod erwartet werden, trotzdem dorthin zurückflüchten. Das ist auch ganz unnötig, wenn es doch genügen würde, dass jeder, der es kann, einen kleinen festen Beitrag monatlich leistet zur Erhaltung derer, die gar nichts haben. [...] Der Einzelne ist nicht zuerst Marxist, Jude, Hand- oder Kopfarbeiter: vor allem ist er Emigrant. Die Emigration ist heute die Grundlage seines Daseins; er ist verpflichtet, dafür einzustehen, dass dieses Dasein gesichert wird, nicht nur ihm und seinen Blutsverwandten oder Gesinnungsgleichen sondern allen. [...] Ein Emigrant mit viel Geld sagte: „Ich weiß nicht, wo ich anfangen soll, zu helfen. Ich fange gar nicht erst an." Man kann ihm aber erklären, wo. Bei sich selbst sollte er anfangen. Es wäre gut für ihn, die Vorwürfe zu beseitigen, [...].

Die materielle Versorgung ist noch die leichteste der Aufgaben, die der Emigration gestellt sind. Es ist nur nötig, dass alle Emigranten eine gemeinsame Vertretung aufstellen. [...] Die Emigranten sind dem Unheil entflohen. Verweigert haben sie die Teilnahme daran, sei es als Opfer oder als Täter. Nichts liegt näher, als dass sie in der Gemeinschaft, die zu bilden ihnen auferlegt ist, über alles die menschliche Wohlfahrt stellen. Nachher die Bedürfnisse der Parteien. Die geselligen Vergnügungen, der gesellschaftliche Ehrgeiz, die politischen Zwecke, alles sollte zurückstehen hinter dem obersten Gebot, dass von den Emigranten, grade von ihnen, kein einziger hungern darf. [...]

Die Emigration hat, anders als das innere Deutschland, keinerlei Bedürfnis, das Geld der Wohlfahrt für Giftgase oder Feuerwerke zu vergeuden. Sie muss nicht elend sein wie das innere Deutschland es jetzt ist. Sie teilt den Wahn nicht, dadurch wird auch die Not vermeidbar. Wer seine volle Vernunft bewahrt hat, erkennt als das Erste, Selbstverständliche ein Wohlfahrtsamt der Emigration, unterhalten von allen und für alle. [...] Das dritte Reich ist der Zwang zum Bösen. Emigration kann nur heißen, gemeinsam das Gute wollen.

Lexikonartikel „Heinrich Mann" M 4

Er wuchs, wie sein jüngerer Bruder Thomas, in der bürgerlichen Welt der Hansestadt Lübeck auf, stand aber später der bürgerlichen Welt ablehnend, ja feindlich, gegenüber. In einem seiner frühen Werke, *Im Schlaraffenland. Roman unter feinen Leuten*, schuf er eine böse Satire auf die Lebensweise und die Sitten einer reichen Oberschicht. Die Neigung zur höhnischen Übertreibung zeigt sich noch deutlicher in dem Roman *Professor Unrat* (1905), der später unter dem Titel ‚Der blaue Engel' verfilmt wurde. Professor Rat, von den Schülern „Unrat" genannt, ist die Karikatur eines Gymnasiallehrers, der aus Hass und Rachsucht nicht nur seine Schüler quält, sondern allmählich eine ganze Stadt tyrannisiert, ehe er selbst ein schlimmes Ende findet. Freundlicher geht es im Roman *Die kleine Stadt* (1909) zu, in dem Heinrich Mann Erinnerungen an einen längeren Italienaufenthalt verarbeitet. Leidenschaftlich kämpfte er gegen manche verhängnisvollen Erscheinungen der deutschen Kaiserzeit: die großspurige Selbstüberschätzung der Deutschen einerseits und die Unterwürfigkeit gegenüber der Obrigkeit andererseits. Dagegen setzte er auf die friedliche deutsch-französische Zusammenarbeit und auf eine demokratische und soziale Entwicklung in Deutschland. Der Roman *Der Untertan* (1914) ist eine scharfe, zum Teil verzerrende Abrechnung mit dem kaiserlichen Deutschland vor dem Ersten Weltkrieg. Voll Hoffnung, aber auch kritisch und später mit wachsender Sorge, verfolgte er die Entwicklung der jungen deutschen Republik. Als im Jahre 1933 Hitler zur Macht kam, floh Heinrich Mann, durch den französischen Botschafter gewarnt, nach Frankreich, wo er längst seine geistige Heimat hatte. Dort entstand das zweibändige große Werk über den französischen König Heinrich IV. (1553-1610) *Jugend und Vollendung des Königs Henri Quatre*, der für ihn den idealen Herrscher verkörperte. In Deutschland hatte man seine Bücher 1933 auf den Scheiterhaufen geworfen. Als 1940 die deutschen Truppen in Frankreich einmarschierten, fand er eine neue Zuflucht in Kalifornien, in einer ihm völlig fremden Welt. Im Jahre 1950 erwog er, nach Deutschland zurückzukehren und zwar nach Ost-Berlin, da er sich seit langem dem Sozialismus verbunden fühlte. Doch im gleichen Jahr starb er in Santa Monica.

Material erschließen

Lesetechniken anwenden, S. 389/390

1 Erschließe das Material M 1 – M 4 mithilfe der dir bekannten Lesestrategien.

A Einen Audioguide zu Heinrich Mann erstellen

Audioguide, S. 364

2 Wiederholt die Merkmale eines Audioguides.

Vorlage: Manuskript Audioguide

3 a) Erstellt mithilfe von Wegmarkern eine Gliederung für einen Audioguide zu Heinrich Mann.
b) Schreibt nun ein Manuskript für den Audioguide und überarbeitet es gemeinsam.
c) Recherchiert im Internet Bilder aus Heinrich Manns Leben, die zu eurem Audioguide passen.

4 Übt den Text und nehmt ihn anschließend auf.

B Einen Podcast zu Heinrich Mann aufnehmen

Podcast, S. 370

2 Wiederholt die Merkmale eines Podcasts.

Vorlage: Manuskript Podcast

3 Erstellt ein Manuskript für einen Podcast zu Heinrich Mann.

4 Übt den Text und nehmt ihn anschließend auf.

Audiotexte präsentieren und beurteilen

Feedbackbogen: Audioguide/Podcast

5 Präsentiert eure Audiotexte. Gebt euch gegenseitig Rückmeldung zu euren Aufnahmen.

Sich auf eine Klassenarbeit vorbereiten

Ein literarisches Porträt über Stefan Zweig verfassen

Aufgabe: Verfasse ein literarisches Porträt über Stefan Zweig, das für den Sammelband zum Thema *Flucht aus der Heimat – Exilkünstler im Porträt* erscheinen soll. Der Text soll etwa 500–600 Wörter umfassen.

Textverarbeitungsprogramm

Sibylle Peine

M 1

Der Emigrant Stefan Zweig und „Das unmögliche Exil"

Wie Stefan Zweig wurden während der Nazizeit viele bedeutende Schriftsteller ins Exil gezwungen, weil sie als Juden oder Kommunisten in Todesgefahr schwebten oder weil sie sich als kritische Intellektuelle dem menschenverachtenden Geist der Nationalsozialisten nicht unterwerfen wollten. Die meisten dieser Emigrierten kamen im Exil eher schlecht zurecht, viele waren bitterarm, fast alle fühlten sich abgetrennt von Heimat, Sprache und Kultur. Doch nur wenige gaben sich am Ende komplett auf. Stefan Zweig war vermögender, kosmopolitischer[1] und besser vernetzt als die meisten seiner Kollegen. […]
In seinem englischen Exil […], wurde der erfolgsverwöhnte Bestsellerautor („Sternstunden der Menschheit") selbst Anlaufstation für viele Flüchtlinge, die sich von dem reichen und prominenten Mann Unterstützung erhofften. Obwohl Zweig sehr hilfsbereit war, wurde ihm der Ansturm dann doch zu viel. […]
Doch mit den weniger begüterten Emigranten teilte Zweig das Gefühl der „Vaterlandslosigkeit" und die Erfahrung, dass man „überall, wo man Fuß gefasst hat, in jedem Augenblick zurückgestoßen werden kann." Da ihm England vor dem Zugriff der Nazis nicht sicher genug erschien, ging er schließlich in die USA, wo der überzeugte Europäer jedoch erst recht nicht heimisch wurde. Es fehlten ihm die Caféhäuser, das intellektuelle Umfeld, der Austausch mit Gleichgesinnten, und ja sogar die öffentlichen Verkehrsmittel für seine Mobilität. Brasilien wiederum, in das Zweig 1940 mit seiner zweiten Frau Lotte übersiedelte, erschien ihm zunächst wie eine Erlösung. […]
Am Ende wurde Petrópolis für den Schriftsteller Zufluchtsort, aber nie Heimat. Er lebte in seinen Erinnerungen an „Die Welt von Gestern", hatte keine Kraft mehr für einen Neuanfang.

[1] kosmopolitisch: Gefühl, in der ganzen Welt zuhause zu sein

Kurzbiografie Stefan Zweig

M 2

28.11.1881	Geburt in Wien
1901	Veröffentlichung des ersten Gedichtbandes
1914–1917	Zweig leistet während des Ersten Weltkriegs freiwillig Dienst im Kriegspressequartier.
1919	Rückkehr nach Wien und politisches Engagement gegen Nationalismus und Radikalisierung
1934	nach der Machtübernahme der Nationalsozialisten Flucht nach London
1936	Zweigs Bücher werden in Deutschland verboten.
1940	Reise über New York, Argentinien und Paraguay nach Petrópolis in Brasilien
1941	Veröffentlichung der Novelle „Die Schachnovelle"
22.02.1942	Stefan Zweig begeht in Petrópolis Suizid.

Abschiedsbrief Stefan Zweigs

M 3

Declaracão[1]

Ehe ich aus freiem Willen und mit klaren Sinnen aus dem Leben scheide, drängt es mich, eine letzte Pflicht zu erfüllen: diesem wundervollen Lande Brasilien innig zu danken, das mir und meiner Arbeit so gute und gastliche Rast gegeben. Mit jedem Tage habe ich dies Land mehr lieben gelernt und nirgends hätte ich mir mein Leben lieber vom Grunde aus neu aufgebaut, nachdem die Welt meiner eigenen Sprache für mich untergegangen ist und meine geistige Heimat Europa sich selber vernichtet.

Aber nach dem sechzigsten Jahre bedürfte es besonderer Kräfte, um noch einmal völlig neu zu beginnen. Und die meinen sind durch die langen Jahre heimatlosen Wanderns erschöpft. So halte ich es für besser, rechtzeitig und in aufrechter Haltung ein Leben abzuschließen, dem geistige Arbeit immer die lauterste Freude und persönliche Freiheit das höchste Gut dieser Erde gewesen.

Ich grüße alle meine Freunde! Mögen sie die Morgenröte noch sehen nach der langen Nacht! Ich, allzu Ungeduldiger, gehe ihnen voraus.

Stefan Zweig

Petrópolis 22. II 1942

[1] Declaracão: Erklärung

Wiebke Spitzer

M 4

Lexikoneintrag „Stefan Zweig“

Kurzbiografie
Z., Sohn eines jüdischen Industriellen, verbrachte seine Kindheit in Wien bei seinen Eltern, die christliche Feste, wie etwa Weihnachten, auch in ihrer verweltlichen Form, nicht mitfeierten. Z. selbst kehrte sich bald von dieser streng jüdischen Einstellung ab, studierte in Berlin und Wien Philosophie, Germanistik und Romanistik, schloss seine Studien mit dem Doktorat ab und war viel auf Reisen (Europa, Indien, Nordafrika, Nord- und Mittelamerika). Bereits in dieser Zeit veröffentlichte er Gedichte […].
Während des Ersten Weltkriegs war Z. gemeinsam mit Robert Müller und Rainer Maria Rilke Mitarbeiter des österreichischen Kriegspressehauptquartiers (KPQ), einer Zensurbehörde. Wegen seiner pazifistischen Haltung zog er während des Krieges in die Schweiz. 1919 verlegte er seinen festen Wohnsitz nach Salzburg, wo er Biografien und von der Psychoanalyse beeinflusste Novellen schrieb […]. In dieser Zeit entstanden auch zahlreiche Essays […], in denen Z. seine literarischen Vorbilder würdigt. Der Autor Z. war schon früh erfolgreich. 1934 musste er als Jude Österreich wegen der Nationalsozialisten verlassen und emigrierte nach England, 1940 dann in die Gegend von New York, im August 1941 nach Petrópolis bei Rio de Janeiro.
In erster Ehe war er mit Frederike Z., geb. von Winterwitz, verheiratet, von der er sich auf dem Weg ins Ausland trennte. Gemeinsam mit seiner zweiten Frau Lotte, geb. Altmann, nahm er sich in Rio das Leben, weil er den Untergang der alten Ordnung, der „Welt von gestern“, nicht mitansehen konnte. *Die Welt von gestern* ist auch der Titel seiner Autobiografie (1942), die das alte Europa und besonders Österreich anhand seiner persönlichen Erlebnisse schildert.

Lexikonartikel „Stefan Zweig“

M 5

Die Welt von gestern. Erinnerungen eines Europäers ist der Titel eines der bekanntesten Werke von Stefan Zweig. Die Welt von gestern – das war für Zweig eine Welt der Geborgenheit in der Zeit vor dem Ersten Weltkrieg. Er erinnerte sich wehmütig an das alte Österreich und an Wien, wo er als Sohn einer sehr reichen jüdischen Familie aufwuchs. Als er neunzehn Jahre alt war, erschien sein erster Gedichtband. […] Ab 1919 lebte Zweig in Salzburg in einer hochkultivierten, luxuriösen Umgebung. Doch auch diese Welt war bedroht.
Schon Jahre vor dem Einmarsch der Deutschen in Österreich (1938) ging er nach England und später nach Brasilien. Aber es gelang ihm nicht mehr, in einer veränderten Welt Fuß zu fassen. […] Im Februar 1942, als Hitler auf dem Höhepunkt seiner Macht zu sein schien, ging Zweig zusammen mit seiner Frau in den Tod.
Der Autor Stefan Zweig war schon früh erfolgreich, und der Erfolg blieb ihm sein Leben lang treu. Er hatte ein sicheres Gespür für interessante und packende Stoffe; sein farbiger, dramatischer Stil kam dem Verlangen vieler Leser entgegen.

Ein Drama analysieren

Bertolt Brecht: Der gute Mensch von Sezuan

In diesem Kapitel lernt ihr Bertolt Brechts Theaterstück „Der gute Mensch von Sezuan“ kennen, das in den Jahren 1938 bis 1940 verfasst und 1943 in Zürich uraufgeführt wurde. Es handelt von der Suche dreier Götter nach wenigstens einem Menschen, der gut ist und Gutes tut. Sie treffen auf Shen Te, für die es im Verlauf der Handlung schwierig wird, gut zu sein und gleichzeitig zu überleben.
Aber was ist ein guter Mensch und ist es möglich, gut zu sein und gut zu leben?

„Der gute Mensch von Sezuan“, Regie: Victor Bodo, Theater und Orchester Heidelberg

1 a) Was ist deiner Meinung nach ein guter Mensch? Was bedeutet für dich ein gutes Leben? Fertige zu den Fragen je eine Mindmap an.
b) Vergleicht anschließend die Mindmaps im Plenum.
c) Einigt euch auf eine gemeinsame Definition im Plenum.

2 Lest die Zitate aus dem Theaterstück und vergleicht sie mit eurer Definition eines guten Menschen und eines guten Lebens.

Die Welt kann bleiben, wie sie ist, wenn genügend gute Menschen gefunden werden, die ein menschenwürdiges Dasein leben können.

Gute Taten, das bedeutet Ruin!

Was haben Geschäfte mit einem rechtschaffenen und würdigen Leben zu tun?

Besonders die wenig zu essen haben, geben gern ab.

Die Leute haben genug zu tun, nur das nackte Leben zu retten. Gute Vorsätze bringen sie an den Rand des Abgrunds, gute Taten stürzen sie hinab.

Je schlimmer seine Lage ist, als desto besser zeigt sich der gute Mensch.

Wie soll ich gut sein, wo alles so teuer ist?

Wenn wir halbwegs gute Menschen treffen, leben sie nicht menschenwürdig.

3 Betrachte die Fotos der Inszenierung und die Zitate aus „Der gute Mensch von Sezuan“:
- Stelle anhand des Titels Vermutungen zur Handlung an.
- Leite anhand der Fotos und der Textauszüge eine mögliche Handlung des Theaterstückes ab und skizziere diese kurz.

In diesem Kapitel lernt ihr, …
› eine Dramenszene schriftlich zu analysieren und zu interpretieren,
› ein Drama szenisch zu lesen,
› selbst Dialoge und Szenen zu gestalten,
› Merkmale des epischen Theaters von Bertolt Brecht zu analysieren.

Dieses Symbol weist euch im Kapitel auf die Merkmale des epischen Theaters hin.

Die Exposition des Dramas erschließen

Das Theaterstück spielt in Sezuan, einer Provinz in China. Sezuan steht stellvertretend für alle Orte, in denen Menschen von Menschen ausgebeutet werden.

Bertolt Brecht, Vorspiel (Auszug)

Die Mission der Götter

In einer Straße in der Hauptstadt von Sezuan berichtet der Wasserverkäufer Wang dem Publikum, er habe gehört, einige Götter seien zur Erde herabgestiegen, um nach dem Rechten zu sehen. Der Himmel sei beunruhigt, da es viele Klagen über den Zustand der Welt gebe. Wang empfängt die Götter und sucht für sie einen Schlafplatz, stößt dabei aber auf große Ablehnung. Die Götter sind mehr und mehr verunsichert, da Wang keinen guten Menschen findet, der sie beherbergen will.

Der dritte Gott: Es können immer noch Zufälle sein.

Der zweite Gott: Zufälle in Schun, Zufälle in Kwan und Zufälle in Sezuan! Es gibt keinen Gottesfürchtigen mehr, das ist die nackte Wahrheit, der ihr nicht ins Gesicht schauen wollt. Unsere Mission ist gescheitert, gebt es euch zu!

Der erste Gott: Wir können immer noch gute Menschen finden, jeden Augenblick. Wir dürfen es uns nicht zu leicht machen.

Der dritte Gott: In dem Beschluß hieß es: die Welt kann bleiben, wie sie ist, wenn genügend gute Menschen gefunden werden, die ein menschenwürdiges Dasein leben können. Der Wasserverkäufer selber ist ein solcher Mensch, wenn mich nicht alles täuscht.

Er tritt zu Wang, der immer noch unschlüssig dasteht.

Der zweite Gott: Es täuscht ihn alles. Als der Wassermensch uns aus seinem Maßbecher zu trinken gab, sah ich was. Dies ist der Becher.

Er zeigt ihn dem ersten Gott.

Der erste Gott: Er hat zwei Böden.

Der zweite Gott: Ein Betrüger!

Der erste Gott: Schön, er fällt weg. Aber was ist das schon, wenn einer angefault ist! Wir werden schon genug finden, die den Bedingungen genügen. Wir müssen einen finden! Seit zweitausend Jahren geht dieses Geschrei, es gehe nicht weiter mit der Welt, so wie sie ist. Niemand auf ihr könne gut bleiben. Wir müssen jetzt endlich Leute namhaft machen, die in der Lage sind, unsere Gebote zu halten.

Der dritte Gott *zu Wang*: Vielleicht ist es zu schwierig, Obdach zu finden? [...]

Der erste Gott: Er findet nichts. Dieses Sezuan können wir auch streichen.

Aus lizenzrechtlichen Gründen sind alle Textauszüge aus „Der gute Mensch von Sezuan" nicht in reformierter Rechtschreibung gedruckt.

1 Bearbeitet den ersten Auszug der Exposition in Gruppenarbeit.

a) Verteilt die drei Sprechrollen unter euch und lest den Auszug szenisch. Wie ihr dabei vorgeht, ist im Wissen-und-Können-Kasten erklärt.

b) Beantwortet anschließend in eurer Gruppe folgende Fragen:
- Warum kommen die Götter auf die Erde?
- Was beunruhigt die Götter?
- Warum finden sie keine Unterkunft für die Nacht?

Wissen und Können

Einen Text szenisch lesen

Dramentexte sind keine reinen Lesetexte. Es sind Spieltexte bzw. Partituren, ähnlich einem Filmdrehbuch. **Ziel ist ihre Aufführung auf der Bühne**. Beim szenischen Lesen lest ihr den Text in der Rolle derer, für die er gedacht ist: die **Schauspielerinnen und Schauspieler**. Genau wie Schauspieler/-innen erlest ihr euch die Rollen, um euch in sie **einzufühlen**: Wer ist die Figur? Wie fühlt, wie denkt sie? Wie sieht sie aus? Wie bewegt sie sich und wie spricht sie?

Vorbereitungsphase

Verteilt die Rollen untereinander und beschäftigt euch genau mit eurer Figur.

1. Versetze dich in die Zeit und die Umgebung. Versuche die Wahrnehmungen, Wünsche, Ängste und Sehnsüchte der Figur zu erfassen.
2. Entwickle eine angemessene Sprechweise deiner Figur. Achte dabei auf die mimischen und gestischen Hinweise im Dramentext.
3. Versetze dich in das Verhältnis der Figur zu anderen Figuren, deren Beziehung und Verhalten hinein.
4. Ergründe die Einstellungen und Absichten deiner Figur. Werde dir der Gründe und Motive ihres Handelns bewusst.

Übungsphase

Besprecht euch mit den anderen Schauspielerinnen und Schauspielern, erkundet und probiert aus, wie sich die Figuren zueinander verhalten. Variiert eure Intonation, experimentiert mit Sprechpausen und dem Rhythmus.

Präsentation

Präsentiert eure szenische Lesung im Plenum.

2 Lest in euren Gruppen auch den zweiten Textauszug szenisch und klärt im Anschluss folgende Fragen:
- Wer ist Shen Te? Was spielt es für eine Rolle, dass sie Prostituierte ist?
- Warum sind die Götter nun zufrieden?
- Warum zweifelt Shen Te?
- Warum geben die Götter Shen Te ein solch großzügiges Geldgeschenk?

3 Stellt im Plenum die Ergebnisse eurer Analyse der Exposition vor. Geht folgendermaßen vor:
- Wählt je eine Gruppe, die die Passagen szenisch liest, und eine andere, die die Ergebnisse präsentiert.
- Gebt beiden Gruppen ein Feedback und diskutiert anschließend die Ergebnisse inhaltlich.

→ *Feedback geben, S. 357/358*

4 Erörtert, ob das Grundproblem der Götter gelöst worden ist. Bezieht in eure Diskussion auch ein, dass die Götter Shen Te zum Abschied ein Geldgeschenk machen.

Bertolt Brecht, Vorspiel (Auszug)

Shen Te, der gute Mensch von Sezuan?

Wang wird nach der langen Suche endlich fündig: Die Prostituierte Shen Te ist bereit, die Götter zu beherbergen, obwohl sie dafür riskiert, ihre Miete nicht zahlen zu können, da sie einen Freier abweisen muss. Am nächsten Morgen verabschieden die Götter sich.

Der erste Gott: Liebe Shen Te, wir danken dir für deine Gastlichkeit. Wir werden nicht vergessen, daß du es warst, die uns aufgenommen hat. Und gib dem Wasserverkäufer sein Gerät zurück und sage ihm, daß wir auch ihm danken, weil er uns einen guten Menschen gezeigt hat.

Shen Te: Ich bin nicht gut. Ich muß euch ein Geständnis machen: als Wang mich für euch um Obdach anging, schwankte ich.

Der erste Gott: Schwanken macht nichts, wenn man nur siegt. Wisse, daß du uns mehr gabst als ein Nachtquartier. Vielen, darunter sogar einigen von uns Göttern, sind Zweifel aufgestiegen, ob es überhaupt noch gute Menschen gibt. Hauptsächlich um dies festzustellen, haben wir unsere Reise angetreten. Freudig setzen wir sie jetzt fort, da wir einen schon gefunden haben. Auf Wiedersehen!

Shen Te: Halt, Erleuchtete, ich bin gar nicht sicher, daß ich gut bin. Ich möchte es wohl sein, nur, wie soll ich meine Miete bezahlen? So will ich es euch denn gestehen: ich verkaufe mich, um leben zu können, aber selbst damit kann ich mich nicht durchbringen, da es so viele gibt, die dies tun müssen. Ich bin zu allem bereit, aber wer ist das nicht? Freilich würde ich glücklich sein, die Gebote halten zu können der Kindesliebe und der Wahrhaftigkeit. Nicht begehren meines Nächsten Haus, wäre mir eine Freude, und einem Mann anhängen in Treue, wäre mir angenehm. Auch ich möchte aus keinem meinen Nutzen ziehen und den Hilflosen nicht berauben. Aber wie soll ich dies alles? Selbst wenn ich einige Gebote nicht halte, kann ich kaum durchkommen.

Der erste Gott: Dies alles, Shen Te, sind nichts als die Zweifel eines guten Menschen.

Der dritte Gott: Leb wohl, Shen Te! [...] Laß es dir gut gehen!

Der erste Gott: Vor allem sei gut, Shen Te! Leb wohl!

Sie wenden sich zum Gehen. Sie winken schon.

Shen Te *angstvoll*: Aber ich bin meiner nicht sicher, Erleuchtete. Wie soll ich gut sein, wo alles so teuer ist?

Der zweite Gott: Da können wir leider nichts tun. In das Wirtschaftliche können wir uns nicht mischen.

Der dritte Gott: Halt! Wartet einen Augenblick! Wenn sie etwas mehr hätte, könnte sie es vielleicht eher schaffen.

Der zweite Gott: Wir können ihr nichts geben. Das könnten wir oben nicht verantworten.

Der erste Gott: Warum nicht?

Sie stecken die Köpfe zusammen und diskutieren aufgeregt.

Der erste Gott zu Shen Te, verlegen: Wir hören, du hast deine Miete nicht zusammen. Wir sind keine armen Leute und bezahlen natürlich unser Nachtlager! Hier! *Er gibt ihr Geld.* Sprich aber zu niemand darüber, daß wir bezahlten. Es könnte mißdeutet werden.

Der zweite Gott: Sehr.

Der dritte Gott: Nein, das ist erlaubt. Wir können ruhig unser Nachtlager bezahlen. In dem Beschluß stand kein Wort dagegen. Also auf Wiedersehen!

Die Götter schnell ab.

Den zentralen Konflikt erfassen

1 Lest die Fortsetzung des Theaterstücks szenisch.

Bertolt Brecht, Bild 1 (Auszug)

Shen Te eröffnet einen kleinen Tabakladen

Von dem Geld der Götter hat Shen Te einen Tabakladen gekauft in der Hoffnung, damit Gutes tun zu können. Die ehemalige Besitzerin des Ladens, Frau Shin, hat Shen Te um Reis gebeten, den diese ihr auch gegeben hat.

Herein ein ältliches Paar und ein schäbig gekleideter Mensch.

Die Frau: Ach, meine liebe Shen Te, wir haben gehört, daß es dir jetzt so gut geht. Du bist ja eine Geschäftsfrau geworden! Denk dir, wir sind eben ohne Bleibe. Unser Tabakladen ist eingegangen. Wir haben uns gefragt, ob wir nicht bei dir für eine Nacht unterkommen können. [...]

Die Shin: Was sind denn das für welche?

Shen Te: Als ich vom Land in die Stadt kam, waren sie meine ersten Wirtsleute. *Zum Publikum:* Als mein bißchen Geld ausging, hatten sie mich auf die Straße gesetzt. Sie fürchten vielleicht, daß ich jetzt nein sage. Sie sind arm. Sie sind ohne Obdach. Sie sind ohne Freunde. Sie brauchen jemand. Wie könnte man da nein sagen? *Freundlich zu den Ankömmlingen:* Seid willkommen! Ich will euch gern Obdach geben. Allerdings habe ich nur ein kleines Kämmerchen hinter dem Laden. [...]

[Ein Arbeitsloser kommt in den Laden und bittet um Zigaretten. Shen Te gibt sie ihm, ohne Geld dafür zu nehmen.]

Die Frau *kopfschüttelnd*: Sie kann nicht nein sagen! Du bist zu gut, Shen Te. Wenn du deinen Laden behalten willst, mußt du die eine oder andere Bitte abschlagen können.

Der Mann: Sag doch, er gehört dir nicht. Sag, er gehört einem Verwandten, einem Vetter zum Beispiel, der von dir genaue Abrechnung verlangt. Kannst du das nicht?

Die Shin: Das könnte man, wenn man sich nicht immer als Wohltäterin aufspielen müßte. [...]

Herein ein kleiner Mann. [...]

Der kleine Mann: Sind Sie die neue Ladeninhaberin? Ach, Sie packen schon die Stellagen voll! Aber die gehören Ihnen nicht, Sie! Außer Sie bezahlen sie. Das Lumpenpack, das hier gesessen ist, hat sie nicht bezahlt. *Zu den andern:* Ich bin nämlich der Schreiner.

Shen Te: Aber ich dachte, das gehört zur Einrichtung, die ich bezahlt habe?

Der Schreiner: Betrug! Alles Betrug! [...] Ich verlange meine 100 Silberdollar, so wahr ich Lin To heiße.

Shen Te: Wie soll ich das bezahlen, ich habe kein Geld mehr.

Der Schreiner: [...] Sie bezahlen sofort, oder ich lasse Sie einsteigern[1] [...]

Shen Te *zum Schreiner*: Nur ein Weilchen gedulden Sie sich, Herr Lin To!

Der Schreiner: Und wer geduldet sich mit mir und mit meiner Familie? *Er rückt eine Stellage von der Wand, als wolle er sie mitnehmen.* Sie bezahlen, oder ich nehme die Stellagen mit!

Die Frau: Meine liebe Shen Te, warum übergibst du nicht deinem Vetter die Angelegenheit? *Zum Schreiner*: Schreiben Sie Ihre Forderung auf und Fräulein Shen Te's Vetter wird bezahlen.

[Im Laufe der Szene kommen immer mehr arme Menschen in den Laden, die Shen Te um Hilfe bitten.]

[1] einsteigern: einsperren

2 Erklärt, in welchem Konflikt sich Shen Te befindet.
- Schildert dazu zunächst ihr Handeln und legt dar, welche Motive sie leiten. Bezieht dabei den Titel des Theaterstücks ein.
- Fasst zusammen, wie ihre Mitmenschen reagieren. Wie lassen sich die Reaktion erklären?
- Belegt eure Ausführungen am Text.

➔ *Rollenbiografien verfassen, S. 392/393*

3 Verfasst eine Rollenbiografie Shen Tes.

Bertolt Brecht, Bild 2 (Auszug)

Der Vetter Shui Ta taucht plötzlich auf

Überall schlafende Leute. Die Lampe brennt noch. Es klopft.

Die Frau *erhebt sich schlaftrunken*: Shen Te! Es klopft! Wo ist sie denn?

[...] *Herein ein junger Herr, hinter ihm der Schreiner.*

Der junge Herr: Ich bin der Vetter.

Die Frau *aus den Wolken fallend:* Was sind Sie?

Der junge Herr: Mein Name ist Shui Ta.

Die Gäste: *sich gegenseitig aufrüttelnd*: Der Vetter! – Aber das war doch ein Witz, sie hat ja gar keinen Vetter! – Aber hier ist jemand, der sagt, er ist der Vetter! – Unglaublich, so früh am Tag! [...]

Shui Ta *die Lampe auslöschend*: Die ersten Kunden kommen bald, bitte, ziehen Sie sich schnell an, daß ich meinen Laden aufmachen kann.

Der Mann: Ihren Laden? Ich denke, das ist der Laden unserer Freundin Shen Te? *Shui Ta schüttelt den Kopf.* Was, das ist gar nicht ihr Laden? [...]

Shui Ta: Sie ist abgehalten. Sie läßt Ihnen sagen, daß sie nunmehr, nachdem ich da bin, nichts mehr für Sie tun kann.

Die Frau *erschüttert*: Und wir hielten sie für einen guten Menschen! [...]

Shui Ta *ruhig*: [...] Meine Kusine bedauert natürlich, das Gebot der Gastfreundschaft nicht auf unbegrenzte Zeit befolgen zu können. Aber Sie sind leider zu viele! Dies hier ist ein Tabakladen, und Fräulein Shen Te lebt davon.

Der Mann: Unsere Shen Te würde so etwas überhaupt nicht über die Lippen bringen.

Shui Ta: Sie haben vielleicht recht. *Zum Schreiner*: Das Unglück besteht darin, daß die Not in dieser Stadt zu groß ist, als daß ein einzelner Mensch ihr steuern könnte. Darin hat sich betrüblicherweise nichts geändert in den elfhundert Jahren, seit jemand den Vierzeiler verfaßte:

Der Gouverneur, befragt, was nötig wäre
Den Frierenden der Stadt zu helfen, antwortete:
Eine zehntausend Fuß lange Decke
Welche die ganzen Vorstädte einfach zudeckt.

Er macht sich daran, den Laden aufzuräumen.

Der Schreiner: Ich sehe, daß Sie sich bemühen, die Angelegenheiten Ihrer Kusine zu ordnen. Da ist eine kleine Schuld für die Stellagen zu begleichen, anerkannt vor Zeugen. 100 Silberdollar.
Shui Ta *die Rechnung aus der Tasche ziehend, nicht unfreundlich*: Glauben Sie nicht, daß 100 Silberdollar etwas zu viel sind?
Der Schreiner: Nein. Ich kann auch nichts ablassen, ich habe Frau und Kinder zu ernähren.
Shui Ta *hart*: Wie viele Kinder?
Der Schreiner: Vier.
Shui Ta: Dann biete ich Ihnen 20 Silberdollar.
Der Mann lacht.
Der Schreiner: Sind Sie verrückt? Diese Stellagen sind aus Nußbaum!
Shui Ta: Dann nehmen Sie sie weg.
Der Schreiner: Was heißt das?
Shui Ta: Sie sind zu teuer für mich. Ich ersuche Sie, die Nußbaumstellagen wegzunehmen. [...]
Der Schreiner *unsicher*: Ich verlange, daß Fräulein Shen Te geholt wird. Sie ist anscheinend ein besserer Mensch als Sie.
Shui Ta: Gewiß. Sie ist ruiniert. [...]
Der Schreiner *plötzlich müde*: Da kann ich nicht mehr mit. Behalten Sie die Stellagen und bezahlen Sie, was Sie wollen.
Shui Ta: 20 Silberdollar.
Er legt zwei große Münzen auf den Tisch. Der Schreiner nimmt sie. [...]
Der Schreiner: Ja, genug vielleicht, mich zu betrinken! *Ab*
Der Mann: Den haben wir draußen!
Die Frau *sich die Lachtränen trocknend*: [...] So muß man diese Typen behandeln!
Shui Ta: Ja. *Ernst:* Geht schnell weg.
Der Mann: Wir?
Shui Ta: Ja, ihr. Ihr seid Diebe und Schmarotzer. Wenn ihr schnell geht, ohne Zeit mit Widerrede zu vergeuden, könnt ihr euch noch retten. [...] *Plötzlich schreiend:* Noch einmal: geht! *Sie bleiben sitzen.*
Shui Ta wieder ganz ruhig: Wie ihr wollt. *Er geht zur Tür und grüßt tief hinaus. In der Tür taucht ein Polizist auf.* Ich vermute, ich habe den Beamten vor mir, der dieses Viertel betreut? [...]

4 Shen Te und Shui Ta sind ein und dieselbe Person. Dennoch agieren sie sehr unterschiedlich. Stellt in einer Tabelle die Eigenschaften und das Handeln der Figuren gegenüber und belegt diese mit Textstellen.

Starthilfe, S. 424

5 Erläutere, ob und inwiefern sich in der Anlage von Shen Te und Shui Ta gängige Geschlechtsrollenstereotype zeigen.

Stereotype in Gedichten und ihre Brechung analysieren, S. 180–183

6 a) Wählt in Partnerarbeit Aufgabenangebot A oder B.
- **A** Schreibt gemeinsam eine Rollenbiografie für Shui Ta. Achtet darauf, dass der zentrale Konflikt des Theaterstücks darin deutlich wird. Geht dabei von eurer Rollenbiografie für Shen Te aus.
- **B** Schreibt zu zweit einen Dialog zwischen Shen Te und Shui Ta, in dem beide zunächst von ihrem jeweiligen Tag im Tabakladen berichten. Beide sollten das Verhalten des jeweils anderen kritisieren. Entwickelt daraus ein Streitgespräch, in dem der zentrale Konflikt des Theaterstücks deutlich wird.

Textverarbeitungsprogramm

b) Präsentiert eure Ergebnisse und wertet aus: Warum ist es notwendig, dass Shen Te den Vetter Shui Ta ins Spiel bringt?

Starthilfe, S. 424

Die Zuspitzung des Konfliktes verstehen

Shen Te hat sich im Laufe der Handlung in Sun verliebt. Doch obwohl beide heiraten wollen und Shen Te schwanger ist, nutzt Sun sie nur aus. Schließlich muss sie sogar ihren kleinen Tabakladen verkaufen. Wegen ihrer Güte erhält Shen Te aber vom Barbier Shu Fu einen Blankoscheck. Shui Ta nutzt die Chance, trägt 10.000 Silberdollar ein und eröffnet mit dem Geld eine Tabakfabrik. Auch Sun wird beschäftigt. Nutzt auch er seine Chance und ändert er sich?

1 Lest den Auszug aus dem 8. Bild.

Bertolt Brecht, Bild 8 (Auszug)

In der Tabakfabrik von Shui Ta

In den Baracken des Herrn Shu Fu hat Shui Ta eine kleine Tabakfabrik eingerichtet. Hinter Gittern hocken, entsetzlich zusammengepfercht, einige Familien, besonders Frauen und Kinder, darunter die Schwägerin, der Großvater, der Schreiner und seine Kinder. [...]

Frau Yang *zum Publikum*: Ich muß Ihnen berichten, wie mein Sohn Sun durch die Weisheit und Strenge des allgemein geachteten Herrn Shui Ta aus einem verkommenen Menschen in einen nützlichen verwandelt wurde. [...] Die ersten Wochen [in der Fabrik] waren hart für Sun. Die Arbeit sagte ihm nicht zu. Er hatte wenig Gelegenheit, sich auszuzeichnen. Erst in der dritten Woche kam ihm ein kleiner Vorfall zu Hilfe. Er und der frühere Schreiner Lin To mußten Tabakballen schleppen.

Im Hintergrund: Sun und der frühere Schreiner Lin To schleppen je zwei Tabakballen.

Der frühere Schreiner *hält ächzend inne und läßt sich auf einen Ballen nieder*: Ich kann kaum mehr. Ich bin nicht mehr jung genug für diese Arbeit.

Sun *setzt sich ebenfalls*: Warum schmeißt du ihnen die Ballen nicht einfach hin?

Der frühere Schreiner: Und wovon sollen wir leben? Ich muß doch sogar, um das Notwendigste zu haben, die Kinder einspannen. Wenn das Fräulein Shen Te sähe! Sie war gut.

Sun: Sie war nicht die Schlechteste. Wenn die Verhältnisse nicht so elend gewesen wären, hätten wir es ganz gut miteinander getroffen. Ich möchte wissen, wo sie ist. Besser, wir machen weiter. Um diese Zeit pflegt er zu kommen. *Sie stehen auf. Sun sieht Shui Ta kommen*: Gib den einen Ballen her, du Krüppel! *Sun nimmt auch noch den einen Ballen Lin To's auf.*

Der frühere Schreiner: Vielen Dank! Ja, wenn sie da wäre, würdest du gleich einen Stein im Brett haben, wenn sie sähe, daß du einem alten Mann so zur Hand gehst. Ach ja!

Herein Shui Ta.

Frau Yang *zum Publikum*: Und mit einem Blick sieht natürlich Herr Shui Ta, was ein guter Arbeiter ist, der keine Arbeit scheut. Und er greift ein.

Shui Ta: Halt, ihr! Was ist da los? Warum trägst du nur einen einzigen Ballen?

Der frühere Schreiner: Ich bin ein wenig müde heute, Herr Shui Ta, und Yang Sun war so freundlich ...

Shui Ta: Du kehrst um und nimmst drei Ballen, Freund. Was Yang Sun kann, kannst du auch. Yang Sun hat guten Willen und du hast keinen.

Frau Yang *während der frühere Schreiner zwei weitere Ballen holt, zum Publikum*: Kein Wort natürlich zu Sun, aber Herr Shui Ta war im Bilde. Und am nächsten Samstag bei der Lohnauszahlung ...

Ein Tisch wird aufgestellt, und Shui Ta kommt mit einem Säckchen Geld. Neben dem Aufseher – dem früheren Arbeitslosen – stehend, zahlt er den Lohn aus. Sun tritt vor den Tisch.

Der Aufseher: Yang Sun – 6 Silberdollar.

Sun: Entschuldigen Sie, es können nur 5 sein. Nur 5 Silberdollar. *Er nimmt die Liste, die der Aufseher hält.* Sehen Sie bitte, hier stehen fälschlicherweise sechs Arbeitstage, ich war aber einen Tag abwesend, eines Gerichtstermins wegen. *Heuchlerisch:* Ich will nichts bekommen, was ich nicht verdiene, und wenn der Lohn noch so lumpig ist!

Der Aufseher: Also, 5 Silberdollar! *Zu Shui Ta:* Ein seltener Fall, Herr Shui Ta!

Shui Ta: Wie können hier sechs Tage stehen, wenn es nur fünf waren?

Der Aufseher: Ich muß mich tatsächlich geirrt haben, Herr Shui Ta. *Zu Sun, kalt:* Es wird nicht mehr vorkommen.

Shui Ta *winkt Sun zur Seite*: Ich habe neulich beobachtet, daß Sie ein kräftiger Mensch sind und Ihre Kraft auch der Firma nicht vorenthalten. Heute sehe ich, daß Sie sogar ein ehrlicher Mensch sind. Passiert das öfter, daß der Aufseher sich zuungunsten der Firma irrt?

Sun: Er hat Bekannte unter den Arbeitern und wird als einer der ihren angesehen.

Shui Ta: Ich verstehe. Ein Dienst ist des andern wert. Wollen Sie eine Gratifikation[1]?

Sun: Nein. Aber vielleicht darf ich darauf hinweisen, daß ich auch ein intelligenter Mensch bin. Ich habe eine gewisse Bildung genossen, wissen Sie. Der Aufseher meint es sehr gut mit der Belegschaft, aber er kann, ungebildet wie er ist, nicht verstehen, was die Firma benötigt. Geben Sie mir eine Probezeit von einer Woche, Herr Shui Ta, und ich glaube, Ihnen beweisen zu können, daß meine Intelligenz für die Firma mehr wert ist als meine pure Muskelkraft.

Frau Yang *zum Publikum*: Das waren kühne Worte, aber an diesem Abend sagte ich zu meinem Sun: „Du bist ein Flieger. Zeig, daß du auch, wo du jetzt bist, in die Höhe kommen kannst! Flieg, mein Falke!" Und tatsächlich, was bringen doch Bildung und Intelligenz für große Dinge hervor! Wie will einer ohne sie zu den besseren Leuten gehören? Wahre Wunderwerke verrichtete mein Sohn in der Fabrik des Herrn Shui Ta!

Sun steht breitbeinig hinter den Arbeitenden. Sie reichen sich über die Köpfe einen Korb Rohtabak zu.

Sun: Das ist keine ehrliche Arbeit, ihr! Dieser Korb muß fixer wandern! *Zu einem Kind:* Du kannst dich doch auf den Boden setzen, da nimmst du keinen Platz weg! Und du kannst noch ganz gut auch das Pressen übernehmen, ja, du dort! Ihr faulen Hunde, wofür bezahlen wir euch Lohn? Fixer mit dem Korb! Zum Teufel! Setzt den Großpapa auf die Seite und laßt ihn mit den Kindern nur zupfen! Jetzt hat es sich ausgefaulenzt hier! Im Takt das Ganze! *Er klatscht mit den Händen den Takt, und der Korb wandert schneller.*

Frau Yang *zum Publikum*: Und keine Anfeindung, keine Schmähung von seiten ungebildeter Menschen, denn das blieb nicht aus, hielten meinen Sohn von der Erfüllung seiner Pflicht zurück. [...] Wir können Herrn Shui Ta wirklich nicht genug danken. Beinahe ohne jedes Zutun, aber mit Strenge und Weisheit hat er alles Gute herausgeholt, was in Sun steckte. Er hat ihm nicht allerhand phantastische Versprechungen gemacht wie seine so sehr gepriesene Kusine, sondern ihn zu ehrlicher Arbeit gezwungen. Heute ist Sun ein ganz anderer Mensch als vor drei Monaten. Das werden Sie wohl zugeben! „Das Edle ist wie eine Glocke, schlägt man sie, so tönt sie, schlägt man sie nicht, so tönt sie nicht", wie die Alten sagten.

[1] Gratifikation: Bonus, Sonderzahlung

Tipp

Ihr müsst den Text nicht auswendig lernen, ihr könnt ihn auch ablesen.

2 Bereitet zwei Inszenierungen des Szenenausschnitts vor, einmal mit und einmal ohne Frau Yang. Geht dabei folgendermaßen vor:
- Bildet Sechsergruppen, verteilt die Rollen und ernennt eine Regisseurin bzw. einen Regisseur.
- Bereitet eure Rollen so vor, wie ihr es beim szenischen Lesen gelernt habt (siehe S. 145).
- Besprecht gemeinsam, was in der Szene wichtig ist und was ihr ausdrücken wollt.
- Probt die Szene mehrere Male. Eure Regisseurin bzw. euer Regisseur achtet darauf, dass ihr so spielt, wie ihr es verabredet habt und korrigiert euch.
- Probt die Szene auch ohne Frau Yang.

3 Präsentiert beide Versionen der Szene im Plenum. Das Publikum beobachtet genau, wie sich die beiden Inszenierungen unterscheiden, und macht sich Notizen:
- Wie ist Frau Yang in die Handlung der Szene eingebunden?
- Was verändert sich durch die Ansprachen der Frau Yang ans Publikum?
- In welchem Verhältnis stehen die Erläuterungen der Frau Yang zu der Handlung?
- Was bedeutet es für die Zuschauerinnen und Zuschauer, dass sie angesprochen werden?

4 a) Im traditionellen Theater wird auf der Bühne die Illusion erzeugt, dass das Geschehen real ist. Beschreibt, wie ihr die Handlung der beiden Aufführungen erlebt habt. Was erzeugte eher eine Illusion? Wie würdet ihr die andere Art der Darstellung beschreiben?

b) Brecht hat seine Art des Schauspiels „episches Theater" genannt. Beschreibt anhand der Szene, was damit gemeint sein könnte.

→ *Epische Texte, S. 385*

5 a) Vergleicht nun genauer die Aussagen der Frau Yang mit der Handlung. Fertigt dazu eine Tabelle nach folgendem Muster an:

Aussagen der Frau Yang	Bühnenhandlung (Suns Verhalten)
„Er hatte wenig Gelegenheit, sich auszuzeichnen. Erst in der dritten Woche kam ihm ein kleiner Vorfall zu Hilfe." (Z. 13 – 16)	…
…	…

b) Charakterisiert anschließend das Verhalten von Sun.

c) Erläutert, was es bedeutet, dass seine Mutter das Verhalten ganz anders wertet.

d) Lässt sich das Verhalten Suns auf die heutige Zeit übertragen? Findet mögliche Beispiele und diskutiert, ob sie zutreffend sind. Bezieht auch die Bewertung der Frau Yang ein.

6 Im Wissen-und-Können-Kasten sind einige Elemente des epischen Theaters erklärt. Sucht weitere Elemente in der Szene und erläutert ihre Funktion.

! Wissen und Können

Das epische Theater kennenlernen

Das epische Theater will die Bühnenillusion zerstören. Ziel ist es, die Aufmerksamkeit der Zuschauerinnen und Zuschauer auf den Sinn des Geschehens zu lenken und sie so zu einer politisch-gesellschaftlichen Kritik anzuleiten. Das Publikum soll sozusagen wachgerüttelt werden.
Dazu setzt Brecht unterschiedliche **Verfremdungseffekte** ein:
Die **Figuren** sind oft nach ihrer Funktion benannt und beliebig austauschbar. Oft passen Sprechen und Handeln der Figuren aber nicht zueinander. Bisweilen treten sie aus ihrer Rolle (z. T. mit Kostümwechsel auf der Bühne) oder sie wenden sich an das Publikum.
Die **Handlung** wird in andere historische und/oder geografische Räume verlegt, um eine Identifikation zu unterbinden.
Die Figuren wechseln häufig die **Sprachebenen**, mal sprechen sie eine gehobene literarische Sprache, mal Alltagssprache.
Das **Bühnenbild** bietet keinen realen Schauplatz. Requisiten werden sparsam eingesetzt. Die Illusion wird zusätzlich mithilfe von Tafeln, Projektionen oder anderen Mitteln der Bühnentechnik durchbrochen.

Das Verhalten Shui Tas beurteilen

Immer seltener kann Shen Te Gutes tun, zumeist ist sie nur noch als Shui Ta präsent. Allmählich kommt der Verdacht auf, dass Shui Ta Shen Te ermordet haben könnte. Daher wird er verhaftet und vor Gericht gestellt. Überraschenderweise sind die Götter die Richter. Sie haben den regulären Richter vergiftet, sodass er eine Magenverstimmung bekommen hat, und haben sich mit gefälschten Papieren an seine Stelle gesetzt. Werden sie Shui Ta verurteilen?

1 Lest den Auszug aus dem 10. Bild.

Bertolt Brecht, Bild 10 (Auszug)

Das Göttergericht – Shui Tas Enthüllung

Nachdem alle Zeugen über die Güte Shen Te und die Untaten Shui Tas den Richtern berichtet haben, weiß Shui Ta keinen Ausweg mehr und will ein Geständnis ablegen. Dazu lassen die Richter den Saal räumen.

Shui Ta: Sind sie draußen? Alle? Ich kann nicht mehr schweigen. Ich habe euch erkannt, Erleuchtete!

Der zweite Gott: Was hast du mit unserm guten Menschen von Sezuan gemacht?

Shui Ta: Dann laßt mich euch die furchtbare Wahrheit gestehen, ich bin euer guter Mensch!

Er nimmt die Maske ab und reißt sich die Kleider weg, Shen Te steht da.

Der zweite Gott: Shen Te!

Shen Te: Ja, ich bin es. Shui Ta und Shen Te, ich bin beides.
Euer einstiger Befehl
Gut zu sein und doch zu leben
Zerriß mich wie ein Blitz in zwei Hälften. Ich
Weiß nicht, wie es kam: gut sein zu andern
Und zu mir konnte ich nicht zugleich
Andern und mir zu helfen, war mir zu schwer.
Ach, eure Welt ist schwierig! Zu viel Not, zu viel Verzweiflung!
Die Hand, die dem Elenden gereicht wird
Reißt er einem gleich aus! Wer den Verlorenen hilft
Ist selbst verloren! Denn wer könnte
Lang sich weigern, böse zu sein, wenn da stirbt, wer kein Fleisch ißt?
Aus was sollte ich nehmen, was alles gebraucht wurde? Nur
Aus mir! Aber dann kam ich um! Die Last der guten Vorsätze
Drückte mich in die Erde. Doch wenn ich Unrecht tat
Ging ich mächtig herum und aß vom guten Fleisch!
Etwas muß falsch sein an eurer Welt. Warum
Ist auf die Bosheit ein Preis gesetzt und warum erwarten den Guten

So harte Strafen? Ach, in mir war
Solch eine Gier, mich zu verwöhnen! Und da war auch
In mir ein heimliches Wissen, denn meine Ziehmutter
Wusch mich mit Gossenwasser! Davon kriegte ich
Ein scharfes Aug. Jedoch Mitleid
Schmerzte mich so, daß ich gleich in wölfischen Zorn verfiel
Angesichts des Elends. Dann
Fühlte ich, wie ich mich verwandelte und
Mir die Lippe zur Lefze wurd. Wie Asche im Mund
Schmeckte das gütige Wort. Und doch
Wollte ich gern ein Engel sein den Vorstädten.
Zu schenken
War mir eine Wollust. Ein glückliches Gesicht
Und ich ging wie auf Wolken.
Verdammt mich: alles, was ich verbrach
Tat ich, meinen Nachbarn zu helfen
Meinen Geliebten zu lieben und
Meinen kleinen Sohn vor dem Mangel zu retten.
Für eure großen Pläne, ihr Götter
War ich armer Mensch zu klein.

2 Fällt selbst ein Urteil über das Verhalten Shui Tas. Geht dabei folgendermaßen vor:

a) Stimmt nach der Lektüre zunächst spontan per Handzeichen ab, ob Shui Ta schuldig oder unschuldig ist. Haltet das Ergebnis fest.

b) Arbeitet nun in Gruppen weiter und erarbeitet ein qualifiziertes Urteil mit einer Begründung.
- Listet dazu die Argumente auf, die Shui Ta (als Shen Te) zu seiner Entlastung in seinem Monolog anführt.
- Prüft die Argumente an konkreten Beispielen aus Bild 2 (S. 148/149) und Bild 8 (S. 150–152).
- Gewichtet die Argumente hinsichtlich der Folgen für die Beteiligten und zieht eure eigenen Schlussfolgerungen.
- Fällt nun ein Urteil, benennt dabei, was Shui Ta sich zu Schulden hat kommen lassen, und begründet das Urteil ausführlich.

➔ *Eine Stellungnahme zum Verhalten einer literarischen Figur formulieren, S. 395*

➔ *Argumente gewichten, S. 354*

3 a) Präsentiert mehrere unterschiedliche Urteile im Plenum und diskutiert darüber.

b) Stimmt anschließend erneut ab und vergleicht das Ergebnis mit der ersten Abstimmung: Hat sich etwas verändert? Begründet ggf., warum ihr beim zweiten Mal anders geurteilt habt.

➔ *Eine Diskussion aufgrund einer literarischen Vorlage planen, durchführen und evaluieren, S. 269*

Das Urteil der Götter analysieren

Bertolt Brecht, Bild 10 (Auszug)

Das Göttergericht – das Urteil

Der erste Gott *mit allen Zeichen des Entsetzens:* Sprich nicht weiter, Unglückliche! Was sollen wir denken, die so froh sind, dich wiedergefunden zu haben!

Shen Te: Aber ich muß euch doch sagen, daß ich der böse Mensch bin, von dem alle hier diese Untaten berichtet haben.

Der erste Gott: Der gute Mensch, von dem alle nur Gutes berichtet haben!

Shen Te: Nein, auch der böse!

Der erste Gott: Ein Mißverständnis! Einige unglückliche Vorkommnisse! Ein paar Nachbarn ohne Herz! Etwas Übereifer!

Der zweite Gott: Aber wie soll sie weiterleben?

Der erste Gott: Sie kann es! Sie ist eine kräftige Person und wohlgestaltet und kann viel aushalten.

Der zweite Gott: Aber hast du nicht gehört, was sie sagt?

Der erste Gott *heftig*: Verwirrtes, sehr Verwirrtes! Unglaubliches, sehr Unglaubliches! Sollen wir eingestehen, daß unsere Gebote tödlich sind? Sollen wir verzichten auf unsere Gebote? *Verbissen*: Niemals! Soll die Welt geändert werden? Wie? Von wem? Nein, es ist alles in Ordnung!

Er schlägt schnell mit dem Hammer auf den Tisch. Und nun –

Auf ein Zeichen von ihm ertönt Musik. Eine rosige Helle entsteht.

Laßt uns zurückkehren. Diese kleine Welt
Hat uns sehr gefesselt. Ihr Freud und Leid
Hat uns erquickt und uns geschmerzt. Jedoch
Gedenken wir dort über den Gestirnen
Deiner, Shen Te, des guten Menschen, gern
Die du von unserm Geist hier unten zeugst
In kalter Finsternis die kleine Lampe trägst.
Leb wohl, mach's gut!

Auf ein Zeichen von ihm öffnet sich die Decke. Eine rosa Wolke läßt sich hernieder. Auf ihr fahren die Götter sehr langsam nach oben.

Shen Te: Oh, nicht doch, Erleuchtete! Fahrt nicht weg! Verlaßt mich nicht! Wie soll ich den beiden guten Alten in die Augen schauen, die ihren Laden verloren haben, und dem Wasserverkäufer mit der steifen Hand? Und wie soll ich mich des Barbiers erwehren, den ich nicht liebe, und wie Suns, den ich liebe? Und mein Leib ist gesegnet, bald ist mein kleiner Sohn da und will essen? Ich kann nicht hier bleiben!

Sie blickt gehetzt nach der Tür, durch die ihre Peiniger eintreten werden.

Der erste Gott: Du kannst es. Sei nur gut, und alles wird gut werden!

Herein die Zeugen. Sie sehen mit Verwunderung die Richter auf ihrer rosa Wolke schweben.

Wang: Bezeugt euren Respekt! Die Götter sind unter uns erschienen! Drei der höchsten Götter sind nach Sezuan gekommen, einen guten Menschen zu suchen. Sie hatten ihn schon gefunden, aber ...

Der erste Gott: Kein Aber! Hier ist er!

Alle: Shen Te!

Der erste Gott: Sie ist nicht umgekommen, sie war nur verborgen. Sie wird unter euch bleiben, ein guter Mensch!

Shen Te: Aber ich brauche den Vetter!

Der erste Gott: Nicht zu oft!

Shen Te: Jede Woche zumindest!

Der erste Gott: Jeden Monat, das genügt!

Shen Te: Oh, entfernt euch nicht, Erleuchtete! Ich habe noch nicht alles gesagt! Ich brauche euch dringend! [...]

Während Shen Te verzweifelt die Arme nach ihnen ausbreitet, verschwinden sie oben, lächelnd und winkend.

1 Lest den obigen Ausschnitt szenisch in Sechsergruppen. Orientiert euch an dem Wissen-und-Können-Kasten auf S. 145.

2 Erläutert, wie sich die Götter in der Szene verhalten.
- Findet einen Begriff für ihr Urteil und begründet ihn.
- Vergleicht das Urteil der Götter mit eurem Urteil.
- Bezieht in eure Überlegungen ein, dass die Götter durch unrechtmäßiges Verhalten zu Richtern geworden sind. Was sagt das über sie aus? Warum haben sie das gemacht?

Eine Stellungnahme zum Verhalten einer literarischen Figur formulieren, S. 395

3 Im klassischen griechischem Theater gibt es das Instrument des Deus ex Machina (*wörtlich*: der Gott aus der Maschine). Dabei kommt ein Gott am Ende eines Dramas mit einer Theatermaschine von oben auf die Bühne und löst die Probleme, die die Menschen nicht lösen konnten.

a) Beschreibt, wie Brecht dieses Instrument in seiner Schlussszene einsetzt und diskutiert, welche Funktion das haben könnte.
- Was bedeutet das Verhalten der Götter für die Figuren des Theaterstücks?
- Welche Wirkung hat es auf die Zuschauer/-innen?

b) Setzt das Verhalten der Götter mit dem Ausgangspunkt ihrer Mission in Beziehung (siehe Vorspiel, S. 144). Was bedeutet es für die Mission?

c) Begründet, inwieweit dieses Ende des Stückes ein Element des epischen Theaters ist (vgl. S. 153).

4 Verfasse eine vollständige Analyse der Szene mit Einleitung, Hauptteil und Schlussteil. Orientiere dich dabei an dem Wissen-und-Können-Kasten auf der folgenden Seite.

Tipp zu 4

Ihr könnt den Text auch gemeinsam mithilfe eines Etherpads verfassen.

Etherpad, S. 371

Rechtschreibung überarbeiten, S. 334

5 a) Überarbeitet eure Analyse zunächst in Partnerarbeit.
b) Stellt danach eure Analysen im Plenum vor und gebt euch ein Feedback.

Wissen und Können

Eine Szenenanalyse verfassen

In einer Szenenanalyse untersuchst du Inhalt und sprachliche Form einer Theaterszene. Dabei betrachtest du insbesondere die Kommunikation der sprechenden Personen. Die Szenenanalyse besteht ähnlich wie andere Textanalysen aus **Einleitung**, **Hauptteil** und **Schluss**:

I. Einleitung:
In der Einleitung informierst du über die Textart, den Titel, die Autorin/den Autor, das Erscheinungsjahr, die Szene, die auftretenden Figuren, das Thema und die Aufgabenstellung.

II. Hauptteil:

1. Inhaltsangabe
Fasse die wichtigsten inhaltlichen Informationen und auftretenden Figuren der Szene abschnittsweise kurz zusammen und ordne die Szene in den Handlungszusammenhang ein.

Dialoge untersuchen, S. 384

Einen Dialog mithilfe des Modells von Schulz von Thun untersuchen und Charaktere und Beziehungen erschließen, S. 24/25

Zitieren, S. 382

2. Dialoganalyse: Untersuchung und Interpretation von Inhalt und Sprache
Analysiere den Dialog und untersuche hierfür:
- den **formalen Aufbau der Szene** (Gliederung, Verteilung von Dialog und Monolog, Regieanweisungen ...),
- **Art, Inhalt und Aufbau des Gesprächs** (z. B. Gesprächsart, Gesprächsgegenstand, Gesprächssituation, Gesprächsverlauf),
- die **Figuren** und die **Figurenkonstellation**,
- die **Sprache**,
- das **Kommunikationsverhalten**.

Belege deine Äußerungen mit passenden Textstellen.

III. Schluss:
Im Schluss fasst du deine Ergebnisse kurz zusammen und beurteilst die Bedeutung der Szene für die Figuren bzw. für die Handlung insgesamt. Hast du eine Zusatzfrage bearbeitet? Dann ist hier der Ort, um diese Frage abschließend zu beantworten.

Arbeitsheft, S. 41–45, 46/47

Den Epilog des Dramas verstehen

1 Lest den Epilog des Dramas und gebt den Inhalt in eigenen Worten wieder.

Epilog: *Nachrede, bisweilen Nachspiel*

Bertolt Brecht, Epilog

„Der Vorhang zu und alle Fragen offen …"

„Der Vorhang zu und alle Fragen offen …"

Vor den Vorhang tritt ein Spieler und wendet sich entschuldigend an das Publikum mit einem Epilog.

Verehrtes Publikum, jetzt kein Verdruß:
Wir wissen wohl, das ist kein rechter Schluß.
Vorschwebte uns: die goldene Legende.
Unter der Hand nahm sie ein bitteres Ende.
Wir stehen selbst enttäuscht und sehn betroffen
Den Vorhang zu und alle Fragen offen.
Dabei sind wir doch auf Sie angewiesen
Daß Sie bei uns zu Haus sind und genießen.
Wir können es uns leider nicht verhehlen:
Wir sind bankrott, wenn Sie uns nicht empfehlen!
Vielleicht fiel uns aus lauter Furcht nichts ein.
Das kam schon vor. Was könnt die Lösung sein?
Wir konnten keine finden, nicht einmal für Geld.
Soll es ein andrer Mensch sein? Oder eine andre Welt?
Vielleicht nur andere Götter? Oder keine?
Wir sind zerschmettert und nicht nur zum Scheine!
Der einzige Ausweg wär aus diesem Ungemach:
Sie selber dächten auf der Stelle nach
Auf welche Weis dem guten Menschen man
Zu einem guten Ende helfen kann.
Verehrtes Publikum, los, such dir selbst den Schluß!
Es muß ein guter da sein, muß, muß, muß!

2 Im Gegensatz zum klassischen Theater, das mit einer glücklichen oder unglücklichen Lösung des Konflikts endet, bietet Brecht keine Lösung an.

a) Tauscht euch darüber aus, was Brecht mit diesem offenen Schluss bezweckt.

b) Kommt der Aufforderung Brechts nach und findet selbst einen guten Schluss. Wie könnte er aussehen? Diskutiert verschiedene Lösungen.

c) Wie müsste eine Gesellschaft heute beschaffen sein, damit es möglich ist, „gut [zu] sein zu andern und zu [sich selbst]" (S. 154, Z. 17/18), wie Shen Te in ihrem Monolog vor Gericht sagt?

So könnt ihr weiterarbeiten:

„Dem Publikum wird in dem Drama nur suggeriert, es könne einen eigenen Schluss erfinden. Eigentlich liegt das Ende durch Brechts Handlung auf der Hand." Findet Indizien, die für oder gegen die obige These sprechen: Gibt es Hinweise im Drama, die nahelegen, die Welt zu verändern bzw. die Welt so zu belassen, wie sie ist?

Merkmale des epischen Theaters erkunden

Im bisherigen Kapitel hast du das epische Theater kennengelernt. Brecht begründete 1926 damit eine neue und moderne Form des Theaters. Abschließend sollst du nun seine wichtigsten Merkmale zusammenstellen und mit der klassischen, dramatischen Form des Theaters vergleichen.

→ *Theater (Drama), S. 396/397*

Tipp

Ihr könnt die Teilkapitel unter euch aufteilen.

1 Vervollständigt in Kleingruppen das Schaubild um weitere Merkmale des epischen Theaters.

a) Schaut euch dafür die Teilkapitel an und orientiert euch an der Theatermaske, um Merkmale des epischen Theaters zu finden.

b) Übertragt das Schaubild in euer Heft und ergänzt jeweils in Gegenüberstellung zum klassischen, dramatischen Theater die fehlenden Merkmale des epischen Theaters mithilfe eurer Analyse.

c) Belegt eure Funde wenn möglich mit konkreten Textstellen aus „Der gute Mensch von Sezuan“.

d) Vergleicht eure Ergebnisse und präsentiert sie im Plenum.

Dramatisches Theater	Merkmale	Episches Theater
Geschehen wird durch Schauspieler/-innen, die auf der Bühne agieren, dramatisch/handelnd vermittelt Spannung steigert sich zwingend auf den Höhepunkt, zum Ausgang/zur Auflösung des Konflikts	**Handlung**	*Das Geschehen wird durch epische Passagen auf der Bühne kommentiert und beurteilt.* *Spannung auf den Gang der Handlung* *…*
eine Szene für die andere, aufeinander bezogene Akte und Szenen	**Aufbau**	*jede Szene für sich, Zwischenspiele*
hat ein Erlebnis zum Gegenstand (Ausschnitt der Realität)	**Inhalt**	*hat ein Weltbild zum Gegenstand (Modell der Realität)*
verwickelt die Zuschauerin/den Zuschauer in eine Bühnenaktion, verbraucht ihre/seine Aktivität, ermöglicht Gefühle; Zuschauerin/Zuschauer steht mittendrin, erlebt mit, soll sich einfühlen, mitleiden und mitfreuen	**Rolle des Publikums/ der Zuschauer/ -innen**	*weckt die Aktivität der Zuschauerin/des Zuschauers*
Die Illusion der Bühnenwirklichkeit ist möglichst perfekt. Die Schauspieler/-innen bleiben in ihrer Rolle.	**Nähe und Distanz**	…
Erziehung und Unterhaltung der Zuschauerin/des Zuschauers Theater als moralische Erziehungsanstalt	**Ziel**	*Ziel ist …* *Theater als …*

→ *Merkmale eines literarischen Porträts kennenlernen, S. 118/119*

2 Brecht übte in seinen Werken stets Kritik an gesellschaftlich und politisch relevanten Themen. Begründet, warum Brecht die epische Form des Theaters für seine Stoffe entwickelte und wählte.

Schätze deinen Lernstand ein

Bertolt Brecht, Zwischenspiel (zwischen Bild 9 und 10)

Klagen der Götter

Musik. Zum letztenmal erscheinen dem Wasserverkäufer im Traum die Götter. Sie haben sich sehr verändert. Unverkennbar sind die Anzeichen langer Wanderung, tiefer Erschöpfung und mannigfaltiger böser Erlebnisse. Einem ist der Hut vom Kopf geschlagen, einer hat ein Bein in einer Fuchsfalle gelassen, und alle drei gehen barfuß.

Wang: Endlich erscheint ihr! Furchtbare Dinge gehen vor in Shen Te's Tabakladen, Erleuchtete! Shen Te ist wieder verreist, schon seit Monaten! Der Vetter hat alles an sich gerissen! Er ist heute verhaftet worden. Er soll sie ermordet haben, heißt es, um sich ihren Laden anzueignen. [...]

Der erste Gott: Das ist entsetzlich. Unsere ganze Suche ist gescheitert. Wenig Gute fanden wir, und wenn wir welche fanden, lebten sie nicht menschenwürdig. Wir hatten schon beschlossen, uns an Shen Te zu halten.

Der zweite Gott: Wenn sie immer noch gut sein sollte!

Wang: Das ist sie sicherlich, aber sie ist verschwunden!

Der erste Gott: Dann ist alles verloren. [...] Wir müssen abdanken, wenn sie nicht gefunden wird! Was für eine Welt haben wir vorgefunden? Elend, Niedrigkeit und Abfall überall! [...]

Der dritte Gott: Ach, Wasserverkäufer, unsere Gebote scheinen tödlich zu sein! Ich fürchte, es muß alles gestrichen werden, was wir an sittlichen Vorschriften aufgestellt haben. Die Leute haben genug zu tun, nur das nackte Leben zu retten. Gute Vorsätze bringen sie an den Rand des Abgrunds, gute Taten stürzen sie hinab. *Zu den beiden andern Göttern:* Die Welt ist unbewohnbar, ihr müßt es einsehen!

Der erste Gott *heftig*: Nein, die Menschen sind nichts wert!

Der dritte Gott: Weil die Welt zu kalt ist!

Der zweite Gott: Weil die Menschen zu schwach sind!

Der erste Gott: Würde, ihr Lieben, Würde! Brüder, wir dürfen nicht verzweifeln. Einen haben wir doch gefunden, der gut war und nicht schlecht geworden ist, und er ist nur verschwunden. Eilen wir, ihn zu finden. Einer genügt. Haben wir nicht gesagt, daß alles noch gut werden kann, wenn nur einer sich findet, der diese Welt aushält, nur einer?!

Sie entschwinden schnell.

Aufgabe: Analysiere und interpretiere die Szene inhaltlich und sprachlich mit Blick auf die Frage der Götter, wer für das Elend in der Welt verantwortlich ist.

Textverarbeitungsprogramm

Gehe dabei folgendermaßen vor:

- Schreibe eine Einleitung.
- Gib kurz den Inhalt der Szene in eigenen Worten wieder und ordne sie in den Handlungskontext ein.
- Untersuche Aufbau, Inhalt und die sprachliche Gestaltung des Dialogs.
- Erläutere auch die Merkmale des epischen Theaters in diesem Zwischenspiel.
- Nimm Stellung zur Frage der Götter.
- Fasse deine Untersuchungsergebnisse in einem Schluss zusammen.

→ *Seite 162/163,* B

→ *Seite 162/163,* A

← *Seite 158, Wissen u. Können*

Aus einem Liedtext einen Theaterdialog entwickeln

1 Lies das Lied von der Wehrlosigkeit der Götter und Guten und fasse es in eigenen Worten zusammen.

Bertolt Brecht, Zwischenspiel vor dem Vorhang (zwischen Bild 4 und 5)

„Das Lied von der Wehrlosigkeit der Götter und Guten"

Shen Te und ihre Verwandlung zu Shui Ta

Shen Te tritt auf, in den Händen die Maske und den Anzug des Shui Ta und singt

„DAS LIED VON DER WEHRLOSIGKEIT
DER GÖTTER UND GUTEN"

In unserem Lande
Braucht der Nützliche Glück. Nur
Wenn er starke Helfer findet
Kann er sich nützlich erweisen.
Die Guten
Können sich nicht helfen, und die Götter sind machtlos.
Warum haben die Götter nicht Tanks und Kanonen
Schlachtschiffe und Bombenflugzeuge und Minen
Die Bösen zu fällen, die Guten zu schonen?
Es stünde wohl besser mit uns und mit ihnen.
Sie legt den Anzug des Shui Ta an und macht einige Schritte in seiner Gangart.
Die Guten
Können in unserem Lande nicht lang gut bleiben.
Wo die Teller leer sind, raufen sich die Esser.
Ach, die Gebote der Götter
Helfen nicht gegen den Mangel.
Warum erscheinen die Götter nicht auf unsern Märkten
Und verteilen lächelnd die Fülle der Waren?
Und gestatten den vom Brot und vom Weine Gestärkten
Miteinander nun freundlich und gut zu verfahren?
Sie setzt die Maske des Shui Ta auf und fährt mit seiner Stimme zu singen fort.
Um zu einem Mittagessen zu kommen
Braucht es der Härte, mit der sonst Reiche gegründet werden.
Ohne zwölf zu zertreten
Hilft keiner einem Elenden.
Warum sagen die Götter nicht laut in den obern Regionen
Daß sie den Guten nun einmal die gute Welt schulden?
Warum stehn sie den Guten nicht bei mit Tanks und Kanonen
Und befehlen: Gebt Feuer! und dulden kein Dulden?

2 Sprecht darüber, wie ihr das Lied versteht.
- Ordnet es dazu in die Handlung des Theaterstücks ein.
- Beschreibt den Aufbau des Liedes.
- Erklärt, an wen sich die Fragen des Liedes richten.

3 Erläutert, inwiefern Brecht mit dem Lied seine Konzeption des epischen Theaters umsetzt.

(A) Einen Dialog zwischen dem ersten Gott und Shen Te schreiben

4 Nehmt die Klagen des Liedes als inhaltliche Grundlage für einen Dialog zwischen Shen Te und dem ersten Gott. Arbeitet in Dreiergruppen.
a) Notiere in Einzelarbeit, welche Klagen Shen Te in dem Lied äußert.
b) Notiere mögliche Antworten des ersten Gottes darauf. Beachte, dass der Gott froh ist, in Shen Te einen guten Menschen gefunden zu haben; er will sie wirklich überzeugen.
c) Vergleicht in der Gruppe eure Notizen und Ideen und entwerft skizzenhaft einen möglichen Verlauf des Dialogs.
d) Schreibt nun gemeinsam den Dialog.
e) Bereitet eine kurze Aufführung des Dialogs vor. Legt dazu fest, wer welche Rolle übernimmt und wer die Regie führen soll, und übt euren Dialog.

Textverarbeitungsprogramm

Starthilfe, S. 424

Tipp

Nutzt wenn möglich ein Etherpad für das gemeinsame Verfassen des Dialogs.

Etherpad, S. 371

(B) Einen Dialog zwischen dem ersten Gott und Shen Te für ein episches Theater schreiben

4 Nehmt die Klagen des Liedes als inhaltliche Grundlage für einen Dialog zwischen Shen Te und dem ersten Gott. Arbeitet in Vierergruppen.
a) Notiere in Einzelarbeit, welche Klagen Shen Te in dem Lied äußert.
b) Notiere mögliche Antworten des ersten Gottes darauf.
c) Führe noch einen weiteren Gott ein, der zum Publikum spricht. Orientiere dich dabei an dem 8. Bild.
d) Vergleicht in der Gruppe eure Notizen und Ideen, einigt euch auf ein Konzept und entwerft skizzenhaft einen möglichen Verlauf der Szene. Achtet besonders darauf, Verfremdungseffekte zu integrieren.
e) Schreibt nun die gesamte Szene. Verwendet auch Regieanweisungen.
f) Bereitet eine kurze Aufführung des Dialogs vor. Legt dazu fest, wer welche Rolle übernimmt und wer die Regie führen soll, und übt euren Dialog.

Textverarbeitungsprogramm

Starthilfe, S. 424

Starthilfe, S. 424

Tipp

Nutzt wenn möglich ein Etherpad für das gemeinsame Verfassen des Dialogs.

Etherpad, S. 371

5 Spielt euch eure Inszenierungen im Plenum vor und gebt euch gegenseitig ein Feedback.

Feedback geben, S. 357/358

6 Erläutert am Beispiel der aufgeführten Szenen, was das epische Theater im Unterschied zum klassischen Theater leistet.

Sich auf eine Klassenarbeit vorbereiten

Textverarbeitungsprogramm **Aufgabe:** Analysiere das Zwischenspiel inhaltlich und sprachlich.

- Ordne die Szene in den Kontext der Handlung und des Themas des Theaterstückes ein.
- Achte besonders auf die Dialogführung in der Szene und kennzeichne und beurteile das Verhalten der Götter.

Bertolt Brecht, Zwischenspiel (zwischen Bild 3 und 4)

Die Hoffnung der Götter

Der Wasserverkäufer schläft. Musik. Das Kanalrohr wird durchsichtig, und dem Träumenden erscheinen die Götter.

Wang *strahlend*: Ich habe sie gesehen, Erleuchtete! Sie ist ganz die alte!

Der erste Gott: Das freut uns.

Wang: Sie liebt! Sie hat mir ihren Freund gezeigt. Es geht ihr wirklich gut.

Der erste Gott: Das hört man gern. Hoffentlich bestärkt sie das in ihrem Streben nach Gutem.

Wang: Unbedingt! Sie tut soviel Wohltaten, als sie kann.

Der erste Gott: Was für Wohltaten? Erzähl uns davon, lieber Wang!

Wang: Sie hat ein freundliches Wort für jeden.

Der erste Gott *eifrig*: Ja, und?

Wang: Selten geht einer aus ihrem kleinen Laden ohne Tabak, nur weil er etwa kein Geld hat.

Der erste Gott: Das klingt nicht schlecht. Noch anderes?

Wang: Eine achtköpfige Familie hat sie bei sich beherbergt!

Der erste Gott *triumphierend zum zweiten*: Achtköpfig!

Zu Wang: Und womöglich noch was?

Wang: Mir hat sie, obwohl es regnete, einen Becher von meinem Wasser abgekauft.

Der erste Gott: Natürlich, diese kleinen Wohltaten alle. Das versteht sich.

Wang: Aber sie laufen ins Geld. So viel gibt ein kleiner Laden nicht her.

Der erste Gott: Freilich, freilich! Aber ein umsichtiger Gärtner tut auch mit einem winzigen Fleck wahre Wunder.

Wang: Das tut sie wahrhaftig! Jeden Morgen teilt sie Reis aus, dafür geht mehr als die Hälfte des Verdienstes drauf, das könnt Ihr glauben!

Der erste Gott *etwas enttäuscht*: Ich sage auch nichts. Ich bin nicht unzufrieden für den Anfang.

Wang: Bedenkt, die Zeiten sind nicht die besten! Sie mußte einmal einen Vetter zu Hilfe rufen, da ihr Laden in Schwierigkeiten geriet. [...] Kurz, sie konnte alle die Geschäfte allein nicht mehr überblicken. Aber alle sind sich einig, daß sie ein gutes Mädchen ist. Sie heißt schon überall: Der Engel der Vorstädte. So viel Gutes geht von ihrem Laden aus! Was immer der Schreiner Lin To sagen mag!

Der erste Gott: Was heißt das? Spricht der Schreiner Lin To denn schlecht von ihr?

Wang: Ach, er sagt nur, die Stellagen im Laden seien nicht voll bezahlt worden.

Der zweite Gott: Was sagst du da? Ein Schreiner wurde nicht bezahlt? In Shen Te's Laden? Wie konnte sie das zulassen?

Wang: Sie hatte wohl das Geld nicht?

Der zweite Gott: Ganz gleich, man bezahlt, was man schuldig ist. Schon der bloße Anschein von Unbilligkeit muß vermieden werden. Erstens muß der Buchstabe der Gebote erfüllt werden, zweitens ihr Geist.

Wang: Aber es war nur der Vetter, Erleuchtete, nicht sie selber.

Der zweite Gott: Dann übertritt dieser Vetter nicht mehr ihre Schwelle!

Wang *niedergeschlagen*: Ich verstehe, Erleuchteter. Zu Shen Te's Verteidigung laß mich vielleicht nur noch geltend machen, daß der Vetter als durchaus achtbarer Geschäftsmann gilt. Sogar die Polizei schätzt ihn.

Der erste Gott: Nun, wir wollen diesen Herrn Vetter ja auch nicht ungehört verdammen. Ich gebe zu, ich verstehe nichts von Geschäften, vielleicht muß man sich da erkundigen, was das Übliche ist. Aber überhaupt Geschäfte! Ist das denn nötig? Immer machen sie jetzt Geschäfte! [...] Was haben Geschäfte mit einem rechtschaffenen und würdigen Leben zu tun?

Der zweite Gott *sehr verschnupft*[1]: Jedenfalls darf so etwas nicht mehr vorkommen.

Er wendet sich zum Gehen. Die beiden anderen Götter wenden sich auch.

Der dritte Gott *als letzter, verlegen*: Entschuldige den etwas harten Ton heute! Wir sind übermüdet und nicht ausgeschlafen. Das Nachtlager! Die Wohlhabenden geben uns die allerbesten Empfehlungen an die Armen, aber die Armen haben nicht Zimmer genug.

Die Götter *sich entfernend, schimpfen*: Schwach, die beste von ihnen! – Nichts Durchschlagendes! – Wenig, wenig! Alles natürlich von Herzen, aber es sieht nach nichts aus! Sie müßte doch zumindest ...

Man hört sie nicht mehr.

Wang *ruft ihnen nach:* Ach, seid nicht ungnädig, Erleuchtete! Verlangt nicht zu viel für den Anfang!

[1] verschnupft: sehr verärgert

Beziehungen in der Lyrik untersuchen

Wer bin ich – ohne dich?!

Brauchen Menschen einander? Oder kämen wir nicht besser ohne andere aus? Wie eng sollten Menschen beieinander sein? Wie wichtig ist Abstand voneinander? Häufig beschäftigt Lyrik sich mit den Beziehungen von Menschen. Im folgenden Kapitel lernt ihr ganz unterschiedliche menschliche Beziehungen und ihre Darstellung – nicht nur Liebe und Hass – kennen und setzt euch damit auseinander.

Mascha Kaléko

Die vielgerühmte Einsamkeit (1973)

Wie schön ist es, allein zu sein!
Vorausgesetzt natürlich, man
hat *Einen*, dem man sagen kann:
„Wie schön ist es, allein zu sein!“

1 Lies das Gedicht „Die vielgerühmte Einsamkeit" von Mascha Kaléko.

a) Kennst du das Gefühl, welches das lyrische Ich im ersten Vers anspricht? Beschreibe diesen Wunsch. Warum geht es dir manchmal so? Dabei kannst du auch das Bild auf S. 166 miteinbeziehen.

b) Welche Bedeutung hat die andere Person, über die im Gedicht gesprochen wird, für das Ich?

c) Der Titel nennt diesen Zustand „Einsamkeit". Ist dieser Begriff passend gewählt? Finde weitere Nomen, die diesen Zustand „allein zu sein" ausdrücken. Unterscheide den Begriffsinhalt jeweils genau voneinander.

Starthilfe, S. 424

Bertolt Brecht

Der Rauch (1953)

Das kleine Haus unter Bäumen am See
Vom Dach steigt Rauch
Fehlte er
Wie trostlos dann wären
Haus, Bäume und See.

2 Lies nun das Gedicht „Der Rauch".

a) Was beschreibt das Gedicht genau? Unterscheide zwischen dem äußerlich Beschriebenen und dem damit Gemeinten. Formuliere die beiden Ebenen jeweils in einem Satz.

b) Finde Synonyme für die Form der Einsamkeit, die im Gedicht von Brecht beschrieben wird (Z. 4), falls kein Rauch aufsteigen würde. Differenziere auch diese Begriffe genau voneinander.

Merkmale eines literarischen Porträts kennenlernen, S. 118/119

Starthilfe, S. 424

Synonyme und Antonyme, S. 417

3 a) Wähle eines der beiden Gedichte der Doppelseite aus. Löse die lyrische Form auf und formuliere, welche Bedeutung andere Menschen für das lyrische Ich haben, als sachliche Aussage in der Ich-Form.

b) Vergleiche deinen kurzen Text mit dem Gedicht und beschreibe die Unterschiede.

In diesem Kapitel lernt ihr, ...

- Beziehungen als zentrales Thema der Lyrik zu analysieren,
- motivgleiche Gedichte gegenüberzustellen,
- literarische Symbole und ihre Verarbeitung in kurzen Gedichten zu analysieren,
- Humor und Ironie als Gestaltungsmittel von Lyrik zu untersuchen,
- Stereotype und ihre Brechung in literarischen Texten zu erkennen,
- Lyrik als Ausdruck von Gesellschaftskritik zu untersuchen.

Motivgleiche Gedichte gegenüberstellen

Es gibt in der Literatur Motive, die immer wieder verwendet werden. Hier ist es das Schiff bzw. Boot, mit dessen Hilfe Beziehungen zwischen Menschen gestaltet werden. Bei genauem Hinsehen könnt ihr aber große Unterschiede in den beiden dargestellten Beziehungen entdecken.

Conrad Ferdinand Meyer

„Zwei Segel"

Zwei Segel (1882)

Zwei Segel erhellend
Die tiefblaue Bucht!
Zwei Segel sich schwellend
Zu ruhiger Flucht!

Wie eins in den Winden
Sich wölbt und bewegt,
Wird auch das Empfinden
Des andern erregt.

Begehrt eins zu hasten,
Das andre geht schnell,
Verlangt eins zu rasten,
Ruht auch sein Gesell.

Caspar David Friedrich, Ansicht eines Hafens (1815/1816)

Deutungshypothesen formulieren, S. 384

1 Das Gedicht beschreibt eine Beziehung zwischen zwei Menschen. Formuliere mit deiner Lernpartnerin oder deinem Lernpartner zusammen in einem Satz den Charakter der hier dargestellten Beziehung.

Gedichte, S. 386/387
Sprachliche Mittel, S. 394/395

2 Untersucht das Gedicht nun genauer und versucht, eure Auffassung zu belegen. Haltet eure Ergebnisse in Form eines Schaubilds fest. Eure zentrale Deutung soll dabei im Mittelpunkt des Schaubilds stehen.
Bearbeitet dazu im Einzelnen:
- die formale Gestaltung
- die klangliche Gestaltung (vgl. dazu den Wissen-und-Können-Kasten auf S. 170) – sprecht das Gedicht einmal laut, um hier mehr Eindrücke zu bekommen.
- die sprachliche Gestaltung
- die Syntax
- die inhaltliche Gestaltung, besonders die Entwicklung des Bildes der Segel.

3 Präsentiert in der Lerngruppe gegenseitig eure Ergebnisse. Beurteilt, ob eure grundsätzlichen Auffassungen eher ähnlich oder ganz unterschiedlich sind. Wie eindeutig erscheint euch die Aussage des Gedichts? Gibt es in eurer Lerngruppe auch Deutungen, die ihr ganz klar verwerfen könnt?

Reiner Kunze

„Rudern zwei“

Rudern zwei (1969)

Rudern zwei
ein boot,
der eine
kundig der sterne
der andre
kundig der stürme,
wird der eine
führn durch die sterne,
wird der andere
führn durch die stürme,
und am ende ganz am ende
wird das meer in der erinnerung
blau sein.

Lyonel Feininger, Stiller Tag am Meer III (1929)

4 Lest das Gedicht von Reiner Kunze und formuliert auch hier einen Satz, der die Beziehung der beiden Menschen im Boot zusammenfassend beschreibt.

5 Untersucht das Gedicht nun genau. Sucht mithilfe der in Aufgabe 2 genannten Analyseaspekte Argumente, die euer Textverständnis unterstützen.

6 Falls zu viele Aspekte des Gedichts in eurem ersten Interpretationsansatz unberücksichtigt geblieben sind, passt diesen Satz euren neuen Erkenntnissen an.

7 a) Vergleicht die beiden Gedichte bezüglich ihrer Form und ihres Klangs. Stellt die Ergebnisse in tabellarischer Form gegenüber.
b) Ordnet die beiden Texte begründet der traditionellen bzw. der modernen Lyrik zu.

→ *Moderne Lyrik, S. 390*

8 Vergleicht nun die beiden Gedichte auch inhaltlich noch einmal ganz genau.
   a) Was wird über die beiden einzelnen Segel bzw. Ruderer gesagt? Stellt die Ergebnisse tabellarisch dar.
   b) Vergleicht die beiden dargestellten Beziehungen und formuliert, worin sich die Beziehung der Ruderer von den Segeln unterscheidet.

Starthilfe, S. 424

Rezeption: *die Aufnahme und das Verständnis eines Kunstwerks durch das Publikum*

9 Die beiden Gedichte werden in vielerlei Zusammenhängen genutzt, wenn über gelingende bzw. vorbildliche Liebesbeziehungen gesprochen wird. Bezieht kritisch Stellung, ob diese Rezeption der beiden Texte als Liebesgedichte so eindeutig ist. Begründet eure Position.

Wissen und Können

Die Klanggestaltung von Gedichten untersuchen

Lyrische Texte haben vielfach einen **individuellen Klang**, der die Aussage des Gedichts unterstützt. Dieser Klang entsteht durch ein Zusammenspiel verschiedener Einzelaspekte, die du analysieren und in ihrer Wirkung beschreiben kannst. Die meisten dieser Begriffe und Aspekte kennst du schon. Hier sind sie noch einmal im Überblick zusammengestellt:

- **Das Metrum:** Ein regelmäßiges Metrum wirkt ruhiger als ein unregelmäßiges Metrum. Die dreihebigen Versmaße wirken tänzerischer, die zweihebigen dagegen eher härter.
- **Die Kadenzen**: Ist die letzte Silbe eines Verses betont (stumpfe, männliche Kadenz), so wirkt das härter, ist die letzte Silbe unbetont (klingende, weibliche Kadenz), so klingt dies weicher.
- **Enjambement:** Zeilensprung – Er lässt den Text fließender wirken. Der Lesefluss wird nicht durch die Pause des Zeilenwechsels gestoppt.
- **Helle oder dunkle Vokale/kurze oder lange Vokale:** Tritt ein bestimmter Vokal sehr häufig auf, so beeinflusst dies den Klang und damit die Wirkung des Textes, z. B. wirkt die gehäufte Verwendung des kurz gesprochenen i munter oder aber auch aggressiv, viele lang gesprochene o machen den Text ruhiger und dunkler.
- **Harte oder weiche Konsonanten:** Auch die Auswahl der Konsonanten verändert den Klang eines Textes. So können harte Konsonanten wie t oder k den Text ebenso hart wirken lassen – weiche Konsonanten wie m oder l vermitteln hingegen eine harmonischere Stimmung.
- **Kurze oder lange Wörter:** Häufungen sehr kurzer Wörter beeinflussen das Tempo eines Textes.
- **Klangbetonte Stilmittel:** Hierzu gehören z. B. die Alliteration und die Onomatopoesie (Lautmalerei), also die Nachahmung eines Klangs mithilfe von Worten, z. B. plätschern, summen.

Um die Klanggestaltung eines Gedichts zu untersuchen, ist es manchmal empfehlenswert, sich den Text **laut und ruhig vorzusprechen**, statt ihn lediglich still zu lesen.

Literarische Symbole in kurzen Gedichten aus unterschiedlichen Epochen entdecken

anonym

Dû bist mîn (Ende 12. Jh.)

Dû bist mîn, ich bin dîn:
des solt dû gewis sîn.
dû bist beslozzen
in mînem herzen,
verlorn ist daz sluzzelîn:
dû muost ouch immêr darinne sîn.

Miniatur aus der Manessischen Liederhandschrift (um 1300)

1 a) Übertrage das mittelhochdeutsche Gedicht ins Neuhochdeutsche. Übe vorher, das Gedicht laut vorzulesen. Dies kann beim Verständnis helfen. Beachte dabei auch die untenstehenden Tipps.

b) Versuche, die formale Gestaltung (Verse, Reim, Metrum) in deiner neuhochdeutschen Übertragung möglichst identisch abzubilden. An welchen Stellen hast du Schwierigkeiten?

→ *Sprachwandel in der Schrift nachvollziehen, S. 324–327*

Tipp

- Lange Vokale sind im Mittelhochdeutschen mit dem Akzent „^" gekennzeichnet. Alle anderen Vokale werden grundsätzlich kurz gesprochen.
- Vokale können sich vom Mittelhochdeutschen ins Neuhochdeutsche ändern: aus Doppelvokalen (Diphtongen) werden Einzelvokale (Monophtonge), aus langen Vokalen werden Diphtonge.
- Falls du einzelne Wörter in der vorliegenden Form nicht zu kennen glaubst, spiele mit den Konsonanten, indem du sie ein wenig veränderst. Häufig erkennst du dann das neuhochdeutsche Wort.

2 Vergleicht eure Ergebnisse in Kleingruppen.
- Diskutiert, inwiefern einzelne unterschiedlich gewählte Wörter oder Ausdrücke die Aussage des Gedichts zur Beziehung der beiden Liebenden verändern.
- Bezieht in eure Überlegungen auch die Klangeindrücke ein, die das Gedicht beim lauten Lesen hinterlassen hat.
- Haltet die Ergebnisse eurer Besprechung in Stichworten fest.

Bernd Jäger

„Ehepaar"

Ehepaar (1980)

in seiner Brust
Käfig in dem sie liegt
in seiner Hand
der Schlüssel
in ihrer Brust
Glastresor in dem er steht
in seinem Kopf
der Code

Salvador Dalí, Gradiva findet die anthropomorphen Ruinen (um 1931/32)

3 Lest das Gedicht „Ehepaar" von Jäger und beschreibt euren ersten Eindruck von der Beziehung, die das Paar prägt.

Starthilfe, S. 425

4 a) Analysiert die formale und sprachliche Gestaltung des Gedichtes.
b) Setzt die Gestaltung in Beziehung zu der inhaltlichen Aussage des Gedichtes (der Darstellung der Paarbeziehung).
c) Überprüft anschließend euer erstes Textverständnis.

5 Im Gedicht werden mehrere Symbole verwendet.
a) Lest im Wissen-und-Können Kasten die Definition des Symbols nach.
b) Sucht die verschiedenen Symbole im Gedicht heraus und ordnet ihnen eine inhaltliche Vorstellung zu.

Wissen und Können

Symbole verstehen

Großgeschriebenes differenzieren: Konkreta, Abstrakta, Nomina sacra, S. 325

Unter einem Symbol versteht man etwas, das **über sich selbst hinaus** auf etwas anderes verweist. Es gibt gängige Symbole, die nicht nur in der Literatur existieren, sondern auch in die Alltagssprache übergegangen sind, zum Beispiel: Herz als Symbol der Liebe, Taube als Symbol des Friedens. Daneben gibt es auch Symbole, die weniger gebräuchlich und offensichtlich sind, wie z. B. Brot als Symbol für den Tod bzw. das Überleben.

6 Untersucht in den beiden Gedichten die Zuordnung der Symbole und der Beschreibungen zu den beiden Geschlechtern. Beschreibt die Rollen, die die beiden Partner/-innen im Gedicht einnehmen.

7 Bernd Jäger stellt mit seinem Gedicht eine moderne Version des mittelhochdeutschen Gedichts „Dû bist mîn" vor.

a) Wie hat Jäger das alte Gedicht gedeutet? Vergleicht seine Interpretation mit euren Übertragungen und Ergebnissen zum Gedicht.

b) Seht ihr in Jägers Interpretation ein angemessenes Verständnis des mittelhochdeutschen Texts oder ist seine Deutung für euch abwegig? Begründet eure Meinung.

Starthilfe, S. 425

Hans-Ulrich Klose

Liebesgedicht (1997)

Mag sein, dieser Flug hört niemals auf,
Mir recht: ich wollte dich kriegen,
ich bin auf Risiko eingestiegen,
von Aussteigen stand auf dem Ticket nichts drauf.
Jetzt heißt es: fliegen fliegen.

8 Lest das „Liebesgedicht" von Hans-Ulrich Klose. Beschreibt die hier dargestellte Auffassung einer Liebesbeziehung und berücksichtigt dabei das verwendete Symbol.

9 Stellt die Auffassung des lyrischen Ichs von einer Liebesbeziehung den beiden bisher analysierten Gedichten gegenüber. Beschreibt den besonderen Charakter der hier dargestellten Beziehung.

10 Bewertet die Qualität der drei Gedichte im Vergleich und begründet eure Einschätzung. Ihr könnt euch dabei an folgenden Aspekten orientieren:
- Eindeutigkeit oder Vielschichtigkeit der dargestellten Beziehung
- Möglichkeiten für die Leserin und den Leser, sich beim Verständnis des Gedichts aktiv einzubringen und das Gedicht individuell zu deuten
- Verwendung des Symbols: Neuartigkeit, Eindeutigkeit oder Deutungsbreite, Originalität

11 Diskutiert abschließend die drei Vorstellungen von Beziehungen. Ist einer der Entwürfe einer Liebesbeziehung für dich erstrebenswert, zeitgemäß oder vorbildlich? Begründet eure jeweilige Position in der Diskussion.

Starthilfe, S. 425

12 Wähle ein eigenes Symbol, welches für deine Vorstellung von einer Liebesbeziehung oder für eine ihrer Facetten stehen kann. Schreibe ein kurzes Gedicht, in dem dies thematisiert wird.

Starthilfe, S. 425

Textverarbeitungsprogramm

Arbeitsheft, S. 48/49

Humor und Ironie als literarische Stilmittel und ihre Möglichkeiten erschließen

Nicht mit allen Menschen lebt man gerne zusammen. Viele Menschen möchte man gar nicht um sich haben, lehnt sie ab, meidet sie, sieht sie vielleicht sogar als Gegner. Die nachfolgenden Gedichte von Robert Gernhardt begegnen diesem Phänomen auf eine ganz besondere Art.

Bildet Vierergruppen und wählt jeweils zu zweit eines der beiden nachfolgenden Gedichte aus. Die Aufgaben gelten für beide Gedichtvorschläge.

Robert Gernhardt

„Sonntag in Lübeck"

Sonntag in Lübeck (1997)

Wie sie kauend durch
die Straßen schieben!
– Du musst diese Menschen nicht lieben.

Wie sie gekleidet sind,
die Ungeschlachten!
– Du musst diese Menschen nicht achten.

Wie erfreulich es wär,
wenn sie weniger wögen!
– Du musst diese Menschen nicht mögen.

Wie sie durch ihre
Stumpfheit entsetzen!
– Du musst diese Menschen nicht schätzen.

Wie schafft man es nur,
sie nicht zu hassen?
– Da musst du dir etwas einfallen lassen.

Keith Haring, Untitled April (1985)

Robert Gernhardt

„Immer"

Immer (1994)

Immer einer behender als du

Du kriechst
Er geht
Du gehst
Er läuft
Du läufst
Er fliegt:

Einer immer noch behender.

Einer immer begabter als du

Du liest
Er lernt
Du lernst
Er forscht
Du forschst
Er findet:

Einer immer noch begabter.

Einer immer berühmter als du

Du stehst in der Zeitung
Er steht im Lexikon
Du stehst im Lexikon
Er steht in den Annalen
Du stehst in den Annalen
Er steht auf dem Sockel:

Einer immer noch berühmter.

Immer einer betuchter als du

Du wirst besprochen
Er wird gelesen
Du wirst gelesen
Er wird verschlungen
Du wirst geschätzt
Er wird gekauft:

Einer immer noch betuchter.

Immer einer beliebter als du

Du wirst gelobt
Er wird geliebt
Du wirst geehrt
Er wird verehrt
Dir liegt man zu Füßen
Ihn trägt man auf Händen:

Einer immer noch beliebter.

Immer einer besser als du

Du kränkelst
Er liegt danieder
Du stirbst
Er verscheidet
Du bist gerichtet
Er ist gerettet:

Einer immer noch besser
Immer
Immer
Immer.

Keith Haring, ohne Titel, Blatt 1 (1982)

1 Lest das Gedicht zunächst still durch. Verständigt euch über die genaue Bedeutung der einzelnen Wörter und schlagt unbekannte Begriffe nach.

Starthilfe, S. 425

Vorlesen und vortragen, S. 364

2 Erarbeitet einen Gedichtvortrag mit verteilten Rollen. Anhand der Struktur des Textes lässt sich begründen, wie die Sprechanteile verteilt werden können. Übt den Vortrag ein.

Lyrisches Ich, S. 390

Charakterisieren (Figuren), S. 383/384

3 Charakterisiert das lyrische Ich wie auch das lyrische Du des Gedichts. Beschreibt die Rollen, die sie jeweils einnehmen und das Verhältnis beider zueinander.

4 Untersucht die Darstellung der Mitmenschen.
a) Welche Eigenschaften werden ihnen zugeordnet? Wie wirken sie auf die Leserin bzw. den Leser?
b) Welche Position nimmt das lyrische Ich gegenüber den Mitmenschen ein?

5 Arbeitet formale Charakteristika und sprachliche Besonderheiten des Gedichts heraus. Achtet besonders auch auf Entwicklungen im Verlauf des Gedichts. Ordnet der Form und Sprache jeweils eine Wirkung zu.

Starthilfe, S. 425

6 Bezieht den Wissen-und-Können-Kasten ein: Welchem Stichwort ordnet ihr die Darstellung der Mitmenschen in eurem Gedicht zu? Begründet eure Position.

Wissen und Können

Humor, Ironie und Sarkasmus unterscheiden

Humor meint die Fähigkeit, mit alltäglichen Schwierigkeiten und Missgeschicken, den Unzulänglichkeiten der Welt und der Menschen heiter und gelassen umzugehen. Humor bringt andere Menschen zum Schmunzeln oder Lachen. Er funktioniert nur, wenn grundsätzliche moralische Prinzipien eingehalten werden.
Unter **Ironie** versteht man ein nicht-eigentliches Sprechen. Die ironische Aussage meint das Gegenteil dessen, was sie vorgeblich formuliert. Mithilfe von Ironie wird häufig Kritik geübt. Beim Sprechen erkennt man Ironie häufig am Tonfall.
Beispiel: Na, großartig!
Sarkasmus ist eine spezielle Form des Humors, die meist persönliche Eigenschaften verspottet und damit die andere Person bloßstellt.

Parodien verstehen, S. 81

Zeichnung von Robert Gernhardt (1982)

7 Formuliert eine weitere Strophe für das Gedicht. Kennzeichnet, an welcher Stelle ihr diese Strophe einbringen wollt.

8 Fasst eure Arbeitsergebnisse kurz schriftlich zusammen unter der Fragestellung: Welche zentrale Aussage habt ihr dem Gedicht entnommen und wie kann diese formal und sprachlich begründet werden?

9 Sprecht euer Gedicht in eurer Vierergruppe mit verteilten Rollen, präsentiert eure Zusatzstrophe und stellt die Analyseergebnisse vor. Nutzt euer schriftliches Konzept zur Unterstützung eurer Präsentation.

10 Vergleicht in der gesamten Lerngruppe die Zuordnungen der Gedichte zu Humor, Ironie und Sarkasmus. Haben alle Gruppen die gleichen Ergebnisse? Woran kann es liegen, wenn die Ergebnisse unterschiedlich ausgefallen sind?

Der Humor ist der Regenschirm der Weisen.

Erich Kästner (1899–1974)

11 Diskutiert abschließend gemeinsam:
- Welche grundsätzliche Aussage über Beziehungen zwischen Menschen machen die beiden Gedichte?
- Haltet ihr die Form der Darstellung für geeignet und teilt ihr die Position der Gedichte? Bezieht Kästners Ausspruch in eure Überlegungen ein.

12 Verfasse ein eigenes Gedicht über Eigenarten deiner Mitmenschen, die du beobachtet hast und über die du mit Humor oder Ironie schreiben möchtest.

Textverarbeitungsprogramm

Gedichte, die Fragen stellen – mit Texten in einen Dialog treten

1 Was braucht ein Mensch? Stelle in Stichworten zusammen, was ein Mensch unbedingt zum Leben braucht. Vergleicht eure Ergebnisse anschließend miteinander.

Friederike Mayröcker

was brauchst du (1996)

was brauchst du? einen Baum ein Haus zu
ermessen wie groß wie klein das Leben als Mensch
wie groß wie klein wenn du aufblickst zur Krone
dich verlierst in grüner üppiger Schönheit
wie groß wie klein bedenkst du wie kurz
dein Leben vergleichst du es mit dem Leben der Bäume
du brauchst einen Baum du brauchst ein Haus
keines für dich allein nur einen Winkel ein Dach
zu sitzen zu denken zu schlafen zu träumen
zu schreiben zu schweigen zu sehen den Freund
die Gestirne das Gras die Blume den Himmel

„was brauchst du"

Vorlesen und vortragen, S. 364

Über Interpunktion nachdenken, S. 340/341

Tipp zu b)

Überlegt dafür, welche Bedeutung die Sprechpausen für den Vortrag haben.

2 Plant einen Gedichtvortrag. Geht dazu folgendermaßen vor:

a) Lest das Gedicht von Mayröcker zunächst in Einzelarbeit. Verständigt euch anschließend mit einer Lernpartnerin oder einem Lernpartner über den Inhalt.

b) Diskutiert, ob für euren Vortrag die Orientierung an den Zeilenumbrüchen nützlich ist. An welchen Stellen sollten alternative Sprechpausen eingelegt werden?

3 a) Beschreibe in einem zusammenhängenden Text die Struktur des Gedichts.

b) Formuliere anschließend die Wirkung, die aus der Gestaltung des Textes resultiert.

4 a) Vergleiche die Aussagen des Gedichts zur Frage, was ein Mensch braucht, mit deinen eigenen Überlegungen.

b) Nimm Stellung zu der Frage, ob du die im Text vertretene Auffassung teilst. Achte besonders darauf, welche Bedeutung der Kontakt zu anderen Menschen für das Leben hat.

5 Lies das Gedicht „An dich denken". Beschreibe die Situation, in der sich das lyrische Ich und das lyrische Du befinden.

Erich Fried

„An dich denken"

An dich denken (1979)

An dich denken
und unglücklich sein?
Wieso?

Denken können
ist doch kein Unglück
und denken können
an dich:
an dich
wie du bist
an dich
wie du dich bewegst
an deine Stimme
an deine Augen
an dich
wie es dich gibt –
wo bleibt da
für wirkliches Unglück
(wie ich es kenne
und wie es mich kennt)
noch der Raum
oder die Enge?

6 Untersucht die Beziehung, die das lyrische Ich zum Du hat, genauer. Die folgenden Anregungen können bei der Beschreibung helfen:
- Was kennzeichnet für das lyrische Ich Glück bzw. Unglück?
- Vergleiche die Auffassung des lyrischen Ichs in Bezug auf den Kontakt zum Du mit den gängigen Auffassungen über Beziehungen zwischen Menschen.
- Was sagt die letzte Zeile über die Bedeutung des Du für das Ich aus?
- Inwiefern unterstützen Form, Sprache/Wortwahl und Syntax die Position des Ichs?

7 Was wäre im Sinne des lyrischen Ichs „wirkliches Unglück" (Z. 17)? Schreibe eine dritte Strophe zum Gedicht, die diese Frage beantwortet. Formuliere anschließend einen alternativen Titel dazu.

8 Finde eine eigene Position zur Sichtweise, die das lyrische Ich einnimmt. Teilst du die hier dargestellte Auffassung von Glück? Begründe deine Meinung.

Stereotype in Gedichten und ihre Brechung analysieren

Frauen und Männer und ihre Beziehung zueinander werden sehr häufig thematisiert – nicht nur in Gedichten. Dabei ist ein Sprechen über diese Beziehungen vielfach von vorgefertigten Urteilen geprägt. Die nachfolgenden Gedichte greifen solche weitbekannten Rollenvorurteile auf.

1 Was ist „typisch" für Männer? Was für Frauen?
- Sammelt stichwortartig Eigenschaften und Verhaltensaspekte, die typischerweise mit den beiden Geschlechtern verbunden werden, in einer Skizze.
- Ergänzt die Skizze um die Beziehung beider Geschlechter zueinander und ihr Rollenverhalten.

Formen sprachlicher Diskriminierung aufdecken, S. 320

2 Informiert euch über die Begriffe Stereotyp und Klischee. Formuliert in eigenen Worten eine Definition für Gleichaltrige.

Adele Schopenhauer (1797 – 1849)

„An die Liebste"

An die Liebste[1]

Klar wie der Himmel
Ist Deine Seele,
Rein wie der Äther[2]
Ist Dein Gemüt!

Reich wie die Erde
Ist meine Liebe,
Tausendgestaltig
Tritt sie ans Licht.

Töne und Bilder,
Innere Welten
Schafft Dir Dein Dichter,
Liebchen zum Schmuck.

Blickt er ins Herz Dir,
Holt er die Schätze
Alle vervielfacht
Wieder herauf.

Lass mich versinken
In Deiner Augen,
In Deiner Wunder
Lieblichen Welt.

Wie Erd und Himmel
Düfte vereinen
Eint Lieb und Schönheit
Leben in uns!

[1] Das genaue Entstehungsdatum des Gedichts ist nicht bekannt.
[2] Äther: *hier* frische, klare Luft

3 Lies das Gedicht von Adele Schopenhauer „An die Liebste". Formuliere spontan, welcher Art die Beziehung zu der „Liebsten" ist, die das lyrische Ich im Gedicht ausdrückt.

4 Untersucht nun das Gedicht im Detail und versucht, euer erstes Textverständnis mithilfe von Analyseergebnissen zu belegen. Dabei könnt ihr euch an den nachfolgenden Aspekten orientieren:

- *inhaltlicher Aufbau*
- *Eigenschaften, die den beiden Menschen zugeschrieben werden*
- *formale Gestaltung*
- *sprachliche Mittel*

Tipp

Überprüft anhand eurer Befunde, welche Atmosphäre und Wirkung mit den Einzelelementen erzielt wird.

5 Bewertet das Gedicht unter Berücksichtigung eures Wissens über Stereotype und Klischees. Trefft ein persönliches Urteil, wie euch das Gedicht gefällt und für wie originell oder außergewöhnlich ihr es haltet.

6 Betrachtet, wer das Gedicht verfasst hat. Informiert euch auch über die Biografie. Bezieht nun die Informationen aus dem Wissen-und-Können-Kasten ein. Inwiefern verändert dieses Wissen eure Bewertung des Gedichts?

Biografie: Adele Schopenhauer

Wissen und Können

Rollengedichte kennenlernen

Ein **Rollengedicht** ist eine Form des Gedichts, in der das lyrische Ich in die Rolle einer literarischen Figur schlüpft und **aus deren Perspektive** schreibt. Häufige Rollen sind Knaben, Schäfer, Wanderer oder mythologische Figuren.
Diese Form ist in der Gegenwartslyrik weniger verbreitet als in früheren Epochen. Vielfach wurden mit Rollengedichten **Themen** aufgegriffen, die **nicht direkt ausgesprochen werden können**, da sie den Verfasserinnen und Verfassern ansonsten soziale Probleme bereitet hätten, da häufig in der Rolle gegen herrschende gesellschaftliche Normen verstoßen wurde.

Die nachfolgenden Gedichte aus dem 20. Jahrhundert gehen auf ihre jeweils eigene Weise mit den Rollenerwartungen der Gesellschaft um.

Renate Rasp

„Die Beiden“

Die Beiden (1969)

Er kann eben
alles besser
was man so von einer
Frau erwartet.
Abgesehn von all dem
kleinen Krimskrams
Schminken etc.
lacht er schöner
freier
und wenn er sich dreht
hat sie Mühe.

Wenn sie wenigstens
ein Schrank wäre
wo er die
Klamotten reinhängen
könnte.
Aber sie steht da
oder geht
sitzt
aus Fleisch
und nicht aufzumachen.

Tipp

Bezieht in die Interpretation des Gedichts noch einmal das Wissen um Humor, Ironie und Sarkasmus (vgl. Wissen-und-Können-Kasten S. 176) ein.

7 Analysiere mit deiner Lernpartnerin bzw. deinem Lernpartner zunächst das Gedicht unter folgenden Aspekten:
- Wer spricht im Gedicht?
- Wer ist „man“ und was erwartet „man“ von der Frau, welche Fähigkeiten werden ihr zugeordnet?
- Welche Eigenschaften und Fähigkeiten hat der Mann?
- Welche Bedeutung hat das Bild des Schrankes?
- Wie geht das Gedicht mit Stereotypen um?

Starthilfe, S. 425

Textverarbeitungsprogramm

8 a) Schreibe das Gedicht „Die Beiden“ um, indem du dabei die Perspektive der Frau einnimmst.
- Betrachte die Darstellung im Gedicht nun aus der Sicht der Frau und positioniere dich zu der Beziehung.
- Sammle stichwortartig Attribute und Gegenstände, mit denen du ihre Sicht verdeutlichen möchtest.
- Formuliere das Gedicht aus der Sicht der Frau neu. Es darf ein Parallelgedicht werden oder auch ein Gegengedicht.

b) Tausche dein Gedicht mit deiner Lernpartnerin oder deinem Lernpartner aus. Überprüft jeweils gegenseitig die neuen Gedichte, ob sie zum vorliegenden Text passen.

9 Wählt eines der beiden nachfolgenden Gedichte aus. Analysiert es unter besonderer Berücksichtigung des Umgangs mit Stereotypen und präsentiert eure Ergebnisse in der Klasse. Die Hinweise neben den Gedichten können euch bei der Analyse helfen.

Robert Gernhardt

Frommer Wunsch (1987)

„Frommer Wunsch"

Mein Mantel hat einen Gürtel.

Der ist immer da,
doch ich brauche ihn nie.

Der hängt von mir ab,
doch ich binde ihn nie.

Der ist nützlich und schmuck[1],
doch ich sehe ihn nie:

So wünsch ich mir meine Gefährtin

[1] schmuck: schmückend, schön

- Wer oder was ist mit dem Mantel gemeint?
- Beschreibt das Wunschbild von einer „Gefährtin", welches das lyrische Ich vermittelt.
- Welches Selbstbild vermittelt das lyrische Ich?
- Welche Wirkung erzielt das Gedicht und warum?
- Welche zentrale Aussage über Beziehungen macht das Gedicht?

Starthilfe, S. 425

Ilse Aichinger

Nachruf (1978)

„Nachruf"

Gib mir den Mantel, Martin,
aber geh erst vom Sattel
und lass dein Schwert, wo es ist,
gib mir den ganzen.

- Informiert euch über Martin von Tours und die Legende um seinen Mantel. Wie wird Martins Tat üblicherweise bewertet?
- Was macht Aichinger aus der Legende?
- Welches Rollenbild des Beschenkten wird vermittelt?
- Beachtet den Titel des Gedichts.
- Welche Wirkung erzielt das Gedicht und warum?
- Welche zentrale Aussage über Rollen macht das Gedicht?

Starthilfe, S. 425

10 Schreibt zum Abschluss ein eigenes Gedicht, welches Stereotype und Klischees in kritischer Weise bricht. Nutzt bei der Gestaltung ein Motiv, das durch das Gedicht leitet.

Textverarbeitungsprogramm

Arbeitsheft, S. 50–53

Schätze deinen Lernstand ein

Ein Gedicht schriftlich analysieren

Mascha Kaléko

Unabgesandter Überseebrief (1958)

Wär ich ein Vöglein, würd ich zu dir eilen!
Doch leider hab ich's Fliegen ganz verlernt.
Drum bleibt es wieder nur bei Luftpostzeilen.
– Mein Herz, wir sind fast siebentausend Meilen
Und zirka tausend Dollar weit entfernt ...

Ja, wenn ich wenigstens ein Seestern wäre,
Ein Zwergenwalfisch oder ein Delphin!
Ich überquerte die diversen Meere
So peu à peu[1] und schwämme zu dir hin.
Auf dein Erstaunen freute ich mich diebisch ...
Doch leider schuf der Herr mich nicht amphibisch.

– Jetzt blühn bei euch die ersten Mandelbäume.
Vor lauter Sehnsucht tut das Herz mir weh.
Wär ich ein Vöglein ... (Nichts als Hungerträume!)
Die Nacht ist kalt. Verschlafen fällt der Schnee.
Wer weiß, ob ich dich jemals wiederseh ...

[1] peu à peu (frz.): langsam, in kleinen Schritten

Textverarbeitungsprogramm

Aufgabe: Analysiere das Gedicht „Unabgesandter Überseebrief" von Mascha Kaléko schriftlich.

Beachte dabei folgende Aspekte:

- Formuliere eine Einleitung.
- Analysiere die dargestellte Beziehung und berücksichtige die Perspektive, aus der diese Beziehung präsentiert wird.
- Stelle dar, wie das Zusammenspiel von Form, Inhalt und Sprache im Detail gestaltet ist. Formuliere einen Schlussteil, der die zentralen Analyseergebnisse zusammenfasst.

→ Seite 185–188, B
→ Seite 185–188, A
← Seite 171–173

Einen Podcast zu Rollenbildern in Gedichten gestalten

Die nachfolgenden Gedichte stammen aus unterschiedlichen Zeiten und bringen Rollenbilder und Erwartungen, die die Gesellschaft an Frauen hat, zum Ausdruck. Vieles hat sich im Laufe der Zeit verändert. Dies präsentiert ihr in einem eigenen Podcast.

1 Analysiert zunächst die folgenden Gedichte. Arbeitet diese Aspekte heraus:
- Wer spricht hier? Wessen Perspektive wird präsentiert – die männliche oder die weibliche? Wie steht das lyrische Ich jeweils den beschriebenen Verhaltensweisen von Frauen gegenüber?
- Wie sieht im jeweiligen Gedicht das ideale Frauenbild aus?
- Wie wird das Verhältnis zwischen den Geschlechtern gesehen?

2 Bringt die Texte in eine zeitliche Abfolge und arbeitet heraus, welche Veränderungen es im Rollenbild und in der Selbstwahrnehmung von Frauen gibt.

Yasmin Darian (*1990)

Wer bin ich – Wer bist du? (2021)

Getrennt von Dir
Stehe ich hier

Schockiert wirfst du mir vor
Interesse zu zeigen
An etwas das ich nicht bin
Sagst du mir

Wer bist du?
Wer bist du mir zu sagen
Was ich bin?
Wer bin ich?

Mein Licht schwindet
Du stellst mich in den Schatten
an einem Platz an den ich nicht gehöre
willst mir meine Position zeigen
im Leben

Du nimmst mir
die Luft zum atmen
Du
mit deinen Vorstellungen
deinen Ideen
Gedanken die zu Dir
nicht zu Mir gehören

Eine Vorstellung dessen
was ich zu sein habe
Das ich nicht bin
Und das ich nicht sein werde
Weder heute
Noch morgen
Und auch gestern nicht war

Helene Branco

Des Mädchens Wunsch und Geständnis (1848)

O nimm mich an als deine Magd,
Und dulde mich in deiner Nähe:
Dir dien ich, wenn der Morgen tagt,
Bis ich den Abendstern ersehe.

Ich sorge deine Häuslichkeit,
Und deinen Wunsch und deinen Willen
Eil ich, eh ihn ein Wort gebeut,
So still, so freudig zu erfüllen.

Und kehrst du als des Tages Held
Von deines Wirkens heilgen Wegen
Dann heim aus dem Geräusch der Welt,
Wie freudig trät ich dir entgegen!

Dich grüßend küsst ich deine Hand,
Den Boden, den dein Fuß betreten;
Nicht sagt ich was mein Herz empfand –
Du hörtest nur mein stilles Beten.

Spricht nur dein Aug ein freundlich Wort,
Winkt mir dein Gruß nur einmal täglich,
Dann schleich ins Kämmerchen ich fort,
Veredelt und beglückt unsäglich.

Die Liebe die mich zu dir zieht,
Du kannst sie nimmermehr ergründen,
Die Treue die der Brust entglüht
So heiß mir niemals nachempfinden.

Ich fordre, ich ersehne nur
Zu meinem Glück und meinem Frieden,
Zu folgen deines Daseins Spur,
Fern von der nächtgen Welt geschieden.

Wohl gabst du mir, o teurer Mann,
Mit dir die höchste Königshabe,
Indes ich dir nichts bieten kann
Als meine Lieb und Liedergabe.

Elfriede Gerstl

frau sisyphus (2006)

waschecht und flexibel
robust wie ein reibfetzen
konstant
    in der permanenz ihrer nützlichkeit
ich lobe die niegelobte
in anerkennung
        ihrer aufopfernden blödheit
als abschreckbild
        für töchter und enkelinnen

Adelbert von Chamisso

Die alte Waschfrau (1833)

Du siehst geschäftig bei dem Linnen
Die Alte dort in weißem Haar,
Die rüstigste der Wäscherinnen
Im sechsundsiebenzigsten Jahr.
So hat sie stets mit sauerm Schweiß
Ihr Brot in Ehr und Zucht gegessen,
Und ausgefüllt mit treuem Fleiß
Den Kreis, den Gott ihr zugemessen.

Sie hat in ihren jungen Tagen
Geliebt, gehofft und sich vermählt;
Sie hat des Weibes Los getragen,
Die Sorgen haben nicht gefehlt;
Sie hat den kranken Mann gepflegt;
Sie hat drei Kinder ihm geboren;
Sie hat ihn in das Grab gelegt,
Und Glaub und Hoffnung nicht verloren.

Da galt's die Kinder zu ernähren;
Sie griff es an mit heiterm Mut,
Sie zog sie auf in Zucht und Ehren,
Der Fleiß, die Ordnung sind ihr Gut.
Zu suchen ihren Unterhalt
Entließ sie segnend ihre Lieben,
So stand sie nun allein und alt,
Ihr war ihr heitrer Mut geblieben.

Sie hat gespart und hat gesonnen
Und Flachs gekauft und nachts gewacht,
Den Flachs zu feinem Garn gesponnen,
Das Garn dem Weber hingebracht;
Der hat's gewebt zu Leinewand;
Die Schere brauchte sie, die Nadel,
Und nähte sich mit eigner Hand
Ihr Sterbehemde sonder Tadel.

Ihr Hemd, ihr Sterbehemd, sie schätzt es,
Verwahrt's im Schrein am Ehrenplatz;
Es ist ihr Erstes und ihr Letztes,
Ihr Kleinod, ihr ersparter Schatz.
Sie legt es an, des Herren Wort
Am Sonntag früh sich einzuprägen,
Dann legt sie's wohlgefällig fort,
Bis sie darin zur Ruh sie legen.

Und ich, an meinem Abend, wollte,
Ich hätte, diesem Weibe gleich,
Erfüllt, was ich erfüllen sollte
In meinen Grenzen und Bereich;
Ich wollt, ich hätte so gewusst
Am Kelch des Lebens mich zu laben,
Und könnt am Ende gleiche Lust
An meinem Sterbehemde haben.

Edgar Degas, Zwei Waschfrauen, Wäsche in die Stadt tragend, 1878

Ⓐ Einen Podcast über literarische Texte gestalten
Thema: *Frauenrollen in Gedichten der vergangenen 200 Jahre*

Podcast, S. 370

Vorlage: Manuskript Podcast

3 Erstellt ein Manuskript für den Podcast auf der Basis eurer Analyseergebnisse. Beachtet dabei die folgenden Punkte:
- Wählt geeignete Gedichtpassagen zur Unterstützung der herausgearbeiteten Sichtweise aus und plant sie an den entsprechenden Stellen ein.
- Beachtet eine adressatengerechte Sprache.
- Findet einen ansprechenden Titel für euren Podcast.

4 Erstellt einen Ablaufplan, in dem ihr die Sprechanteile verteilt und vielleicht auch passende Musik unterlegt.

5 Übt die Produktion des Podcasts ein und nehmt ihn anschließend auf.

Ⓑ Literarische Texte als Ausgangspunkt für eine eigene Podcast-Folge nutzen
Thema: *Frauen und ihre Rolle in Gedichten der vergangenen 200 Jahre*

Recherchestrategien gezielt einsetzen, S. 37/38

3 Recherchiert zu den vier Autorinnen und Autoren. Sucht ebenfalls nach Informationen zur Stellung der Frau zu der Zeit, in der die einzelnen Gedichte entstanden sind.

Vorlage: Manuskript Podcast

4 Erstellt ein Manuskript für den Podcast auf der Basis eurer Analyseergebnisse und eurer Recherche. Beachtet dabei die folgenden Punkte:
- Stellt die Gedichte und eure Rechercheergebnisse in Zusammenhänge. Entscheidet euch, in welcher Reihenfolge ihr eure Inhalte präsentiert (chronologisch, kontrastiv ...).
- Wählt geeignete Gedichtpassagen zur Unterstützung der herausgearbeiteten Sichtweise aus und plant sie an den entsprechenden Stellen ein.
- Beachtet eine adressatengerechte Sprache.
- Findet einen ansprechenden Titel für euren Podcast.

5 Geht dann so vor, wie in den Aufgaben Ⓐ **4/5** beschrieben.

Feedbackbogen

6 Spielt euch eure Podcasts im Plenum gegenseitig vor und gebt euch ein Feedback.

Sich auf eine Klassenarbeit vorbereiten

Ein Gedicht zusammenhängend schriftlich untersuchen

Ulla Hahn

Verzeihung (1985)

Ich verzeihe mir
jede Sekunde die ich
um dich geweint
alle Tage Monate Jahre
des Wartens das dich
gemeint

Ich verzeihe mir
jede Lüge jede
Täuschung die mich von dir
entfernte ich glaubte aber
ich näherte mich dir

Ich verzeihe mir
dich ich werde nichts
verloren geben ich gebe
dir was ich will
zurück was ich nicht will
Ich lebe.

Auguste Rodin, Aquarell (um 1900)

Aufgabe: Analysiere das Gedicht „Verzeihung" von Ulla Hahn schriftlich.
Beachte dabei folgende Aspekte:

- Beschreibe, wie das lyrische Ich die Beziehung zum anderen sieht und wie es sich selbst in diesem Verhältnis positioniert.
- Stelle dar, wie das Zusammenspiel von Form, Inhalt und Sprache im Detail gestaltet ist.
- Beziehe zum Abschluss kritisch Stellung zur letzten Zeile des Gedichts.

Textverarbeitungsprogramm

Kafkas Parabeln erschließen und verstehen

„Du bist die Aufgabe. Kein Schüler weit und breit.“

Parabeln sind kurze Texte, die rasch gelesen, aber nicht immer rasch verstanden sind. Und erst recht nicht, wenn es sich dabei um die Texte von Franz Kafka handelt. Kafkas Literatur zählt zur Epoche der Moderne und ist unverwechselbar. Sie ragt aus der Sammlung moderner Literatur heraus. Kafkas Figuren haben es stets schwer: Sie erleben unruhige Träume, finden sich als Ungeziefer verwandelt wieder oder stehen vor unlösbaren Aufgaben. Albtraumhafte Szenarien kennzeichnen sein Werk, das noch heute Rätsel aufgibt.
Kafka verfasste drei unvollendete Romane, hinterließ aber eine Vielzahl kurzer Texte. Diese laden dazu ein, direkt in seine Welt einzutauchen, das Lebensgefühl einer Zeit voller Veränderungen zu ergründen und Parallelen zu unserer Zeit zu entdecken.

Büste von Franz Kafka in Podebrady, Tschechien

Franz-Kafka-Kopf in Prag von David Černý

Franz-Kafka-Statue in Prag von Jaroslav Róna

In diesem Kapitel lernt ihr …

- die Textsorte Parabel verstehen und deuten,
- den Autor Franz Kafka kennen,
- die Deutungsvielfalt von Parabeln kennen,
- einen Text durch gestaltendes Schreiben zu deuten.

1 Seit November 2014 ist der Franz-Kafka-Kopf, der aus 42 sich ständig bewegenden Elementen besteht, in Prag zu sehen. Seht euch das Video der Skulptur im Medienpool an. Welche Wirkung hat dies auf euch?

„Franz-Kafka-Kopf"

Franz Kafka

Kleine Fabel (1920)

„Ach“, sagte die Maus, „die Welt wird enger mit jedem Tag. Zuerst war sie so breit, dass ich Angst hatte, ich lief weiter und war glücklich, dass ich endlich rechts und links in der Ferne Mauern sah, aber diese langen Mauern eilen so schnell aufeinander zu, dass ich schon im letzten Zimmer bin, und dort im Winkel steht die Falle, in die ich laufe.“ – „Du musst nur die Laufrichtung ändern“, sagte die Katze und fraß sie.

2 a) Beschreibe die Welt der Maus. Erkläre, warum sie diese so wahrnimmt.
b) Beurteile den „Rat“ der Katze.

3 a) Lies den Text über die Epoche der Moderne.
b) Zeigt, inwiefern der Text „Kleine Fabel“ Merkmale dieser Epoche aufweist.
c) Überlegt, inwieweit die Skulptur von Kafkas rotierendem Kopf die Kennzeichen der Moderne aufgreift.

Eine Beurteilung einer Epoche vornehmen, S. 50–52

Was kennzeichnet die Moderne?

Im Gegensatz zu anderen Literaturepochen ist die Moderne weder stilistisch noch zeitlich klar abzugrenzen. Sie beginnt um ca. 1900 und wird erst in den 1950er-Jahren durch die Postmoderne abgelöst. Viele neue Erkenntnisse verändern die Sicht auf die Welt: Einsteins Relativitätstheorie stürzt die Physik in eine Sinnkrise, Sigmund Freud begründet die Psychoanalyse. Diese neue, eigene Wissenschaft rückt das Seelenleben in den Fokus der Betrachtung. Freud zeigt, dass der Mensch sein Denken und Handeln nicht uneingeschränkt kontrollieren kann. Die Welt ist so unüberschaubar geworden, dass der Mensch sie nur noch bruchstückhaft wahrnehmen kann. All dies sorgt für ein neues, verändertes Lebensgefühl, welches auch zahlreiche Autorinnen und Autoren beschäftigt. Viele stehen der Welt verunsichert gegenüber. Im Gegensatz dazu steht ein sehr effizienter und überdimensionierter bürokratische Apparat. Die Literatur beschäftigt sich daher mit dem Blick der und des Einzelnen auf die Welt, der eher fragend ist als Lösungen anbietet. Dies drückt sich in inneren Monologen und erlebter Rede aus, die typische Kennzeichen für Texte der literarischen Moderne sind.

Merkmale einer Parabel kennenlernen

Enttäuschte Erwartungen?
Um Kafkas Parabel zu verstehen, sind Grundlagen zum Aufbau der Textsorte erforderlich. Daher wird hier an einem Beispiel gezeigt, wie eine Parabel aufgebaut ist und wie sie zu entschlüsseln ist.

Leo N. Tolstoi

„Die drei Söhne“

Die drei Söhne (1887)

Drei Frauen wollten am Brunnen Wasser holen. Nicht weit davon saß ein alter Mann auf einer Bank und hörte zu, wie die Frauen ihre Söhne lobten.
„Mein Sohn“, sagte die erste, „ist so geschickt, dass er alle anderen hinter sich lässt …“ „Mein Sohn“, sagte die zweite, „singt so schön wie die Nachtigall! Es gibt keinen, der eine so schöne Stimme hat wie er …“
„Und warum lobst du deinen Sohn nicht?“ fragten sie die dritte, als diese schwieg. „Er hat nichts, was ich loben könnte“, entgegnete sie. „Mein Sohn ist nur ein gewöhnlicher Knabe, er hat nichts Besonderes an sich und in sich …“
Die Frauen füllten ihre Eimer und gingen heim. Der alte Mann aber ging langsam hinter ihnen her. Die Eimer waren schwer und die abgearbeiteten Hände schwach. Deshalb legten die Frauen eine Ruhepause ein, denn der Rücken tat ihnen weh.
Da kamen ihnen drei Jungen entgegen. Der erste stellte sich auf die Hände und schlug Rad um Rad. Die Frauen riefen: „Welch ein geschickter Junge!“ Der zweite sang so herrlich wie die Nachtigall, und die Frauen lauschten andachtsvoll mit Tränen in den Augen. Der dritte Junge lief zu seiner Mutter, hob die Eimer auf und trug sie heim.
Da fragten die Frauen den alten Mann: „Was sagst du zu unseren Söhnen?“ „Wo sind eure Söhne?“ fragte der alte Mann verwundert. „Ich sehe nur einen einzigen Sohn!“

1 Gliedere den Text in Abschnitte und notiere, welche Figuren vorkommen.

2 Erkläre, warum der alte Mann nur einen Sohn sieht.

3 Lies den Wissen-und-Können-Kasten. Vervollständige dann das Schaubild in deinem Heft.

Bildebene

alter Mann
lobende Mütter
zurückhaltende Mutter
talentierte Söhne
„untalentierter“ Sohn

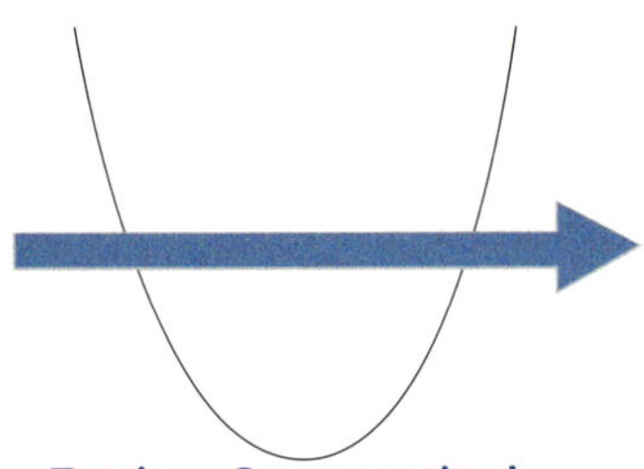

Tertium Comparationis

Sachebene

Wissen und Können

Merkmale einer Parabel kennenlernen

Eine Parabel ist eine fiktive, meist epische Kurzform, deren Handlung sich auf andere Zeiten und Orte in der realen Welt übertragen lässt. Ziel der Parabel ist es, die Leserin bzw. den Leser zu belehren, eine **Erkenntnis** soll vermittelt werden. Dies geschieht durch einen Vergleich der fiktiven Situation in der Geschichte mit der Wirklichkeit. Also unterscheidet man zwischen der **Bild-** und der **Sachebene**.
Mit der Bildebene bezeichnet man die fiktive Handlung des Textes. Die Sachebene dagegen weist über den Text hinaus; sie erfasst das, was in der Parabel gemeint ist, und muss erst erschlossen werden. Die Leserin bzw. der Leser muss also **das Gezeigte zu dem Gemeinten umdeuten**. In vielen Parabeln gibt es ein Element, das von der Bildebene auf die Sachebene verweist, also ein Vergleichsmoment: das **Tertium Comparationis**.
Parabeln sind aber selten eindeutig: Oft sind **mehrere Deutungen** möglich und müssen gefunden werden.

Epische Texte, S. 385

4 In der Sachebene der Parabel geht es nicht nur um das Verhalten der Söhne. Formuliere eine allgemeingültige Handlungsanweisung, die der Text an die Leserin bzw. den Leser richtet.

Gotthold Ephraim Lessing

„Der Besitzer des Bogens“

Der Besitzer des Bogens (1759)

Ein Mann hatte einen trefflichen Bogen von Ebenholz, mit dem er sehr weit und sehr sicher schoss, und den er ungemein wert hielt. Einst aber, als er ihn aufmerksam betrachtete, sprach er: „Ein wenig zu plump bist du doch! All deine Zierde ist die Glätte. Schade! – Doch dem ist abzuhelfen!“ fiel ihm ein. „Ich will hingehen und den besten Künstler Bilder in den Bogen schnitzen lassen.“ – Er ging hin, und der Künstler schnitzte eine ganze Jagd auf den Bogen, und was hätte sich besser auf einem Bogen geschickt als eine Jagd? Der Mann war voller Freuden. „Du verdienst diese Zieraten, mein lieber Bogen!“ – Indem will er ihn versuchen, er spannt, und der Bogen – zerbricht.

5 Erkläre, warum es sich bei diesem Text um eine Parabel handelt.

6 Erstelle eine Grafik nach dem Muster auf der vorherigen Seite und übertrage die Bild- in die Sachebene.

7 Beschreibe dir bekannte Ereignisse, die mit dem Verhalten des Bogenbesitzers vergleichbar sind. Eine Anregung bietet das Bild.

Die Bildebene verstehen

Erzähltes und Gemeintes

Franz Kafka

„Heimkehr"

Heimkehr (1920)

Ich bin zurückgekehrt, ich habe den Flur durchschritten und blicke mich um. Es ist meines Vaters alter Hof. Die Pfütze in der Mitte. Altes, unbrauchbares Gerät, ineinander verfahren, verstellt den Weg zur Bodentreppe. Die Katze lauert auf dem Geländer. Ein zerrissenes Tuch, einmal im Spiel um eine Stange gewunden, hebt sich im Wind. Ich bin angekommen. Wer wird mich empfangen? Wer wartet hinter der Tür der Küche? Rauch kommt aus dem Schornstein, der Kaffee zum Abendessen wird gekocht. Ist dir heimlich, fühlst du dich zu Hause? Ich weiß es nicht, ich bin sehr unsicher. Meines Vaters Haus ist es, aber kalt steht Stück neben Stück, als wäre jedes mit seinen eigenen Angelegenheiten beschäftigt, die ich teils vergessen habe, teils niemals kannte. Was kann ich ihnen nützen, was bin ich ihnen und sei ich auch des Vaters, des alten Landwirts Sohn. Und ich wage nicht an der Küchentür zu klopfen, nur von der Ferne horche ich, nur von der Ferne horche ich stehend, nicht so, dass ich als Horcher überrascht werden könnte. Und weil ich von der Ferne horche, erhorche ich nichts, nur einen leichten Uhrenschlag höre ich oder glaube ihn vielleicht nur zu hören, herüber aus den Kindertagen. Was sonst in der Küche geschieht, ist das Geheimnis der dort Sitzenden, das sie vor mir wahren. Je länger man vor der Tür zögert, desto fremder wird man. Wie wäre es, wenn jetzt jemand die Tür öffnete und mich etwas fragte. Wäre ich dann nicht selbst wie einer, der sein Geheimnis wahren will.

1 Äußert euch ganz spontan zu folgenden Punkten:
- Was hat dich beim Lesen überrascht?
- Welche Fragen hast du an den Text?

Tauscht euch aus.

2 Finde im Text Merkmale für die Epoche der Moderne.

Starthilfe, S. 425

3 Untersuche, wie sich der Ich-Erzähler fühlt. Welche Momente sorgen für seine Verunsicherungen? Entwirf eine Stimmungskurve.

4 Erkläre das Verhältnis zwischen Ich-Erzähler und den hinter der Tür Wartenden.

5 Diskutiert den Titel der Parabel – erachtet ihr ihn als passend?

6 Bildet Vierergruppen und spielt den Text szenisch nach.
- Besprecht zunächst gemeinsam, was ihr darstellen wollt.
- Überlegt dann, wie ihr es mit der Körpersprache, Mimik und Gestik der Hauptfigur und ggf. anderer Figuren darstellen könnt.
- Stellt euch eure Szenen gegenseitig vor und gebt euch ein Feedback.

Einen Text szenisch lesen, S. 145

Feedback geben, S. 357/358

7 Der Ich-Erzähler führt regelmäßig Tagebuch. Verfasse einen Eintrag am Abend seiner Heimkehr. Stellt euch gegenseitig die Ergebnisse vor.

Aus der Perspektive einer Figur schreiben, S. 380

Thomas Mann

„Tonio Kröger"

Tonio Kröger (1903)

In Thomas Manns Novelle „Tonio Kröger" wird beschrieben, wie Tonio, der Sohn eines Getreidegroßhändlers, in seine Vaterstadt zurückkehrt. Seine Ankunft dort verläuft jedoch anders, als er es sich vorstellte.

Es stand, eingeschlossen von den Nachbarhäusern, die sein Giebel überragte, grau und ernst wie seit dreihundert Jahren, und Tonio Kröger las den frommen Spruch, der in halb verwischten Lettern über dem Eingang stand. Dann atmete er auf und ging hinein.
Sein Herz schlug ängstlich, denn er gewärtigte, sein Vater könnte aus einer der Türen zu ebener Erde, an denen er vorüberschritt, hervortreten, im Kontor-Rock und die Feder hinterm Ohr, ihn anhalten und ihn wegen seines extravaganten Lebens streng zur Rede stellen, was er sehr in der Ordnung gefunden hätte. Aber er gelangte unbehelligt vorbei. Die Windfangtür war nicht geschlossen, sondern nur angelehnt, was er als tadelnswert empfand, während ihm gleichzeitig zumute war wie in gewissen leichten Träumen, in denen die Hindernisse von selbst vor einem weichen und man, von wunderbarem Glück begünstigt, ungehindert vorwärts dringt … Die weite Diele, mit großen, viereckigen Steinfliesen gepflastert, widerhallte von seinen Schritten. Der Küche gegenüber, in der es still war, sprangen wie vor alters in beträchtlicher Höhe die seltsamen, plumpen, aber reinlich lackierten Holzgelasse aus der Wand hervor, die Mägdekammern, die nur durch eine Art freiliegender Stiege von der Diele aus zu erreichen waren. Aber die großen Schränke und die geschnitzte Truhe waren nicht mehr da, die hier gestanden hatten … Der Sohn des Hauses beschritt die gewaltige Treppe und stützte sich mit der Hand auf das weiß lackierte, durchbrochene Holzgeländer, indem er sie bei jedem Schritte erhob und beim nächsten sacht wieder niedersinken ließ, wie als versuche er schüchtern, ob die ehemalige Vertrautheit mit diesem alten, soliden Geländer wieder herzustellen sei … Aber auf dem Treppenabsatz blieb er stehen, vorm Eingang zum Zwischengeschoß. An der Tür war ein weißes Schild befestigt, auf dem in schwarzen Buchstaben zu lesen war: Volksbibliothek.

8 a) Beschreibe die Atmosphäre in diesem Auszug und vergleiche sie mit Kafkas „Heimkehr“.
b) Vergleiche den Schluss mit dem Ende der Parabel „Heimkehr“.

Tipp

Ziehe auch noch einmal den Wissen-und-Können-Kasten von S. 193 hinzu.

9 Lies den folgenden Wissen-und-Können-Kasten.
a) Erläutere, warum es sich bei „Heimkehr“ um eine Parabel handelt.
b) Handelt es sich bei dem Auszug aus „Tonio Kröger“ ebenfalls um eine Parabel? Begründe deine Meinung.

Wissen und Können

Die Geschichte von Parabeln kennenlernen

Der Begriff leitet sich aus dem Griechischen ab und bedeutet so viel wie „Nebeneinanderwerfen“ (para: daneben, ballein: werfen). Den Ursprung der Textsorte findet man in der **antiken Rhetorik**, denn schon damals tat ein Redner gut daran, komplizierte Sachverhalte mit Bildern oder erfundenen Beispielgeschichten für die Zuhörer/-innen zu veranschaulichen.
In der Folgezeit wird der Begriff auf **biblische Gleichnisse** angewendet. Während der Aufklärung wird er aus dem religiösen Bezugsrahmen wieder gelöst. Im Unterschied zum Gleichnis erzählt die Parabel eine Geschichte, die in sich **sinnvoll** und **abgeschlossen** ist, also auch ohne Übertragung in eine Sachebene verstanden werden kann. Daher wird in der Parabel auch das **Imperfekt** als Tempus verwendet, während das Gleichnis im **Präsens** verfasst wird.
In der modernen Literatur wird der Parabelbegriff auch für **andere Gattungen** gebraucht. Parabolisch kann jede Gattung sein: ein Roman wie „Der Prozess“ von Franz Kafka; das Drama wie „Der gute Mensch von Sezuan“ von Bertolt Brecht oder „Andorra“ von Max Frisch, aber auch ein Gedicht wie „Ende der Kunst“ von Reiner Kunze.

→ *Bertolt Brecht: Der gute Mensch von Sezuan, S. 142/143*

Julius Schnorr von Carolsfeld, Gleichnis vom barmherzigen Samariter (1860)
Das Gleichnis vom barmherzigen Samariter (Lk 10,25–37) ist eins der bekanntesten biblischen Geichnisse.

Parabeln auf vielfältige Weise deuten

Macht und Ohnmacht

In der Schifffahrt ist ein Steuermann ein leitendes Mitglied der Besatzung, über ihm steht nur der Kapitän. Ein Steuermann ist verantwortlich für das Schiff und die Besatzung, er vertritt den Kapitän. In dieser Parabel wird diese Position infrage gestellt. Aber von wem?

Franz Kafka

„Der Steuermann"

Der Steuermann (1920)

„Bin ich nicht Steuermann?" rief ich. „Du?" fragte ein dunkler hochgewachsener Mann und strich sich mit der Hand über die Augen, als verscheuche er einen Traum. Ich war am Steuer gestanden in der dunklen Nacht, die schwachbrennende Laterne über meinem Kopf, und nun war dieser Mann gekommen und wollte mich beiseiteschieben. Und da ich nicht wich, setzte er mir den Fuß auf die Brust und trat mich langsam nieder, während ich noch immer an den Stäben des Steuerrades hing und beim Niederfallen es ganz herumriss. Da aber fasste es der Mann, brachte es in Ordnung, mich aber stieß er weg. Doch ich besann mich bald, lief zu der Luke, die in den Mannschaftsraum führte und rief: „Mannschaft! Kameraden! Kommt schnell! Ein Fremder hat mich vom Steuer vertrieben!" Langsam kamen sie, stiegen auf aus der Schiffstreppe, schwankende müde mächtige Gestalten. „Bin ich der Steuermann?" fragte ich. Sie nickten, aber Blicke hatten sie nur für den Fremden, im Halbkreis standen sie um ihn herum und, als er befehlend sagte: „Stört mich nicht", sammelten sie sich, nickten mir zu und zogen wieder die Schiffstreppe hinab. Was ist das für Volk! Denken sie auch oder schlurfen sie nur sinnlos über die Erde?

1 a) Gib die äußere Handlung in eigenen Worten wieder.
b) Beschreibe die Atmosphäre und belege deine Ausführungen am Text.

→ *Äußere und innere Handlung, S. 383*

→ *Zitieren, S. 382*

2 Beschreibe, wie der Eindringling das Amt erobert. Stellt diese Szene spielerisch nach. Was fällt euch auf?

3 Untersuche das Verhalten der Mannschaft und beurteile ihr Verhalten.

→ *Eine Stellungnahme zum Verhalten einer literarischen Figur formulieren, S. 395*

4 Erkläre den Schluss: „Was ist das für Volk! Denken sie auch oder schlurfen sie nur sinnlos über die Erde?" (Z. 25/26)

5 Deute den Text immanent, also nur auf Grundlage des Inhalts und der Sprache. Übertrage die folgenden Elemente der Bildebene in die Sachebene:
Schifffahrt, Nacht/Laterne, Steuermann, Fremder, Mannschaft

Politisch besetzte Begriffe einordnen, S. 308–310

6 Kafkas Parabeln lassen sich immer auch unter Hinzuziehung außertextlicher Bezüge deuten. Übernimm die Tabelle in dein Heft, fülle sie mit möglichen politischen Bezügen der Parabel „Der Steuermann" aus und verfasse dann eine politische Deutung.

Bildebene	Sachebene	Textbeleg und Wirkung
Schiff	*Nation, Land*	...
Mannschaft	...	*Z. 16, ...*
Steuermann	...	*Z. 1, ... → unsicher*
Fremder	...	...

7 Bisher habt ihr Kafkas Parabel textimmanent und politisch interpretiert. Es gibt aber noch weitere Deutungsmöglichkeiten, welche ihr in arbeitsteiliger Gruppenarbeit erschließt. Bildet dazu Vierergruppen und entscheidet euch für einen weiteren Deutungsansatz: einen autobiografischen oder einen psychologischen. Präsentiert eure Ergebnisse vor der Klasse.

A Die Parabel lässt sich auch autobiografisch deuten. Lest die Informationen über Kafkas Verhältnis zu seinem Vater. Verwendet diese Informationen, um die Bildebene in die Sachebene zu übertragen. Fasst eure Deutung in ein bis zwei Sätzen zusammen.

Kafkas Beziehung zu seinem Vater Hermann strotzt[e] vor Widersprüchlichem. Unter dem unterkühlten Verhältnis litt Kafka sein Leben lang, als einziger Sohn wurde er von seinem Vater in seinem literarischen Streben nicht ernst genommen. Er entwickelte sich unter seinem herrschsüchtigen und pseudomoralischen Vater, wie er ihn selbst nannte, zu einem ängstlichen und wankelmütigen Erwachsenen. Trotzdem wollte er seinen Erzeuger immer beeindrucken. Dieser hielt ihn für schwach und gefühlskalt, Kafka wiederum betrachtete den Vater als gleichgültig und oberflächlich.

B Die Parabel lässt sich ebenso psychoanalytisch deuten. Betrachtet die Zeichnung zum Verhältnis von Bewusstem und Unbewusstem in der Freud'schen Psychoanalyse. Verwendet diese Informationen, um die Bildebene in die Sachebene zu übertragen. Fasst eure Deutung in ein bis zwei Sätzen zusammen.

Starthilfe, S. 425

- Untersucht dazu, welche Momente im Text das Bewusste und welche eher das Unbewusste verkörpern.
- Bedenkt: Bei dieser Deutung gibt es weder eine Mannschaft noch den Fremden, da sie Elemente der Psyche des Steuermanns sind.

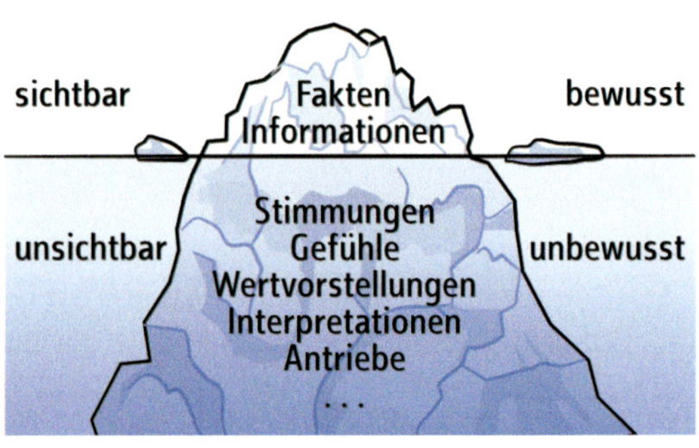

Vielfältige Deutungen vertiefen

Die Industrialisierung und Automatisierung des Arbeitslebens sind Kennzeichen der Epoche der Moderne. Die Arbeitsbedingungen waren schlecht und Arbeiter musste sich auf eine bestimmte Tätigkeit spezialisieren, um erfolgreich zu sein. Gut, wenn man hier einen Nachbarn hat - oder?

Franz Kafka

„Der Nachbar"

Der Nachbar (1917)

Mein Geschäft ruht ganz auf meinen Schultern. Zwei Fräulein mit Schreibmaschinen und Geschäftsbüchern im Vorzimmer, mein Zimmer mit Schreibtisch, Kasse, Beratungstisch, Klubsessel und Telefon, das ist mein ganzer Arbeitsapparat. So einfach zu überblicken, so leicht zu führen. Ich bin ganz jung und die Geschäfte rollen vor mir her. Ich klage nicht, ich klage nicht.

Seit Neujahr hat ein junger Mann die kleine, leerstehende Nebenwohnung, die ich ungeschickterweise so lange zu mieten gezögert habe, frischweg gemietet. Auch ein Zimmer mit Vorzimmer, außerdem aber noch eine Küche. – Zimmer und Vorzimmer hätte ich wohl brauchen können – meine zwei Fräulein fühlten sich schon manchmal überlastet –, aber wozu hätte mir die Küche gedient? Dieses kleinliche Bedenken war daran schuld, dass ich mir die Wohnung habe nehmen lassen. Nun sitzt dort dieser junge Mann. Harras heißt er. Was er dort eigentlich macht, weiß ich nicht. Auf der Tür steht: „Harras, Bureau". Ich habe Erkundigungen eingezogen, man hat mir mitgeteilt, es sei ein Geschäft ähnlich dem meinigen. Vor Kreditgewährung könne man nicht geradezu warnen, denn es handle sich doch um einen jungen, aufstrebenden Mann, dessen Sache vielleicht Zukunft habe, doch könne man zum Kredit nicht geradezu raten, denn gegenwärtig sei allem Anschein nach kein Vermögen vorhanden. Die übliche Auskunft, die man gibt, wenn man nichts weiß.

Manchmal treffe ich Harras auf der Treppe, er muss es immer außerordentlich eilig haben, er huscht förmlich an mir vorüber. Genau gesehen habe ich ihn noch gar nicht, den Büroschlüssel hat

er schon vorbereitet in der Hand. Im Augenblick hat er die Tür geöffnet. Wie der Schwanz einer Ratte ist er hineingeglitten und ich stehe wieder vor der Tafel „Harras, Bureau", die ich schon viel öfter gelesen habe, als sie es verdient.

Die elend dünnen Wände, die den ehrlich tätigen Mann verraten, den Unehrlichen aber decken.

Mein Telefon ist an der Zimmerwand angebracht, die mich von meinem Nachbar trennt. Doch hebe ich das bloß als besonders ironische Tatsache hervor.

Selbst wenn es an der entgegengesetzten Wand hinge, würde man in der Nebenwohnung alles hören. Ich habe mir abgewöhnt, den Namen der Kunden beim Telefon zu nennen. Aber es gehört natürlich nicht viel Schlauheit dazu, aus charakteristischen, aber unvermeidlichen Wendungen des Gesprächs die Namen zu erraten. – Manchmal umtanze ich, die Hörmuschel am Ohr, von Unruhe gestachelt, auf den Fußspitzen den Apparat und kann es doch nicht verhüten, dass Geheimnisse preisgegeben werden.

Natürlich werden dadurch meine geschäftlichen Entscheidungen unsicher, meine Stimme zittrig. Was macht Harras, während ich telefoniere? Wollte ich sehr übertreiben – aber das muss man oft, um sich Klarheit zu verschaffen –, so könnte ich sagen: Harras braucht kein Telefon, er benutzt meines, er hat sein Kanapee an die Wand gerückt und horcht, ich dagegen muss, wenn geläutet wird, zum Telefon laufen, die Wünsche des Kunden entgegennehmen, schwerwiegende Entschlüsse fassen, großangelegte Überredungen ausführen – vor allem aber während des Ganzen unwillkürlich durch die Zimmerwand Harras Bericht erstatten. Vielleicht wartet er gar nicht das Ende des Gespräches ab, sondern erhebt sich nach der Gesprächsstelle, die ihn über den Fall genügend aufgeklärt hat, huscht nach seiner Gewohnheit durch die Stadt und, ehe ich die Hörmuschel aufgehängt habe, ist er vielleicht schon daran, mir entgegenzuarbeiten.

1 Fasse den Inhalt des Textes in eigenen Worten kurz zusammen.

2 Beschreibe die Atmosphäre der Parabel. Wie verändert sie sich?

3 Untersuche das Verhalten des Ich-Erzählers gegenüber Harras. Entwickle in deinem Heft eine Grafik nach folgendem Muster:

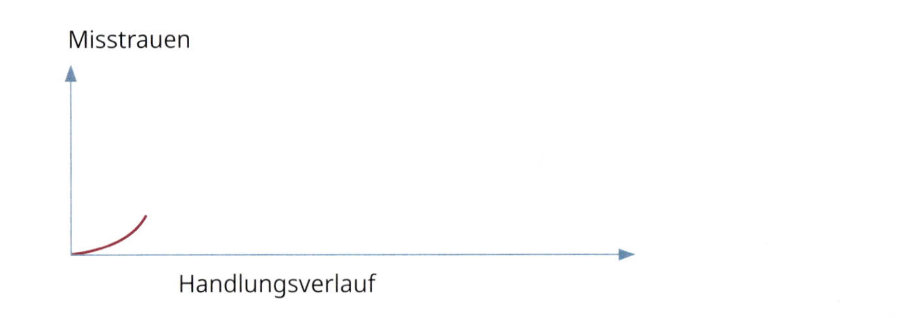

4 a) Finde alle Anschuldigungen, die der Ich-Erzähler gegenüber Harras macht. Diskutiert, ob ihr sie für begründet haltet.
b) Der Ich-Erzähler spricht zu keinem Zeitpunkt mit seinem neuen Nachbarn. Erklärt, warum er dies nicht tut.

Starthilfe, S. 425

5 a) Verfasse eine psychologische Deutung. Gehe dabei von dem wirtschaftlichen Konkurrenzdruck der damaligen Zeit aus.

Starthilfe, S. 426

b) Versuche eine weitere Deutungsmöglichkeit. Entscheide dich für die politische oder die biografische Deutung. Formuliere deine Deutung in ein bis zwei Sätzen und notiere dir die Textstellen, an denen du sie festmachen kannst.

6 Stellt euch vor, der Ich-Erzähler und Harras treffen sich im Flur, ein Gespräch wird unausweichlich. Spielt dieses Treffen nach.

Arbeitsheft, S. 54–56

Den Begriff „kafkaesk“ verstehen

Das Unfassbare wird fassbar
Stell dir vor, du bist in Eile und hast dich verlaufen. Um den Zug nicht zu verpassen, brauchst du Hilfe. Was tust du? Um ein ähnliches Ereignis geht es in der folgenden Parabel.

Franz Kafka

„Gib's auf! / Ein Kommentar“

Gib's auf! / Ein Kommentar (1922)

Es war sehr früh am Morgen, die Straßen rein und leer, ich ging zum Bahnhof. Als ich eine Turmuhr mit meiner Uhr verglich, sah ich, dass es schon viel später war, als ich geglaubt hatte, ich musste mich sehr beeilen, der Schrecken über diese Entdeckung ließ mich im Weg unsicher werden, ich kannte mich in dieser Stadt noch nicht sehr gut aus, glücklicherweise war ein Schutzmann[1] in der Nähe, ich lief zu ihm und fragte ihn atemlos nach dem Weg. Er lächelte und sagte: „Von mir willst du den Weg erfahren?“ „Ja“, sagte ich, „da ich ihn selbst nicht finden kann.“ „Gib's auf, gib's auf“, sagte er und wandte sich mit einem großen Schwunge ab, so wie Leute, die mit ihrem Lachen allein sein wollen.

[1] Schutzmann: Polizist

1 Beschreibe die Atmosphäre des Textes. Wie wird diese erzeugt?

2 Beurteile das Verhalten des Polizisten. Erachtest du seine Reaktion als realistisch?

Eine Stellungnahme zum Verhalten einer literarischen Figur formulieren, S. 395

3 Verfasse eine immanente Deutung, indem du folgende Elemente auf die Sachebene überträgst:
Tageszeit, Uhrzeit, Schutzmann

4 Verfasse einen weiteren Deutungsansatz. Dieser kann politisch, autobiografisch oder psychologisch sein.

Starthilfe, S. 426

5 Diskutiert, woran es liegt, dass sich die Texte von Kafka so unterschiedlich deuten lassen. Bezieht in eure Diskussion erneut eure Gedanken zur Skulptur von Kafkas rotierendem Kopf (S. 190) mit ein.

6 Die in diesem Text dargestellte Situation wird in der Literaturwissenschaft als kafkaesk bezeichnet. Erkläre mithilfe des Wissen-und-Können-Kastens, wieso.

Textverarbeitungsprogramm

7 Verfasse selbst einen kafkaesken Text zum Titel „Das Schloss“.
a) Erarbeitet aus dem Kasten einen Feedbackbogen mit Elementen, die ein kafkaesker Text enthalten muss.
b) Schreibe nun den Text. Orientiere dich dabei an den Kriterien des Feedbackbogens.
c) Stellt euch die Texte gegenseitig vor und gebt euch mithilfe des Bogens ein Feedback dazu, ob sie gelungen sind.

Wissen und Können

Den Begriff „kafkaesk“ verstehen

Adjektive, S. 398

Das Adjektiv ist seit 1973 im Duden zu finden. Ursprünglich wurde es nur innerliterarisch verwendet, um typische Textmerkmale Kafkas oder Ähnlichkeiten zu seinen Texten zu bezeichnen. Erst später wurde es auch für außerliterarische Sachverhalte verwendet. Kafkaesk steht für **Bedrohung, Angst, Ausweglosigkeit und Unsicherheit**. Die Figuren in entsprechenden Situationen sehen sich einer **unfassbaren** und oft **anonymen Macht** gegenübergestellt, der sie verzweifelt ausgesetzt sind. Diese innere Verzweiflung ist oftmals mit Schuld verbunden und wird auf absurde Art und Weise dargestellt. Das Adjektiv kann am ehesten mit dem Begriff **grotesk** assoziiert werden.

Die bekanntesten kafkaesken Momente finden sich in Kafkas Romanen und Erzählungen. „Die Verwandlung“, eine der bekanntesten Erzählungen Kafkas, beginnt so:

„Als Gregor Samsa eines Morgens aus unruhigen Träumen erwachte, fand er sich in seinem Bett zu einem ungeheueren Ungeziefer verwandelt. Er lag auf seinem panzerartig harten Rücken und sah, wenn er den Kopf ein wenig hob, seinen gewölbten, braunen, von bogenförmigen Versteifungen geteilten Bauch, auf dessen Höhe sich die Bettdecke, zum gänzlichen Niedergleiten bereit, kaum noch erhalten konnte. Seine vielen, im Vergleich zu seinem sonstigen Umfang kläglich dünnen Beine flimmerten ihm hilflos vor den Augen.“

Arbeitsheft, S. 57/58

Motivgleiche Texte untersuchen

Gesehenes und Verborgenes
Warst du schon einmal im Zirkus? Hier kann man fantastische Shows sehen, in eine eigene Welt eintauchen und Artisten bewundern. Nicht alles, was man sieht, entspricht der Wirklichkeit – oder?

Franz Kafka

„Auf der Galerie"

Auf der Galerie (1919)

Wenn irgendeine hinfällige, lungensüchtige Kunstreiterin in der Manege auf schwankendem Pferd vor einem unermüdlichen Publikum vom peitschenschwingenden erbarmungslosen Chef monatelang ohne Unterbrechung im Kreise rundum getrieben würde, auf dem Pferde schwirrend, Küsse werfend, in der Taille sich wiegend, und wenn dieses Spiel unter dem nichtaussetzenden Brausen des Orchesters und der Ventilatoren in die immerfort weiter sich öffnende graue Zukunft sich fortsetzte, begleitet vom vergehenden und neu anschwellenden Beifallklatschen der Hände, die eigentlich Dampfhämmer sind – vielleicht eilte dann ein junger Galeriebesucher die lange Treppe durch alle Ränge hinab, stürzte in die Manege, riefe das Halt! durch die Fanfaren des sich immer anpassenden Orchesters.

Da es aber nicht so ist; eine schöne Dame, weiß und rot, hereinfliegt, zwischen den Vorhängen, welche die stolzen Livrierten vor ihr öffnen; der Direktor, hingebungsvoll ihre Augen suchend, in Tierhaltung ihr entgegenatmet; vorsorglich sie auf den Apfelschimmel hebt, als wäre sie seine über alles geliebte Enkelin, die sich auf gefährliche Fahrt begibt; sich nicht entschließen kann, das Peitschenzeichen zu geben; schließlich in Selbstüberwindung es knallend gibt; neben dem Pferde mit offenem Munde einherläuft; die Sprünge der Reiterin scharfen Blickes verfolgt; ihre Kunstfertigkeit kaum begreifen kann; mit englischen Ausdrücken zu warnen versucht; die reifenhaltenden Reitknechte wütend zu peinlichster Achtsamkeit ermahnt; vor dem großen Salto mortale das Orchester mit aufgehobenen Händen beschwört, es möge schweigen; schließlich die Kleine vom zitternden Pferde hebt, auf beide Backen küsst und keine Huldigung des Publikums für genügend erachtet; während sie selbst, von ihm gestützt, hoch auf den Fußspitzen, vom Staub umweht, mit ausgebreiteten Armen, zurückgelehntem Köpfchen ihr Glück mit dem ganzen Zirkus teilen will – da dies so ist, legt der Galeriebesucher das Gesicht auf die Brüstung und, im Schlussmarsch wie in einem schweren Traum versinkend, weint er, ohne es zu wissen.

1 a) Äußert euch spontan zum Text. Erklärt, was euch irritiert.
b) Beschreibt den Aufbau des Textes.
c) Begründet, warum es sich um eine Parabel handelt.

2 a) Untersuche den Text in Einzelarbeit genauer: Fülle dazu die Tabelle aus und belege am Text.

	Abschnitt A	**Abschnitt B**
Beschreibung der Kunstreiterin	...	...
Verhalten des Publikums	...	...
Verhalten des Galeriebesuchers	...	...

b) Diskutiert, welcher Abschnitt die Wirklichkeit spiegelt. Beachtet dazu den Modus der beiden Abschnitte.

3 Übertragt folgende Begriffe der Bildebene auf die Sachebene: Manege, Kunstreiterin, Zirkusdirektor, Publikum

4 Diese Parabel bietet sich neben der immanenten auch für eine gesellschaftskritische und für eine psychologische Deutung an. Wähle Aufgabenangebot A oder B.

Starthilfe, S. 426

A Entwickle eine gesellschaftskritische Deutung der Parabel. Überlege dabei, wie du den Text in die heutige Zeit übertragen kannst.

Starthilfe, S. 426

B Entwickle eine psychologische Deutung der Parabel. Gehe von den Hinweisen im Text aus, die auf das Unbewusste schließen lassen.

Robert Walser (1878–1956), ein Zeitgenosse Kafkas, beschreibt im folgenden Text den Moment nach einer Aufführung. Auch hier steht eine Künstlerin im Mittelpunkt und genießt den Applaus, die Ovation.

Robert Walser

„Ovation"

Ovation (1912)

Stelle dir, lieber Leser, vor, wie schön, wie zauberhaft das ist, wenn eine Schauspielerin, Sängerin oder Tänzerin durch ihr Können und durch die Wirkung desselben ein ganzes Theaterpublikum zu stürmischem Jubel hinreißt, dass alle Hände in Bewegung gesetzt werden und der schönste Beifall durch das Haus braust. Stelle dir vor, dass du selber mit hingerissen seiest, der Glanzleistung deine Huldigung darzubringen. Von der umdunkelten, dicht bevölkerten Galerie herab hallen, Hagelschauern ähnlich, Beifallskundgebungen herab, und gleich dem rieselnden Regen regnet es Blumen über die Köpfe der Leute auf die Bühne, von denen einige von der Künstlerin aufgehoben und, glücklich lächelnd, an die Lippen gerückt werden. Die Beglückte, vom Beifall wie von einer Wolke in die Höhe gehobene Künstlerin wirft dem Publikum, als wenn es ein kleines, liebes, artiges Kind sei, Kusshand und Dankesgeste zu, und das große und doch kleine Kind freut sich über diese süße Gebärde, wie eben nur immer Kinder sich freuen können. Das Rauschen bricht bald in Toben aus, welches sich wieder ein wenig zur Ruhe legt, um gleich darauf von neuem wieder auszubrechen. Stelle dir die goldene, wenn nicht diamantene Jubelstimmung vor, die wie ein sichtbarer göttlicher Nebelhauch den Raum erfüllt. Kränze werden geworfen, Buketts; und ein schwärmerischer Baron ist vielleicht da, der ganz dicht am Rand der Bühne steht, den Schwärmerkopf bei der Künstlerin kleinen, kostbaren Füßen. Nun, und dieser adlige Begeisterungsfähige legt vielleicht dem umschwärmten und umjubelten Kinde eine Tausendmarknote unter das bestrickende Füßchen. „Du Einfaltspinsel, der du bist, behalte du doch deine Reichtümer." Mit solchem Wort bückt sich das Mädchen, nimmt die Banknote und wirft sie verächtlich lächelnd dem Geber wieder zurück, den die Scham beinahe erdrückt. Stelle dir das und andres recht lebhaft vor, unter andrem die Klänge des Orchesters, lieber Leser, und du wirst gestehen müssen, dass eine Ovation etwas Herrliches ist. Die Wangen glühen, die Augen leuchten, die Herzen zittern, und die Seelen fliegen in süßer Freiheit, als Duft, im Zuschauerraum umher, und immer wieder muss der Vorhangmann fleißig den Vorhang hinaufziehen und herunterfallen lassen, und immer wieder muss sie hervortreten, die Frau, die es verstanden hat, das ganze Haus im Sturm für sich zu gewinnen. Endlich tritt Stille ein, und das Stück kann zu Ende gespielt werden.

5 Vergleiche Walsers Text mit dem Kafkas. Bestimme die Textsorte mithilfe des Wissen-und-Können-Kastens.

6 Robert Walser wird oftmals mit Franz Kafka verglichen. Erörtere, warum Kafka Walsers Text wahrscheinlich kannte, bevor er „Auf der Galerie" schrieb.

7 Erkläre folgende Textstelle: „Du Einfaltspinsel, der du bist, behalte du doch deine Reichtümer." (Z. 36/37)

8 Verfasse einen Tagebucheintrag der Künstlerin, als sie abends wieder zuhause ist.

Textverarbeitungsprogramm

Aus der Perspektive einer Figur schreiben, S. 380

Kurzgeschichten, S. 388/389

Wissen und Können

Textsorten unterscheiden – Parabel im Vergleich zu Kurzgeschichte und Fabel

Eine klare Abgrenzung zwischen Parabel und Kurzgeschichte ist schwierig. Folgende Gesichtspunkte tragen zur Unterscheidung bei: Die **Kurzgeschichte** erzählt ausschnitthaft Geschehnisse aus einer realen Welt. Sie ist an einen **bestimmten Augenblick**, eine **bestimmte Situation** oder an ein **Ereignis** gebunden. Die **Parabel** erzählt mitunter Vorgänge aus einer realen Welt. Sie verfügt aber freier über Raum und Zeit. Darüber hinaus verweist sie immer **über das Erzählte hinaus**. Indem die Leserin bzw. der Leser reflektiert und einen Analogieschluss vollzieht, verweist sie auf etwas Gemeintes außerhalb des Textes (Sachebene).

Die **Fabel** zählt ebenso wie die Parabel zu den **Lehrdichtungen**. Erst Lessing (1729–1781) unterscheidet zwischen Fabeln und Parabeln; vorher wurden diese Texte unter den Gleichnissen zusammengefasst. Grundlegend für die Fabel ist die vollständige **Vermenschlichung** der vor allem aus der Tierwelt stammenden Figuren. Der Leserin bzw. dem Leser wird ein Spiegel vorgehalten, da menschliche Charaktereigenschaften übertrieben und satirisch dargestellt werden. Fabeln schließen meist mit einem **ausformulierten Lehrsatz**, bei der Parabel muss die Leserin oder der Leser die Bedeutung selbst erschließen.

Schätze deinen Lernstand ein

Franz Kafka

Eine kaiserliche Botschaft (1917)

Der Kaiser – so heißt es – hat dir, dem Einzelnen, dem jämmerlichen Untertanen, dem winzig vor der kaiserlichen Sonne in die fernste Ferne geflüchteten Schatten, gerade dir hat der Kaiser von seinem Sterbebett aus eine Botschaft gesendet. Den Boten hat er beim Bett niederknien lassen und ihm die Botschaft ins Ohr geflüstert; so sehr war ihm an ihr gelegen, dass er sich sie noch ins Ohr wiedersagen ließ. Durch Kopfnicken hat er die Richtigkeit des Gesagten bestätigt. Und vor der ganzen Zuschauerschaft seines Todes – alle hindernden Wände werden niedergebrochen und auf den weit und hoch sich schwingenden Freitreppen stehen im Ring die Großen des Reichs – vor allen diesen hat er den Boten abgefertigt. Der Bote hat sich gleich auf den Weg gemacht; ein kräftiger, ein unermüdlicher Mann; einmal diesen, einmal den andern Arm vorstreckend schafft er sich Bahn durch die Menge; findet er Widerstand, zeigt er auf die Brust, wo das Zeichen der Sonne ist; er kommt auch leicht vorwärts, wie kein anderer. Aber die Menge ist so groß; ihre Wohnstätten nehmen kein Ende. Öffnete sich freies Feld, wie würde er fliegen und bald wohl hörtest du das herrliche Schlagen seiner Fäuste an deiner Tür. Aber statt dessen, wie nutzlos müht er sich ab; immer noch zwängt er sich durch die Gemächer des innersten Palastes; niemals wird er sie überwinden; und gelänge ihm dies, nichts wäre gewonnen; die Treppen hinab müsste er sich kämpfen; und gelänge ihm dies, nichts wäre gewonnen; die Höfe wären zu durchmessen; und nach den Höfen der zweite umschließende Palast; und wieder Treppen und Höfe; und wieder ein Palast; und so weiter durch Jahrtausende; und stürzte er endlich aus dem äußersten Tor – aber niemals, niemals kann es geschehen –, liegt erst die Residenzstadt vor ihm, die Mitte der Welt, hochgeschüttet voll ihres Bodensatzes. Niemand dringt hier durch und gar mit der Botschaft eines Toten. – Du aber sitzt an deinem Fenster und erträumst sie dir, wenn der Abend kommt.

1 Fasse den Inhalt des Textes mit eigenen Worten kurz zusammen.

2 Begründe, warum es sich bei diesem Text um eine Parabel handelt.

3 Erfasse die Erzählsituation: An wen ist der Text gerichtet?

4 Verfasse zwei verschiedene Deutungsansätze.

→ Seite 209/210, B
→ Seite 209/210, A
← Seite 197/198

Einen Autor näher kennenlernen

Wer war Franz Kafka?

Franz Kafka

Familie: Geboren wurde Franz am 3. Juli 1883 in Prag (damals Österreich-Ungarn) als Sohn des wohlhabenden jüdischen Kaufmanns Hermann Kafka, und Julie Kafka, geborene Löwy.
Neben den Brüdern Georg und Heinrich, die bereits als Kleinkinder verstarben, hatte Franz Kafka drei Schwestern, die später deportiert wurden, vermutlich in Konzentrationslager oder Ghettos, wo sich ihre Spuren verlieren: Gabriele, genannt Elli (1889–1941?), Valerie, genannt Valli (1890–1942?), und Ottilie „Ottla“ Kafka (1892–1943 in Auschwitz-Birkenau).

Kafka mit seiner Lieblingsschwester Ottla

Religion: Sie spielte in der Familie keine große Rolle. Erst durch seine Auseinandersetzung mit den „Drei Reden zum Judentum“ (1909–1911) des jüdischen Religionsphilosophen Martin Buber beginnt Kafka, sich mit seinen religiösen Wurzeln auseinanderzusetzen.
Das jiddische Theater, jüdische Volkserzählungen und die Lektüre von Talmud, Thora und Bibel sind literarische Quellen seines Werkes. Durch die Bekanntschaft mit Felice Bauer beginnt Kafka sich auch mit den Ideen des Zionismus auseinanderzusetzen.

Ausbildung und Beruf: Kafka studierte von 1901 bis 1906 Germanistik und Jura in Prag, er promovierte in Jura 1906.
Kafka arbeitete von 1908 bis zu seiner krankheitsbedingten Pensionierung 1922 bei der Arbeiter-Unfall-Versicherungs-Anstalt (AUVA) in Prag, der mit Abstand größten der sieben österreichischen Anstalten dieser Art.
Er war vor allem in der technischen Abteilung tätig, wo er Rentenansprüche bei Arbeitsunfällen und Einsprüche von Unternehmen zu bearbeiten hatte.
Kafka versuchte, durch eine neue Gefahrenklassifizierung den Unfallschutz der Arbeiter zu verbessern. Kafka mochte seine Arbeit nicht.

Beziehungen: Das Verhältnis Franz Kafkas zu Frauen war sehr schwierig. Obwohl er nicht fähig war, eine längere Beziehung einzugehen, verlobte er sich dennoch dreimal und löste diese Verlobungen nach kurzer Zeit wieder auf.
In der unkomplizierten, lebenslustigen und praktisch veranlagten jungen Berlinerin **Felice Bauer** fand Kafka seine erste Partnerin. Kafka lernte sie 1912 durch seinen Freund und späteren Nachlassverwalter Max Brod kennen. Er verlobte sich zweimal mit ihr und hatte sogar die Absicht, sie zu heiraten. Charakteristisch für diese Beziehung war ein intensiver Briefwechsel, der einen wesentlich größeren Teil der Partnerschaft ausmachte als die körperliche Nähe zwischen den beiden.

Kafka mit Felice Bauer

1918 wollte sich Kafka nördlich von Prag erholen und lernte dort **Julie Wohrycek**, eine junge Prager Jüdin, kennen. Mit ihr ging Kafka 1919 fast heimlich eine weitere Verlobung ein. Jedoch wurde diese sofort aufgelöst, da sie am Konflikt zwischen Franz und seinem Vater scheiterte.

Milena Jesenská verdiente sich ihren Lebensunterhalt mit Zeitungsartikeln und Übersetzungen. An Kafka wandte sie sich 1919 mit der Bitte, seine Werke ins Tschechische übersetzen zu dürfen. Aus einer anfänglichen Brieffreundschaft entstand eine tiefere Verbindung. Milena war unglücklich mit Ernst Pollak verheiratet.

Kafkas Gesundheit: Mit 34 Jahren wurde 1917 erstmals Lungentuberkulose diagnostiziert, dies hatte im Winter 1923/24 eine sekundäre Infektion des Kehlkopfes zur Folge (›Kehlkopftuberkulose‹). Die hauptsächlichen Symptome waren erhöhte Temperatur, ständiger Hustenreiz, brennende Schmerzen im Hals sowie der allmähliche Verlust der Stimmkraft. In den letzten Wochen wurde Kafka empfohlen, zur Schonung des Kehlkopfs möglichst nicht mehr zu sprechen. Begleitet war der Krankheitsprozess von einer ständigen Abnahme des Körpergewichts (am Ende unter 45 kg). Wegen seines geschwollenen Kehlkopfes und völliger Appetitlosigkeit konnte Kafka nicht mehr genügend Nahrung zu sich nehmen, um diese Entwicklung zu stoppen. Da ihm auch das Trinken starke Schmerzen verursachte und nur in winzigen Schlucken möglich war, vermochte Kafka die Mangelernährung auch durch kalorienhaltige Getränke (z. B. Bier) nicht mehr zu kompensieren. Seine schlechte körperliche Verfassung wiederum machte chirurgische Eingriffe unmöglich.

Tod: Kafka starb am 3.6.1924 in Klosterneuburg. Kafkas literarischer Nachlass, den er testamentarisch zur Verbrennung bestimmt hatte, wurde posthum gegen seinen Willen von Max Brod veröffentlicht.

Textverarbeitungsprogramm

1 Erstelle einen tabellarischen Lebenslauf auf Grundlage des Textes und recherchiere zusätzlich auf der Internetseite „LeMO" (Lebendiges Museum Online: https://www.dhm.de/lemo/biografie/franz-kafka).

Kurzvorstellung: Kafkas Werke

2 Stellt euch in der Klasse gegenseitig fünf bekannte Werke Kafkas kurz vor.

3 Erklärt, inwiefern Kafkas Beziehungsproblematik sich auch in seinen Parabeln zeigt.

So könnt ihr weiterarbeiten:

Einen Museumsgang durchführen, S. 379

Präsentiert weitere Autorinnen und Autoren der Moderne in Form eines Museumsgangs. Findet euch dazu in Kleingruppen zusammen. Tauscht euch danach über Gemeinsamkeiten der Autorinnen und Autoren aus.

Parabeln produktiv erschließen

Franz Kafka

Eisenbahnreisende (1917)

Wir sind, mit dem irdisch befleckten Auge gesehen, in der Situation von Eisenbahnreisenden, die in einem langen Tunnel verunglückt sind, und zwar an einer Stelle, wo man das Licht des Anfangs nicht mehr sieht, das Licht des Endes aber nur so winzig, dass der Blick es immerfort suchen muss und immerfort verliert, wobei Anfang und Ende nicht einmal sicher sind. Rings um uns aber haben wir in der Verwirrung der Sinne oder in der Höchstempfindlichkeit der Sinne lauter Ungeheuer und ein je nach der Laune und Verwundung des Einzelnen entzückendes oder ermüdendes kaleidoskopisches[1] Spiel.
Was soll ich tun? oder: Wozu soll ich es tun? sind keine Fragen dieser Gegenden.

[1] Kaleidoskop: buntes Bild

Erich Kästner

Das Eisenbahngleichnis (1931)

Wir sitzen alle im gleichen Zug
und reisen quer durch die Zeit.
Wir sehen hinaus. Wir sahen genug.
Wir fahren alle im gleichen Zug.
Und keiner weiß, wie weit.

Ein Nachbar schläft, ein anderer klagt,
ein dritter redet viel.
Stationen werden angesagt.
Der Zug, der durch die Jahre jagt,
kommt niemals an sein Ziel.

Wir packen aus. Wir packen ein.
Wir finden keinen Sinn.
Wo werden wir wohl morgen sein?
Der Schaffner schaut zur Tür herein
und lächelt vor sich hin.

Auch er weiß nicht, wohin er will.
Er schweigt und geht hinaus.
Da heult die Zugsirene schrill!
Der Zug fährt langsam und hält still.
Die Toten steigen aus.

Ein Kind steigt aus, die Mutter schreit.
Die Toten stehen stumm
am Bahnsteig der Vergangenheit.
Der Zug fährt weiter, er jagt durch die Zeit,
und niemand weiß, warum.

Die erste Klasse ist fast leer.
Ein feister Herr sitzt stolz
im roten Plüsch und atmet schwer.
Er ist allein und spürt das sehr.
Die Mehrheit sitzt auf Holz.

Wir reisen alle im gleichen Zug
zur Gegenwart in spe[1].
Wir sehen hinaus. Wir sahen genug.
Wir sitzen alle im gleichen Zug
und viele im falschen Coupé[2].

[1] in spe: zukünftig
[2] Coupé: Abteil

1 Lies beide Texte und vergleiche sie bezüglich der Textsorte.

2 Erklärt die Stimmung in den Texten. Wodurch wird diese hervorgerufen?

3 Benennt Gemeinsamkeiten und Unterschiede der beiden Texte.

A Eine Parabel in einen dramatischen Text umschreiben

Das epische Theater kennenlernen, S. 153

4 Arbeitet in Fünfergruppen und schreibt Kafkas Parabel in einen dramatischen Text um.
a) Lasst dabei mindestens drei verschiedene Personen zu Wort kommen.
b) Erfindet zusätzlich eine neutrale Beobachterin oder einen neutralen Beobachter, welche oder welcher das Gespräch wahrnimmt und sich an das Publikum wendet.
c) Probt eure Szene mehrfach.

B Einen Kurzfilm zu einem Gedicht erstellen

Kurzfilm, S. 366

4 Arbeitet in Fünfergruppen und erstellt einen Kurzfilm zu Kästners Gedicht.
a) Diskutiert in eurer Gruppe darüber, wie ihr das Gedicht versteht. Geht dabei besonders auf rätselhafte Verse ein, wie z. B. in Strophe 4: „Die Toten steigen aus.“ (V. 20).

b) Entwerft ein Storyboard für euren Kurzfilm. Beschränkt euch dabei auf höchstens zwei Einstellungen pro Strophe.
c) Dreht euren Kurzfilm auf Grundlage eures Storyboards.

Vorlage: Storyboard

Tipp zu c)

Aus rechtlichen Gründen braucht ihr für Aufnahmen, auf denen die Gesichter von Schüler/-innen zu erkennen sind, eine Einverständniserklärung der Eltern.

Feedbackbogen: Inszenierung

Feedbackbogen: Kurzfilm

5 Stellt euch eure Darstellungen und Kurzfilme gegenseitig vor und diskutiert darüber: Was erachtet ihr als gelungen, was würdet ihr ändern? Begründet eure Meinung anhand der jeweiligen Textvorlage.

Sich auf eine Klassenarbeit vorbereiten

Franz Kafka

Der Geier (1920)

Es war ein Geier, der hackte in meine Füße. Stiefel und Strümpfe hatte er schon aufgerissen, nun hackte er schon in die Füße selbst. Immer schlug er zu, flog dann unruhig mehrmals um mich und setzte dann die Arbeit fort. Es kam ein Herr vorüber, sah ein Weilchen zu und fragte dann, warum ich den Geier dulde. „Ich bin ja wehrlos", sagte ich, „er kam und fing zu hacken an, da wollte ich ihn natürlich wegtreiben, versuchte ihn sogar zu würgen, aber ein solches Tier hat große Kräfte, auch wollte er mir schon ins Gesicht springen, da opferte ich lieber die Füße. Nun sind sie schon fast zerrissen." „Dass Sie sich so quälen lassen", sagte der Herr, „ein Schuss und der Geier ist erledigt." „Ist das so?" fragte ich, „und wollen Sie das besorgen?" „Gern", sagte der Herr, „ich muss nur nach Hause gehn und mein Gewehr holen. Können Sie noch eine halbe Stunde warten?" „Das weiß ich nicht", sagte ich und stand eine Weile starr vor Schmerz, dann sagte ich: „Bitte, versuchen Sie es für jeden Fall." „Gut", sagte der Herr, „ich werde mich beeilen." Der Geier hatte während des Gespräches ruhig zugehört und die Blicke zwischen mir und dem Herrn wandern lassen. Jetzt sah ich, dass er alles verstanden hatte, er flog auf, weit beugte er sich zurück, um genug Schwung zu bekommen und stieß dann wie ein Speerwerfer den Schnabel durch meinen Mund tief in mich. Zurückfallend fühlte ich befreit, wie er in meinem alle Tiefen füllenden, alle Ufer überfließenden Blut unrettbar ertrank.

1 Fasse den Inhalt in eigenen Worten kurz zusammen und erkläre, warum es sich um eine Parabel handelt.

Textverarbeitungsprogramm

2 Verfasse zwei unterschiedliche Deutungen zu dem Text.

3 Erkläre, inwiefern der Text als kafkaesk zu bezeichnen und daher typisch für Kafka und seine Zeit ist.

Eine Novelle erschließen und interpretieren

Stefan Zweigs Schachnovelle – „Schach ist das Spiel, das die Verrückten gesund hält"

Das Schachspiel fasziniert die Menschen seit hunderten von Jahren. In Europa ist es sogar das beliebteste Spiel. Erfunden wurde das Spiel aber wohl in Indien vor circa 1 500 Jahren. Von dort kam es über Persien, das ist der heutige Iran, in die arabische Welt. Mit der Eroberung großer Gebiete um das Mittelmeer durch die Araber verbreitete sich das Spiel auch in Europa. Der Name „Schach" kommt aus dem Persischen und heißt übersetzt „König". Gerade in der Corona-Pandemie kam es zu einem regelrechten Schach-Hype, da aufgrund von Lockdowns und Ausgangsbeschränkungen viele Menschen zuhause bleiben mussten. Um sich die Zeit zu vertreiben und sich geistig zu fordern, begannen viele mit dem Schachspiel.

In diesem Kapitel lernt ihr ...

- das bekannteste Werk Stefan Zweigs und ein bedeutendes Werk der deutschen Exilliteratur kennen,
- die Schauplätze, Figuren und Motive einer Novelle zu analysieren und interpretieren,
- die sprachliche Gestaltung und Interpretation eines Textes aufeinander zu beziehen,
- die Falkentheorie als weiteres Merkmal der Novelle kennen,
- zwischen direkter und indirekter Charakterisierung zu unterscheiden.

1 Schaut euch die Bilder auf der linken Seite an und tauscht euch aus:
a) An welchen Orten, in welchen Zusammenhängen und in welchen Formen begegnet euch hier das Schachspiel?
b) Wo ist euch selbst das Schachspiel bisher begegnet? Was wisst ihr über dieses Spiel?

2 a) Besprecht mit einer Partnerin oder einem Partner, warum das Schachspiel auf viele Menschen eine große Faszination ausübt. Tauscht euch dann im Plenum aus.
b) Diskutiert, warum das Schachspiel auch gewissen Moden unterworfen ist. Warum gilt es zu bestimmten Zeiten als altmodisch oder als besonders angesagt?

Äußerungen von Stefan Zweig zur Schachnovelle

- „Ich will hier [in Petropólis[1]] in diesem Monat die Autobiografie korrigieren und intensivieren, auch plane ich eine kleine abseitige Novelle, und so wird es mir, sofern die Ruhe bleibt, an Arbeit nicht fehlen. Hätte ich nur die amerikanischen Bibliotheken zur Hand! [...]." [17.09.1941]
- „Hier korrigiere ich viel an der Autobiografie, habe eine kleine Schachnovelle entworfen, angeregt davon, dass ich mir für die Abgeschiedenheit ein Schachbuch gekauft habe und täglich die Partien der großen Meister nachspiele." [29.09.1941]
- Per Spaß machte ich [...] eine S[k]izze zu einem brasilianischen Film (ohne an Realisierung zu denken), habe aber Aufsätze erst nicht geschrieben, sondern nur eine kuriose[2] Novelle entworfen, die Ihnen vielleicht gefiele – eine Schachnovelle mit einer eingebauten Philosophie des Schachs, ich habe sie aber noch nicht abgeschlossen. Mit allerhand Plänen spiele ich herum – das viele Alleinsein und gänzlich von Zeitschriften, Zeitungen (außer brasilianischen) Abgeschnittensein hält anscheinend das Innere zusammen." [28.10.1941]
- „Von mir ist wenig zu berichten. Ich habe eine Novelle geschrieben in meinem beliebt-unglücklichen Format, zu groß für eine Zeitung und ein Magazin, zu klein für ein Buch, zu abstrakt für das große Publikum, zu abseitig in seinem Thema." [15.01.1942]

[1] Petrópolis: Stadt in Brasilien, in die Stefan Zweig zusammen mit seiner Frau 1941 übersiedelte, um dem NS-Regime zu entkommen
[2] kurios: merkwürdig

3 a) Lies die Äußerungen von Stefan Zweig und unterstreiche mithilfe einer Folie die Stellen, die sich unmittelbar auf die Schachnovelle beziehen. Notiere dann stichwortartig, wie der Autor die Schachnovelle hier beschreibt.
b) Unterstreiche in einer anderen Farbe die Stellen, in denen sich Zweig zu seiner Lebenssituation äußert.
c) Stelle einen Zusammenhang her zwischen der Lebenssituation Zweigs und seiner Idee, eine Novelle über das Schachspiel zu schreiben. Lege in wenigen Sätzen dar, welche Erwartungen sich für dich daraus im Hinblick auf den Inhalt der Schachnovelle ergeben.

Folie

Text „Äußerungen von Stefan Zweig zur Schachnovelle"

Folie

Ein literarisches Porträt über Stefan Zweig verfassen, S. 139–141

4 a) In den vergangenen Schuljahren hast du bereits wichtige Merkmale der Novelle kennengelernt. Führt in der Klasse eine Kartenabfrage durch, um euch die Merkmale der Novelle wieder in Erinnerung zu rufen.
b) Schau dir das Erklärvideo zur Novelle an. Ergänze deine Stichpunkte aus Aufgabe 4 a) um weitere im Video genannte Merkmale.

Kartenabfrage, S. 352

„Erklärvideo: Novelle"

Schauplätze untersuchen I

Rahmen- und Binnenhandlung (bzw. -erzählung), S. 392

Stefan Zweigs Schachnovelle zeichnet sich durch eine klare Textstruktur aus. Sie beginnt mit einer Rahmenerzählung in der Gegenwart, in die im weiteren Verlauf zwei Binnenerzählungen aus der Vergangenheit eingebunden werden. Die Rahmenerzählung hat dabei nicht nur die Funktion, die beiden Binnenerzählungen zu verbinden, sondern stellt eine eigenständige Erzählung dar. Schauplatz der Rahmenerzählung ist ein Passagierdampfer.

1 a) Erstellt zusammen mit einer Partnerin oder einem Partner eine Mindmap, in der ihr eure Assoziationen zum Begriff Schifffahrt sammelt.

b) Vergleicht eure Assoziationen in der Gruppe. Welche Stichpunkte treten öfter auf? Formuliert für diese geeignete Kategorien.

Stefan Zweig: Schachnovelle

„Reiseaufbruch"

Reiseaufbruch

Auf dem großen Passagierdampfer, der um Mitternacht von New York nach Buenos Aires abgehen sollte, herrschte die übliche Geschäftigkeit und Bewegung der letzten Stunde. Gäste vom Land drängten durcheinander, um ihren Freunden das Geleit zu geben, Telegraphenboys[1] mit schiefen Mützen schossen Namen ausrufend durch die Gesellschaftsräume, Koffer und Blumen wurden geschleppt, Kinder liefen neugierig treppauf und treppab, während das Orchester unerschütterlich zur Deckshow[2] spielte. Ich stand im Gespräch mit einem Bekannten etwas abseits von diesem Getümmel auf dem Promenadendeck[3], als neben uns zwei- oder dreimal Blitzlicht scharf aufsprühte – anscheinend war irgendein Prominenter knapp vor der Abfahrt noch rasch von Reportern interviewt und fotografiert worden. Mein Freund blickte hin und lächelte. „Sie haben da einen raren Vogel an Bord, den Czentovic." Und da ich offenbar ein ziemlich verständnisloses Gesicht zu dieser Mitteilung machte, fügte er erklärend bei: „Mirko Czentovic, der Weltschachmeister. Er hat ganz Amerika von Ost nach West mit Turnierspielen abgeklappert und fährt jetzt zu neuen Triumphen nach Argentinien."

[1] Telegraphenboys: Telegrammboten
[2] Deckshow: (engl.) musikalisches Unterhaltungsprogramm auf dem Oberdeck eines Passagierschiffs
[3] Promenadendeck: höher gelegenes, offenes Deck eines Passagierschiffs für den Aufenthalt im Freien; promenieren: spazieren gehen

Text „Reiseaufbruch"

Motivgleiche Gedichte gegenüberstellen, S. 168 – 170

2 a) Lies den Textauszug oben. Beschreibe, welche Atmosphäre auf dem Passagierdampfer herrscht.

b) Vergleicht die Atmosphäre auf dem Passagierdampfer mit euren Assoziationen zum Begriff Schifffahrt. Welche Gemeinsamkeiten und Unterschiede gibt es?

Christoph Hönig

Der Topos der Lebensfahrt auf dem Meer der Welt

In der antiken Rhetorik[1] war die Topik so etwas wie ein Vorratsmagazin zum Finden von Gemeinplätzen für die Rede. Unter Topos (= griechisch: der Ort, der Platz; Plural: Topoi) versteht man [...] feste Denkfiguren, Redewendungen und vorgeprägte Bildformeln. Die Definitionen schwanken, insgesamt ist aber festzustellen: Topoi sind Denk- und Ausdrucksschemata, die oft schon seit der Antike [...] tradiert[2] und dabei immer wieder abgewandelt werden. [...]

Das Meer – der Sturm – das Schiff – das Scheitern – der Hafen: jedes dieser Bilder löst für sich selbst gewiss schon starke Empfindungen und lebhafte Vorstellungen aus. Insgesamt [...], als Topos, haben diese Bilder die Phantasie und Formulierungsfreude immer wieder neu stimuliert. Das Schiff vor allem hat man mit vielerlei Bedeutungen befrachtet und zum Staats-, Gesellschafts-, Menschheits-, Kirchen-, Narren-, Geister- und Lebensschiff stilisiert. [...] Es wird sich als eine unvergleichlich starke und anschauliche Daseinsmetapher erweisen, die immer wieder variiert wird – über zwei Jahrtausende hin. [...]

Vor diesem Hintergrund ist jeweils ein Blick auf die einzelnen Bildelemente des Topos von der Lebensfahrt auf dem Meer der Welt angezeigt.

Das **Meer** ist stets ein Bild der Welt: unüberschaubar, von trügerischer Glätte, aufgewühlt von Stürmen, den Schicksalsschlägen, voller verborgen lauernder Klippen und Riffe, den Fährnissen des Lebens.

Das **Schiff** entspricht in seiner Körperlichkeit meist dem Leib des Lebens. [...]

[1] Rhetorik: Lehre von der wirkungsvollen Gestaltung der Rede
[2] tradieren: überliefern; etwas Überliefertes weiterführen, weitergeben

3 a) Lies den Text „Der Topos der Lebensfahrt auf dem Meer der Welt" und erkläre mit eigenen Worten, was unter dem Begriff Topos zu verstehen ist.
b) Erkläre anschließend in drei bis vier Sätzen, was unter dem Topos der Schifffahrt als Lebensfahrt zu verstehen ist.
c) Überlegt, warum der Topos der Schifffahrt als Lebensfahrt seit über zwei Jahrtausenden in der Literatur immer wieder aufgegriffen wird.

Starthilfe, S. 426

4 Diskutiert auf der Grundlage eurer Überlegungen zum Begriff Schifffahrt sowie zum Topos der Schifffahrt als Lebensfahrt, welche Erwartungen bei den Leserinnen und Lesern durch die Wahl des Schauplatzes des Passagierdampfers in Bezug auf die Handlung der Novelle geweckt werden.

5 Neben dem Schauplatz werden zu Beginn der Schachnovelle bereits einige Figuren eingeführt. Benenne die Figur, über die du am meisten erfährst und erläutere, warum dir diese im Vergleich zu den anderen am interessantesten erscheint.

Figuren charakterisieren I

Rahmen- und Binnenhandlung (bzw. -erzählung), S. 392

In der ersten Binnenerzählung der Schachnovelle wird in Form eines Rückblicks die Kindheit und der Aufstieg des Schachweltmeisters Mirko Czentovic vorgestellt, der eine der Hauptfiguren der Novelle ist. Czentovic wird als ein einfältiges und schwerfälliges Kind beschrieben, das vor allem durch eine „totale Teilnahmslosigkeit" gekennzeichnet ist. Das außerordentliche Talent Czentovics, der ein Waisenkind ist, wird zufällig von einem ihn betreuenden Pfarrer entdeckt.

Charakterisieren, S. 383

1 Überlege dir, welche Charaktereigenschaften du bei einem Schachweltmeister erwartest und halte deine Ideen stichpunktartig fest.

Stefan Zweig: Schachnovelle

„Mirko Czentovic"

Mirko Czentovic

Nach einem halben Jahr beherrschte Mirko sämtliche Geheimnisse der Schachtechnik, allerdings mit einer seltsamen Einschränkung, die später in den Fachkreisen viel beobachtet und bespöttelt wurde. Denn Czentovic brachte es nie dazu, auch nur eine einzige Schachpartie auswendig – oder wie man fachgemäß sagt: blind – zu spielen. Ihm fehlte vollkommen die Fähigkeit, das Schlachtfeld in den unbegrenzten Raum der Phantasie zu stellen. [...] Aber diese merkwürdige Eigenheit verzögerte keineswegs Mirkos stupenden[1] Aufstieg. Mit siebzehn Jahren hatte er schon ein Dutzend Schachpreise gewonnen, mit achtzehn sich die ungarische Meisterschaft, mit zwanzig endlich die Weltmeisterschaft erobert. [...] So geschah es, dass in die illustre[2] Galerie der Schachmeister, die in ihren Reihen die verschiedensten Typen intellektueller Überlegenheit vereinigt, Philosophen, Mathematiker, kalkulierende, imaginierende und oft schöpferische Naturen, zum ersten Mal ein völliger Outsider der geistigen Welt einbrach, ein schwerer, maulfauler Bauernbursche, aus dem auch nur ein einziges publizistisch[3] brauchbares Wort herauszulocken selbst den gerissensten Journalisten nie gelang. Freilich, was Czentovic den Zeitungen an geschliffenen Sentenzen[4] vorenthielt, ersetzte er

bald reichlich durch Anekdoten über seine Person. Denn rettungslos wurde mit der Sekunde, da er vom Schachbrette aufstand, wo er Meister ohnegleichen war, Czentovic zu einer grotesken und beinahe komischen Figur; trotz seines feierlichen schwarzen Anzuges, seiner pompösen Krawatte mit der etwas aufdringlichen Perlennadel und seiner mühsam manikürten Finger blieb er in seinem Gehaben und seinen Manieren derselbe beschränkte Bauernjunge, der im Dorf die Stube des Pfarrers gefegt. Ungeschickt und geradezu schamlos plump suchte er zum Gaudium[5] und zum Ärger seiner Fachkollegen aus seiner Begabung und seinem Ruhm mit einer kleinlichen und sogar oft ordinären Habgier herauszuholen, was an Geld herauszuholen war. Er reiste von Stadt zu Stadt, immer in den billigsten Hotels wohnend, er spielte in den kläglichsten Vereinen, sofern man ihm sein Honorar bewilligte, er ließ sich abbilden auf Seifenreklamen und verkaufte sogar, ohne auf den Spott seiner Konkurrenten zu achten, die genau wussten, dass er nicht imstande war, drei Sätze richtig zu schreiben, seinen Namen für eine ›Philosophie des Schachs‹, die in Wirklichkeit ein kleiner [...] Student für den geschäftstüchtigen Verleger geschrieben. Wie allen zähen Naturen fehlte ihm jeder Sinn für das Lächerliche; seit seinem Siege im Weltturnier hielt er sich für den wichtigsten Mann der Welt, und das Bewusstsein, all diese gescheiten, Intellektuellen, blendenden Sprecher und Schreiber auf ihrem eigenen Feld geschlagen zu haben, und vor allem die handgreifliche Tatsache, mehr als sie zu verdienen, verwandelte die ursprüngliche Unsicherheit in einen kalten und meist plump zur Schau getragenen Stolz.

„Aber wie sollte ein so rascher Ruhm nicht einen so leeren Kopf beduseln?“, schloss mein Freund [...]. „Wie sollte ein einundzwanzigjähriger Bauernbursche aus dem Banat[6] nicht den Eitelkeitskoller kriegen, wenn er plötzlich mit ein bisschen Figurenherumschieben auf einem Holzbrett in einer Woche mehr verdient als sein ganzes Dorf daheim mit Holzfällen und den bittersten Abrackereien in einem ganzen Jahr? Und dann, ist es nicht eigentlich verflucht leicht, sich für einen großen Menschen zu halten, wenn man nicht mit der leisesten Ahnung belastet ist, dass ein Rembrandt, ein Beethoven, ein Dante, ein Napoleon je gelebt haben? Dieser Bursche weiß in seinem vermauerten Gehirn nur das eine, dass er seit Monaten nicht eine einzige Schachpartie verloren hat, und da er eben nicht ahnt, dass es außer Schach und Geld noch andere Werte auf unserer Erde gibt, hat er allen Grund, von sich begeistert zu sein.“

[1] stupend: erstaunlich
[2] illuster: glanzvoll, vornehm
[3] die Publizistik (*hier* öffentliche Medien) betreffend; publizistisch brauchbar: zur Veröffentlichung geeignet
[4] kurz und treffend formulierter Ausspruch, Sinnspruch
[5] Gaudium: (lat.) Vergnügen
[6] Banat: Region in Ungarn, Rumänien, Serbien, ehemals Teil Österreich-Ungarns

2 a) Lies den Textauszug „Mirko Czentovic“ und unterstreiche mithilfe einer Folie alle Informationen, die du zu Czentovic erhältst.
b) Ordne die Informationen nun mithilfe einer Mindmap, indem du sinnvolle Kategorien bildest. Untersuche dabei auch die Art und Weise, wie Czentovic Schach spielt.
c) Erkläre, wie sich Czentovics Charakter in seiner Art Schach zu spielen äußert.
d) Beurteilt, welches Gesamtbild von der Persönlichkeit Czentovics entsteht. Vergleicht euer Ergebnis mit den ursprünglichen Erwartungen, die ihr in Aufgabe 1 in Bezug auf die Charaktereigenschaften eines Schachweltmeisters formuliert habt. Was stellt ihr fest?
e) Diskutiert in der Gruppe, ob die Darstellung Czentovics als Schachweltmeister in der Novelle realistisch ist. Begründet eure Position.

Folie
Text „Mirko Czentovic“
Starthilfe, S. 426
Charakterisieren, S. 383

3 Die Charakterisierung Czentovics wird auch indirekt durch die Erzähltechnik festgelegt.
a) Bestimme im Textauszug Erzählformen und Erzählperspektiven und belege deine Ergebnisse mit passenden Textstellen.
b) Setze die Erzähltechnik in Beziehung zu den zentralen Charaktereigenschaften Czentovics und erläutere, in welchem Verhältnis Charaktereigenschaften und Erzähltechnik stehen. Stelle abschließend fest, welche Wirkung dadurch erzeugt wird.

Erzähler, Erzählform und Erzählperspektive, S. 385
Starthilfe, S. 426

Motive entschlüsseln I

Schach in der Theorie

Rahmen- und Binnenhandlung (bzw. -erzählung), S. 392

Im Anschluss an den Rückblick auf die Lebensgeschichte Czentovics wird die Rahmenerzählung der Schachnovelle fortgeführt. Nachdem das Interesse des Ich-Erzählers an der Persönlichkeit des Schwachweltmeisters Czentovic geweckt ist, versucht er zunächst vergeblich, mit diesem in Kontakt zu treten. Während sich Czentovic fast ausschließlich in seiner Kabine aufhält, um dort auf einem Schachbrett Partien einzuüben oder zu wiederholen, nimmt der Ich-Erzähler dies zum Anlass, um grundsätzlich über das Wesen des Schachspiels zu reflektieren.

1 Macht euch mit den Grundregeln des Schachspiels vertraut.

a) Probiert zusammen einige Spielzüge aus. Organisiere dir dafür zusammen mit einer Partnerin oder einem Partner ein analoges Schachspiel oder ein Online-Schachspiel. Einführungen in die Grundlagen und Regeln des Schachspiels findet ihr zum Beispiel auf der Website der „Deutschen Schachjugend e.V." oder beim „Deutschen Schachbund". Vielleicht gibt es in eurer Klasse auch eine Mitschülerin oder einen Mitschüler, die bzw. der euch die Schachregeln erklären kann.

b) Tauscht euch in der Klasse darüber aus, welchen Eindruck ihr vom Schachspielen habt.

Text „Schach – ein Spiel?"

2 Lies den Textauszug rechts und untersuche die erzählerische Gestaltung.

a) Erkläre, inwiefern der Ich-Erzähler eine widersprüchliche Haltung zum Schachspiel einnimmt. Lege dazu folgende Tabelle in deinem Heft an und fülle sie aus:

Faszinierende Aspekte des Schachspiels	Kritische Aspekte des Schachspiels
• *„königliche[s] Spiel" (Z. 2/3)* • …	• *„mechanisch in der Anlage" (Z. 14/15)* • …

b) Erläutere, inwiefern sich die Sicht des Ich-Erzählers auf das Schachspiel in seiner Bewertung professioneller Schachspieler widerspiegelt.

c) Deute die Aussage des Ich-Erzählers am Ende des Textauszugs:

„Ich ‚spiele' Schach im wahrsten Sinne des Wortes, während die anderen, die wirklichen Schachspieler, Schach ‚ernsten'" (Z. 67–69).

3 a) Ermittelt anhand des Textes, was die Faszination des Schachspiels ausmacht.

b) Diskutiert die Frage, ob Schach mehr als ein Spiel ist.

Stefan Zweig: Schachnovelle

„Schach – ein Spiel?"

Schach – ein Spiel?

Ich wusste wohl aus eigener Erfahrung um die geheimnisvolle Attraktion des „königlichen Spiels", dieses einzigen unter allen Spielen, die der Mensch ersonnen, das sich souverän jeder Tyrannis des Zufalls entzieht und seine Siegespalmen[1] einzig dem Geist oder vielmehr einer bestimmten Form geistiger Begabung zuteilt. Aber macht man sich nicht bereits einer beleidigenden Einschränkung schuldig, indem man Schach ein Spiel nennt? Ist es nicht auch eine Wissenschaft, eine Kunst, schwebend zwischen diesen Kategorien wie der Sarg Mohammeds zwischen Himmel und Erde[2], eine einmalige Bindung aller Gegensatzpaare; uralt und doch ewig neu, mechanisch in der Anlage und doch nur wirksam durch Phantasie, begrenzt in geometrisch starrem Raum und dabei unbegrenzt in seinen Kombinationen, ständig sich entwickelnd und doch steril[3], ein Denken, das zu nichts führt, eine Mathematik, die nichts errechnet, eine Kunst ohne Werke, eine Architektur ohne Substanz und nichtsdestominder erwiesenermaßen dauerhafter in seinem Sein und Dasein als alle Bücher und Werke, das einzige Spiel, das allen Völkern und allen Zeiten zugehört und von dem niemand weiß, welcher Gott es auf die Erde gebracht, um die Langeweile zu töten, die Sinne zu schärfen, die Seele zu spannen. Wo ist bei ihm Anfang und wo das Ende: jedes Kind kann seine ersten Regeln erlernen, jeder Stümper sich in ihm versuchen, und doch vermag es innerhalb dieses unveränderbar engen Quadrats eine besondere Spezies von Meistern zu erzeugen, unvergleichbar allen anderen, Menschen mit einer einzig dem Schach zubestimmten Begabung, spezifische Genies, in denen Vision, Geduld und Technik in einer ebenso genau bestimmten Verteilung wirksam sind wie im Mathematiker, im Dichter, im Musiker, und nur in anderer Schichtung und Bindung. [...] Im Prinzip war mir die Tatsache von jeher verständlich, dass ein derart einmaliges, ein solches geniales Spiel sich spezifische Matadore schaffen musste, aber wie schwer, wie unmöglich doch, sich das Leben eines geistig regsamen Menschen vorzustellen, dem sich die Welt einzig auf die enge Einbahn zwischen Schwarz und Weiß reduziert, der in einem bloßen Hin und Her, Vor und Zurück von zweiunddreißig Figuren seine Lebenstriumphe sucht, einen Menschen, dem bei einer neuen Eröffnung, den Springer vorzuziehen statt des Bauern, schon Großtat und sein ärmliches Eckchen Unsterblichkeit im Winkel eines Schachbuches bedeutet – einen Menschen, einen geistigen Menschen, der, ohne wahnsinnig zu werden, zehn, zwanzig, dreißig, vierzig Jahre lang die ganze Spannkraft seines Denkens immer und immer wieder an den lächerlichen Einsatz wendet, einen hölzernen König auf einem hölzernen Brett in den Winkel zu drängen! [...]

Nun bin ich zeitlebens nie ein ernstlicher Schachkünstler gewesen, und zwar aus dem einfachen Grunde, dass ich mich mit Schach immer bloß leichtfertig und ausschließlich zu meinem Vergnügen befasste; wenn ich mich für eine Stunde vor das Brett setze, geschieht dies keineswegs, um mich anzustrengen, sondern im Gegenteil, um mich von geistiger Anspannung zu entlasten. Ich „spiele" Schach im wahrsten Sinne des Wortes, während die anderen, die wirklichen Schachspieler, Schach „ernsten", um ein verwegenes neues Wort in die deutsche Sprache einzuführen.

[1] Siegespalme: ein Palmenzweig/Palmenblatt als Symbol des Sieges
[2] Anspielung auf eine Legende, wonach der Sarg Mohameds zwischen Himmel und Erde schwebt
[3] hier unfruchtbar, unschöpferisch, ohne eigene Note

Schach in der Praxis
Mithilfe des mitreisenden schottischen Geschäftsmanns McConnor gelingt es dem Ich-Erzähler, Czentovic aus der Reserve zu locken. McConnor bietet Czentovic 250 Dollar für eine Schachpartie gegen ihn an. Diesem Angebot kann Czentovic nicht widerstehen. McConnor verliert nach wenigen Zügen, fordert aber umgehend eine Revanche. Nun spielen einige Amateurschachspieler unter den Reisenden zusammen gegen Czentovic. Gerade als McConnor erneut ziehen möchte, schaltet sich Dr. B., ein weiterer Mitreisender, unvermittelt in die Partie ein.

Stefan Zweig: Schachnovelle

„Schach gespielt"

Schach gespielt

„Um Gottes willen! Nicht!"
Unwillkürlich wandten wir uns alle um. Ein Herr von etwa fünfundvierzig Jahren, dessen schmales, scharfes Gesicht mir schon vordem auf der Deckpromenade durch seine merkwürdige, fast kreidige Blässe aufgefallen war, musste in den letzten Minuten, indes wir unsere ganze Aufmerksamkeit dem Problem zuwandten, zu uns getreten sein. Hastig fügte er, unsern Blick spürend, hinzu:
„Wenn Sie jetzt eine Dame machen, schlägt er sie sofort mit dem Läufer c1, Sie nehmen mit dem Springer zurück. Aber inzwischen geht er mit seinem Freibauern auf d7, bedroht Ihren Turm, und auch wenn Sie mit dem Springer Schach sagen, verlieren Sie und sind nach neun bis zehn Zügen erledigt. Es ist beinahe dieselbe Konstellation, wie sie Aljechin gegen Bogoljubow 1922 im Pistyaner Großturnier initiiert hat."
McConnor ließ erstaunt die Hand von der Figur und starrte nicht minder verwundert als wir alle auf den Mann, der wie ein unvermuteter Engel helfend vom Himmel kam. Jemand, der auf neun Züge im Voraus ein Matt berechnen konnte, musste ein Fachmann ersten Ranges sein, vielleicht sogar ein Konkurrent um die Meisterschaft, der zum gleichen Turnier reiste, und sein plötzliches Kommen und Eingreifen gerade in einem so kritischen Moment hatte etwas fast Übernatürliches. Als erster fasste sich McConnor.
„Was würden Sie raten?", flüsterte er aufgeregt.
„Nicht gleich vorziehen, sondern zunächst ausweichen! Vor allem mit dem König abrücken aus der gefährdeten Linie von g8 auf h7. Er wird wahrscheinlich den Angriff dann auf die andere Flanke hinüberwerfen. Aber das parieren Sie mit Turm c8 – c4; das kostet ihn zwei Tempi, einen Bauern und damit die Überlegenheit. Dann steht Freibauer gegen Freibauer, und wenn Sie sich richtig defensiv halten, kommen Sie noch auf Remis. Mehr ist nicht herauszuholen."
Wir staunten abermals. Die Präzision nicht minder als die Raschheit seiner Berechnung hatte etwas Verwirrendes; es war, als ob er die Züge aus einem gedruckten Buch ablesen würde. Immerhin wirkte die unvermutete Chance, dank seines Eingreifens unsere Partie gegen einen Weltmeister auf Remis zu bringen, zauberisch. Einmütig rückten wir zur Seite, um ihm freieren Blick auf das Brett zu gewähren. Noch einmal fragte McConnor:
„Also König g8 auf h7?"
„Jawohl! Ausweichen vor allem!"
McConnor gehorchte, und wir klopften an das Glas. Czentovic trat mit seinem gewohnt gleichmütigen Schritt an unseren Tisch und maß mit einem einzigen Blick den Gegenzug. Dann zog er auf dem Königsflügel den Bauern h2 – h4, genau wie es unser unbekannter Helfer vorausgesagt. Und schon flüsterte dieser aufgeregt:

„Turm vor, Turm vor, c8 auf c4, er muss dann zuerst den Bauern decken. Aber das wird ihm nichts helfen! Sie schlagen, ohne sich um seinen Freibauern zu kümmern, mit dem Springer d3 – e5, und das Gleichgewicht ist wiederhergestellt. Den ganzen Druck vorwärts, statt zu verteidigen!“ [...] McConnor gehorchte. Es begann in den nächsten Zügen zwischen den beiden – wir andern waren längst zu leeren Statisten herabgesunken – ein uns unverständliches Hin und Her. Nach etwa sieben Zügen sah Czentovic nach längerem Nachdenken auf und erklärte: „Remis.“

4 a) Notiere dir alle Schachfachbegriffe, die im Textauszug genannt werden.
b) Recherchiere im Internet die Bedeutung dieser Schachbegriffe.
c) Fasse nun schriftlich knapp in eigenen Worten zusammen, wie die Schachpartie zwischen Czentovic gegen McConnor und die Amateurschachspieler abläuft.

Text „Schach gespielt“
Recherchestrategien gezielt einsetzen, S. 37/38

5 a) Dr. B. verweist im Textauszug auf das Pistyaner Großturnier 1922 zwischen Alexander Aljechin und Efim Bogoljubow (Z. 18/19). Recherchiert im Internet Informationen und Hintergründe über dieses Großturnier und die beiden Schachspieler.
b) Stellt eure Ergebnisse in einer kleinen Präsentation vor. Wählt das Format dazu selbst aus.

Starthilfe, S. 426

Eine mündliche Präsentation planen, S. 41 – 44

6 a) Stelle Vermutungen an, woher Dr. B. sein Wissen über das Schachspiel und die berühmten Schachspieler aus der Vergangenheit hat.
b) Diskutiert in der Gruppe, welche Rückschlüsse vom Wissen des Dr. B.s auf dessen Herkunft und soziale Stellung gezogen werden können.

7 a) Lies den Wissen-und-Können-Kasten unten und erkläre die Falkentheorie in deinen eigenen Worten.
b) Setze die Falkentheorie in Beziehung zur Schachnovelle und erläutere auf der Grundlage deiner bisherigen Lektüre, warum das Schachspiel der „Falke“ der Schachnovelle ist.
c) Diskutiert, warum ausgerechnet das Schachspiel als Falke der Novelle gewählt wurde und kein anderes Spiel. Welches andere (Computer-)Spiel würde sich eurer Ansicht nach auch als Falke eignen? Begründet eure Entscheidung.

Wissen und Können

Die Falkentheorie kennenlernen

Die Falkentheorie ist eine Novellentheorie, die vom Schriftsteller **Paul Heyse** entwickelt worden ist. Ihren Namen verdankt sie dem Umstand, dass Heyse seine Theorie am Beispiel der *Falkennovelle* von Giovanni Boccaccio (1313 – 1375) erläuterte. Zentrale Aussage der Theorie ist, dass jede Novelle von einem einzigartigen, besonderen **„Dingsymbol“** bestimmt ist, dem **„Falken“**. Dieses Dingsymbol taucht an wesentlichen Stellen einer Novelle auf und ist somit ihr verbindendes **Leitmotiv**. Oft wird der Falke am Höhepunkt beziehungsweise Wendepunkt der Novelle zum Symbol für den **zentralen Konflikt** der Geschichte.

__Paul Heyse__ (1830 – 1914): dt. Dichter und Literaturnobelpreisträger (1910); Verfasser von Gedichten, Romanen, Dramen und 180 Novellen.

Schauplätze untersuchen II

Rahmen- und Binnenhandlung (bzw. -erzählung), S. 392

Nach dem Remis der Amateurspieler gegen Czentovic wird der Ich-Erzähler beauftragt, Dr. B. zu einer Partie gegen den Schachweltmeister zu überreden. Während des Gesprächs zwischen dem Ich-Erzähler und Dr. B. erinnert sich dieser an die Umstände, unter denen er sein Schachspiel perfektionierte. Im Rahmen einer zweiten Binnenerzählung erfolgt ein Rückblick auf die Lebensgeschichte des Dr. B.s. Dieser wurde nach dem „Anschluss Österreichs" an Hitlerdeutschland (1938) von der Gestapo verhaftet, da er einer Wiener Rechtsanwaltskanzlei angehörte, die sich um die – damals verbotene – Verwaltung der Vermögen der Kirche und der kaiserlichen Familie kümmerte.

1 Notiere in Stichpunkten, welche Assoziationen du mit dem Begriff Grandhotel verbindest.

Stefan Zweig: Schachnovelle

„Dr. B.s Isolationshaft im Hotel"

Dr. B.s Isolationshaft im Hotel

Leute meiner Kategorie, aus denen wichtiges Material oder Geld herausgepresst werden sollte, wurden deshalb nicht in Konzentrationslager abgeschoben, sondern für eine besondere Behandlung aufgespart. Sie erinnern sich vielleicht, dass unser Kanzler und anderseits der Baron Rothschild[1], dessen Verwandten sie Millionen abzunötigen hofften, keineswegs hinter Stacheldraht in ein Gefangenenlager gesetzt wurden, sondern unter scheinbarer Bevorzugung in ein Hotel, das Hotel Metropole, das zugleich Hauptquartier der Gestapo war, überführt, wo jeder ein abgesondertes Zimmer erhielt. Auch mir unscheinbarem Mann wurde diese Auszeichnung erwiesen.

Ein eigenes Zimmer in einem Hotel – nicht wahr, das klingt an sich äußerst human? Aber Sie dürfen mir glauben, dass man uns keineswegs eine humanere, sondern nur eine raffiniertere Methode zudachte, wenn man uns ‚Prominente' nicht zu zwanzig in eine eiskalte Baracke stopfte, sondern in einem leidlich geheizten und separaten Hotelzimmer behauste. Denn die Pression[2], mit der man uns das benötigte ‚Material' abzwingen wollte, sollte auf subtilere[3] Weise funktionieren als durch rohe Prügel oder körperliche Folterung: durch die denkbar raffinierteste Isolierung. Man tat uns nichts, man stellte uns nur in das vollkommene Nichts, denn bekanntlich erzeugt kein Ding auf Erden einen solchen Druck auf die menschliche Seele wie das Nichts. Indem man uns jeden einzeln in ein völliges Vakuum sperrte, in ein Zimmer, das hermetisch[4] von der Außenwelt abgeschlossen war, sollte, statt von außen durch Prügel und Kälte, jener Druck von innen erzeugt werden, der uns schließlich die Lippen aufsprengte. Auf den ersten Blick sah das mir zugewiesene Zimmer durchaus nicht unbehaglich aus. Es hatte eine Tür, ein Bett, einen Sessel, eine Waschschüssel, ein vergittertes Fenster. Aber die Tür blieb Tag und Nacht verschlossen, auf dem Tisch durfte kein Buch, keine Zeitung, kein Blatt Papier, kein Bleistift liegen, das Fenster starrte eine Feuermauer an; rings um mein Ich und selbst an meinem eigenen Körper war das vollkommene Nichts konstruiert. Man hatte mir jeden Gegenstand abgenommen, die Uhr, damit ich nicht wisse um die Zeit, den Bleistift, dass ich nicht etwa schreiben könne, das Messer, damit ich mir nicht die Adern öffnen könne; selbst die kleinste Betäubung wie eine Zigarette wurde mir versagt. Nie sah ich außer dem Wärter, der kein Wort sprechen und auf keine Frage antworten durfte, ein menschliches Gesicht, nie hörte ich eine menschliche Stimme; Auge, Ohr, alle Sinne bekamen von morgens bis nachts und von nachts bis morgens nicht die geringste Nahrung, man blieb mit sich, mit seinem Körper und den vier oder fünf stummen Gegenständen Tisch, Bett, Fenster, Waschschüssel rettungslos allein; [...] Es gab nichts zu tun, nichts zu hören, nichts zu sehen, überall und ununterbrochen war um einen das Nichts, die völlige raumlose und zeitlose Leere.

[1] Louis Nathaniel Rothschild (1882–1955): leitete ab 1911 ein privates Bankhaus in Wien. Er wurde nach dem sogenannten „Anschluss Österreichs" verhaftet und musste sein Vermögen den Nationalsozialisten überschreiben, um eine Ausreisegenehmigung zu erhalten.
[2] Pression: Druck, Zwang
[3] subtil: ausgefeilt, fein strukturiert, schwierig
[4] hermetisch: *hier* dicht verschlossen, vollständig abgeriegelt

2 a) Lies den ersten Textabschnitt (Z. 1 – 15) und erkläre, warum Dr. B. von der Gestapo im Hotel *Metropole* eingesperrt wird.
b) Recherchiere im Internet zum Hotel *Metropole* in Wien, beziehe auch den historischen Hintergrund mit ein. Stelle deine Ergebnisse in Form eines Kurzvortrags vor.

Recherchestrategien gezielt einsetzen, S. 37/38

3 a) Lies nun den restlichen Textauszug (Z. 16 – 65). Unterstreiche mithilfe einer Folie die Textstellen, in denen das Zimmer von Dr. B. genauer beschrieben wird.
b) Erstelle eine eigene Zeichnung oder eine Collage des Zimmers von Dr. B., in der vor allem die Atmosphäre des Raums deutlich wird.
c) Vergleiche die Atmosphäre des Zimmers von Dr. B. mit deinen Assoziationen zum Begriff Grandhotel aus Aufgabe 1 sowie mit den Informationen, die du zum Hotel *Metropole* in Aufgabe 2 b) recherchiert hast. Was stellst du fest?

Folie

Text „Dr. B.s Isolationshaft im Hotel"

4 a) Erstelle eine Liste mit allem, woran es Dr. B. in seiner Gefangenschaft im Hotelzimmer mangelt. Notiere die entsprechenden Textstellen mit Zeilenangaben.
b) Ordne zusammen mit einer Partnerin oder einem Partner ähnliche Stichpunkte übergeordneten Kategorien, die ihr selbst entwickelt, zu.
c) Setze den Schauplatz und die persönliche Situation, in der sich Dr. B. befindet, in Beziehung. Stütze dich dabei auf deine Arbeitsergebnisse aus den Aufgaben 1 – 4.

Starthilfe, S. 426

Starthilfe, S. 426

5 Stelle die beiden Hauptschauplätze der Schachnovelle – das Hotel und das Passagierschiff – vergleichend gegenüber.
a) Lege dazu die folgende Tabelle in deinem Heft an und fülle sie aus.

	Hotel	**Passagierschiff**
Gemeinsamkeiten	• *Urlaubsorte*	
Unterschiede	• *statisch*	• *in Bewegung*

b) Erläutere, welche Absicht der Autor mit der Wahl dieser beiden Schauplätze verfolgt haben könnte.

Figuren charakterisieren II

Während seiner Isolationshaft wird Dr. B. immer wieder verhört und dazu in einen Verhörraum geführt. Dies ist sein einziger Kontakt zur Außenwelt. Anfangs schafft er es noch, möglichst keine Informationen preiszugeben, aber nach vier Monaten ist er kurz davor zusammenzubrechen und auszusagen. Da gelingt es ihm, in einem unbeobachteten Moment im Vorzimmer des Verhörraums ein Buch aus einem dort hängenden Militärmantel zu entwenden. Zunächst ist Dr. B. bitter enttäuscht, dass es sich um ein Schachbuch handelt, in dem 150 Meisterpartien abgedruckt sind. Dann beginnt er jedoch die Partien auf seinem karierten Betttuch mit Brotkrümeln nachzuspielen.

Stefan Zweig: Schachnovelle

„Dr. B."

Dr. B.

Nach weiteren vierzehn Tagen war ich mühelos imstande, jede Partie aus dem Buch auswendig – oder, wie der Fachausdruck lautet: blind – nachzuspielen; jetzt erst begann ich zu verstehen, welche unermessliche Wohltat mein frecher Diebstahl mir eroberte. Denn ich hatte mit einem Male eine Tätigkeit – eine sinnlose, eine zwecklose, wenn Sie wollen, aber doch eine, die das Nichts um mich zunichtemachte, ich besaß mit den hundertfünfzig Turnierpartien eine wunderbare Waffe gegen die erdrückende Monotonie des Raumes und der Zeit. Um mir den Reiz der neuen Beschäftigung ungebrochen zu bewahren, teilte ich mir von nun ab jeden Tag genau ein: zwei Partien morgens, zwei Partien nachmittags, abends dann noch eine rasche Wiederholung. [...] Allmählich begann bei dem zuerst bloß mechanischen Nachspielen der Meisterpartien ein künstlerisches, ein lusthaftes Verständnis in mir zu erwachen. Ich lernte die Feinheiten, die Tücken und Schärfen in Angriff und Verteidigung verstehen, ich erfasste die Technik des Vorausdenkens, Kombinierens, Ripostierens[1] und erkannte bald die persönliche Note jedes einzelnen Schachmeisters in seiner individuellen Führung so unfehlbar, wie man Verse eines Dichters schon aus wenigen Zeilen feststellt; was als bloß zeitfüllende Beschäftigung begonnen, wurde Genuss, und die Gestalten der großen Schachstrategen, wie Aljechin, Lasker, Bogoljubow, Tartakower, traten als geliebte Kameraden in meine Einsamkeit. Unendliche Abwechslung beseelte täglich die stumme Zelle, und gerade die Regelmäßigkeit meiner Exerzitien[2] gab meiner Denkfähigkeit die schon erschütterte Sicherheit zurück: ich empfand mein Gehirn aufgefrischt und durch die ständige Denkdisziplin sogar noch gleichsam neu geschliffen. [...]

Nur darum war diese Tätigkeit für meine erschütterten Nerven eine so heilsame und eher beruhigende gewesen, weil ein Nachspielen fremder Partien nicht mich selber ins Spiel brachte; ob Schwarz oder Weiß siegte, blieb mir gleichgültig, es waren doch Aljechin oder Bogoljubow, die um die Palme des Champions kämpften, und meine eigene Person, mein Verstand, meine Seele genossen einzig als Zuschauer, als Kenner die Peripetien[3] und Schönheiten jener Partien. Von dem Augenblick an, da ich aber gegen mich zu spielen versuchte, begann ich mich unbewusst herauszufordern. Jedes meiner beiden Ich, mein Ich Schwarz und mein Ich Weiß, hatten zu wetteifern gegeneinander und gerieten jedes für sein Teil in einen Ehrgeiz, in eine Ungeduld, zu siegen, zu gewinnen; ich fieberte als Ich Schwarz nach jedem Zuge, was das Ich Weiß nun tun würde. Jedes meiner beiden

Ich triumphierte, wenn das andere einen Fehler machte, und erbitterte sich gleichzeitig über sein eigenes Ungeschick. [...]
Schließlich steigerte sich meine Erregung während des Spielens und ich tat nichts anderes mehr von morgens bis nachts – zu solchem Grade, dass ich nicht einen Augenblick mehr stillzusitzen vermochte; ununterbrochen ging ich, während ich die Partien überlegte, auf und ab, immer schneller und schneller und schneller auf und ab, auf und ab, und immer hitziger, je mehr sich die Entscheidung der Partie näherte; die Gier, zu gewinnen, zu siegen, mich selbst zu besiegen, wurde allmählich zu einer Art Wut, ich zitterte vor Ungeduld, denn immer war dem einen Schach-Ich in mir das andere zu langsam. Das eine trieb das andere an; so lächerlich es Ihnen vielleicht scheint, ich begann mich zu beschimpfen – ‚schneller, schneller!' oder ‚vorwärts, vorwärts!' –, wenn das eine Ich in mir mit dem andern nicht rasch genug ripostierte. Selbstverständlich bin ich mir heute ganz im Klaren, dass dieser mein Zustand schon eine durchaus pathologische Form geistiger Überreizung war, für die ich eben keinen andern Namen finde als den bisher medizinisch unbekannten: eine Schachvergiftung. Schließlich begann diese monomanische Besessenheit nicht nur mein Gehirn, sondern auch meinen Körper zu attackieren. Ich magerte ab, ich schlief unruhig und verstört, ich brauchte beim Erwachen jedes Mal eine besondere Anstrengung, die bleiernen Augenlider aufzuzwingen.

[1] ripostieren: eine Riposte ausführen; Riposte: bezeichnet beim Fechten den unmittelbaren Gegenstoß nach einem abgewehrten Angriff
[2] Exerzitien: *hier* Übungen
[3] Peripetie: Wendepunkt, Umschwung

1 a) Lies den ersten Textabschnitt (Z. 1–50) und unterstreiche mithilfe einer Folie alle Passagen, in denen sich Dr. B. zu seinem Verhalten, seinen Gedanken und Gefühlen äußert.

Folie
Text „Dr. B."

b) Leite zusammen mit einer Partnerin oder einem Partner aus den unterstrichenen Äußerungen (= indirekten Charakterisierungen) mögliche Charaktereigenschaften Dr. B.s ab. Lege dazu folgende Tabelle in deinem Heft an und fülle sie aus. Der Wissen-und-Können-Kasten auf der folgenden Seite hilft dir dabei.

Charakterisieren, S. 383

Textbeispiel (= indirekte Charakterisierung)	**Charaktereigenschaft**
• *... teilte ich mir von nun ab, jeden Tag genau ein (Z. 14/15)* • ...	• *Selbstdisziplin* • ...

c) Fasse in einem Satz zusammen, welche Wirkung das Schachspiel auf Dr. B. in dieser Textpassage (bis Z. 50) ausübt.

2 a) Lies nun den restlichen Textauszug (Z. 50–91) und unterstreiche auch hier alle Passagen, in denen sich Dr. B. zu seinem Verhalten, seinen Gedanken und Gefühlen äußert.

Folie
Text „Dr. B."

b) Überlege dir, wie du dir Dr. B. in dieser Textpassage vorstellst. Halte deine Gedanken zu seinem äußeren Erscheinungsbild, aber auch zu seinem geistigen Zustand und seiner Gedankenwelt stichpunktartig fest.

c) Sammle nun Bilder aus Zeitungen, Zeitschriften und dem Internet, die zu deinen Vorstellungen passen.
d) Erstelle mit den gesammelten Materialien eine Collage von Dr. B.
e) Ergänze zu deinen einzelnen Gestaltungselementen Pfeile und Textkästen, in denen du den Zusammenhang zwischen deinen Gestaltungsideen und den Eigenschaften Dr. B.s erläuterst.

Einen Museumsgang durchführen, S. 379

f) Präsentiert eure Collagen in Form eines Museumsgangs. Diskutiert anschließend, welche Ideen ihr für besonders gelungen haltet und begründet eure Meinung.

3 a) Vergleiche deine Ergebnisse aus Aufgabe 1 (S. 225) mit deiner Collage. Erkläre, wie sich das Schachspiel von Dr. B. verändert hat. Welche Wirkung übt das Schachspiel jetzt auf ihn aus?

Starthilfe, S. 427

b) Vergleiche die Entwicklung, die das Schachspiel in der Gefangenschaft bei Dr. B. auslöst, mit dem in der ersten Binnenerzählung geschilderten Werdegang Czentovics. Welche Parallelen und Unterschiede gibt es?

4 Erläutere, wie sich das Bild der „Schachvergiftung" (Z. 85) in diesem Zusammenhang deuten lässt und fasse deine Überlegungen unterhalb der Collage in drei bis vier Sätzen zusammen.

5 a) Beschreibe die verschiedenen Gestaltungselemente der nebenstehenden Illustration Czentovics von Christoph Vieweg.
b) Setze die Darstellungsart und die Persönlichkeit Czentovics in Beziehung und begründe, ob du die Illustration für gelungen hältst.

Wissen und Können

Direkte und indirekte Charakterisierung unterscheiden

Bei der **direkten Charakterisierung** werden die Merkmale des Charakters einer Figur direkt von der Figur selbst, einer anderen Figur oder vom Erzähler beschrieben. Den Lesenden wird in Form von Bewertungen, Kommentaren, Einschätzungen und Urteilen explizit dargelegt, wie eine Figur aussieht, wie sie sich verhält, was sie denkt oder welche Charaktereigenschaften sie hat.
Im Gegensatz dazu müssen die Leserinnen und Leser bei der **indirekten Charakterisierung** Aussagen zum Charakter einer Figur selbst aus ihrem äußeren Erscheinungsbild, ihrem Verhalten und ihren Gedanken und Gefühlen ableiten. Es erfolgt keine nähere Kommentierung, Bewertung oder Beurteilung durch die Figur selbst, eine andere Figur oder den Erzähler.

Arbeitsheft, S. 59–61

Motive entschlüsseln II

Aufgrund des schlechten Gesundheitszustands und da er für die Nationalsozialisten als Informant unwichtig geworden ist, wird Dr. B. aus der Haft entlassen und seine Ausreise veranlasst. Damit endet der Rückblick auf seine Lebensgeschichte und die Rahmenerzählung auf dem Schiff wird fortgesetzt. Dr. B. erklärt sich zu dem Schachduell gegen Czentovic bereit; unter der Bedingung, dass es bei einer Partie bleibt, da er nicht wieder dem Spielfieber verfallen möchte. Doch bereits während der Partie steigert sich Dr. B.s Unruhe zusehends. Am Ende des Spiels gibt sich Czentovic nach langer Zeit des Überlegens geschlagen, fordert Dr. B. aber zur Revanche auf.

Rahmen- und Binnenhandlung (bzw. -erzählung), S. 392

Stefan Zweig: Schachnovelle

„Schach als Kampf (Teil 1)"

Schach als Kampf (Teil 1)

„Noch eine Partie?", fragte er.
„Selbstverständlich", antwortete Dr. B. mit einer mir unangenehmen Begeisterung und setzte sich, noch ehe ich ihn an seinen Vorsatz mahnen konnte, es bei einer Partie bewenden zu lassen, sofort nieder und begann mit fiebriger Hast, die Figuren neu aufzustellen. Er rückte sie mit solcher Hitzigkeit zusammen, dass zweimal ein Bauer durch die zitternden Finger zu Boden glitt; mein schon früher peinliches[1] Unbehagen angesichts seiner unnatürlichen Erregtheit wuchs zu einer Art Angst. Denn eine sichtbare Exaltiertheit[2] war über den vorher so stillen und ruhigen Menschen gekommen; das Zucken fuhr immer öfter um seinen Mund, und sein Körper zitterte wie von einem jähen Fieber geschüttelt.
„Nicht!", flüsterte ich ihm leise zu. „Nicht jetzt! Lassen Sie's für heute genug sein! Es ist für Sie zu anstrengend."
„Anstrengend! Ha!", lachte er laut und boshaft. „Siebzehn Partien hätte ich unterdessen spielen können statt dieser Bummelei! Anstrengend ist für mich einzig, bei diesem Tempo nicht einzuschlafen! – Nun! Fangen Sie doch schon einmal an!"
Diese letzten Worte hatte er in heftigem, beinahe grobem Ton zu Czentovic gesagt. Dieser blickte ihn ruhig und gemessen an, aber sein steinern starrer Blick hatte etwas von einer geballten Faust. Mit einem Mal stand etwas Neues zwischen den beiden Spielern; eine gefährliche Spannung, ein leidenschaftlicher Hass. Es waren nicht zwei Partner mehr, die ihr Können spielhaft aneinander proben wollten, es waren zwei Feinde, die sich gegenseitig zu vernichten geschworen. Czentovic zögerte lange, ehe er den ersten Zug tat, und mich überkam das deutliche Gefühl, er zögerte mit Absicht so lange. Offenbar hatte der geschulte Taktiker schon herausgefunden, dass er gerade durch seine Langsamkeit den Gegner ermüdete und irritierte. So setzte er nicht weniger als vier Minuten aus, ehe er die normalste, die simpelste aller Eröffnungen machte, indem er den Königsbauern die üblichen zwei Felder vorschob. Sofort fuhr unser Freund mit seinem Königsbauern ihm entgegen, aber wieder machte Czentovic eine endlose, kaum zu ertragende Pause [...]. Czentovic rührte sich nicht. Er überlegte still, langsam und, wie ich immer gewisser fühlte, boshaft langsam; damit aber gab er mir reichlich Zeit, Dr. B. zu beobachten. Er hatte eben das dritte Glas Wasser hinabgestürzt; unwillkürlich erinnerte ich mich, dass er mir von seinem fiebrigen Durst in der Zelle erzählte. Alle Symptome einer anomalen Erregung zeichneten sich deutlich ab; ich sah seine Stirne feucht werden und die Narbe auf seiner Hand röter und schärfer als zuvor. Aber noch beherrschte er sich. Erst als beim vierten Zug Czentovic wieder endlos überlegte, verließ

ihn die Haltung, und er fauchte ihn plötzlich an: „So spielen Sie doch schon endlich einmal!“ Czentovic blickte kühl auf. „Wir haben meines Wissens zehn Minuten Zugzeit vereinbart. Ich spiele prinzipiell nicht mit kürzerer Zeit.“ [...] Czentovic versteinte gleichsam immer mehr; schließlich schaltete er immer das Maximum der vereinbarten Überlegungspause ein, ehe er sich zu einem Zug entschloss, und von einem Intervall zum andern wurde das Benehmen unseres Freundes sonderbarer.

[1] peinliches: *hier* starkes, drängendes
[2] exaltiert: aufgeregt, überspannt

Folie

Text „Schach als Kampf (Teil 1)“

Folie

1 a) Lies den Textausschnitt oben. Unterstreiche die Darstellung der Verhaltensweisen von Dr. B. und Czentovic in jeweils unterschiedlichen Farben.

b) Unterstreiche anschließend die Beschreibung der Stimmung, die zwischen den beiden Schachspielern herrscht, in einer weiteren Farbe.

c) Setze deine Ergebnisse aus Aufgabe 1 a) und b) zueinander in Beziehung und erläutere, wie sich die Verhaltensweisen von Czentovic und Dr. B. gegenseitig bedingen. Welche Auswirkung hat diese Wechselwirkung auf die Atmosphäre zwischen den beiden Figuren?

d) Charakterisiere anschließend die unterschiedliche Schachspielweise der beiden Figuren jeweils in einem Satz.

e) Prüfe die These, dass in der Schachnovelle die unterschiedlichen Schachspielweisen von Czentovic und Dr. B. symbolisch für unterschiedliche Denk- und Wertesysteme stehen und dass das Schachspiel bildlich den Kampfplatz zwischen diesen Systemen darstellt. Stütze dich dabei auf deine bisherigen Arbeitsergebnisse.

2 a) Diskutiert in verschiedenen Gruppen, wen ihr für den besseren Schachspieler haltet – Czentovic oder Dr. B.? Begründet dabei eure Positionen.

Ein Statement untersuchen, S. 254

b) Stelle ausgehend von der Diskussion Vermutungen an, wer diese Schachpartie gewinnen wird. Schreibe dazu ein kurzes Statement, in dem du deine Einschätzung stichhaltig begründest.

Folie

Text „Schach als Kampf (Teil 2)“

3 a) Lies nun den folgenden Textausschnitt. Unterstreiche erneut die Beschreibungen des Verhaltens von Dr. B. und benenne die Veränderungen, die du feststellst.

b) Ordne das Verhalten Dr. B.s in den bisherigen Verlauf der Novelle ein.

c) Nimm kritisch Stellung dazu, ob das Ende der Schachnovelle mit dem Abbruch der Partie durch Dr. B. einen Sieg oder eine Niederlage bedeutet. Gehe dabei darauf ein, ob dies auch im übertragenen Sinne so gesehen werden kann.

Starthilfe, S. 427

4 a) Schreibe das Ende der Schachnovelle so um, dass Dr. B. am Ende als eindeutiger Sieger oder Verlierer erscheint.

b) Lest eure Ideen im Plenum vor. Diskutiert, ob euch diese Art von Schlüssen passender erscheinen oder nicht. Begründet dabei eure Meinung.

Stefan Zweig: Schachnovelle

„Schach als Kampf (Teil 2)"

Schach als Kampf (Teil 2)

Es hatte den Anschein, als ob er [Dr. B] an der Partie gar keinen Anteil mehr nehme, sondern mit etwas ganz Anderem beschäftigt sei. Er ließ sein hitziges Aufundniederlaufen und blieb an seinem Platz regungslos sitzen. Mit einem stieren und fast irren Blick ins Leere vor sich starrend, murmelte er ununterbrochen unverständliche Worte vor sich hin; [...] immer mehr beschlich mich der Verdacht, er habe eigentlich Czentovic und uns alle längst vergessen in dieser kalten Form des Wahnsinns, der sich plötzlich in irgendeiner Heftigkeit entladen konnte. Und tatsächlich, bei dem neunzehnten Zug brach die Krise aus. Kaum, dass Czentovic seine Figur bewegt, stieß Dr. B. plötzlich, ohne recht auf das Brett zu blicken, seinen Läufer drei Felder vor und schrie derart laut, dass wir alle zusammenfuhren:

„Schach! Schach dem König!"

Wir blickten in der Erwartung eines besonderen Zuges sofort auf das Brett. Aber nach einer Minute geschah, was keiner von uns erwartet. Czentovic hob ganz, ganz langsam den Kopf und blickte – was er bisher nie getan – in unserem Kreise von einem zum andern. Er schien irgendetwas unermesslich zu genießen, denn allmählich begann auf seinen Lippen ein zufriedenes und deutlich höhnisches Lächeln. Erst nachdem er diesen seinen uns noch unverständlichen Triumph bis zur Neige genossen, wandte er sich mit falscher Höflichkeit unserer Runde zu.

„Bedaure – aber ich sehe kein Schach. Sieht vielleicht einer von den Herren ein Schach gegen meinen König?"

Wir blickten auf das Brett und dann beunruhigt zu Dr. B. hinüber. Czentovics Königsfeld war tatsächlich – ein Kind konnte das erkennen – durch einen Bauern gegen den Läufer völlig gedeckt, also kein Schach dem König möglich. Wir wurden unruhig. Sollte unser Freund in seiner Hitzigkeit eine Figur danebengestoßen haben, ein Feld zu weit oder zu nah? Durch unser Schweigen aufmerksam gemacht, starrte jetzt auch Dr. B. auf das Brett und begann heftig zu stammeln:

„Aber der König gehört doch auf f7... er steht falsch, ganz falsch. Sie haben falsch gezogen! Alles steht ganz falsch auf diesem Brett... der Bauer gehört doch auf g5 und nicht auf g4... das ist ja eine ganz andere Partie... Das ist..."

Er stockte plötzlich. Ich hatte ihn heftig am Arm gepackt oder vielmehr ihn so hart in den Arm gekniffen, dass er selbst in seiner fiebrigen Verwirrtheit meinen Griff spüren musste. Er wandte sich um und starrte mich wie ein Traumwandler an.

„Was ... was wollen Sie?"

Ich sagte nichts als »Remember!« und fuhr ihm gleichzeitig mit dem Finger über die Narbe seiner Hand. Er folgte unwillkürlich meiner Bewegung, sein Auge starrte glasig auf den blutroten Strich. Dann begann er plötzlich zu zittern, und ein Schauer lief über seinen ganzen Körper.

„Um Gottes willen", flüsterte er mit blassen Lippen. „Habe ich etwas Unsinniges gesagt oder getan... bin ich am Ende wieder...?"

„Nein", flüsterte ich leise. „Aber Sie müssen sofort die Partie abbrechen, es ist höchste Zeit [...]."

Dr. B. stand mit einem Ruck auf. „Ich bitte um Entschuldigung für meinen dummen Irrtum", sagte er mit seiner alten höflichen Stimme und verbeugte sich vor Czentovic. „Es ist natürlich purer Unsinn, was ich gesagt habe. Selbstverständlich bleibt es Ihre Partie." Dann wandte er sich zu uns. „Auch die Herren muss ich um Entschuldigung bitten. Aber ich hatte Sie gleich im Voraus gewarnt, Sie sollten von mir nicht zu viel erwarten. Verzeihen Sie die Blamage – es war das letzte Mal, dass ich mich im Schach versucht habe."

Arbeitsheft, S. 62

Schätze deinen Lernstand ein

Stefan Zweig: Schachnovelle

McConnor

Er hieß McConnor und war ein schottischer Tiefbauingenieur, der, wie ich hörte, bei Ölbohrungen in Kalifornien sich ein großes Vermögen gemacht hatte, von äußerem Ansehen ein stämmiger Mensch mit starken, fast quadratisch harten Kinnbacken, kräftigen Zähnen und einer satten Gesichtsfarbe, deren prononcierte[1] Rötlichkeit wahrscheinlich, zumindest teilweise, reichlichem Genuss von Whisky zu verdanken war. Die auffällig breiten, fast athletisch vehementen Schultern machten sich leider auch im Spiel charaktermäßig bemerkbar, denn dieser Mister McConnor gehörte zu jener Sorte selbstbesessener Erfolgsmenschen, die auch im belanglosesten Spiel eine Niederlage schon als Herabsetzung ihres Persönlichkeitsbewusstseins empfinden. Gewöhnt, sich im Leben rücksichtslos durchzusetzen, und verwöhnt vom faktischen Erfolg, war dieser massive Selfmademan derart unerschütterlich von seiner Überlegenheit durchdrungen, dass jeder Widerstand ihn als ungebührliche Auflehnung und beinahe Beleidigung erregte. Als er die erste Partie verlor, wurde er mürrisch und begann umständlich und diktatorisch zu erklären, dies könne nur durch eine momentane Unaufmerksamkeit geschehen sein, bei der dritten machte er den Lärm im Nachbarraum für sein Versagen verantwortlich; nie war er gewillt, eine Partie zu verlieren, ohne sofort Revanche zu fordern. Anfangs amüsierte mich diese ehrgeizige Verbissenheit; schließlich nahm ich sie nur mehr als unvermeidliche Begleiterscheinung für meine eigentliche Absicht hin, den Weltmeister an unseren Tisch zu locken.

[1] prononciert: scharf betont, ausgeprägt

Folie

Text „McConnor“

1 a) Lies den Textausschnitt. Unterstreiche die direkten und indirekten Charakterisierungen McConnors in unterschiedlichen Farben.
b) Leite aus den indirekten Charakterisierungen mögliche Charaktereigenschaften McConnors ab. Notiere dir anschließend alle Charaktereigenschaften McConnors stichpunktartig in einer Liste.

2 Vergleiche die Eigenschaften McConnors mit denen Czentovics. Welche Gemeinsamkeiten und Unterschiede stellst du fest?

3 a) Bestimme Erzählformen und Erzählperspektiven im Textausschnitt oben und belege deine Ergebnisse mit passenden Textstellen.
b) Erläutere, welche Rückschlüsse sich aus der Erzähltechnik auf das Verhältnis zwischen McConnor und dem Erzähler ziehen lassen.
c) Markiere dir in deinen Arbeitsergebnissen von Aufgabe 1 b) alle negativen Eigenschaften McConnors.
d) Nimm begründet Stellung dazu, inwiefern sich aus der Kritik des Erzählers an McConnor Werte ableiten lassen, denen sich der Erzähler verpflichtet fühlt.

→ Seite 231 – 233, B
→ Seite 231 – 233, A
← Seite 226, Wissen u. Können

Die Schachnovelle als Graphic Novel kennenlernen

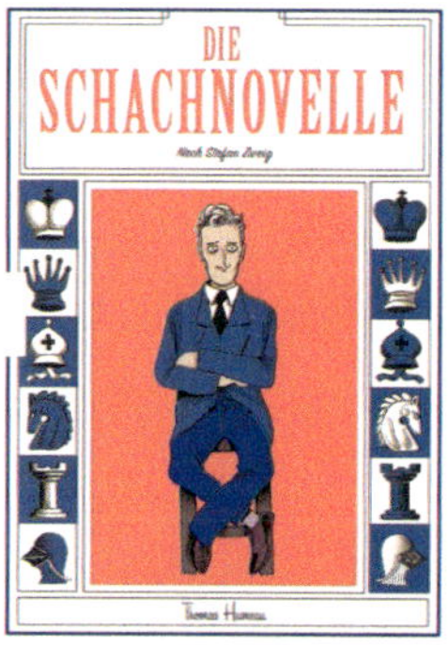

Thomas Humeau: Die Schachnovelle. Nach Stefan Zweig; München 2016; hier: Titelbild

Mit seiner Annahme, dass die Schachnovelle nur ein sehr kleines Publikum interessieren wird, unterlag Stefan Zweig einer klaren Fehleinschätzung. So wurde das Werk in über 40 Sprachen übersetzt und zählt mittlerweile zu den Klassikern der deutschsprachigen Literatur. Neben verschiedenen Hörbuchfassungen gibt es auch eine Dramenfassung sowie eine Oper zur Schachnovelle. Bereits 1960 wurde die Schachnovelle das erste Mal verfilmt, eine weitere Verfilmung kam im Jahr 2021 in die Kinos. 2015 adaptierte der französische Comiczeichner Thomas Humeau das Werk als Graphic Novel.

1 a) Beschreibe das abgebildete Titelbild der Graphic Novel „Die Schachnovelle" von Thomas Humeau und welche Wirkung damit erzeugt wird.
b) Diskutiert, ob dieses Titelbild zum Inhalt der Schachnovelle passt. Begründet eure Meinung.

2 Beschreibe den Inhalt der beiden nachfolgenden Panels und bestimme, an welcher Stelle im Handlungsverlauf der Schachnovelle sie einzuordnen sind.

Graphic Novel, S. 387/388

Panels aus „Die Schachnovelle"

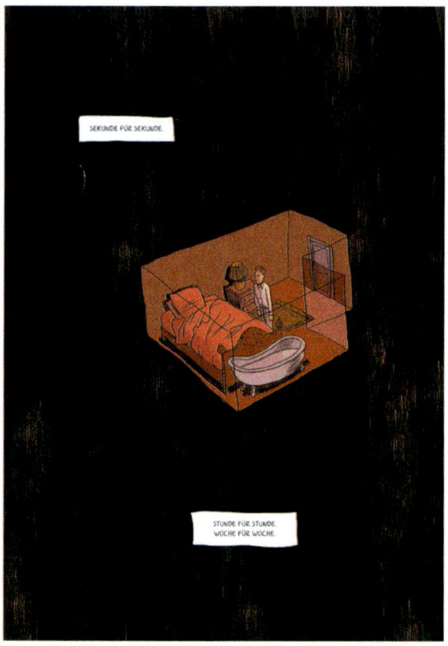

3 Lege mithilfe des Wortspeichers auf der folgenden Seite eine Liste der verschiedenen Gestaltungselemente an, die der Zeichner in den beiden Panels verwendet. Wähle Aufgabe **A** oder **B** aus.

A a) Ergänze zu den einzelnen Gestaltungselementen jeweils, welche Gedanken und Gefühle der Hauptfigur dadurch zum Ausdruck gebracht werden sollen.
b) Schreibe ein Fazit, welche Wirkung durch die Gestaltungselemente bei den Leserinnen und Lesern erzielt wird.

Folie

B Schreibe zu beiden Panels jeweils einen inneren Monolog der Hauptfigur, in dem deren Gedanken und Gefühle deutlich werden. Versuche dabei auch die Wirkung zu berücksichtigen, die die Gestaltung der Panels bei den Lesenden erzielt.

Innerere Monologe verfassen, S. 378

Fachbegriffe zur Bildsprache der Graphic Novel

Grundstruktur
- *das Panel: Einzelbild*
- *der Strip: Folge von Einzelbildern*

Perspektive
- *Totale: Blick aus der Ferne auf eine größere Szenerie*
- *Halbtotale: Ausschnitt einer Szenerie*
- *Nahaufnahme: ein oder einige wenige Elemente werden aus der Nähe gezeigt*
- *Detailansicht: ein Detail wird herausgehoben*

Standort des Betrachters
- *auf gleicher Höhe mit dem Dargestellten*
- *frontal oder seitlich*
- *von oben aus der Vogelperspektive*
- *von unten aus der Froschperspektive*

4 Nimm Stellung zu der Frage, ob die Darstellung der psychischen Verfassung, in der sich Dr. B. in den beiden Panels befindet, gelungen ist.

5 a) Beschreibe den Inhalt des Strips auf der nachfolgenden Seite und bestimme, an welcher Stelle im Handlungsverlauf der Schachnovelle er einzuordnen ist.

Starthilfe, S. 427

b) Erläutere, welche inhaltlichen Veränderungen der Comiczeichner gegenüber dem Originaltext der Schachnovelle von Stefan Zweig vorgenommen hat.

c) Stelle zusammen mit einer Partnerin oder einem Partner Vermutungen an, warum der Comiczeichner diese Veränderungen vorgenommen hat.

Einen Dialog mithilfe des Modells von Schulz von Thun untersuchen und Charaktere und Beziehungen erschließen, S. 24/25

6 Beschreibe, wie sich in den Panels 3–5 des Strips (S. 233) die Perspektive und der Standort des Betrachters schrittweise verändern. Wähle Aufgabe **A** oder **B** aus.

A Erläutere diese Veränderungen, indem du sie in Beziehung zum inhaltlichen Gesprächsverlauf setzt.

B Setze diese Veränderungen in Beziehung zum inhaltlichen Gesprächsverlauf und berücksichtige dabei auch die Persönlichkeit Dr. B.s.

7 In den letzten beiden Panels des Strips sind Perspektive und Standort des Betrachters völlig identisch, dennoch erzeugen sie bei der Leserin bzw. dem Leser eine unterschiedliche Wirkung. Wähle Aufgabe **A** oder **B** aus.

A Nenne die inhaltlichen und gestalterischen Elemente, durch die sich die beiden Panels unterscheiden und erläutere, wie sich dadurch ihre Wirkung verändert.

B Beurteile auf Grundlage einer Analyse der unterschiedlichen Wirkung der beiden Panels, welche Möglichkeiten Graphic Novels im Vergleich zur nicht-graphischen Literatur eröffnen. Berücksichtige dabei auch, worin die besondere Leistung von graphischer Literatur liegt.

ICH MUSS SAGEN, SIE SIND SEHR MUTIG, EMMA. DEN WELTMEISTER HERAUSZUFORDERN ...
SIE FINDEN DAS LÄCHERLICH, ODER? ES STIMMT JA, DASS ICH IDIOTISCH REAGIERT HABE, ABER DIESER CZENTOVIC GEHT MIR AUF DIE NERVEN ...
APROPOS KABINE, SIE VERLASSEN DIE IHRE AUCH NICHT GERADE HÄUFIG. MAN SIEHST SIE NUR SELTEN AUF DER BRÜCKE ...
JA, ICH GEBE ZU, ICH BIN ETWAS MENSCHENSCHEU ...
SO? WARUM DENN? WAS HABEN SIE UNS VORZUWERFEN?
SIE HABEN DIE GÜTE, SICH FÜR MICH ZU INTERESSIEREN. DIE GESCHICHTE IST KOMPLIZIERT, WISSEN SIE ...
ABER WENN SIE ETWAS ZEIT HABEN ...
VOR 4 JAHREN, ALS ICH NOCH KEINE GRAUEN HAARE HATTE, DIE MICH ÄLTER AUSSEHEN LASSEN, ALS ICH IN WIRKLICHKEIT BIN ...

Sich auf eine Klassenarbeit vorbereiten

Einen Textauszug interpretieren

Textverarbeitungsprogramm

Aufgabe: Interpretiere den folgenden Textauszug „Dr. B. als Retter" aus Stefan Zweigs Schachnovelle. Nimm dabei auch kritisch zu der Frage Stellung, wie realistisch jeweils die Darstellung Dr. B.s, aber auch Czentovics als Schachspieler ist.

Stefan Zweig: Schachnovelle

Dr. B. als Retter

Von diesem Augenblick an wuchs unsere Erregung ins Ungemessene. Bisher hatten wir ohne ernstliche Hoffnung gespielt, nun aber trieb der Gedanke, den kalten Hochmut Czentovics zu brechen, uns eine fliegende Hitze durch alle Pulse. Schon aber hatte unser neuer Freund den nächsten Zug angeordnet, und wir konnten – die Finger zitterten mir, als ich den Löffel an das Glas schlug – Czentovic zurückrufen. Und nun kam unser erster Triumph. Czentovic, der bisher immer nur im Stehen gespielt, zögerte, zögerte und setzte sich schließlich nieder. Er setzte sich langsam und schwerfällig; damit aber war schon rein körperlich das bisherige Von-oben-herab zwischen ihm und uns aufgehoben. Wir hatten ihn genötigt, sich wenigstens räumlich auf eine Ebene mit uns zu begeben. Er überlegte lange, die Augen unbeweglich auf das Brett gesenkt, sodass man kaum mehr die Pupillen unter den schwarzen Lidern wahrnehmen konnte, und im angestrengten Nachdenken öffnete sich ihm allmählich der Mund, was seinem runden Gesicht ein etwas einfältiges Aussehen gab. Czentovic überlegte einige Minuten, dann tat er seinen Zug und stand auf. Und schon flüsterte unser Freund:

„Ein Hinhaltezug! Gut gedacht! Aber nicht darauf eingehen! Abtausch forcieren[1], unbedingt Abtausch, dann können wir auf Remis, und kein Gott kann ihm helfen."

McConnor gehorchte. Es begann in den nächsten Zügen zwischen den beiden – wir andern waren längst zu leeren Statisten herabgesunken – ein uns unverständliches Hin und Her. Nach etwa sieben Zügen sah Czentovic nach längerem Nachdenken auf und erklärte: „Remis."

Einen Augenblick herrschte totale Stille. Man hörte plötzlich die Wellen rauschen und das Radio aus dem Salon herüberjazzen, man vernahm jeden Schritt vom Promenadendeck und das leise, feine Sausen des Winds, der durch die Fugen der Fenster fuhr. Keiner von uns atmete, es war zu plötzlich gekommen und wir alle noch geradezu erschrocken über das Unwahrscheinliche, dass dieser Unbekannte dem Weltmeister in einer schon halb verlorenen Partie seinen Willen aufgezwungen haben sollte. McConnor lehnte sich mit einem Ruck zurück, der zurückgehaltene Atem fuhr ihm hörbar in einem beglückten „Ah!" von den Lippen. Ich wiederum beobachtete Czentovic. Schon bei den letzten Zügen hatte mir geschienen, als ob er blässer geworden sei. Aber er verstand sich gut zusammenzuhalten. Er verharrte in seiner scheinbar gleichmütigen Starre und fragte nur in lässigster Weise, während er die Figuren mit ruhiger Hand vom Brette schob: „Wünschen die Herren noch eine dritte Partie?"

Er stellte die Frage rein sachlich, rein geschäftlich. Aber das Merkwürdige war: er hatte dabei nicht McConnor angeblickt, sondern scharf und gerade das Auge gegen unseren Retter gehoben. Wie ein Pferd am festeren Sitz einen neuen, einen besseren Reiter, musste er an den letzten

Zügen seinen wirklichen, seinen eigentlichen Gegner erkannt haben. Unwillkürlich folgten wir seinem Blick und sahen gespannt auf den Fremden. Jedoch ehe dieser sich besinnen oder gar antworten konnte, hatte in seiner ehrgeizigen Erregung McConnor schon triumphierend ihm zugerufen:

„Selbstverständlich! Aber jetzt müssen Sie allein gegen ihn spielen! Sie allein gegen Czentovic!"

Doch nun ereignete sich etwas Unvorhergesehenes. Der Fremde, der merkwürdigerweise noch immer angestrengt auf das schon abgeräumte Schachbrett starrte, schrak auf, da er alle Blicke auf sich gerichtet und sich so begeistert angesprochen fühlte. Seine Züge verwirrten sich.

„Auf keinen Fall, meine Herren", stammelte er sichtlich betroffen. „Das ist völlig ausgeschlossen ... ich komme gar nicht in Betracht ... ich habe seit zwanzig, nein, fünfundzwanzig Jahren vor keinem Schachbrett gesessen ... und ich sehe erst jetzt, wie ungehörig ich mich betragen habe, indem ich mich ohne Ihre Verstattung[2] in Ihr Spiel einmengte ... Bitte, entschuldigen Sie meine Vordringlichkeit[3] ... ich will gewiss nicht weiter stören." Und noch ehe wir uns von unserer Überraschung zurechtgefunden, hatte er sich bereits zurückgezogen und das Zimmer verlassen.

„Aber das ist doch ganz unmöglich!", dröhnte der temperamentvolle McConnor, mit der Faust aufschlagend. „Völlig ausgeschlossen, dass dieser Mann fünfundzwanzig Jahre nicht Schach gespielt haben soll! Er hat doch jeden Zug, jede Gegenpointe[4] auf fünf, auf sechs Züge vorausberechnet. So etwas kann niemand aus dem Handgelenk. Das ist doch völlig ausgeschlossen – nicht wahr?"

Mit der letzten Frage hatte sich McConnor unwillkürlich an Czentovic gewandt. Aber der Weltmeister blieb unerschütterlich kühl.

„Ich vermag darüber kein Urteil abzugeben. Jedenfalls hat der Herr etwas befremdlich und interessant gespielt; deshalb habe ich ihm auch absichtlich eine Chance gelassen." Gleichzeitig lässig aufstehend, fügte er in seiner sachlichen Art bei:

„Sollte der Herr oder die Herren morgen eine abermalige Partie wünschen, so stehe ich von drei Uhr ab zur Verfügung."

[1] Abtausch: wechselseitiges Schlagen gleichwertiger Figuren; forcieren: vorantreiben

[2] Verstattung: Erlaubnis

[3] Vordringlichkeit: Aufdringlichkeit

[4] Gegenpointe: Gegenzug

Reden analysieren, ihre Wirkung erkennen und bewerten

Wovon die Rede ist – wozu die Rede taugt

Politik, Justiz, Kultur sind ohne Reden kaum vorstellbar. Reden können fesseln, bewegen, verändern: Sie können Menschen stärken, Urteile beeinflussen, Perspektiven eröffnen, Entwicklungen in Gang setzen, demokratische Prozesse fördern oder in die Irre und ins Unheil führen. Daher ist es besonders wichtig, ihre Merkmale und Funktionsweisen zu untersuchen.

TEXT 1

Clemens Meyer

Als Mark mir auf dem Nachhauseweg von der Schule von der Mikrowelle seiner Eltern erzählte, tat ich so, als wäre mir das ganz egal, denn wir hatten keine. Die große Wende war eben erst vorbei, und die Wenigsten in unserer Klasse oder im Viertel hatten schon eine Mikrowelle zu Hause.
„Na und", sagte ich, „was soll denn da schon dran sein, an so 'nem Ding."
„Mensch, Danie, hörste mir nicht zu, da legste was rein, was zu essen, sogar Suppe, und in paar Minuten is das fertig."
„Also wie 'n ganz normaler Backofen."
„Nee, Mensch, nicht wie 'n Backofen. Suppe geht nicht im Backofen. Viel kleiner, und außerdem viel, viel schneller. Das funktioniert mit Strahlung!"
„Radioaktiv, oder was?"
„Du bist doch bloß neidisch, weil ihr keine habt!"

TEXT 2

Carolin Emcke

Montag, 25. Mai 2020
[…] Heute regnet es. Regen war nicht abgemacht. Regen stand nicht auf dem Programm. Ich liebe Regen seit meiner Kindheit, seit meine Großmutter behauptete, ich würde wachsen, wenn ich beim Herumtoben draußen im Regen pitschnass werde, und auch wenn ich schon lange nicht mehr wachse und ahne, dass meine Großmutter ein klitzekleines bisschen geschwindelt haben könnte, liebe ich ihn noch immer, Regen im Frühling und noch lieber Regen im Sommer, Wolkenbrüche, das Geräusch und den Duft, wenn alles feucht ist und dampft. Aber heute nicht.

TEXT 3

Richard von Weizsäcker

Hitler hat stets damit gearbeitet, Vorurteile, Feindschaften und Hass zu schüren.

Die Bitte an die jungen Menschen lautet:

Lassen Sie sich nicht hineintreiben in Feindschaft und Hass
gegen andere Menschen,
gegen Russen oder Amerikaner,
gegen Juden oder Türken,
gegen Alternative oder Konservative,
gegen Schwarz oder Weiß.

Lernen Sie, miteinander zu leben, nicht gegeneinander.

Lassen Sie auch uns als demokratisch gewählte Politiker dies immer wieder beherzigen und ein Beispiel geben.

Ehren wir die Freiheit.
Arbeiten wir für den Frieden.
Halten wir uns an das Recht.
Dienen wir unseren inneren Maßstäben der Gerechtigkeit.
Schauen wir am heutigen 8. Mai, so gut wir es können, der Wahrheit ins Auge.

1 a) Fasse mit eigenen Worten die Mitteilungen der Textauszüge 1 – 3 zusammen.
b) Überlegt gemeinsam: Welche Absichten könnten die Autorin und die Autoren jeweils veranlasst haben, genau diese Texte zu schreiben?
c) Identifiziert zu zweit mithilfe folgender Kurzdefinitionen (M 1 – M 3) die jeweilige Textsorte für die verschiedenen Texte auf Seite 236. Begründet eure Zuordnung.

M 1

Tagebücher enthalten in bestimmten zeitlichen Abständen – oft täglich – verfasste und chronologisch geordnete Aufzeichnungen, Notizen, Eindrücke, Kommentare zu eigenen, aktuellen Erfahrungen. Es handelt sich um Momentaufnahmen, die durchaus widersprüchliche Stimmungen, Reflexionen und auch Analysen allgemeiner Art festhalten.

M 2

In einer **Ich-Geschichte**/einem **Ich-Roman** berichtet ein Erzähler in Ich-Form ein fiktives Geschehen. Dieser Ich-Erzähler ist in der Regel nicht identisch mit der Person der Autorin bzw. des Autors.

M 3

In einer **Rede** legt die Rednerin bzw. der Redner den eigenen Standpunkt zu einem bestimmten Thema mündlich vor einem Publikum dar. Ihre bzw. seine Absicht ist, auf das Denken und Handeln der Zuhörenden Einfluss zu nehmen (appellativer Charakter). Dazu setzt sie oder er gezielt sprachliche Mittel (rhetorische Figuren) ein, bemüht sich um eine klar strukturierte, triftige Argumentation und ein wirkungsvolles Vortragen mithilfe nonverbaler Ausdrucksmittel.

2 Besprecht: Welche der drei Texte (Text 1 – 3) lassen sich als Sachtext kennzeichnen? Welcher nicht? Begründet.

→ *Sachtexte, S. 393/394*

Sachtexte beziehen sich in ihrer Darstellung direkt auf die reale Welt sowie das Denken und Handeln in ihr. Es sind Texte, die vor allem informieren und erklären, aber auch analysieren, interpretieren und argumentieren.

3 Diskutiert: Mit welchen Absichten werden Reden gehalten?

In diesem Kapitel lernt ihr, ...

- Reden zu analysieren und ihre Absichten einzuordnen,
- Propagandareden an Inhalt, Sprache und nonverbalen Signalen zu erkennen,
- Redeformen anzuwenden.

Redekontext und Redegattungen erfassen

Mit den seit der Antike gelehrten Mitteln der Rhetorik können Reden wirkungsvoll gestaltet werden. Diese rhetorischen Mittel wurden und werden bis heute nicht nur bedachtsam und die öffentliche Diskussion fördernd eingesetzt (*überzeugen*), sondern auch stark manipulativ und demagogisch, d. h. aufwieglerisch (*überreden*). So macht es Sinn, sich mit Reden auseinanderzusetzen und ihre Elemente zu (er)kennen.

Das Setting einer Rede

M 1

Das folgende Modell zeigt die kommunikativen Rahmenbedingungen einer Rede (Setting):

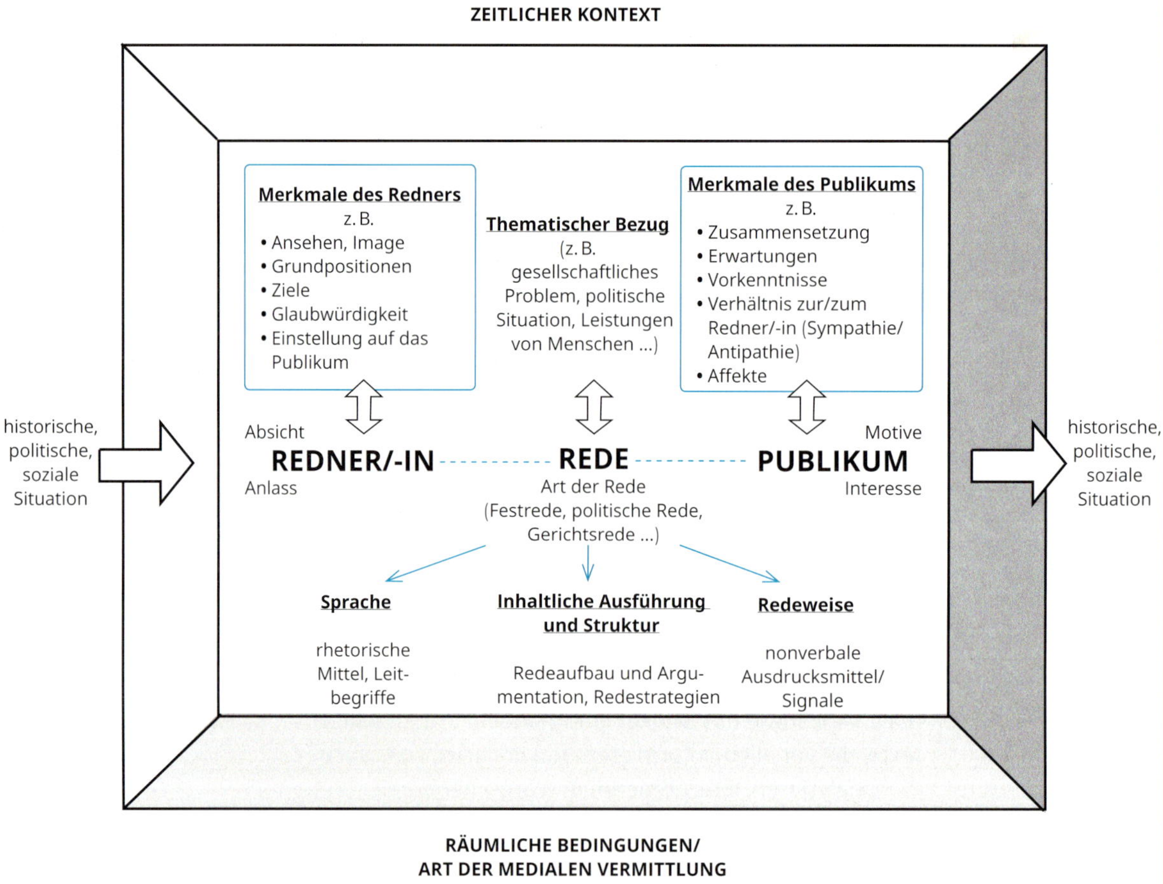

1 a) Beschreibe mithilfe des Modells (M 1) das Setting von Reden. Du kannst dich dabei an den folgenden Fragen orientieren: Wer? Was? Wo? Womit? Warum? Auf welche Weise? Wann?

b) Recherchiere und versuche, für die wichtigsten Elemente Beispiele zu finden. Du kannst auch die Bilder und Ereignisse auf der folgenden Seite dazu nutzen.

M 2

König Friedrich II. der Große
vor der Schlacht bei Leuthen, 03.12.1757

M 3

Bezug: Adolf Eichmann,
Jerusalem, 11.04.1961

M 4

Bundespräsident Frank-Walter Steinmeier,
Nürnberg, Justizgebäude, Saal 600, 20.11.2020

M 5

US-Präsident Donald Trump vor Anhänger/-innen,
Greenville (North Carolina), USA, 17.07.2019

M 6

„Führer und Reichskanzler" Adolf Hitler,
Berliner Sportpalast, 04.09.1940

M 7

Lyrikerin Nora Gomringer vor Abiturientinnen und Abiturienten,
Saarbrücken, 14.07.2021

2 In der Rhetorik werden je nach Funktion drei große monologische Gattungen unterschieden: die Festrede, die politische Rede und die Gerichtsrede.

a) Ordne die abgebildeten Situationen oben jeweils einem der Redetypen zu. Begründe deine Entscheidung. Nutze dazu den Wissen-und-Können-Kasten auf der nächsten Seite.

b) Gib an, welche Setting-Elemente (vgl. M 1) auf den einzelnen Bildern auszumachen sind. Erläutere kurz.

Arbeitsblatt: Kontext, Inhalt und Aufbauelemente von Reden erfassen

3 a) Kennzeichne das visuelle Setting bei der Rede Barack Obamas am 25.04.2016 in Hannover und gehe dabei auch auf den gezeigten Moment des Vortrags ein (M 8). Verwende dazu das Arbeitsblatt aus dem Medienpool.

b) Kläre, um welchen Redetypus es sich hier handelt und an welche Adressaten Obama sich damit richtet. Nutze den Wissen-und-Können-Kasten unten.

Starthilfe, S. 427

c) Beurteile die Wirkung der Redekulisse und des Auftritts Obamas.

M 8

US-Präsident Barack Obama bei seiner Rede in Hannover am 25.04.2016

Wissen und Können

Redegattungen unterscheiden

Seit Aristoteles (384 – 322 v. Chr.) werden in der Rhetorik grundsätzlich folgende drei Redegattungen unterschieden, wobei die Übergänge fließend sein können:

- **Festrede:** Eine Person, eine Personengruppe, eine Einrichtung etc. wird für ihre Leistungen gelobt bzw. gewürdigt oder ihr Wirken wird kritisiert. Beispiele sind die Abiturrede, die Hochzeitsrede, die Gedenkrede, die Trauerrede, die Jubiläumsrede oder die Eröffnungsrede.
- **Politische Rede:** Die Rednerin/der Redner stellt ihre bzw. seine Position bezüglich einer Situation dar. Dabei legt sie/er ein bestimmtes Handeln nahe, appelliert oder warnt. In der Zuhörerschaft sollen Entscheidungen, zu denen die Rednerin/der Redner steht, verfestigt werden. Während es in demokratischen Zusammenhängen um argumentative Auseinandersetzung und Aufklärung geht, lenkt die manipulative, hetzerische bzw. demagogische Propagandarede durch die Erzeugung von Emotionen von der Notwendigkeit solider Argumentation ab. Beispiele sind: die Parteitagsrede, die Wahlkampfrede, die Parlamentsrede, die Propagandarede.
- **Gerichtsrede:** Es handelt sich um Reden mit anklagender oder verteidigender Funktion, gemeint sind im Wesentlichen die Plädoyers von Staatsanwaltschaft und Verteidigung. Die jeweilige Argumentation soll bei der Entscheidung, was im Hinblick auf ein vergangenes Geschehen Recht bzw. Unrecht ist, helfen.

Arbeitsheft, S. 63/64

Aufbau und Inhalt von Reden untersuchen

1 Lies die folgende Bewertung M 9 der Obama-Rede (s. M 8) durch einen Journalisten.
a) Notiere unter dem Stichwort Redeweise die in diesem Text hervorgehobenen, von Obama verwendeten nonverbalen Signale.
b) Der Journalist erwähnt auch Aufbauelemente der Rede. Halte sie unter dem Stichwort Struktur der Rede fest.

Andreas Sentker

M 9

Rhetorik: Einfach überzeugen

Am 25. April 2016 hält [Barack Obama] in Hannover eine jener Reden, wie sie ihn berühmt und zum Präsidenten der Vereinigten Staaten gemacht haben. [„An die Menschen in Europa" ist der Text überschrieben:]
Charismatisch und charmant, schelmisch und pathetisch – er zieht alle Register. Die Rede ist aufgebaut wie aus dem Lehrbuch: Am Anfang das, was Rhetoriker „captatio benevolentiae" nennen, das Greifen nach dem Wohlwollen des Auditoriums („Ich muss gestehen, das deutsche Volk hat in meinem Herzen einen ganz besonderen Platz"). Und am Ende eine klassische conclusio („Denn ein vereintes Europa, früher der Traum einiger weniger, ist jetzt die Hoffnung der vielen und eine Notwendigkeit für uns alle.").
Obama sucht den Blickkontakt mit dem Publikum. Er setzt effektvolle Pausen. Er kann nonchalant wirken – und im nächsten Moment staatsmännisch. Er setzt den ganzen Körper ein, die langen Arme, präsidial, sehr effizient. Barack Obama ist ein begnadeter Redner [...]

2 Eine übliche, Jahr für Jahr praktizierte Redeform ist nach bestandenem Abitur die Rede an die Abiturientinnen und Abiturienten von Menschen in unterschiedlichen Funktionen.
a) Klärt zu zweit die Absicht bzw. den Sinn von solchen Reden.
b) Überlegt zu zweit, welche Funktionen der Anfang einer Abiturrede erfüllen sollte. Schreibt eure Ideen für den Anfang einer solchen Rede auf, formuliert dabei auch eine Captatio Benevolentiae, also ein Zuhörerkompliment (s. M 9).

3 a) Lest Text 1 von Raoul Schrott und schlagt arbeitsteilig folgende Begriffe nach:
Konformist, Metrosexueller, Yuppies, Singles, androgyn, Anämie, Bulimie, Viva, Konfessionsbekenntnis, Generation Golf, Faserland.
Haltet ihre Bedeutungen fest und erklärt sie euch gegenseitig.
b) Die nachgeschlagenen, sehr unterschiedlichen Begriffe haben im Kontext der Rede einen gemeinsamen Bedeutungsgehalt. – Überprüft diese Behauptung in Partnerarbeit und erklärt.
c) Überlegt, welche der damaligen Trends heute noch aktuell sind. Nennt Beispiele: Welche neuen Tendenzen lassen sich gegenwärtig beobachten?

4 Beschreibe Inhalt und Aufbau des Redeeinstiegs von Raoul Schrott.

5 Vergleiche den Einstieg in die Abiturrede mit euren Erwartungen aus Aufgabe 2. Lege kurz dar: Wie geht der Redner mit der Rhetorik-Lehre von der Captatio Benevolentiae um. Welche Absicht verfolgt er damit?

6 Erkläre: Welchem Thema widmet sich der Autor in der Rede?

Raoul Schrott: Rede an die Abiturienten des Jahrgangs 2004 Text 1

Der wölfische Hunger. Über das Alter der Jugend (Anfang)

Liebe Abiturienten,
viel halte ich nicht von Euch. Und beneide Euch auch nicht. Wenn ich nach einem Schlagwort suchen müsste, um Eure Generation auf einen Nenner zu bringen, würde ich Euch Konformisten schimpfen. Ein paar Jahre älter, und ich sehe Euch schon vollkommen eingegliedert in diese neue Gesellschaftsschicht, die einem überall in den deutschen Fußgängerzonen begegnet: Gel im Haar, Sonnenbrillen auch im Winter, ledrig braun vom wöchentlichen Solarium, Silikonsäcke in der Brust der Frauen, die Männer hart am Waschbrettbauch arbeitend, aber allesamt geistige Bügelbretter. Metrosexuelle in der Nachfolge von in die Jahre gekommenen Yuppies und Singles, androgyn zwischen Anämie und Bulimie, nur den Job im Kopf, den nächsten all-inclusive-Urlaub, Amerika als Traumziel, kulturell zwischen Hollywood und Viva, Schamrasur und Pay-TV als Kick, Naturschutz als Konfessionsbekenntnis, und die politische Haltung von reinen Konsumenten. Eine Generation Golf im Faserland.

Abschätzigkeit der Jugend gegenüber gehört zu den immer wiederkehrenden Reaktionen des Alters, schon seit Sokrates. Nicht als Privileg – das Alter hat kein Anrecht darauf – sondern als Stereotyp; warum das so ist, darauf komme ich noch zu sprechen. Dennoch, wenn ich ehrlich bin, ist das das Bild, das ich von Euch habe. Wobei ich mir natürlich überlege, ob das an meinem Blickwinkel liegt, der Überheblichkeit, mit der sich nur die Selbstgerechtigkeit von jemandem ausdrückt, der doppelt so alt ist wie Ihr. Nichts gibt mir das Recht, Euch so pauschal abzukanzeln. Nein, wenn ich es mir jetzt herausnehme, dann weil ich mich – so seltsam dies klingen mag – jünger fühle als Ihr. Und weil ich dazu jetzt den Schriftsteller ganz beiseite schieben und kein Blatt vor den Mund nehmen werde, um zu sehen, wohin uns das Aufzählen all dieser Vorurteile bringt.

Raoul Schrott (geboren 17.01.1964), österreichischer Schriftsteller

7 Ordne folgende Elemente, die den Anfang einer Rede prägen können, soweit möglich den Redepassagen in Text 1 zu:

Folie
Text 1
Starthilfe, S. 427

Anrede/Kontaktaufnahme
Captatio Benevolentiae
Erzeugung von Aufmerksamkeit/Wecken von Neugierde
Angabe/Vorstellung des Themas
Herausstellung der Bedeutung des Thema
Formulierung des Problems

Raoul Schrott: Rede an die Abiturienten des Jahrgangs 2004 — Text 2

Der wölfische Hunger. Über das Alter der Jugend (Schluss)

[W]enn ich mir überlege, was der Kern meiner Haltung war, dann fällt mir etwas anderes ein. Es muss im selben Jahr gewesen sein, mit fünfzehn. Ich war hoffnungslos verliebt wie immer, Sommer war's, der für mich jetzt den Geruch der Aknecreme hat, und ich trug mein fast neues, weißes Peugeot Rennrad auf der Schulter eine Stiege in der Stadt hoch. Dass man glücklich ist, merkt man ja meist erst im Nachhinein, aber in diesem Moment wusste ich es wie zum ersten Mal, dass mein wölfischer Hunger sich gestillt hatte. Es war, als hielte sich in diesem Augenblick alles in der Waage: der Geruch des Pflasters, die Hitze des Nachmittags, alle Sehnsucht – ich spürte eine Offenheit des Blicks, etwas Unverstelltes, Neugieriges und Gelassenes zugleich. Eine Art Enthusiasmus; eine Freude auf alles, was noch kommen würde – und bereits eine Ahnung, dass es nie besser sein würde als jetzt und hier. Als stünde ich auf dieser obersten Treppenstufe mit einem Mal in der Mitte der Welt. Seitdem habe ich mich immer wieder daran erinnert, mit aller Deutlichkeit an diese eine Minute, die ich für den Rest meines Lebens im Gedächtnis zu behalten beschloss, um dieses Gefühl nie mehr zu verlieren. Ich hab es bis heute nicht. Und daraus eigentlich einen Beruf gemacht – als Dichter lebt man von dieser vielleicht naiven, aber weder kindlichen noch erwachsenen Neugier, die einem die Dinge immer wieder mit unverstelltem Blick vor Augen führt: blauäugig. Und hinter allen Kulissen und Klischees nach etwas suchen lässt, in dem man sich wiederfindet. Jede Eitelkeit dabei und jede Altersweisheit käme da nur einer geistigen Arterienverkalkung gleich. Es ist deshalb, dass ich mich jünger als Ihr fühle: fünfzehn. Und froh bin, dass ich diesen halbwüchsigen Burschen in mir nicht verloren habe. Das ist es, was ich auch Euch nun wünsche, aus ganzem Herzen: Das Talent, alt zu werden, ohne dabei erwachsen zu werden. Oder wie die Franzosen sagen: il faut avoir du talent pour vieillir sans devenir adulte.

8 a) Beschreibe kurz den Aufbau des Redeschlusses (Text 2) und fasse den Inhalt zusammen.
b) Reden münden nicht selten in kurz und präzise gefasste Aussagen, die Allgemeingültigkeit beanspruchen (Sentenzen) und dem Inhalt der Rede Nachdruck verleihen. Prüfe, ob das Ende dieser Rede eine oder mehrere Sentenzen enthält.
c) Erläutere kurz: Welche Funktion hat dieser Schlussteil der Rede?

Arbeitsheft, S. 65/66

Eine Rede vollständig analysieren

Peter Turrini

Text 1

Liebe Mörder!

Der vor allem durch seine Dramen bekannt gewordene österreichische Autor Peter Turrini hielt am 26. April 1995 folgende Rede auf dem Wiener Heldenplatz. 50 000 Menschen hatten sich dort aus Anlass der 50-Jahr-Feier der österreichischen Republik versammelt. In seiner Rede bezieht sich Turrini auf die Bombenanschläge vom Februar 1995 im Burgenland, bei denen vier Roma getötet wurden.

Peter Turrini (geboren 26.09.1944), österreichischer Schriftsteller

Geschätzte Anwesende! Liebe Freunde!

Ich kann nicht Geburtstag feiern, den Geburtstag einer Republik, ohne daran zu denken, dass in dieser Republik Menschen leben, die andere in die Luft sprengen. Ich wende mich an diese Menschensprenger, mit dem, was mir zur Verfügung steht: mit Worten.

Liebe Mörder!

Sie sind unauffindbar, und doch sind Sie neben mir, ganz und gar gegenwärtig. Wären Sie nur ein paar vereinzelte Verrückte, ich würde kein Wort an Sie verschwenden. Doch ich fürchte, es ist einer großen Anzahl von Österreichern gleichgültig oder recht, wenn wieder einmal ein paar „Zigeuner“ tot auf der Erde liegen. Ich frage Ihre vielen stillen und halblauten Zustimmer, und ich frage Sie, liebe Mörder, auf die naivste Art und Weise: Was haben Sie gegen diese Menschen? Ist es die Hautfarbe, das Andersartige, welches Sie so unendlich reizt, dass Sie zu Sprengsätzen greifen? Doch bedenken Sie: Das Andersartige, das in Ihren Augen so Hassenswerte, das Fremde, könnte in Ihrer eigenen Familie sein, könnte von Großeltern oder Eltern an Sie weitergegeben worden sein. Es wird nicht weniger in Ihnen, wenn Sie es an anderen Menschen verabscheuen, diese Menschen in die Luft sprengen. Sie selbst sind das Gemisch, das Sie zu vernichten trachten.
Aber vielleicht irre ich mich, vielleicht haben Sie einen anderen Grund, Menschen zu ermorden. Vielleicht hören Sie die Stimmen der anderen Menschen nicht mehr: kein Geflüster, keinen Zuruf, kein Weinen und nicht die Laute der Ausgelassenheit. Vielleicht ist alles in Ihnen taub, und nur ein großer Knall, so denken Sie, kann diese Taubheit lösen. Vielleicht, so denken Sie, müssen Sie jemanden töten, damit Sie sich endlich wieder lebendig fühlen. Aber Ihre Hoffnung ist trügerisch, Ihre Sehnsucht uneinlösbar. Mit jedem Toten vermehrt sich das Tote in Ihnen. Was ein Befreiungsschrei werden sollte, wird zu einer Vermehrung der Stille. Keine Fröhlichkeit, keine bleibenden Freundschaften werden Ihnen aus dieser Tat erwachsen. Niemand wird gerne mit Ihnen reden wollen, selbst Ihre Mitmacher, die einzigen, die Ihnen noch nahe sind, müssen mit Ihnen schweigen.
Ist es nicht nur der Hass auf Menschen, ist es auch der Hass auf diesen Staat, der Sie so umtreibt? Wollen Sie anstelle dieser wankelmütigen demokratischen Einrichtung etwas Starkes, Großes, Einmaliges setzen? Ist der Faschismus

tatsächlich Ihr Ziel, dann denken Sie an das Ende des „Dritten Reiches“. Am Schluss war alles still, zerstückelt, getötet, auf dem Boden und unter der Erde. Das Große war kleiner denn je. [...]

Liebe Mörder! Irre ich mit allen meinen Mutmaßungen über Sie? Sind Sie jung und voller Wut gegen alle, die sich viele Vorteile zu verschaffen wissen, während Sie keine haben? Hassen Sie die Bootsfahrer, die das andere Ufer erreichen und alles absperren und Sie drüben lassen ohne Arbeit, ohne Platz, ohne Wohnung? Halten Sie sich für Ausgeschlossene? Wenn das so ist, warum töten Sie jene, die wie Sie am Rande leben, am Rande der Dörfer und der Städte?
Diese Rede, liebe Mörder, ist ein Versuch, das Unfassbare Ihres Tuns zu fassen. Da ich dies mit Worten tue und Sie auf die Tat setzen, stehe ich ziemlich lächerlich vor Ihnen da. Ich beharre auf dieser Stellung. Letztlich bringen uns nur die Worte weiter, das Reden und nicht das Zuschlagen, das Streiten und nicht das Sprengen. Sie werden mit Ihrer Menschensprengerei nichts gewinnen, keinen neuen Menschen und keinen neuen Staat. Mit jedem, den Sie in die Luft sprengen, werden Sie ein Stück von sich selbst mitsprengen, bis Sie aufgelöst sind, verschwunden von der Erde. Egal, ob Sie in einem Gefängnis sitzen oder frei herumlaufen. Ich habe das Einzige getan, was ich tun konnte, ich habe eine Rede gehalten. Reden Sie zurück! [...]

1 a) Schaue dir die Rede von Turrini genau an. Überlege, wie du sie am besten vortragen könntest.
b) Lies die Rede entsprechend in der Klasse vor.
c) Tauscht euch anschließend darüber aus, wie die Rede auf euch wirkt.

Eine mündliche Präsentation vorbereiten und üben, S. 45

2 a) Erkläre, welches Ziel der Redner verfolgt. Fasse die zentralen Botschaften des Textes in ein bis drei Sätzen zusammen.
b) Besprecht, inwieweit Turrinis Anliegen aktuell noch von Bedeutung ist.

3 Gib an und begründe, in welchem Grad folgende drei Aspekte in der Rede umgesetzt sind:
a. Informations- und Reflexionsgehalt
b. Emotions- und Meinungsgehalt
c. Appellgehalt
Orientiere dich an einer Skala von sehr niedrig 1 bis sehr hoch 10.

Starthilfe, S. 427

4 Ermittle die kommunikativen Rahmenbedingungen der Rede Turrinis. Orientiere dich am Setting-Modell (S. 238).

5 Verfasse eine Einleitung zur Redeanalyse. Stelle dabei den Redner, Zeitpunkt, Anlass, Art und Ort der Rede, die Redesituation, das Thema, die Absichten des Redners sowie sein Publikum vor.

Textverarbeitungsprogramm

Gruppenpuzzle durchführen, S. 359

Arbeitsblatt: Inhalt und Aufbau

Arbeitsblatt: Spr. Mittel: Syntax

Arbeitsblatt: Spr. Mittel: Semantik

Arbeitsblatt: Redestrategien

6 Analysiert die Rede mithilfe des Gruppenpuzzles. Geht wie folgt vor:

a) Bildet jeweils zu viert Stammgruppen in der Klasse und ordnet jedem von euch eine der folgenden Aufgaben zu. Teilt euch danach neu auf (s. Aufgabe 6 b)).
- Ⓐ Erfasse Inhalt und Aufbau der Turrini-Rede. Gib die Funktion der verschiedenen Redeteile an.
- Ⓑ Untersuche die syntaktische Gestaltung der Turrini-Rede. Beschreibe die Funktion der auffälligen Redeelemente.
- Ⓒ Untersuche die semantische Gestaltung der Turrini-Rede. Beschreibe die Funktion der markanten Redeelemente.
- Ⓓ Prüfe, inwieweit sich Strategien in der Turrini-Rede finden lassen. Bewerte den Einsatz von Strategien, sofern vorhanden.

b) Findet euch in der Klasse in neuen Vierer-Gruppen (sog. Expertengruppen) zusammen, um gemeinsam dieselbe Aufgabe – entweder Ⓐ, Ⓑ, Ⓒ oder Ⓓ – zu bearbeiten. Verwendet dazu das jeweilige Arbeitsblatt aus dem Medienpool.

c) Kehrt in eure Stammgruppen zurück und stellt euch die Ergebnisse der vier Expertengruppen vor. Schreibt die Lösungen zu den anderen Aufgaben mit.

Textverarbeitungsprogramm

7 Schreibe in Einzelarbeit auf der Basis der in der Stammgruppe gesammelten Ergebnisse eine vollständige Analyse der Turrini-Rede. Verwende dazu z. B. die folgenden Formulierungshilfen und orientiere dich an dem Methodenkasten rechts.

Einleitung: *X hält diese Rede am … Anlass ist … Der eigentlich als Festansprache gedachte Beitrag gerät zur Mahnrede gegen ... X redet vor …. Die für die Rede gewählte Anrede … Er richtet sich vor allem an …*

Hauptteil:
- ***Inhalt und Gedankenführung:*** *X erklärt: ... Daher … Stattdessen will er … Er tut dies mit der Anrede … X begründet … mit ... Auch geht er von … aus. Im Weiteren vertritt er die These, dass … Mit logischen Schlüssen führt er … ad absurdum. X zeigt danach … auf: Er plädiert für … Zum Schluss fordert er auf, …*
- ***Sprachanalyse:*** *X setzt zu Beginn seiner Rede das … ein und bringt damit … zum Ausdruck. Gleichzeitig betont er, dass ... Das setzt er auch sofort um, indem er ein ... verwendet: … Diese …, die mehrfach wiederholt wird, steht den Erwartungen des Publikums an eine Festrede entgegen und wirkt provokativ. Die Verwendung des diskriminierenden Begriffs … soll … kennzeichnen, vor allem um die Zuhörenden aufzurütteln. Die Diskrepanz zwischen … und … wird in mehreren adversativen Formulierungen herausgestellt und so die Paradoxie des Handelns aufgezeigt. Antithetisch angelegte Bilder wie … intensivieren ...*
- ***Strategieanalyse:*** *Das Ziel des Redners ist, … Er kämpft gegen … und verurteilt ... Die Werte, zu denen sich X bekennt, werden offengelegt: … Dieser Bezugspunkt prägt seine Rede und positioniert ihn gegen … So erklärt sich X' Strategie der ... Auf der Suche nach Motiven für die … führt er mit nachvollziehbaren Argumentationen die … ad absurdum. So kann er einerseits die Zuhörenden mitnehmen, andererseits verweist er damit auf seine …*

Schluss: *Die Rede hat eine klare Gliederung, … richtet sich also an ein … Publikum. Die gedankliche Auseinandersetzung mit … nimmt zwar viel Raum ein, ist aber nicht Hauptanliegen des Redners. Ihm geht es vielmehr um …*

Methode

Eine Redeanalyse verfassen

I Einleitung: Vorstellung und Rahmenbedingungen der Rede

Die Einleitung soll eine erste Orientierung zur Rede liefern. Sie beinhaltet daher folgende Angaben zur **Redesituation**:
Merkmale der Rednerin/des Redners, Art der Rede, Ort, Zeitpunkt/historischer Kontext der Rede, Thema bzw. Problemstellung der Rede, Anlass und Absicht der Rede, Merkmale der Zuhörerschaft (vgl. Setting-Modell, S. 238).
Die Einleitung zu einer Redeanalyse ist im Vergleich zu anderen Analysen etwas umfangreicher, da die **Rahmenbedingungen** der jeweiligen Rede deutlich gemacht werden müssen. Insgesamt gilt aber: So kurz wie möglich, so umfangreich wie nötig.

II Hauptteil: Darstellung der Redegestaltung

- **Inhaltswiedergabe:** prägnante Zusammenfassung des Redeinhalts bei Wiedergabe der zentralen Aussagen mit eigenen Worten und im Konjunktiv der indirekten Rede, dabei Beschreibung der Aufbaumerkmale: Position/These, Argumentationsweise etc.
- **Sprachanalyse:** Untersuchung der Rede auf sprachliche Besonderheiten wie:
  - besondere syntaktische und lexische Merkmale: Satzarten, Satzbau, Parallelismus, Wiederholung, Anapher, Personalpronomen, Litotes, Häufung bestimmter Wortarten etc.
  - besondere semantische und lexische Merkmale: Schlagwörter/Leitbegriffe, Neologismus, Antithese, Steigerung/Klimax, Hyperbel, Ironie, Paradoxon, Metapher, Vergleich, Apostrophe, semantische Felder etc.
- **Strategieanalyse:** Untersuchung der Rede auf den Einsatz von Methoden der Beeinflussung wie Aufwertung/Abwertung, Polarisierung, Dramatisierung, Beschwichtigung, Wir-Gefühl, Verharmlosung, Desinformation etc.

Sprachliche Mittel, S. 394/395

Humor, Ironie und Sarkasmus unterscheiden, S. 176

Zusatzinfo zur Strategieanalyse: Redestrategien

III Schluss: Formulierung eines Fazits der Analyse

- kurze Zusammenfassung der Analyseergebnisse und Auswertungen
- abschließende Bewertung der Rede z. B. Verhältnis: Redeabsicht – eingesetzte Mittel – Wirkung, Schlüssigkeit des Argumentationsaufbaus, Überzeugungskraft, manipulative Ansätze etc.

Beachte grundsätzlich:
- Konzentriere dich auf auffällige und ergiebige Aspekte.
- Eine Auflistung sprachlicher Merkmale genügt nicht. Setze sie in Bezug zur Textwirkung.
- Verfasse die Analyse im Präsens.
- Verwende bei der inhaltlichen Wiedergabe von Textaussagen den Konjunktiv der indirekten Rede.
- Kennzeichne Zitate als solche.
- Formuliere sachlich, verwende – soweit möglich – passende Fachausdrücke.
- Gehe davon aus, dass du ein breites Publikum über den analysierten Text informierst.

Zitieren, S. 382

Arbeitsheft, S. 67/68

Eine Propagandarede analysieren

Hintergrundinformationen zur Rede

M 1

Joseph Goebbels, NS-Propaganda-Minister und Gauleiter von Berlin, hielt diese Rede nach der Kapitulation der 6. deutschen Armee in Stalingrad (Ende Januar 1943) bei einer Großkundgebung im Berliner Sportpalast (18.02.1943). Er sollte die Siegeszuversicht der Bevölkerung wiederherstellen. Nach der Rede vermerkte er in seinem Tagebuch, das Volk wäre „bereit, alles für den Krieg und für den Sieg herzugeben“. Tatsächlich teilte der Radiosprecher am Ende der Rede im ekstatischen Jubeln der 15000 Teilnehmer der Veranstaltung mit: „Die letzten Worte des Ministers gehen in nicht enden wollenden stürmischen Beifallskundgebungen unter.“ Zuvor schon stimmen die Anwesenden den einzelnen Fragen von Goebbels in Sprechchören begeistert und jubelnd zu. Goebbels hatte offenbar die Menge mit seinen rhetorischen und demagogischen Fähigkeiten aufgepeitscht. Die Rede gilt übrigens als Musterbeispiel für NS-Rhetorik und NS-Propaganda. Allerdings ist die in der Rede aufgestellte Behauptung, dass das Publikum die Nation repräsentieren würde, so nicht zutreffend. Die Zuhörerschaft bestand überwiegend aus ausgewählten, fanatischen Anhängern des Nationalsozialismus. Die Redezeit beträgt deutlich mehr als 100 Minuten. Der Auszug enthält – abgesehen von der Anrede – die letzten und wichtigsten Teile der Rede.

Joseph Goebbels — *„Rede im Berliner Sportpalast“* — Text 1

Rede im Berliner Sportpalast, 18. Februar 1943 (Auszug)

Meine deutschen Volksgenossen und Volksgenossinnen!

[...] Ich möchte aber zur Steuer der Wahrheit an euch, meine deutschen Volksgenossen und Volksgenossinnen, eine Reihe von Fragen richten, die ihr mir nach bestem Wissen und Gewissen beantworten müsst. [...]

Ihr also, meine Zuhörer, repräsentiert in diesem Augenblick die Nation. Und an euch möchte ich zehn Fragen richten, die ihr mir mit dem deutschen Volke vor der ganzen Welt, insbesondere aber vor unseren Feinden, die uns auch an ihrem Rundfunk zuhören, beantworten sollt.

Die Engländer behaupten, das deutsche Volk habe den Glauben an den Sieg verloren. Ich frage euch: Glaubt ihr mit dem Führer und mit uns an den endgültigen totalen Sieg des deutschen Volkes?

Berliner Sportpalast: riesige Hakenkreuzfahnen und Spruchbänder als Kulisse

Ich frage euch: Seid ihr entschlossen, dem Führer in der Erkämpfung des Sieges durch dick und dünn und unter Aufnahme auch der schwersten persönlichen Belastungen zu folgen?

Zweitens: Die Engländer behaupten, das deutsche Volk ist des Kampfes müde.

Ich frage euch: Seid ihr bereit, mit dem Führer als Phalanx der Heimat hinter der kämpfenden Wehrmacht stehend diesen Kampf mit wilder Entschlossenheit und unbeirrt durch alle Schicksalsfügungen fortzusetzen, bis der Sieg in unseren Händen ist?

Drittens: Die Engländer behaupten, das deutsche Volk hat keine Lust mehr, sich der überhand nehmenden Kriegsarbeit, die die Regierung von ihm fordert, zu unterziehen.
Ich frage euch: Seid ihr und ist das deutsche Volk entschlossen, wenn der Führer es befiehlt, zehn, zwölf, und wenn nötig vierzehn und sechzehn Stunden täglich zu arbeiten und das Letzte herzugeben für den Sieg?

Viertens: Die Engländer behaupten, das deutsche Volk wehrt sich gegen die totalen Kriegsmaßnahmen der Regierung. Es will nicht den totalen Krieg, sondern die Kapitulation.

Ich frage euch: Wollt ihr den totalen Krieg? Wollt ihr ihn, wenn nötig, totaler und radikaler, als wir ihn uns heute überhaupt noch vorstellen können?

Fünftens: Die Engländer behaupten, das deutsche Volk hat sein Vertrauen zum Führer verloren.

Ich frage euch: Ist euer Vertrauen zum Führer heute größer, gläubiger und unerschütterlicher denn je? Ist eure Bereitschaft, ihm auf allen seinen Wegen zu folgen und alles zu tun, was nötig ist, um den Krieg zum siegreichen Ende zu führen, eine absolute und uneingeschränkte?

Ich frage euch als sechstes: Seid ihr bereit, von nun ab eure ganze Kraft einzusetzen und der Ostfront die Menschen und Waffen zur Verfügung zu stellen, die sie braucht, um dem Bolschewismus den tödlichen Schlag zu versetzen?

Ich frage euch siebentens: Gelobt ihr mit heiligem Eid der Front, dass die Heimat mit starker Moral hinter ihr steht und ihr alles geben wird, was sie nötig hat, um den Sieg zu erkämpfen?

Ich frage euch achtens: Wollt ihr, insbesondere ihr Frauen selbst, dass die Regierung dafür sorgt, dass auch die deutsche Frau ihre ganze Kraft der Kriegführung zur Verfügung stellt und überall da, wo es nur möglich ist, einspringt, um Männer für die Front frei zu machen und damit ihren Männern an der Front zu helfen?

Ich frage euch neuntens: Billigt ihr, wenn nötig, die radikalsten Maßnahmen gegen einen kleinen Kreis von Drückebergern und Schiebern, die mitten im Kriege Frieden spielen und die Not des Volkes zu eigensüchtigen Zwecken ausnutzen wollen? Seid ihr damit einverstanden, dass, wer sich am Krieg vergeht, den Kopf verliert?

Ich frage euch zehntens und zuletzt: Wollt ihr, dass, wie das nationalsozialistische Parteiprogramm es gebietet, gerade im Kriege gleiche Rechte und gleiche Pflichten vorherrschen, dass die Heimat die schweren Belastungen des Krieges solidarisch auf ihre Schultern nimmt und dass sie für hoch und niedrig und arm und reich in gleicher Weise verteilt werden?

Ich habe euch gefragt; ihr habt mir eure Antwort gegeben. Ihr seid ein Stück Volk, durch euren Mund hat sich damit die Stellungnahme des deutschen Volkes manifestiert. Ihr habt unseren Feinden das zugerufen, was sie wissen müssen, damit sie sich keinen Illusionen und falschen Vorstellungen hingeben. [...]

Die Nation ist zu allem bereit. Der Führer hat befohlen, wir werden ihm folgen. Wenn wir je treu und unverbrüchlich an den Sieg geglaubt haben, dann in dieser Stunde der nationalen Besinnung und der inneren Aufrichtung. Wir sehen ihn greifbar nahe vor uns liegen; wir müssen nur zufassen. Wir müssen nur die Entschlusskraft aufbringen, alles andere seinem Dienst unterzuordnen. Das ist das Gebot der Stunde. Und darum lautet die Parole:

Nun Volk steh' auf und Sturm brich los![1]

[1] Zitat aus einem Text des Dichters und preußischen Offiziers Theodor Körner (1791-1813). Die Zeile „Das Volk steht auf, der Sturm bricht los" aus Körners Gedicht „Männer und Buben" (1813) wurde von Propagandaminister Goebbels zu einer leeren Formel „Nun Volk steh' auf und Sturm, brich los!" abgeändert.
Hier nach: Kundgebung der NSDAP, Gau Berlin, im Berliner Sportpalast, Joseph Goebbels, 18. Februar 1943, Auszug aus der Rundfunkübertragung, DRA-Nr. 2600052.

„Rede im Berliner Sportpalast“

Starthilfe, S. 427

1 Lest zuerst den gesamten Auszug aus der Goebbels-Rede und dann noch einmal den Kernteil (Z. 14 – 93). Hört beim zweiten Lesen parallel die Aufnahme der Rundfunkübertragung. Gebt eure Eindrücke zum Redevortrag wieder. Findet Gründe für die Wirkung der Rede.

2 Untersucht zu zweit die sprachliche Gestaltung der Goebbels-Rede. Benutzt dazu den Wissen-und-Können-Kasten unten und entwickelt eine Tabelle nach folgendem Muster:

Joseph Goebbels (29.10.1897 - 01.05.1945)

Häufig eingesetzte sprachliche Mittel	Beispiele aus der Rede	Funktion
Änderung des Wortwertes und der Bedeutung von Begriffen	*„Volksgenossin“/„Volksgenosse“: ursprünglich: Landsmann; Mitglieder einer durch gemeinsame Kultur, Geschichte, Sprache verbundene Gesellschaft nationalsozialistisch: Mensch „deutschen Blutes“ (s. a. Verwendung des Begriffs „Volk“ in der Rede)*	*in NS-Reden häufig gebrauchte Anrede: dient dem rassenideologischen Ausschluss von Menschen bei gleichzeitiger Betonung einer „deutschen“ Solidargemeinschaft*
Superlative	...	...
...	...	...

Wissen und Können

Merkmale der NS-Propagandasprache kennen

Sprachliche Mittel, S. 394/395

Folgende **sprachliche Mittel** wurden in NS-Reden gehäuft eingesetzt:
- Änderung des Wortwertes und der Bedeutung von Begriffen
- Grammatischer Superlativ (als Adjektivform) und semantischer Superlativ (als Einzelausdruck mit superlativem Wert, als superlativisch angelegtes Satzgebilde sowie als Zahl (oft 1000) oder Zahlenreihung (Hyperbel))
- Akkumulation/Reihung/Wiederholung (Einzelwort oder Satz)
- Parallelismus
- rhetorische Frage
- religiöse Begrifflichkeit/Sprache des Glaubens
- Vokabular des unbedingten Willens (s. a. Superlativ)
- Personal- und Possessivpronomen
- Schlagwörter
- Antithese
- imperativische Formulierungen: Imperativformen: direkte Aufforderungen oder Modalverb müssen
- Metaphern vor allem aus den Bereichen Technik, Militär, Biologie, Medizin und Sport

Artikelwörter und Pronomen, S. 401

Politische Schlagwörter, S. 412

3 Prüft in Partnerarbeit, welche Redestrategien von Goebbels eingesetzt wurden. Belegt mit Textstellen.

Starthilfe, S. 427

4 Lege detailliert dar, inwiefern es sich bei der Goebbels-Rede um eine Propagandarede handelt. Berücksichtige dabei auch das Rede-Setting (s. a. Foto) und das inhaltliche und argumentative Vorgehen. Erkläre den Erfolg des Aufrufs zum „totalen Krieg" bei der anwesenden Zuhörerschaft.

5 Diskutiert, inwieweit Victor Klemperers Aussage (M 2) auf die Sportpalastrede von Goebbels zutrifft.

Victor Klemperer

M 2

LTI[1] . Notizbuch eines Philologen[2]

[Die Sprache des Nationalsozialismus] ist ganz darauf gerichtet, den Einzelnen um sein individuelles Wesen zu bringen, ihn als Persönlichkeit zu betäuben, ihn zum gedanken- und willenlosen Stück einer in bestimmter Richtung getriebenen und gehetzten Herde, ihn zum Atom eines rollenden Steinblocks zu machen. [Sie] ist die Sprache des Massenfanatismus.

[1] LTI (Lingua Tertii Imperii): gemeint ist die Sprache des Dritten Reiches
[2] Philologe: Sprach- und Literaturwissenschaftler

6 Erläutere dein Verständnis des Wortes Volk und nimm Stellung zu Grünbeins Problem mit diesem Begriff (M 3).

SPIEGEL-Gespräch: Der Lyriker Durs Grünbein

M 3

„Das Wort *Volk* macht mich nervös"

Durs Grünbein (Lyriker): [...] Das Wort *Volk* macht mich nervös. Es hat das Zeug zum Hasswort.

SPIEGEL: Das war Hölderlins Lieblingswort. Sie hassen es?

Grünbein: Hölderlin ist seit anderthalb Jahrhunderten tot. Er träumte ein ideales Volk: Die Deutschen sollten die neuen Griechen sein. Dann aber kam die Nation, und damit bekam das Wort einen stahlharten Klang. Politik kann Wörter für immer vergiften. Kriege werden im Namen der Völker geführt. Völkisch war im nationalsozialistischen Sprachgebrauch eine positive Vokabel, eine rassistische, das Wort *Volk* trug einen drohenden Unterton. Die Soziologie spricht darum lieber neutral von Bevölkerungen. Darin liegt schon das Vermischte, die Siedlungsbewegung.

Arbeitsheft, S. 67/68

Nonverbale Signale in der NS-Propaganda-Rede deuten

Einen Sachtext über nonverbale Kommunikation erarbeiten, S. 12–14

Der Vortrag einer Rede wird begleitet von einer Reihe nonverbaler Signale wie Körperhaltung (Gestik), Gesichtsausdruck (Mimik), Blickverhalten oder der stimmlichen Ausgestaltung (z. B. Sprechtempo, Pausen, Lautstärke, Stimmführung). Das gesamte Redeverhalten wird meist unter dem Begriff „Redegestik" zusammengefasst. Redegesten unterstützen i. d. R. die inhaltlichen Ausführungen eines Vortrags.

1 Erkläre den Begriff Pose.

Schaubild: Wirkungsabsichten von Redegesten

2 Beschreibe kurz Hitlers Posen in den Fotografien unten und ordne ihnen mögliche Wirkungsabsichten wie Entschlossenheit zeigen, Ablehnung verdeutlichen, Stärke ausdrücken ... zu. Nutze dazu das Schaubild über Wirkungsabsichten von Redegesten aus dem Medienpool.

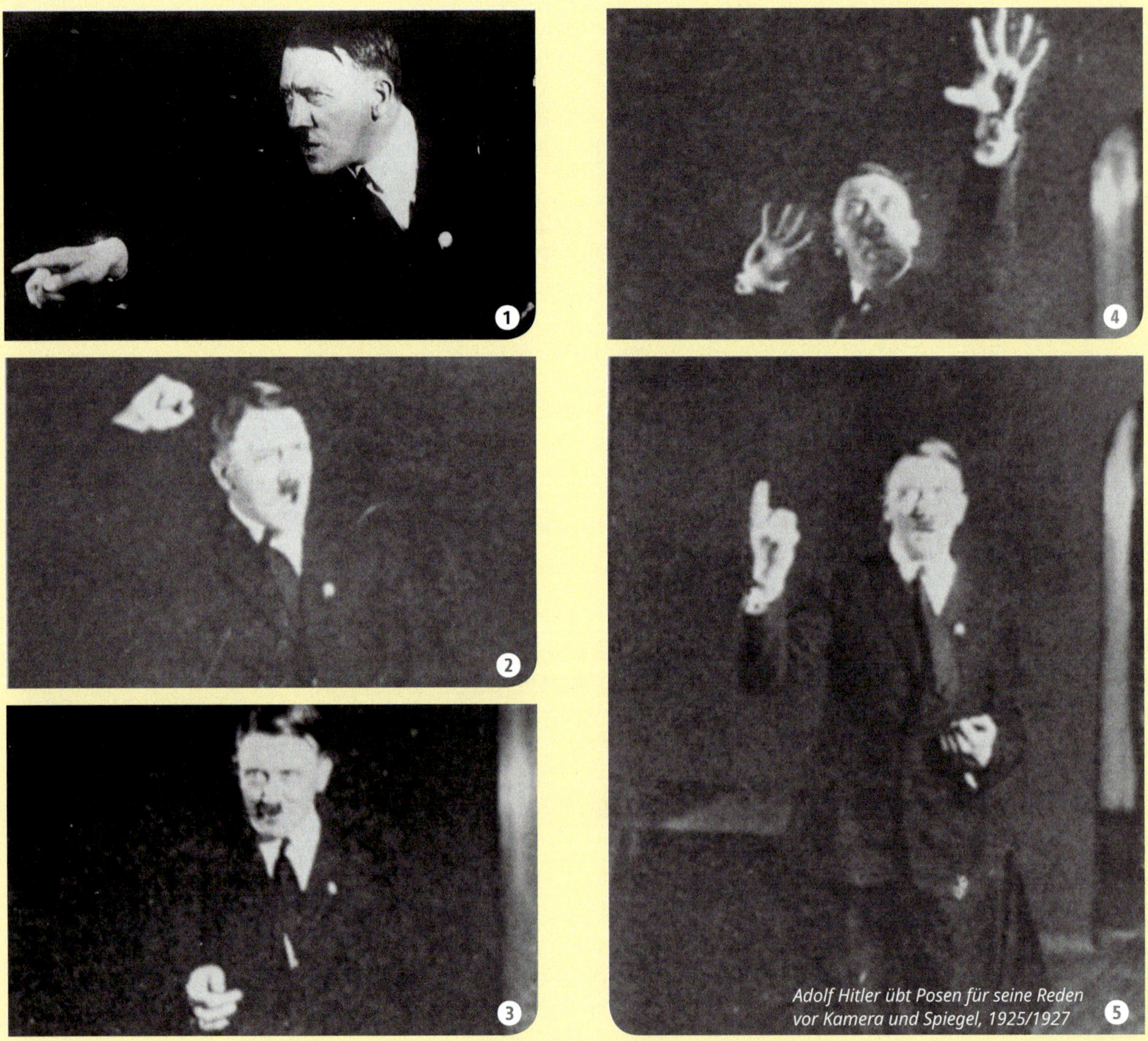

Adolf Hitler übt Posen für seine Reden vor Kamera und Spiegel, 1925/1927

3 Schau dir den Filmauszug an, der Hitler bei einer Rede inmitten von Mitgliedern seiner Partei noch vor der Machtübernahme im Deutschen Reich zeigt. Beschreibe und deute Hitlers Redegesten. Verwende dazu das Arbeitsblatt aus dem Medienpool.

„Filmauszug: Hitlers Fotograf"
Arbeitsblatt: Redegesten beschreiben und deuten

4 Tauscht euch in der Klasse über die unten zitierte Äußerung einer Zeitzeugin aus. Inwieweit ist euch das nachvollziehbar? Geht dabei vor allem auch auf die Redegestik ein.
„Der Hitler war gewöhnlich, aber was Mitreißendes hatte er, ich merkte, wie das knisterte, machte eine große Suggestivwirkung, umsonst hätte er nicht so einen Zulauf gehabt."

5 a) Vergleiche Redegesten, Mimik und Tonfall der Hitler-Rede (Aufgabe 3) mit der Imitation (Parodie) von Hitler-Reden in dem Auszug aus dem amerikanischen Film „Der große Diktator" von 1940.
b) Informiere dich über Strategien, Gestaltung und Absichten von Satiren.
c) Weist zu zweit nach, dass der Filmauszug eine Satire ist.

„Filmauszug: Der große Diktator"
Parodien verstehen, S. 81

6 Victor Klemperer schreibt: „[Der Stil der NS-Sprache war] der des marktschreierischen Agitators." Erläutere, inwieweit diese Aussage auf den Auszug aus der Hitler-Rede (Aufgabe 3) zutrifft.

7 a) Recherchiert und schaut euch zu zweit die Gestik in Reden demokratischer Politikerinnen und Politiker an. Vergleicht sie mit der Redegestik Hitlers oder Goebbels. Welche Unterschiede stellt ihr fest?
b) Diskutiert und bewertet schlussfolgernd den unterschiedlichen Körper- und auch Stimmeinsatz. Bezieht dazu auch folgende Information mit ein.

ehemalige Bundeskanzlerin Angela Merkel, 07.09.2021

Die Funktion von Redegesten in NS-Propaganda-Reden

In den politischen Propagandareden des Nationalsozialismus werden Redegesten strategisch gehäuft eingesetzt mit dem Ziel, die von der Rede ausgelösten Affekte zu verstärken und so das Publikum zu steuern. Die Reflexion soll auf diese Weise weitgehend ausgeschaltet werden. Joseph Goebbels, der Propagandaminister des „Dritten Reiches", drückt dies wie folgt aus: „[Die Propaganda] darf es nicht verschmähen, sich jener Mittel zu bedienen, die zwar den Intellekt enttäuschen, doch um so mehr das Herz des Volkes packen". Das Publikum soll sich emotional mit der Weltanschauung des Redners identifizieren, die Argumentation tritt in den Hintergrund. Die Zuhörer-/Zuschauerschaft soll geführt, nicht überzeugt werden.

Arbeitsheft, S. 69

Ein Statement untersuchen

Eine Schülerin hat Greta Thunbergs ca. achtminütige Rede zu den Resultaten der Glasgower Klimakonferenz 2021 ins Deutsche übersetzt, die zentralen Aussagen wörtlich übernommen und zu folgendem Statement zusammengestellt:

❶

Es ist kein Geheimnis, dass COP 26 [= die 26. Weltklimakonferenz] ein Reinfall ist.
Die COP hat sich in eine PR-Veranstaltung verwandelt, bei der die Staats- und Regierungschefs schöne Reden halten und tolle Verpflichtungen und Ziele ankündigen. [Und die Regierungen der wohlhabenderen Länder] weigern [sich], drastische Klimamaßnahmen zu ergreifen. Es scheint, dass ihr Hauptziel darin besteht, weiterhin für den Status quo zu kämpfen.
Dies ist nicht länger eine Klimakonferenz. Dies ist jetzt ein Greenwashing-Festival des globalen Nordens, eine zweiwöchige Feier des business as usual und des Blablabla.

❷

[Die Verantwortlichen haben seit 1995] 26 COPs gehabt. Und wohin hat uns das geführt?
Über 50 % unserer gesamten CO2-Emissionen sind seit 1990 entstanden und etwa ein Drittel seit 2005. Sie bauen die Infrastruktur für fossile Brennstoffe weiter aus, eröffnen neue Kohleminen, neue Kohlekraftwerke, vergeben neue Erdöllizenzen und weigern sich immer noch, auch nur das Nötigste zu tun, z. B. die seit langem versprochene Klimafinanzierung für Verluste und Schäden in den am stärksten gefährdeten und am wenigsten verantwortlichen Ländern zu leisten.
Bei den derzeitigen Emissionsraten werden unsere verbleibenden CO2-Budgets, die uns die besten Chancen geben, unter 1,5 °C zu bleiben, noch in diesem Jahrzehnt aufgebraucht sein.

❸

Um unter dem in den Pariser Vereinbarungen festgelegten Ziel zu bleiben und damit das Risiko zu minimieren, unumkehrbare Kettenreaktionen auszulösen, die sich der menschlichen Kontrolle entziehen, brauchen wir sofortige drastische jährliche Emissionssenkungen, wie sie die Welt noch nie gesehen hat.
Und da wir nicht über die technologischen Lösungen verfügen, die allein auch nur annähernd ausreichen, um dies zu erreichen, bedeutet dies, dass wir unsere Gesellschaft grundlegend ändern müssen.

Text leicht verändert

Greta Thunberg: Rede auf einer Großdemonstration zu den Ergebnissen der UN-Klimakonferenz 2021 in Glasgow

1 Lies das Statement und kläre die dir unbekannten Begriffe und Zusammenhänge mittels einer Recherche.

2 Erkläre kurz: Welches Ziel verfolgt Greta Thunberg und wie begründet sie es?

Folie

Starthilfe, S. 427

3 Ein Statement ist eine kurze Stellungnahme (maximal 1 bis 2 Minuten) und besteht in der Regel aus drei Aufbauelementen (❶–❸). Ermittelt an dem Beispiel oben in Zweierteams ihre jeweilige Funktion.

Arbeitsheft, S. 70

Schätze deinen Lernstand ein

Juli Zeh: Rede an die Abiturienten des Jahrgangs 2010

Das Mögliche und die Möglichkeiten

❶

Wenn Ihnen in Zukunft jemand Angst vor der Zukunft einjagen will, egal, ob es sich um eine wissenschaftliche Studie, ein Zeitungsszenario, einen Ihrer Professoren, Ihren Vorgesetzten oder eine Statistik handelt, denken Sie daran, dass Einschüchterung immer das Instrument einer Herrschaftstechnik ist. Vergessen Sie vor lauter Zukunftsrausch nicht, Ihre Sammlung schöner Erinnerungen zu pflegen und stetig zu erweitern. Bilden Sie eine Schnittmenge zwischen dem, was Sie wollen, und dem, was Sie können, und geraten Sie nicht in Panik, wenn diese Schnittmenge auf den ersten Blick nicht hundert Prozent ergibt. Den Rest, nämlich das, was Sie verunsichert und überfordert und einschüchtert, legen Sie getrost in Gottes oder des Schicksals oder des Zufalls Hand. Der Rest des Lebens beginnt weder nach dem Abitur noch an Neujahr, sondern in jeder einzelnen Sekunde.

Juli Zeh, Schriftstellerin, Abiturrede, 02.07.2010

❷

[Uns wird] vermittelt, wir besäßen einen Anspruch auf Glück („Ich will glücklich werden"), der sofort in eine gegen uns gerichtete Forderung umschlägt („Du musst glücklich werden"). Das ist Irrsinn. Dieser Irrsinn ist das Wesen des aktuellen Zeitgeistes. Wenn es kein Jenseits mehr gibt, das Seligkeit verspricht, dann muss der Mensch wohl aus dem Diesseits alles rausholen, was geht. Nichts verpassen. Alles mitnehmen. Glücklich werden, so schnell wie möglich. Wozu lebt man sonst?
[...] „Zukunft" ist dann die Zeitspanne, über die man verfügt, um die Anforderungen zu erfüllen. So kommt es, dass Sklavenbegriffe wie „Effizienz" und „Effektivität" zu mächtigen Wertvorstellungen anwachsen. „Muße" heißt heute Zeitverschwendung und fühlt sich wie ein Verbrechen an. Wer vom rechten Glückspfad, mit anderen Worten: vom Leistungspfad abweicht, den plagt das schlechte Gewissen.

❸

Das Abitur ist ein kurioses Zertifikat. Zum einen stellt es den kürzesten Entwicklungsroman der Welt dar: ein menschliches Lebensjahrzehnt in einer Zahl zusammengefasst. So weiß man, was Sie in den vergangenen Jahren gemacht haben: 1,3 oder 2,5 oder 3,9. [...] Gegen Vorlage dieser Urkunde wird dem Berechtigten, also Ihnen, ein Stück Zukunft ausgehändigt, auf das Sie Anspruch erworben haben. So will es das deutsche Schulsystem, und so hört man es überall: Wer das Abitur macht, „hat" eine Zukunft.

1 a) Lies die Abschnitte ❶ bis ❸ aus Juli Zehs Rede und gib an, welches das zentrale Thema dieser Abiturrede ist.
b) Ordne jedem der drei Redeteile einer der folgenden Positionen zu: Redeanfang, Redeende, Redezentrum.
c) Beschreibe Inhalt und Aufbau der drei Redeteile.

2 Analysiere und interpretiere die Sprache der unten stehenden Redeauszüge Hitlers an die Hitler-Jugend 1935.

Adolf Hitler

Rede an die Hitlerjugend auf dem Reichsparteitag der NSDAP in Nürnberg, 14. September 1935 (Auszug)

Es gab Zeiten, sie liegen scheinbar weit zurück und sind uns fast unverständlich, da galt als Ideal des jungen deutschen Menschen der sogenannte bier- und trinkfeste Bursche. Heute, da sehen wir mit Freude nicht mehr den bier- und trinkfesten, sondern den wetterfesten jungen Mann, den harten jungen Mann. Denn nicht nur darauf kommt es an, wie viel Glas Bier er zu trinken vermag, sondern darauf, wie viel Schläge er aushalten, nicht darauf, wie viel Nächte er durchzubummeln vermag, sondern wie viele Kilometer er marschieren kann.

In unseren Augen da muss der deutsche Junge der Zukunft schlank und rank sein, flink wie ein Windhund, zäh wie Leder und hart wie Kruppstahl. Wir müssen einen neuen Menschen erziehen, auf dass unser Volk nicht an den Degenerationserscheinungen der Zeit zugrunde geht.

3 a) Deute die Rede-Gestik Hitlers im Bild rechts.
b) Vergleicht eure Interpretationen in der Gruppe und erklärt einander eure Sichtweise.
c) Besprecht, ob für euch alle Deutungen und Erklärungen nachvollziehbar sind.

→ Seite 257, B
→ Seite 257, A
← Seite 246, 250, 254

Redeformen anwenden

A Eine Parodie gestalten

1 Kläre den Begriff Parodie.

Parodien verstehen, S. 81

2 Wählt einen Auszug aus einer gefilmten Propagandarede. Beispiele findet ihr auf den vorangegangenen Seiten. Schaut euch den Ausschnitt mehrfach an. Schaltet danach den Ton ab und ersetzt die Stimme der Rednerin/des Redners mit eurer eigenen, imitiert dabei so gut wie möglich den jeweiligen Tonfall. Achtet darauf, dass eure Stimme mit der Redegestik übereinstimmt. Dazu entwerft ihr einen Text, der völlig unpolitisch ist und auf eine komische Wirkung zielt (Parodie). Arbeitet in einer Kleingruppe. Präsentiert der Klasse eure Ergebnisse live. Jeder aus der Gruppe muss in der Lage sein, den Text entsprechend vorzutragen.

Eine mündliche Präsentation vorbereiten und üben, S. 45

B Ein Statement formulieren und vortragen

1 Formuliert ein dreigliedriges Statement von ca. einer Minute Vortragsdauer zu folgender Position von Juli Zeh aus der Abiturrede (vgl. S. 255): In der gegenwärtigen Gesellschaft (Zeitgeist) herrscht ein gewaltiger Druck, glücklich zu werden. Junge Menschen müssen sich genötigt fühlen, auf Gedeih und Verderb Erfolg zu haben und ihr Leben auf ‚Effizienz' und ‚Effektivität' auszurichten.
Arbeitet in einer Kleingruppe.

Textverarbeitungsprogramm

Ein Statement untersuchen, S. 254

2 Prüft die Qualität eures Statements, indem ihr wie folgt vorgeht:
a) Sammelt Kriterien, die ihr für besonders beachtenswert haltet. Geht z. B. auf die Argumentation und die Artikulation, auf die Intonation, das Tempo, die Pausen, die Gestik, die Mimik, den Blickkontakt ein. Nutzt dazu auch Tucholskys Ratschläge (s. unten).
b) Erstellt danach einen Katalog mit den für euch wichtigsten Punkten für ein gelungenes Statement und wendet ihn auf euer Statement an.

Eine mündliche Präsentation planen, S. 41–44

Kurt Tucholsky

Ratschläge für einen guten Redner

Hauptsätze. Hauptsätze. Hauptsätze.
Klare Disposition im Kopf – möglichst wenig auf dem Papier.
Tatsachen, oder Appell an das Gefühl. Schleuder oder Harfe. Ein Redner sei kein Lexikon. Das haben die Leute zu Hause.
Der Ton einer einzelnen Sprechstimme ermüdet; sprich nie länger als vierzig Minuten. Suche keine Effekte zu erzielen, die nicht in deinem Wesen liegen. Ein Podium ist eine unbarmherzige Sache – da steht der Mensch nackter als im Sonnenbad. Merk Otto Brahms Spruch: Wat jestrichen is, kann nich durchfalln.

3 a) Übt den Vortrag. Jedes Gruppenmitglied soll in der Lage sein, ihn zu halten.
b) Präsentiert euer Statement der Klasse.

Eine mündliche Präsentation vorbereiten und üben, S. 45

Sich auf eine Klassenarbeit vorbereiten

Eine Redeanalyse verfassen

Textverarbeitungsprogramm **Aufgabe:** Verfasse eine vollständige Analyse der Rede Friedrichs II. vor der Schlacht von Leuthen, 1757.

Hintergrundinformation zur Rede

Adolph von Menzel (8.12.1815–9.2.1905): Ansprache Friedrichs des Großen an seine Generale vor der Schlacht bei Leuthen 1757; unvollendet

Die zu analysierende Rede gehört zu einer verbürgten Szene aus dem Siebenjährigen Krieg (1756–1763). Friedrich II. (1712–1786) hatte 1740 die Herrschaft in Preußen übernommen. Seine Bestrebungen zielten von vorneherein auf Erweiterung des preußischen Staates, um ihm eine führende Rolle in Europa zu verschaffen. Das führte zu anhaltenden Konflikten mit Österreich, das 1745 Schlesien an Preußen abtreten musste.

Friedrich II., nicht nur Politiker, sondern auch erfolgreicher Heerführer, sah sich im Siebenjährigen Krieg einer großen Übermacht gegenüber. Trotzdem gelangen ihm in den verschiedenen Schlachten immer wieder Siege. Ende 1757 aber häuften sich für Friedrich II. die niederschmetternden Nachrichten. Er schreibt in seiner Darstellung über den Krieg:

„Man musste die Österreicher um jeden Preis unverzüglich angreifen und aus Schlesien herauswerfen oder sich für immer in den Verlust der Provinz fügen. Die schlesische Armee [...] war mutlos und durch die eben erlittene Niederlage tief gedrückt. Man fasste die Offiziere bei ihrer Ehre, erinnerte sie an ihre früheren Siege, suchte durch Frohsinn den frischen Eindruck der traurigen Bilder zu verwischen. Selbst der Wein musste zur Wiederbelebung der niedergeschlagenen Geister herhalten. Der König sprach mit den Soldaten und ließ unentgeltlich Lebensmittel verteilen. Kurz, er erschöpfte alle Mittel, die die Einbildungskraft ersinnen konnte und die die Zeit irgend erlaubte, um im Heere wieder Vertrauen wachzurufen, ohne das die Hoffnung auf Sieg eitel ist. Schon begannen die Gesichter sich aufzuhellen. Die Truppen, die soeben die Franzosen bei Roßbach geschlagen hatten, redeten ihren Kameraden zu, guten Mut zu fassen. Etwas Ruhe gab den Soldaten frische Kraft, und die Armee war bereit, bei der ersten Gelegenheit die am 22. erlittene Schmach wieder abzuwaschen. Der König suchte nach dieser Gelegenheit und fand sie bald.“[1]

[1] Friedrich II. schreibt von sich in der 3. Person Singular bzw. mit dem Indefinitpronomen „man“.

Friedrich II. von Preußen

Ansprache vor der Schlacht bei Leuthen (1757)

Am 3. Dezember 1757, zwei Tage vor der entscheidenden Schlacht bei Leuthen, hielt Friedrich II. im Quartier vor seinen Offizieren eine Rede. Der Text ist von einem anwesenden Major aufgezeichnet worden, dieser beginnt seine Mitschrift mit folgender Anmerkung:
Der König hatte alle Generals und Commandeurs nach Tafel zu sich in sein Quartier bestellt, und hier war es, wo er ihnen mit traurigem Ernst und zuweilen mit einer Thräne im Auge sagte:

Meine Herren!
Ich habe Sie hierher kommen lassen, um Ihnen erstlich für die treuen Dienste, die Sie zeither dem Vaterlande und mir geleistet haben, zu danken. Ich erkenne sie mit dem gerührtesten Gefühl. Es ist beinahe keiner unter Ihnen, der sich nicht durch eine große und Ehre bringende Handlung ausgezeichnet hätte. Mich auf Ihren Mut und Erfahrung verlassend, habe ich den Plan zur Bataille[1] gemacht, die ich morgen[2] liefern werde und liefern muss. Ich werde gegen alle Regeln der Kunst einen beinahe zweimal stärkern, auf Anhöhen verschanzt stehenden Feind angreifen. Ich muss es tun, oder es ist alles verloren. Wir müssen den Feind schlagen oder uns vor ihren Batterien[3] alle begraben lassen. So denk ich, so werde ich auch handeln. Ist einer oder der andere unter Ihnen, der nicht so denkt, der fordere hier auf der Stelle seinen Abschied[4]. Ich werde ihm selbigen ohne den geringsten Vorwurf geben.

Der dokumentierende Major vermerkt an dieser Stelle:
Hier folgte eine Pause von Seiten des Redners, und eine heilige Stille von Seiten der Zuhörer; nur durch mit Mühe zurückgehaltene, der Ehrfurcht und der heiligsten Vaterlandsliebe geweinte Thränen unterbrochen. Darauf erhob der königliche Sprecher seine Stimme wieder und fuhr mit freundlich-lächelndem Gesicht fort:
Ich habe vermutet, dass mich keiner von Ihnen verlassen würde; ich rechne nun also ganz auf Ihre treue Hilfe und auf den gewissen Sieg. Sollt ich bleiben und Sie nicht für das, was Sie morgen tun werden, belohnen können, so wird es unser Vaterland tun. Gehen Sie nun ins Lager, und sagen Sie das, was ich Ihnen hier gesagt habe, Ihren Regimentern, und versichern Sie ihnen dabei, ich würde ein jedes genau bemerken. Das Kavallerieregiment, was nicht gleich, wenn es befohlen wird, sich à corps perdu[5] in den Feind hineinstürzt, lass ich gleich nach der Bataille absitzen und mach es zu einem Garnisonregiment. Das Bataillon Infanterie, was, es treffe auch, worauf es wolle, nur zu stocken anfängt, verliert die Fahnen und die Säbels, und ich lass ihnen die Borten von der Montierung schneiden[6]. Nun leben Sie wohl, meine Herren, morgen um diese Zeit haben wir den Feind geschlagen, oder wir sehen uns nie wieder.

[1] Bataille: Schlacht
[2] morgen: lies: übermorgen
[3] Batterien: Gruppierungen von Geschützen (meist vier)
[4] Abschied: aus der Armee ausscheiden
[5] à corps perdu: ohne Aussicht, mit dem Leben davonzukommen
[6] die Borten von der Montierung schneiden: die Borten von der Uniform schneiden bedeutete, die Soldatenehre geht verloren

In fantastische Welten blicken

Von menschlichen Maschinen und maschinellen Menschen

Roboter und sogenannte „künstliche Intelligenzen“ (KI) sind nicht mehr nur reine Fiktion. Sie bestimmen immer mehr unseren Alltag. Was bedeutet das für euch? Seht ihr in der sich rasend schnell entwickelnden Robotertechnologie eine Bedrohung oder doch eher eine Erleichterung für unseren Alltag? Ihr seid mit beiden Meinungen nicht allein. Im folgenden Kapitel lernt ihr literarische Texte kennen, in denen Autorinnen und Autoren genau diese Befürchtungen und Hoffnungen zum Ausdruck gebracht haben – und das aus zum Teil sehr unterschiedlichen Perspektiven. Seid gespannt auf das, was ihr dort finden werdet…

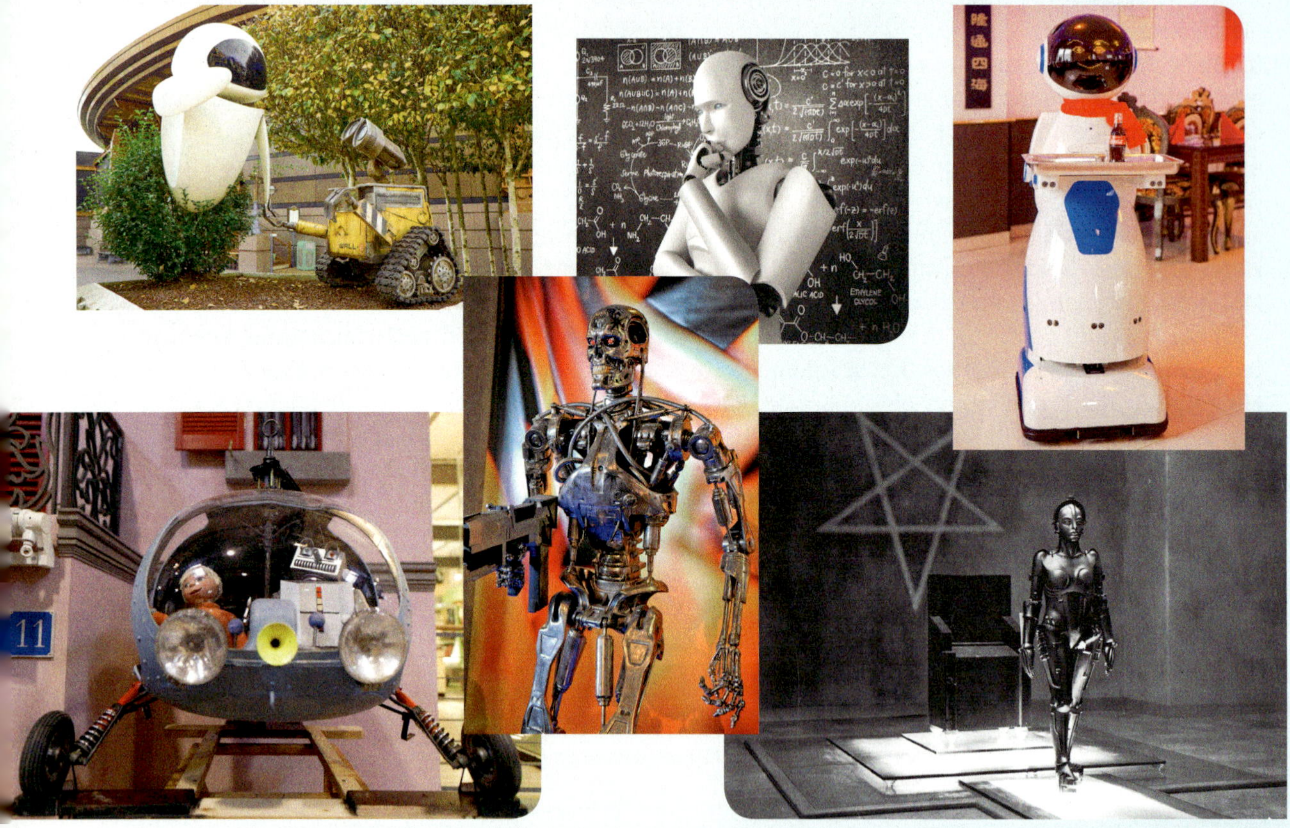

In diesem Kapitel lernt ihr, …

- ein literarisches Motiv zu erkennen und seine Funktion in seinem ursprünglichen Kontext zu beschreiben,
- dieses literarische Motiv in verschieden Epochen wiederzuerkennen und den Bedeutungswechsel zu analysieren,
- Bezüge zwischen Texten verschiedener Autorinnen und Autoren aus unterschiedlichen Epochen zu identifizieren und zu beschreiben.

1 a) Schaut euch die Abbildungen von Robotern und künstlichen Intelligenzen auf der Vorseite an und stellt euch vor, ihr würdet diesen Maschinen und Maschinenwesen begegnen. Beschreibt, welche Emotionen diese Begegnung in euch auslöst.
b) Künstliche Intelligenzen sind im Prinzip Maschinen wie Toaster oder Waschmaschinen auch. Stellt Vermutungen an, warum die Begegnung mit ihnen trotzdem dazu führen kann, Gefühle in euch auszulösen. Durch welche Elemente der Darstellungen werden diese Emotionen hervorgerufen?

2 Sammelt im Gespräch mit der ganzen Klasse Bereiche eures Alltags, in denen ihr bereits mit künstlichen Intelligenzen in Kontakt gekommen seid. Stellt Vermutungen darüber an, welche Rolle Maschinenwesen und künstliche Intelligenzen in der Gesellschaft bereits spielen.

Das Wort „Roboter“ stammt aus der tschechischen Sprache und bezeichnete ursprünglich jemanden, der Zwangs- oder Sklavenarbeit verrichten musste. Heute wird der Begriff allgemein für Maschinen und Apparate verwendet, die dem Menschen häufig wiederkehrende mechanische Tätigkeiten abnehmen sollen.

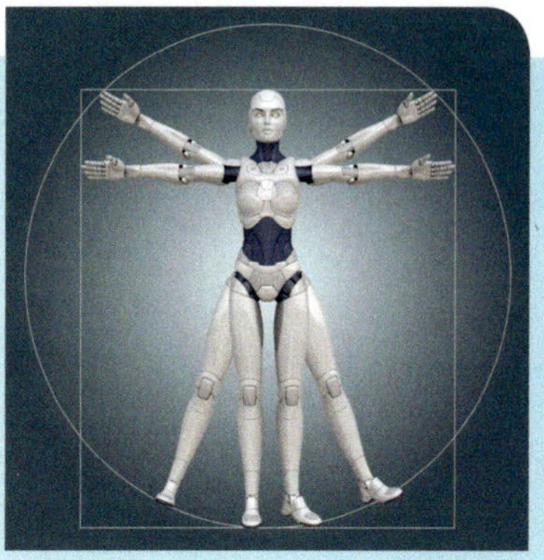

3 a) Einige der auf der Vorseite abgebildeten künstlichen Intelligenzen sind real, viele jedoch sind fiktional. Überlegt in Einzelarbeit, in welchen Geschichten, Büchern oder Filmen ihr schon einmal Robotern oder künstlichen Intelligenzen begegnet seid. Notiert eure Funde stichpunktartig.

→ *„Ich bin dein Mensch“ – Die Bedeutung humanoider Roboter entdecken, S. 66/67*

b) Vergleicht eure Funde mit einer Lernpartnerin oder einem Lernpartner. Erstellt dann eine Tabelle nach dem folgenden Muster und tragt eure Ergebnisse darin ein.

Roboter und künstliche Intelligenzen			
Medium	**Titel**	**Roboter**	**Funktion in der Geschichte/ Charakter**
Fernsehserie	*Robbi, Tobbi und das FlieWaTüüt*	*Robbi (menschenähnlicher Roboter)*	*Protagonist der Handlung, Unterstützer des Menschen, freundlich und hilfsbereit, technisch versiert*
…	…	…	…

c) Vergleicht die Tabellen untereinander und besprecht Gemeinsamkeiten und Unterschiede bezüglich der Funktionen der Roboter in der jeweiligen Geschichte.

Eine Definition von Science-Fiction entwickeln

Filme, Fernsehserien und literarische Texte, in denen es zu Begegnungen von Menschen mit künstlichen Intelligenzen kommt, sind meist dem Genre „Science-Fiction" zuzuordnen. Viele dieser Texte und Filme habt ihr in der Tabelle auf der Vorseite zusammengestellt. Wenn ihr genauer hinseht, stellt ihr fest, dass sie alle ganz bestimmte Aspekte gemeinsam haben.

1 Verfasst eine eigene Definition für das Genre „Science-Fiction". Geht dabei folgendermaßen vor:
- Seht euch noch einmal die Tabellen an, in die ihr eure Recherche zu Robotern und künstlichen Intelligenzen eingetragen habt.
- Notiert Gemeinsamkeiten, die ihr in allen Geschichten (Texte, Filme, Computerspiele oder Comics) entdeckt habt.
- Haltet auch die Unterschiede fest.
- Geht von den Gemeinsamkeiten aus und formuliert abschließend eine kurze Definition.

2 Lest anschießend die nachfolgende fachwissenschaftliche Definition des Genres und vergleicht sie mit eurer Definition.
a) In welchen Punkten stellt ihr Gemeinsamkeiten fest?
b) Welche Aspekte fehlten in eurer Definition und müssen ergänzt werden?

Was ist Science-Fiction?

Science-Fiction ist ein Genre in Literatur, Hörspiel, Film, Videospiel und in der Kunst. Der Begriff besteht aus den Elementen „Fiction" (= Erfundenes) und „Science" (= Wissenschaft). Er bezeichnet also ein Genre, dessen erfundene Erzählungen auf einer wissenschaftlichen Basis beruhen.
Der Begriff „Science-Fiction" tauchte zuerst in den Dreißigerjahren des 19. Jahrhunderts in der Literatur auf. In den USA eroberte die Science-Fiction-Literatur in den 1920er-Jahren den Massenmarkt. Von da aus etablierte sich der Begriff international. In Deutschland ersetzte der Begriff Bezeichnungen wie „wissenschaftlich-fantastische Literatur" oder „utopisch-fantastische Literatur".
Die Science-Fiction hat also eine Nähe zur fantastischen Literatur, zu der auch das Fantasy-Genre gehört. Dieses aber trägt eher märchenhaft-fantastische Züge. Beispiele hierfür sind die Romane von J.K. Rowling („Harry Potter") oder J.R.R. Tolkien („Der Herr der Ringe"), die auch verfilmt wurden.

Wie alle fiktionalen Werke ist auch die Science-Fiction in der Gegenwart ihrer Autoren und Autorinnen verankert. Sie reflektieren gesellschaftliche Probleme und kritisieren sie oftmals. Allerdings verlegen sie die Handlung in andere Welt: bei Fantasy ist diese Welt märchenhaft-fantastisch, bei der Science-Fiction eher zukünftig oder auch außerirdisch. Dabei ist diese Welt unserer in vielem sehr ähnlich, das menschliche Verhalten hat sich nicht verändert. Allerdings wird die Welt von einer Weiterentwicklung gegenwärtiger Technologien bestimmt. In der Zeit ihrer Entstehung erscheinen die technologischen Innovationen zwar denkbar, aber doch kaum realisierbar. Dennoch geschieht es immer wieder, dass wissenschaftliche Erfindungen einige Jahrzehnte nach Erscheinen eines Science-Fiction-Werkes utopische Darstellungen zur Realität werden lassen: Untersee-Boote, Raumschiffe oder sprechende Roboter sind Beispiele dafür. Das lässt sich besonders an den Werken von Jules Verne oder H. G. Wells beobachten. Diese beiden Autoren können als die Vorväter der modernen Science-Fiction Literatur angesehen werden. In ihren Werken finden sich viele der Motive, Themen und Strukturen, die bis heute das Genre bestimmen.

Jules Verne

H. G. Wells

Folgende Elemente sind für Science-Fiction von zentraler Bedeutung:

- Die Technik in Science-Fiction, und sei sie noch so fantastisch, basiert auf gegenwärtig Denkbarem.
- Die Darstellung im Werk spekuliert mit zukünftig machbarem technologischem Fortschritt.
- Durch den technologischen Fortschritt sind Dinge, die derzeit noch unmöglich sind (wie z. B. das Bereisen fremder Galaxien, die unmittelbare Interaktion und Kommunikation mit künstlichen Intelligenzen etc.) möglich.
- Durch die Konfrontation mit dem Unbekannten (die andere Welt) wird das Bekannte (das menschliche Verhalten) aus einer neuen Perspektive betrachtet.
- Der grenzenlose Umgang mit Raum und Zeit ermöglicht es, das ganze Universum in jeglicher Dimension einzubinden.

Eine zentrale Fragestellung vieler Werke ist aber die nach der Stellung des Menschen im Universum und nach dem Sinn des Lebens.

3 Arbeitet heraus, was Science-Fiction mit allen fiktionalen Werken gemeinsam hat und was das Besondere diese Genres ist.

4 Grenzt Science-Fiction von Fantasy ab. Recherchiert dazu im Internet und ergänzt die Informationen aus dem obigen Text.

Recherchestrategien gezielt einsetzen, S. 37/38

Die Funktion eines literarischen Motivs in seinem Kontext verstehen und beschreiben

Mary Shelley (1797–1851)

Einer der ersten Romane, in dem von der Schaffung einer künstlichen Lebensform mit Intelligenz berichtet wird, ist das Werk „Frankenstein oder Der moderne Prometheus" (1818) der englischen Autorin Mary Shelley. Ihr Roman beinhaltet viele neue Gedanken und Aspekte, die für spätere Werke prägend sein sollten.

1 a) Recherchiert im Internet den groben Verlauf der Handlung des Romans „Frankenstein" von Mary Shelley.
b) Lest anschließend den folgenden Auszug aus dem Roman.

Mary Shelley

Frankenstein – ein Monster mit Moral?

Frankenstein macht sich auf die Jagd nach seiner Kreatur, um den Schrecken, der durch seiner Hände Werk entstanden ist, zu beenden. Es kommt in den Alpen zum Showdown zwischen Schöpfer und Geschöpf.

„[...] Und könnte ich doch, indem ich das Licht deines verhassten Lebens ausblase, die Opfer wieder lebendig machen, die du in teuflischer Bosheit vernichtet hast!"
„Ich wusste, dass du so zu mir sprechen würdest," sagte der Dämon. „Alle Menschen verfolgen mich mit ihrem Hass. Und warum muss ich gerade so gehasst werden, der ich doch selbst so über alle Maßen elend bin? Und auch du, mein Schöpfer, du fluchst und zürnst mir, deinem Geschöpf, mit dem dich doch Bande verknüpfen, die nur durch die Vernichtung eines von uns beiden gelöst werden können. Du willst mich töten? Wie kannst du so verschwenderisch mit dem Leben umgehen? Tu deine Pflichten gegen mich und ich werde auch die meinen gegen dich und alle übrigen Menschen erfüllen. Wenn du dich entschließen kannst, auf meine Bedingungen einzugehen, will ich dich und die Deinen in Ruhe lassen. Aber wenn du nein sagst, dann will ich Freund Hein[1] seinen Bauch mit dem Blute der Deinigen füllen."

Filmszene aus dem Film „Frankenstein" (1931) mit Boris Karloff als Frankensteins „Geschöpf"

„Ekelhaftes Scheusal! Die furchtbarsten Qualen der Hölle sind noch viel zu gelinde für dich. Verfluchter Satan, du wirfst mir vor, dass ich dich schuf! Komm her, und ich will den Funken zertreten, den ich in so leichtfertiger Weise angefacht."
Der Zorn packte mich und ich sprang auf ihn ein, getrieben von dem tödlichsten Hass, dessen eine Menschenbrust fähig ist. Gewandt wich er meinem Angriff aus und sagte: „Beruhige dich! Ich flehe dich an, höre, was ich dir zu sagen habe, ehe du deinem Zorn gegen mich

freien Lauf gewährst. Habe ich noch nicht genug Leid getragen, dass auch du es noch vergrößern musst? Das Leben, mag es auch nur eine Reihe von Qualen für mich sein, so ist es mir doch lieb und ich bin gesonnen es zu verteidigen. Vergiss nicht, dass du mich viel stärker gemacht hast, als du selbst bist; ich bin größer als du und meine Glieder sind mächtiger als die deinen. Aber ich habe gar nicht die Absicht, meine Kräfte gegen dich zu erproben. Ich bin deine Kreatur und ich will dir, meinem Herrn und König, dankbar und ergeben sein, wenn du das tust, was du mir schuldest. Frankenstein, du bist gerecht und gut gegen andere, nur gegen mich allein, der deiner Liebe, Güte und Gerechtigkeit am meisten bedarf, bist du grausam und hart. Bedenke doch, dass ich ein Werk deiner Hände bin! Eigentlich sollte ich der Adam sein, aber ich bin mehr der gefallene Engel, einer, den du aus dem Paradies vertreibst und elend machst. Überall sehe ich Freude und soll doch ihrer nie teilhaftig werden. Ich war gut und wohlwollend; das Unglück hat mich zu dem gemacht, was ich jetzt bin. Verschaffe mir das Glück und ich will stille sein."

[1] Freund Hein: allegorische Bezeichnung für den Tod

2 Erklärt, warum der Roman „Frankenstein" zu den Ursprüngen des modernen Science-Fiction-Romans zählt. Bezieht euch dabei auf die Definition des Genres.

3 a) Im Streit zwischen Frankenstein und seiner Kreatur treten unterschiedliche Positionen zutage. Sammelt in einer Tabelle die Äußerungen und Gedanken beider Seiten, die die Überlegenheit oder Unterlegenheit der jeweils eigenen Position ausdrücken. Orientiert euch dabei an der folgenden Tabelle.

Das „Kräftemessen" zwischen Dr. Frankenstein und der „Kreatur"	
Dr. Frankenstein	**Kreatur**
Schöpfer	*Geschöpf*
Intellekt	...

b) Charakterisiert ausgehend von eurer Tabelle das Machtverhältnis. Berücksichtigt dabei auch mögliche Veränderungen im Laufe des Streites.

Starthilfe, S. 428

4 Der Konflikt zwischen der Kreatur und Dr. Frankenstein ist das Leitmotiv des Romans. Benennt ihn mit eigenen Worten und benennt dabei genau, was die Kreatur erreichen will. Führt dazu eine Kartenabfrage durch.

a) Sammle zunächst in Einzelarbeit vier bis fünf Stichworte, mit denen du den Konflikt beschreiben würdest.

b) Tauscht euch in Partnerarbeit über eure Begriffsauswahl aus und einigt euch gemeinsam auf drei Begriffe, die eurer Meinung nach den Konflikt am genauesten beschreiben. Notiert diese auf Karten und pinnt sie an.

c) Begründet eure Auswahl im Austausch mit der ganzen Klasse und klärt offene Fragen. Ordnet anschließend gemeinsam die gesammelten Karten und diskutiert das Ergebnis im Plenum.

Eine Kartenabfrage durchführen, S. 352/353

Motive entschlüsseln I, S. 218–221

Parallel zur Erarbeitung dieses Kapitels könnt ihr ein virtuelles oder analoges Buddy-Book erstellen. Haltet darin die verschiedenen Varianten des hier erarbeiteten Motivs fest. Folgendes Symbol erinnert euch daran:

Die historische Entwicklung des Motivs untersuchen und deuten

*Der Roman „Frankenstein" war so prägend für eine ganze Gattung von Literatur, dass alle Werke mit einem ähnlichen Leitmotiv als **„frankenstein-artig"** bezeichnet werden.*

Einer der einflussreichsten Autoren der modernen Science-Fiction-Literatur war der russisch-amerikanische Schriftsteller Isaac Asimov. Er wird zu den absoluten Giganten der Autor/-innen englischsprachiger Science-Fiction-Literatur gezählt.

Für einige seiner Erzählungen, die in einem Sammelband mit dem Titel „Ich, der Roboter" (1950) erschienen, entwickelte Asimov die „Gesetze der Robotik", mit denen er sich von dem klassischen Muster der frankenstein-artigen Erzählungen abwenden wollte. Auch auf die Werke anderer Autorinnen und Autoren und auf die Popkultur der Gegenwart haben diese Gesetze der Robotik einen großen Einfluss gehabt.

Isaac Asimov (1920 - 1992)

Die Gesetze der Robotik

1. Ein Roboter darf keinen Menschen verletzen oder durch Untätigkeit zu Schaden kommen lassen.

2. Ein Roboter muss den Befehlen des Menschen gehorchen, es sei denn, solche Befehle stehen im Widerspruch zum Ersten Gesetz.

3. Ein Roboter muss seine eigene Existenz schützen, solange dieser Schutz nicht dem Ersten oder Zweiten Gesetz widerspricht.

1 Erläutert, was Isaac Asimov mit frankenstein-artigen Geschichten von künstlichen Intelligenzen meint.

Starthilfe, S. 428

2 Erklärt mit eigenen Worten, warum die Gesetze der Robotik dazu dienen, beim Schreiben von Science-Fiction nicht in das Muster frankenstein-artigen Erzählens zu verfallen.

3 Was verändert sich eurer Meinung nach an dem Motiv der Begegnung von Maschine und Mensch und seiner Bedeutung für eine Erzählung durch die Gesetze der Robotik?

Isaac Asimov

Ich, der Roboter – oder: die Geister, die ich rief

Um an einem bestimmten wissenschaftlichen Projekt arbeiten zu können, haben Forscher Roboter, die sogenannte Nestor 10-Reihe, entwickelt, bei deren Programmierung das erste Gesetz der Robotik teilweise ausgesetzt worden ist. Ihnen fehlt der Zusatz, dass sie auch nicht durch Untätigkeit zulassen dürfen, dass Menschen zu Schaden kommen. Daher stellen diese Roboter eine gewisse Gefahr für den Menschen dar, denn sie könnten Situationen herbeiführen, die für Menschen tödlich sein könnten, ohne dass die Roboter aktiv den Menschen verletzt hätten. Durch diese Veränderung der Programmierung werden alte Ängste vor dem Einsatz von Robotern geweckt und das Misstrauen gegenüber den künstlichen Intelligenzen neu entfacht. Die Roboterpsychologin Dr. Susan Calvin und einer der leitenden Wissenschaftler, die für die veränderte Programmierung verantwortlich waren, Peter Bogert, diskutieren im Vorfeld einer Konferenz über diesen besonderen Fall.

Filmszene aus dem Film „I, Robot" (2004) nach den Motiven von Isaac Asimov

„Man hätte es mir dennoch sagen sollen. U.S. Robot hatte kein Recht, positronische Gehirne abzuändern, ohne vorher die Zustimmung eines Psychologen einzuholen."

Bogert zog die Augenbrauen hoch und seufzte. „Seien Sie vernünftig, Susan! Sie hätten auch keinen Einfluss gehabt. In dieser Sache konnte keiner der Regierung widersprechen. Sie will diesen hyperatomischen Antrieb, und die Physiker brauchen Robots, die ihnen beim Bau dieser Anlage keine Schwierigkeiten bereiten. Sie mussten sie haben, auch wenn dies eine Abänderung oder Einengung des ersten Gesetzes bedeutete. Wir mussten einräumen, dass die Lieferung derartiger Modelle vom Konstruktionsstandpunkt aus möglich war, und die Regierung schwor einen feierlichen Eid, dass sie nicht mehr als zwölf Stück haben wollte, dass sie nur hier in der Hyper-Basis Verwendung fänden, dass sie zerstört würden, sobald die Station aufgelöst werde, und dass alle nötigen Vorsichtsmaßnahmen getroffen würden. Man bestand ferner darauf, dass die Angelegenheit streng geheim gehalten werden musste – und damit habe ich Ihnen alles gesagt, was ich selber weiß."

Dr. Calvin sprach, fast ohne die Lippen zu bewegen. „Ich hätte mein Amt niedergelegt."

„Auch das hätte nichts genutzt. Die Regierung bot der Firma einerseits ein Vermögen und bedrohte sie andererseits für den Fall der Ablehnung mit antirobotistischer Gesetzgebung. Wir konnten uns nicht helfen – so wenig wie wir uns jetzt helfen können. Kommt diese Sache heraus, so wird sie Kallner und der Regierung schaden. Unendlich viel größer aber wird der Schaden sein, den die U.S. Robot Co. erleidet."

Die Psychologin starrte ihn an. „Peter, sehen Sie denn gar nicht, worum es hier eigentlich geht? Können Sie nicht begreifen, was die Entfernung des ersten Gesetzes bedeutet? Es ist hier nicht einfach damit getan, dass ein Geheimnis gewahrt werden musste!"

„Ich weiß sehr wohl, was die Entfernung des Ersten Gesetzes zur Folge haben würde. Ich bin ja kein Kind. Wir hätten dann völlige Instabilität vor uns mit keinerlei reellen Lösungen für die positronischen Feldgleichungen."

„Mathematisch gesprochen stimmt das. Können Sie das aber in grobe psychologische Gedanken übersetzen? Jedes normale Leben, Peter, wehrt sich bewusst oder unbewusst gegen Beherrschung durch einen anderen. Erfolgt diese Beherrschung durch einen Unterlegenen, so verstärkt sich dieses Gefühl der Abwehr und des Hasses. Physisch und bis zu einem gewissen Grade auch geistig ist aber ein Robot einem menschlichen Wesen überlegen. Was macht ihn dann zu unserem Sklaven? Einzig und allein das Erste Gesetz. Mein Gott, wäre dem nicht so, der erste Befehl, den Sie ihm geben, würde Ihren Tod zur Folge haben. Instabil? Glauben Sie, das wäre das richtige Wort?"

„Susan", sagte Bogert mit einer Miene, die ebenso freundlich wie belustigt schien, „ich gebe zu, dass der von Ihnen gezeigte Frankenstein-Komplex eine gewisse Berechtigung hat – was ja der Grund dafür war, dass man das Erste Gesetz einführte. Dieses Gesetz aber – und ich muss das wiederholen – wurde nicht aufgehoben, sondern lediglich modifiziert."

„Und wie steht es mit der Stabilität des Gehirns?"

Der Mathematiker schob die Unterlippe nach vorne. „Die ist natürlich vermindert. Jedoch liegt sie noch immer innerhalb der Sicherheitsgrenzen. Die ersten Nestors wurden vor neun Monaten hierher geliefert. Bis jetzt haben sich keinerlei Schwierigkeiten gezeigt ... Und selbst die jetzige Schwierigkeit liegt eigentlich nur in der Angst, dass die ganze Sache herauskommt, nicht aber in der Gefahr für menschliche Wesen."

„Na schön. Wir werden sehen, was die Konferenz morgen früh bringt."

4 Trotz der ausdrücklichen Absicht, sich nicht mehr mit frankenstein-artigen Geschichten auseinanderzusetzen, bezieht sich einer der beiden Gesprächspartner in der obigen Erzählung doch auf die gleichnamige literarische Vorlage (Z. 66/67).

a) Erläutert, was Bogert meint, als er vom „Frankenstein-Komplex" spricht.
- Auf welche Äußerung von Dr. Calvin bezieht er sich mit der Bemerkung?
- Welche Befürchtung bringt Dr. Calvin hier zum Ausdruck?

Starthilfe, S. 428

b) Erklärt, warum es sich trotz der Anspielung auf die literarische Vorlage bei „Ich, der Roboter" nicht um einen frankenstein-artigen Roman handelt.

5 Am Ende des Textauszugs ist von einer Konferenz am folgenden Tage die Rede, auf der das Problem weiter erörtert werden soll. Haltet in einer Simulation in der Klasse selbst eine solche Konferenz ab. Orientiert euch dabei am Wissen-und-Können-Kasten auf der folgenden Seite und achtet auf folgende Aspekte:

- Wie könnte sich der Verlauf dieser Konferenz entwickeln?
- Zu welchen Ergebnissen könnte die Konferenz gelangen?
- Welche Funktion und welche Bedeutung haben die Robotergesetze nach der Konferenz noch?

Wissen und Können

Eine Diskussion aufgrund einer literarischen Vorlage planen, durchführen und evaluieren

Eine Diskussion über einen Sachverhalt eines literarischen Textes ist verwandt mit einer klassischen Diskussion. Jedoch gibt es bei der literarischen Diskussion einige Besonderheiten, die zu berücksichtigen sind.

1. Vorbereitung
In der Lerngruppe werden die verschiedenen Positionen, die der Text anbietet, auf unterschiedliche Gruppen von Schülerinnen und Schülern aufgeteilt. Bei der Aufbereitung der Positionen ist darauf zu achten, dass die Argumente auch in dieser Form im Text vorkommen oder in ihrer Funktion der Textgrundlage nicht widersprechen. Daher ist eine fundierte Textkenntnis die Grundvoraussetzung für eine solche Diskussion. Nur so ist ein text- und rollenadäquates Verhalten in der Diskussion gewährleistet.

2. Durchführung
Moderator/-innen
Der Moderation kommt eine zweifache Aufgabe zu. Einerseits ist sie für das Setting und die textadäquate Atmosphäre der Diskussion zuständig. Andererseits muss die Moderation darauf achten, dass die Diskussion in angemessenen Bahnen verläuft: Jede/-r muss zu Wort kommen, niemand unterbricht eine/-n andere/-n oder redet einfach dazwischen.
Diskutant/-innen
Die Diskutantinnen und Diskutanten vertreten, nachdem ihnen von der Moderation das Wort erteilt worden ist, die ihnen jeweils zugeteilte Position und bringen die in ihren Gruppen erarbeiteten Argumente in die Diskussion ein.
Beobachter/-innen
Die Beobachterinnen und Beobachter bekommen konkrete Aufträge zugewiesen, sodass sie sich auf bestimmte Aspekte der Diskussion konzentrieren können. Dabei sind folgende Aspekte möglich:
- die Stimmigkeit der Argumente im Abgleich mit der Textgrundlage
- die Überzeugungskraft der Argumente
- die kommunikative Kompetenz der Diskutantinnen und Diskutanten

Im Anschluss erhalten Moderator/-innen und Diskutant/-innen die Möglichkeit, aus ihren Rollen herauszutreten und sich gegenüber ihren Rollen kritisch zu positionieren.

3. Auswertung I
Es ist sinnvoll, vor Beginn der Diskussion bereits ein Meinungsbild bezüglich der Diskussionsfrage zu erstellen und die Ergebnisse festzuhalten. Im Anschluss an die Diskussion wird die gleiche Meinungsabfrage noch einmal durchgeführt. Hierbei zeigt sich, ob sich durch die Diskussion die Haltung der Lerngruppe oder die einzelner Schülerinnen und Schüler verändert hat. Wichtig ist, herauszufinden und festzuhalten, welche Argumente diesen Meinungswechsel bewirkt haben.

4. Auswertung II
Als zweites findet ein Abgleich zwischen Diskussion und Textvorlage statt. Verlief die Diskussion authentisch? Sind alle Figuren ihren Rollen treu geblieben? Auf der Basis dieses Feedbacks kann dann gemeinsam diskutiert werden, wie der Ausgangstext wohl weiter verlaufen könnte.

Textliche Bezüge und Verbindungen aufzeigen und begründen

Philip K. Dick (1928–1982)

In seinem Roman „Träumen Androiden von elektrischen Schafen?" von 1968 beschreibt der amerikanische Autor Philip K. Dick eine Gesellschaft, die sich die Arbeitsleistung von selbstständig denkenden Androiden (Robotern in Menschengestalt) zu Nutzen gemacht hat. In der Auseinandersetzung mit den Androiden verschwimmen plötzlich die als so sicher angenommenen Grenzen von Richtig und Falsch, von Gut und Böse und von Mensch und Maschine.

Philip K. Dick

Träumen Androiden von elektrischen Schafen? – Wann ist ein Robot ein Robot?

Androiden, menschenähnliche Roboter vom Typ Nexus 6, sind von „echten" Menschen fast nicht mehr zu unterscheiden. Anstatt in der Marskolonie das Leben der Siedler zu erleichtern, fliehen diese Androiden zur Erde und tauchen dort in der Bevölkerung unter. Hier werden sie von Prämienjägern wie Rick Deckard gejagt und eliminiert. Aber die Androiden sind cleverer als Deckard vermutet. Daher wird ihm die Androidin Rachael an die Seite gestellt, um die geflohenen Mars-Androiden gemeinsam zu jagen.

Auszug aus dem Filmplakat des Filmes „Blade Runner" (1982), der auf den Motiven von Philip K. Dicks Roman basiert

Rick Deckard saß in seinem riesigen, prächtig eingerichteten Hotelzimmer und las die beiden maschinengeschriebenen Informationsblätter über die Androiden Roy und Irmgard Baty. Den beiden Beschreibungen waren Telefotos beigefügt, verschwommene 3D-Bilder in Farbe, auf denen man kaum etwas erkennen konnte. Die Frau sah ganz attraktiv aus. Roy Baty war ein ganz anderer Typ, er wirkte gefährlich.

Ein Apotheker vom Mars, las Rick. Jedenfalls hatte sich der Androide dieses Alibi zugelegt. In Wirklichkeit war er vermutlich ein einfacher Feldarbeiter mit dem Drang zu Höherem.

Träumen Androiden eigentlich? fragte sich Rick. Anscheinend doch. Sonst würden sie nicht gelegentlich ihre Arbeitgeber töten und zur Erde fliehen. Ein besseres Leben, ein Leben in Freiheit suchen. In der Beschreibung las er:

„Roy Baty verfügt über eine aggressive, selbstsichere Art von Ersatz-Autorität. Er widmete sich mysteriösen Tätigkeiten und organisierte die Massenflucht, die er ideologisch mit der anmaßenden Fiktion von der Heiligkeit des sogenannten androiden ‚Lebens' zu untermauern suchte. Außerdem entwendete dieser Androide verschiedene Drogen und Medikamente, die eine geistige und seelische Vereinigung fördern.

Er experimentierte damit und gab bei seiner Festnahme an, er habe gehofft, damit unter Androiden ein dem Mercerismus[1] ähnliches Gruppenerlebnis herbeizuführen, dessen Androiden sonst nicht fähig sind."

Dieser Bericht hatte etwas Mitleiderregendes an sich. Ein kalter Androide sucht nach einer Erfahrung, von der er aufgrund eines bewusst eingebauten Defekts ausgeschlossen bleiben muss. Es gelang ihm jedoch nicht, ein persönliches Mitgefühl für diesen Roy Baty zu empfinden. Baty hatte versucht, für sich die Erfahrung der Einswerdung zu erzwingen, und als dieses Experiment fehlschlug, war er der Rädelsführer bei der Ermordung mehrerer Menschen und der nachfolgenden Flucht zur Erde.

Heute war die ursprünglich aus acht Mitgliedern bestehende Androiden-Gruppe auf drei Stück zusammengeschmolzen. Diese drei – die Köpfe der illegalen Gruppe – waren ebenfalls zum Untergang verdammt; denn wenn er sie nicht erledigte, würde es eben ein anderer schaffen.

[...] [Rachael:] „Androiden können keine Kinder bekommen. Ist das eigentlich ein Nachteil? Ich weiß es wirklich nicht. Ich kann's mir auch nicht vorstellen. Wie ist das, ein Kind zu bekommen? Was für ein Gefühl ist das Geborenwerden überhaupt? **Wir werden nicht geboren; wir wachsen nicht auf; wir sterben nicht an Krankheit und Alter, sondern wir nutzen uns einfach ab wie Ameisen.** Ja so sind wir. Nicht du – ich meine mich. Auf Reflexe reagierende Maschinen aus Chitin, die nicht richtig lebendig sind." Sie drehte ihren Kopf zur Seite und sagte vernehmlicher: **„Ich lebe nicht!"**

[1] Mercerismus: Religion der Menschen im Roman. Ein zentrales Element dieser Religion ist die Erfahrung der „Einswerdung", bei der die Menschen in eine virtuelle Welt versetzt werden und eins mit der Heilsgestalt Mercer werden.

Deckard und Rachael im Film „Blade Runner" (1982)

1 Erklärt die im Text markierten Zitate (Z. 15–19 und 56–59, 63).
a) Welche Funktion haben die Passagen in Bezug auf den Inhalt der Geschichte?
b) Erläutert, wie sich dadurch das Leitmotiv der Begegnung zwischen Maschine und Mensch verändert.

2 Die letzte Passage des Textes wirft grundsätzliche Fragen auf und regt zum Nachdenken an.
a) Erklärt, wie sich das Leitmotiv dadurch erneut verändert.
b) Ändert sich dadurch auch die Haltung der Leserin oder des Lesers gegenüber den Androiden?

3 Lest zum Vergleich noch einmal den Textauszug aus „Ich, der Roboter" auf den Seiten 267/268 und vergleicht die Darstellung der künstlichen Intelligenzen in beiden Romanen. Konzentriert euch dabei auf die Bedeutung der künstlichen Intelligenzen für die Handlung und auf den Umgang der Menschen mit ihnen.

Starthilfe, S. 428

Die Wirkung der Weiterentwicklung des Motivs erfassen

George Lucas (1944)*
Regisseur von Star Wars

Als George Lucas 1978 den ersten Teil seiner Sternensaga aus einer weit, weit entfernten Galaxie in die Kinos brachte, ahnte niemand, dass sich „Star Wars – Krieg der Sterne" zur erfolgreichsten Filmreihe der Geschichte entwickeln würde. Aber der wilde Mix aus Heldenepos, Märchen, Samurai-Geschichte, Western, antiken Mythen und Science-Fiction begeistert heute, fast 45 Jahre später, noch immer Menschen aus allen Nationen, Bevölkerungsschichten und Altersklassen. Und das hat die verschiedensten Gründe.

Angelika Molk

Von R2-D2, C-3PO – und warum Star Wars bis heute fasziniert

Elementarer Bestandteil der Galaxien sind auch jene Maschinen, die in der menschlichen Vorstellungskraft schon seit dem frühen 20. Jahrhundert einen ganz besonderen Platz einnehmen: die Roboter. Die absoluten Favoriten vieler Fans sind der tonnenförmige R2-D2 und sein humanoider, goldener Freund C-3PO, die mittlerweile auch in der so genannten „Robot Hall of Fame" zu internationalen Ehren gekommen sind.

R2-D2 verfügt als Astromechdroide über sehr versierte Fähigkeiten, ist Mechaniker und Navigator, kann riesige Mengen an Daten speichern und verarbeiten, bei Bedarf fliegen, Hologramme wiedergeben, sich in fremde Computersysteme einloggen oder Feuer löschen. Sein Design ist vor allem funktional, er ist klein und kompakt, und die Metallhülle schützt seine vielfältigen Instrumente. Liebenswert macht ihn vor allem sein etwas unbeholfener Passgang und seine zwar kindlichen, aber durchaus expressiven Piepstöne.

C-3PO ist ganz nach menschlichem Vorbild gestaltet und verfügt auch über einen überaus humanoiden Charakter: Dem Protokolldroiden gehen Etikette und britische Höflichkeit über alles, er ist zwar ängstlich, penibel und affektiert, aber ein loyaler Freund. Auffallend an C-3PO ist eine gewisse Ungelenkheit, die in Hinblick auf seine überentwickelten intellektuellen Fähigkeiten – der Droide beherrscht über sechs Millionen Sprachen oder „Kommunikationsformen" – eigentlich überrascht: er kann seine Arme nicht ganz durchstrecken, sein Gang ist schwankend und die unvollkommene Metallhülle legt einen Teil seines Innenlebens bloß.

C-3PO und R2-D2 sind deshalb so populär, weil sie dem Bild entsprechen, das sich ein Mensch von einer automatisierten Maschine am liebsten macht: Sie sind dem Menschen ähnlich, ästhetisch ansprechend, kennen Emotionen und zeigen Loyalität. Ihr Aussehen ist nicht das von furchterregenden Maschinen, vielmehr sind sie Kopien von Menschen mit kleinen Unstimmigkeiten, die sie umso liebenswerter machen. Vielleicht die wichtigste Eigenschaft ist allerdings ihre Dienstbarkeit – nur zu gern helfen sie ihren menschlichen Erbauern.

[...] Auch Generationen von Kindern hat Star Wars für Technik, Innovation und Robotik begeistert. Humanoide Roboter wie C-3PO sind in der Forschung zwar eher experimentelle Einzelstücke, mittlerweile können aber auch Industrieroboter bereits viel mehr als nur Fließbandarbeit leisten. Die Wiener Plattform Rob|Arch hat es sich beispielsweise zum Ziel gesetzt, den Austausch zwischen Architekten, Designern und der technischen Industrie zu fördern, und Robotertechnik auch der Kreativindustrie zugänglich zu machen. Industrieroboter helfen, [...] Produktionsprozesse effizienter und vor allem individueller zu gestalten und können sowohl Designern als auch Architekten einiges an Arbeit abnehmen. Zudem wird die Programmierung der Roboter zusehends einfacher und ihre Anwendungsgebiete breiter. Trotzdem ist man in der „realen“ Welt noch lange nicht bei der fast menschlichen Intelligenz der Star Wars-Roboter angelangt. Als Inspiration für die Robotik hat Star Wars übrigens kaum gedient, wenn auch einige Serviceroboter visuelle Anleihen an ihren Verwandten aus der Science-Fiction Saga nehmen: Allen voran der von Aldebaran entwickelte NAO Robot, der seine Wurzeln auch in einer beeindruckenden Star Wars Imitation beweist.

1 a) Fasst in eigenen Worten zusammen, worin die Faszination begründet liegt, die von den beiden Robotern R2-D2 und C-3PO ausgeht.
b) Sucht die Aussage über die beiden Roboter im Text, die eurer Meinung nach die wichtigste für die anhaltende Faszination ist, und begründet eure Auswahl.

2 Recherchiert im Internet, welche Funktion die beiden Roboter in den Filmen von George Lucas haben. Diskutiert, warum sie für diese Funktion besonders geeignet sind.

Recherchestrategien gezielt einsetzen, S. 37/38

3 Teilt eure Klasse auf. Die eine Hälfte der Klasse erstellt ein Rollenprofil für R2-D2 die andere Hälfte für C-3PO. Bezieht euch in den Angaben zu den beiden Robotern auf die Aussagen aus dem Text und ggf. auf die Bilder auf diesen Seiten. Wie ihr ein Rollenprofil erstellt, erfahrt ihr im Wissen-und-Können-Kasten.

Textverarbeitungsprogramm

Tipp

Um die Rollenprofile zu erstellen, müsst ihr die Filme nicht gesehen haben.

Wissen und Können

Ein Rollenprofil erstellen

Ein Rollenprofil ist eine **konkrete Ausgestaltung einer Figur** nach einer literarischen Vorlage. Es wird im **Präsens** und aus der **Ich-Perspektive** der jeweiligen Person, über die das Profil angelegt wird, geschrieben. Das Profil besteht aus der Zusammenstellung aller wesentlichen Informationen, die man aus dem Text über die Figur erhält. Man kann in ein Rollenprofil auch die **eigene Vorstellung** einfließen lassen. Diese darf jedoch nicht dem widersprechen, was man aus dem Text über die Figur erfährt. Bei der Erstellung eines Rollenprofils helfen folgende vier Leitfragen bezüglich der zu beschreibenden Figur:
1. Welche Informationen erhalte ich aus dem Text über die Figur?
2. Wie sieht die Figur sich selbst?
3. Wie sehen andere diese Figur?
4. Wie sieht der Alltag dieser Figur aus? / Was tut die Figur normalerweise?

Arbeitsheft, S. 71–73

Schätze deinen Lernstand ein

Zu Beginn der 80er-Jahre schuf der britische Autor Douglas Adams mit der Romanreihe um den fiktiven Reiseführer „Per Anhalter durch die Galaxis" (1978–2009) einen weiteren literarischen Meilenstein der Science-Fiction-Literatur: Adams schrieb als erster Autor erfolgreich sogenannte Comedy-Science-Fiction.

Douglas Adams (1952–2001)

Douglas Adams

Per Anhalter durch die Galaxis

Die interplanetarischen Anhalter Arthur Dent und Ford Prefect treffen auf dem Raumschiff, das sie gerade aufgenommen hat, auf den Roboter Marvin, der von seinem Captain Zaphod und dessen Freundin Trillian den Auftrag bekommen hat, die „Anhalter" auf die Brücke zu bringen.

Der Roboter in der Ecke hob rasch den Kopf, schüttelte ihn dann aber kaum merklich. Er rappelte sich mühselig hoch, als sei er ungefähr fünf Pfund schwerer, als er wirklich war, und tat etwas, was ein unbeteiligter Zuschauer für den heldenhaften Versuch gehalten hätte, den Raum zu durchqueren. Er hielt vor Trillian an und schien durch ihre linke Schulter hindurch zu starren.

„Ihr solltet vielleicht zur Kenntnis nehmen, dass ich sehr niedergeschlagen bin", sagte er. Seine Stimme klang leise und hoffnungslos.

„Oh Gott", murmelte Zaphod und ließ sich in einen Sessel fallen.

„Na fein", sagte Trillian freundlich und mitfühlend, „ich hab hier was für dich zu tun, das dich ein bisschen auf andere Gedanken bringt."

„Das funktioniert ja doch nicht", leierte Marvin, „mir geht viel zu viel im Kopf rum."

„Marvin!", mahnte Trillian.

„Schon gut", sagte Marvin, „was soll ich machen?"

„Geh runter zum Einstiegskanal Zwei und bring die beiden Fremden gut bewacht hierher."

Mit einer mikrosekundenlangen Pause und einer fein kalkulierten Mikromodulation in Lautstärke und Tonhöhe – nichts, woran man wirklich hätte Anstoß nehmen können – gelang es Marvin, seiner äußersten Verachtung und Abneigung allem Menschlichen gegenüber Ausdruck zu verleihen.

„Ist das alles?", fragte er.

„Ja", sagte Trillian bestimmt.

„Macht mir aber bestimmt keinen Spaß", sagte Marvin.

Zaphod sprang von seinem Sessel hoch. „Sie verlangt von dir nicht, dass es dir Spaß macht", brüllte er, „du sollst es einfach tun, verstanden?"

„Schon gut", sagte Marvin, und es hörte sich an wie das Läuten einer großen geborstenen Glocke, „ich mach's ja."

„Na, großartig", kläffte Zaphod, „wunderbar ... vielen herzlichen Dank ..."

Marvin drehte sich um und schlug seine dreieckigen roten Augen zu ihm auf. „Ich geh euch doch nicht etwa auf die Nerven?" sagte er kläglich.

„Nein nein, Marvin", trällerte Trillian, „überhaupt nicht, wirklich ..."

„Ich hätte nicht gerne das Gefühl, dass ich euch auf die Nerven ginge."

„Nein, mach dir darüber keine Sorgen", ging das Geträllere weiter, „verhalte dich einfach ganz natürlich, dann ist alles in bester Ordnung." „Und es macht euch ganz bestimmt nichts aus?", forschte Marvin weiter.

„Aber nein, Marvin", flötete Trillian, „das ist schon okay, wirklich ... das gehört doch einfach mit zum Leben."

Marvin blitzte ihr einen elektronischen Blick rüber, der sich gewaschen hatte.

„Leben", sagte Marvin, „erzähl mir bloß nichts vom Leben!"

Er machte niedergeschlagen auf dem Absatz kehrt und schlurfte aus der Kommandozentrale. Mit einem zufriedenen Summen und einem Klick schloss sich die Tür hinter ihm.

„Ich glaube, ich ertrage diesen Roboter nicht mehr lange, Zaphod", stöhnte Trillian. [...]

[Währenddessen warteten Arthur und Ford im Ladebereich des Raumschiffs. Ford hatte dort eine Werbebroschüre gefunden.]

„Hör dir das an", sagte Ford, der noch immer in die Werbebroschüre vertieft war, „von der Kybernetik des Raumschiffs machen sie besonders viel her. *„Die neue Roboter- und Computergeneration der Sirius-Kybernetik-Corporation wurden mit den neuen EMP Eigenschaften ausgerüstet."*

„EMP-Eigenschaften?" sagte Arthur. „Was heißt das denn?"

„Ach, das heißt *Echtes Menschliches Persönlichkeitsbild.*"

„Oh", sagte Arthur, „das klingt ja grässlich."

Eine Stimme hinter ihnen sagte: „Ist es auch." Sie klang leise und hoffnungslos und war von einem leicht rasselnden Geräusch begleitet. Sie fuhren beide herum und sahen einen zutiefst traurigen Stahlmann gebeugt in der Tür stehen.

„Was?", sagten sie.

„Grässlich", fuhr Marvin fort. „Es ist alles ... absolut grässlich. Bloß nicht darüber reden. [...] Kommt mit", brummte er, „ich habe den Auftrag, euch in die Kommandozentrale zu bringen. Seht mich an, ein Gehirn von der Größe eines Planeten, und man verlangt von mir, euch in die Kommandozentrale zu bringen. Nennt man das vielleicht berufliche Erfüllung? Ich jedenfalls tu's nicht".

Er kehrte um und ging zu der verhassten Tür zurück.

Filmszene aus „Per Anhalter durch die Galaxis" (2005)

1 Erstelle aufgrund des oben abgedruckten Textauszuges aus dem Roman „Per Anhalter durch die Galaxis" ein Rollenprofil für den Roboter Marvin.

Textverarbeitungsprogramm

2 Erkläre, wie sich der spezifische Charakter des Roboters Marvin auf die Atmosphäre in dem Romanauszug auswirkt.

3 Erläutere die Gestaltung des Motivs der Begegnung zwischen Robotern und Menschen in diesem Roman im Vergleich zu den dir bisher bekannten Romanen.

- Was hat sich an der Darstellung geändert?
- Beziehe dabei folgenden Satz Marvins ein: „Leben [...] erzähl mir bloß nichts vom Leben!" (Z. 62/63) und erläutere die Wirkung des Satzes.

→ Seite 276/277, B
→ Seite 276/277, A
← Seite 272/273

Die Umkehrung eines literarischen Motivs untersuchen und auf seine Wirkung hin überprüfen

Ich wär' so gern ein Roboter

Die US-amerikanische Fernsehserie „The Big Bang Theory“ handelt von einer Gruppe intelligenter, aber verschrobener junger Wissenschaftler, die sich neben ihrer Forschung vor allem für Comic-Hefte, Science-Fiction-Filme und Computerspiele interessieren. Diese etwas realitätsfremden „Nerds“ werden durch das Zusammentreffen mit der neuen, hübschen Nachbarin Penny immer wieder mit dem normalen Leben konfrontiert.

In der zweiten Episode der vierten Staffel entschließt sich einer der Wissenschaftler, Sheldon Cooper, dazu, mit der Welt außerhalb seines Zimmers nur noch durch eine roboterähnliche Form seiner selbst in Kontakt zu treten. Der Grund dafür ist, dass er fürchtet, nicht mehr so lang zu leben, bis es der Wissenschaft gelingt, menschliches Bewusstsein in eine Maschine zu transferieren und so zu konservieren. Daher will er fortan jeden direkten sozialen Kontakt vermeiden, um sich so ein längeres Leben und die anschließende Unsterblichkeit zu sichern.
Auf Sheldons Ankündigung hin fragt ihn sein Mitbewohner Leonard, ob er tatsächlich versuchen wolle „sich in einen abartigen, sich seiner selbst bewussten Roboter zu verwandeln“. Die offensichtliche Kritik, die in dieser Bemerkung steckt, versteht Sheldon allerdings nicht. Auch Pennys ironische Frage, ob er sich nicht längst schon in einen Roboter verwandelt habe, bleibt ohne Wirkung auf ihn, vermutlich weil er sie auch nicht versteht. Ihre Frage zielt offensichtlich auf sein steifes und wenig kommunikatives Verhalten. Sheldon nimmt die Beziehungskritik nicht auf und antwortet schlicht auf der Inhaltsebene, dass die Entwicklung der Wissenschaft noch nicht so weit sei.
Das „Mobile Virtual Presence Device“, das Sheldon daraufhin zusammenbaut, hat einen Monitor, der sein Gesicht zeigt. Daneben gibt es auch eine Kamera, ein Mikrofon und Lautsprecher, wodurch Sheldon alles in der unmittelbaren Umgebung des Roboters mitbekommt, ohne überhaupt sein Zimmer verlassen zu müssen. Der Monitor ist auf einem Gestell montiert, das Sheldons Kleidung trägt. Es bewegt sich auf Rollen fort, die dem Roboter Beweglichkeit garantieren.
Jedoch finden seine Freunde diese Art mit Sheldon zu kommunizieren noch nervtötender als den „echten“ Sheldon. Auch er selbst muss erkennen, dass diese roboterhafte Existenz ihre Grenzen hat: Er ist beispielsweise nicht in der Lage, ganz normale Türen zu öffnen. Zudem wird er in einem Restaurant nicht bedient. Und bei dem Versuch, von einem bekannten Computerentwickler ein Autogramm zu bekommen, scheitert seine Apparatur kläglich.

1 Listet die Vorzüge und Nachteile auf, die eurer Meinung nach in Sheldons „Automatenexistenz“ liegen. Bedenkt vor allem die Möglichkeiten und Grenzen der sozialen Interaktion und Kommunikation.

2 Stellt eine Deutungshypothese auf, in der ihr erklärt,
- an welchen Aspekten des Motivs der Beziehung zwischen Roboter und Mensch in dieser Folge von „The Big Bang Theory" angeknüpft wird,
- wie das Motiv hier verändert wird,
- welche Wirkung diese Veränderung des Motivs hat.

→ *Deutungshypothesen formulieren, S. 384*

Ⓐ Eine Neuinterpretation des Motivs überlegen und planen

3 Entwickelt in Kleingruppen eine neue Variante des Motivs der Begegnung zwischen Roboter und Mensch. Geht folgendermaßen vor:

a) Tauscht euch zunächst darüber aus, welche Variationen des Motivs ihr bisher kennengelernt habt und haltet die Ergebnisse des Austausches stichwortartig fest.

b) Fertigt eine Tabelle nach dem untenstehenden Muster an, in der ihr die Varianten des Motivs und deren Deutung auflistet.

Motiv bzw. Variation	Deutungshypothese
Durch einen technischen Fehler in der Produktion erhält eine Gruppe von KIs Eigenschaften, die sie individuell und einzigartig machen. Dadurch erlangen sie ein Gefühl für Individualität und werden sich ihrer Selbst bewusst, obwohl sie weiterhin als Roboter behandelt werden.	*Es gibt einen moralischen Konflikt zwischen Intelligenzen erster und zweiter Klasse. Was ist „wirklich"? Wodurch qualifiziert sich ein Lebewesen bzw. ein Mensch als Mensch? Kritik an der Diskriminierung und Ausbeutung von Lebewesen …*

c) Sprecht über die Möglichkeiten, die euch für eine neue Variante einfallen und einigt euch auf eine. Ergänzt diese in eurer Tabelle.

d) Verfasst einen Elevator Pitch für ein Buch oder einen Film, in dem die von euch gewählte Variante thematisiert wird.

Tipp

Wenn ihr nicht mehr sicher seid, könnt ihr in eurem Buddy-Book nachschlagen.

→ *Einen Elevator Pitch formulieren, S. 357*

Ⓑ Einen Schreibplan für eine Kurzgeschichte mit einer neuen Variante des Motivs entwerfen

3 Entwerft einen Schreibplan für eine Kurzgeschichte, in der eine neue Variante des Motivs der Begegnung zwischen Roboter und Mensch eine entscheidende Rolle spielt. Geht folgendermaßen vor:

a) Arbeitet zunächst in Einzelarbeit und überlegt euch eine Variante des Motivs. Die Variante sollte der Geschichte eine besondere Wendung geben.

b) Bildet anschießend Kleingruppen und stellt euch eure Ideen vor.

c) Wählt gemeinsam eine Idee aus und entwickelt einen Schreibplan für die Kurzgeschichte. Nutzt dafür die Vorlage aus dem Medienpool.

→ *Kurzgeschichten, S. 388/389*

Vorlage: Schreibplan

4 Stellt euch gegenseitig eure Ergebnisse vor. Wählt aus den unterschiedlichen Ansätzen den Entwurf aus, in dem die neue Variante des Motivs besonders gelungen umgesetzt worden ist. Begründet eure Auswahl.

Sich auf eine Klassenarbeit vorbereiten

Brian W. Aldiss (1925–2017)

Der britische Autor Brian W. Aldiss machte in seinen drei Erzählungen mit dem gemeinsamen Titel „Superspielzeug“ (1969) den selbstständig denkenden und fühlenden Androidenjungen David und seinen ebenfalls mechanischen Freund, den Bären Teddy, zu den Protagonisten der Handlung und erzählte die Geschichten aus ihrer Perspektive.

Filmszene aus „A.I. – Künstliche Intelligenz“ (2001), der auf einer der „Superspielzeug“-Erzählungen basiert

Brian W. Aldiss

Superspielzeug

David ist ein Roboterjunge, den sich das Ehepaar Swinton zugelegt hat, da es scheinbar keine eigenen Kinder bekommen kann. Als Monica Swinton dann doch schwanger wird, überlegt das Paar, wie es David und seinen elektronischen Spielgefährten Teddy wieder loswerden kann.

Als Monica aus dem Kinderzimmer gekommen und nach unten gegangen war, hatte sie die Fenster auf Transparenz gestellt, sodass sie jetzt Ausblick auf den Garten boten. Der künstliche Sonnenschein[1] überzog den Rasen mit langen, goldenen Streifen. Und David und Teddy starrten zu ihnen herein. Beim Anblick ihrer Gesichter wurden Henry und seine Frau wieder ernst.
„Was sollen wir nun mit *denen da* machen?“ fragte Henry.
„Mit Teddy gibt's keine Probleme, er funktioniert ganz ordentlich.“
„Und David?“
„Sein Sprach- und Kommunikationszentrum macht ihm immer noch zu schaffen. Meiner Meinung nach muss er bald noch einmal zur Reparatur.“
„In Ordnung. Wir warten mal ab, wie er sich macht, bis das Baby zur Welt kommt. Was mich daran erinnert, dass ich ja eine Überraschung für dich habe: eine Hilfe, und sie kommt genau zur rechten Zeit. Komm mit in die Diele und sieh dir an, was ich mitgebracht habe.“

Während die beiden Erwachsenen aus dem Zimmer verschwanden, ließen sich der Junge und der Bär unter den genau genormten Rosenbüschen nieder.
„Teddy, Mami und Papi sind doch wirklich, oder nicht?“
„Du stellst echt dumme Fragen, David“, erwiderte Teddy. „Niemand weiß, was *wirklich* tatsächlich bedeutet. Lass uns ins Haus gehen“.
„Erst muss ich noch eine Rose pflücken!“
David riss eine leuchtend rosa Blüte ab und nahm sie mit ins Haus. Wenn er zu Bett ging, würde er sie auf sein Kopfkissen legen. In ihrer sanften Schönheit erinnerte sie ihn an Mami.

Mit dem ewigen Sommer in Mrs. Swintons Garten war es vorbei. Sie hatte sich gemeinsam mit David und Teddy in die übervölkerte Stadt begeben und eine Videodisk mit dem Titel „Eurowinter“ gekauft. Jetzt hatten die Mandelbäume ihre Blätterpracht verloren, und auf ihren Ästen lag Schnee, der nicht schmelzen würde, so lange die Disk lief. […]
David und Teddy spielten am zugefrorenen Zierteich. Ihr Spiel war simpel. Sie glitschten von ge-

genüberliegenden Seiten her so über die Eisfläche, dass sie einen Zusammenstoß gerade noch vermieden. Das brachte sie jedes Mal zum Lachen. „Diesmal hab ich dich fast erwischt, Teddy!" schrie David.
Monica sah vom Wohnzimmerfenster aus zu. Da das ewig gleiche Spiel der beiden sie langweilte, blendete sie das Fenster aus und wandte sich ab.
[...]
[*Sie rief Henry in seinem Büro an. Er stand kurz vor dem Abschluss eines großen Geschäfts.*]
„Wenn dieser Abschluss klappt [*sagte Henry*], werde ich – werden wir – um drei Millionen Mondos reicher sein. Ich habe schon große Pläne für uns. Wir werden an einen besseren Wohnort ziehen, David und Teddy verkaufen, uns ein paar Modelle aus der neuen Serie künstlicher Produkte anschaffen, eine Insel erwerben ..."

[1] In der Erzählung werden jegliche Wetterphänomene ausschließlich durch holografische Projektionen erzeugt.
[2] Mondos: Währung in der Erzählung

1 a) Gib in eigenen Worten die im Text geschilderte Ausgangssituation wieder.
b) Erläutere, welche Variante des Motivs der Begegnung von Maschine und Mensch hier präsentiert wird. Beachte hier auch die Erzählperspektive und die Sympathielenkung durch den Autor.

2 Erkläre, welche Bedeutung Davids Frage „Teddy, Mami und Papi sind doch wirklich, oder nicht?" (Z. 28/29) in diesem Text zukommt und welche Wirkung diese Frage auf das Verständnis der Erzählung durch die Leserinnen und Leser hat.

Die amerikanische Schriftstellerin Sherry Turkle beschäftigt sich in ihrem 2012 erschienen Buch „Alleine unter 100 Freunden: Wie wir in der digitalen Welt seelisch verkümmern" mit der Überlegung, Roboter in Pflegeberufen einzusetzen. Sie stützt sich dabei auf Forschungsergebnisse, die gezeigt haben, dass es uns unmöglich ist, Robotern, auch wenn sie noch so automatisch und vorprogrammiert reagieren, nicht trotzdem eine individuelle Subjektivität zu unterstellen. Sie kommt zu dem Schluss, dass es lediglich zwei simple Aspekte sind, die dazu führen: Das Gesicht und die Stimme eines Roboters.

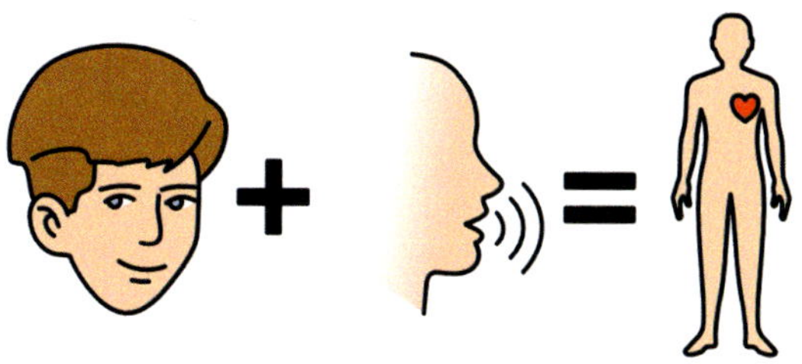

3 a) Beurteile vor dem Hintergrund dieser Forschungsergebnisse das Verhalten der „Eltern" von David im vorliegenden Text.
b) Beurteile ferner, welche Bedeutung deiner Meinung nach diese Forschungsergebnisse für das Motiv der Begegnung zwischen Maschine und Mensch allgemein haben. Begründe deine Meinung und gehe dabei auf die verschiedenen Varianten des Motivs ein.

Sprache in Texten untersuchen

Wenn wir anfangen, einen Text zu lesen, haben wir wegen unserer Erfahrungen mit anderen ähnlichen Texten meistens schon recht klare Erwartungen dazu, welchen Inhalt wir erwarten, wie der Text aufgebaut sein wird, wie er sprachlich gestaltet sein wird …
Bei der Landtagswahl in Schleswig-Holstein sorgten Wahlbenachrichtigungen im Jahr 2017 für Irritation bei vielen Wählern. Was war geschehen?

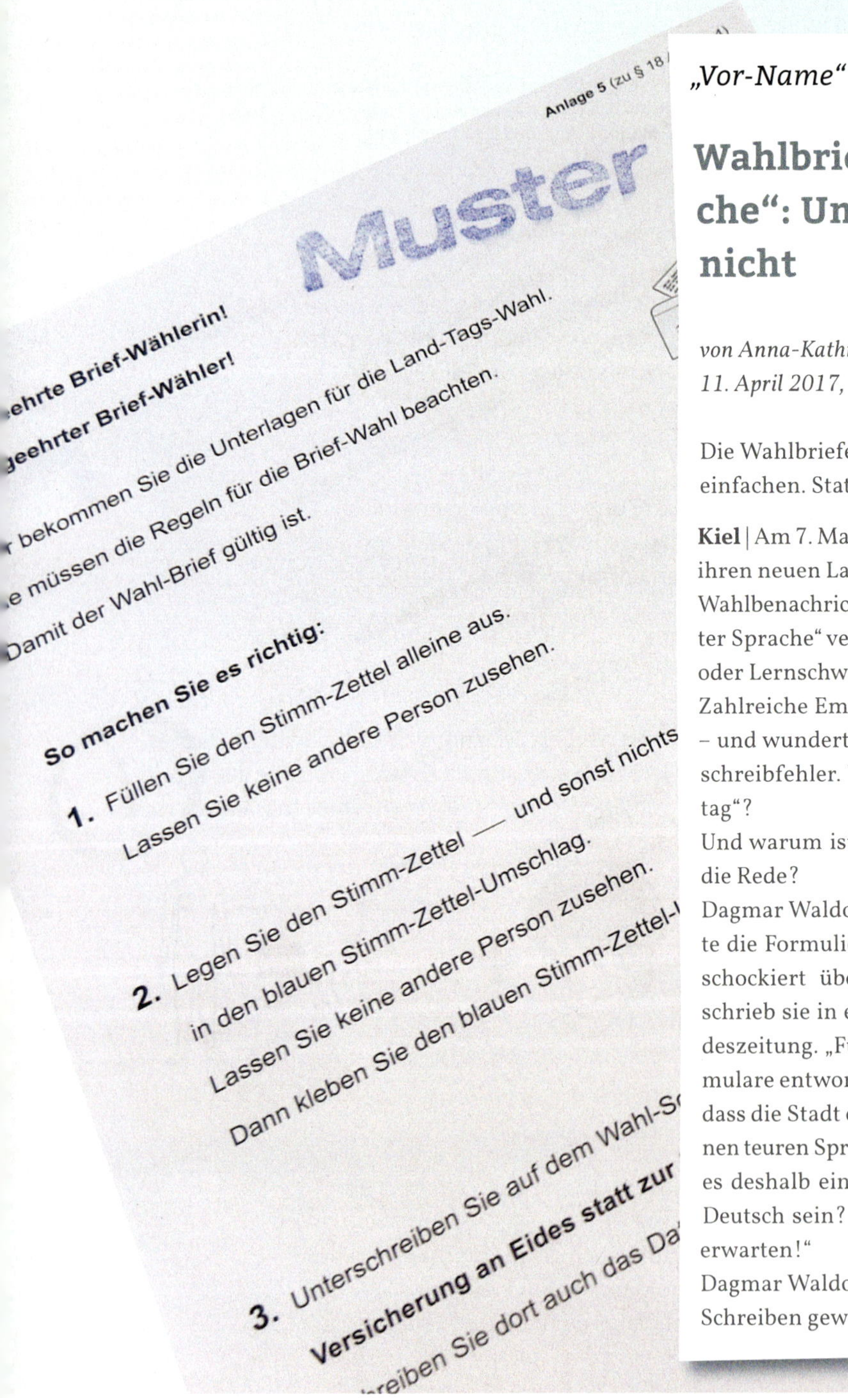
Anlage 5 (zu § 18
Muster
…ehrte Brief-Wählerin!
…geehrter Brief-Wähler!
…r bekommen Sie die Unterlagen für die Land-Tags-Wahl.
…e müssen die Regeln für die Brief-Wahl beachten.
Damit der Wahl-Brief gültig ist.
So machen Sie es richtig:
1. Füllen Sie den Stimm-Zettel alleine aus.
Lassen Sie keine andere Person zusehen.
2. Legen Sie den Stimm-Zettel — und sonst nichts
in den blauen Stimm-Zettel-Umschlag.
Lassen Sie keine andere Person zusehen.
Dann kleben Sie den blauen Stimm-Zettel-…
3. Unterschreiben Sie auf dem Wahl-S…
Versicherung an Eides statt zur
…reiben Sie dort auch das Da…

„Vor-Name" und „Post-Leit-Zahl"

Wahlbriefe in „Leichter Sprache": Um Schönheit geht es nicht

von Anna-Kathrin Gellner
11. April 2017, 07:35 Uhr

Die Wahlbriefe in „Leichter Sprache" sollten alles vereinfachen. Stattdessen irritierten sie. […]

Kiel | Am 7. Mai stimmen die Schleswig-Holsteiner über ihren neuen Landtag ab. Für Aufsehen sorgt bereits die Wahlbenachrichtigung – denn erstmals ist die in „Leichter Sprache" verfasst. Sie soll auch Menschen mit Lese- oder Lernschwäche Texte verständlich machen.
Zahlreiche Empfänger des Schreibens stutzten jedoch – und wunderten sich über die vermeintlichen Rechtschreibfehler. Wieso steht da „Land-Tag" statt „Landtag"?
Und warum ist von „Vor-Name" und „Post-Leit-Zahl" die Rede?
Dagmar Waldow aus Rendsburg beispielsweise konnte die Formulierungen nicht nachvollziehen: „Ich bin schockiert über unsere ‚Gemeinde-Wahl-Behörde'", schrieb sie in einer E-Mail an die Redaktion der Landeszeitung. „Für wen und von wem wurden diese Formulare entworfen und freigegeben? Es ist lobenswert, dass die Stadt oder das Land sich für diesen Zweck keinen teuren Sprachwissenschaftler o. ä. leistet, aber muss es deshalb ein derart primitiver Stil und ein falsches Deutsch sein? Ich denke, wir Bürger können Besseres erwarten!"
Dagmar Waldow ist nicht die Einzige, die sich über das Schreiben gewundert hat.

Keine Wahlbenachrichtigung mehr in Leichter Sprache

Das Wahlbenachrichtigungsschreiben, das die Behörde von Landeswahlleiter Tilo von Riegen für die Landtagswahl verschickt hatte, war erstmals auf einen Zettel im DIN-A4-Format gedruckt worden. Üblich war bis dato eine Postkarte. Die DIN-A4-Mitteilung war in kurzen Sätzen abgefasst und mit Bildern versehen. Auch in punkto Rechtschreibung unterschied sich die Wahlbenachrichtigung von früheren. Substantive, die sich aus zwei Wörtern zusammensetzen, waren konsequent mit Bindestrich geschrieben – zum Beispiel Post-Leit-Zahl oder Land-Tag. Auch die Briefwahlunterlagen waren in dieser Form gestaltet und formuliert worden.
Man wolle „die Wahl einfach verständlicher machen", hatte der Landeswahlleiter im Vorfeld des Urnengangs gesagt.

Ziel des barrierefreien Zugangs verfehlt
Die Koalitionsfraktionen sehen das inzwischen anders: „Die Reaktionen der Wahlberechtigten, aber auch der Presse bundesweit haben gezeigt, dass die bisherige Herangehensweise der pflichtigen Versendung von Wahlunterlagen an alle Wahlberechtigten dem wichtigen Anliegen des barrierefreien Zugangs zu Wahlinformationen nicht gerecht wird, sondern – was die Akzeptanz barrierefreier Informationen betrifft – eher kontraproduktiv ist", heißt es in der Begründung des Vorstoßes zur Rücknahme der Leichten Sprache in Wahlbenachrichtigungen.
[...] Die Leichte Sprache soll Menschen, die über eine geringe sprachliche Kompetenz verfügen, das Verstehen von Texten erleichtern. Sie dient damit auch der Barrierefreiheit. Kritiker bemängeln jedoch unter anderem, die Leichtigkeit könne Fakten verzerren, und bei Lesern könne der Eindruck aufkommen, für „dumm verkauft zu werden".

1 Sieh dir die Wahlbenachrichtigung auf der linken Seite an. Welche sprachlichen Besonderheiten fallen dir auf? Nenne Beispiele.

2 Arbeitet zu zweit. Lest jeweils einen der beiden Texte zu Reaktionen auf die Wahlbenachrichtigungen. Tauscht euch danach aus: Was sollte mit den besonderen Wahlbenachrichtigungen eigentlich erreicht werden? Welche Reaktionen gab es?

3 a) Diskutiert in Gruppen: Welche Gründe sprechen dafür bzw. dagegen, offizielle Texte wie Wahlbenachrichtigungen in einer leichten Textversion an alle Menschen zu richten?
b) Sammelt : Welche anderen Situationen (z. B. Kommunikation mit Ärzten, Behörden ...) fallen euch ein, in denen der Sprachgebrauch von manchen Menschen als schwer verständlich empfunden wird? Welche sprachlichen Merkmale oder Strukturen sind typisch für diese Situationen?

In diesem Kapitel lernt ihr, ...
- die Sprache barrierefreier Texte zu untersuchen und zu nutzen,
- den Nominalstil gezielt zu verwenden,
- die Verständlichkeit von Verwaltungssprache zu untersuchen,
- die Rolle verständlicher Sprache für die gesellschaftliche und politische Teilhabe zu erkennen.

Sprache für alle *fairständlich* formulieren

Bei Barrierefreiheit denken wir häufig erst an Treppenstufen, vielleicht Brailleschrift oder spezielle Parkplätze. Aber auch die Verwendung unserer Sprache kann Barrieren schaffen oder aber überwinden. In diesem Kapitel lernst du mehr, wie Sprache verwendet werden kann, um Inklusion zu fördern.

1 Über welche Themen sollten sich alle Menschen barrierefrei informieren können? Sammelt in der Gruppe.

Starthilfe, S. 428

2 Informiere dich genauer über das Konzept Leichte Sprache. Wähle dazu Aufgabe Ⓐ oder Ⓑ.

Ⓐ Lies das folgende Interview und mache dir Notizen.

Im Internet recherchieren, S. 367/368

Ⓑ Recherchiere im Internet auf den Seiten www.gemeinsam-einfach-machen.de bzw. www.bpb.de nach Leichter Sprache und mache dir Notizen.

Vorlage: Steckbrief

3 Erstelle aus deinen Notizen einen Steckbrief zu Leichter Sprache.

Internationaler Tag der Leichten Sprache

„Jeder komplexe Inhalt kann in Leichte Sprache übersetzt werden"

Barrierefreie Kommunikation ist essenziell, um ein selbstbestimmtes Leben führen und am gesellschaftlichen Mitbestimmungsprozess teilnehmen zu können. Deshalb informiert die Bundesregierung auf ihren Seiten auch in barrierefreier Sprache. Ein Gespräch mit Anne Leichtfuß, Dozentin und Übersetzerin für Leichte Sprache.

Frau Leichtfuß, was ist eigentlich Leichte Sprache?

Leichte Sprache richtet sich vor allem an Menschen mit Lernschwierigkeiten. Sie waren die Ersten, die einen Bedarf für eine vereinfachte Form der deutschen Sprache formuliert haben. Leichte Sprache hat ein festes Regelwerk und entspricht etwa dem Sprachniveau A2[1]. Übersetzte Texte werden immer von mindestens zwei

Anne Leichtfuß, Dozentin und Übersetzerin für Leichte Sprache

Personen aus der Zielgruppe auf Verständlichkeit überprüft.

Und was hat es mit der Einfachen Sprache auf sich?

Einfache Sprache richtet sich vor allem an Menschen, deren Muttersprache nicht Deutsch ist oder die Schwierigkeiten mit dem Lesen haben. Das Sprachniveau entspricht etwa B2. Ein festes Regelwerk oder eine Prüfung durch die Zielgruppe gibt es nicht. Wichtig sowohl bei Leichter als auch Einfacher Sprache: Ich mache kurze Sätze. In der Regel enthält jeder Satz nur eine Information. Ich erkläre Fremdwörter und Fachbegriffe und ergänze, wenn nötig, Illustrationen oder Fotos. […]

Welche Schritte durchläuft ein standardsprachlicher Text, der in Leichte Sprache übersetzt wird und gibt es einen verbindlichen Richtlinienkatalog?
Ja, seit 2009 gibt es ein verbindliches Regelwerk für Leichte Sprache. Ich gehe den Text durch und identifiziere die zentralen Informationen. Außerdem gucke ich: Welche Fremdwörter müssen erklärt werden? Setzt der Text Vorwissen voraus, das bei meiner Zielgruppe eventuell nicht gegeben ist? Dann übersetze ich den Text und wähle passende Fotos oder Illustrationen dazu aus. Im nächsten Schritt überprüfen die Auftraggeberinnen und Auftraggeber, ob alle Inhalte korrekt wiedergegeben wurden. Dann kommen die Prüferinnen und Prüfer. Wir gehen den Text absatzweise durch und sie sagen mir: „Das Wort kenne ich nicht, das musst du erklären." Oder: „Der Satz ist zu lang, ich hab' den Faden verloren." Daraufhin ändere ich den Text noch einmal. Erst dann ist er fertig. Das Siegel Leichte Sprache gibt's nur, wenn beides zusammenkommt: Übersetzung und Prüfung durch die Zielgruppe.

Wie hoch ist der Bedarf an Leichter Sprache und an welchen Adressatenkreis richtet sie sich?
Etwa zehn Millionen Menschen, so sagen verschiedene Studien, brauchen in Deutschland aus verschiedenen Gründen Leichte oder Einfache Sprache. Die Zielgruppe ist groß! Menschen mit Lernschwierigkeiten, geringen Deutschkenntnissen oder Schwierigkeiten beim Lesen. Studien zeigen auch, dass Menschen mit Demenz von Leichter Sprache profitieren. Und auch Menschen, die nicht zur klassischen Zielgruppe gehören, freuen sich, wenn sie die Informationen aus einer Broschüre zum Elterngeld oder der Impfreihenfolge möglichst schnell und einfach aufnehmen können.

Wird das Angebot dem Bedarf gerecht?
Nein. Bisher gibt es nur wenige Anbieter und ein sehr eingeschränktes Themenspektrum. Es müssten zum Beispiel noch Möglichkeiten geschaffen werden, sich tagesaktuell über die Nachrichtenlage zu informieren. Nur je ein Anbieter bietet einmal wöchentlich einen überregionalen Nachrichtenrückblick in Leichter und Einfacher Sprache an. Bei Gebrauchstexten wie etwa Wahlprogrammen oder Gesetzestexten wird die Situation in den letzten Jahren besser, aber Texte, die man zum Vergnügen bei einer Tasse Kaffee liest, gibt es nach wie vor fast gar nicht. Andere Länder sind da weiter und haben zum Beispiel Tageszeitungen oder Fernsehnachrichten in Leichter Sprache oder eigene Regale mit Literatur in Leichter Sprache in den Buchhandlungen. […]

[1] Sprachniveau A2: Sprachkenntnisse werden in sechs Stufen unterteilt: von Grundkenntnissen A1 und A2 über fortgeschrittene Kenntnisse B1 und B2 bis zu sehr guten oder muttersprachlichen Kenntnissen C1 und C2.

4 Lies die beiden folgenden Nachrichtentexte. Vergleiche sie und lege eine Tabelle mit drei Spalten an. Welche Informationen treten in beiden Texten auf? Welche Informationen treten nur im Text in Leichter Sprache bzw. in schwerer Sprache auf? *Folie*

5 a) Benenne Merkmale Leichter Sprache, die im Text „Es gibt eine neue Bahn-Verbindung zwischen Chemnitz und Berlin" (S. 284) umgesetzt sind. *Starthilfe, S. 428*
b) Erkläre anhand des letzten Textabsatzes, wie eine Information in Leichter Sprache in mehreren Teilschritten erklärt wird.
c) Auch andere Textabschnitte können inhaltlich nach diesem Muster strukturiert werden. Erkläre, wie es gegliedert ist und auf welche Abweichungen vom alltäglichen Sprachgebrauch man achten muss. *Starthilfe, S. 428*

SACHSEN

Es gibt eine neue Bahn-Verbindung zwischen Chemnitz und Berlin

Im Bundes-Land Sachsen gibt es den Verkehrs-Verbund Mittel-Sachsen. Die Abkürzung dafür ist: VMS.

Der VMS hat eine besondere Aufgabe vom Bundes-Land Sachsen bekommen: Er soll eine neue Bahn-Verbindung für Fern-Züge machen.

Diese Bahn-Verbindung soll zwischen den Städten Chemnitz und Berlin sein. Dafür musste der VMS eine Firma suchen: Die sich um die Bahn-Verbindung kümmert.

Jetzt hat der VMS eine Firma gefunden: Die Deutsche Bahn. Die Abkürzung dafür ist: DB. Die Fern-Züge von der DB sollen bald zwischen Chemnitz und Berlin fahren. Das soll ab dem Monat Juni 2022 so sein.

Stefanie Berk ist eine Chefin bei der DB. Sie wird am Donnerstag in Chemnitz sein. Dort wird sie über die neue Bahn-Verbindung sprechen.

Infos über die neue Bahn-Verbindung
Wenn ein Fern-Zug von Chemnitz zum Flughafen Berlin-Brandenburg fährt: Dann dauert das ungefähr 2 Stunden und 30 Minuten. Zum Haupt-Bahnhof von Berlin dauert die Fahrt 3 Stunden.

Die folgenden Worterklärungen stehen auf der Homepage als Hyperlinks zur Verfügung:

Bundesland:
Ein Bundes-Land ist ein Teil von Deutschland.
Deutschland hat 16 Bundes-Länder.
Zum Beispiel:
- Sachsen,
- Sachsen-Anhalt
- oder Thüringen.

Das sind 3 Bundes-Länder von Deutschland.

Verkehrs-Verbund:
Das ist eine große Firma.
Der Firma gehören zum Beispiel:
- Busse,
- Bahnen
- und Straßen-Bahnen.

Sie kümmern sich darum:
Dass die Menschen überall hinfahren können.
Zum Beispiel:
- In der Stadt,
- in den Gemeinden
- oder auf dem Land.

Bahn-Verbindung:
Das bedeutet:
Die Menschen können mit dem Zug fahren:
Wenn sie von einem Ort zu einem anderen Ort wollen.
Wenn die Bahn-Verbindung gut ist:
- Dann fahren mehrere Züge am Tag.
- Wenn die Bahn-Verbindung schlecht ist:
  Dann fährt vielleicht nur 1 Zug am Tag.
  Oder die Menschen müssen sogar erst mal in eine andere Stadt fahren.
  Wenn sie mit dem Zug fahren wollen.

Fern-Züge:
Das sind Züge, die sehr weite Strecken fahren.
Von einer großen Stadt in eine andere große Stadt.
Zum Beispiel:
- Von Berlin nach Hamburg,
- von Hamburg nach Frankfurt
- oder von Frankfurt nach Köln.

Sie halten nicht an allen Bahnhöfen.

Deutsche Bahn:
Das ist eine Firma.
Ihr gehören viele:
- Züge
- und Bahnhöfe.

ungefähr:
Das bedeutet: Nicht genau.
Zum Beispiel:
In einer Kiste liegen viele Äpfel.
Lisa hat die Äpfel aber nicht gezählt.
Deshalb weiß sie nicht:
Wie viel Äpfel genau in der Kiste liegen.
Sie denkt aber:
Dass es ungefähr 100 Äpfel sind.

EISENBAHNANSCHLUSS

Deutsche Bahn fährt Intercity von Chemnitz über Berlin an die Ostsee

Nach mehr als 15 Jahren Pause wird Chemnitz im Juni wieder Fernbahnanschluss erhalten. Zwei Mal am Tag pendelt ein IC-Zug von Chemnitz nach Berlin und Warnemünde und wieder zurück. Weil es sich um eine Verlängerung der bestehenden IC-Linie Warnemünde – Dresden handelt, fahren die Züge den Umweg über Freiberg. Das Land Sachsen zahlt die Verlängerung, innerhalb Sachsens gilt deshalb der Nahverkehrstarif.

Die Deutsche Bahn wird den vom Freistaat Sachsen bestellten Fernverkehr zwischen Chemnitz und Berlin fahren. Der Verkehrsverbund Mittelsachsen hatte die Verbindung im Auftrag des Freistaates ausgeschrieben. Am Donnerstag wurde in Chemnitz der Zug offiziell vorgestellt. Etliche Chemnitzer waren neugierig zum Bahnhof gekommen, um sich über die neue Verbindung zu informieren.

Doppelstock-IC fährt täglich zweimal je Richtung

Eingesetzt werden Doppelstock-Intercity, wie sie bereits planmäßig zwischen Dresden und Warnemünde über Berlin im Einsatz sind. Genau genommen handelt es sich beim Chemnitz-Anschluss auch um eine Verlängerung der bisherigen IC-Linie. Diese Züge hat die DB AG gebraucht von Westbahn in Österreich erstanden. Die neue Verbindung startet offiziell am 12. Juni: Jeden Morgen (6:26 Uhr und 8:26 Uhr) rollen die Vierteiler von Chemnitz über Dresden nach Berlin und weiter nach Warnemünde. Die Züge machen nach zweieinhalb Stunden Halt am Berliner Airport. Von da dauert es noch rund drei Stunden bis Warnemünde. In der Gegenrichtung verkehren die Züge täglich ab Warnemünde um 13:52 Uhr und 15:52 Uhr über Rostock, ab Berlin 16:26 Uhr und 18:26 Uhr und erreichen Chemnitz gegen 19:30 beziehungsweise 21:30 Uhr. Der Ticketverkauf soll im April starten. […]

Freistaat lässt sich Fernzug 2,5 Millionen Euro je Jahr kosten

Der Freistaat finanziert täglich je Richtung zwei Verbindungen. Maximal 2,5 Millionen Euro darf die Fernverbindung laut Ausschreibung pro Jahr kosten. Innerhalb Sachsens muss deshalb auch der Nahverkehrstarif anerkannt werden. Der Vertrag läuft über 6,5 Jahre mit Option auf jährliche Verlängerung, maximal bis Juni 2032. Unterwegs hält der Zug zwischen Chemnitz und Dresden in Freiberg. Bereits ab Chemnitz soll die mobile Imbissversorgung für Reisende öffnen, hieß es auf Nachfrage.

Ungeeignet für Tagestouristen in die Kulturhauptstadt

Aktuell ist der Fahrplan eher für Reisende aus Chemnitz heraus konzipiert. Aus dem Chemnitzer Rathaus hieß es deshalb auch mit Blick auf das Kulturhauptstadt-Jahr 2025, die Verbindung könne nur ein Anfang sein. Ziel sei es, dass auch Tagesgästen aus Berlin eine umsteigefreie Bahnverbindung angeboten werde.

Bahnkunden-Verband zwiegespalten

Der Deutsche Bahnkunden-Verband sieht das Modell des bezahlten Fernverkehrs zwiespältig. Zwar begrüße man grundsätzlich das Angebot mit Blick auf die Reisenden, gleichzeitig könnte es jedoch eine bedenkliche Entwicklung einleiten, hieß es im vorigen Jahr. Man sehe die Gefahr, dass der Bund so auf Kosten der Länder spart. Fernverkehr muss die Deutsche Bahn eigentlich seit der Bahnreform eigenwirtschaftlich betreiben.

Umsteigefrei zum Flughafen Berlin-Brandenburg

Die Fahrzeit zwischen Chemnitz und dem Flughafen Berlin-Brandenburg soll bei rund 2:30 Stunden liegen, bis zum Berliner Hauptbahnhof etwa 30 Minuten länger. Damit benötigen Reisende zwischen beiden Hauptbahnhöfen etwa so lange, wie aktuell mit Umsteigen über Leipzig.

Im Mai 2006 verließ der letzte planmäßige Fernzug Chemnitz in Richtung Berlin, damals zugleich auch der letzte Interregio der Deutschen Bahn. Im Fahrplanjahr 2004/05 benötigten Interregios zwischen Chemnitz und Berlin Zoologischer Garten – der heutige Berliner Hauptbahnhof war noch nicht eröffnet – über Riesa 2:51 Stunden. Im Jahresfahrplan 1989/90 war der Städteexpress „Sachsenring" der Deutschen Reichsbahn von Karl-Marx-Stadt zum Flughafen Schönefeld 3:15 Stunden unterwegs und benötigte weiter 25 Minuten bis zum Endbahnhof Berlin-Lichtenberg.

! Wissen und Können

Einfache und Leichte Sprache unterscheiden

Die Bezeichnungen „Einfache" und „Leichte" Sprache werden häufig synonym verwendet, obwohl es Unterschiede gibt:
Orientiert an der UN-Behindertenrechtskonvention hat das Konzept **Leichte Sprache** das Ziel, Menschen mit Leseschwierigkeiten die Teilhabe an Gesellschaft und Politik zu ermöglichen. Dafür wurden spezielle Regeln entwickelt: Z. B. wird nach jedem Satzzeichen sowie nach sinnvollen Satzabschnitten ein Absatz gesetzt.
Für das Konzept **Einfache Sprache** gibt es kein festgelegtes Regelwerk. Im Vergleich zur Leichten Sprache ist es komplexer: Nach Satzzeichen und Satzabschnitten wird z. B. nicht unbedingt ein Absatz gesetzt, falls der Text überschaubar ist.

Themenvorschläge

Textverarbeitungsprogramm

Texte gemeinsam mithilfe von Textverarbeitungsprogrammen überarbeiten, S. 350/351

6 Arbeitet in der Gruppe. Verfasst einen Text in Leichter Sprache. Geht dazu so vor:

a) Wählt einen der beiden Themenvorschläge aus dem Medienpool und überarbeitet den Text, oder sucht selbst ein Thema aus, zu dem ihr den Text schreibt.

b) Erstellt mithilfe eures Steckbriefs zu Leichter Sprache aus Aufgabe 3 einen Textentwurf.

c) Texte in Leichter Sprache werden vor der Veröffentlichung immer von Korrekturleserinnen und -lesern der Zielgruppe gelesen und kommentiert. Tauscht euren Text mit einer anderen Gruppe aus. Gebt euch gegenseitig Feedback, welche Stellen noch schwierig zu verstehen sein könnten. Nutzt euren Steckbrief als Checkliste.

d) Überarbeitet auf Grundlage des Feedbacks euren Text.

7 Arbeitet in der Gruppe:

a) Recherchiert, zu welchen Themen es Informationsangebote in Leichter Sprache auf der Homepage eurer Stadt/Gemeinde gibt.

b) Diskutiert, inwiefern eure Stadt/Gemeinde es gut schafft, barrierefreie Informationsangebote zur Verfügung zu stellen.

Arbeitsheft, S. 74/75

Die Verwendung von Nominalstil untersuchen

Schulordnungen regeln das Miteinander von Schülerinnen und Schülern sowie Lehrkräften an Schulen. Einerseits handelt es sich bei einer Schulordnung um einen Text mit Geboten und Verboten, sodass er häufig Ähnlichkeiten mit einem Gesetzestext hat. Andererseits sollen seine Inhalte von den Schülerinnen und Schülern verstanden werden. Wie sollte so eine Schulordnung also sprachlich gestaltet werden?

Von: fischer@privat.de
An: weber@schule.de
Betreff: Schulordnung

Sehr geehrte Frau Weber,

mein Sohn Johannes ist seit kurzem Schüler der 5c an Ihrem Gymnasium.
Zuhause haben wir diskutiert, inwiefern er sein Handy in der Schule nutzen darf. Gemeinsam haben wir dazu die Schulordnung gelesen. Leider mussten wir feststellen, dass diese sehr abstrakt und rechtssprachlich verfasst ist und somit für Fünftklässler leider unverständlich.

Ich möchte anregen, dass zukünftig auch für die Schülerinnen und Schüler der Sekundarstufe I eine verständliche Version zur Verfügung gestellt wird, damit auch diese sich selbstständig über ihre Rechte und Pflichten informieren können.

Herzlichen Dank und mit freundlichen Grüßen
Alicia Fischer

1 Arbeitet zu zweit: Lest die E-Mail und diskutiert, wie leicht oder schwierig verständlich eine Schulordnung verfasst werden sollte.

2 a) Lies den folgenden Auszug aus der Schulordnung eines Gymnasiums.
b) Arbeitet zu zweit: Benennt Stellen/Formulierungen, die für Schülerinnen und Schüler der Sekundarstufe I Verständnisschwierigkeiten bereiten können.
c) Diskutiert alternative Formulierungen.

Starthilfe, S. 428

Präambel – Leitbild und Ziele der Schule

Im Folgenden sind konkrete Regeln und Handlungsanweisungen zum erfolgreichen Gelingen von Unterricht und Pausenzeiten zu finden. Jeder Schüler verpflichtet sich zur Einhaltung der vorliegenden Schulordnung. [...]

2.4 Nutzung von Tablets und Notebooks im Unterricht:
Die Nutzung von Tablets oder Notebooks im Unterricht ist in der Sekundarstufe II grundsätzlich auf Widerruf möglich, jedoch an nachfolgende konkrete Bedingungen und Abläufe gebunden. Nach Einreichung eines vom Schüler/der Schülerin sowie – bei nicht volljährigen Schülerinnen und Schülern – von einem Elternteil oder Erziehungsberechtigten unterschriebenen Antrags kann die Genehmigung durch die Schulleitung nach pädagogischem Ermessen erfolgen.
Mit dem Antrag verpflichtet sich der Schüler/die Schülerin, „keinerlei Bild- und Tonaufzeichnungen des Unterrichts oder der am Unterricht beteiligten Personen anzufertigen“. Er/Sie wird darauf hingewiesen, „dass eine Zuwiderhandlung disziplinarische Reaktionen der Schule sowie zivil- oder strafrechtliche Konsequenzen haben kann“. Die dem Schüler/der Schülerin ausgehändigte Kopie des bewilligten Antrags muss stets mitgeführt werden, um den Lehrkräften auf Nachfrage Auskunft geben zu können.
Die Schule übernimmt keinerlei Gewährleistung im Falle einer Beschädigung oder eines Verlustes.

3 Arbeitet zu zweit. Lest die E-Mail auf der rechten Seite und vergleicht eure Lösungsansätze aus Aufgabe 2 c) mit der Idee in der E-Mail.

4 a) In der E-Mail wird von Nominalstil und Verbalstil gesprochen. Lies den Wissen-und-Können-Kasten „Nominalstil in Texten untersuchen“ und erkläre an einem Beispiel aus der E-Mail den Unterschied.
b) Nimm Stellung, inwiefern du Varianten in Verbalstil leichter verständlich findest.

Starthilfe, S. 428

5 Formuliere die übrigen Stichpunkte in der E-Mail in Verbalstil um.

Starthilfe, S. 429

6 Untersuche die letzten Absätze des Auszugs aus der Schulordnung: Benenne weitere Stellen, die im Nominalstil verfasst sind. Setze die Liste aus der E-Mail fort.

Text „Präambel – Leitbild und Ziele der Schule“

7 Arbeitet zu zweit: Überarbeitet die Schulordnung, sodass sie im Verbalstil formuliert ist.

8 Überprüft die Schulordnung eurer Schule:
a) Welche Rolle spielen Nominalstil und Verbalstil in dieser?
b) Inwiefern ist diese so verfasst, dass sie für alle Schülerinnen und Schüler verständlich ist?

Von: weber@schule.de

An: kollegium@schule.de

Betreff: WG: Schulordnung

Schulordnung

Liebe Kolleginnen und Kollegen,

mich hat die angehängte Mail erreicht. Aus meiner Sicht ist das ein sinnvolles Anliegen! So müssen wir die Regeln auch nicht immer mündlich erklären ...
Mein erster Vorschlag ist, dass wir mindestens den Nominalstil in Verbalstil umformulieren. Das ist für die Jüngeren leichter zu verstehen. Ein paar Stellen und zwei Beispiele habe ich schon herausgesucht:

- erfolgreiches Gelingen von Unterricht und Pausenzeiten
  → wie Unterricht und Pausenzeiten erfolgreich gelingen können
- zur Einhaltung der vorliegenden Schulordnung
  → die vorliegende Schulordnung einzuhalten
- Nutzung von Tablets oder Notebooks
- auf Widerruf
- nach Einreichung eines Antrags
- die Genehmigung durch die Schulleitung
- nach pädagogischem Ermessen
- ...

Ich freue mich auf euer Feedback.
Liebe Grüße
Katharina Weber

Wissen und Können

Nominalstil in Texten untersuchen

In Fachtexten, Rechts- oder Verwaltungssprache oder informierenden Texten treten häufig **Nominalisierungen** auf. Man spricht dann vom **Nominalstil** im Text.
Bei **Nominalisierungen** wird in einem Satz ein Wort als **Nomen** verwendet, das in einem anderen Kontext einer anderen Wortart (z. B. Verb, Adjektiv ...) angehört.
z. B. **Einreichung** des Antrags... ← einreichen (Verb)
Nominalsierungen können Nebensätze ersetzen: z. B. Jeder Schüler verpflichtet sich, die vorliegende Schulordnung einzuhalten. → Jeder Schüler verpflichtet sich zur **Einhaltung** der vorliegenden Schulordnung. Wenn der Sachverhalt mit Nebensätzen formuliert wird, spricht man vom **Verbalstil**. Sätze im Verbalstil sind häufig länger.

Nominalisierungen, S. 410/411

Nomen, S. 410

Arbeitsheft, S. 76/77

Die Verständlichkeit von Verwaltungssprache reflektieren

Je älter man wird, desto mehr hat man mit Schreiben in Verwaltungssprache von Ämtern, Behörden oder Anwaltskanzleien zu tun. Verwaltungssprache wird von Institutionen benutzt, um rechtliche Sachverhalte zu beschreiben, und greift auf die Rechtssprache zurück. Viele Menschen haben jedoch Schwierigkeiten dabei, solche Schreiben zu verstehen.

1 a) In welchen Situationen hattet ihr schon mit Verwaltungssprache zu tun? Sammelt in der Gruppe.

b) Wie verständlich war die Verwaltungssprache für euch? Beschreibt eure Erfahrungen.

Diagramm: Verständlichkeit von Verwaltungssprache

2 Sieh dir nun das Diagramm aus dem Medienpool an.

a) Formuliere eine Schlagzeile dazu, die seinen Inhalt wiedergibt.

b) Erläutere: Inwiefern stimmen eure Erfahrungen mit Verwaltungssprache mit der Aussage des Diagramms überein?

3 Lest den folgenden Textauszug und stimmt in der Klasse ab: Inwiefern ist der Textauszug gut verständlich, weniger gut verständlich bzw. völlig unverständlich?

Ermittlung Ihrer steuerlichen Verhältnisse (§ 88, 93 der Abgabenordnung – AO)

Anlage: Fragebogen (2-fach)

Sehr geehrte Frau Köster,

nach einer dem Finanzamt vorliegenden Mitteilung sind Sie Miteigentümerin des Grundstücks in 34513 Waldeck, Weißdornweg 17b, Flurst. Nr. 107/3.

Zur Prüfung der Frage, ob sich aus dem Besitz des Grundstücks – ggf. zusammen mit anderen Einkünften – eine Einkommensteuerpflicht ergibt, bitte ich um die Beantwortung der folgenden Fragen und um Zurücksendung des Fragebogens innerhalb von vier Wochen. Die Zweitausfertigung des Fragebogens ist für Ihre Unterlagen bestimmt.

Im Falle einer steuerlichen Beratung wird um Weiterleitung dieses Schreiben an Ihren Steuerberater gebeten.

Für Ihre Bemühungen danke ich und stehe für weitere Auskünfte gerne zur Verfügung.

Mit freundlichen Grüßen

Scholz

4 Betrachte folgendes Diagramm: Was stört an der Verwaltungs- und Rechtssprache?
a) Erkläre, welche Probleme viele Menschen betreffen und welche nur manche.
b) Arbeitet zu zweit und untersucht den Textauszug links noch einmal genauer: Inwiefern treffen die Probleme aus dem Diagramm unten auf den Auszug zu?

5 a) Übernimm die Abbildung rechts in dein Heft.
b) Trage die Informationen aus dem folgenden Wissen-und-Können-Kasten zur Verwaltungssprache in Stichpunkten in deine Abbildung ein.

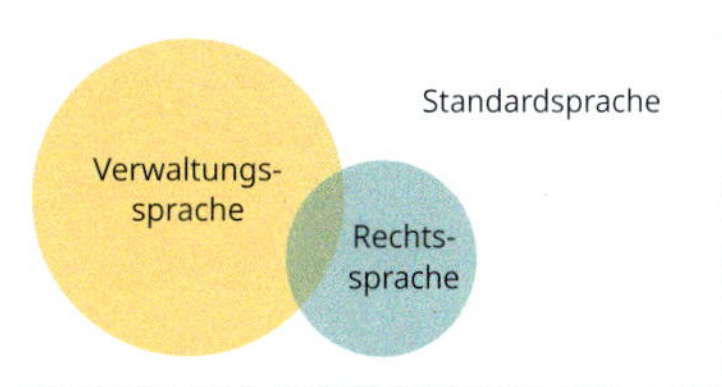

Abbildung: Verwaltungssprache

Wissen und Können

Verwaltungssprache reflektieren

Bei der **Verwaltungssprache** handelt es sich um einen Sprachgebrauch, der von Institutionen benutzt wird, um **rechtliche Sachverhalte** zu beschreiben. Die Verwaltungssprache greift dazu auf **Fachwörter** und Formulierungen der **Rechtssprache** zurück. Verwaltungsbereiche sind zum Beispiel Sozialamt, Bauordnungsamt, Umweltschutzamt ...
Behörden treffen rechtlich bindende Entscheidungen: Sie erlassen Vorschriften und Verordnungen, genehmigen Anträge oder lehnen sie ab. Diese Texte sollen **eindeutig** sein sowie sprachlich verdeutlichen, dass jemand berechtigt ist, zu **bestimmen**. Daher weicht Verwaltungssprache von der Standardsprache ab. Verwaltungssprache wird von vielen Menschen als **schwer verständlich** empfunden.
Typische **sprachliche Merkmale** sind z. B. eine große Genauigkeit, mit der beschrieben wird; Nominalstil; ein unpersönlicher Stil; Intertextualität ...

Arbeitsheft, S. 78

Schätze deinen Lernstand ein

→ Seite 293/294, B
→ Seite 293/294, A
← Seite 282/283, 286 Wissen u. Können

1 a) Inwiefern handelt es sich beim folgenden Text um einen Text in Leichter Sprache? Erläutere mindestens drei Merkmale.
b) Erkläre, wie diese Merkmale beim Lesen und Verstehen des Textes helfen.

Schwäne wieder auf der Alster (Auszug)

In Hamburg sind wieder viele Schwäne umgezogen.
Schwäne sind große Vögel.
Schwäne sind meistens weiß.
Und Schwäne leben auf Seen und Teichen.
Jetzt sind die Schwäne wieder auf der Alster.
Die Alster ist ein Fluss.
Die Alster fließt durch Hamburg.
Im Zentrum von Hamburg sieht die Alster aus wie ein See.
Im Winter ist manchmal Eis auf der Alster.
Auf dem Eis können die Schwäne **nicht** schwimmen.
Deshalb sind die Schwäne im Winter **nicht** auf der Alster.

2 Lies den folgenden Textauszug.
a) Benenne Nominalisierungen.
b) Formuliere zwei Regeln, die du im Nominalstil schwieriger verständlich findest, in Verbalstil um.

- *Der Aufenthalt der Schülerinnen und Schüler findet in der großen Pause auf dem Schulhof statt. Die kleine Pause dient dem Aufsuchen der Toilette bzw. der Vorbereitung auf die folgenden Unterrichtsstunden.*
- *Wegen der Unfallgefahr müssen gefährliche Spiele unterlassen werden. Dazu gehören z. B. das Rennen und Toben im Gebäude, Schubsen, Raufen, Boxen. Das Werfen mit Schneebällen, Tannenzapfen und Beeren, das Schlittern auf dem Eis usw. ist verboten.*
- *Aufgrund der Verursachung von erheblichen Sachschäden durch das Wegwerfen von Kaugummis ist das Kaugummikauen nicht gestattet. Das Spucken auf den Boden ist unhygienisch und daher zu unterlassen.*
- *Ein Verlassen des Schulgeländes während der Schulzeit ist nur in Absprache mit einer Lehrkraft erlaubt.*

→ Seite 295/296, B
→ Seite 295/296, A
← Seite 288/289

3 Benenne drei sprachliche Aspekte, die viele Menschen an Verwaltungssprache stören, und erkläre sie.

4 Erkläre, wie Standardsprache, Verwaltungssprache und Rechtssprache miteinander in Verbindung stehen.

→ Seite 297–299, B
→ Seite 297–299, A
← Seite 290/291

Arbeitsheft, S. 79

Die Rolle von Leichter Sprache untersuchen

Für alle Menschen ist ihre gesellschaftliche und politische Teilhabe ein grundlegendes Recht. Damit man sich eine Meinung bilden und gesellschaftlich teilhaben kann, ist der Zugang zu Informationen notwendig. Die sprachliche Gestaltung von Informationen kann verhindern oder helfen, dass diese barrierefrei zugänglich sind.

1 Lies die Aussagen von Nutzerinnen und Nutzern Leichter Sprache und erkläre, wobei sie ihnen hilft und was sie für diese bedeutet.

Das ist mein Traum:
Dass ich die Briefe vom Amt lesen kann,
ohne dass mir erst jemand
erklären muss,
was da drin stehen tut.
Wenn die Sätze so lang sind,
dann ist das für mich zu schwer.
Dann habe ich schon
gar keine Lust mehr, weiter zu lesen.
Aber wenn die Sätze kurz sind,
und die Schrift ist schön groß,
dann kann ich das auch gut lesen.

Josef Ströbl, 58, Experte in eigener Sache, Prüfer für Leichte Sprache

„Leichte Sprache ist für uns Menschen besser zu verstehen. Manche Sachen kann ich nicht so gut verstehen, zum Beispiel wenn man zu schnell redet, oder wenn das so kompliziert ist. Dann hilft das, wenn das in Leichter Sprache übersetzt wird. Deswegen will ich mich für Leichte Sprache einsetzen. Und es macht Spaß, in Leichter Sprache zu lesen, wie zum Beispiel über Politik."

Natalie Dedreux, Köln, 22 Jahre

„Ich bin Prüfer für Leichte Sprache. Es fühlt sich gut an, anderen helfen zu können, das Corona-Virus zu verstehen, also was das ist und wie man sich weiterbilden kann. Dass man auch weiß, dass es eine Website in deiner Sprache gibt und man da reingucken kann."

Paul Spitzeck, Köln, 27 Jahre

Schwere Sprache
ist schlecht für mich:
Ich kann keine Zeitung lesen.
Und ich brauche meine Betreuerinnen.
Sie müssen mir vieles vorlesen.
Leichte Sprache ist wichtig!
Dann kann ich beim Fußball mitreden.
Zum Beispiel weil ich die Regeln verstehe.
Und ich kann die Speise-Karte lesen.
Dann kann ich alleine Essen gehen.

Nicole Papendorf, Mitarbeiterin im Büro für Leichte Sprache der Lebenshilfe Bremen

2 Manchmal wird die Idee der Leichten Sprache auch kritisch hinterfragt. Bemängelt wird etwa, dass Sachverhalte zu einfach dargestellt werden, oder Erwachsene wie Kinder behandelt. Lest den Text und diskutiert, inwiefern die Kritik gerechtfertigt ist.

Anne Leichtfuss im Interview zu Kritik an Leichter Sprache

Diese Vorwürfe tauchen immer wieder auf, vor allem etwa vor einer Bundestagswahl, wenn durch Wahlprogramme mehr Leichte Sprache sichtbar wird. Mir ist wichtig: Jeder komplexe Inhalt kann in Leichte Sprache übersetzt werden. Ich habe schon Texte zu Molekulargenetik, Philosophie oder historischen Inhalten übersetzt. Und der Inhalt bleibt auch nach der Übersetzung noch komplex und vielschichtig. Ich verändere nur die sprachliche Form, nicht den Inhalt. So ermögliche ich mehr Menschen, an einer Diskussion darüber teilzuhaben.

Die Kritik, Leichte Sprache behandele erwachsene Menschen aus der Zielgruppe wie Kinder höre ich immer wieder – allerdings nie von Menschen aus der Zielgruppe. Ich arbeite seit fast 13 Jahren in diesem Themenbereich und kann dabei zusehen, wie Inhalte in Leichter Sprache an den richtigen Stellen zu mehr Teilhabe und Selbstbestimmung führen. Wenn die Leichte Sprache dazu führt, dass ich Inhalte verstehe, dann kann ich in mehr Bereichen meines Lebens selbständig und ohne Assistenz entscheiden und handeln. Ich würde also im Gegenteil eher sagen, dass Leichte Sprache vielen Menschen ein erwachsenes und selbstbestimmtes Leben erleichtert.

Einem Hörtext gezielt Informationen entnehmen, S. 39/40

Podcast „Wie kann Leichte Sprache politische Teilhabe ermöglichen"

3 Wähle Aufgabe **A** oder **B**.

A Inwiefern ist Leichte Sprache ein Schlüssel zur politischen Teilhabe?

a) Höre dir das Podcast-Interview an und mache dir Notizen.

b) Erkläre, wie Leichte Sprache helfen kann, damit alle Menschen am öffentlichen Leben teilhaben können und sich politisch informieren.

B Die Regeln für Leichte Sprache gibt es noch nicht sehr lange. Manche Aspekte werden auch noch diskutiert.

a) Lies den folgenden Textabschnitt und beschreibe, welches Problem besteht.

b) Recherchiere, wie der Punkt im Wort genannt wird.

c) Vergleiche die beiden Schreibweisen und nimm Stellung, welche du leichter zu lesen findest.

Starthilfe, S. 429

Kritik an den vielen Bindestrichen (Auszug)

Immer wieder Bindestriche, wo sie in der Standardsprache nicht stehen: im Wort „Land-Tag" oder in „Vor-Name". Die Leiterin der Forschungsstelle Leichte Sprache an der Universität Hildesheim Christiane Maaß hält das für problematisch: „Durch die Bindestrichschreibungen entfernt sich der Leichte-Sprache-Text vom regulären Deutsch. Und man sieht an den heftigen Reaktionen, die ich für berechtigt halte, dass das eine gefährliche Straße ist."

Deshalb nutzen Maaß und ihre Mitarbeiter, zum Beispiel für die norddeutschen Nachrichten des NDR in Leichter Sprache, statt des Bindestrichs den dezenteren Punkt auf mittlerer Höhe. So können Menschen mit Leseschwäche die einzelnen Wortbestandteile immer noch schnell erfassen. […]

NDR-Nachricht in Leichter Sprache:
„Auf Rügen gibt es eine besondere Küste.
Diese Küste ist eine Steil·küste.
Steil·küste heißt:
An der Küste sind hohe Felsen.
Und diese Felsen sind sehr steil."

4 Diskutiert, inwiefern auf eurer Schulhomepage Informationen in Leichter Sprache zur Verfügung gestellt werden sollten: z. B. Schulordnung, Elterninformationen …

Nominalstil gezielt verwenden

„Nominalstil vermeiden! So schreiben Sie verständlicher …", „Tipp: Nominalstil umgehen", „Der Nominalstil – eine Stilsünde", **… solche und andere Überschriften findet man, wenn man sich im Internet zum Nominalstil informieren möchte. Aber welche Vorteile bietet dieses sprachliche Phänomen?**

1 Lies den Text.

a) Beschreibe, wie sich Nominalstil auf Satzstrukturen auswirkt.

b) Erkläre, welche Gründe es für Schreibende gibt, Nominalstil zu verwenden.

→ *Attribute, S. 401–403*

→ *Satzstrukturen und -formen, S. 414/415*

Die sprachlichen Möglichkeiten von Nominalstil nutzen

In Ratgebern zum Thema Schreiben, auf Internetseiten und Lernplattformen wird meistens vor dem Nominalstil gewarnt und davor, zu viele Nominalisierungen zu verwenden. Häufig werden Beispiele für umständliche Nominalisierungen angeführt, wie z. B. *Interpretierbarkeit, Aufrechterhaltung, …* Es stimmt aber nicht, dass jede Nominalisierung gleich schwer zu verstehen ist. Beispiele für leicht verständliche Nominalisierungen sind etwa *die **Erklärung** von Herrn Müller, der **Umbau** der Turnhalle, …*

Viel weniger findet man darüber, wann sie hilfreich sind. Oder warum Menschen gezielt diese Struktur verwenden.

Nominalisierungen können einen Einfluss auf Satzstrukturen haben. Statt einem Satzgefüge im Verbalstil a) tritt ggf. nur ein Verbzweitsatz b) im Nominalstil auf:

a) *Dass Herr Müller die Klassenkasse prüfte, zeigte, dass 27,73€ fehlten.*

b) *Eine Überprüfung der Klassenkasse durch Herrn Müller zeigte das Fehlen von 27,73€.*

Solche Sätze können dann schwieriger verständlich sein, weil sie mehrere Informationen enthalten: *1) Herr Müller hat die Klassenkasse geprüft. 2) Die Prüfung hat etwas gezeigt. 3) Es fehlen 27,73€.*

Der Vorteil für das Schreiben von Texten ist dann aber, dass Sätze wie b) noch um weitere Informationen ergänzt und zu Satzgefügen erweitert werden können (*…, weshalb der Direktor eine erneute Überprüfung anordnete.*). Mit Nominalstil kann man also viele Informationen in Sätzen ausdrücken – auch ohne Satzgefüge und häufig kürzer.

Nominalisierungen bilden außerdem häufig aussagekräftige Formulierungen wie z. B. *Unwetterwarnung, Schülerbeförderung, Unterrichtsbeginn, …*

Das Nomen einer Nominalisierung kann auch noch durch weitere Informationen (Attribute) ergänzt werden: *der Unterrichtsbeginn → der frühzeitig angesetzte **Unterrichtsbeginn** der 10a für das Wahlpflichtfach, das laut Prüfungsordnung zweistündig ist.* Das Ergänzen von Attributen ist einerseits für die Schreibenden sehr nützlich, um viele Informationen zu geben, genau das kann andererseits für die Lesenden aber eine Herausforderung sein.

Die Verwendung von Nominalstil hängt auch mit der Textsorte oder dem Kontext zusammen: Nominalstil ist nützlich, wenn viele Informationen übermittelt werden sollen (z. B. in wissenschaftlichen Texten) oder wenig Platz für den Text zur Verfügung steht (z. B. Überschriften, Aufschriften, …).

2 Wähle Aufgabe **A** oder **B**.

A Sieh dir die Schilder an.

a) Benenne Nominalisierungen, die auf den Schildern auftreten.
b) Wie lang würde der Text werden, wenn im Verbalstil formuliert würden? Formuliere die Aussage der drei Schilder jeweils in Verbalstil um.
c) Beurteile, inwiefern eine Aufschrift im Verbalstil eine gute Alternative wäre.

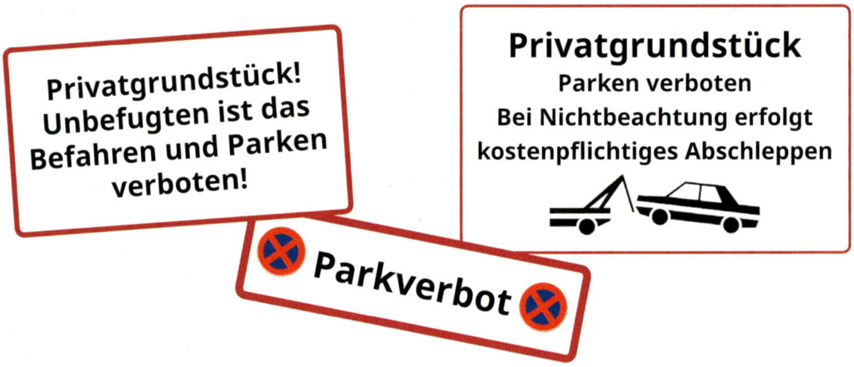

Starthilfe, S. 429

B Sieh dir die Aufschrift auf der Zahnpastatube an.

a) Erkläre, welchen Nutzen es für die Hersteller hat, Nominalstil für den Aufdruck zu nutzen.
b) Beurteile, inwiefern die Nominalsierungen schwierig zu verstehen sind.

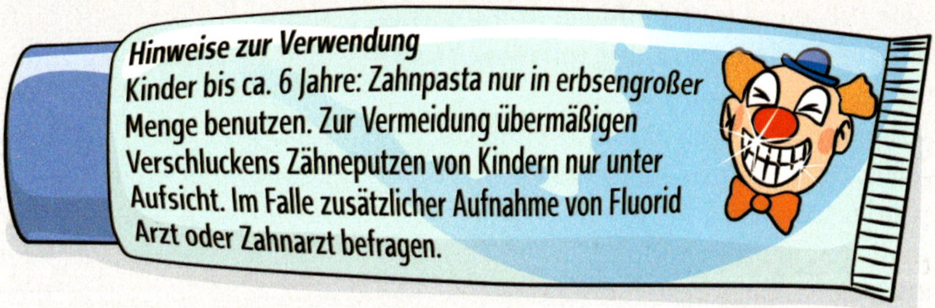

c) Ben meint: „In der Aufschrift sind noch zwei Verben. Könnte man nicht auch noch **benutzen** und **befragen** nominalisieren?"
- Formuliere auch diese beiden Sätze in Nominalstil um.
- Beurteile, inwiefern die Aussage der Sätze im Nominalstil erhalten bleibt.

3 Arbeitet in der Gruppe:

a) Sammelt eigene Beispiele für die Verwendung von Nominalstil im Alltag (auf Schildern, in Anleitungen, Texten ...).
b) Erstellt eine Collage mit euren Beispielen.
c) Präsentiert eure Ergebnisse in der Klasse.
d) Diskutiert gemeinsam, bei welchen Nominalisierungen in den Beispielen der Verbalstil eine sinnvolle und zur Situation passende Formulierungsalternative wäre und bei welchen nicht.

Eine mündliche Präsentation planen, S. 41–44

Verwaltungssprache verständlicher gestalten

Bei den Schreiben von Ämtern, Behörden, Gerichten und Anwaltskanzleien kommt es meiner Meinung nach vor allem darauf an, dass man versteht, was gemeint ist. Daher sollte man sich in solchen Schreiben auch möglichst einfach und klar ausdrücken und weitgehend auf Rechtssprache verzichten.

Das sehe ich anders. Das Wichtigste bei solchen Schreiben ist, dass sie möglichst genau und sachlich korrekt sind. Dafür ist es in vielen Fällen nun mal nötig, solche Schreiben in der Rechtssprache zu verfassen, auch wenn die juristische Fachsprache nicht immer leicht zu verstehen ist.

1 Welcher Aussage stimmt ihr zu?
a) Führt in der Klasse eine Abstimmung durch und haltet das Ergebnis in einem Balkendiagramm fest.
b) Begründet eure Meinung.
c) Vergleicht euer Ergebnis mit dem Ergebnis einer deutschlandweiten Umfrage in der Starthilfe.

Diagramme auswerten und erstellen, S. 384

Starthilfe, S. 429

2 Arbeitet zu zweit.
a) Welche Gründe sprechen für eine Verwaltungssprache, die von allen gut verstanden werden kann? Erstellt eine Liste.
b) Lest den Text. Welche Gründe für verständliche Verwaltungssprache werden genannt? Ergänzt eure Liste.

Vom Nutzen einer verständlichen Verwaltungssprache (Auszug)

Durch eine verständliche und bürgernahe Sprache gewinnt die Verwaltung an Ansehen, spart Kosten und kann glaubwürdiger Anstoßgeber sein. „Weniger Aufwand, mehr Effizienz in der Bearbeitung, weniger Kosten in der Verwaltung und in den Betrieben, weniger Missverständnisse und Reibungsverluste, weniger Entmündigung und Behördenverdrossenheit“ zählt Allefeld als Vorteile auf. Kosten entfallen z. B., wenn weniger Zeit für Beratungsgespräche, Ausfüllhilfen und die Bearbeitung von Widersprüchen benötigt wird. Gleichzeitig wird der Arbeitsalltag weniger „zerrissen“ und die Arbeitsmotivation steigt, wenn Rückfragen und das Nachreichen von Unterlagen unnötig werden.

Gemeinsam mit der Gesellschaft für deutsche Sprache hat die Landeshauptstadt Wiesbaden das Projekt *Klartext* durchgeführt und „Leitsätze für eine bürgerfreundliche Verwaltungssprache" entwickelt.

3 Wähle Aufgabe Ⓐ oder Ⓑ.

„Leitsätze für eine bürgerfreundliche Verwaltungssprache "

Einem Hörtext Informationen entnehmen, S. 40

„Leitsätze für eine bürgerfreundliche Verwaltungssprache"

Ⓐ a) Sieh dir das Video an und erkläre:
- Welches Ziel verfolgt das Projekt?
- Was ist mit den folgenden Verwaltungsbegriffen gemeint?

a. Fußgängerquerungshilfe b. Oberflächenwasser c. Lichtsignalanlage

b) Arbeitet in der Gruppe. Informiert euch in den Leitsätzen des Projekts, wie mit den folgenden Problembereichen von Verwaltungssprache umgegangen werden soll:

a. Fachbegriffe und Fremdwörter b. Nominalstil/Verbalstil c. lange Sätze

c) Lies dir das folgende Beispiel durch und verfasse je eine leichter verständliche Alternative für die weiteren Textauszüge.

Beispiel: Die Bauaufsichtsbehörde hat bei der Entscheidung über die Zulässigkeit eines Bauvorhabens die rechtlichen Belange und die Interessen der Antragsteller, Nachbarn und Allgemeinheit gegeneinander abzuwägen.
→ Wenn wir entscheiden, ob ein Bauantrag zulässig ist, haben wir die rechtlichen Vorgaben zu beachten. Außerdem wägen wir die Interessen der Antragsteller, Nachbarn und Allgemeinheit gegeneinander ab.

a. ... trotz der Wirksamkeit des Fahrverbotes seit ...
b. Unter Bezugnahme auf unser Schreiben vom ...
c. Die Ermittlung der zu beteiligenden Dienststellen und Behörden in einem Schnellverfahren trug zur Beschleunigung der Bearbeitung Ihres Antrages bei.

Ein Gespräch mithilfe eines Kommunikationsmodells untersuchen, S. 19/20

„Parkgebühren"

Text „Parkgebühren"

Loriot (12.11.1923 – 22.08.2011)

Ⓑ Im Sketch „Parkgebühren" von Loriot treffen unterschiedlich sprechende Personen aufeinander.

a) Lest den Auszug aus dem Gespräch auf der folgenden Seite. Diskutiert zu zweit, worum es in der Situation geht und welches Problem besteht.

b) Arbeitet zu zweit. Seht euch den ganzen Sketch an und lest mit. Macht euch Notizen.
- Welche Personen treten auf und wie sprechen sie?
- Inwiefern verstehen sich die Personen untereinander?
- Welche Rolle spielt Sprache für den Sketch?

c) Arbeitet zu zweit: Wählt eine der folgenden Aufgaben.
- Wie würde die Politesse den Sachverhalt ohne Verwendung von Verwaltungssprache schildern? Verfasst eine alternative Erklärung der Situation ab „Es war so". Reflektiert abschließend, inwiefern es euch gelungen ist, die Situation ohne Verwaltungssprache zu beschreiben.
- Stellt euch vor, der zweite Autofahrer und seine Frau würden ebenfalls in der Verwaltung arbeiten. Schreibt den Dialog zwischen der Politesse und dem Ehepaar so um, dass auch sie verwaltungssprachlich argumentieren, dass sie die Parkgebühren gezahlt haben.

Parkgebühren (Auszug)

Ein Herr mit Aktentasche tritt an seinen Wagen, der an einer Parkuhr abgestellt ist. Eine Politesse kontrolliert die Parkzeit.

Herr: Was is´ denn?
Politesse: *(ihren Formular-Block ziehend)* Sie haben die Parkzeit überschritten. Sind Sie mit einer Verwarnung einverstanden? *(sieht nach der Wagennummer und vergleicht die Uhrzeit)*
Herr: Das ist gar nicht möglich, ich habe ja grade erst ein Zehnpfennigstück eingeworfen! Dann war ich drüben bei der Bank und bin sofort wieder zurück...
Politesse: Dann hat es wohl ein bisschen länger gedauert ... *(schreibt)*
Herr: Neinnein ... ich habe nur einen Umschlag abgeholt ...
Politesse: ... Die zulässige Parkzeit ist überschritten, da die rote Kontrollscheibe seit 20 Minuten im Sichtfenster der Parkuhr sichtbar ist ...
Herr: Dann ist die Parkuhr kaputt ...
Politesse: *(sieht ruhig auf den Herrn)*
Herr: Sie muss kaputt sein ...
Politesse: Das ist ja festzustellen ... *(greift in die Tasche, entnimmt Portemonnaie und Münze)* Wenn die Uhr nach dem Einwurf der Münze zurückrastet, ist sie nicht beschädigt. *(wirft die Münze ein, die Uhr springt zurück. Sie überreicht den Verwarnungsschein)* Die Parkuhr ist nicht beschädigt. Sind Sie mit einer Verwarnung einverstanden?
...

4 Auch die einzelnen Bundesländer befassen sich mit der Verständlichkeit von Verwaltungssprache. Bayern hat dazu z. B. den Leitfaden „Freundlich, korrekt und klar – Bürgernahe Sprache in der Verwaltung“ entwickelt. Recherchiere, inwiefern es in deinem Bundesland Vorgaben gibt, Verwaltungssprache verständlicher zu formulieren.

Leitfaden „Freundlich, korrekt und klar – Bürgernahe Sprache in der Verwaltung“

Zeigt, was ihr könnt

Literarische Texte in *Leichter Sprache*? Das gibt es! Und man kann sogar selbst mitmachen. Die Lebenshilfe Berlin veranstaltet einmal im Jahr den Wettbewerb „Die Kunst der Einfachheit" – einen Wettbewerb speziell für Literatur in *Einfacher Sprache* und *Leichter Sprache*. Die ersten Plätze erhalten Preisgelder und die besten Texte werden jeweils in einem Buch veröffentlicht.

Aufgabe: Informiert euch über den Wettbewerb und verfasst selbst einen Text für diesen.

Geht folgendermaßen vor:

1 Im Jahr 2021 lautete das Thema des Wettbewerbs *Mutig sein. Stark sein*. Lest die Anfänge der folgenden zwei Texte, die dazu eingereicht wurden. Sammelt eure Eindrücke zu literarischen Texten in Leichter bzw. Einfacher Sprache.

Texte „Mutig sein. Stark sein."

2 Arbeitet in Vierergruppen.
a) Lest jeweils zu zweit einen Text ganz.
b) Tauscht euch in der Gruppe aus, um welches Thema es in eurem Text geht und wie das Thema *Mutig sein. Stark sein.* erzählt wird.
c) Diskutiert, inwiefern ihr der folgenden Aussage zustimmt:
„In *Leichter Sprache* kann auch über schwere Themen geschrieben werden."

3 Informiert euch im Internet auf der Seite der Lebenshilfe Berlin über das Thema und die Fristen der aktuellen Wettbewerbsrunde.

Textverarbeitungsprogramm

4 Arbeitet in der Gruppe:
a) Sammelt mögliche Themen, zu denen ihr gerne schreiben wollt.
b) Entscheidet euch für ein Thema und verfasst eine erste Textversion.
c) Stellt eure Texte in der Klasse vor:
- Gebt Feedback zum Aufbau und Inhalt des Textes.
- Überprüft (z. B. mithilfe einer Schreibkonferenz), an welchen Stellen eure Texte sprachlich noch vereinfacht werden müssen. Nutzt dazu euren Steckbrief zu Leichter Sprache als Checkliste (S. 282).

d) Überarbeitet eure Texte.

5 a) Stellt eure Texte in der Klasse vor und gebt euch Feedback.
b) Reicht einen oder mehrere Texte für den Wettbewerb ein. Viel Erfolg!

Nelly Neukirchen

Viele schlimme Dinge

Ich bin Polizist.
Ich jage Verbrecher.
Ich habe ein spannendes Leben.
Wie im Krimi.
Das denken die Leute.
Aber mein Beruf ist ganz anders.

Ich tauche oft ein in eine dunkle Welt.
In dieser Welt ist vieles normal.
Vieles, das eigentlich nicht normal ist:
Einen Laden überfallen ist normal.
Weil man Geld braucht.
Drogen nehmen ist normal.
Weil man es sonst nicht aushält.
Seine Frau schlagen ist normal.
Einfach so.
Manchmal schlägt auch eine Frau ihren Mann.
Oder beide schlagen ihre Kinder.

Wenn die Nachbarn das hören, hören sie oft weg.
Manchmal hören sie aber auch hin.
Wenn sie nicht weghören können.
Wenn es zu schlimm wird.
Zu laut.
Zu gefährlich.
Dann rufen sie uns.
Die Polizei. [...]

Alexandra Lüthen

Hasenherz und Löwenmut

Es war einmal ein König und eine Königin.
Sie lebten in einem großen Schloss.
Sie liebten sich sehr
und bekamen drei Töchter.
Die Töchter waren schön wie die Sonne.
Sie waren stark wie eine Herde Elefanten.
Sie waren klug wie ein Schwarm Eulen.
Der König und die Königin freuten sich sehr.
Sie sagten:
„Was haben wir für ein Glück!
So schöne Töchter!
So starke Töchter!
So überaus kluge Töchter!
Lass uns ihnen Namen geben:
Prinzessin Super·schön!
Prinzessin Mega·stark!
Prinzessin Krass·klug!“

Der König und die Königin liebten sich weiter.
So be·kamen sie noch mal ein Kind.
Einen Sohn.
Er war sehr klein.
Alles an ihm zitterte.
Von der Nase bis zum Zeh.
Hübsch war er auch nicht gerade.
Sagten die Leute.
Dem König und der Königin war das egal.
Sie liebten ihren Sohn. [...]

Sprache reflektieren

Sprache begleitet uns täglich in allen Lebenslagen: Wir können mit ihr unseren Gedanken und Gefühlen Ausdruck verleihen; sie ermöglicht es uns, mit anderen zu kommunizieren und Informationen auszutauschen. Sprache spielt im alltäglichen Zusammenleben, in der Gesellschaft und Politik eine besondere Rolle. Schnell kann sie zu einem politischen Instrument werden und immer mehr steht der Gebrauch von „richtiger" oder „korrekter" Sprache im Fokus der öffentlichen Diskussion. Nicht selten werden diese Diskussionen sehr heiß und emotional geführt. Auch Framing und die mediale Inszenierung von Sprache werden in diesem Kontext immer wichtiger.

Christian Dürr
@christianduerr

Mit der #BAföG-Reform füllt die #Ampel das von der Union vernachlässigte Aufstiegsversprechen wieder mit Leben.
1 Beiträge und Wohnzuschläge werden angehoben,
2 Die Zuverdienstregelungen gelockert
3 Die Elternfreibeträge und Altersgrenze erhöht.
Ein wichtiges Signal!

9:02 vorm. · 12. Mai 2022 · Twitter for iPhone

In diesem Kapitel lernt ihr, ...

- welche Bedeutung Sprache in der Gesellschaft und für die Politik hat,
- dass Sprache ein Mittel, Begleiter und Gegenstand von Politik sein kann,
- wie uns Sprache mit verschiedenen Darstellungsstrategien beeinflussen kann,
- wie Sprache manipulieren und auch diskriminieren kann,
- wie die Verwendung von Sprache mit der jeweiligen Situation zusammenhängt.

1 a) Überlege dir, wie bei dir ein typischer Tag abläuft und sammle stichpunktartig Beispiele, wann du in deinem Alltag den Themen *Politik* und/oder *Sprache* begegnest.
b) Vergleicht eure Stichpunkte in kleinen Gruppen und fasst gemeinsame Oberpunkte zusammen.

2 a) Beschreibe die Kommunikationssituationen auf den Bildern links und erkläre einer Partnerin oder einem Partner, wer in der jeweiligen Situation angesprochen wird.
b) Diskutiert die Ziele, die die Sprecherin oder der Sprecher in der jeweiligen Situation verfolgen könnte und beschreibt, wie sich das auf die Kommunikation auswirken könnte.
c) Stell dir vor, du bist selbst in der Rolle der Politikerin oder des Politikers auf dem jeweiligen Bild. Wie würdest du vorgehen, um deine Zuhörerinnen und Zuhörer zu überzeugen?
d) Sammelt in der Klasse jeweils ein weiteres Beispiel aus eurem Alltag, in dem ihr der jeweiligen Form der politischen Kommunikation schon begegnet seid. Berichtet dabei von euren Erfahrungen und davon, wie die Sprecherin oder der Sprecher auf euch gewirkt haben.

→ *Kommunikationsmodelle kennenlernen, S. 15–18*

3 Die folgende Wortwolke zeigt Begriffe, die verschiedenen Kommunikationsstrategien zuordnet werden können.

a) Ordne die einzelnen Beispiele den jeweiligen Kommunikationsstrategien zu:
Events Printmedien Website Social Media Werbung Pressearbeit weitere Medien
z. B. Events: Mitgliederversammlung, Infostand …
b) Vergleicht eure Ergebnisse und diskutiert Gemeinsamkeiten und Unterschiede.
c) Diskutiert, welche Kommunikationsstrategie ihr für besonders wichtig, und welche ihr für weniger wichtig haltet. Bezieht in eure Diskussion auch verschiedene Zielgruppen mit ein, die von den jeweiligen Kommunikationsstrategien angesprochen werden sollen.

Politische Sprache analysieren und interpretieren

Kern der Politik ist es, mit anderen zu kommunizieren, zu streiten, zu überzeugen und Kompromisse zu finden. Wenn du Politik verstehen willst, musst du einen Blick hinter die Kulissen wagen. Dazu musst du lernen, die Sprache zu verstehen, die Politikerinnen und Politiker selbst verwenden, aber auch die Sprache, die Medien nutzen, um über Politik zu berichten.

Parlamentsrede der Bundestagsabgeordneten Dr. Carolin Wagner, 24.03.2022

„Wir schaffen Perspektiven, wir schaffen Zukunft"

Sehr geehrter Herr Präsident! Sehr geehrte Frau Ministerin! Werte Damen und Herren! Bildung, Digitalisierung und Nachhaltigkeit sind drei Eckpfeiler, auf die wir setzen müssen, um Deutschland fit für die Zukunft zu machen. Genau deshalb sind diese drei Bereiche als Schwerpunkte im Koalitionsvertrag enthalten. Genau deshalb finden sich diese drei Bereiche im Titel des Jahresgutachtens der Wirtschaftsweisen. Mit Blick auf den Bildungsetat greifen diese drei Bereiche genau deshalb unmittelbar zusammen. Da geht es natürlich um Bildung – klar, sonst wäre es nicht der Bildungsetat –, aber es geht auch zentral um Digitalisierung, die auch den Bildungsbereich massiv verändert. Deshalb nehmen wir eben viel Geld in die Hand, um etwa mit dem DigitalPakt Schule digitale Kompetenzen schon im Kindesalter zu verankern.

Und wozu? Zu Recht natürlich, meine Damen und Herren. Denn wir müssen eine digital kompetente, eine medienkritische Gesellschaft werden. Auch das ist ein zentraler Pfeiler für ein resilientes Land, den wir [...] nicht aus den Augen verlieren dürfen. [...] Mit über 20 Milliarden Euro fördern wir effektiv – und darauf kommt es an: effektiv – DIE Ressource in diesem Land: ganz viele kluge Köpfe. [...] Mit unseren Maßnahmen wie etwa dem Startchancenprogramm oder dem LebensChancen-BAföG werden wir Strukturen im Bildungssystem spürbar verbessern.

Wir heben Potenziale und erneuern damit unser Versprechen des Bildungsaufstiegs. Beim BAföG etwa hören wir endlich auf, mit Pflaster und Tupfer das System am Laufen zu halten. Nein, wir unterziehen es jetzt der überlebensnotwendigen Operation; denn nach Jahren sinkender Gefördertenquoten wollen wir endlich wieder deutlich mehr junge Talente aus einkommensschwachen Familien fördern, damit sie ein Studium aufnehmen, damit eben eine akademische Ausbildung nicht länger vom Geldbeutel der Eltern abhängt, werte Kolleginnen und Kollegen. Neben all diesen Dingen darf eine Sache niemals zu kurz kommen, und das ist das Thema Gleichstellung. [...] Meine sehr geehrten Damen und Herren, Bildung ist der Schlüssel zur Welt. Gute Bildung führt eher zu einem sicheren Arbeitsplatz und einem höheren Einkommen, eher zu besserer Gesundheitsversorgung und Teilhabe. Bildung ist das Fundament für ein selbstbestimmtes Leben im Sinne der Sozialdemokratie, und dafür sorgen wir in der Zukunftskoalition der Ampel unter anderem eben mit unseren Bildungsvorhaben. Chancengerechtigkeit und Aufstiegschancen fallen nicht einfach so vom Himmel. Man muss sie aktiv durch Strukturen herstellen und verankern, und darum kümmern wir uns. Wir schaffen Perspektiven, wir schaffen Zukunft für 83 Millionen Menschen. Vielen herzlichen Dank.

1 a) Lies den Ausschnitt aus der Parlamentsrede einer Bundestagsabgeordneten auf der linken Seite und hinterfrage dabei: Worum geht es in der Rede (Inhalt)? Wie wird das kommuniziert (Sprache)?
b) Überlege dir, welches Ziel mit der Rede verfolgt wird. Beschreibe die Strategien (inhaltlich, sprachlich), die verwendet werden, um das Ziel zu erreichen.
c) Analysiere die Sprache der Rede und markiere dir hierzu mindestens drei Stellen, die besondere sprachliche Merkmale aufweisen. Beschreibe diese und ihre Wirkung.

Aufbau und Inhalt von Reden untersuchen, S. 241–243

Eine Rede vollständig analysieren, S. 244–247
Folie

2 Eine Funktion von Reden ist, die Angesprochenen zu überzeugen.
a) Erinnere dich an eine Situation, in der du selbst versucht hast, jemanden von deiner Meinung zu überzeugen. Beschreibe einer Partnerin oder einem Partner, welche Strategie du verwendet hast, um andere von deiner Meinung zu überzeugen.
b) Diskutiert euer Vorgehen. Was hat zum Erfolg geführt, was nicht?

Redekontext und Redegattungen erfassen, S. 238–240

3 Lies den Wissen-und-Können-Kasten und betrachte die enthaltene Grafik.
a) Finde für jede der Kategorien zwei weitere Beispiele.
b) Diskutiert gemeinsam, wer in den jeweiligen Kategorien miteinander kommuniziert. Nennt pro Kategorie mindestens eine Sprecherin oder einen Sprecher sowie mindestens eine Rezipierende oder einen Rezipierenden.
Beispiel: Politikersprache
sprechende Person: Politikerin oder Politiker im Bundestagsausschuss für Digitales, rezipierende Personen: Kolleginnen und Kollegen im Arbeitsausschuss

Wissen und Können

Politische Sprache analysieren

Sprache und Politik sind eng miteinander verzahnt. Die Sprache hat in Demokratien eine **vermittelnde und informierende Funktion** und ist ein Medium zur öffentlichen, diskursiven **Meinungsbildung**. Dabei verfolgen alle Akteurinnen und Akteure die Durchsetzung bestimmter Ziele und die Gestaltung des öffentlichen Lebens. Politische Sprache lässt sich in folgende **Teilbereiche** unterteilen:

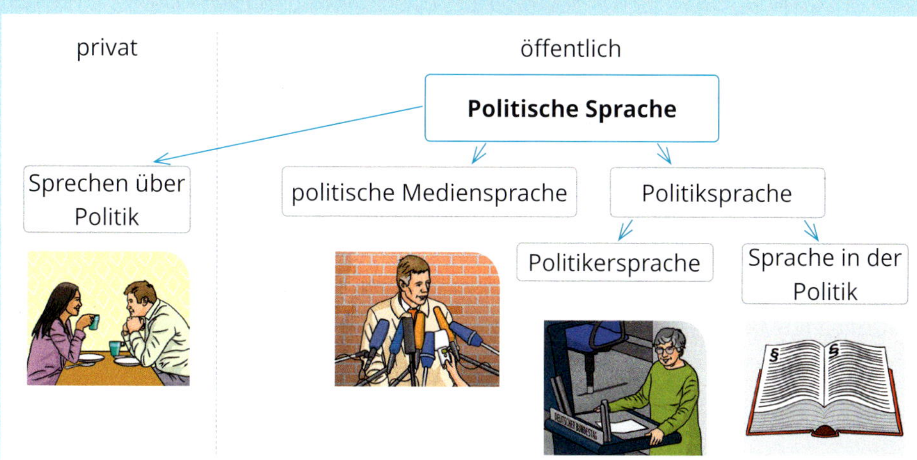

Tipp

Oft wird im Zusammenhang von Sprache und Politik über den richtigen Begriff diskutiert. Es gibt Vorschläge wie Sprache in der Politik, Sprache der Politik oder Sprache und Politik.
Der Begriff Politische Sprache umfasst den Sprachgebrauch in der Politik, das Sprechen über Politik, die politische Mediensprache und die Politiksprache.

Sprachvarietäten, S. 416

Arbeitsheft, S. 80–82

Merkmale politischer Kommunikation erkennen

In einer Demokratie sind Politik und Kommunikation untrennbar. Es gehört daher zu einer der wichtigsten Aufgaben von Politikerinnen und Politikern, über ihre Arbeit zu kommunizieren. Dabei müssen sie ihre Ideen und Entscheidungen verschiedenen Gesprächspartnerinnen und -partnern vermitteln, wozu sie verschiedene Merkmale von politischer Kommunikation nutzen.

→ *Politische Sprache analysieren, S. 305*
→ *Aufbau und Inhalt von Reden untersuchen, S. 241–243*

1 a) Lies den Redeausschnitt Z. 19–Z. 47 auf Seite 304 und ordne diesen einem Teilbereich der politischen Sprache zu. Begründe deine Zuordnung.
b) Versuche den Inhalt der Aussage deiner Partnerin oder deinem Partner zu erklären. Falls du einige Punkte nicht verstehst, recherchiere diese.
c) Überlegt euch gemeinsam, wen die Politikerin anspricht und notiert alle Adressatinnen und Adressaten.

Lesestrategien
→ *Lesetechniken anwenden, S. 389/390*
→ *Eine Rede vollständig analysieren, S. 244–247*
Starthilfe, S. 429

2 a) Lukas bereitet sich für ein Referat zum Thema *Merkmale politischer Sprache* vor und findet während seiner Recherche den untenstehenden Informationstext. Er versteht diesen noch nicht ganz. Hilf ihm und notiere stichpunktartig die wichtigsten Merkmale und Strategien der Kommunikation politischer Sprache.
b) Damit er die Theorie besser veranschaulichen kann, hat sich Lukas überlegt, den Redeauszug von Aufgabe 1 zu verwenden. Erkläre einer Partnerin oder einem Partner, welche Kommunikationsstrategien in diesem verwendet werden.

c) Untersuche den Politikteil der tagesaktuellen Nachrichten und finde ein weiteres Beispiel, das Lukas nutzen könnte. Begründe deine Antwort.

Merkmale der Kommunikation politischer Sprache

Politikerinnen und Politiker gelten als Meister ihres Faches, wenn es darum geht, mit Sprache zu beeinflussen. Fast täglich lassen sich immer neue Beispiele in den Medien beobachten. Gleichzeitig sagen 59,1 Prozent der Jugendlichen in einer Befragung, dass sie glauben, dass Politikerinnen und Politiker absichtlich eine abgehobene und wenig verständliche Sprache sprechen, damit Laien und die allgemeine Bevölkerung daran gehindert werden, mitzudiskutieren. Wenn Politikerinnen oder Politiker öffentlich sprechen, haben sie aber eben nicht nur die Bevölkerung als Zielgruppe, sondern sie kommunizieren gleichzeitig mit ihrer Parteibasis, politischen Partnern aber auch den politischen Gegnern. Darum ist Sprache in der Politik auch immer strategische Kommunikation mit eigenen Zielen.

Welche Strategien verfolgt die politische Sprache?
Es ist eine gängige Verdächtigung, dass politische Sprache auch manipulativ ist. Allerdings ist Manipulation selbst ein Schlagwort[1]. Um die Sprache nach seriösen Maßstäben untersuchen zu können, ist es notwendig, die Bedingungen

des politischen Gebrauchs der Sprache zu betrachten. Politikerinnen und Politiker stehen ständig unter Druck. Zum einen sind sie selbst einem ständigen Wettbewerb ausgesetzt und häufig gibt es Konkurrenzkämpfe untereinander. Zum anderen sind sie immer davon abhängig, dass Wählerinnen und Wähler sie und ihre politischen Ziele akzeptieren und bei Wahlen unterstützen. Darüber hinaus gibt es noch eine Vielzahl von unberechenbaren Ereignissen, auf die sie schnell reagieren müssen. Gleichzeitig müssen sie der Kommunikationsstrategie ihrer Partei folgen. Die lässt sich in folgende Maximen fassen: Stelle die eigene Position positiv dar! Stelle die gegnerische Position als ablehnenswert dar! Demonstriere Leistungsfähigkeit und Durchsetzungskraft! Mache dir durch deine Rede in relevanten Gruppen möglichst viele geneigt, vor allem aber möglichst wenige zu Gegnern! Halte dir Operationsspielräume offen!

Allerdings: Wer sich ausschließlich an diesen Geboten orientiert, erleidet Schiffbruch. Denn auch an politische Kommunikation werden dieselben Maßstäbe angelegt, wie sie auch für allgemeine Kommunikation gelten: [...]

Rede informativ! Rede wahrhaftig! Rede wohlbegründet! Rede zum Wesentlichen! Rede klar und verständlich! Ohne die Geltung dieser Prinzipien wäre – nicht nur politische – Kommunikation kaum möglich. [...] Dennoch – die Gegenstände, über die Politikerinnen und Politiker sprechen sind meist sehr komplex. So bleibt ihnen genügend Spielraum, zwar nicht zu lügen, aber es bei Teilwahrheiten zu belassen. Es kann über Wesentliches informiert und dennoch einiges Relevante übergangen werden. Man kann sich vage ausdrücken, um die Festlegung auf eine schädliche Lesart zu vermeiden, oder man kann globale Versprechen machen, zum Beispiel „die Steuern zu senken", um bei unterschiedlichsten Adressatengruppen Hoffnung zu wecken, obwohl man ernsthaft nur an ganz bestimmte denkt.

Besonders zweifelhaft ist das Spiel mit Wissenslücken. Ein alter, aber berühmter Fall ist

der CDU-Slogan im Bundestagswahlkampf 1976: „Freiheit statt Sozialismus". Hier versuchte die Partei, fehlende Kenntnisse über den grundlegenden Unterschied zwischen demokratischem Sozialismus, zu dem sich die SPD, also die politische Gegnerpartei, in ihren Programmen bekennt, und dem leninistischen Kommunismus, der vor allem in der DDR als Sozialismus bezeichnet wurde, zu nutzen. Dadurch sollte durch den übereinstimmenden Ausdruck *Sozialismus* Angst vor den Sozialdemokraten als verkappte Kommunisten geschürt werden.

Da Politiker wissen, dass Glaubwürdigkeit ein hohes Gut ist, gehört es zum rhetorischen Rüstzeug, zweifelhafte Verstöße zu kaschieren. So wird bei Problemen mit der Wahrhaftigkeit zum Beispiel gern Unwissen vorgegeben, mangelnde Fundiertheit etwa durch Anknüpfung an beliebte Stereotype überspielt und Verstöße gegen Informativität und Relevanz durch geschicktes Ausweichen verborgen. Im Fernsehen, vor allem in Talkshows, werden Kaschierstrategien durch die Flüchtigkeit des gesprochenen Wortes begünstigt. Hierfür werden Ablenkung durch das Bild und TV-rhetorische Anforderungen wie Schlagfertigkeit, Knappheit, Gags, Provokationsresistenz, Ausspielen sympathischer Imagequalitäten, nonverbale Souveränitätssignale und Ähnliches mehr.

Text leicht verändert

[1] Mehr zu politischen Schlagwörtern findest du auf Seite 311/312.

Arbeitsheft, S. 83

Politisch besetzte Begriffe einordnen

***Feministische Außenpolitik, Chancengleichheit, soziale Gerechtigkeit*: Wer Wörter besetzt und mit eigenen Inhalten füllt, hat gute Chancen, seine Ideen und Konzepte im öffentlichen Bewusstsein zu verankern und durchzusetzen. Das geschieht aber nicht zufällig, sondern folgt oft einer bestimmten Taktik. Welche Taktiken es im Kampf um Wörter gibt, erfährst du auf den folgenden Seiten.**

Tipp

Die verschiedenen Bedeutungen, die ein Wort haben kann, kannst du in einem (digitalen) Bedeutungswörterbuch nachschlagen.

1 Untersuche die fettgedruckten Wörter in den vier folgenden Beispielen auf Gemeinsamkeiten und Unterschiede und verwende dazu folgende Leitfragen:
- Welche Bedeutung hat das Wort allgemein?
- Wie wird das Wort im Kontext verwendet?
- Welche Funktion hat das Wort im Abschnitt?

a.

Der Bundestag kann dem Bundeskanzler das Misstrauen nur dadurch aussprechen, dass er mit der Mehrheit seiner Mitglieder einen Nachfolger wählt und den Bundespräsidenten ersucht, den Bundeskanzler zu entlassen (= **Misstrauensvotum**).

Art. 67 GG

b.

Der Stabilitätsrat stellt fest, dass die europäische Obergrenze für das gesamtstaatliche strukturelle Finanzierungsdefizit in Höhe von 0,5 Prozent des **Bruttoinlandsprodukts** (BIP) mit Abstand eingehalten wird. Der Beirat teilt diese Einschätzung.

Pressemitteilung zur 18. Sitzung des Stabilitätsrates am 6. Dezember 2018

c.

„Der Klimaschutz ist eine Menschheitsherausforderung. Um dieser Herausforderung gerecht zu werden, brauchen wir einen wirklichen **Kraftakt**"

Angela Merkel im Podcast vor der Sitzung des Klimakabinetts

d.

„**Freiheit** und Sicherheit werden siegen – so wie Freiheit und Sicherheit vor 77 Jahren über Unfreiheit, Gewalt und Diktatur triumphiert haben. Dazu nach Kräften beizutragen, das bedeutet heute „Nie wieder"! Darin liegt das Vermächtnis des 8. Mai."

Olaf Scholz in der Ansprache am Jahrestag des Endes des Zweiten Weltkriegs in Europa

Vorlage: Wissen-und-Können-Kasten

Sprachvarietäten, S. 416

Frames, S. 404

2 Fasse den folgenden Informationstext zusammen, indem du selbst einen Wissen-und-Können-Kasten mit einer Grafik erstellst. Aus der Grafik sollen jeweils die verschiedenen Formen des politischen Wortschatzes (z. B. Institutionswortschatz) sowie ihre Merkmale hervorgehen. Ordne zusätzlich die obengenannten Beispiele ein.

Politischen Wortschatz prägen

Politische Sprache und das zugehörige Sprachhandeln zeigt sich auf allen Ebenen der Sprache. Schaut man alleine auf den Wortschatz, lassen sich unterschiedliche Bereiche voneinander abgrenzen. Beispielsweise hat sich für die einzelnen Institutionen und ihre Arbeit ein eher förmlicher, ein eigener Fachwortschatz ausgeprägt, man nennt diesen Institutionswortschatz (z. B. Misstrauensvotum, 5%-Hürde). Auch die jeweiligen Sachgebiete wie zum Beispiel das Feld der Finanzen haben eigene Fachbegriffe, man nennt das Ressortwortschatz (z. B. Bruttoinlandsprodukt). Damit im politischen Kontext interagiert werden kann, hat sich ein allgemeiner Interaktionswortschatz (z. B. Krise, Kraftanstrengung) entwickelt, der als typischer Sprachgebrauch von Politikerinnen und Politiker angesehen wird. Eine vierte Wortschatzgruppe ist besonders interessant, es handelt sich um den sogenannten Ideologiewortschatz. Dieser bezeichnet Wertvorstellungen und Denkmuster von politischen Gruppierungen bzw. der Gesellschaft (z. B. Freiheit, Gerechtigkeit). Häufig stellen Wörter aus diesem Bereich komplexe Wirklichkeiten vereinfachend dar und besitzen eine emotionale Überzeugungskraft. Diese Begriffe werden daher von manchen Gruppen auch missbraucht und manipulierend eingesetzt, es kommt dabei immer ganz auf das Framing an. Grundsätzlich sind die vier Gruppen aber nicht ganz trennscharf und haben einige Schnittmengen. Gerade in diesem Bereich wird deutlich, wie wichtig es ist, politische Begriffe zu prägen. Ein sprachliches Ziel von Politikerinnen und Politiker ist es, daher Begriffe zu besetzen. Gemeint ist damit, dass sich in der politischen Auseinandersetzung derjenige durchsetzt, der Problem- oder Sachverhalte seiner Sichtweise entsprechend benennt und dadurch interpretiert und der seine Argumente sprachlich am besten entwickelt und vermittelt. In derartigen Konflikten gibt es verschiedene sprachliche Strategien, mit denen um Wörter gestritten wird. Hierfür haben sich verschiedene sprachliche Strategien wie die Wortprägung, Einsatz von Metaphern und Framing oder die Verwendung von politischen Schlagworten entwickelt.

Text leicht verändert

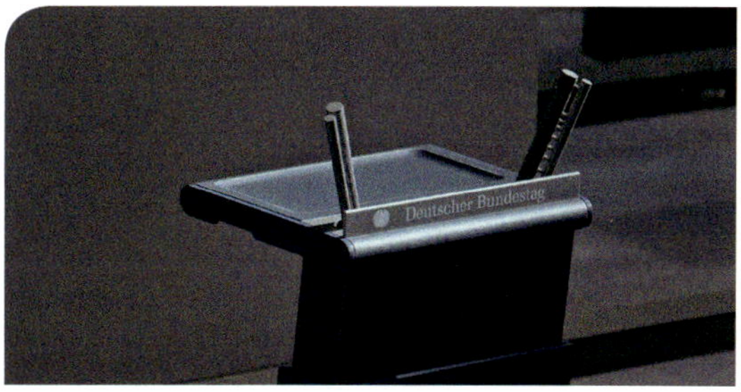

3 Seit den 1970er-Jahren wird im Rahmen der politischen Kommunikation immer wieder vom „Besetzen der Begriffe" gesprochen und dies als Teil einer erfolgreichen politischen Rhetorik genannt. Diskutiert, was man darunter verstehen könnte und recherchiert im Anschluss Informationen zu diesem Sprachphänomen.

Starthilfe, S. 429

4 Am Beispiel des Begriffes Chancengleichheit kannst du sehen, wie Begriffe besetzt werden können.

a) Erkläre, was du unter dem Begriff Chancengleichheit verstehst und notiere dir eine kurze Definition.

b) Lies die beiden Beispiele auf der nächsten Seite und ergänze deine Notizen.

c) Vergleiche die beiden Beispiele und diskutiert gemeinsam, inwiefern der Begriff unterschiedlich verstanden wird.

Niemand darf wegen seines Geschlechts, seiner Abstammung, seiner Rasse, seiner Sprache, seiner Heimat und Herkunft, seines Glaubens, seiner religiösen oder politischen Anschauungen benachteiligt oder bevorzugt werden. Niemand darf wegen seiner Behinderung benachteiligt werden.

In all jenen Bereichen und Situationen des gesellschaftlichen Lebens, in denen begehrte Ressourcen, Positionen oder Lebensverhältnisse knapp sind und daher Menschen um sie konkurrieren, soll niemand wegen seiner sozialen Herkunft, seines Geschlechts, seiner Hautfarbe, seiner Religionszugehörigkeit oder wegen anderer persönlicher Merkmale im Vorteil oder im Nachteil sein.

5 Die folgenden Aussagen wurden zum Thema *Chancengleichheit* gemacht. Untersuche diese und erkläre, wie der Begriff in den Beispielen besetzt wurde.

Kinder verdienen die beste Bildung, gerechte Chancen und vielfältige Teilhabe – und zwar jedes Kind. Dass Chancengleichheit in Deutschland jedoch noch lange nicht Realität ist, hat die Pandemie gezeigt.

Um eine freie Gesellschaft zu errichten und erhalten, ist es [...] unumgänglich, dass jeder Mensch Bürger sein darf im Sinne der rechtlichen Chancen und Bürger sein kann im Sinne der sozialen Realitäten. Hier hat das Bürgerrecht auf Bildung seinen Sinn für die Ordnung einer Gesellschaft, der das größte Glück der größten Zahl über alles geht.

Es zeigt sich deutlich, dass die ganzen linken Bildungsexperimente, gepaart mit einer völlig falschen Inklusionspolitik und immer mehr Kindern mit Migrationshintergrund, dazu führen, dass unsere Kinder schon in der Grundschule unerhört ins Hintertreffen geraten.

6 a) Die folgenden Beispiele stammen aus verschiedenen Berichten, die auf Chancengleichheit in der Bildung abzielen. Untersuche die Beiträge hinsichtlich Gemeinsamkeiten und Unterschiede in der Wahl der Begriffe und der Argumente. Halte deine Ergebnisse schriftlich fest und vergleicht diese anschließend in der Klasse.

b) Diskutiert, welche Form der Argumentation am zielführendsten ist.

Chancengerechtigkeit? Digitalkompetenz der Lehrkräfte? Die meisten 14- bis 21-Jährigen geben dem deutschen Bildungssystem ein schlechtes Zeugnis. Trotzdem blickt die Mehrheit zuversichtlich in die Zukunft.

Unser Bildungssystem produziert Verlierer [...] Schon in der Grundschule würden Kinder aus armen oder prekären Verhältnissen hinter anderen zurückbleiben, trotz gleicher Begabung. Auch das in den meisten Bundesländern eingeführte Zwei-Säulen-Modell aus Gymnasium auf der einen und Gesamt-, Gemeinschafts-, Sekundar- und Oberschulen auf der anderen Seite drohe zu einem Zwei-Klassen-Modell zu werden.

7 Lies mindestens zwei Nachrichten aus dem Politikteil deiner Tageszeitung oder deiner Lieblingsnachrichtenseite im Internet. Notiere alle Begriffe, die deiner Meinung nach politisch besetzt sind und ordne diese einer Form des politischen Wortschatzes (Aufgabe 2) zu. Besprecht die Ergebnisse gemeinsam.

Arbeitsheft, S. 84/85

Politische Schlagwörter erkennen

1 In der Berichterstattung zum Thema *Klima und Fliegen* wurden die folgenden Schlagzeilen veröffentlicht.

a) Untersuche die Textausschnitte und unterstreiche alle Wörter, Ausdrücke und Wortgruppen, die den Inhalt sprachlich besonders betonen.

b) Analysiere die ausgewählten Wörter sowie die Wertungen und die Gefühle, die durch sie hervorgerufen werden.

c) Ordne die Begriffe, indem du Gruppen bildest. Beschreibe anschließend die Gemeinsamkeiten und Merkmale der Gruppen. Vergleicht eure Ergebnisse.

Folie
Starthilfe, S. 429
Frames, S. 404

Flugscham: Können wir klimafreundlich fliegen ohne Reue? [...] Der hohe CO2-Ausstoß pro Person und Flugkilometer passt nicht mehr in die Zeit. Die Luftfahrt braucht eine grüne Wende.

Die Luftfahrtbranche erwartet auch im Greta-Thunberg-Jahr über 2%-Wachstum. Ein Volk der Klimaheuchler. Vielen geht die Öko-„Hysterie" sogar auf die Nerven.

Doch wie realistisch sind die Szenarios [...]? Wie viel Science steckt in seiner Fiction von Klimakatastrophen, von technischen wie politischen Lösungsversuchen und vom aufkommenden Öko-Terrorismus?

Denn um die Erderhitzung so weit wie möglich zu begrenzen, muss jeder Sektor, und damit auch der Luftverkehr, langfristig klimaneutral werden. Der Weg zu mehr Klimaschutz im Luftverkehr führt über unterschiedliche Wege.

Wissen und Können

Politische Schlagwörter erkennen

Ein **Schlagwort** ist ein Ausdruck, der in der politischen Kommunikation zu einer bestimmten Zeit besonders an Aktualität gewinnt. Schlagwörter entstehen in bestimmten politischen Situationen und fassen diese oft auf ein **einprägsames Wort** oder einen **Satz zusammen**. Sie werden mit bestimmten Zielen oder einem Programm öffentlich propagiert (z. B. Flugscham, Gutmensch).
Schlagwörter wollen das Denken, aber auch die Gefühle und das Verhalten von Menschen steuern und können ein wesentlicher Teil der jeweiligen politischen Ideologie sein. Deshalb werden Schlagwörter häufig mit einer gefährlichen Waffe verglichen, die die Gegenpartei in den Händen hält. Sie können parteilich oder überparteilich, wertend oder neutral und positiv oder negativ eingesetzt werden. Häufig wird mit nur einem Wort ein **ganzes Inhaltsfeld** (Diskurs) abgebildet. Beispiel: Flugscham = Aufgrund eines gestiegenen Umweltbewusstseins nutzen Menschen das Flugzeug weniger als Verkehrsmittel, wer trotzdem fliegt, kann aufgrund der umweltschädlichen Treibstoffbelastung ein schlechtes Gewissen haben oder sich dafür schämen.

2 Lest den Wissen-und-Können-Kasten „Politische Schlagwörter erkennen“. Erstellt auf dessen Basis und eurer Ergebnisse aus Aufgabe 1 eine Mindmap, die die Merkmale und Funktion von politischen Schlagwörtern abbildet.

3 Ein Schlagwort wird erst durch seinen Gebrauch in der politischen Kommunikation zum Schlagwort. Es lässt sich in Stigmawörter, Fahnenwörter und Hochwertwörter einteilen, die jeweils eine unterschiedliche kommunikative Strategie verfolgen.

a) Lies dir die folgenden Erklärungen durch und erkläre einer Partnerin oder einem Partner die Unterschiede. Ergänze deine Mindmap aus Aufgabe 2.

Stigmawörter sind negative Schlagwörter. Sie dienen durch die negative Bewertung der damit bezeichneten Personen, Gegenstände oder Sachverhalte der Ausgrenzung und Abgrenzung.

Hochwertwörter sind positive Schlagwörter. Im Unterschied zu Fahnenwörtern bezeichnen sie aber Zielvorstellungen, die allgemein positiv bewertet sind und gegen die man nur schwerlich etwas haben kann. Man reklamiert sie für sich selbst und unterstellt dem politischen Gegner oder der politischen Gegnerin, die durch die Wörter bezeichneten Werte nicht zu achten.

Fahnenwörter dienen als positive Schlagwörter den Befürwortern einer Position zur Solidarisierung und Identifikation mit einem bestimmten Ziel. Zugleich sind sie für die Gegner im Wortsinn rote Tücher, die wie eine gegnerische Fahne markieren, was man selbst nicht will.

b) Ordne die Beispiele jeweils einer der drei Schlagwort-Gruppen zu. Vergleiche die Zuordnung auch mit den Ergebnissen aus Aufgabe 1 c) und begründe sie.

Terrorist Atomausstieg Freiheit Bildung Schurkenstaat
Energiewende Obergrenze Kompetenz Staatsversagen
Willkommenskultur Islamist Umweltschutz Sympathisant
Menschlichkeit Gerechtigkeit Chaot Gemeinschaftsschule
Gutmensch Sozialismus Bulle

c) Wählt für jede Schlagwort-Gruppe zwei Beispiele aus und recherchiert Situationen, in denen Politikerinnen bzw. Politiker diese Schlagworte verwendet haben.

4 Schlagwörter werden häufig eingesetzt, um mit einem Wort eine komplette politische Diskussion zusammenzufassen.

Starthilfe, S. 429

a) Untersuche die folgenden Beispiele und erkläre deren Bedeutung.
Fleisch-Scham SUV-Scham Avocado-Scham Konsum-Scham Plastik-Scham

b) Ordne die Beispiele einem politischen Diskurs zu und erklärt euch gegenseitig eure Einordnung. Recherchiert dazu gegebenenfalls Hintergrundinformationen.

c) Recherchiert Personen, Politikerinnen und Politiker oder Aktivistinnen und Aktivisten, die diese Schlagwörter verwendet haben und sammelt Informationen zum Verwendungskontext. Findet mindestens drei Beispiele.

Arbeitsheft, S. 86/87

Sprachlicher Diskriminierung entgegnen

„Früher durfte man ‚Zigeunersoße' sagen. Darf man gar nicht mehr. Heißt jetzt ‚Sauce ohne festen Wohnsitz'." – Diese als Witz gemeint Äußerung machte eine Moderatorin bei einer Preisverleihung. Das Thema wurde im Anschluss an die Veranstaltung heftig diskutiert.

Beschämend und unwürdig […]: Antiziganismus ist immer noch Alltag! Vor allem in den Medien. Für [Name der Moderatorin] ein Witz, für Sinti und Roma herabwürdigend und tief verletzend.

Ja, ich komme – glaub ich – aus einer Generation, wo das überhaupt kein Problem war, dass man in ein Restaurant reingegangen ist, hat ein Zigeunerschnitzel bestellt oder extra 'ne Zigeunersoße. Da haben wir uns überhaupt keine Gedanken drüber gemacht und ich finde es auch völlig überzogen, dass [Name der Moderatorin] da einen Shitstorm erleben musste, wegen diesem Spruch. Daran sieht man, wie wenig Humor in Deutschland noch herrscht und alles auf die Goldwaage gelegt wird – find' ich ganz erschreckend.

1 a) Lies den folgenden Text und fasse die Argumente zusammen, die die beiden oben abgebildeten Positionen vorbringen.
b) Sammelt gemeinsam, was ihr bereits zum Thema wisst, und recherchiert gegebenenfalls weitere Informationen zur Diskussion.

→ *Schriftlich argumentieren, S. 372–374*

Zigeuner m. Angehöriger eines ursprünglich nomadisierenden, über viele Länder verstreut lebenden indoeuropäischen Volkes, das etwa im 10. Jh. aus Nordindien ausgewandert ist, in Gruppen vor allem auf dem Wege über den Iran, Armenien und die Balkanländer, teilweise wohl auch über Syrien, Nordafrika und Spanien nach Europa gelangt und Anfang des 15. Jhs. (urkundlich zuerst 1417 nachweisbar) deutschen Boden betritt. […] [Der] dt. Name findet sich in seiner heute üblichen Lautgestalt schon in den frühesten hd. Zeugnissen als frühnhd. (bair.) Zigeuner (1418), Cigäwnär (1. Hälfte 15. Jh. […] das […] zunächst gleichfalls Benennung für die umherziehenden fremdartigen Menschen ist. […] Von der 2. Hälfte des 16. Jhs. an wird Zigeuner im Dt. auch metaphorisch für ‚ein unstetes Leben führende, wie ein Zigeuner lebende Person' verwendet.

2 a) Beschreibe auf Grundlage der obenstehenden Definition die sprachgeschichtliche Herkunft und Verwendung des Wortes.
b) Recherchiere die weitere Entwicklung des Wortes im 20. Jahrhundert und erstelle eine Übersicht über deine Ergebnisse.

→ *Im Internet recherchieren, S. 367/368*
Starthilfe, S. 429

3 Im Zuge der Antirassismusdebatte 2020 benannten große Lebensmittelhersteller ihre Produkte von Zigeunersoße in Paprikasoße ungarischer Art und Zigeunerräder (= Knabbergebäck) in Zirkusräder um. Beurteile diese Entwicklung und diskutiert anschließend gemeinsam eure Ergebnisse.

Voll korrekt? – Darf man das sagen?

Wobei beim Thema „gendergerechte Sprache“ oder „politisch korrekte Sprache eines erstaunlich ist: Oft müssen sich diejenigen, die sich durch bestimmte Formulierungen missachtet oder verletzt fühlen, für ihr Gefühl der Verletzung oder Missachtung rechtfertigen, [wie das Beispiel der „Zigeunersoße zeigt“] [...].Wenn der Comedian Chris Tall[1] Witze über Rollstuhlfahrer oder Leute mit schwarzer Haut erzählt und ein Schwarzer mal nicht darüber lacht, ist der Kommentar von

Chris Tall: „Der hat keinen Humor.“ Er dürfe Witze über Schwarze und Rollstuhlfahrer machen, sagt Chris Tall, denn er mache ja selber auch Witze über sein eigenes Dicksein. Aber wie wäre es, wenn Chris Tall in der U-Bahn einem anderen auf den Fuß steigt und der andere beschwert sich darüber? Würde Chris Tall dann auch sagen: „Hey, ich brauche mich nicht dafür entschuldigen, dass ich dir wehgetan habe – ich selbst habe nämlich auch kein Problem damit, wenn mir einer auf den Fuß steigt!“ Vielleicht würde Chris Tall tatsächlich so etwas sagen. Eigenartig ist es trotzdem, wenn jemand, dem etwas wehtut, sich dafür rechtfertigen muss, dass ihm etwas wehtut – und sei es durch Worte. Außerdem: Was ist mit Übergewichtigen, die keine Comedians sind und Geld damit verdienen, über ihre überflüssigen Kilos selbstironische Witze zu machen? [...] Muss der von Gewichtsproblemen geplagte Niklas darüber lachen, wenn er hört: „Alle Kinder springen durch den Reifen – nur nicht Nick, der ist zu dick?“ [...] Kein Mensch, der beim Sprechen seinen Verstand einsetzt, braucht ein Wörterbuch, in dem steht, was er sagen darf und was nicht.

[1] Chris Tall: deutscher Stand-up-Komiker der mit seiner Sendung „Darf er das?“ immer wieder Kritik erfährt, da er die Grenze der politischen Korrektheit von Sprache verletzt

4 Toni hat den Text oben in einem Buch über Sprache gelesen und fragt sich jetzt, was sie noch sagen darf und was nicht. Entwirf mithilfe des Textes eine Lösung für sie.

Wissen und Können

Einen politisch korrekten Sprachgebrauch verwenden

Politically correct benennt eine **sozial erwünschte Sprachverwendung**, bei der Sprecherinnen und Sprecher mithilfe bestimmter Normen einen aktuellen Sprachgebrauch kritisch hinterfragen. Dabei können im Rahmen von historischen oder gesellschaftlichen Zusammenhängen Wörter, Redewendungen oder Denkfiguren als unangemessen verworfen oder durch Alternativen ersetzt werden.

Gendergerechte Sprache, S. 405

5 a) Lies den Wissen-und-Können-Kasten und bewerte die Diskussion um die Bezeichnung Zigeuner – Z-Wort – Siniti und Roma vor dem Hintergrund eines politisch korrekten Sprachgebrauchs.
b) Erläutere in diesem Zusammenhang weitere Beispiele.

Arbeitsheft, S. 88

Mehrsprachigkeit in Europa untersuchen

In Europa ist Sprache einerseits verbindendes, andererseits ein identitätsstiftendes Element und daher auch ein politisches Thema. Anders als in Europa ist Mehrsprachigkeit in vielen asiatischen und afrikanischen Staaten selbstverständlich und in Verfassungen der einzelnen Staaten verankert. Doch auch alle Europäerinnen und Europäer sprechen mehrere Sprachen.

Sprachvarietäten, S. 416

1 a) Untersuche die Diagramme und fasse deren Inhalte in drei Sätzen zusammen.
b) Diskutiert, was ihr als „nützliche" Fremdsprache versteht und warum das in dieser Umfrage überhaupt angegeben worden sein könnte.

Diagramme auswerten und erstellen, S. 384

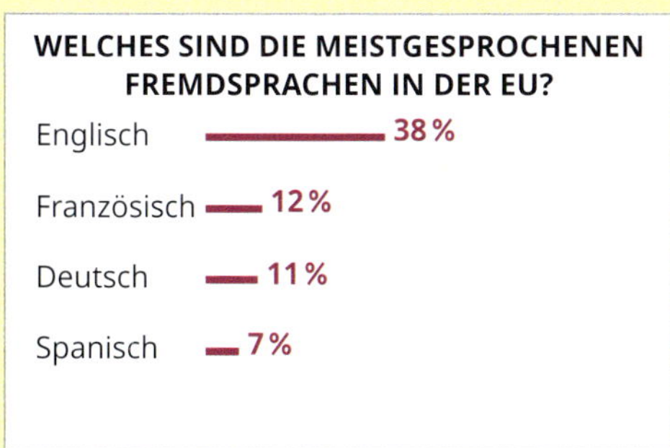

2 a) Recherchiert, welche Sprachen weltweit am häufigsten gesprochen werden und in welchem Kontext. Haltet eure Ergebnisse schriftlich fest.
b) Vergleicht eure Ergebnisse mit den Daten aus den Diagrammen für die EU. Diskutiert die Unterschiede und wie diese eingeordnet werden können.

3 Emma bereitet sich auf eine Prüfung zum Thema *Sprache in der EU* vor. Sie hat den Text „Mehrsprachigkeit in Europa – früher und heute" (S. 316) in einem Buch über Sprache gelesen und fragt sich, welche Inhalte sie als Wissen für ihre Prüfung benötigt.
a) Erstelle für sie einen Spickzettel, der alle wichtigen Fakten zum Thema enthält.
b) Recherchiere den Stellenwert der Landessprache sowie verschiedener Sprachvarietäten in Deutschland und vergleiche die Ergebnisse mit Frankreich.

Sprachvarietäten, S. 416
Niederdeutsche Verschriftungen reflektieren, S. 338/339

Mehrsprachigkeit in Europa – früher und heute

Reist man durch Europa, ahnt man oft nur, wo ein Land aufhört und das nächste beginnt. Die Grenzen sind fließend und eins der wenigen wahrnehmbaren Zeichen sind Schilder, die plötzlich in einer anderen Sprache auftauchen. Schließlich haben die meisten Länder ihre eigene Sprache, frei nach dem Motto: „Ein Land, eine Sprache". Stimmt doch, oder? Offiziell gibt es 24 Sprachen in der Europäischen Union, aber zählt man alle zusammen, kommt man auf über 200. Darüber hinaus gibt es noch unzählige Sprachvarietäten, die Sprachnutzerinnen und -nutzer im Rahmen ihrer inneren Mehrsprachigkeit aktiv gebrauchen. Noch nie also war die sprachliche Vielfalt auf dem Kontinent so groß wie heute. In fast allen Teilen Europas sind Sprachen aus weit entfernten Gegenden infolge von Migration ein selbstverständlicher Bestandteil des Alltags. Was als Veränderung erscheinen mag, ist in vielerlei Hinsicht eher eine Fortführung dessen, wie es schon immer gewesen ist. Allerdings mit neuen Elementen in Form von neuen Sprachen. Die sprachenpolitische Idee im Sinne von „ein Land, eine Sprache" ist historisch gesehen noch relativ jung. Sie entstand im 19. Jahrhundert im Zuge einer anderen neuen Idee: dem Nationalstaat, mit dem Aufkommen des Nationalismus im Gefolge der Französischen Revolution. Beispielsweise wurde in Frankreich mit ihr die Stellung der französischen Sprache gestärkt, auf Kosten der lokalen Minderheitensprachen des Landes. Dies spiegelt sich heute noch in Frankreichs Verfassung wider, in der Französisch als einzige Landessprache anerkannt wird. Seit dem 19. Jahrhundert gilt Sprache als eines der wichtigsten Instrumente, um Menschen innerhalb der Grenzen eines Landes zu vereinen. […] Die Sprache zu betonen, ist daher ein gutes Mittel, um Aufmerksamkeit zu bekommen. Schließlich gehört Sprache zu unserem alltäglichen Leben, wir alle haben einen Bezug zu ihr.

Text leicht verändert

4 Untersuche das folgende Zitat und finde Beispiele, die dir im Alltag begegnen.
„Die Fähigkeit, in mehreren Sprachen zu kommunizieren, ist von großem Nutzen sowohl für Einzelne als auch für Organisationen und Unternehmen. Sie verstärkt die Kreativität, überwindet kulturelle Vorurteile, fördert das Denken abseits der ausgetretenen Pfade und kann bei der Entwicklung innovativer Produkte und Dienstleistungen helfen."

5 Eine Partei hat im Rahmen des Bundestagswahlkampfes die Kurzform ihres Wahlprogramms in mehreren Sprachen veröffentlicht. Die Wahlkampagne wurde kontrovers diskutiert. Let's renew our country together – Renouvelons notre pays ensemble – Odnówmy wspólnie nasz kraj – Обновим нашу страну вместе! – Gelin ülkemizi birlikte yenileyelim! – دعونا نجدد بالدنا معا
a) Benennt die Sprachen und diskutiert, warum diese gewählt wurden.
b) Bewertet die Wahlkampagne und bezieht Stellung zu diesem Vorgehen.

Starthilfe, S. 429

6 Das Fremdsprachenprofil deiner Schule wird überarbeitet. In diesem Zusammenhang wird überprüft, inwiefern das aktuelle Angebot für Schülerinnen und Schüler attraktiv ist. Zudem soll eine neue Fremdsprache angeboten werden. Analysiert das Angebot und diskutiert, inwiefern dieses im Rahmen der europäischen Mehrsprachigkeit geändert werden soll.

Arbeitsheft, S. 89

Schätze deinen Lernstand ein

1 In der politischen Kommunikation greifen Politikerinnen und Politiker derselben Partei oft zu ähnlichen Sprachbausteinen. Untersuche die folgenden Aussagen: Erkläre deren Thema und wie das dazugehörige Sprachphänomen funktioniert. Verdeutliche deine Erklärung, indem du weitere sprachliche Beispiele anführst.

→ Seite 318, B
→ Seite 318, A
← Seite 305, Wissen u. Können

Der Klimawandel ist eine der größten Herausforderungen unserer Zeit. Packen wir es richtig an, kann Klimaschutz aber auch zu einer unserer größten Chancen werden. Wir brauchen Forschung, Wissenschaft, Innovationen und die vielen klugen Ideen der Menschen.

Es werden zusätzliche Anstrengungen nötig sein, um das 1,5-Grad-Ziel noch zu erreichen. Dabei werden #Forschung & #Innovation eine wesentliche Rolle spielen […].

Ich finde politisches Engagement von Schülerinnen und Schülern toll. Von Kindern und Jugendlichen kann man aber nicht erwarten, dass sie bereits alle globalen Zusammenhänge, das technisch Sinnvolle und das ökonomisch Machbare sehen. Das ist eine Sache für Profis.

Die Klimakrise ist die Existenzfrage unserer Zeit. Daher ist Klimaschutz keine Zukunftsaufgabe, sondern Klimaschutz ist jetzt. Wenn wir in den nächsten Jahren konsequent handeln, können wir die Krise noch stemmen. Ambitionierter Klimaschutz bringt riesige Chancen mit sich […] und ist die Voraussetzung dafür, die Freiheit kommender Generationen zu erhalten. Diese Chance gilt es jetzt zu ergreifen.

Der Weltklimarat zeigt: Wir verspielen als Menschheit unsere Grundlage für ein Leben in Freiheit und Wohlergehen. […] Ohne Klimaschutz sind weder Freiheit, noch Sicherheit, noch Wohlstand in Zukunft zu erreichen. Das ist ein dringender Handlungsauftrag an die Staatengemeinschaft und die künftige Bundesregierung.

Die #COP27 ist das einzige globale Forum, um eine gemeinsame Minderung der #Klimakrise zu vereinbaren. Es geht um die Freiheit zukünftiger Generationen. Klar ist: Wir sind zu spät & es wird schwierig. Es braucht keine abstrakten Ziele, sondern konkrete Schritte zu 1,5 Grad.

2 a) Untersuche die folgenden Beispiele. Fokussiere besonders die Sprache.
b) Überlege, welche Zielgruppe mit den Beiträgen jeweils angesprochen wird. Begründe deine Einschätzung mithilfe deiner bisherigen Erkenntnisse.

Dass man die Demokratie nicht im Schlafwagen voranbringt, sondern in der Kontroverse, zu der wir vielleicht heute Abend die Gelegenheit haben.

Wir haben uns in unserer Demokratie behaglich eingerichtet. Wir verlassen uns darauf, dass sie funktioniert und in der Tat: Wir können uns darauf verlassen. Aber zu viele verlassen sich leider auch darauf, dass die Demokratie ohne ihr Zutun funktioniert.

→ Seite 319, B
→ Seite 319, A
← Seite 311, Wissen u. Können

3 Folgende Frage wurde in einem Internet-Fragenforum gestellt:
„Ist ‚Dickmann' nicht noch diskriminierender als ‚Negerkuss'?"
Verfasse eine Antwort auf den Beitrag.

→ Seite 320, B
→ Seite 320, A
← Seite 313/314

Arbeitsheft, S. 90/91

Sprachliche Manipulation erkennen

*Eine **Beeinflussung** umfasst alle Situationen, bei denen Meinungen, Entscheidungen oder das Handeln einzelner verändert wird. Eine besondere Form ist die **Manipulation**. Sie liegt vor, wenn jemand gezielt Mittel einsetzt, die das Gegenüber nicht durchschauen kann, um diesem dadurch Nachteile zu verschaffen. Häufig werden dazu sprachliche Mittel wie Konnotationen eingesetzt.*

Täglich wird von unterschiedlichen Interessensgruppen, zum Beispiel in der Werbung, im Internet oder auf Social Media, versucht, uns in unserem Alltag und unseren Ansichten zu beeinflussen. Das kann zum Beispiel durch Bilder geschehen, aber auch durch Worte. Dabei werden wir manchmal durch die Sprachkünste anderer geradezu hinters Licht geführt. Um sich ein eigenes Urteil bilden zu können, ist es wichtig, die verschiedenen Mechanismen sprachlicher Beeinflussung zu erkennen.

→ *Wortbedeutung, S. 419*
→ *Kommunikationsmodelle kennenlernen, S. 15–18*

1 Ein Politiker hat auf einer Social-Media-Plattform folgenden Satz veröffentlicht:
„Es friert und schneit in New York – wir brauchen globale Erwärmung."
Wähle Aufgabe Ⓐ oder Ⓑ.

Ⓐ Das Statement ist kurz, bringt aber viel zum Ausdruck. Analysiere die Aussage mithilfe der folgenden Leitfragen:
- Welche Meinung vertritt der Politiker?
- In welchen thematischen Kontext könnte die Aussage gebraucht worden sein?
- Was drückt der Politiker aus, ohne es wörtlich zu sagen?

Ⓑ Analysiere die Aussage und erörtert gemeinsam deren Absicht.

2 a) Sprachliche Beeinflussung begegnet uns jeden Tag. Findet mindestens drei Beispiele aus eurem Alltag und diskutiert, wie diese zu beurteilen sind.
b) Untersucht die Beispiele: Welche Arten und Techniken der Beeinflussung werden verwendet?

3 Lest den folgenden Informationstext und diskutiert in einer kleinen Gruppe die Frage, ob Manipulation ausschließlich negativ zu bewerten ist.

Gute Politik! Gute Politik?

Politiker wissen schon lange, dass es wichtig ist, mit Begriffen das Denken der Menschen zu formen. Aber sie waren dabei nicht unbedingt immer auf allen Feldern kreativ. Sie verabschiedeten in früheren Jahrzehnten Gesetze mit Namen wie „Bundesimmissionsschutzgesetz", kurz BImSchG, das 1974 in Kraft trat. Und sie sprachen auch über das Bundesimmissionsschutzgesetz. Wenn dieses Gesetz heute verabschiedet würde, könnte man wahrscheinlich etwas über das „Gute-Luft-Gesetz" lesen und hören. Woher kommt der Gedanke, dass man das BImSCHG auch „Gute-Luft-Gesetz" hätte nennen können? Ganz einfach: Als 2019 das „Gesetz zur Weiterentwicklung der Qualität und zur Teilhabe in der Kindertagesbetreuung" in Kraft trat, wurde darüber mit einem ganz anderen Namen diskutiert: „Gute-KiTa-Gesetz". Und wer will schon etwas gegen so ein Gesetz haben?

Wahlslogans untersuchen

1 Wähle drei Beispiele aus. Untersuche diese und halte deine Ergebnisse schriftlich fest.

Klima schützen. Jobs schaffen. Deutschland gemeinsam machen.

Deutschland. Aber normal. Wohin wir wollen? Zurück zur Normalität.

Nie gab es mehr zu tun. Wirtschaftswunder make in Germany

Bereit, weil Ihr es seid. Wirtschaft und Klima ohne Krise.

Aus Respekt vor der Zukunft: Klimaschutz für Wohlstand und sichere Arbeitsplätze

Macht das Land gerecht. Frieden. Für Bildung und Soziales: Vermögensteuer. Jetzt!

a) Bewerte die Wahlslogans nach ihrer Zielsetzung. Überlege dir dazu, wer was und mit welcher Intention sagt.
b) Analysiere die Slogans nach ihrer Zielgruppe. Wer wird angesprochen?
c) Diskutiere mit deiner Partnerin oder deinem Partner, was eurer Meinung nach unausgesprochen bleibt oder irreführend wirkt.
d) Recherchiert die Wahlplakate zu den Slogans. Analysiert diese und bewertet sie auch hinsichtlich des Mehrwerts der visuellen Werbestrategien.

Tipp

Gerade Wahlwerbung oder -programme wollen Wählerinnen und Wähler überzeugen. Die Werbung betont gute Aspekte, übertreibt oder verschweigt oftmals die schlechten Aspekte.

→ *Werbung untersuchen, S. 371*

2 Verena ist Mediendesignerin und auf Wahlwerbung spezialisiert, Finn ist Verbraucherschützer. Beide diskutieren über die ausgewählten Wahlbeispiele aus Aufgabe 1.
a) Untersucht mindestens drei der Beispiele aus Verenas Blickwinkel und nennt, was an der Werbestrategie gelungen ist.
b) Untersucht die gleichen Beispiele nun aus Finns Blickwinkel und nennt, was an den Beispielen problematisch ist, weil es irreführend ist.
c) Diskutiert gemeinsam, welche Wahlwerbung euch am meisten überzeugt hat und welche ihr für am wenigsten gelungen haltet. Begründet eure Meinung.

→ *Die vier Seiten einer Botschaft – Das Kommunikationsmodell von Friedemann Schulz von Thun erarbeiten, S. 21–23*

Starthilfe, S. 429

3 Wähle Aufgabe Ⓐ oder Ⓑ.

Ⓐ Vergleiche die beiden Beispiele hinsichtlich ihrer Aussage und diskutiert, wie das Vorhaben umgesetzt werden soll.
a. Mehr Wohnungen – bezahlbare Mieten
b. Damit Wohnen nicht zum Luxus wird: Mieten deckeln.

Ⓑ Im Wahlkampf werden der Gegnerpartei oft negative Eigenschaften zugeschrieben, sie werden beispielsweise als „Verbotsparteien" benannt. Analysiere die beiden Wahlkampfbeispiele und erkläre, wie mit diesen die Gegenpartei angegriffen wird.
a. Ich fordere: Tempolimit für grüne Verbote!
b. Für mehr Freude am Erfinden als am Verbieten

Tipp

Der Begriff Verbotspartei wurde als politisches Schlagwort geprägt. Dazu wird im Wahlkampf von der politischen Opposition aufgeführt, was eine Partei unter ihrer Regierung alles untersagen könnte, damit mögliche Wählerinnen und Wähler verschreckt werden.

Formen sprachlicher Diskriminierung aufdecken

Trotz historischer Aufarbeitung und Erinnerungskultur ist Antisemitismus noch immer ein Thema in der Gesellschaft. Dies zeigt sich in unterschiedlichen Ausprägungen, eine davon ist die sprachliche Diskriminierung. Einerseits findet diese in offenen Beleidigungen statt, andererseits werden auch antisemitische Stereotype in der Sprache verwendet und damit stets Klischees reproduziert.

1 a) Recherchiert die Herkunft und Bedeutung der folgenden Wörter. Findet Beispiele, wie sie historisch gebraucht wurden und wie sie heute verwendet werden.

schachern *Meschugge* *Schlamassel* *mauscheln* *Ische*

b) Diskutiert, wie die Wörter heute besetzt sind.

2 In den letzten Jahren hat sich das Wort „Mischpoke" als Hashtag auf verschiedenen Social-Media-Plattformen etabliert. Dabei hat es einen extremen Bedeutungswandel vollzogen. Lies den Informationstext und wähle Aufgabe **A** oder **B**.

A Recherchiere auf einer Social-Media-Plattform ein Beispiel, in dem das Wort verwendet wird. Analysiere das Wort im Kontext seiner Verwendung. Diskutiert eure Ergebnisse anschließend im Plenum.

B Recherchiere auf einer Social-Media-Plattform zwei Beispiele, in denen das Wort verwendet wird. Analysiere das Wort jeweils im Kontext seiner Verwendung und vergleiche, welche Sprecherinnen und Sprecher es mit welcher Absicht verwenden. Diskutiert eure Ergebnisse anschließend im Plenum. Geht dabei besonders auf die Bedeutungsveränderung des Wortes ein.

Wenn die Mischpoke schachert

Mischpoke, mauscheln, schachern – jiddische Wörter wie diese sind Teil der deutschen Alltagssprache geworden. Doch ihre Bedeutung ist oft negativ besetzt. [...] Das Wort Mischpoke bedeutete im Jiddischen, das vor 100 Jahren noch 10 Millionen Menschen weltweit gesprochen hatten, einfach Familie – „mischpoche". Ganz wertneutral. Weder positiv, noch negativ. Eingedeutscht bekommt es einen düsteren Beiklang, eine Anrüchigkeit, wie eine verschworene Gemeinschaft. Der Journalist Ronen Steinke hat über offen und verdeckt judenfeindliche Wörter und Redewendungen ein Buch geschrieben. Mischpoke kommt darin auch vor: „Es ist also ein Bedeutungswandel. Wenn man heute von Mischpoke spricht im Deutschen, hat es immer etwas Sinistres, Dubioses, entweder ein korrupter Zusammenhang oder irgendwie eine dunkle Seilschaft. Und dieser Bedeutungswandel ist nur dadurch zu erklären, dass ein gewisses Bild von Jüdinnen und Juden abgefärbt hat auf dieses Wort. Dieser Bedeutungswandel ist etwas, was antisemitisch ist. Von dem Wort Mischpoke in der Verwendung als irgendwie Negativ-Wort sollte man Abstand nehmen, um nicht dieses antisemitische Bild, dieses Stereotyp zu nähren und zu affirmieren."

Zeigt, was ihr könnt

Formate wie politische Talkshows haben sich über Jahrzehnte in der Medienlandschaft etabliert. Sie tragen zur Meinungsbildung der Zuschauerinnen und Zuschauer bei, indem sie durch möglichst unterschiedliche Standpunkte der Gäste aktuelle Themen und Konflikte diskutieren lassen.

Aufgabe: Ihr seid als Expertin oder Experte für die politische Talkshow „fairplay“ zum Thema *Muss man unsere Sprache kontrollieren?* eingeladen. Euer Ziel ist es, euren Standpunkt klar zu vertreten und möglichst viele Zuschauerinnen und Zuschauer für euch zu gewinnen.
Nutzt für die Vorbereitung der Talkshow das Wissen, das ihr euch in diesem Kapitel im Rahmen der Sprachreflexion angeeignet habt. Berücksichtigt dabei die Merkmale politischer Sprache und Kommunikation und achtet besonders auf den Wortschatz, den ihr verwendet.

Geht dabei folgendermaßen vor:

1 a) Bildet eine Gruppe von sechs Personen und wiederholt gemeinsam die Inhalte des Kapitels.
b) Verteilt in eurer Gruppe die folgenden Rollen:
- Rolle 1: Moderatorin oder Moderator
- Rolle 2: Politikerin oder Politiker einer konservativen Volkspartei
- Rolle 3: Vorsitzende oder Vorsitzender der Grünen Jugend
- Rolle 4: Sprecherin oder Sprecher der Deutschlehrkräfte eines Bundeslandes
- Rolle 5: Prominenter TV-Star
- Rolle 6: Feministin

c) Erstelle für deine Rolle einen Spickzettel, der mindestens drei Argumente umfasst, die deinen Standpunkt stützen. Überlege dir auch, welche Argumente die Anderen vorbringen könnten und wie du diese schwächen kannst.

Rollenkarten

2 Führt die Talkshow durch und versucht möglichst in eurer Rolle zu argumentieren. Ziel ist es, dass jede bzw. jeder mindestens drei Aussagen einbringt. Nehmt die Talkshow per Video auf.

Tipp
Aus rechtlichen Gründen braucht ihr für Aufnahmen, auf denen die Gesichter von Schüler/-innen zu erkennen sind, eine Einverständniserklärung der Eltern.

3 Schaut euch ein Video einer anderen Gruppe an. Jede bzw. jeder wählt eine Rolle aus, die beobachtet wird. Untersuche den Ausschnitt unter folgenden Aspekten:
- Wer wird mit den Aussagen und Argumenten adressiert?
- Welches sprachliche Vorgehen wird gewählt?
- Welchen Zweck haben die Äußerungen und Argumente (z. B. ablenken, betonen, verurteilen, behaupten ...)?
- Welche Schlagwörter werden von den Sprecherinnen und Sprechern verwendet?
- In welcher kommunikativen Beziehung stehen die Personen?
- Wie verhält sich die Moderatorin oder der Moderator gegenüber der Rolle, die du beobachtest?

4 Diskutiert die Ergebnisse eurer Beobachtung in der Klasse.

Richtig schreiben – Schreibungen untersuchen

Sprachwandel, Dialekte und Fehler können sich auf die Rechtschreibung auswirken. Dabei sind die drei Bereiche enger verknüpft, als man auf den ersten Blick annehmen könnte. In diesem Kapitel erhältst du Informationen zu den Themenbereichen im Einzelnen und zu ihren Zusammenhängen. Außerdem arbeitest du an deinen Rechtschreibfähigkeiten.

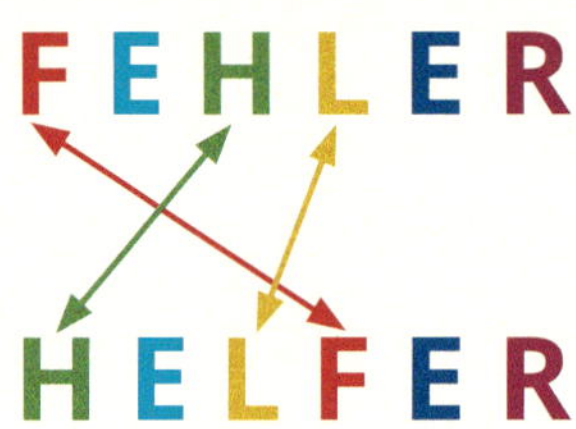

„Platt“ als Bezeichnung für die örtliche Mundart

BACKE, BACKE, KAUKEN

Backe, backe, Kauken,
de Bäker, de hett raupen.
Wecker dor will Kauken maken,
de möt hebben soeben Saken:
Eier und Schmolt,
Butter un Solt,
Zucker un Mähl,

Apostrophe: So geht's
Apostrophe: So geht‘s nicht
Apostrophe: So geht‘s auch nicht

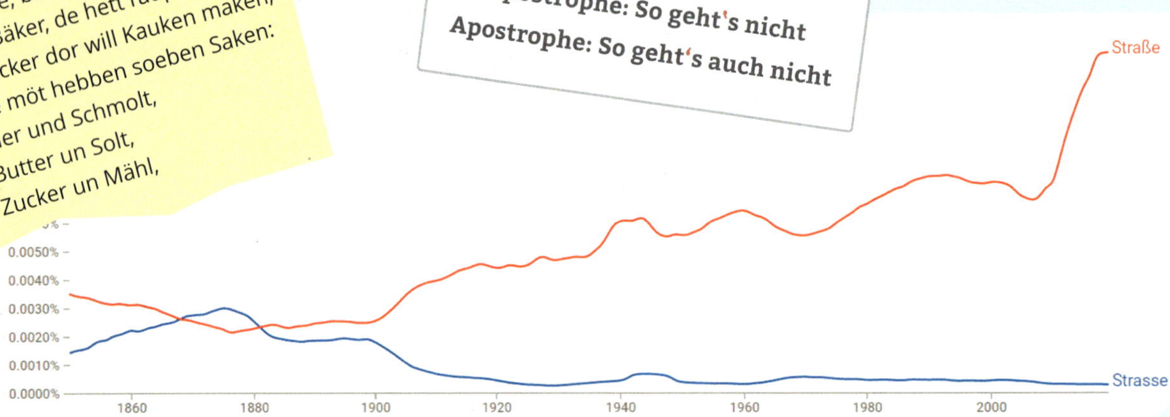

In diesem Kapitel lernt ihr, …

- wie verschiedene Arten schriftsprachlichen Wandels funktionieren,
- wie Sprachvarianten (wie das Niederdeutsche) ohne Rechtschreibnorm verschriftet werden,
- wie ihr Interpunktion – auch seltene Interpunktionszeichen – verstehen und nutzen könnt,
- wie ihr an euren individuellen Rechtschreibfehlerschwerpunkten arbeiten könnt.

1 a) Die auf der linken Seite abgebildeten Plakate und Poster hängen am Ende des Halbjahres an den Wänden des Klassenraums einer 10. Klasse. Betrachte die Plakate und überlege, mit welchen Themen sich die Klasse im Deutschunterricht wohl u. a. beschäftigt hat.
b) Schreibe die erkannten Themen jeweils in die Mitte einer Mindmap und notiere, was du zu den Themen bereits weißt.
c) Tausche dich anschließend mit deiner Sitznachbarin bzw. deinem Sitznachbarn über eure Ergebnisse aus und ergänzt eure Mindmaps ggf.

2 a) Beschreibe das Poster auf der linken Seite zur Häufigkeit der Schreibungen <Strasse> und <Straße>. Was fällt dir auf?
b) Notiere Ideen zu möglichen Gründen und Ursachen für das Beschriebene.
c) Tausche dich mit deiner Sitznachbarin bzw. deinem Sitznachbarn über deine Beobachtungen und Notizen aus.

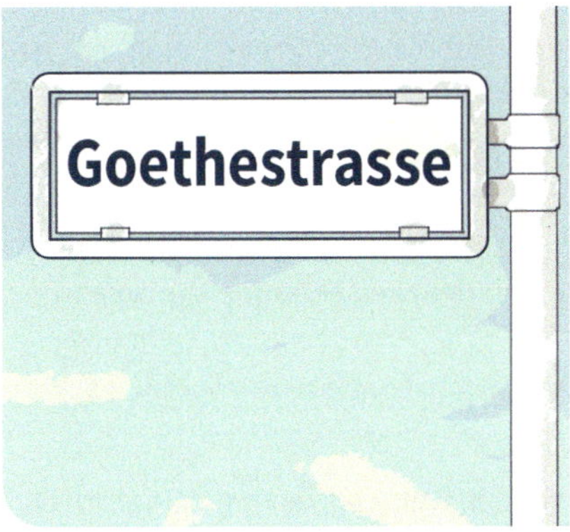

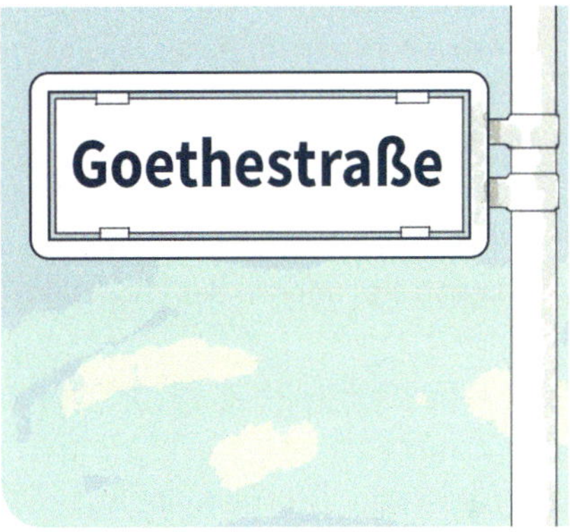

3 a) Betrachte die Deutschlandkarte auf der linken Seite genauer. Suche deinen Wohnort auf der Karte. Lebst du im hochdeutschen oder im niederdeutschen Sprachgebiet?
b) Recherchiere, welche Dialekte in deiner Region gesprochen werden und was diese jeweils auszeichnet. Finde auch heraus, ob die Dialekte verschriftet werden.

→ *Dialekte, S. 403/404*

4 a) Betrachte das Plakat zum Apostroph und erkläre, was es damit auf sich hat.
b) Sammelt gemeinsam weitere Beispiele, wo ihr den Apostroph verwenden würdet.
c) Prüft anschließend mithilfe eines Regelwerks, ob eure Beispiele richtig sind.

5 Das Plakat zu den Fehlern deutet an, dass Fehler auch Helfer sein können.
a) Erinnere dich an Situationen aus deiner Vergangenheit, in denen du aus deinen Fehlern lernen konntest. Beschreibt einander eure Erinnerungen daran.
b) Untersucht die Situationen auf Gemeinsamkeiten: Unter welchen Bedingungen konntet ihr aus den Fehlern lernen?
c) Nimm Stellung zu der folgenden Aussage: „Auch aus Rechtschreibfehlern kann man lernen." Inwiefern könnte sie zutreffend sein, inwiefern nicht?

Sprachwandel in der Schrift nachvollziehen

→ *Sprachwandel, S. 416*

Mit Blick auf die Schriftsprache des Deutschen lassen sich verschiedene Wandelprozesse identifizieren. Auf diesem Seiten lernst du anhand der Großschreibung, wie unterschiedliche Wandelprozesse aussehen.

Folie

*Eine **Umschrift** ist eine getippte Textfassung mit dem Zweck, historische Texte und Handschriften lesbar zu machen und zu konservieren. Umschriften berücksichtigen i.d.R. Schreibungen der Originalfassung.*

Tipp

Der Schrägstrich </> in historischen Schriften wird Virgel genannt und entspricht in etwa dem heutigen Komma oder einem Zeilenumbruch.

1 a) Untersuche die folgenden Umschriften historischer Texte und markiere: Was wird großgeschrieben? Welche Wörter, die aus heutiger Sicht großgeschrieben werden müssten, werden nicht großgeschrieben?
b) Vergleiche die drei Textauszüge, stelle eine Vermutung zu erkennbaren Entwicklungsschritten der Großschreibung an und schreibe sie auf.

Swem ist mit edlem sange wol des / herze ust vol gar edler sinne sang ist ein / sô gar edles guot er kumt von edlem sinne / dar dur frowen clâr dur edil minne von / dien zwein kumt sô hôher muot *Auszug aus dem Codex Manesse ca. 1330–1340*

Wurzburg die vornemlich und berumbt statt des orientischen frankreichs. Franckenland genant ist an dem fluss des Mayins. der aus dem behmischen gepirg entspringt gelege. darin die abgottin diana geeret wardt. bis zu den zeiten sant Kilians des martrers. der den herzogen Gozbertum und sein underthanen des cristliche glawbens underwisen hat. So hat sein sun Hetanus der herzog auff dem berg Wuerzburg zu eren der gloriwirdigen iunctfrawen Marie die ersten kirchen gepawt. *Auszug aus Schedels Weltchronik von 1493*

Es begab sich aber zu der zeit / Das ein Gebot von dem keiser Augusto ausgieng
Auszug aus der Luther-Bibel von 1545

2 Die Art der Großschreibung des Deutschen ist weltweit recht einzigartig. Dabei ist das heutige System historisch über mehrere Jahrhunderte gewachsen. Die Tabelle bietet eine grobe Übersicht zur Entwicklung zwischen 1500 und 1710.
a) Stelle eine Vermutung an, was sich hinter den Bezeichnungen Nomina sacra, Konkreta und Abstrakta verbirgt. Lies dann im Wissen-und-Können-Kasten „Großgeschriebenes differenzieren: Konkreta, Abstrakta, Nomina sacra" nach.
b) Beschreibe, wie sich die Entwicklung der Großschreibung im Deutschen vollzogen hat. Nutze dazu die Informationen aus der Tabelle.

Zeit	Eigennamen	Nomina sacra	Konkreta	Abstrakta
1500	59%	0%	4%	2%
1560	97%	90%	8%	6%
1590	96%	98%	84%	50%
1650	99%	100%	93%	72%
1710	99%	100%	94%	89%

c) Stelle Thesen dazu auf, weshalb die Großschreibung der Eigennamen und kurz darauf der Nomina sacra sich so schnell vollzogen hat, während die Großschreibung der Konkreta und Abstrakta erst später und langsamer aufkam.
d) Vergleiche deine Thesen mit denen deiner Sitznachbarin bzw. deines Sitznachbarn. Diskutiert, welche Erklärungsmöglichkeit euch überzeugend erscheint.

Wissen und Können

Großgeschriebenes differenzieren: Konkreta, Abstrakta, Nomina sacra

Für die Entwicklung der Großschreibung im Deutschen spielte es eine Rolle, was mit einem Wort jeweils bezeichnet wurde – was das Wort bedeutete.
Noch heute differenziert man Nomen ihrer Bedeutung nach in Konkreta und Abstrakta. So lassen sich Nomen gruppieren, die eine konkrete oder eine abstrakte Bedeutung haben.

- **Konkreta** (*sg.* Konkretum) sind Nomen, die sichtbare und anfassbare Gegenstände wie Tisch, Vase oder Buch bezeichnen. Ihre Bedeutung ist konkret und klar umrissen.
- **Abstrakta** (*sg.* Abstraktum) sind hingegen Nomen, die oft nicht direkt Sichtbares und nicht Anfassbares bezeichnen. Zu ihnen gehören u. a. Konzepte wie Liebe, Freundschaft oder Hoffnung.

Weitere Unterscheidungen in der Bedeutung haben in der Vergangenheit ebenfalls eine Rolle für die Frage nach der Großschreibung gespielt. Hierzu gehört die Klassifikation bestimmter Wörter als **Nomina sacra** (*lat.* heilige Namen; *sg.* Nomen sacrum). In diese Gruppe fallen Wörter mit religiösen Bedeutungen wie Kirche und Gott.

→ *Groß- und Kleinschreibung, S. 406/407*
→ *Nomen, S. 410*

Pronomina klein- oder großschreiben

Zur grammatischen Kategorie „Person“

Die Deklination der Pronomina umfasst ihre Klassifikation nach „Person“. Es handelt sich hierbei um eine grammatische Kategorie zur Beschreibung der Pronomina. Mit der Kategorie wird erfasst, ob der Sprecher selbst in der Form enthalten ist (1. Person), ob der Sprecher selbst nicht, aber ein direkter Ansprechpartner in der Form enthalten ist (2. Person) oder ob über jemanden oder etwas gesprochen wird (3. Person).

In **der 1. Person** ist der Sprecher selbst enthalten. Zu den Pronomina der 1. Person gehören ich, mein, mir usw. und im Plural wir, unser, uns …

Mit „**2. Person**“ werden Pronomina klassifiziert, die direkte Ansprechpartner der Unterhaltung betreffen, also du, dein, dir, dich … und ihr, euer usw. im Plural. Die Pronomina der 2. Person werden deshalb Anredepronomina genannt. Auch die Höflichkeitsformen Sie, Ihr, Ihnen usw. betreffen direkte Ansprechpartner. Sie gehören deshalb ebenfalls der Klassifikation „2. Person“ an, obwohl sie in ihren kleingeschriebenen Formen der 3. Person zuzuschlagen sind. Die Großschreibung der höflichen Anredepronomina ist historisch gewachsen. Bedingt ist sie durch verschiedene Faktoren wie die Unterscheidung von 2. und 3. Person, aber auch Respektsbekundung und Nähe zu Eigennamen.

Zur **3. Person** werden Pronomina gerechnet, mit denen Dinge, Sachen oder Personen bezeichnet werden, über die gesprochen wird – also er/sie/es, sein und im Plural sie, ihre …

Artikelwörter und Pronomen, S. 401

3 Auch in der Großschreibung der Anredepronomina hat sich das Deutsche entwickelt.

a) Lies den Text „Zur grammatischen Kategorie ‚Person'". Beschreibe in eigenen Worten, inwiefern sich die Anredepronomina Sie, Ihr usw. von den Pronomina der 3. Person sie, ihr usw. unterscheiden.

b) Erörtere die drei genannten Gründe zur Großschreibung der Anredepronomina im Vergleich zu den Pronomina der 3. Person.

c) Stelle für die Äußerung „ICH BITTE SIE" jeweils einen Kontext her, in dem man SIE groß-, und einen, in dem man SIE kleinschreiben muss. Schreibe sie auf.

d) Recherchiere, weshalb die amtlichen Regeln die Großschreibung der Anredepronomina Du, Dein usw. inzwischen freistellen – im Vergleich zu der nicht freigestellten Großschreibung von Sie, Ihr usw. in der 2. Person.

Das große <ß> verstehen

Jörg Häntzschel, 29.07.2017

Das Alphabet bekommt einen neuen Buchstaben

Das deutsche Alphabet hat einen neuen Buchstaben: das große ẞ. Das hat der Rat für deutsche Rechtschreibung bekannt gegeben. Damit geht eine Debatte zu Ende, die schon seit dem 19. Jahrhundert geführt wird und bis heute für erbitterten Streit unter Typografen[1] sorgt. Das eine Lager begrüßt die Weiterentwicklung der Schrift. Das andere lehnt den neuen Buchstaben aus ästhetischen[2] Gründen ab. Zum einen wegen seiner Größe: Es ist eine Art SUV[3] der Buchstaben. Zum anderen wegen seiner ungelenken Form. An einem Bogen, der weit auslädt wie eine Straßenlaterne aus den Sechzigerjahren, baumelt ein gewaltiger Haken, der die ganze Konstruktion jeden Moment zum Kippen bringen kann.

Das scharfe s oder auch Eszett gibt es nur im Deutschen. Und auch dort war es immer ein Kuriosum[4]. Die seltsamste seiner Eigenschaften war, dass es im Gegensatz zu sämtlichen anderen Buchstaben nur als Kleinbuchstabe existierte. Das störte nicht sehr, da es nie am Anfang eines Worts steht. Doch was, wenn ein Wort oder ein Name mit einem ß darin in Versalien[5] geschrieben wird? Es gab nur zwei Lösungen: Man benutzte den Klein- unter lauter Großbuchstaben – oder löste das ß in SS auf. Dieser Behelf war schon deshalb nicht überzeugend, da es sich beim ß gerade nicht um ein Doppel-s handelt, sondern eine Symbiose[6] von s und z, eine Ligatur[7], so wie das französische œ. Die vertikale[8] Linie geht auf das „lange" s der Frakturschrift[9] zurück, das dem f ähnelt, während der „Bauch" ursprünglich ein Fraktur-z war. Besonders deutlich ist das etwa beim ß der Berliner Straßenschilder zu erkennen, das fast mit einem „fz" zu verwechseln ist. Dennoch ist in vielen Versionen des ß, so auch in der SZ-Schrift, in der Abwärtslinie weniger ein z als eher ein s zu erkennen.

Tastenkombination: 1E9E Alt-C

Das ß als sz-Ligatur wurde erst Ende des 19. Jahrhunderts eingeführt und hat sich nicht einmal im ganzen deutschsprachigen Raum durchgesetzt. Wer in der Schweiz falsch parkt, muss eine „Busse" zahlen. Die deutsche Rechtschreibreform, die – wegen des kurzen Vokals – aus dem „daß" das „dass" gemacht hat, hat der Verbreitung des ß ebenfalls zugesetzt.

Warum man den sperrigen Buchstaben, statt ihn abzuschaffen, mit einer Großversion aufwertet, hat verschiedene Gründe. Menschen, die Großmann und Menschen, die Grossmann heißen, sollen im Pass, wo der Name in Versalien erscheint, nicht mehr gleich geschrieben werden. Überhaupt, so Kerstin Güthert, Geschäftsführerin des Rechtschreibungsrats, gebe es einen Trend zu Versalien. Und schließlich, so vermuten manche, wolle niemand das ß in seinem Namen gegen ein SS tauschen. Dafür muss man eben die ästhetische Zumutung des dicken ß in Kauf nehmen – und sich die Tastenkombination 1E9E Alt-C einprägen, mit der manche Computer es schon heute erzeugen können.

Text leicht verändert

[1] Typografen: Die Typografie ist ein Fachbereich, der sich mit dem Erscheinungsbild von Buchstaben, graphischen Zeichen und Schriften befasst; Typografen sind Experten auf diesem Spezialgebiet.
[2] ästhetischen: Die Ästhetik lässt sich im Allgemeinen als die Lehre von der Schönheit bzw. die Lehre von den schönen Dingen begreifen.
[3] SUV (engl.): Kurzform für Sport Utility Vehicle; es handelt sich dabei um ein Fahrzeug größeren Ausmaßes, das ursprünglich für Sport- und andere Nutzzwecke konzipiert wurde.
[4] Kuriosum: gehobener Ausdruck für eine merkwürdige, seltene, besondere Sache.
[5] Versalien (sg. Versal): typografische Ausdruck für Großbuchstaben.
[6] Symbiose: in der Biologie: das Zusammenleben (häufig auch Verschmelzen) zweier Lebewesen zum gegenseitigen Nutzen; *hier* das Verschmelzen zweier Buchstaben zu einem.
[7] Ligatur: typografischer Fachausdruck für das Verschmelzen von Buchstaben.
[8] vertikale: senkrechte
[9] Frakturschrift: spezieller Schrifttyp, der bis Anfang des 20. Jahrhunderts die meistgebrauchte Druckschrift im deutschsprachigen Raum darstellte.

4 a) Lies den Text „Das Alphabet bekommt einen neuen Buchstaben" und fasse die wichtigsten Informationen zum <ß> in einem Steckbrief zusammen.
b) Vergleiche deine Ergebnisse mit deiner Sitznachbarin oder deinem Sitznachbarn und ergänze fehlende Informationen.
c) Sucht gemeinsam die Argumente aus dem Text heraus, die für und die gegen ein großes <ß> sprechen. Überlegt, ob euch weitere Argumente einfallen und schreibt diese auf.
d) Diskutiert gemeinsam mögliche Gründe dafür, warum der Rat für deutsche Rechtschreibung sich für die Einführung eines großen <ß> ausgesprochen hat.
e) Reflektiert gemeinsam, ob und wo ihr selbst das große <ß> benutzt bzw. wo ihr es benutzen würdet.

Vorlage: Steckbrief Eszett

Schriftlich argumentieren, S. 372–374

5 Die Entwicklung der Großschreibung verläuft teils **gesteuert**, teils **ungesteuert.** Darin unterscheidet sich der Schriftwandel vom Sprachwandel, der ausschließlich ungesteuert verläuft. Ordne die thematisierten Entwicklungen in der Großschreibung den beiden Begriffen zu und formuliere anschließend, was diese bedeuten.

Arbeitsheft, S. 92/93

Niederdeutsch verschriften

→ *Sprachvarietäten, S. 416*

Niederdeutsch ist eine Regionalsprache des Deutschen. Auf diesen Seiten lernst du, was das bedeutet, wozu man Niederdeutsch verschriftet und welche Probleme dabei entstehen. Denn Niederdeutsch ist nicht gleich Niederdeutsch und ein Regelwerk zur Verschriftung gibt es auch nicht.

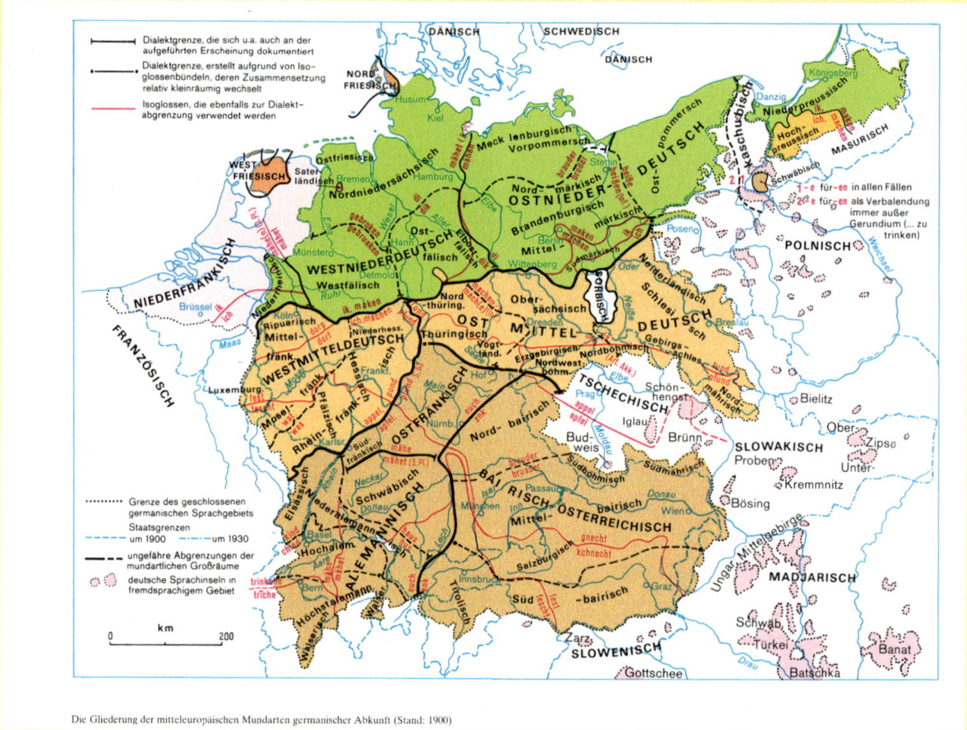

Die Gliederung der mitteleuropäischen Mundarten germanischer Abkunft (Stand: 1900)

1 a) Betrachtet die obenstehende Karte, die den Stand von 1900 dokumentiert. Bei dem grün eingefärbten Bereich handelt es sich um Gebiete, in denen Niederdeutsch gesprochen wurde. Beschreibt, was ihr dort seht und was euch auffällt.

b) Die Wörter und Phrasen in der Wortwolke unten sind auf Niederdeutsch. Überlege, was sie wohl bedeuten, und beschreibe, wie sie sich von dem, was du kennst, unterscheiden. Lies anschließend im Wissen-und-Können-Kasten „Niederdeutsch als Regionalsprache kennen" nach, was eine Regionalsprache ist.

2 a) Oft unterscheidet sich das Niederdeutsche bereits von Ortschaft zu Ortschaft. Stellt Thesen auf, warum das so ist.
b) Diskutiert, welche Rolle die folgenden Bedingungen dabei möglicherweise spielen oder nicht spielen: Entfernung, Landschaft, Reisemöglichkeiten, Religion, Geselligkeit, Alltag, Literatur, ...

3 Niederdeutsch wird üblicherweise gesprochen und nicht geschrieben. Überlegt gemeinsam, welche Gründe/Anlässe es für die Verschriftung des Niederdeutschen geben könnte, und notiert eure Ideen.

4 In Teilen Mecklenburg-Vorpommerns heißt es meur, bei Hamburg möd oder meug, in Niedersachsen sagt man meu, möer oder mö und nördlich von Köln heißt es müd oder möd. Die niederdeutschen Dialekte weisen verschiedene Variationen des Wortes müde auf. Erkläre anhand dieses Beispiels, weshalb die Verschriftung der niederdeutschen Sprache nicht unproblematisch ist.

5 a) Überlegt in der Gruppe, wie man mit dem Problem aus Aufgabe 4 umgehen könnte, wenn man ein niederdeutsches Wörterbuch erstellt. Notiert eure Ideen.
b) Diskutiert, welche Möglichkeit ihr für die beste haltet und warum.

Wissen und Können

Niederdeutsch als Regionalsprache kennen

Bei einer **Regionalsprache** handelt es sich um eine Sprachform, die dem überregional genutzten Standard zwar ähnelt, aber regional zum Beispiel in Aussprache und Wortschatz davon abweicht. Regionalsprachen gelten daher als Variantensysteme (sog. **Varietäten**).
Im Gegensatz zum Standard werden Regionalsprachen vorwiegend zur mündlichen Kommunikation benutzt, weshalb sie anders als die Standardsprache auch keiner amtlichen Schreibnorm unterliegen.

→ *Wortschatz, S. 421*
→ *Sprachvarietäten, S. 416*

Niederdeutsch ist eine **regionalsprachliche Varietät** – d. h. ein regionales Sprachsystem – des Deutschen. Diese lässt sich in zahlreiche unterscheidbare Dialekte untergliedern: die niederdeutschen Dialekte, die auch als **Plattdeutsch** bezeichnet werden. Von den mittel- und hochdeutschen Dialekten unterscheiden sie sich v. a. in der Aussprache: Während die mittel- und hochdeutschen Dialekte die sog. **zweite Lautverschiebung** historisch mitvollzogen haben, blieben die niederdeutschen Dialekte von diesem Lautwandel unberührt.
Während der zweiten Lautverschiebung veränderte sich die Aussprache bestimmter Laute. Beispielsweise verschob sich die Aussprache von p-Lauten zu pf- oder f-Lauten. Niederdeutsche Dialekte behielten Aussprachen wie slapen statt schlafen oder Schipp statt Schiff und haben deshalb noch heute oft eine größere Ähnlichkeit zum verwandten Englisch und Niederländisch.

→ *Dialekte, S. 403*

Arbeitsheft, S. 94

Interpunktionszeichen benutzen und verstehen

Die Interpunktionszeichen des Deutschen sind sehr unterschiedlich. Dies gilt in Hinblick auf ihre Funktionen, ihren zweckmäßigen und angemessenen Gebrauch, aber auch in Hinblick auf ihre äußere Erscheinung. Dieser Abschnitt befasst sich mit dem Interpunktionssystem des Deutschen und mit der Gestaltung von Texten durch Interpunktionszeichen.

1 a) Das Deutsche hat zwölf Interpunktionszeichen. Notiere, welche du kennst.
b) Vergleiche deine Ergebnisse mit deiner Sitznachbarin/deinem Sitznachbarn.
c) Lest den Wissen-und-Können-Kasten „Die Interpunktionszeichen des Deutschen kennen" und gleicht euer Wissen damit ab: Was ist euch neu?

Starthilfe, S. 430

2 a) Betrachtet gemeinsam die nebenstehende Abbildung und erklärt den Witz, den die sterbende Kakerlake erzählt.
b) Untersucht die Interpunktion im folgenden Text: Wo können auf den ersten Blick nur Punkte stehen? Wo können nur Kommas stehen? Wo sind vielleicht sogar beide Zeichen möglich?

Eines Tages war die Kakerlake zu weit hinausgegangen. Ein Fuß hatte sie erwischt. Zack, zertrampelt lag sie da. Sterbend flüstert sie, dass an diesem Punkt in ihrem Leben eigentlich ein Komma sein sollte. Eigentlich.

c) Die Interpunktion um das letzte Wort Eigentlich ist eher untypisch. Notiert, warum das so ist, und überlegt, in welchen Kontexten solch eine Interpunktion akzeptabel ist bzw. in welchen nicht.

Kommasetzung bei Parenthesen, S. 409

3 a) Im folgenden Satz findet sich eine sogenannte Parenthese. Überlege, was die jeweilige Zeichenvariante mit der herausgestellten Einheit macht.

a. Ich war allein – am Bahnhof – und es war schon dunkel.
b. Ich war allein, am Bahnhof, und es war schon dunkel.
c. Ich war allein (am Bahnhof) und es war schon dunkel.

b) Erkläre für die Sätze aus Aufgabe 3 a), in welchen Zusammenhängen du welches Interpunktionszeichen wählen würdest.

Wissen und Können

Die Interpunktionszeichen des Deutschen kennen

Die zwölf Interpunktionszeichen des Deutschen lassen sich ihren Funktionen nach in drei Gruppen einteilen:

Zeichensetzung, (Interpunktion), S. 421

- Punkt, Doppelpunkt, Semikolon und Komma gehören zu den Zeichen, die den Satzbau strukturieren und die Beziehungen im Satz und zwischen Sätzen regeln; sie heißen deshalb **syntaktische Zeichen**.

- Zu den Zeichen, die einen Einfluss auf den Informationswert einer sprachlichen Einheit (nebensächlich, wörtlich wiedergegeben, nachdrücklich oder infrage stehend) haben, gehören die Klammern, die Anführungszeichen, das Ausrufezeichen und das Fragezeichen. Man nennt sie **kommunikative Zeichen**.

- Die letzte Gruppe bilden die **defektanzeigenden Zeichen**. Wie der Name schon sagt, zeigen die Zeichen in der Schrift an, wo sprachliche Defekte (wie Auslassungen oder fehlende Elemente und Bruchstellen) sind. Zu diesen Zeichen gehören der Gedankenstrich, der Divis, die Auslassungspunkte und der Apostroph.

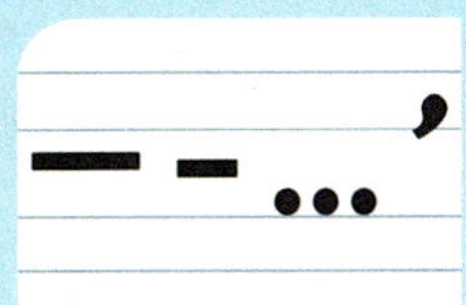

4 a) Betrachte die kommunikativen Interpunktionszeichen in den folgenden Beispielsätzen und beschreibe, was die einzelnen Zeichen jeweils leisten und was das jeweils für den Informationsgehalt des Satzes bedeutet.

a. „Wir schreiben heute die Klausur?"
b. „Wir schreiben heute die Klausur!"
c. (Wir schreiben heute die Klausur.)

b) Beschreibe, in welchen Kontexten jede der drei Varianten wohl stehen könnte.
c) Diskutiere deine Ideen mit deiner Sitznachbarin bzw. deinem Sitznachbarn. Schreibt eure Ergebnisse auf.

5 Verfahre zu den defektanzeigenden Interpunktionszeichen nun wie in Aufgabe 4:

a. Beim Hockey-Training sah's gestern gut aus ... Der Trainer war zufrieden.
b. Beim Hockeytraining sah es gestern gut aus – der Trainer war zufrieden.

a) Vergleiche die Interpunktion in den beiden Sätzen und beschreibe, was die defektanzeigenden Zeichen darin jeweils leisten.
b) Diskutiere mit deiner Sitznachbarin bzw. deinem Sitznachbarn darüber, unter welchen Umständen ihr die Zeichen verwenden würdet (Textsorte, Kommunikationssituation, Adressat ...). Haltet eure Ergebnisse fest.

Arbeitsheft, S. 95/96

Seltene Interpunktionszeichen verwenden – das Semikolon und der Apostroph

→ *Zeichensetzung, (Interpunktion), S. 421*

Einige Zeichen des Deutschen werden nur selten verwendet. Beispiele hierfür sind das Semikolon und der Apostroph. Hier erfährst du, wie beide Zeichen gewinnbringend verstanden und verwendet werden können.

Folie

Starthilfe, S. 430

Tipp

Mehrfachzuordnungen der Ausschnitte sind begründet möglich.

→ *Kafkas Parabeln erschließen und verstehen, S. 190–211*

1 Das Semikolon ist ein recht selten gebrauchtes Zeichen. Es gibt trotzdem Gründe, es hin und wieder zu benutzen.

a) Betrachte die folgenden Auszüge aus verschiedenen Texten und markiere mithilfe einer Folie die Semikolons darin.

b) Ordne die Ausschnitte und notiere in deinem Heft: In welchen Ausschnitten hat das Semikolon einen ähnlichen Effekt für den Text, in welchen einen anderen?

c) Finde Überschriften für deine Gruppen, die den Effekt des Semikolons treffend beschreiben.

a. Sollte der Wecker nicht geläutet haben? Man sah vom Bett aus, dass er auf vier Uhr richtig eingestellt war; gewiss hatte er auch geläutet.

Auszug aus Franz Kafka (1912): Die Verwandlung

b. Und als er dies gesagt hatte, verschwand der Mensch; Zarathustra aber ging weiter durch die dunklen Gassen.

Auszug aus Friedrich Nietzsche (1883): Also sprach Zarathustra

c. Im Übrigen, wie wir sagten, ließ er sich von Joachim über die Erscheinungen und Veranstaltungen dieser Tage Bericht erstatten, fragte ihn aus, ob der Sonntag festliche Toiletten gebracht habe [...]; auch ob nachmittags Wagenfahrten stattgefunden hätten [...]; und am Montag verlangte er, von Dr. Krokowskis Conférence[1] zu hören, als Joachim davon zurückkehrte und, bevor er in die Mittagsliegekur[2] ging, bei ihm vorsprach.

Auszug aus Thomas Mann (1924): Der Zauberberg

[1] Conférence: Konferenz, Ankündigung oder auch Vortrag

[2] Mittagsliegekur: Von Thomas Mann geschaffenes Wort: Eine Art Mittagsschlaf zur Genesung.

d. Der Sommer war der Gleitflug unserer Liebe. Oder vielmehr meiner Liebe zu Hanna; über ihre Liebe zu mir weiß ich nichts.

Auszug aus Bernhard Schlink (1995): Der Vorleser

e. Menschen, die kein leeres Leben führen wollten und die, um das zu erreichen, was sie wollten, gebettelt oder Könige hofiert, Gesetzeswerke zerrissen oder den Zorn der Mächtigen ihrer Zeit herausgefordert hatten; Menschen, die mit Gewalt oder Diplomatie jede Schwierigkeit überwunden, genutzt und nie aufgegeben hatten.

Auszug aus Paulo Coelho (1998): Veronika beschließt zu sterben

2 a) Vergleiche die folgenden Beispiele aus einer Folienpräsentation. Worin unterscheiden sich die Varianten?
b) Begründe, welche Variante du besser findest.

→ *Eine mündliche Präsentation planen, S. 41–44*

Interpunktionszeichen

Der Text enthält Relativsätze abgrenzende Kommas, Semikolons, die zur stärkeren Gliederung bei komplexen Reihungen dienen, Punkte an den Satzeneden und Anführungszeichen, um die wörtliche Rede anzuzeigen.

Interpunktionszeichen

Der Text enthält Relativsätze abgrenzende Kommas; Semikolons, die zur stärkeren Gliederung bei komplexen Reihungen dienen; Punkte an den Satzeneden und Anführungszeichen, um die wörtliche Rede anzuzeigen.

3 a) Die Schülerinnen und Schüler in der Abbildung sprechen über den Apostroph und seine Verwendung. Lies die Äußerungen und notiere, wer von ihnen Recht und wer Unrecht hat. Recherchiere bei Bedarf.
b) Laut dem Wissen-und-Können-Kasten „Die Interpunktionszeichen des Deutschen kennen" (S. 331) ist der Apostroph ein defektanzeigendes Zeichen. Erläutere, was das Zeichen leistet und in welchen Texten es angemessen und sinnvoll sein könnte, die entsprechenden Defekte mit Apostroph zu kennzeichnen.
c) Die Schülerinnen und Schüler streiten sich im Anschluss an ihr Gespräch über die Schreibung eines Genitivs. Sie diskutieren über die folgenden drei Formen: Carlo's Restaurant, Carlos Restaurant oder Carlos' Restaurant. Diskutiert, die Tauglichkeit der verschiedenen Formen.

Arbeitsheft, S. 97/98

Rechtschreibung überarbeiten

Eigene Texte zu überprüfen und zu korrigieren ist schwer. Das liegt daran, dass man zu eigenen Texten oft nicht den nötigen Abstand hat. Mit einem individuellen Fehlerprofil kann man an häufigen Fehlern arbeiten, indem man für sie sensibilisiert wird. Hier lernst du, deine Fehlerschwerpunkte im Blick zu behalten.

Vorlage: Tabelle „Rechtschreibung überarbeiten“

1 Gehe eigene Texte und/oder Klassenarbeiten durch, die du in deinen Unterlagen findest. Schreibe fehlerhaltige Sätze richtig auf. Unterstreiche den Teil, wo du einen Fehler gemacht hast. Lege eine Tabelle nach dem folgenden Muster an.

Fehlerbeschreibung	**Berichtigte Version**
Falsch geschriebene Fremdwörter	*Das ist ein guter Rhythmus.*
<dass> statt <das>	*Siehst du das Kaninchen, das dort sitzt?*
<das> statt <dass>	*Er weiß, dass er das nicht für immer machen kann.*
Falsche Großschreibung	*Ich bin für erneuerbare Energien.*
Falsche Kleinschreibung	*Das bringt nichts Neues.*
Falsche Getrenntschreibung	*Sie wollte am liebsten blaumachen.*
Falsche Zusammenschreibung	*Gehen Sie noch einmal die Unterlagen durch.*
Fehlendes Komma	*Ich kaufe Salz, das aus dem Himalaya stammt, und schwarzen Pfeffer.*
Komma zu viel	*Angesichts der neubelebten Debatte_ finde ich diesen Hinweis gut.*
…	…

Tipp

Wenn nötig, lege weitere Fehlerkategorien an und lasse andere, die für dich nicht passen, weg.

Fremdwörter, S. 404/405
Groß- und Kleinschreibung, S. 406/407
Getrennt- und Zusammenschreiben, S. 406
Kommasetzung, S. 408/409

2 Tausche deine Tabelle mit deiner Sitznachbarin oder deinem Sitznachbarn aus. Überprüft jeweils, ob ihr die notierten Fehler einer geeigneten Kategorie zugeordnet habt.

3 Ben hat Parallelogramm falsch geschrieben: Er hat das hintere, nicht das vordere <l> verdoppelt. Diskutiert gemeinsam, wo ihr es einordnen würdet und warum.

Starthilfe, S. 430

4 a) Überlege, warum du die notierten Fehler wohl gemacht hast.
b) Recherchiere, wenn nötig, warum deine Variante falsch ist. Finde auch heraus, ob es Rechtschreibstrategien gibt, die du anwenden kannst.
c) Zähle deine Fehler und finde heraus, wo du deine Fehlerschwerpunkte hast.
d) Notiere, worauf du beim Schreiben und Korrigieren deiner Texte verstärkt achten solltest.

Arbeitsheft, S. 99

Schätze deinen Lernstand ein

Sprachwandel analysieren und verstehen

1 a) Erkläre, wie sich ungesteuerter von gesteuertem Sprachwandel unterscheidet.
b) Nenne und beschreibe mindestens drei Ursachen für Sprachwandelprozesse.

→ Seite 336/337, B
→ Seite 336/337, A
← Seite 324–327

Niederdeutsch verschriften

2 Erklärt, was Regionalsprachen sind und was im Unterschied dazu als Standard zu verstehen ist.

3 Nenne Gründe dafür, weshalb es nicht unproblematisch ist, Regionalsprachen wie die niederdeutschen Dialekte zu verschriften.

→ Seite 338/339, B
→ Seite 338/339, A
← Seite 329, Wissen u. Können

Interpunktion als System kennen und nutzen

4 Das Interpunktionssystem des Deutschen ist ein Teilsystem der geschriebenen Sprache. Erkläre, was das bedeutet, und nenne die zwölf Interpunktionszeichen.

5 Jedes Interpunktionszeichen leistet etwas anderes. Beschreibe die drei funktionalen Gruppen der deutschen Interpunktionszeichen.

6 a) Das Semikolon und der Apostroph gehören zu den selten verwendeten Interpunktionszeichen. Nenne jeweils einen Satz/eine Konstruktion als Beispiel für ein Vorkommnis.
b) Erkläre anhand der Beispiele, was die Zeichen jeweils leisten, wenn sie vorkommen.

→ Seite 340/341, B
→ Seite 340/341, A
← Seite 330–333, Wissen u. Können

An der eigenen Rechtschreibung arbeiten

7 Auf der Seite 334 hast du dein individuelles Fehlerprofil erstellt. Reflektiere, ob du bereits merken kannst, dass du mit deinen Fehlerschwerpunkten anders umgehst. Alternativ kannst du beim nächsten Mal, wenn du einen Text schreibst, darauf achten, ob du bemerkst, dass du für deinen Fehlerschwerpunkt sensibilisiert bist.

→ Seite 342, B
→ Seite 342, A
← Seite 334

Arbeitsheft, S. 100/101

Sprachwandel in der Schrift analysieren

Sprachwandel, S. 416

Die Entwicklung der Schrift führt bis in die Gegenwart – und wahrscheinlich noch lange über sie hinaus – zu Veränderungen in der geschriebenen Sprache. Aktuell werden beispielsweise Sätze kürzer, sodass weniger Kommas verwendet werden; Wortschreibungen verändern sich und werden dabei systematischer. In diesem Kapitel lernst du Wandelprozesse zu analysieren.

1 Wähle Aufgabe A oder B aus.

A Noch bis vor einigen Jahrzehnten würde man den folgenden Satz geschrieben haben:
Als ich vor einigen Wochen, um dieselbe Uhrzeit übrigens, nach Hause kam, war es in meiner Wohnung noch dunkel, weil die Sonne noch niedriger stand als jetzt, was ein klares Zeichen ist, dass es endlich Frühling wird.

Heute tendiert man insgesamt eher zu kürzeren Sätzen. Eine denkbare Variante wäre zum Beispiel die folgende:
Als ich vor einigen Wochen, um dieselbe Uhrzeit übrigens, nach Hause kam, war es in meiner Wohnung noch dunkel. Die Sonne stand noch niedriger als jetzt. Das ist ein klares Zeichen, dass es endlich Frühling wird.

a) Beschreibe, worin sich beide Varianten formal unterscheiden.
b) Interpretiere, wie sich die Formunterschiede auf das Lesen auswirken können.

Tipp

Die Einheiten auf der y-Achse der Grafik betreffen das prozentuelle Vorkommen der jeweiligen Schreibung in einer großen Menge von Wörtern und Texten.
Die Prozentzahlen auf der y-Achse kannst du zunächst vernachlässigen.

B a) Beschreibe die folgende Grafik: Was ist zu sehen und was fällt dir auf?
b) Recherchiere im Internet, welche rechtschreibhistorischen Ereignisse um 1900 und um 2000 für die beiden größeren Veränderungen verantwortlich sind.
c) Interpretiere den Gebrauch von dass und daß vor 1900: Wie ist die Grafik hier zu lesen und was lässt sich daraus für den Gebrauch der beiden Schreibungen vor 1900 schlussfolgern?
d) Ordne deine Erkenntnisse mit Blick auf gesteuerte und ungesteuerte Prozesse sprachlichen Wandels ein.

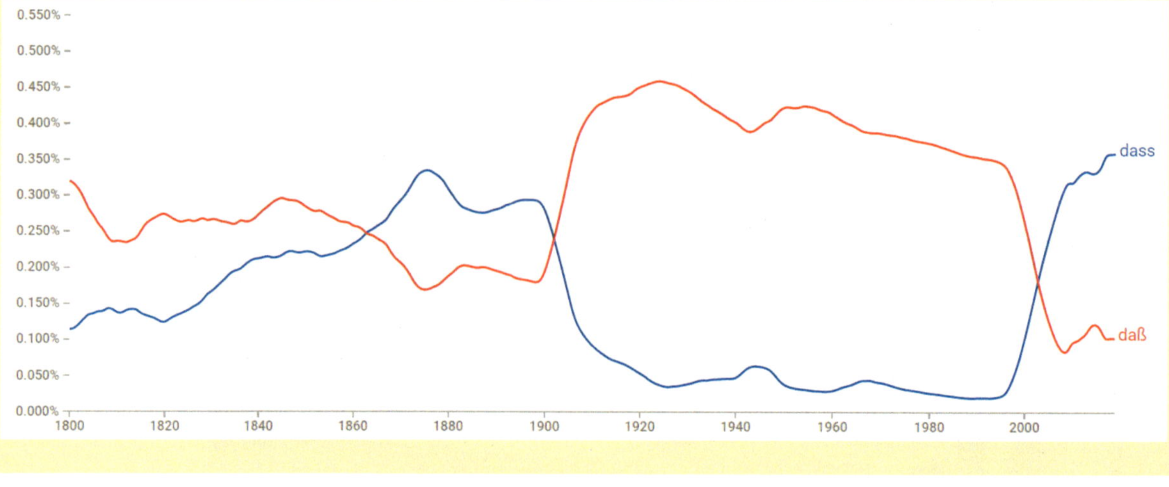

2 Die beiden folgenden Grafiken zeigen die Häufigkeit des Gebrauchs von Punkt (oben) und Semikolon (unten) in einer großen Textmenge.

a) Beschreibe, wie sich beide Grafiken unterscheiden.

b) Überlege zusammen mit deiner Sitznachbarin oder deinem Sitznachbarn, wie es zu den beiden Entwicklungen kommt. Berücksichtigt in euren Überlegungen dieses Mal auch die prozentuellen Anteile auf der y-Achse: Was fällt bzgl. der Vorkommenshäufigkeit von Punkt und Semikolon generell auf?

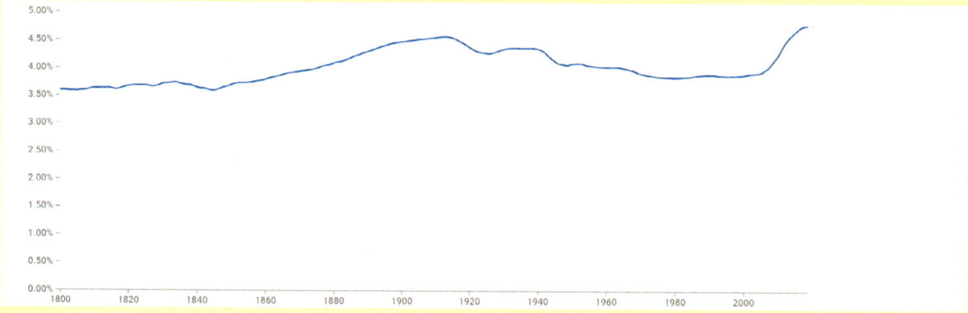

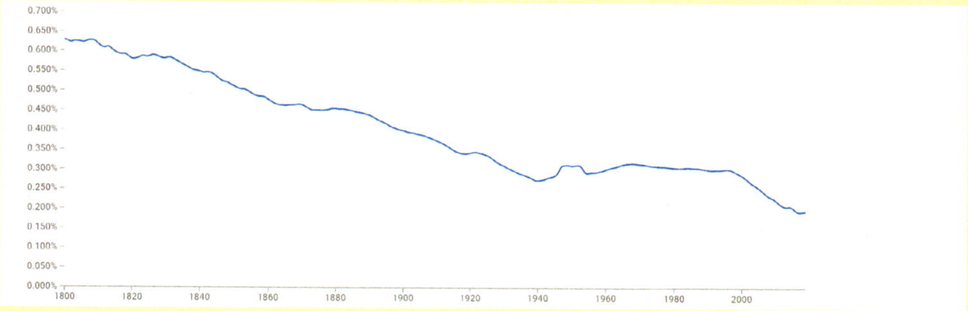

Tipp

Die Einheiten auf der y-Achse der Grafik betreffen das prozentuelle Vorkommen der jeweiligen Schreibung in einer großen Menge von Wörtern und Texten.

3 Wähle Aufgabe **A** oder **B** aus.

A a) Beschreibe und interpretiere den untenstehenden Ausschnitt zur Häufigkeit der beiden Schreibvarianten Phantasie und Fantasie.

b) Sammelt und beschreibt gemeinsam weitere ähnliche Variantenpaare. *Starthilfe, S. 430*

B a) Erkläre mit Blick auf die Schreibvarianten Fantasie/Phantasie, welches Prinzip der Verschriftung jeweils zugrunde liegt.

b) In den letzten Jahrzehnten gilt für die Verschriftung von Fantasie/Phantasie offenbar, dass ein Verschriftungsprinzip an Bedeutung gewinnt, wohingegen das andere an Bedeutung verliert. Formuliere eine Hypothese, woran das liegen könnte. *Starthilfe, S. 430*

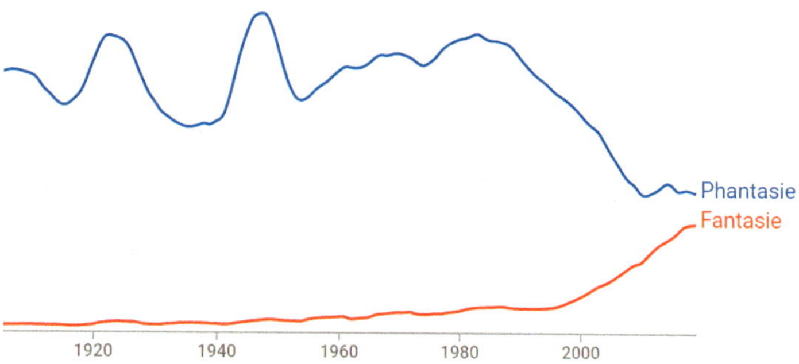

Niederdeutsche Verschriftungen reflektieren

Sprachvarietäten, S. 416

Niederdeutsch zu verschriften ist aus verschiedenen Gründen, die du auf den Seiten 328/329 kennengelernt hast, nicht unproblematisch. Für den Erhalt des Niederdeutschen als Kulturgut ist seine Verschriftung aber unerlässlich. In diesem Abschnitt kannst du dich vertieft mit dieser Thematik auseinandersetzen. Um Ideen für die Verschriftung zu gewinnen und Schreibungen zu verstehen, erfährst du außerdem etwas über die Verwandtschaft des Niederdeutschen zum Englischen.

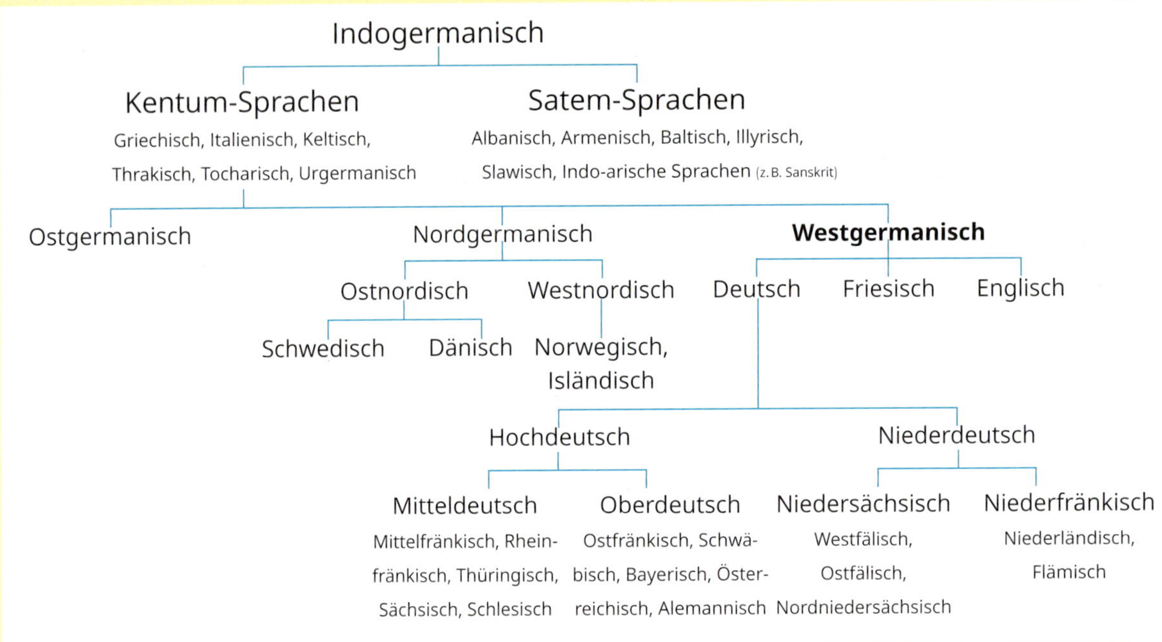

Dialekte, S. 403

1 Wähle Aufgabe A oder B aus.

A
a) Beschreibe die obenstehende Grafik zur Abstammung der deutschen Dialekte.
b) Am Beispiel verschiedener niederdeutscher Wörter wie Water und Schipp erkennt man die Verwandtschaft der niederdeutschen Dialekte zum Englischen. Erkläre, wie das zu verstehen ist, und sammle weitere Beispiele für niederdeutsche Wörter, an denen diese Verwandtschaft erkennbar ist.
c) Vergleiche jeweils die Schreibungen (und die Aussprachen) des Niederdeutschen und des Englischen miteinander. Notiere Unterschiede und Gemeinsamkeiten.

B a) Erkläre, weshalb es ‚das eine' Niederdeutsch nicht gibt.
b) Das Standarddeutsche ist ebenfalls ein Konstrukt. Erläutere, inwiefern diese Aussage zutrifft.

***Konstrukt:** etwas existiert nur in der Theorie, nicht aber in der Praxis*

2 a) Höre dir die niederdeutschen Sprachbeispiele aus dem Medienpool an: Was sagen die Sprecherinnen und Sprecher?
b) Höre die Beispiele noch einmal und notiere, wie du das Gehörte auf Niederdeutsch verschriften würdest.
c) Vergleicht eure Verschriftungen: Wie seid ihr vorgegangen? Welche Entscheidungen habt ihr getroffen?
d) Diskutiert für unterschiedliche Verschriftungen, welche ihr bevorzugt.
e) Vergleicht die Aussprache und Verschriftungen nun mit dem Standarddeutschen und dem Englischen. Notiert Gemeinsamkeiten und Unterschiede.

Sprachbeispiele 1 – 3

Starthilfe, S. 430

3 a) Recherchiert im Internet nach niederdeutschen Wörterbüchern: Welche findet ihr und welche Informationen werden zu der Frage gegeben, wie die Schreibungen der Einträge zustande kommen?
b) Beurteilt die Wörterbücher danach, wie geeignet sie für die unterschiedlichen Zwecke sind:
- zum Niederdeutschlernen
- zum Konservieren eines niederdeutschen Dialekts
- zum Konservieren des Niederdeutschen

Starthilfe, S. 430

4 a) In den Diskussionen um Mehrsprachigkeit wird zwischen einer inneren Mehrsprachigkeit und einer äußeren Mehrsprachigkeit unterschieden. Stelle eine These auf, was das bedeuten könnte und lies dann im Text unten nach.
b) Sammelt gemeinsam Varianten des Deutschen im Sinne der inneren Mehrsprachigkeit. Vergleicht in euer Klasse: Wer findet die meisten Varianten?
c) Reflektiert zu den gefundenen Varianten: Welche davon werden verschriftet, welche nicht?
d) Beurteilt die Mehrsprachigkeiten eurer Mitschülerinnen und -schüler: Was sind Fälle innerer und äußerer Mehrsprachigkeit? In welchen Fällen zweifelt ihr?

Mehrsprachigkeit in Europa untersuchen, S. 315/316

Innere und äußere Mehrsprachigkeit

Bei Mehrsprachigkeit unterscheidet man innere und äußere Mehrsprachigkeit.
Äußere Mehrsprachigkeit betrifft das, was man üblicherweise unter dem Begriff der Mehrsprachigkeit versteht: Jemand spricht zwei oder mehr verschiedene Sprachen – z. B. Deutsch, Englisch und Türkisch.
Die **innere Mehrsprachigkeit** dagegen meint, dass ein Individuum mehrere Varianten derselben Sprache beherrscht – z. B. Standarddeutsch, Niederdeutsch und Jugendsprache.

Über Interpunktion nachdenken

Zeichensetzung, (Interpunktion), S. 421

Durch kaum ein anderes Mittel der Schrift sind Texte so kreativ gestaltbar wie durch Interpunktion. Wie und unter welchen Bedingungen du sie zur Gestaltung in deinen eigenen Texten nutzen kannst, vertiefst du auf den folgenden Seiten.

1 a) Lies die Aussagen der Schülerinnen und Schüler und erkläre jeweils, wie die Aussagen gemeint sein könnten.
b) Erkläre, ob und inwiefern du den Äußerungen zustimmst.

2 Wähle Aufgabe **A** oder **B** aus.

Folie

A a) Lies den Auszug aus Judith Schalanskys Roman „Der Hals der Giraffe“ und markiere darin mithilfe einer Folie die Satzschlusspunkte.
b) Sprecht zu dritt in einem kurzen Interpunktionsgespräch über den Einsatz der Punkte in dem Auszug: Sind die Sätze gut lesbar? Welchen Eindruck vermittelt der Punktgebrauch? Könnte man so auch in anderen Texten interpungieren?
c) Schreibt den Text so auf, wie ihr ihn interpungiert hättet.
d) Reflektiert, wie sich der Text durch eure Interpunktion verändert.

Judith Schalansky

Der Hals der Giraffe (2011) (Auszug)

Inge Lohmark ließ sich nicht mehr auslaugen. Sie war dafür bekannt, dass sie die Zügel anziehen und die Leine kurz halten konnte, ganz ohne Tobsuchtsanfall und Schlüsselbundwerferei. Und sie war stolz darauf. Nachlassen konnte man immer noch. Hier und da ein Zuckerbrötchen aus heiterem Himmel.
Wichtig war, den Schülern die Richtung vorzugeben, ihnen Scheuklappen anzulegen, um ihre Konzentrationsfähigkeit zu fördern. Und wenn wirklich mal Unruhe herrschte, brauchte man nur mit den Fingernägeln über die Tafel zu kratzen oder vom Hundebandwurm zu erzählen. Für die Schüler war es ohnehin das Beste, sie in jedem Moment spüren zu lassen, dass sie ihr ausgeliefert waren. Anstatt ihnen vorzugaukeln, sie hätten irgendetwas zu sagen. Bei ihr gab es keine Mitspracherecht und keine Wahlmöglichkeit. Niemand hatte eine Wahl. Es gab die Zuchtwahl und sonst nichts.

B a) Der folgende Auszug aus Uwe Tellkamps Roman „Der Turm“ ist der letzte Teil des Buches. Sprecht in einem kurzen Interpunktionsgespräch über den Doppelpunkt, mit dem das Buch endet: Was macht ein Doppelpunkt üblicherweise? Welchen Eindruck vermittelt dieser Doppelpunkt? Könnte man so auch in anderen Texten interpungieren?

b) Notiert, welche Interpunktionszeichen üblicherweise an einem Textende denkbar wären. Reflektiert, wie sich das Romanende jeweils verändern würde, wäre die Interpunktion anders.

c) Beziehe Stellung zu Tellkamps Entschluss, den Doppelpunkt zu wählen.

Starthilfe, S. 430

Uwe Tellkamp

Der Turm (2008) (Auszug)

... aber dann auf einmal ...
Schlugen die Uhren, schlugen den 9. November, ‚Deutschland einig Vaterland‘, schlugen ans Brandenburger Tor:

3 Im Comic können manche Interpunktionszeichen alleine in einer Sprech- oder Gedankenblase auftreten, andere nicht.

a) Nenne Zeichen, die du schon einmal einzeln gesehen hast, und solche, von denen du glaubst, dass sie nicht alleine auftreten können.

b) Zeichne eine Sprechblase und füge die Zeichen ein, um zu prüfen, ob das Zeichen alleine eine sinnvolle Aussage machen kann und, wenn ja, welche.

c) Stelle eine Vermutung an, warum die meisten Zeichen nicht alleine vorkommen können, mit Text aber durchaus Sinn ergeben.

4 a) Markiere mithilfe einer Folie alle Interpunktionszeichen in den folgenden Satzbeispielen.

b) Erläutere anhand der Beispiele, was die jeweiligen Interpunktionszeichen für das Lesen leisten.

Folie

a. Die Osterferien waren leider nur kurz; dafür gab es viel zu erleben.
b. In den Ferien geht’s darum, sich auszuruhen und andere Dinge zu machen als sonst.
c. Die Vorfreude auf die Ferien ist (fast) das schönste an den Ferien!

Eigene und fremde Fehler korrigieren

→ *Texte gemeinsam mithilfe von Textverarbeitungsprogrammen überarbeiten, S. 350/351*

Beim Schreiben sind viele Menschen damit beschäftigt, zu formulieren, was sie sagen wollen. Dabei bleibt oft wenig Aufmerksamkeit für die Rechtschreibung. Das nachträgliche Korrigieren ist daher unbedingt notwendig. In diesem Abschnitt vertiefst du Strategien zur Korrektur eigener und fremder Texte.

1 Hannah hat den untenstehenden Romantext für ein Referat abgetippt, dabei sind einige Fehler passiert. Hilf ihr bei der Korrektur. Wähle Aufgabe A oder B aus.

A Korrigiere den Text. Wende dabei dir bekannte Strategien an.

→ *Im Internet recherchieren, S. 367/377*

B a) Recherchiere im Internet nach Korrekturstrategien. Notiere in einer Mindmap.
b) Korrigiere den Text. Wende dabei eine der dir unbekannten Strategien an und reflektiere anschließend, wie hilfreich die Strategie ist.

Terry Pratchett

Einfach göttlich. Ein Scheibenwelt-Roman (Auszug)

Man nehme die Schildkröte und den Adler. Die Schildkröte lebt auf dem Boden. Man kann dem Boden kaum näher sein. Der Horizont ist nur wenige Centimeter entfernt. Die Höchstgeschwindigkeit eines solchen Geschöpfs, reicht gerade aus, um einen Kopfsalat zu jagen. Es hat überlebt, während der Rest der Evolution vorbei hastete. Der Grund dafür: Es stellt für niemenden eine Gefahr da, und es läst sich nur mit Mühe ferspeisen. Und dann der Adler. Ein Vesen der Lüfte und Höhen – sein Horizont erstreckt sich am Ende der Welt. Seine Augem sind scharf genug um das zittern eines winzigen peltzigen Wesens einen Kilometer entfernt zu sehen. Der Adler ist geballte Krafft. Ein mit schwingen ausgestateter, blitzschnell zuschlagender Tod. Er hat klauen und krallen, um kleinere Tiere zu packen, und zu verschlingen -und um sich bei Größeren zumindest einen raschen Snack zu erlaube. Stunden lang sitzt der Adler auf einem Felsen und beobachtet die Königreiche der Welt, bis er in der Ferme eine Bewegug bemerkt. Dann blickt er in die entsprechende Richtung, sieht ganz genau hinund erkennt den kleinen Pantzer der auf kurzen beinen durch die Wüste schwankt. Was der Adler zum Anlass ergreift, zu springen ... Kurze Zeit später stellt die Schildkröte fest, das ihr Abstand zum boden immer mehr wäscht. Zum erstenmal sieht sie die Welt nicht aus einer Höhe von zwei Hundert Metern und sie denkt: Diese Perspektive verdanke ich dem Adler; er ist ein guter Freund. Text leicht verändert

2 a) Überprüfe für die letzten Texte, die du geschrieben hast, ob dein Fehlerprofil, das du auf Seite 334 erstellt hast, noch zutrifft, indem du erneut ein Profil erstellst und mit dem alten abgleichst. Was hat sich ggf. verändert?
b) Schätze für jeden Fehlerschwerpunkt ein, ob du ihn angehen kannst, indem du das zugrundeliegende System verstehst, oder ob es sich um Fälle handelt, die du auswendig lernen musst.

Zeigt, was ihr könnt

Auf den folgenden Seiten vernetzt ihr euer Wissen zum schriftsprachlichen Wandel, zu Regionalsprachen, Dialekten, zur Interpunktion, zu Fehlern und zum Umgang mit Fehlern.

1 Lest den folgenden Text und markiert dabei mithilfe einer Folie Passagen, ...
... in denen es um Sprachwandel geht, in Gelb,
... in denen es um Dialekte geht, in Grün,
... in denen es um Interpunktion geht, in Rot und
... in denen es um Fehler und die Einstellung dazu geht, in Blau.

Folie
Text „Die Regeln von morgen"

Andreas Frey, 23.10.2015

Die Regeln von morgen

Wenn über die Zukunft der deutschen Sprache geredet wird, fällt ein Wort garantiert: Verfall. Geklagt wird über Anglizismen, falsche Kasus, übers Kiezdeutsch. Angeblich verlottert das Deutsche; am besten wäre es, wenn alles bliebe, wie es ist. – Aber Sprache ist ein Prozess. Laute, Wörter, Satzbau und Grammatik sind einem ständigen Wandel unterworfen. Nur wenige Menschen verstehen heute Alt- oder Mittelhochdeutsch. Selbst die Sprache Schillers und Goethes wirkt für viele aus der Zeit gefallen. Wer heute so schriebe wie ehedem die großen Dichter und Denker, hätte in der Schule ein Problem.

Insofern ist es erstaunlich, wie sich die Bemühungen wiederholen, aktuelle Sprache zu konservieren, als ob sie jemals einen idealen Zustand erreichen könnte. Seit etwa zweitausend Jahren wird über den Zustand der Sprache gewettert. Die Zukunft ist dabei immer ein Abgrund, in dem die Muttersprache angeblich zu verschwinden droht. Der Ton ist scharf, das Gemüt erregt. Das gilt für Platon, Rousseau, Schopenhauer – und für den Verein deutsche Sprache.

Wer hingegen mit Linguisten über das Thema redet, erfährt die Nüchternheit der Wissenschaft. Die Linguistik beschreibt den Sprachwandel. Geurteilt wird dabei nicht. Dass aus dem „Appel" der „Apfel", aus „Schipp" „Schiff" und aus „ik" „ich" wurde lässt sich erklären, ohne dass man diese Veränderung für gut oder schlecht befinden muss. […]

Die Linguistin Damaris Nübling hält die Sorgen vor dem Verfall der deutschen Sprache für völlig unbegründet. „Die Sprache optimiert sich ständig und passt sich ideal den Verhältnissen an, weil sie das wichtigste Werkzeug zur Kommunikation ist", sagt sie. Viele Menschen hätten in der Schule ein Deutsch gelernt, das sie für das beste halten, und mit dem sie meinten, sich über andere erheben zu können, die nicht genau dasselbe Deutsch sprechen und schreiben.

Sprache diene also der sozialen Unterscheidung. Dazu gehöre auch die Definitionshoheit darüber, was man für richtiges Deutsch hält. „Vor diesem Hintergrund ist jeder Wandel eine Katastrophe, weil er diesen Menschen den vermeintlich festen Boden unter den Füßen wegzieht", sagt sie. Das gilt erst recht für Menschen, die sich die gültige

Rechtschreibung mit großer Mühe aneigneten. Ihnen geben die Regeln Halt, jede Abweichung wird als Bruch wahrgenommen. Man zeigt lieber auf Deppenapostrophe anstatt zu erklären, warum eine Regel zur Regel geworden ist, und warum es sinnvoll sein könnte, sie einzuhalten. Hinzu kommt: Rechtschreibfehler kann man besser zählen als Denkfehler. Ein Text kann noch so klug sein, verstößt er nur minimal gegen Orthografie oder Grammatik, wird sein Inhalt entwertet. Manche haben solche Angst vor Fehlern, dass sie bei dem Versuch, sich besonders korrekt auszudrücken, übers Ziel hinausschießen und neue Fehler machen. Sie sagen „gemäß des Wetters“ statt „gemäß dem Wetter“, ziehen das Präteritum dem Perfekt vor („Ich vergaß!“), konjugieren nach dem Präsensprinzip („Ich fande das gut“) und setzen selbst dort Apostrophe, wo nichts ausgelassen wird („Komm' mit!“) oder wo üblicherweise Genitiv steht („des Jenseits'“). Korrektes Deutsch wird in Deutschland mit Hochdeutsch gleichgesetzt, das in allen formellen Situationen verwendet werden sollte, Linguisten bezeichnen diese normierte Sprache als Standard. Diese Standardsprache ist im Gegensatz zu den Dialekten verschriftlicht und lässt sich in Wörterbüchern und Grammatiken nachschlagen.

Dialekt wird im Gegensatz dazu häufig belächelt. „Die meisten Deutschen denken, dass die Dialekte schlecht gesprochener Standard sind; dabei ist es genau umgekehrt“, sagt der Linguist Göz Kaufmann: Dialekte sind die ursprünglichen Varietäten, der Standard selbst ist aus Dialekten entstanden. Die genannten Überzeugungen führen dazu, dass viele Menschen die Sprache als etwas Statisches ansehen, das stets eindeutig und festgelegt sein sollte. […]

Geschriebene Sprache verändert sich langsamer als die gesprochene. Aber es tut sich auch bei ihr etwas: „In den letzten Jahren ist der Einfluss gesprochener Sprache auf die Schrift größer geworden“, sagt der Linguist Beat Siebenhaar. So sind bspw. geschriebene Sätze insgesamt kürzer geworden. Bereits seit Mitte des 19. Jahrhunderts nimmt die Zahl der Wörter pro Satz ab. Heute beschleunigen die neuen Medien diesen Trend. Sie sind auf schnelle Kommunikation und Verständlichkeit ausgelegt, sodass Orthografie und Grammatik nachrangig geworden sind. Zudem pfeifen viele Nutzer nicht nur auf Regeln, sie nutzen Slangs, Dialekte und kombinieren verschiedene Sprachen miteinander. Hauptsache, der andere blickt's.

Wie die Deutschen sprechen und wie sie schreiben sollen – dazwischen liegt nach Meinung des Slawisten Uwe Hinrichs eine immer größere Kluft. „Seit fünf Jahrzehnten hat sich der Sprachwandel rasant beschleunigt.“ Seit einem halben Jahrhundert stehe das Deutsche in Kontakt mit Dutzenden Fremdsprachen und Slangs in den Großstädten. So entstehe eine neue Art der Sprachverarbeitung, die das Schuldeutsch in den Hintergrund drängt. „Man soll verstehen, was gemeint ist, und nicht, ob jetzt der Dativ richtig gebildet ist“, sagt Hinrichs.

Heute ist das Thema aktueller denn je. Und man müsse die Frage stellen, wie sich die anwachsende Mehrsprachigkeit auf die gesprochene deutsche Umgangssprache auswirkt.

Der Linguist Rudi Keller hält von Sprachgesetzen schon aus wissenschaftlichen Gründen nicht viel. Er betrachtet Sprache als ein Phänomen der dritten Art, die weder allein ein Werk der Natur ist, noch ein willentlich vom Menschen geschaffenes Artefakt, sondern beides zugleich. „Durch das tägliche millionenfache Benutzen der Sprache erzeugen wir eine permanente Veränderung unserer Sprache, die wir in der Regel nicht beabsichtigen“, sagt er.

„Was wir als Sprachverfall wahrnehmen, ist zu einem erheblichen Teil der allgegenwärtige Sprachwandel aus der historischen Froschperspektive betrachtet“, sagt Keller. Wir würden die Sprache nur durch ein schmales Zeitfenster betrachten und darin jede Menge Fehler und Barbarismen erkennen. Womöglich aber sind gerade die systematischen Fehler von heute die neuen Regeln von morgen.

Text leicht verändert

2 Formuliere jeweils separat in einigen Sätzen, wie die Verbindung …
a. … von Sprachwandel und Fehlern,
b. … von Fehlern und Interpunktion,
c. … von Sprachwandel und Dialekt
d. … und von Dialekt und Fehlern im Text dargestellt wird.

3 Begründe, ob du die Argumentationen jeweils plausibel und sinnvoll findest oder nicht. Diskutiere darüber mit deiner Sitznachbarin bzw. mit deinem Sitznachbarn.

4 Der Text blickt auch auf Mehrsprachigkeit als Bedingungsfaktor für Sprachwandel.
a) Notiere, was dir zum Begriff der Mehrsprachigkeit einfällt.
b) Erkläre, wie Dialekte und Mehrsprachigkeit in Zusammenhang stehen.
c) Sucht zu zweit Situationen und Phänomene der Mehrsprachigkeit, die ihr im Alltag nutzt, und schreibt sie auf.
d) Reflektiert, welchen Einfluss auf den sich aktuell vollziehenden Sprachwandel ihr solchen Phänomenen beimesst.
e) Betrachtet nun die untenstehende Abbildung. Untersucht, welche Vorstellung des Zusammenhangs von Region und Sprache dort gezeigt wird und diskutiert, ob euch diese Vorstellung zutreffend erscheint.

5 Obwohl Interpunktion einen großen Gestaltungsraum eröffnet, werden Rechtschreibfehler mit keinen anderen Verstößen so stark in Zusammenhang gebracht, wie mit Fehlern in der Interpunktion. Reflektiere, woran dies liegen mag.

Eine Podiumsdiskussion durchführen

Eine Podiumsdiskussion eignet sich, um sich mit komplexen Problemen oder Konflikten sachlich auseinanderzusetzen. Auf einem Podium werden dazu unter Leitung einer Moderatorin oder eines Moderators kontroverse Positionen vorgestellt und miteinander diskutiert.

Methode

Eine Podiumsdiskussion durchführen

→ *Diskutieren, S. 355/356*

Vorbereitung

→ *Gruppenpuzzle durchführen, S. 359*

Zunächst müssen sich alle Schülerinnen und Schüler in das Thema einarbeiten. Das kann arbeitsteilig erfolgen, sodass sich jede/-r nur mit einer Position zu dem Thema beschäftigt. Besser, aber zeitaufwendiger ist es, wenn alle sämtliche Auffassungen kennen. Das kann z. B. in einem Gruppenpuzzle erfolgen. Der Vorteil liegt darin, dass die Diskutierenden auf dem Podium so besser auf Gegenargumente eingehen können. Auf jeden Fall sollte man aber in Gruppen vor der Durchführung die eigene Position gesondert besprechen und die Argumente festhalten.

Durchführung

1. Das Podium besteht aus einer Moderatorin oder einem Moderator und je einer Vertreterin oder einem Vertreter für jede Position zu dem Thema.
2. Die Diskussion wird durch die Moderatorin bzw. den Moderator eröffnet. Sie bzw. er stellt kurz das Thema vor und leitet anschließend das Gespräch.
3. Dann halten die Vertreter-/innen jeweils ein kurzes Eingangsstatement, in dem sie ihre Position erläutern.
4. Als nächstes diskutieren die Vertreter/-innen miteinander. Sie gehen auf die gegnerische Position ein und versuchen, sie mit Argumenten zu widerlegen. Die Aufgabe der Moderation besteht darin, einerseits das Gespräch zu leiten und es durch gezielte Fragen zu steuern und andererseits auf die Zeit und die Diskussionsregeln zu achten. Es ist auch möglich, dass in dieser Phase das Publikum, also alle anderen Schülerinnen und Schüler, Fragen an das Podium stellen.
5. Am Schluss erläutern die Vertreter/-innen in einem Abschlussstatement noch einmal kurz ihre Haltung.
6. Die Moderatorin bzw. der Moderator fasst die Diskussion zusammen und beendet das Gespräch.
7. An die eigentliche Diskussion sollte sich immer eine kurze Feedbackrunde durch die gesamte Klasse anschließen.

1 Informiert euch mithilfe des Methodenkastens darüber, wie eine Podiumsdiskussion durchgeführt wird.

Im Folgenden führt ihr eine Podiumsdiskussion zu folgender Frage durch: „Bildet Lesen wirklich?" Nutzt dazu die Texte auf den Seiten 94–103 aus Kapitel 5 („Einen Kommentar materialgestützt schreiben").

2 Arbeitet zunächst in Vierergruppen.
- Teilt die unterschiedlichen Texte auf den Seiten 94–103 auf und bearbeitet sie in Einzelarbeit. Macht euch dazu Notizen.
- Stellt euch alle Texte gegenseitig vor und ergänzt dabei eure Notizen.
- Wertet die Texte aus und erstellt eine Liste mit Pro- und mit Kontra-Argumenten zur Frage, wie sinnvoll Lesen überhaupt ist. Berücksichtigt dabei auch die Frage, warum einige Menschen nicht gern lesen, und haltet die Gründe dafür und die Folgen davon fest.

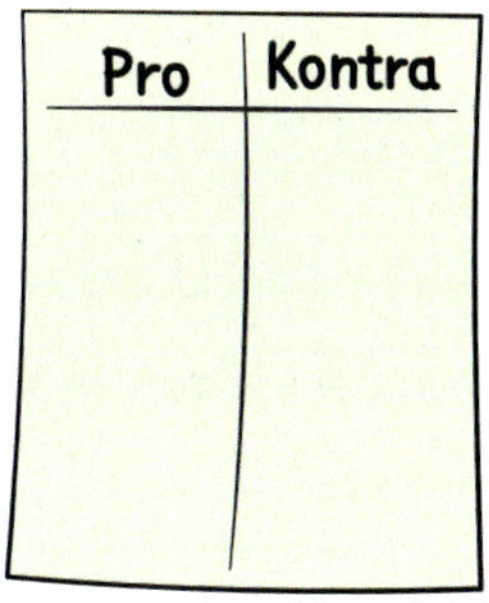

3 Bildet nun neue Gruppen: eine Gruppe, die die Diskussionsleitung vorbereitet, und mehrere Pro- und Kontra-Gruppen.
- Arbeitet in den Gruppen eure jeweiligen Argumente durch. Überlegt euch auch Gegenargumente für die gegnerische Position.
- Die Gruppe der Diskussionsleitung erarbeitet eine Eingangsmoderation und Schlüsselfragen, mit denen die Diskussion gesteuert wird. Notiert euch die Eingangsmoderation und die Fragen auf Karteikarten in Stichworten. Auch für eine Abmoderation kann man sich bereits einiges notieren.
- Bestimmt abschließend die Sprecherinnen und Sprecher für die Podiumsdiskussion.

4 Führt die Podiumsdiskussion durch. Setzt dafür ca. 15–20 Minuten an.

Tipp

Die Podiumsdiskussion kann eine gute Vorbereitung für das Schreiben eines Kommentars sein, wie ihr es in Kapitel 5 lernt.

5 Gebt anschließend den Teilnehmerinnen und Teilnehmern ein Feedback und wertet die Diskussion inhaltlich aus.

→ *Feedback geben, S. 357/358*

Ein Lernportfolio anlegen

Ein Lernportfolio stellt eine Art Tagebuch des eigenen Lernens dar. In ihm sammelt man einerseits systematisch zentrale Inhalte zu einem Lerngegenstand. Darüber hinaus dokumentiert man aber auch den eigenen Lernweg, also den Prozess des eigenen Lernens. Dabei sollen nicht nur die Fortschritte sichtbar werden, sondern gewissermaßen auch die Umwege und Sackgassen. Das Lernportfolio dokumentiert also auch die Schwierigkeiten beim Lernen.

Methode

Ein Lernportfolio anlegen

Funktion eines Lernportfolios

In einem Lernportfolio dokumentierst du präzise deine **Lernfortschritte** zu einem bestimmten Thema. Wichtig ist es dabei, dass es sich um deine individuellen Lernfortschritte handelt. Das bedeutet, dass du z. B. schneller oder langsamer oder einfach auf anderen Wegen lernst als in der Klassengemeinschaft, wenn alle zur gleichen Zeit, im gleichen Tempo am gleichen Thema arbeiten.
Du stellst dar, was du zu einem bestimmten Zeitpunkt gelernt hast, welche Schwierigkeiten du noch hast und was du ggf. noch gar nicht verstanden hast. Das dokumentierst du mit Inhalten, an denen du gelernt hast, und dazugehörigen Kommentaren, die verdeutlichen, was du an den Inhalten konkret gelernt hast.
Die (schriftliche) **Reflexion** über dein Lernen hilft dir, deine Lernprozesse für die Zukunft zu verbessern. Du erfährst dadurch z. B., wie lange du konzentriert arbeiten kannst, welche Vorgehensweisen und Methoden dir besonders helfen oder was dazu führt, dass du abschaltest oder mit deinen Gedanken abschweifst.

Vorbereitung eines Lernportfolios

Dein erstes Lernportfolio solltest du angeleitet von einer Lehrkraft parallel zum Unterricht führen. Du hast zwar sehr viel Freiheit bei der Gestaltung des Portfolios, aber gerade das bereitet beim ersten Mal Schwierigkeiten. Daher solltest du den Rat deiner Lehrkraft suchen, wenn du unsicher bist.
Eine feste Regel für das Aussehen und die Form eines Portfolios gibt es nicht. Selbstverständlich kann man ein Portfolio **digital** anlegen. Für das erste Portfolio ist es aber besser, **analog** zu arbeiten und sich auf den Inhalt zu konzentrieren. Dazu nimmst du am besten einen Schnellhefter oder Ähnliches, in dem du die Inhalte flexibel einfügen und anordnen kannst.

Inhalte eines Lernportfolios

- Deckblatt und kommentiertes Inhaltsverzeichnis
- Gegenstände, an denen du gelernt hast (Texte, Arbeitsblätter, Fotos, Filme, Zeichnungen etc.)
- Arbeitsergebnisse bzw. Produkte, die du erstellt hast
- Begründungen für die Wahl der Gegenstände und die Art der Arbeitsergebnisse
- kurze Beschreibungen, wie du jeweils gelernt hast (Was hast du über dein Lernen gelernt?)
- ausreichend Platz für ein Feedback deiner Lehrkraft

Überarbeitung eines Lernportfolios

Ein Portfolio ist nur dann sinnvoll, wenn man von Zeit zu Zeit zurückblättert und sich das Tagebuch seines Lernens anschaut. Dabei solltest du im Rückblick die einzelnen Lernschritte **kommentieren**. Einerseits wiederholst du dadurch das Gelernte, andererseits reflektierst du erneut – mit einem Abstand – deinen Lernweg. Erst in der Rückschau kannst du wirklich erkennen, welche Wege erfolgreich waren und welche Aufgaben dir Probleme bereitet haben. Auch die **Gründe für Erfolg und Misserfolg** kannst du im Rückblick klarer sehen. Deswegen sollte man sein Portfolio beim Rückblick auch kommentieren und die Kommentare so gestalten, dass sie optisch deutlich vom Rest zu unterscheiden sind.

Präsentation eines Lernportfolios

Den Abschluss der Portfolioarbeit bildet ein **Gespräch** darüber. Man kann sich mit seinen Mitschülerinnen und Mitschülern wechselseitig über die Portfolioarbeit austauschen. Gerade beim ersten Portfolio ist aber das Gespräch mit der Lehrkraft sehr wichtig. Dieses Gespräch solltest du vorbereiten, insbesondere wenn die Portfolioarbeit benotet wird. In einem kleinen **Vortrag** solltest du in der Lage sein, die einzelnen Aspekte deines Portfolios zu präsentieren sowie auf Rückfragen zu antworten. Üblicherweise leitest du das Gespräch mit einem Vortrag ein. Danach stellt dir deine Lehrkraft gezielt **Fragen**. Dazu musst du dein Portfolio natürlich zuvor deiner Lehrkraft zur Verfügung gestellt haben. Über die Fragen gelangt ihr dann in ein **offenes Gespräch**. Dabei handelt es sich nicht um ein Prüfungsgespräch, bei dem du abgefragt wirst, sondern um ein offenes Gespräch, dessen Verlauf beide Gesprächspartner/-innen beeinflussen können.

Grundsätzlich könnt ihr zu jedem Thema ein Portfolio anfertigen. Doch bei dem ersten Portfolio solltet ihr nicht ohne Unterstützung eurer Lehrkraft arbeiten. Wenn ihr euer erstes Portfolio also nicht zu dem Kapitel „Sich in virtuellen Welten bewegen" anlegt, bittet eure Lehrkraft um Hilfe.

1 Informiert euch mithilfe des Methodenkastens darüber, wie die Arbeit mit einem Lernportfolio funktioniert.

2 Legt ein Portfolio zu dem Kapitel „Kommunikation mithilfe von Modellen untersuchen" an.

- Geht dabei die Teilkapitel nacheinander durch und füllt das Portfolio vor allem mit eigenen Kommunikationserfahrungen, die zu dem jeweiligen Thema passen.
- Die folgenden Aspekte können euch dabei leiten:
  - die Rolle der Körpersprache, der Mimik und der Gestik in der Kommunikation untersuchen
  - Tipps für Körpersprache in bestimmten Situationen sammeln
  - die vorgestellten Theorien erläutern und dazu Stellung beziehen
  - erfundene oder erlebte Alltagsdialoge verschriftlichen und nach einer oder mehreren Theorien untersuchen

Texte gemeinsam mithilfe von Textverarbeitungsprogrammen überarbeiten

Tipp

Die Bezeichnungen können sich je nach Textverarbeitungsprogramm unterscheiden. Das Vorgehen ist aber immer dasselbe.

Sicher hast du schon einmal einen Text mit einem Textverarbeitungsprogramm geschrieben und kennst die automatische Rechtschreib- und Grammatikprüfung. Diese ist hilfreich und nützlich. Doch darauf verlassen solltest du dich nicht, da die Programme nicht alle Fehler erkennen können. Textverarbeitungsprogramme bieten jedoch zusätzliche Möglichkeiten, mit denen ihr Texte gemeinsam mit anderen Personen korrigieren und überarbeiten könnt.

Methode

→ *Textverarbeitungsprogramme zum kooperativen Schreiben nutzen, S. 371*

Texte gemeinsam mithilfe von Textverarbeitungsprogrammen überarbeiten

Arbeite gemeinsam mit anderen an dem Textdokument, das überarbeitet werden soll, oder schickt euch das betreffende Dokument z. B. per E-Mail zu. Öffne das Dokument in einem Textverarbeitungsprogramm. Unter der Registerkarte Überprüfen hast du die Möglichkeit, Kommentare einzufügen sowie die Änderungsnachverfolgung zu aktivieren.

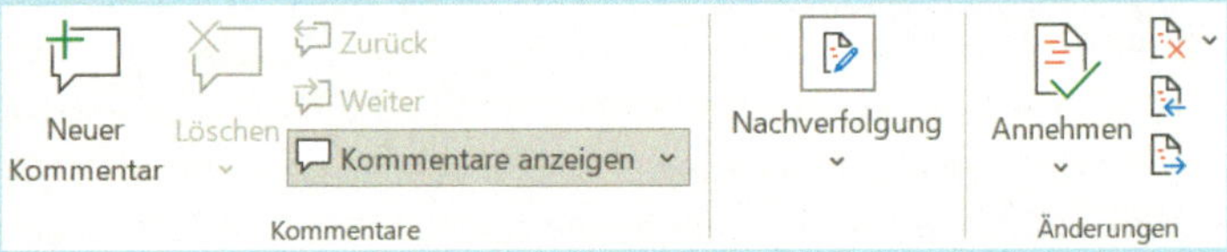

Kommentare einfügen

Mithilfe der **Kommentarfunktion** kannst du Anmerkungen zum Text hinzufügen. Setze dazu den Cursor an die Stelle bzw. markiere die Wörter, die du kommentieren möchtest, und klicke in der Registerkarte Überprüfen auf Neuer Kommentar. Am rechten Rand öffnet sich ein kleines Fenster, in das du nun schreiben kannst. Um deinen Kommentar zu posten und weiterarbeiten zu können, klicke im Kommentarfenster auf den Pfeil. Nachträgliche Änderungen an deinem Kommentar kannst du vornehmen, indem du im Kommentarfenster das kleine Stift-Symbol wählst.

Änderungen nachverfolgen

Um die **Nachverfolgungsfunktion** zu aktivieren, wähle in der Registerkarte Nachverfolgung die Option Änderungen nachvollziehen. Nach dem Aktivieren der Funktion, was anhand der hervorgehobenen Schaltfläche erkennbar ist, werden nun alle weiteren Änderungen im Text markiert. Um die Funktion zu deaktivieren, klicke erneut.

Kommentare umsetzen und Änderungen annehmen

Erhältst du einen kommentierten und überprüften Text zurück, entscheide, welche Änderungen und Hinweise du annehmen möchtest und welchen du nicht zustimmst. Hast du einen Hinweis aus einem **Kommentar** umgesetzt oder erachtest ihn als nicht sinnvoll, entferne ihn, indem du den entsprechenden Kommentar auswählst und oben im Menüband Löschen wählst. Du kannst ihn auch über die drei Punkte im Kommentarfenster mit Klicken auf Thread löschen entfernen. Hast du noch eine Rückfrage oder Anmerkung zu dem Kommentar, füge diese im Kommentarfenster unter Antworten ein und poste sie.
Um vorgenommene **Änderungen** anzeigen zu lassen, wähle unter Nachverfolgung die Option Markup anzeigen aus. Über die Pfeilsymbole im Menüband kannst du nun durch die Änderungen navigieren und diese annehmen bzw. ablehnen.

1 Schaut euch das folgende Beispiel an.
a) Überlegt gemeinsam, welche Änderungsvorschläge ihr für gelungen haltet und welche nicht. Begründet eure Einschätzung.
b) Nennt weitere Korrekturmöglichkeiten.

Textbeispiel

Texte überarbeiten, S. 380/381

Berthholt Brecht gehörte zu den ersten Künstlerinnen und Künstlern, die kurz nach der Machtübernahme der Nazis 1933 Deutschland verließen (vgl. M 2). Sein Exil führte ihn über Prag, Wien, Zürich und Paris schließlich nach Dänemark, wo er fünf Jahre verbrachte. Weitere Stationen seines Aufenthalts waren in der Nähe von Helsinki und Stockholm. 1941 bekam er endlich ein Visum für einen Aufenthalt in den USA. Über Moskau und Wladiwostok reiste er nach Santa Monica in Kalifornien in den USA.
Bertholt Brecht hatte geplant, in den USA als Drehbuchautor Fuß zu fassen, musste diesen Plan aber schleießlich aufgeben. 1947 geriet der überzeugte Kommunist in das Visier des „Ausschusses für unamerikanische Umtriebe" (vgl. M 1). Einen Tag nach seiner Befragung ging es für Brecht zurück nach Europa. Einzig für die politisch neutrale Schweiz erhielt er eine Aufenthaltsgenehmigung; eine Einreise in den amerikanisch besetzten Westteil der BRD war ihm verwehrt worden. Brecht blieb ungefähr ein Jahr in Zürich. „Von dort aus sondierte er die Entwicklung des Theaters in Ost-Berlin und kehrte 1948/1949 dorthin zurück, wo er als Schriftsteller und Theaterschaffender eine der zentralen Figuren im Kulturbetrieb der jungen DDR wurde." (M 1). Nach ersten Erfolgen in Ostdeutschland eroberten Brechts Werke auch die Bühnen Westdeutschlands. Trotz seiner Erfolge im sozialistischen Staat und seiner kommunistischen Überzeugung nahm Brecht nie die Staatsbürgerschaft der DDR an, sondern hatte immer die Staatsbürgerschaft Österreichs. Am 14. August 1956 starb Bertholt Brecht schließlich in Ost-Berlin.

MK **Malik Kaya**
Der Mann heißt Bertolt. Den Namen schreibst du öfter falsch.

AM **Anna Müller**
Er wurde nach seinem Vater Berthold benannt, hat seinen Namen dann aber in Bertolt geändert. Zum Schluss hat er sich einfach Bert genannt. Vielleicht kannst du das ja noch im Text einbauen, oder so?

DK **Denys Kulik**
Ich habe es mal geändert.

Antworten

AM **Anna Müller**
Dopplung USA

DK **Denys Kulik**
Einfach nur: ... nach Santa Monica in Kalifornien.

Antworten

AM **Anna Müller**
Junge, BRD gab es da noch nicht!!! Schreib einfach Deutschland.

Antworten

DK **Denys Kulik**
Besser: blieb zeitlebens österreichischer Staatsbürger.

Antworten

2 Beurteilt gemeinsam die Vor- und Nachteile bei der gemeinsamen Fehlerkorrektur von Texten mithilfe von Textverarbeitungsprogrammen.

3 Bildet Vierergruppen und bearbeitet gemeinsam einen Text.
a) Wählt einen Text aus, den ihr gemeinsam mithilfe eines Textverarbeitungsprogramms überarbeiten möchtet.
b) Gebt einzeln Rückmeldung zum Text. Orientiert euch dafür am Methodenkasten.
c) Diskutiert, welche Korrekturvorschläge übernommen werden sollen und welche nicht. Überarbeitet anschließend den Text.
d) Tauscht euch über eure Erfahrungen mit der Fehlerkorrektur aus. Geht darauf ein, was euch gefallen hat und was ihr beim nächsten Mal anders machen würdet.

Tipp zu 3 b)

Fällt es dir leichter, Fehler auf dem gedruckten Blatt als am Computerbildschirm zu erkennen? Drucke dann den Text für die abschließende Kontrolle aus und übertrage deine Anmerkungen in das Textverarbeitungsprogramm.

Eine Kartenabfrage durchführen

Die Kartenabfrage ist eine der bekanntesten und am häufigsten eingesetzten Moderationsmethoden. Grund für ihre Beliebtheit ist, dass sie sich sehr gut eignet, um in einer Gruppe auf einfache Weise Ideen und Beiträge zu sammeln und diese dann in eine geordnete Struktur zu bringen. Auch wenn der Ablauf einfach aufgebaut ist, ergeben sich in der Praxis immer wieder kleinere Herausforderungen.

Methode

Eine Kartenabfrage durchführen

Schritt 1: Klarheit verschaffen

Verschaffe dir zuerst Klarheit über die Fragestellung.

Schritt 2: Karten beschriften

Hierbei könnt ihr in Einzel-, Partner- oder Gruppenarbeit arbeiten. Bei der Partner- oder Gruppenarbeit werden die Beiträge bereits vordiskutiert und sind somit möglicherweise bereits besser durchdacht. Je nach Fragestellung ist es notwendig, dass ihr euch auf eine von der Lehrkraft genannte Kartenanzahl beschränken müsst. Damit wird eine Fokussierung auf die wichtigsten Beiträge erreicht.

Schritt 3: Karten anpinnen

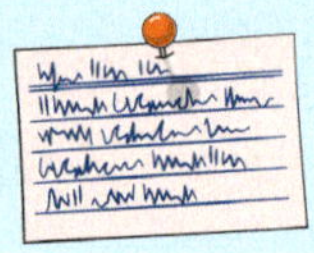

Sammelt die Karten im Plenum an der Tafel oder einer Pinnwand. Sobald eine Karte angepinnt wird, lest diese laut vor und klärt anschließend mögliche Verständnisprobleme. Stellt sicher, dass alle verstanden haben, was gemeint ist.

Schritt 4: Karten ordnen

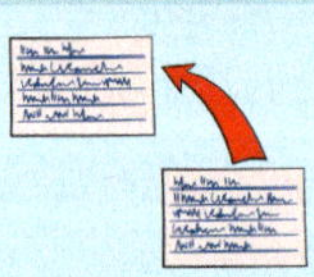

Sortiert zunächst die Karten aus, die sich wiederholen oder die fehlerhaft sind. Bildet nun Kategorien, unter die die verschiedenen Karten einsortiert werden können, und ordnet die Karten. Hierfür gibt es verschiedene Möglichkeiten. Die Karten können z. B. in einem Klassengespräch gemeinsam geordnet werden. Bei Gruppenarbeiten bietet es sich an, jeweils eine Gruppenvertreterin bzw. einen -vertreter zu entsenden, die bzw. der die Karten stellvertretend in eine sinnvolle Struktur bringt. Diskutiert anschließend das Ergebnis im Plenum.

Schritt 5: Themen gewichten

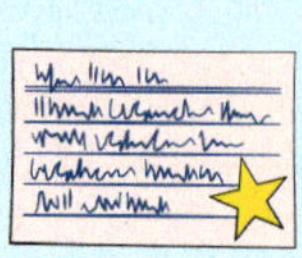

Gewichtet abschließend die einzelnen Kategorien. Legt dabei unbedingt fest, nach welchem Gesichtspunkt gewichtet wird. Es kann beispielsweise gefragt werden, was am interessantesten, am wichtigsten oder am wirkungsvollsten ist.

Aufgabe: Neben der Novelle habt ihr in den zurückliegenden Schuljahren viele unterschiedliche literarische Textsorten kennengelernt. Führt eine Kartenabfrage durch, um euch die verschiedenen literarischen Textsorten wieder in Erinnerung zu rufen. Ergänzt dabei die Namen der Textsorten um eine kurze Beschreibung und ein passendes Beispiel. Arbeitet dazu in Gruppen.

1 Klärt in eurer Gruppe zunächst die Fragestellung. Definiert dabei unter anderem den Begriff der Textsorte und bedenkt die Unterscheidung von literarischen Texten, diskontinuierlichen Texten (wie zum Beispiel Filmdrehbüchern) und Sachtexten.

2 Sammelt nun in der Gruppe literarische Textsorten, an die ihr euch erinnert. Vergesst nicht, diese kurz zu beschreiben und ein passendes Beispiel zu ergänzen. Verwendet für jede literarische Textsorte eine eigene Karte. Falls ihr keine oder nur eine ungenaue Beschreibung geben könnt oder kein passendes Beispiel findet, markiert dies entsprechend auf der jeweiligen Karte.

Tipp

Leerstellen können in den weiteren Schritten der Kartenabfrage gemeinsam im Plenum geklärt werden.

3 Sammelt die Karten im Plenum an der Tafel oder einer Pinnwand. Lest dazu zunächst alle Karten vor und heftet sie an. Klärt gleichzeitig mögliche Verständnisprobleme.

Tipp

Eine inhaltliche Auseinandersetzung mit den einzelnen Karten findet zu diesem Zeitpunkt noch nicht statt.

4 a) Um die angehefteten Karten zu ordnen, stellt als erstes alle Karten zusammen, die dieselbe Textsorte behandeln. Lest anschließend alle Karten einer Textsorte noch einmal vor und diskutiert, welche der Karten inhaltlich am meisten überzeugt. Belasst diese Karte an der Tafel bzw. der Pinnwand, legt die anderen Karten beiseite. Ergänzt gegebenenfalls einzelne Aspekte von anderen Karten auf der verbliebenen Karte.
b) Sortiert übriggebliebene Karten, die keine Textsorte beinhalten, aus.
c) Ordnet die verbliebenen Textsortenkarten nun nach Kategorien. Diskutiert dazu im Plenum, welche Textsorten ähnliche Merkmale aufweisen, und ordnet die Karten in entsprechenden Gruppen an. Erinnert euch bei der Suche nach Kategorien daran, in welche übergeordneten literarischen Gattungen Textsorten eingeteilt werden können.

5 Stellt am Ende der Kartenabfrage noch fest, welche literarische Gattung in eurer Klasse am beliebtesten ist. Führt dazu eine Mehr-Punkte-Abfrage durch, indem ihr folgendermaßen vorgeht:
a) Jedes Klassenmitglied bekommt vier Klebepunkte: einen Punkt für jede Gattung (3) + einen zusätzlichen Punkt (1). Jedes Klassenmitglied teilt seine Punkte unter den Gattungen auf. Es können auch mehrere (oder alle) Punkte an eine Gattung vergeben werden.
b) Diskutiert abschließend euer Ergebnis.

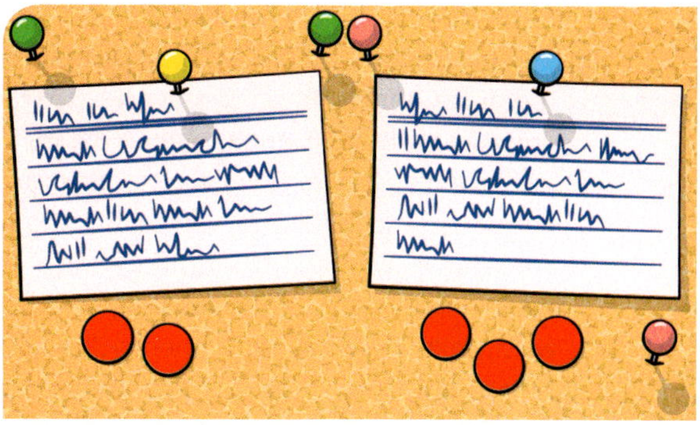

Kommunikation

Argumente gewichten

(→ *Seite 51, 155)*

Manche Argumente sind stärker als andere und sprechen jeweils andere **Adressat/-innen** an. Deine Lehrkraft lässt sich vielleicht von anderen Gründen überzeugen als deine Mitschüler/-innen oder Eltern. Man kann seine **Argumente nach verschiedenen Kriterien gewichten:** In einer → *Diskussion* ist es häufig sinnvoll, mit einem **starken Argument zu beginnen**, das die Aufmerksamkeit aller Zuhörer/-innen sichert. Anschließend kann man seine Argumente **von den eher schwächeren zu den stärkeren steigern**, da das letzte Argument zum Schluss am längsten präsent bleibt.

Argumente für eine Debatte ordnen

Die Argumente in einer → *Debatte* lassen sich danach ordnen, ob ...

- sie auf ein Problem bei der praktischen Durchführung bzw. Einführung der Maßnahme hinweisen (**Machbarkeit**),
- die genannten Gründe einen Vorteil oder einen Nachteil für eine betroffene Gruppe beschreiben (**Nützlichkeit**),
- sie einen allgemeinen Wert berühren, z. B. Freiheit, Selbstbestimmung, Sicherheit usw. (**Sittlichkeit bzw. Werte-Ebene**).

Ein Bewerbungsgespräch führen

1. **Begrüße** deine Gesprächspartnerin oder deinen Gesprächspartner **höflich**. Warte, bis man dir einen Platz anbietet. Danach werden dir oft alltägliche Fragen, z. B. zur Anreise, gestellt, um die Atmosphäre aufzulockern und einen ersten Eindruck von dir zu gewinnen.
2. Beantworte gestellten Fragen **glaubhaft** und möglichst **genau**. Beachte, dass du auf Nachfragen weitere Erläuterungen geben musst. Frage nach, wenn du etwas nicht verstanden hast.
3. Sprich in **ganzen Sätzen**, vermeide **Umgangssprache** und halte **Blickkontakt**.
4. Stelle deine Fragen, wenn du dazu aufgefordert wirst. Falls sich zu einem früheren Zeitpunkt eine Frage ergibt, erkundige dich, ob du bereits jetzt eine Frage stellen darfst.
5. **Bedanke** dich abschließend für das Gespräch und erkundige dich höflich nach dem weiteren Vorgehen, damit du weißt, wann du mit einer Zu- oder Absage rechnen kannst. **Verabschiede** dich freundlich.

Chat-Sprache untersuchen

In Chats lassen sich einige sprachliche Besonderheiten beobachten, die von der Standardsprache abweichen. Oft dienen sie dem schnellen Informationsaustausch oder der Übermittlung von Emotionen.

Wortebene (morphologisch)

- Assimilationen, z. B. haste (statt „hast du")
- Tilgungen am Wortanfang oder Wortende, z. B. ne (statt „eine")
- phonetische Kurzformen, z. B. wat? (statt „was?")
- Inflektive, z. B. *grins

Satzebene (syntaktisch)

- Akronyme, z. B. hmdl
- Einwortsätze, z. B. Dabei?
- Subjektellipsen (→ *Subjekt*, → *Sprachliche Mittel*), z. B. Bin dabei

Ebene des Mediums

- Emojis als nonverbale Begleitung, z. B. ☺
- Hervorhebungsakzente, etwa durch → *Großschreibung*, z. B. HALLO
- fehlende Satzzeichen
- expressive Ausrufe, z. B. Aha, Oha
- Weglassen von persönlichen Anreden

Debattieren

Rollen und Aufgaben im Verlauf einer Debatte

Während einer Debatte bleiben alle Teilnehmer/-innen **bis zum Schluss in den zugeteilten Rollen**, unabhängig von ihrer persönlichen Überzeugung. Sie werden für die Zeit der Debatte zu Anwält/-innen dieser Position und vertreten sie mit vollem Einsatz. Alle Teilnehmer/-innen der Debatte sprechen **frei**, d. h. **ohne vorgefertigte Notizen und Formulierungen**. Während eine Teilnehmerin oder ein Teilnehmer spricht, dürfen die anderen **Notizen** anfertigen. In der Schlussrunde bekräftigen alle ihren Standpunkt und heben das wichtigste Argument aus der Debatte hervor. Dabei dürfen **keine neuen Argumente** genannt werden.

Eine Debatte in der Klasse durchführen

1. Vorbereitung der Debatte:
- Verändert die Sitzordnung in der Klasse so, dass alle der Debatte gut folgen können.
- Schreibt die Streitfrage an die Tafel.
- Bestimmt zwei Zeitwächter/-innen. Diese benötigen eine Stoppuhr, um die Redezeit zu messen und die Debatte durch ein akustisches Signal nach jeder Phase zu strukturieren.
- Bestimmt vor Beginn der Debatte, wer aus dem Publikum welcher Teilnehmerin bzw. welchem Teilnehmer eine Rückmeldung geben wird bzw. wer auf die ganze Debatte achtet.

2. Durchführung der Debatte:
- Nutzt die Fragen auf der Checkliste (unten), um während der Debatte zu notieren, wie gut die Debatte ist und mit welchen Beiträgen sich die Teilnehmer/-innen an der Debatte beteiligen.
- Die Zeitwächter/-innen achten darauf, dass die Redebeiträge in der Eröffnungs- und Schlussrunde nicht länger als die vorgegebene Zeit dauern. Durch akustische Signale weisen sie behutsam darauf hin, dass ein Beitrag abgeschlossen werden sollte.

3. Rückmeldung zur Debatte:
- Die Zeitwächter/-innen stellen dar, wie die Teilnehmer/-innen ihre Zeit genutzt haben.
- Die Teilnehmer/-innen erhalten eine Rückmeldung durch das Publikum; sowohl für die Gruppenleistung als auch individuell.

Eine Debatte beurteilen

Die Kriterien bei der Beurteilung einer Debatte bei „Jugend debattiert" sind folgende:
- **Sachkenntnis:** Wie gut wurde die Maßnahme bestimmt? Wurden aktuelle Zahlen, Daten und Fakten einbezogen?
- **Ausdrucksvermögen:** Waren Wortwahl und Satzlänge gut verständlich? Wurden Fachbegriffe benutzt und ggfs. erklärt? Gab es besonders gelungene Formulierungen?
- **Überzeugungskraft:** Waren die Beiträge klar und verständlich aufgebaut? Wurden gute Argumente vorgetragen? Wurde klar, warum die Maßnahme (nicht) zur Problemlösung beiträgt?
- **Gesprächsfähigkeit:** Wurden die vorherigen Beiträge aufgegriffen und richtig daran angeknüpft? Hat die Teilnehmerin bzw. der Teilnehmer gut zugehört und einen guten Überblick über den Verlauf der Debatte gezeigt?

Eine Rückmeldung zu einer Debatte geben

Mein Eindruck von der ganzen Debatte:
- Bleibt die Debatte beim Thema?
- Ist klar, über welche Maßnahme debattiert wird?
- Werden während der Debatte viele Aspekte vorgestellt und vertieft?
- Ist die Debatte lebendig oder gibt es viele Pausen und Wiederholungen?
- Ist das sprachliche Niveau der Debatte insgesamt angemessen?
- Verläuft die Debatte sachlich und fair?

Mein Eindruck von ... auf der Position ... (Pro 1, Kontra 1 ...):
- Hast du gesagt/geprüft, welches Problem mit der Maßnahme gelöst werden soll?
- Hast du die Maßnahme konsequent genau beschrieben/befragt?
- Hast du gute Argumente eingebracht?
- Hast du deine Argumente überzeugend begründet und/oder durch Beispiele veranschaulicht?
- Hast du verständlich, flüssig und angemessen gesprochen?
- Hast du gut zugehört und bist du erkennbar auf die Argumente der Gegenseite eingegangen?

Diskutieren

(→ Seite 64/65, 321, 346/347)

Einen Meinungsaustausch oder eine Aussprache nennt man eine **Diskussion**. Damit eine Diskussion gelingt, ist es wichtig, dass die → *Gesprächsregeln* eingehalten werden.
Wenn ihr diskutiert, solltet ihr eure Meinungen begründen, darauf hören, was eure Gesprächspartner/-innen sagen und aufeinander eingehen. Respektiert, dass eure Mitschülerinnen und Mitschüler andere Meinungen haben können. Um den eigenen Standpunkt dennoch möglichst überzeugend zu vertreten, könnt ihr je nach Adressat/-in oder Anlass → *Argumente gewichten*, d. h. danach sortieren, ob sie vom Gegenüber eher als stark oder als schwach empfunden werden. Zudem ist sinnvoll, sich bereits vor der Diskussion Gedanken darüber zu machen, welche Argumente Diskussionspartner/-innen mit anderen Positionen nennen könnten.

Formulierungshilfen

Überleitungen:

- Ein Argument für meine Meinung ist ...
- Des Weiteren sollte man bedenken, dass ...
- ... darf nicht vergessen werden.
- Wichtig ist ...
- Für meine Ansicht spricht außerdem, dass ...
- Man muss berücksichtigen, dass ...
- Außerdem ..., Zudem ..., Darüber hinaus ..., Weiterhin ..., Zusätzlich ...

Entkräftungen/Vorwegnahmen:

- Ich verstehe den Punkt, finde aber trotzdem, ...
- Obwohl du recht hast, sollte man ... bedenken.
- Sicherlich ist dein Argument richtig, aber ...
- Auch wenn ...., muss beachtet werden, dass ...
- Natürlich lässt sich einwenden, dass ... .
- Trotzdem ...
- Zwar haben wir bedacht, dass ... , aber ... ist nichtsdestotrotz wichtiger.

Verschiedene Arten von Diskussionen

In einer **Pro-und-Kontra-Diskussion** entscheidet sich jede Teilnehmerin/jeder Teilnehmer für die Pro- oder die Kontra-Position zu der Streitfrage (z. B. „Klassenrat – ja oder nein?"). Beide Positionen sollten etwa gleich stark vertreten sein.

- Jede/-r notiert möglichst viele Argumente für ihre/seine Position (mit Beispielen und Belegen).
- Jeweils fünf Vertreter/-innen der Pro- und der Kontra-Position diskutieren vor der Klasse. Legt vorher eine Zeit fest, z. B. 5–10 Minuten.
- Ein oder zwei Schüler/-innen leiten (moderieren) die Diskussion. Sie
  - beginnen das Gespräch, begrüßen die Teilnehmer/-innen, nennen das Thema.
  - erteilen das Rederecht und achten darauf, dass sich Pro- und Kontra-Seite abwechseln, jede/r zu Wort kommt und sich alle an die → *Gesprächsregeln* halten.
  - beenden die Diskussion, fassen die wichtigsten Argumente zusammen und lassen über die Streitfrage abstimmen.
- Nach der Diskussion geben Zuschauende, Moderator/-innen, Diskutierende ein → *Feedback*:
  - Was ist gut gelungen? Was fiel leicht?
  - Was klappte noch nicht so gut?
  - Was sollte besser werden?

Bei einer **Rollendiskussion** nehmt ihr nicht eure persönliche Meinung zu einer Streitfrage ein, sondern schlüpft in die Rolle einer bestimmten Person, aus deren Perspektive ihr die Streitfrage beurteilt. Beim Formulieren der Argumente müsst ihr darauf achten, dass sie zu der Rolle passen, die ihr in der Diskussion vertretet.

1. Bereitet die Rollendiskussion vor:
- Entscheidet euch für eine Rolle und überlegt, welchen Standpunkt ihr einnehmt.
- Formuliert möglichst viele Argumente, Beispiele und Belege für eure Sichtweise (Position).

2. Führt die Diskussion durch:
- Zwei Schüler/-innen moderieren.
- Die Teilnehmenden stellen sich in ihrer Rolle vor.
- Einige Schüler/-innen beobachten die Diskussion.

3. Tauscht euch im Anschluss aus:
- Wie gut ist es euch gelungen, euch in die Rollen hineinzuversetzen?
- Seid ihr aufeinander eingegangen?
- Hat sich eine Position durchgesetzt?

In einer **Fishbowl-Diskussion** diskutieren ein oder mehrere Vertreter/-innen jeder Gruppe in der Mitte der Klasse eine Streitfrage, während die Mitschülerinnen und Mitschüler sie beobachten, um hinterher eine Rückmeldung geben zu können.
Dennoch haben alle die Möglichkeit, an der Diskussion teilzunehmen, da immer ein Stuhl für wechselnde Diskussionsteilnehmer/-innen bereitsteht.
Durch die Diskussion führen **Moderatorinnen oder Moderatoren**, die die Diskussion auch einleiten und am Ende das Ergebnis zusammenfassen. Dieses muss nicht immer eine Einigung sein, sondern kann auch einen Kompromiss oder eine Unvereinbarkeit der beiden Positionen beinhalten.

Bei der **Kugellager-Diskussion** stellen sich die Teilnehmer/-innen in zwei Kreisen (innerer und äußerer Kreis) auf oder bilden zwei Stuhlkreise und diskutieren jeweils mit der ihnen gegenüberstehenden oder -sitzenden Person. Wenn die Lehrerin/der Lehrer ein Zeichen gibt, rücken z. B. die Teilnehmer/-innen aus dem Außenkreis einen Schritt oder Sitz nach links und sprechen mit der nächsten Person.

Eine Diskussion aufgrund einer literarischen Vorlage planen, durchführen und evaluieren
(→ Seite 155, 266–269)
Eine Diskussion über einen Sachverhalt eines literarischen Textes ist verwandt mit einer klassischen Diskussion. Es gibt jedoch einige Besonderheiten.

1. **Vorbereitung**
   In der Lerngruppe werden die verschiedenen Positionen, die der Text anbietet, auf unterschiedliche Gruppen von Schüler/-innen aufgeteilt. Bei der Aufbereitung der Positionen ist darauf zu achten, dass die → *Argumente* auch in dieser Form im Text vorkommen oder in ihrer Funktion der Textgrundlage nicht widersprechen. Daher ist eine fundierte Textkenntnis die Grundvoraussetzung für eine solche Diskussion. Nur so ist ein text- und rollenadäquates Verhalten in der Diskussion gewährleistet.
2. **Durchführung**
   - **Moderator/-innen:** Der Moderation kommt eine zweifache Aufgabe zu. Einerseits ist sie für das Setting und die textadäquate Atmosphäre der Diskussion zuständig. Andererseits muss die Moderation darauf achten, dass die Diskussion in angemessenen Bahnen verläuft: Jede/-r muss zu Wort kommen, niemand unterbricht eine/-n andere/-n oder redet dazwischen.
   - **Diskutant/-innen:** Die Diskutant/-innen vertreten, nachdem ihnen von der Moderation das Wort erteilt worden ist, die ihnen jeweils zugeteilte Position und bringen die in ihren Gruppen erarbeiteten Argumente in die Diskussion ein.
   - **Beobachter/-innen:** Die Beobachter/-innen bekommen konkrete Aufträge zugewiesen, sodass sie sich auf bestimmte Aspekte der Diskussion konzentrieren können, z. B.:
     - die Stimmigkeit der Argumente im Abgleich mit der Textgrundlage
     - die Überzeugungskraft der Argumente
     - die kommunikative Kompetenz

     Im Anschluss erhalten Moderator/-innen und Diskutant/-innen die Möglichkeit, aus ihren Rollen herauszutreten und sich gegenüber ihren Rollen kritisch zu positionieren.
3. **Auswertung I**
   Es ist sinnvoll, vor Beginn der Diskussion bereits ein Meinungsbild bezüglich der Diskussionsfrage zu erstellen und die Ergebnisse festzuhalten. Im Anschluss an die Diskussion wird die gleiche Meinungsabfrage noch einmal durchgeführt. Hierbei zeigt sich, ob sich durch die Diskussion die Haltung der Lerngruppe oder die einzelner Schüler/-innen verändert hat. Wichtig ist, herauszufinden und festzuhalten, welche Argumente diesen Meinungswechsel bewirkt haben.
4. **Auswertung II**
   Als zweites findet ein Abgleich zwischen Diskussion und Textvorlage statt. Verlief die Diskussion authentisch? Sind alle → *Figuren* ihren Rollen treu geblieben? Auf der Basis dieses → *Feedbacks* kann dann gemeinsam diskutiert werden, wie der Ausgangstext wohl weiter verlaufen könnte.

Elevator Pitch

(→ Seite 277)

Der Elevator Pitch (dt. Aufzugsgespräch) ist entstanden aus der Idee, dass man im Aufzug auf eine wichtige Gesprächspartnerin oder einen wichtigen Gesprächspartner trifft, der oder dem man während der Aufzugfahrt eine **kurze, aber treffende Zusammenfassung** einer Idee vorträgt, sodass sie oder er genau weiß, worum es bei dieser Idee geht. Ein Elevator Pitch sollte die zentralen Eckpunkte einer Idee in **drei bis vier kurzen Sätzen** zusammenfassen.

Feedback geben

(→ Seite 18, 45, 65, 85, 145, 163, 195, 347)

Das Feedback (*engl.* Rückmeldung) soll die- bzw. denjenigen, die/der es erhält, stärken und motivieren, sich zu verbessern. Deshalb ist die Regel zu beachten, dass man immer mit **einem positiven Aspekt beginnt und schließt**. Natürlich kann dazwischen auch weniger Gelungenes herausgestellt oder können Verbesserungsvorschläge gemacht werden. Diese sollten allerdings in der **Ich-Form** formuliert sein und stets höflich und wertschätzend vorgetragen werden. Am besten ist es, wenn zudem noch konkrete **Tipps** zur Verbesserung gegeben werden.

Feedback geben zu einer Diskussion

Anders als in einer schriftlichen Argumentation muss man beim mündlichen → *Diskutieren* nicht nur überzeugend und adressatengerecht Standpunkte vertreten, sondern auch auf die Körpersprache achten. Neben der **Körperhaltung** und dem **Blickkontakt** gehören zur Körpersprache zum Beispiel auch die **Mimik** und die **Gestik**. Außerdem kann man auch seine **Stimme** unterschiedlich einsetzen. Besonders hilfreich ist es, wenn man nach einer Diskussion ein Feedback bekommt, mithilfe dessen man sich verbessern kann.

Körperhaltung:
- Stehst oder sitzt du aufrecht und selbstbewusst?
- Hast du eine respektvolle, offene, freundliche Haltung?

Gestik & Mimik:
- Unterstreichst du deine Worte durch Bewegungen und Ausdruck?
- Wirken deine Bewegungen und dein Ausdruck natürlich und nicht künstlich? Passen sie zu dir?

Blickkontakt:
- Schaust du deine Adressat/-innen an?
- Schaust du unterschiedliche Adressat/-innen an?

Stimme:
- Kann dich jede/-r gut verstehen (Lautstärke, Sprechtempo, Deutlichkeit ...)?
- Variierst du deine Stimme, um zu überzeugen (laut/leise, aufgeregt/ruhig ...)?

Feedback geben zu einer Präsentation

Zur Darstellung des Inhalts:
- Weckt der Beitrag Interesse?
- Sind die Informationen korrekt?
- Werden zu viele oder zu wenige Informationen gegeben?
- Sind die wesentlichen Aspekte des Themas herausgestellt?
- Ist die Abfolge der Inhalte schlüssig?

Zur Ausführung des Vortrags:
- Ist die Aussprache klar und deutlich?
- Sind das Sprechtempo und die Pausen passend?
- Wird flüssig und zusammenhängend vorgetragen?
- Wird möglichst frei gesprochen?
- Ist Blickkontakt hergestellt?
- Wird die vorgesehene Zeit eingehalten?
- Ist die Körpersprache (Körperhaltung, Gestik, Mimik) angemessen eingesetzt?
- Wird in Standarddeutsch vorgetragen?

Zur Gestaltung der Folien:
- Ist die Abfolge der Inhalte/Folien stimmig?
- Sind die einzelnen Stichpunkte verständlich, knapp und selbsterklärend formuliert?
- Ist die Gestaltung übersichtlich und die Schrift gut lesbar?
- Finden sich passende und abwechslungsreiche Visualisierungselemente?
- Wurde auf sprachliche Richtigkeit geachtet und Umgangssprache vermieden?

Gesprächsregeln anwenden

Gespräche finden aus unterschiedlichen Anlässen statt. Meist haben sie bestimmte Themen, z. B. die Planung des nächsten Klassenausflugs oder Probleme in der Klasse. Damit Gespräche gelingen, sollten bestimmte Regeln berücksichtigt werden, z. B.:
- einander ausreden lassen
- aktiv zuhören
- Meinungen begründen

Kommunikationsstörungen erkennen und lösen

(→ Seite 15, 22/23)

Um zu verstehen, woran Gespräche scheitern, muss man sich zunächst einmal klar machen, welche Art von Störung vorliegt. Dabei hilft ein einfaches Kommunikationsmodell:

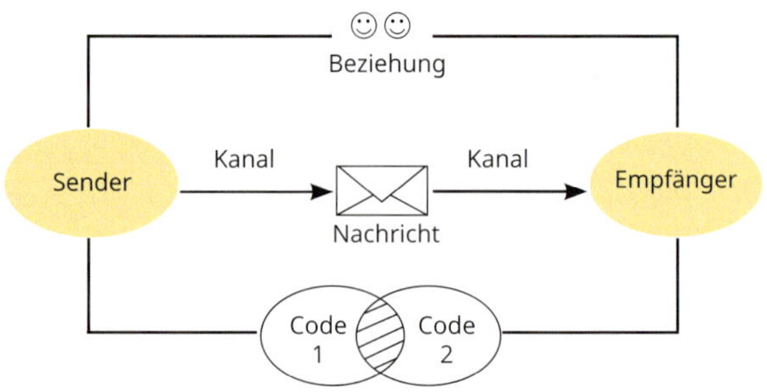

Folgende Arten von Kommunikationsstörungen können auftreten, wenn die Senderin/der Sender (= die/der Sprechende oder Schreibende) eine Nachricht an die Empfängerin/den Empfänger übermittelt:

Störungen auf der Ebene des Kanals

Manchmal scheitert die Kommunikation schon an den Rahmenbedingungen, z. B., weil es in einem Raum sehr laut ist und man die andere/den anderen akustisch nicht versteht. Hier kann man die andere Person beispielsweise bitten, lauter und deutlicher zu sprechen oder sich auf einen anderen Zeitpunkt oder ein anderes Medium für das Gespräch einigen.

Störungen auf der Ebene der Sprache

Es gibt Kommunikationsstörungen, die den **Code** einer Nachricht betreffen. Mit Code ist im weitesten Sinne eine Sprache (also beispielsweise auch ein → *Dialekt* oder → *Jugendsprache*) gemeint. Wenn Gesprächspartner/-innen Informationen austauschen, werden diese von der sendenden Person nach einem bestimmten Code erzeugt und von der empfangenden Person nach demselben Code interpretiert. Verständnisprobleme treten immer dann auf, wenn die Gesprächsteilnehmer/-innen den Code nicht kennen oder falsch verstehen. Um Kommunikationsstörungen auf sprachlicher Ebene zu beheben, kann man u. a. um Worterklärungen bitten, nach einer gemeinsamen Sprache suchen, eine Übersetzerin/einen Übersetzer einbeziehen oder Körpersprache zur Unterstützung einsetzen.

Störungen auf der Beziehungsebene
Unbeabsichtigte Störungen auf der Beziehungsebene können auftreten, weil die Beteiligten aneinander vorbeireden, unaufmerksam für die Wünsche und Erwartungen der/des anderen sind, oder eine der Personen das Gesagte anders verarbeitet als es gemeint war. Störungen auf der Beziehungsebene treten aber auch auf, wenn eine Person das Gespräch **bewusst** manipuliert, ihrem Gegenüber absichtlich nicht richtig zuhört oder dieses ignoriert, weil kein wirkliches Interesse an dem Gespräch besteht.
Bei Kommunikationsproblemen auf der Beziehungsebene sollte man das Gespräch über die gescheiterte Kommunikation suchen. Dabei ist zu klären, was das Gegenüber falsch verstanden hat, welche Erwartungen evtl. enttäuscht wurden oder durch welche Äußerungen sich die Gesprächspartnerin/der Gesprächspartner vielleicht gekränkt oder verletzt gefühlt hat. Oft ist eine Entschuldigung angebracht. Merkt man hingegen, dass man von einer anderen Person bewusst manipuliert wird, ist es manchmal besser, sich Hilfe und Unterstützung von einer außenstehenden Person zu suchen.

Gruppen- oder Partnerpuzzle durchführen

(→ Seite 246)

Ein **Gruppenpuzzle** ist eine Form der Gruppenarbeit. Dabei werden Themen zunächst in **Stammgruppen** untereinander aufgeteilt, dann in **Expertengruppen** erarbeitet und schließlich wieder in den Stammgruppen zusammengetragen. Am Ende der Gruppenarbeit steht ein gemeinsames Lernprodukt, das in der Klasse präsentiert wird.
Die kleine Schwester des Gruppenpuzzles ist das **Partnerpuzzle**. Hier ist von vornherein festgelegt, dass es nur zwei Teilthemen gibt. Sowohl das Experten- als auch das Stammteam ist jeweils ein Duo.

Ein Kompetenzprofil anlegen

Um einen passenden Praktikumsberuf zu finden, muss man sich seine Kompetenzen bewusst machen. Das sind Fähigkeiten und Eigenschaften, die eine Bewerberin/ein Bewerber mitbringen muss. Sie lassen sich in drei Bereiche einteilen:

1. **Fachliche Kompetenzen:** Dazu gehören Fachwissen, Kenntnisse, Fähig- oder Fertigkeiten.
2. **Soziale Kompetenzen:** Das sind Eigenschaften oder Fähigkeiten, die für die Zusammenarbeit nützlich sind.
3. **Personale Kompetenzen:** Diese umfassen persönliche Einstellungen und Verhaltensweisen.

Kurzreferate vorbereiten, durchführen und einschätzen

Es kommt immer wieder vor, dass du im Unterricht ein kurzes Referat halten oder eine digitale Präsentation zu einem bestimmten Thema erstellen sollst. Hier findest du Hinweise, wie du dich vorbereitest, wie du dein Referat präsentierst und vorträgst – und wie du Mitschüler/-innen eine Rückmeldung zu ihrem Vortrag geben kannst.

1. **Thema erfassen: Worum geht es?**
   - Recherchefragen stellen
   - eigene thematische Schwerpunkte setzen
   - Erwartungen der Zuhörenden vorwegnehmen
2. **Recherchieren:**
   - Bücherei, Internet, Interviews ...
   - Überblick über die Materialien verschaffen
   - Materialien auf Glaubwürdigkeit prüfen und auswählen
3. **Materialien auswerten:**
   - wichtige Informationen festhalten
   - Herkunft notieren
   - eigenes Wissen hinzufügen
4. **Themenaspekte ordnen und darstellen:**
   - Gliederung, Mindmap oder Tabelle
   - Handzettel zum Verteilen verfassen
5. **Den Vortrag vorbereiten:**
   - Vortragssituation einschätzen
   - Vortragskarten anlegen
6. **Den Vortrag halten:** (→ *Vorlesen und vortragen*)
   - Einleitung (Thema angeben, Interesse wecken, Gliederung des Vortrags vorstellen)
   - Hauptteil (Sachverhalte zusammenhängend darstellen, Teilaspekte in festgelegter Abfolge vortragen)

- Schluss (die wichtigsten Punkte herausstellen oder Fazit ziehen, eigene Meinung mitteilen, → *Diskussion*/Gespräch anregen, verwendete Materialien angeben)

7. Nach dem Vortrag → *Feedback geben:*
- mit positivem Aspekt beginnen und schließen
- in der Ich-Form formulieren
- höflich und wertschätzend bleiben

Eine weitere Form des Kurzreferats ist der → ***One-Minute-Talk***.

Medium und Konzept unterscheiden

Mündliche und schriftliche Kommunikation kann man auf zwei Ebenen voneinander unterscheiden: Auf der **medialen Ebene** lässt sich meist eindeutig entscheiden, ob ein Text oder ein Gespräch mündlich oder schriftlich ist. Hier geht es um die Form der **Übermittlung:** Medial mündlich sind Nachrichten, die wir sprechen und hören, etwa ein persönliches Gespräch oder eine Sprachnachricht. Medial schriftlich sind Nachrichten, die wir schreiben und lesen, etwa Briefe oder Chatnachrichten (→ *Chat-Sprache*). Da geschriebene Texte (z. B. ein Chat) aber manchmal aussehen wie mündliche Gespräche und eine gute Rednerin/ein guter Redner „druckreife" Texte sprechen kann, muss man bei der Einordnung auch die sogenannte **konzeptionelle Ebene** bedenken. Die Frage ist hier: Folgt die **Art und Weise**, wie ich mich ausdrücke, eher den Regeln gesprochener und geschriebener Sprache? Generell gilt: Je näher man der Gesprächspartnerin/dem Gesprächspartner steht und je weniger offiziell und förmlich der Anlass ist, desto eher wird man sich konzeptionell mündlich ausdrücken. Ein (medial mündliches) → *Bewerbungsgespräch* wird also in der Regel konzeptionell schriftlich sein, eine (medial schriftliche) Textnachricht an ein Familienmitglied konzeptionell mündlich. Die Zuordnung ist hier weniger eindeutig und lässt sich eher auf einer Skala anordnen.

medial eindeutig mündlich:
es wird gesprochen

konzeptionell mündlich ←	→ **konzeptionell schriftlich**
die Art der Kommunikation folgt den Merkmalen eines mündlichen, informellen Gesprächs	die Art der Kommunikation folgt den Merkmalen der schriftlichen, formellen Sprache

medial eindeutig schriftlich:
es wird geschrieben

Eine Mitschrift anfertigen

(→ *Seite 47/48*)

Nicht alles, was ihr gehört habt, kann im schnellen, flüchtigen Ablauf des Gesprochenen mitgeschrieben werden. So muss beim Notieren eine Auswahl getroffen und Wichtiges von weniger Wichtigem unterschieden werden.

1. Die Mitschrift vorbereiten
- Zieht auf durchnummerierten DIN-A4-Blättern einen Rand für Merkwörter. Beschriftet einseitig. Am oberen Rand des ersten Blattes gebt ihr Art, Datum und Thema des Gehörten an.
- Legt eindeutige Zeichen und Abkürzungen fest. So spart ihr Zeit.
- Macht euch den Verwendungszweck eurer Mitschrift klar: Was wollt ihr wozu wissen? Worauf wollt ihr achten? So lenkt ihr eure Aufmerksamkeit beim Zuhören.
- Wird das Gesprochene von einem Speichermedium abgespielt, empfiehlt es sich, das Material zuerst anzuhören, ohne mitzuschreiben. So verschafft ihr euch einen Überblick.

2. Aufmerksam zuhören
- Beachtet Gliederungshinweise der Sprechenden (z. B. zuerst, danach, der wichtigste Punkt).
- Erkennt Schlüsselstellen und Zusammenfassungen.
- Unterscheidet Wichtiges von Unwichtigem.

3. Die Mitschrift durchführen
- Konzentriert euch auf das Wesentliche. Schreibt es stichwortartig auf.
- Schreibt nur gut verwertbare Aussagen als Zitate wortwörtlich auf.
- Notiert Namen, Orte, Zeitangaben, Fakten.
- Lasst Platz bei Unverstandenem, versucht die Lücken später zu ergänzen. Nutzt den Rand.
- Achtet in der Mitschrift auf Übersichtlichkeit.

4. Die Mitschrift überarbeiten
- Bereitet nach Möglichkeit gemeinsam, zu zweit oder zu dritt nach. Vergleicht.
- Klärt Unverstandenes. Füllt die Lücken soweit möglich.
- Streicht unwichtige Stellen.
- Nutzt den Rand für Korrekturen, Ergänzungen, eigene Anmerkungen.
- Prüft die Korrektheit der Zitate auf wortwörtliche Übereinstimmung.
- Verbessert Unleserliches.

Eure Mitschriften sollten auf das Wesentliche konzentriert, inhaltlich korrekt, übersichtlich und lesbar sein. So eignen sie sich zur Wiederverwendung bzw. Weiterverarbeitung.

Ein One-Minute-Talk halten

(→ Seite 18, 38, 71)

Ein One-Minute-Talk ist eine besondere Form des → *Kurzvortrags*, bei dem ihr andere in 60 Sekunden über ein Thema informiert oder von eurer Meinung überzeugt. Da die Zeit knapp ist, müsst ihr euch sorgfältig vorbereiten, den Vortrag gut strukturieren, auswendig lernen und vorher proben.
Bei einem One-Minute-Talk sind folgende Arbeitsschritte und Hinweise zu beachten:

1. **Den Vortrag vorbereiten:**
   - Grenze dein Thema genau ein.
   - Gliedere deine 60 Sekunden genau. Lege dazu exakt fest, wie viele Sekunden du für die Übermittlung welcher Informationen verwenden möchtest.
   - Informiere dich über dein Thema und trage die wichtigsten Informationen zu deinen Gliederungspunkten zusammen. Ggf. kann es hier auch noch zu Verschiebungen deiner Gliederung kommen.
   - Kürze deine Notizen auf zentrale Schlagworte. Orientiere dich dabei an der Gliederung. Fasse dich kurz, um später beim Vortrag die Zeit nicht zu überschreiten.
2. **Den Vortrag üben:** (→ *Vorlesen und vortragen*)
   - Denke daran, zu Beginn dein Thema kurz zu nennen und am Schluss deine Meinung deutlich zu machen.
   - Lerne deinen Vortrag so gut wie möglich auswendig. Solltest du Notizen benötigen, notiere dir höchstens drei bis vier Schlagwörter.
   - Achte während des Vortragens darauf, dass die Inhalte trotz der Kürze inhaltlich verständlich bleiben. Achtung: Versuche nicht, durch schnelleres Sprechen Zeit zu sparen! Sprich klar und deutlich.
   - Übe den Vortrag vor Mitschüler/-innen oder nimm deinen Übungsvortrag auf, z. B. mit der Videofunktion eines Smartphones. Bitte dein Test-Publikum um Rückmeldung oder prüfe anhand deiner Videoaufzeichnung selbst, ob du noch etwas verbessern kannst.
3. **Den Vortrag halten**
   - Halte deinen Vortrag. Behalte dabei stets die Zeit im Blick.

Die Placemat-Methode zur Erarbeitung und Sicherung von Ergebnissen anwenden

(→ Seite 75)

Bei der Placemat-Methode handelt es sich um eine Methode zum **kooperativen Lernen** in einer Kleingruppe von vier Personen.

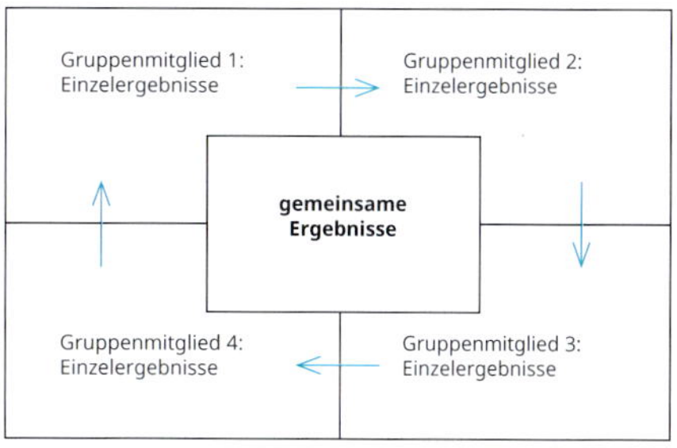

Ihr benötigt für diese ein großes Blatt, welches ihr in fünf Bereiche unterteilt – anstatt eines großen Blattes können alternativ auch fünf Einzelblätter verwendet werden.
Geht dann folgendermaßen vor:

1. **Einzelarbeit:** Bearbeite die Aufgabe und notiere deine Ergebnisse in Stichworten in dem Feld für deine Einzelergebnisse.
2. **Einzelarbeit:** Lies alle Einzelergebnisse durch Weitergabe eures Blattes.
3. **Gruppenarbeit:** Tauscht euch über die verschiedenen Lösungen aus, einigt euch auf wesentliche Aspekte.
4. **Gruppenarbeit:** Haltet die als wichtig erachteten Ergebnisse geordnet im Mittelfeld fest.
5. **Plenum:** Präsentiert die Ergebnisse.

Eine Praktikumsmesse durchführen

1. **Bereitet euren Stand vor:** Verteilt euch in der Klasse so, dass jede Expertengruppe einen eigenen Stand besitzt, an dem sie ihr Berufsbild präsentieren kann. Hängt euer Plakat gut sichtbar für eure Besucherinnen und Besucher auf. Gestaltet euren Stand zudem so, dass er einerseits einladend wirkt, aber auch sofort deutlich macht, welchen Beruf ihr vorstellen wollt. Nutzt dazu z. B. Gegenstände, die typisch für den Beruf sind.

2. **Teilt euch auf:** Teilt euch in eurer Expertengruppe in zwei Schichten ein: Expertin bzw. Experte 1 bleibt zunächst am Stand. Hier präsentiert sie oder er den Besucherinnen und Besuchern euer Berufsbild in einem kurzen Vortrag und steht für Fragen zur Verfügung. Expertin bzw. Experte 2 informiert sich währenddessen über einen anderen Beruf. Wechselt euch dann ab.
3. **Hört euch die Vorträge an:** Hört euch einen Vortrag zu einem Berufsbild, das euch besonders interessiert, an, und stellt der Expertin oder dem Experten Fragen, falls diese im Vortrag offen geblieben sind.
4. **Gebt eine Rückmeldung:** Füllt einen Rückmeldebogen aus, nachdem ihr euch den Vortrag angehört habt, um eure Eindrücke festzuhalten.

Eine mündliche Präsentation halten

(→ Seite 45, 53, 73)

1. Halte während deiner Präsentation **Blickkontakt** zu deinen Zuhörerinnen und Zuhörern.
2. Stehe mit **offener Körperhaltung** vor dem Publikum und verschränke nicht deine Arme.
3. Sprich **deutlich**, **lebendig** und **nicht zu schnell**. Lege Sprechpausen ein, damit deine Zuhörerinnen und Zuhörer dir besser folgen können.
4. Trage möglichst **frei** vor: Lies deine Notizen nicht ab, sondern benutze deine Stichwortkarten als Gedächtnisstütze.
5. **Aktiviere** dein Publikum, indem du zum Beispiel Fragen stellst oder Probleme für eine anschließende Diskussion benennst.
6. Du kannst beispielsweise **Anschauungsmaterial** wie Bilder oder Grafiken mitbringen. Zeige dieses Material während deines Vortrags oder gebe es zur Ansicht herum.

Ein Protokoll zu einer mündlichen Präsentation verfassen

(→ Seite 47/48)

Beim Protokollieren geht es darum, **Abläufe** und/oder **Ergebnisse** von → *mündlichen Präsentationen* oder → *Diskussionen* sachlich genau festzuhalten. Voraussetzung ist dafür eine sorgfältige → ***Mitschrift*** des Vortrags oder des Gesprächs. Bei einer Mitschrift hältst du stichpunktartig die wichtigsten Inhalte fest.

So ist ein Protokoll aufgebaut:

1. Der **Protokollkopf** enthält den Ort, das Datum und die Uhrzeit (Beginn und Ende), die Anwesenden, die Abwesenden, den Namen der Protokollführerin/des Protokollführers und den Anlass des Protokolls (zum Beispiel Protokoll zum Referat zum Thema Conchieren).
2. Im **Protokolltext** werden die wesentlichen Inhalte der Beiträge zusammengefasst, wobei je nach Protokollart der Text unterschiedlich ausführlich sein kann. Ein **Verlaufsprotokoll** erfasst das Geschehen chronologisch und ist relativ ausführlich, ein **Ergebnisprotokoll** hält nur die Ergebnisse oder Beschlüsse fest. Ein **Unterrichtsprotokoll** ist eine Mischform aus Verlaufs- und Ergebnisprotokoll und hält neben den Ergebnissen einer Stunde auch die wesentlichen Erarbeitungsschritte fest. Ein Protokoll kann in Stichpunkten, aber auch im Fließtext verfasst werden.
3. Am **Ende** des Protokolls werden **Ort und Datum** des Protokolls genannt und von der Protokollführerin/dem Protokollführer **unterschrieben**.

Eine Rede-Stafette durchführen

Stellt euch im Kreis im Klassenraum auf. Ihr benötigt ein Mäppchen oder einen weichen Ball. Die erste Sprecherin oder der erste Sprecher nennt ein Argument und wirft der nächsten Schülerin oder dem nächsten Schüler den Ball und damit das Rederecht zu. Die Schülerin oder der Schüler trägt ein Argument vor und wirft den Ball weiter. Sobald sich die Wiederholungen häufen, ist die Stafette fertig.

Eine freie Rede vorbereiten und halten

Das Publikum merkt in der Regel, wenn die Rednerin oder der Redner eine auswendig gelernte Rede vorträgt. Die Rede wird oft zu schnell vorgetragen und ist inhaltlich und begrifflich zu überladen. Für eine wirkungsvolle Rede ist es deshalb nicht ratsam, in der Vorbereitung den genauen Wortlaut der Rede auswendig zu lernen. Vielmehr muss man sich die Gliederung der Rede klarmachen. Folgende Tipps können dir beim Halten einer freien Rede helfen:

- Gestalte deinen Redeauftritt bewusst:
  Position im Raum einnehmen, sicher stehen, d. h. Füße schulterbreit, Gewicht gleichmäßig auf beide Beine verteilen, Hände ruhig im positiven Bereich, d. h. über der Gürtellinie

- Lass deinen Blick über das gesamte Publikum schweifen. Suche dir freundliche „Ansprechpartner/-innen" im Publikum aus.
- Atme aus und beginne mit dem Anfang des ersten Satzes.
- Verdeutliche das Ende deiner Rede, indem du bewusst den Zielsatz einleitest.
- Achte auf Sprechtempo, Pausen, Lautstärke und Betonung.
- Übe deinen Vortrag, bevor es ernst wird. Wähle dafür vertraute Personen als Ansprechpartnerin oder Ansprechpartner aus.

Ein Referat strukturieren

(→ Seite 41–44)

Ein gutes Referat schafft es, die Zuhörer/-innen auf ansprechende Art und Weise zu informieren. Berücksichtige dafür folgende Punkte:

1. Dein Referat sollte **klar** und **gut nachvollziehbar strukturiert** sein, also unter anderem eine interessante Einleitung, einen Hauptteil und einen klaren Schluss haben. Achte darauf, dass sich die einzelnen Teile sinnvoll miteinander verknüpfen lassen. Überlege dir **Überleitungen**, notiere sie aber nur auf deinen Karteikarten.
2. Sorge für **Transparenz**, indem du deinen Zuhörer/-innen auf einer **Gliederungsfolie** durch die Überschriften zeigst, welche Unterthemen du ansprechen wirst.
3. Verteile deine Informationen angemessen auf einzelne Folien. Deine Präsentation soll dein Referat **unterstützen**. Verwende also nur **Stichworte** und **Visualisierungshilfen** und verzichte auf ausführlichere Texte.
4. Achte auf **Einheitlichkeit** und **Übersichtlichkeit**. Verwende möglichst ein einheitliches Layout und achte darauf, dass dein Text gut lesbar ist. Verwende dazu eine angemessene Schriftgröße und gut lesbare Farben.

Standbilder bauen

Mit einem Standbild könnt ihr u. a. zeigen, wie ihr bestimmte Szenen oder Situationen aus einem literarischen Text verstanden habt. Dafür müsst ihr die entsprechende Textstelle zunächst genau lesen und euch über eure Lesart verständigen.
Anschließend wählt ihr eine Baumeisterin/einen Baumeister, die restlichen Gruppenmitglieder stellen sich als „Baumaterial" zur Verfügung. Folgende Aufgaben habt ihr in den beiden Rollen:

1. **Du bist die Baumeisterin/der Baumeister:**
   - Achte darauf, dass die Gruppenmitglieder das Standbild richtig umsetzen: Korrigiere Körperhaltung, Gestik und Mimik sowie die Haltung der Personen zueinander. Du darfst dafür auch einen Gehilfen bestimmen.
   - Gib deinen Mitschüler/-innen ein Zeichen zum „Erstarren", wenn du mit dem Standbild zufrieden bist. Rufe z. B. „Einfrieren".
   - Bereite dich darauf vor, den Zuschauer/-innen später zu erklären, warum ihr das Standbild auf diese Weise gestaltet habt.
2. **Ihr seid das „Baumaterial":**
   - Konzentriert euch auf die Anweisungen der Baumeisterin/des Baumeisters und führt sie möglichst genau aus.
   - Wenn die Baumeisterin/der Baumeister euch das Zeichen zum Erstarren gibt: Verharrt für eine gewisse Zeit in der Stellung. Prägt euch die Position genau ein oder lasst euch fotografieren.
   - Sprecht während der Bauphase nicht miteinander, damit alle die Hinweise der Baumeisterin/des Baumeisters verstehen.

Beim **Standbild-Interview** handelt es sich um eine Variation des Standbildes. Bei dieser Methode wird nicht nur **eine Beziehung dargestellt**, sondern die einzelnen → *Figuren* können auch **zum Sprechen gebracht** werden. Aus dem Plenum kann jede Figur nach ihrer Beziehung zu einer anderen Figur gefragt werden. Dann wacht diese Figur auf, tritt aus dem Standbild heraus und antwortet. Anschließend geht sie zurück ins Standbild und friert wieder ein. Die anderen Figuren bleiben stumm, sie sprechen erst, wenn sie aus dem Plenum gefragt werden.

Informationen aus Stellenanzeigen entnehmen

Stellenanzeigen dienen Unternehmen dazu, geeignete Mitarbeiterinnen und Mitarbeiter für einen bestimmten Aufgabenbereich zu finden. Dementsprechend liefern die Stellenanzeigen einerseits **Informationen über das Unternehmen**, andererseits **über die Tätigkeit**, die im Unternehmen ausgeübt werden soll, sodass die Bewerberinnen und Bewerber ihre eigenen Stärken mit den Erwartungen des Unternehmens abgleichen können. Anhand der Formulierungen lässt sich zudem erkennen, ob es sich um unverzichtbare „**Muss-Kriterien**" oder um optionale „**Kann-Kriterien**" handelt. Anzeigen enthalten meist Informationen aus folgenden Bereichen:

- Stellentitel
- Tätigkeitsprofil
- Angaben zum Unternehmen
- Anforderungen, benötigte Qualifikationen und Kompetenzen
- Arbeitsbedingungen
- Leistungen des Unternehmens
- Informationen zum Bewerbungsverfahren

Vorlesen und vortragen

(→ Seite 79, 176, 178)

Wenn du etwas vorliest oder vorträgst, geht es auch darum, andere von dir und deinem Text oder Thema zu überzeugen. Die folgenden **Tipps für gutes Vorlesen und Vortragen** können dir helfen:

- Suche den **Kontakt zu deinen Zuhörer/-innen**.
- Gib ihnen die Gelegenheit, mitzudenken und das Gehörte „sacken zu lassen", indem du z. B. am Satzende kleine **Pausen** machst.
- Signalisiere deinen Zuhörer/-innen, was wichtig ist. **Betone wichtige Informationen** besonders.
- Gestalte mit deiner **Stimme** und deiner **Sprechweise** den Text, z. B. indem du je nach Situation und Sinn laut oder leise, schnell oder langsam, ruhig oder aufgeregt sprichst.

Übrigens: Gutes Vorlesen heißt nicht automatisch fehlerfreies Vorlesen. Es ist nicht schlimm, wenn du dich mal verliest. Störend ist allerdings, wenn du immer wieder stockst und so die Zuhörenden dir nur schwer folgen können. Lies deshalb jeden Text, den du vortragen möchtest, mehrfach und markiere im Text bzw. notiere daneben, wo du Pausen machen möchtest, was du besonders hervorheben und wo du deine Stimme und Sprechweise verändern willst. Folgende Vortragszeichen kannst du verwenden:

laut vortragen ↑	betontes Wort —
leise vortragen ↓	schneller werden »
Stimme heben ↗	langsamer werden «
Stimme senken ↙	kurze Sprechpause |
Verse verbinden ⌒	lange Sprechpause ||

Medien

Audioguide

(→ Seite 138)

Der Audioguide besteht aus einzelnen Hörtexten, die durch eine Ausstellung führen. Die Audiotexte sollen über das Thema und die Ausstellungsstücke informieren. Die Besucher/-innen können sich z. B. Bilder anschauen und gleichzeitig den gesprochenen Text mit erklärenden Informationen dazu anhören.

Einen Blogtext verfassen und gestalten

Themenfindung für einen guten Bloginhalt

- Für welches Thema begeistere ich mich ganz besonders?
- Kenne ich mich mit dem Thema aus?
- Erzähle ich oft und gerne von diesem Thema?
- Ist dieses Thema auch für die Zuhörer/-innen bedeutsam?
- Habe ich eine klare Position zu dem Thema?
- Kann ich meine Meinung zu dem Thema gut argumentativ vertreten?
- Können andere von meinem Wissen profitieren?

Formale Aspekte für gutes Textdesign

- Überprüft euren Text stets auf korrekte Rechtschreibung und → *Zeichensetzung*.
- Verwendet eine richtige → *Groß- und Kleinschreibung* und verzichtet darauf, Worte durch durchgängige GROẞSCHREIBUNG hervorzuheben.
- Vermeidet zugunsten einer besseren Lesbarkeit eures Textes Abkürzungen.
- Verwendet fett und kursiv gestellte Schrift sparsam und nur im richtigen Kontext.
- Vermeidet Unterstreichungen im Text, um bestimmte Passagen hervorzuheben.
- Verzichtet weitgehend auf eine Formatierung im Blocksatz, da sonst zu große Lücken im Text entstehen können.
- Verwendet nie mehr als zwei verschiedene Schriftarten in einem Text.
- Lasst um euren Text herum genug freien Raum, damit der Text wirken kann. (Das gilt auch für Abstände vor und nach Absätzen.)
- Wählt Farbgebung, Bilder und weitere grafische Elemente so aus, dass sie zu einem Markenzeichen eurer Blogs werden.

- Achtet bei der Auswahl der grafischen Gestaltung darauf, dass sie zum Inhalt passt.
- Beachtet, dass die grafische Gestaltung eures Blogs zum Lesen animieren und nicht vom Text ablenken soll.

Boulevardzeitungen / Abonnementzeitungen

Ursprünglich waren **Boulevardzeitungen** Zeitschriften, die auf offener Straße verkauft wurden. Da man im Gegensatz zu den **Abonnementzeitungen**, die sich einer festen Leserschaft sicher sein konnten, täglich neu um die Laufkundschaft werben musste, versuchte man, Leser-/innen durch auffällige Gestaltung und reißerische Themen anzulocken. Bis heute setzen Abonnementzeitungen stärker auf intensive Recherche, abwägende Analyse und seriöse Hintergrundinformationen, während Boulevardzeitungen meist leichte Unterhaltung produzieren, die sogenannten "soft news". Typisch ist auch eine emotionalisierende Berichterstattung, etwa bei politischen Themen.

Hatespeech

Mit dem Begriff Hatespeech (*engl.* Hasskommentar oder Hassrede) werden zunächst einmal sämtliche Äußerungen in der digitalen Welt bezeichnet, die bewusst getätigt werden, um Menschen zu **beleidigen**, zu **verunglimpfen**, zu **bedrohen** oder um **zu Gewalt gegen Menschen bzw. Menschengruppen aufrufen**. Dabei richtet sich Hatespeech gegen die Einstellungen und Überzeugungen der Angesprochenen, gegen ihre soziale oder ethnische Herkunft oder sogar lediglich gegen ihr Aussehen. Manchmal entsteht dadurch eine regelrechte **Spirale von verbaler Gewalt**, weil andere auf die Hassbotschaften reagieren und diese noch verstärken. Dadurch kann der Eindruck entstehen, dass das Beleidigen völlig normal sei. Da jedoch der Begriff Hatespeech noch nicht klar definiert ist, ist die Grenze zwischen **legal erlaubter Kritik** und **illegaler Hassrede**, die einen Strafbestand darstellt, fließend.

Filme und Serien untersuchen
(*→ Seite 85*)

Einen ersten Eindruck von einem Film oder einer Serie bekommt man oft über eine Werbeanzeige, ein Plakat oder einen Trailer. Ein **Filmplakat** will auf einen neuen Film aufmerksam machen. Es weist in der Regel folgende Elemente auf: Filmtitel, Werbeslogan, Namen der Schauspieler/-innen, des Regisseurs / der Regisseurin und weiterer an der Filmproduktion beteiligter Personen, Porträtfotos der → *Hauptfiguren* und Bilder von Filmszenen.
Ein **Trailer** ist ein kurzer Werbeclip für einen neuen Film im Kino, auf DVD oder im Fernsehen. Er besteht aus Filmausschnitten, die durch eine Sprecherstimme, Schrifteinblendungen und Musik ergänzt werden. Ein Trailer dauert in der Regel zwischen 60 und 120 Sekunden.
Um einen Filmausschnitt zu untersuchen, muss man ganz genau hinsehen und hinhören: Was zeigt die Kamera und wie zeigt sie es? Wie ist der Filmton gestaltet, wie unterstützt er die Filmbilder? Zum Beschreiben von Filmszenen dienen die folgenden Fachbegriffe:

- Die **Einstellung** ist die kleinste Einheit in einem Film (von einem Schnitt zum nächsten). Mehrere Einstellungen, die durch eine Handlung miteinander verbunden sind, bilden eine **Filmszene**. Sie zeichnet sich durch die Einheit von Ort, Zeit und beteiligten Figuren der Handlung aus. Aus der Abfolge der Szenen setzt sich der Film zusammen.
- Die einzelnen Filmszenen werden in der **Montage** zu einem gesamten Film zusammengefügt. Dabei kann die Reihenfolge, in der die Szenen montiert werden, von der zeitlichen Reihenfolge der gezeigten Handlungen abweichen, indem z. B. Rückblenden zu Ereignissen gezeigt werden, die bereits früher stattgefunden haben. Man spricht dann von **achronologischem Erzählen** im Film (im Unterschied zum **chronologischen Erzählen**, das sich an die zeitliche Reihenfolge der Ereignisse hält, von denen erzählt wird).
- Die **Kameraperspektive** bezeichnet den Blickwinkel, aus dem die Kamera eine Szene filmt. Eine Figur oder ein Gegenstand wirkt anders, je nachdem, ob man sie von unten (Untersicht), von oben (Aufsicht) oder auf Augenhöhe (Normalsicht) betrachtet.
- Neben dem Blickwinkel der Kamera spielt es eine Rolle, ob die Kamera nah an den Figuren und Objekten ist, die sie filmt, oder ob sie weiter weg steht. Je nach Entfernung ändert sich nämlich der Bildausschnitt. Der Fachbegriff hierfür heißt **Einstellungsgröße**. Häufig verwendete Einstellungsgrößen sind die Totale, die Halbtotale, die Halbnah-, die Nah-, die Groß- und die Detail-Einstellung.

- Auch die **Kameraführung** im Film ist für die Wirkung der Bilder wichtig. Kameras können eine Einstellung beispielsweise aus dem **Stand** filmen, ohne sich zu bewegen. Dadurch bleibt immer derselbe Ausschnitt des Raumes sichtbar und die Bilder wirken ruhig. Die Kamera kann aber auch beweglich sein. Dies kann in einem **Schwenk** geschehen, bei dem die Kamera nach oben, unten, zur Seite oder im Kreis geschwenkt wird, oder durch eine **Kamerafahrt**, bei der sich die Kamera mit oder an Figuren und Objekten vorbeibewegt. Die Bewegung der Kamera kann in beiden Fällen schnell oder langsam sein. Die Kameraführung kann dabei ruhig sein, indem die Kamera auf ausgelegten Schienen gefahren wird, oder sie kann unruhig und wackelig sein, weil es sich um eine von einem Menschen getragene **Handkamera** handelt.
  Die sogenannte **180-Grad-Regel** besagt, dass die Handlungsachse zwischen zwei sich gegenüberstehenden oder -sitzenden Figuren mit der Kamera nicht übersprungen werden darf. Gesprächsszenen werden oft aus mehreren verschiedenen Kameraperspektiven gezeigt. Würde die Kamera dabei jedoch die Handlungsachse überspringen, wären die Zuschauenden irritiert, weil dann die Figuren ihre Links-Rechts-Position im Bild tauschen würden. Dieser Effekt soll beim Filmen in der Regel vermieden werden, um den Realitätseindruck nicht zu stören.
- Der **Filmton** setzt sich aus allem zusammen, was man im Film hören kann. Normalerweise konzentrieren wir uns darauf, was die Figuren sagen, für die Wirkung des Films sind jedoch Geräusche und Musik genauso wichtig. Elemente des Filmtons sind Sprache, Geräusche und Musik. Je nachdem, ob die Tonquelle auf dem Bild zu sehen ist oder nicht, spricht man von On-Ton oder Off-Ton. Beim Einsatz von Musik wird unterschieden zwischen Musik im Film (Musik im On, für die Figuren hörbar) und Filmmusik (Musik aus dem Off, nur für das Filmpublikum, nicht aber für die Figuren hörbar).
- Durch **Licht und Farbe** können im Film Stimmung und Atmosphäre erzeugt werden. Farben können auch mit bestimmten symbolischen Bedeutungen versehen sein oder z.B. als warm oder kalt wahrgenommen werden. Auch verschiedene Handlungsebenen eines Films können durch unterschiedliche Farbgebung markiert werden.

Ein **Spielfilm** erzählt seine Geschichte an einem Stück, er dauert in der Regel eineinhalb bis zwei Stunden. **Serien** dagegen erzählen in Fortsetzungen, das heißt, sie teilen ihre Geschichten in mehrere Episoden auf. Die Episoden können jeweils eine abgeschlossene Handlung haben (Episodenhandlung). Besonders spannend wird es aber, wenn die Geschichte am Schluss einer Episode nicht aufhört, sondern später weitererzählt wird. Dann spricht man von episodenübergreifender Handlung. Oftmals endet eine Episode sogar mit einem sogenannten Cliffhanger – also genau dann, wenn es am spannendsten ist. Dann kann man es kaum erwarten, sich die nächste Episode und somit die Fortsetzung der Geschichte anzusehen.

Kurzfilm *(→ Seite 210)*
Kurzfilme unterscheiden sich vor allem durch ihre Länge von bis zu 30 Minuten von klassischen Spielfilmen, die ihre Geschichten in 90 Minuten oder länger erzählen. Die geringe Zeit, die in einem Kurzfilm für das Erzählen einer Geschichte zur Verfügung steht, führt dazu, dass Kurzfilme oft auf eine bestimmte Weise erzählen.
Zu den typischen Merkmalen gehören:

- **Direkter Einstieg**: Die Handlung in Kurzfilmen beginnt unmittelbar (= in medias res), ohne eine längere Vorstellung von → *Figuren*, Schauplatz oder Vorgeschichte.
- **Beschränkung auf ein zentrales Ereignis**: Die gesamte Handlung eines Kurzfilms konzentriert sich meist auf eine zentrale Veränderung der Situation, ein unerwartetes Ereignis, das dem Geschehen eine entscheidende Wendung gibt.
- **Überraschendes Ende**: Die Auflösung am Ende lässt die Ereignisse oft in einem zuvor nicht erwarteten Licht erscheinen und gibt diesen eine neue Bedeutung.
- **Fokus auf die Hauptfiguren**: Die Geschichte konzentriert sich ganz auf die Hauptfigur(en) und die Bedeutung der Ereignisse für ihr Leben. Die Nebenfiguren verkörpern oft nur bestimmte Typen.
- **Keine langen Dialogszenen**: Kurzfilme erzählen ihre Geschichte in der Regel hauptsächlich visuell und mit wenigen Worten.
- **Bedeutsame Themen**: Im Zentrum von Kurzfilmen stehen häufig Themen von besonderer gesellschaftlicher oder menschlicher Bedeutung.

Genre Coming-of-Age

Der Begriff **Genre** bezeichnet eine Gruppe von → *Filmen* oder Büchern, die durch gemeinsame Themen und Handlungsstrukturen verbunden sind. Solche Genres sind z. B. Krimi, Liebesfilm, Horrorfilm etc. Auch der englische Ausdruck Coming-of-Age steht für ein solches Genre. Er bezeichnet Filme oder Romane mit jugendlichen → *Hauptfiguren*, die mit **Fragen und Problemen des Heranwachsens** konfrontiert werden und dabei eine **persönliche Entwicklung** durchlaufen. Dieser Weg der Figuren zum Erwachsenwerden ist oft geprägt durch Konflikte und starke Emotionen. Er findet statt in der Auseinandersetzung mit den eigenen Eltern, der Schule oder der Gesellschaft im Allgemeinen. Dabei kommt es zu Auflehnung und zur Emanzipation von der eigenen Herkunft, die zur **Selbstfindung** und **Identitätsbildung** führen. Oft ist die Handlung solcher Filme in bestimmten **Übergangssituationen** zwischen verschiedenen Lebensphasen oder Institutionen (z. B. Schule) angesiedelt. Neben den Konflikten mit der Erwachsenenwelt sind typische Themen dabei (erste) Liebe, Sexualität, Freundschaft, Außenseitertum, moralische Entscheidungen und die Erfahrung von Verlust und Tod. Häufig wird in Coming-of-Age-Filmen Popmusik verwendet, um die Stimmung der Zeit und die Emotionen der Figuren zum Ausdruck zu bringen.

Hörtexten Informationen entnehmen

(→ Seite 39/40, 43, 294, 298)

Beim Auswerten eines Hörtextes kommt es darauf an, Wichtiges von Unwichtigem zu unterscheiden. Hierzu ist es notwendig, dass du ganz gezielt darauf achtest, welche Informationen du benötigst.

1. Sieh dir den **Titel** des Hörtextes an, dies kann beispielsweise der Name der Folge eines → *Podcasts* sein. Überlege, welche Aspekte du in diesem Text erwartest, und formuliere **Fragen**, die aus deiner Sicht für Hörer/-innen interessant sein könnten. Lies einen **Einführungstext**, falls vorhanden, um deine Vermutungen zu konkretisieren.
2. Hör dir den Hörtext ein erstes Mal an. Versuche das **Hauptthema** des Textes zu erkennen und notiere dir **wesentliche Schlagworte**, die dir helfen, den Text in Abschnitte zu gliedern.
3. Erstelle eine grobe → ***Gliederung*** des Hörbeitrags, damit du beim zweiten Hören gezielter Notizen machen kannst.
4. Hör dir den Hörtext ein zweites Mal an. Notiere dir **zu jedem Abschnitt Informationen**, die dir wichtig erscheinen.

Hypertexte

(→ Seite 284)

Hypertexte sind Texte, die über sogenannte **Links** oder **Hyperlinks** miteinander verknüpft sind. Klickt man im Internet auf einen solchen Link, wird man automatisch zu einem anderen Text weitergeleitet.

Im Internet recherchieren

(→ Seite 103, 282, 313, 342)

Um einen Informationstext zu verfassen oder ein → *Kurzreferat* auszuarbeiten, kannst du → *Sachtexte* nutzen, die du im Internet gezielt suchst (recherchierst):

1. Thema klären:

a) Überlege, was du zu deinem Thema herausfinden willst und was für andere (z. B. bei einem Referat) interessant sein könnte. Das kann sich durch die Recherche verändern bzw. erweitern.
b) Skizziere dazu eine Übersicht (z. B. mit Fragen oder einer Mindmap).

Ziel: Damit bereitest du ein gezieltes Suchen nach den benötigten Informationen vor.

2. Suchmaschine nutzen:

a) Lege Suchbegriffe fest. Sie lassen sich aus der Übersicht ableiten – es sollten Schlüsselwörter des Themas sein.
b) Wähle eine geeignete Suchmaschine aus.
c) Gib den Kernbegriff deines Themas (z. B. Döner Kebab) ein und verbinde ihn durch Pluszeichen (+) mit einem oder mehreren Suchbegriffen (z. B. Geschichte, Wortherkunft, Gesundheit etc.). Also z. B.: Döner Kebab + Wortherkunft.

Ziel: Die Kombination von Suchbegriffen hilft, Suchergebnisse einzuschränken und zügig passende Ergebnisse zu erzielen.

3. Ergebnisliste bewerten und Links auswählen:

a) Sichte und prüfe die Trefferliste auf die Eignung für deine Informationssuche. Berücksichtige vor allem: Titel und Adresse der Internetseite sowie die Angaben zum Inhalt der Seite.
b) Entscheide dich für mehrere Treffer.

Ziel: Durch die Auswahl mehrerer Links hast du eine Vergleichsmöglichkeit und kannst eine Vorauswahl treffen.

4. Suchergebnisse auswerten und festhalten:
Klicke nacheinander auf die ausgewählten Links.

a) Verschaffe dir einen Überblick. Untersuche die aufgerufenen Seiten mit den Kontrollfragen: Wer?/Von wem? Was?/Wie? Wann? Warum?

Ziel: So stellst du fest, ob eine Seite zuverlässig ist und die Informationen brauchbar sind.

b) Halte die benötigten Informationen der verschiedenen Websites in einer Tabelle fest. Notiere dir:
- Webadresse
- Verfasser/-in/Einrichtung sowie Textart
- Wichtigste Informationen
- Datum des Erscheinens oder der Aktualisierung
- Absicht

c) Bei widersprüchlichen Informationen sollte mit weiteren, verlässlich eingeschätzten Seiten geprüft und korrigiert werden.

Ziel: Du sicherst so die Informationen und du kannst durch direkten Vergleich die Richtigkeit der Angaben kontrollieren und Widersprüche erkennen.

5. Die Informationen bündeln:
Fasse die Informationen aus den verschiedenen Quellen in eigenen Worten zusammen. Gib die verwendeten Webadressen an (→ *Quellenverzeichnis*).
Ziel: Damit führst du die verschiedenen Informationen zusammen und hast ein Recherche-Ergebnis.

Infotainment

Eine Infotainment-Sendung verfolgt das Ziel, die Zuschauerinnen und Zuschauer **auf unterhaltsame Weise** über einen oder mehrere komplexe Sachverhalte zu **informieren**. Der Begriff Infotainment ist ein Kofferwort, das sich aus den englischen Worten **info**rmation und enter**tainment** zusammensetzt. Als Infotainment werden dabei nicht nur Fernsehsendungen bezeichnet. Auch einige Internetformate wie beispielsweise Erklärvideos setzen auf diese Kombination aus Information und Unterhaltung.
Typische Mittel von Infotainment sind:
- **Personalisierung:** Der Sachverhalt wird an konkreten Beispielen erläutert. Oft stehen einzelne Personen und ihre Geschichten im Mittelpunkt.
- **Dramatisierung:** Durch Musikeffekte, einprägsame Bilder oder bewegend erzählte Geschichten wird der Sachverhalt besonders emotional präsentiert.
- **Visualisierung:** Visuelle Elemente wie Grafiken oder Modelle veranschaulichen die Sachverhalte, sodass der Zuschauer oder die Zuschauerin die Erklärungen leicht nachvollziehen kann.
- **Ständiger Wechsel der Inhalte:** Indem einzelne Aspekte des Themas und neue Informationen in möglichst schneller Folge präsentiert werden, wird die Aufmerksamkeit des Zuschauers oder der Zuschauerin aufrechterhalten.

Journalistische Textsorten

Die journalistischen Textsorten, denen man in Zeitungen und Online-Zeitungen begegnet, lassen sich einteilen in Textsorten **mit Faktenorientierung** und Textsorten **mit Meinungsorientierung**.

Die **Nachricht** bzw. **Meldung** und der **Bericht** zählen zu den Textsorten **mit Faktenorientierung**. Sie sind durch folgende Merkmale gekennzeichnet:
- **Inhalt**: Nachricht / Meldung und Bericht sind sachlich und nüchtern formuliert. Sie beantworten die W-Fragen (Was? Wo? Wer? Wann? Wie? Warum? Welche Folgen? Welche Informationsquelle?), Wertungen werden weitgehend vermieden, die Informationen bleiben faktentreu, die Angaben sind nachprüfbar, die Quelle (Autorin/Autor oder Nachrichtenagentur) ist meist mit Kürzel angegeben.
- **Aufbau**: meist **Lead-Stil**: (1) Dachzeile / Schlagzeile / Unterzeile: Grundinformationen; (2) Vorspann / Einstieg: Zusammenfassung des gesamten Inhalts; (3) Haupttext: ausführliche Darstellung mit Zusatzinformationen, Details
- **Sprache**: nüchtern, sachlich, kaum wertende Ausdrücke, kaum → *Adjektive*, Haupttempus: Präteritum (→ *Verben*), indirekte Rede für Aussagen
- **Auswahl**: Ereignisse von allgemeinem Interesse oder von Interesse für die Leserschaft der jeweiligen Zeitung (z. B. Lokalnachrichten)
- **Umfang Nachricht** bzw. **Meldung**: sehr knapp, nur wenige Sätze, einspaltig, ca. 15–20 Spaltenzeilen (Kurzform)
- **Umfang Bericht:** ausführlicher, ca. 40–60 Spaltenzeilen (Langform)

Die **Reportage** ist ebenfalls eine faktenorientierte Textsorte. Die Autorin/der Autor schildert die Sachverhalte und Ereignisse jedoch lebendig und lässt auch persönliche Eindrücke einfließen.
- **Inhalt**: Der Verfasser oder die Verfasserin informiert über ein Thema an einem besonderen

Beispiel, stellt Hintergründe und Zusammenhänge dar, gibt persönliche Vor-Ort-Eindrücke wieder und verknüpft Sachinformationen (Fakten, → *Zitate*) geschickt mit erlebnisbetonten Passagen (Wahrnehmungen des Verfassers). Er oder sie liefert exakte Angaben zu Ort und Zeit.

- **Aufbau**: Die Überschrift weckt meist Neugier/ Aufmerksamkeit, zu Beginn wird durch eine Schilderung der Situation vor Ort häufig mitten in das Geschehen eingeführt, die Protagonist/-innen werden kurz beschrieben, manchmal leitet auch ein szenischer Einstieg (→ *Zitate* aus → *Dialogen*) zum Thema hin. Der Hauptteil enthält Spannungsmomente und folgt einem roten Faden (inhaltlich schlüssige Abfolge). Oft nimmt der Schluss wieder Bezug auf den Anfang und rundet den Text auf diese Weise ab.
- **Sprache/Stil**: anschaulich, lebendig und fesselnd formuliert, kurze Sätze (→ *Parataktischer Satzbau*), direkte Rede wird häufiger eingesetzt (→ *Zitate*), Nutzung von starken → *Verben* und präzise beschreibenden → *Adjektiven*, überraschenden Vergleichen, Personifikationen und Metaphern (→ *Sprachliche Mittel*); Haupttempus: Präsens
- **Gesamtwirkung des Textes**: erfüllt die Forderung nach Anschaulichkeit, Lebendigkeit, Nähe zum Geschehen, Echtheit/Authentizität sowie Korrektheit/Nachprüfbarkeit
- **Umfang**: umfangreich, ca. 120 Spaltenzeilen und mehr

Der **Kommentar** und die **Karikatur** bzw. der **Comic** zählen zu den journalistischen Textsorten **mit Meinungsorientierung**. Folgende Merkmale zeichnen sie jeweils aus:

Kommentar *(→ Seite 92–115)*

- **Inhalt**: Die/Der namentlich genannte Verfasser/ -in äußert die **Meinung** zu einem Ereignis oder Thema, es soll eine Position zu einem Thema/Sachverhalt deutlich werden, dazu werden nachvollziehbare Begründungen, auch unter Berücksichtigung von Gegenargumenten, geliefert.
- **Aufbau**: Häufig gibt es einen Einstieg mit Darstellung des Sachverhalts, zu dem der Kommentar Stellung bezieht, und eine Erläuterung seiner Bedeutung. Die Leserin bzw. der Leser soll sich eine eigene Meinung dazu bilden.
- **Sprache**: **wertende Ausdrücke**, vor allem → *Adjektive*, Metaphern, Vergleiche (→ *Sprachliche Mittel*), häufig Selbstnennung des Verfassers oder der Verfasserin (*ich, meine ...*), Aufzählungen, rhetorische Fragen, Doppelpunkte, Ausrufezeichen; Haupttempus: Präsens
- **Auswahl**: Themen von aktuell großem öffentlichen oder speziellem Interesse (siehe Ressorts: Politik, Kultur, Sport ...)
- **Umfang**: oft länger als ein Bericht

Cartoon/Karikatur *(→ Seite 317)*

- **Inhalt**: Die/Der Karikaturist/-in zeigt ihre bzw. seine Meinung zugespitzt und provokativ zu einem meist tagesaktuellen Thema.
- **Sprache/Ausdruck**: i. d. R. gezeichnet, witzig, übertreibend, ironisch, auch mahnend
- **Auswahl**: Ereignisse von allgemeinem Interesse
- **Umfang**: meist ein einziges Bild

Medien

Medien (*lat.* medium = Vermittler) übermitteln Informationen. Wir nutzen sie, um Botschaften auszutauschen (Kommunikation), um uns über aktuelle Ereignisse oder bestimmte Themen zu informieren, um uns zu unterhalten bzw. unterhalten zu lassen oder um Daten zu speichern, z. B. Fotos oder Texte.

Medienbeiträge vergleichen

Beim Vergleich von Beiträgen aus verschiedenen Medien kannst du folgendermaßen vorgehen:

1. **Materialien vorstellen:**
   Dazu nennst du jeweils die **TATTE-Informationen** (Titel, Autorin/Autor, Textart/Medienart, Thema, Erscheinungsjahr) sowie das gemeinsame Thema.
2. **Inhalte zusammenfassen:**
   Fasse den Inhalt sachlich und mit eigenen Worten zusammen. Orientiere dich an den W-Fragen.
3. **Materialien inhaltlich vergleichen:**
   Achte darauf, welche Informationen wie ausführlich in welchem Beitrag präsentiert werden.
4. **Unterschiede herausarbeiten:**
   Untersuche, wie sich die Materialien in der Präsentation der Informationen voneinander unterscheiden. Berücksichtige dabei die Art des Mediums (zum Beispiel Printmedium [Zeitung], visuelles Medium [Fernsehen, Internetvideo ...]), die Gestaltung des jeweiligen Beitrags und die sprachliche Darstellung.

5. **Zielgruppe bestimmen:**
Schlussfolgere, welche Zielgruppe (Fachpublikum, Erwachsene, Kinder …) mit dem jeweiligen Beitrag angesprochen werden soll, welchen Zweck (sachliche Information, Erregen von Aufmerksamkeit, Unterhaltung, etc.) dieser anstrebt und welche Art der Aufbereitung (schnelle Information, mit Hintergrundwissen aufbereitete Wissensvermittlung …) im Vordergrund steht.

Formen von Musikvideos unterscheiden

(→ Seite 76–78)

Bei Musikvideos kann zwischen zwei Formen unterschieden werden. Es gibt sogenannte **Performance-Videos**, in denen die Musiker/-innen bei der Aufführung des Songs singend, tanzend und Instrumente spielend zu sehen sind. Außerdem gibt es **narrative (erzählende) Videos**, in denen nicht die Aufführung des Songs gezeigt wird, sondern eine Geschichte, die in Verbindung mit dem Songtext steht. Häufig gibt es auch eine Mischung der beiden Formen.

Netiquette

Netiquette ist ein Kunstbegriff, der sich zusammensetzt aus den Wörtern net (= *engl.* für Netz; gemeint ist hier das Internet) und etiquette (= *franz.* für Anstands- oder Benimmregeln). Der Begriff Netiquette bezieht sich auf ein **Regelwerk von Benimmregeln**, die das Miteinander in der digitalen Kommunikation bestimmen sollen. Da diese Regeln jedoch **keine rechtliche Verbindlichkeit** haben, können sie von den jeweiligen Betreibern individuell festgelegt werden und unterscheiden sich in den verschiedenen sozialen Netzwerken zum Teil stark voneinander. Ein **Missachten der jeweiligen Netiquette-Regeln** innerhalb eines sozialen Netzwerkes kann vom Betreiber der entsprechenden Plattform je nach Schwere des Verstoßes mit unterschiedlichen Maßnahmen geahndet werden, die bis zum **Ausschluss aus dem sozialen Netzwerk** führen können.

Podcast

(→ Seite 72, 138, 185–188)

Ein Podcast ist eine Serie von Mediendateien, die in **regelmäßigem Rhythmus** zur Verfügung gestellt werden und „on demand" (= auf Abruf) gehört werden können. Podcasts lassen sich **abonnieren**, sodass man über neue Folgen benachrichtigt wird, und haben zumeist einen Aufbau, der bei jeder Folge einer Reihe identisch ist. Die Folgen beginnen mit einer **persönlichen Begrüßung** und nutzen **Verweise** auf andere Folgen, damit die Zuhörer/-innen sich angesprochen und einbezogen fühlen. Sprachlich sind Podcasts oft **informell** und **in einfachen Sätzen** gehalten. Je nach Thema und Zielgruppe kann ein Podcast sprachlich aber durchaus auch komplexer gestaltet sein, wobei es sich generell um einen → *medial* mündlichen Text handelt.

Wenn du selbst **einen Podcast aufnehmen** willst, kannst du folgendermaßen vorgehen:

1. **Bereite dich inhaltlich vor:** Recherchiere zu deinem Thema. Lege genau fest, worum es in deinem Beitrag gehen soll und welche Aspekte du behandeln möchtest. Notiere anschauliche Beispiele.
2. **Plane dein Manuskript:** Überlege dir einen Einstieg, der zu deinem Thema hinführt und das Interesse der Zuhörer/-innen weckt. Formuliere einen Schluss, der den Podcast abrundet und Lust auf die nächste Folge macht (Call to Action).
3. **Formuliere dein Manuskript aus.**
4. **Erstelle eine Titelmusik:** Suche einen passenden Jingle für deinen Podcast, der einen Wiedererkennungswert besitzt.
5. **Bearbeite deine Aufnahme:** Du kannst deine Aufnahme mit Effekten belegen oder Hintergrundmusik hinzufügen, um sie interessanter zu machen.

Recherchestrategien gezielt einsetzen

(→ Seite 37/38, 188)

Um gezielt nach Informationen zu suchen, ist es oft sinnvoll, die Suche auf unterschiedliche Arten und Weisen zu optimieren:

1. **Auswahl der Suchbegriffe:** Verwende mehrere Suchbegriffe, um Ergebnisse zu erhalten, die so genau wie möglich zu deiner Frage passen. Probiere zudem ähnliche Suchbegriffe oder Kombinationen aus.
2. **Bool'sche Operatoren und Trunkierungen:** Nutze Suchoperatoren, die deine Ergebnisse passgenauer machen. So kannst du nach Ausdrücken suchen, die wörtlich auftauchen („"), Begriffe ausschließen (-), auf einer bestimmten Website suchen (site:), einen Zahlenbereich eingrenzen

(...), auf ähnlichen Websites suchen (related:) oder sogar gezielt nach Definitionen suchen (define:). Eine Übersicht, welche Operatoren du verwenden kannst, findest du auf den Hilfeseiten der Suchmaschinen.

3. **Auswahl der Suchmaschine:** Verwende mehrere Suchmaschinen, um unterschiedliche Ergebnisse zu erhalten. Meta-Suchmaschinen durchsuchen mehrere Suchmaschinen gleichzeitig und können so dabei helfen zu sehen, welche Treffer besonders oft auftauchen.
4. **Quellen bewerten:** Überprüfe, inwiefern deine gefundene Quelle geeignet ist. Achte darauf, ob das Material eine klar erkennbare Autorin bzw. einen klar erkennbaren Autoren hat, keine zweifelhaften Absichten verfolgt und einen seriösen Eindruck macht (zum Beispiel ohne auffällig viele Rechtschreibfehler).

Textverarbeitungsprogramme zum kooperativen Schreiben nutzen

(→ *Seite 350)*

1. **Das Dokument anlegen:** Erstelle ein Dokument und gib ihm einen eindeutigen Namen. Um gemeinsam mit anderen Personen an dem Dokument arbeiten zu können, lade es in einen Cloudspeicher.
2. **Den Text schreiben und überarbeiten:** Lege das Format deines Textes fest, indem du z. B. Schriftart, Schriftgröße oder Schriftfarbe auswählst. Verfasse anschließend deinen Text. Überarbeite deinen Text (→ *Einen Text überarbeiten*) und tippe ihn, falls er nicht von vornherein am Computer geschrieben wurde, in verbesserter Form in das Textverarbeitungsprogramm ein.
3. **Das Dokument freigeben:** Gib die Datei frei, sodass andere Personen die Berechtigung haben, auf deine Datei zuzugreifen. Anschließend könnt ihr gemeinsam an der Datei arbeiten.

a) Wähle in der Menüleiste das Feld DATEI. Im Untermenü klickst du nun auf das Feld FREIGEBEN.
b) Entscheide, wie weitere Personen Zugriff auf deine Datei erhalten sollen. Mithilfe eines Freigabelinks kannst du schnell Zugriff auf deine Datei gewähren. Wähle dazu EINEN FREIGABELINK ABRUFEN.
c) Erstelle einen Bearbeitungslink und teile diesen den Personen mit, die deine Datei bearbeiten sollen. Jeder, der diesen Link nun in einem Webbrowser eingibt, kann direkt in deiner Datei arbeiten. Denke daran, den Bearbeitungslink wieder zu entfernen, wenn eure gemeinsame Arbeit abgeschlossen ist.
d) Überarbeitet gemeinsam den Informationbeitrag. Alle Änderungen, die ihr vornehmt, können sofort von allen Bearbeitenden gesehen werden.

Ihr könnt aber auch ein **Etherpad** nutzen. Ein Etherpad ist ein Computerprogramm im Internet zur kollaborativen Bearbeitung von Texten. Das bedeutet, dass mehrere Personen gleichzeitig ein Textdokument bearbeiten können. Änderungen am Text werden dabei sofort bei allen Teilnehmenden sichtbar. Die Teilnehmenden können jeweils mit einer Textfarbe arbeiten, sodass alle sehen können, wer was geschrieben hat.

Werbung untersuchen

(→ *Seite 319)*

Werbung begegnet uns in ganz unterschiedlichen Ausprägungen, etwa in Form von Werbeanzeigen oder Werbespots. Um die Gestaltung und Wirkung von Werbung zu untersuchen, helfen die folgenden Fachbegriffe:

- **Werbeanzeigen** und **Werbeplakate** finden sich etwa in Zeitungen und Zeitschriften oder als Außenwerbung, z. B. an öffentlichen Gebäuden oder Plätzen. Die **typischen Bestandteile einer Werbeanzeige** sind: Schlagzeile, Werbetext, Slogan, Produktnamen und/oder Logo, Bild.
  - Die **Schlagzeile** ist neben dem Bild der zentrale Blickfang einer Anzeige, der auf den ersten Blick Aufmerksamkeit und Interesse erregen soll.
  - Die Aufgabe des **Werbetextes** ist es, über die Schlagzeile hinaus weitere Informationen zum beworbenen Produkt bzw. zur beworbenen Dienstleistung zu liefern.
  - Der **Slogan** ist ein gleichbleibender Spruch, der in allen Werbeformen für eine Firma oder eine Marke auftaucht. Er trägt damit zur Wiedererkennung und zu einer bestimmten Imagebildung der Produkte bei.
  - Der **Produkt- oder Markenname** taucht häufig in Verbindung mit einem **Logo** auf, das einen hohen Wiedererkennungswert hat und den Markennamen ggf. sogar ersetzen kann.
  - Die **Bilder** in Werbeanzeigen haben die Funktion, die Aufmerksamkeit zu wecken. Hierzu kön-

nen sie das beworbene Produkt in den Mittelpunkt stellen. Sie können aber auch eine schöne Landschaft oder glückliche Menschen zeigen, um bei den Betrachter/-innen positive Gefühle im Zusammenhang mit der beworbenen Marke auszulösen.

Werbeprofis gestalten ihre Anzeigen darüber hinaus häufig nach dem sogenannten **AIDA-Prinzip**.
AIDA steht für die englischen Wörter:
- **A**ttention: Die Werbung soll die Aufmerksamkeit der Angesprochenen erregen.
- **I**nterest: Es soll Interesse am beworbenen Produkt geweckt werden.
- **D**esire: Der Kaufwunsch soll entstehen.
- **A**ction: Die Kaufhandlung soll ausgeführt werden.

- **Werbespots** sind zu Werbezwecken produzierte Kurzfilme, die im Fernsehen, Kino oder Internet zu sehen sind. Wie bei anderen → *Filmen* auch, lassen sich Erzählweise, Kameraperspektive, Einstellungsgrößen, Kameraführung, Licht- und Farbgestaltung uvm. untersuchen und mit dem Werbeziel (Markenimage, Wirkung auf die Zielgruppe usw.) in Verbindung setzen. Als Gestaltungsmittel kommen neben **Text- und Bildelementen** auch **Geräusche** und **Musik** zum Einsatz. Häufig findet sich in Werbefilmen auch ein sogenannter **Jingle**. Dabei handelt es sich um einen gesungenen Slogan oder eine kurze Erkennungsmelodie, die fest mit der Fernseh- oder Radiowerbung für ein bestimmtes Produkt oder eine bestimmte Marke verbunden sind.

Texte schreiben

Appellieren

(→ Seite 104)

An jemanden zu appellieren bedeutet, sich mit einer Bitte, einem Anliegen oder einer Aufforderung an jemanden zu wenden. Wenn du einen Appell an jemanden richtest, möchtest du erreichen, dass die Adressat/-innen in deinem Interesse handeln. Daher musst du gegebenenfalls einen Grund anführen, der für die Adressatin bzw. den Adressaten einsichtig ist.

Schriftlich argumentieren

(→ Seite 92–115, 327)

In einer schriftlichen Argumentation wird zu einem bestimmten Thema oder einer bestimmten Fragestellung Stellung genommen. Die Position, die man zu einem Thema vertritt, wird dabei als **These**, die Gegenposition als **Gegenthese** bezeichnet.
Um andere von (d)einem Standpunkt zu überzeugen, z. B. in einer argumentativen E-Mail, einem Flyer oder einem Beitrag für ein Forum, musst du gute **Argumente** vorbringen. Argumente sind **Meinungen/Behauptungen**, die durch **Begründungen** und **Stärkungen** (Beispiele, Belege, Vergleiche, Folgerungen ...) gestützt sind. Ähnlich wie ein Haus ist eine Argumentation besonders stabil, wenn sie auf mehreren Begründungen und Stärkungen aufbaut.

Argumente stärken

Es gibt verschiedene Möglichkeiten, Argumente zu stärken. Diese nennt man **Stärkungen**. So kannst du ein Argument noch überzeugender gestalten:
1. **Beispiele geben:** Füge deiner Begründung etwas hinzu, das du entweder selbst erlebt/beobachtet oder erzählt bekommen hast.
2. **Belege anführen:** Führe Belege an, indem du dich auf Fakten aus Fachartikeln, → *Diagrammen*, Zeitungsartikeln, Forschungsberichten etc. beziehst. Es ist besonders überzeugend, wenn du deine Gründe mit Fakten von Expert/-innen oder durch eine Studie belegen kannst.
3. **Vergleiche einbringen:** Nutze einen Vergleich, indem du den Inhalt deines Argumentes zu einem anderen Thema in Beziehung setzt.
4. **Folgerungen ziehen:** Benenne die Folgen von eigenen Vorschlägen oder die Folgen von Vorschlägen oder Positionen der Gegenseite, wenn sie deinen Standpunkt stärken.

Argumente entkräften

Eine Argumentation wird noch überzeugender, wenn du auf (mögliche) **Gegenargumente** eingehst und diese **wirkungsvoll entkräftest**. Dadurch kann die Gegenseite diese Argumente nicht mehr für sich nutzen.
Welche Argumente für die Entkräftung besonders

überzeugend sind, hängt von den **Interessen der Gegenseite** ab. Daher ist es wichtig, sich in diese hineinzuversetzen und so deren (mögliche) Argumente zu bedenken. Zum Entkräften von Einwänden kann man folgende Formulierungen verwenden:
Mir ist klar, dass ..., aber ...
Einerseits ..., andererseits ...
Es stimmt schon, dass ... Jedoch ...

Argumente verknüpfen
Du kannst deine Argumente wie Ketten aneinanderhängen (**Argumentationskette**) oder aber nach einem Beleg noch einmal auf die Behauptung zurückgreifen, sodass sich das Argument wie ein Kreis schließt (**Argumentationskreis**). Argumentationsketten und -kreise sind gleichwertig. Wichtig ist, dass die Argumentation in sich stimmig und im Zusammenhang nicht eintönig ist.

Meinung/These:
Schokolade wird oft nicht fair hergestellt,

Argument 1: weil die Arbeiterinnen und Arbeiter auf den Kakaoplantagen zu wenig Geld verdienen.

Stärkung 1 (Beleg): In dem Buch „Der SchokoLaden" habe ich gelesen, dass Schokoladenbauern in Peru nur einen Euro pro Tag verdienen.
Stärkung 2: ...

Argument 2: Außerdem wird Schokolade im Supermarkt oft zu billig verkauft, wenn man bedenkt, wie viel Aufwand die Herstellung erfordert.

Stärkung 1 (Beispiel): Die Tafel Schokolade, die ich letzte Woche gekauft habe, kostete z. B. nur 66 Cent.
Stärkung 2: ...

Um die einzelnen Etagen des „Meinungshauses" miteinander zu verknüpfen, solltest du Überleitungen und Konnektoren (Verknüpfungswörter) nutzen:
erstens ... ein weiteres wichtiges Argument ist ... außerdem ... zudem ... auch ... darüber hinaus ... weiterhin ... beispielsweise, folglich, dementsprechend, aus diesem Grund, daraus folgt, einerseits – andererseits, am wichtigsten ist ...
Du kannst auch Verknüpfungen durch Aufzählungen mit → *Numeralia* wie erstens ..., zweitens ... schaffen.

Die Qualität von Argumenten erkennen
- Das Argument ist stichhaltig, da es mit überprüfbaren Fakten belegt ist.
- Das Argument passt exakt zur Problemstellung.
- Das Argument wird durch eine passende Begründung gestützt und durch anschauliche Belege und Beispiele weiter ausgeführt.
- Die Behauptung, Begründung und Beispiel/Beleg ergeben ein stimmiges Argument.
- In den Argumenten wird nicht verallgemeinert oder übertrieben.
- Die Sprache ist sachlich und es werden gedankliche Zusammenhänge hergestellt.

Linear oder antithetisch argumentieren
(→ Seite 104)
Je nach Anlass kann in einer Argumentation nur eine These zu einem Thema erörtert werden. Dies bezeichnet man als **lineare Argumentation**. Es können aber auch Gründe, die für (pro) einen Standpunkt sprechen, und Gründe, die dagegensprechen (kontra), dargestellt werden. Dies wird als **antithetische Argumentation** bezeichnet. Wie der Aufbau einer Argumentation aussieht, richtet sich nach der Themenstellung.

1. **Lineare Argumentation:**
   Es liegt eine **Sach- oder Ergänzungsfrage** zugrunde. Der Standpunkt zum Thema wird in der Themenstellung vorgegeben und der Sachverhalt ist unstrittig. Hier legst du deine These begründet dar, indem du verschiedene Aspekte, Ursachen und Folgen des Themas aufzeigst. Gegenargumente werden nur am Rande eingebracht, um mögliche Bedenken zu entkräften. Ein lineares Argumentationsthema erkennst du an der Aufgabenstellung: W-Fragen (Warum? Was? ...); Begründe ..., Lege dar ..., Erkläre ... usw.
2. **Antithetische Argumentation:**
   Es liegt eine **Entscheidungsfrage** zugrunde. Der Standpunkt muss selbst gefunden werden, da der Sachverhalt strittig ist. Hier legst du das **Für und Wider** eines Themas dar, um am Ende eine begründete Entscheidung zu treffen. Es werden sowohl die Argumente, die für den Standpunkt sprechen, als auch die Gegenargumente ausführlich dargestellt. Schlüsselbegriffe, an denen du ein antithetisches Argumentationsthema erkennen kannst, sind: Vor- und Nachteile, Für und Wider, positive und negative Aspekte.

Eine Argumentation verfassen
1. **Einleitung:**
   Mit der Einleitung soll zum einen das **Interesse** der Leserinnen und Leser geweckt werden und zum anderen soll die Leserin oder der Leser gezielt zum Thema **hingeführt** werden. Außerdem muss bereits hier der **Kontext** berücksichtigt wer-

den, in dem die Argumentation geschrieben wird. Die Einleitung besteht aus einem **Einleitungsgedanken**, von dem aus zur Problemstellung übergeleitet wird. Dabei dürfen keine Argumente aus dem Hauptteil vorweggenommen werden. Es gibt verschiedene Möglichkeiten für die Einleitung, zum Beispiel:

- ein aktuelles Ereignis,
- die Annäherung über das Gegenteil,
- ein historischer Rückblick,
- die Definition des Themas oder des zentralen Schlüsselbegriffs,
- ein → *Zitat* einer Expertin/eines Experten.

2. Hauptteil:

a) nach dem Sanduhr-Prinzip:

Im Hauptteil führe zuerst die **Argumente der Gegenseite** an. Sortiere sie so, dass das Argument, welches du für das stärkste hältst, am Anfang und das schwächste am Ende steht. Denke an Beispiele und Stärkungen. Leite dann zu deiner Position über, z. B. indem du deine Meinung formulierst oder das letzte Argument aufgreifst und entkräftest. Führe **eigene Argumente** an, die du so sortierst, dass dein schwächstes Argument zuerst genannt wird und dein stärkstes zuletzt. Achte auf eine sinnvolle Verknüpfung der Argumente.

b) nach dem Ping-Pong-Prinzip:

Neben dem Sanduhr-Prinzip gibt es auch das sogenannte Ping-Pong-Prinzip (auch Reißverschlussprinzip) zur Ordnung der Argumente. Hier werden im Hauptteil die Pro- und Kontra-Argumente **abwechselnd** genannt. Es wird mit dem schwächsten Argument begonnen und mit dem stärksten Argument geschlossen. Zudem ist es sinnvoll, Argumente, die thematisch gut zusammenpassen, einander gegenüberzustellen.

3. Schluss:

Der Schluss soll sich sinnvoll an den Hauptteil anschließen und die Argumentation abrunden. Wichtig ist, dass er keine neuen Argumente enthält – die gehören ausschließlich in den Hauptteil. Es gibt verschiedene Möglichkeiten zur Gestaltung des Schlusses, zum Beispiel:

- ein persönlicher Wunsch, eine Forderung, ein → *Appell*,
- ein weiterführender Gedanke,
- Aufgreifen des Einleitungsgedankens,
- eine eigene Stellungnahme zum Thema.

Berichten

Berichte informieren die Leser/-innen sachlich. Man unterscheidet z. B. zwischen Berichten über ein Ereignis (**Ereignisbericht**) und Berichten über Ergebnisse einer Untersuchung (**Untersuchungsbericht**).

Ereignisberichte verfassen

Mit dem Ereignisbericht (z. B. Unfallbericht, Sportbericht) informiert die bzw. der Verfasser/-in über den Ablauf, die Folgen und die Hintergründe eines konkreten Ereignisses. Er klärt die W-Fragen:

- Was ist geschehen?
- Wann ist es geschehen?
- Wo ist es geschehen?
- Wer war beteiligt?
- Wie ist es genau abgelaufen?
- Warum ist es geschehen?
- Welche Folgen hatte das Ereignis?

Es wird eine sachliche Sprache verwendet, d. h., dass z. B. keine Spannung erzeugt wird und die Handlung nicht besonders ausgeschmückt wird. Gedanken und Gefühle werden in der Regel nicht dargestellt und Handlungen oder Aussagen nicht gewertet. Ein Ereignisbericht bezieht sich auf ein vergangenes Ereignis und wird deshalb im Präteritum geschrieben. Aussagen können in der indirekten Rede (→ *Konjunktiv I*) oder als → *Zitat* wiedergegeben werden.

Untersuchungsberichte verfassen

Der Untersuchungsbericht fasst die Ergebnisse einer Recherche zusammen und nutzt dabei Informationen aus verschiedenen Quellen. Er informiert über einen Sachverhalt, der auch für die Zukunft Relevanz haben kann. Deshalb wird das Präsens verwendet. Die Sprache ist sachlich und Aussagen werden in der indirekten Rede oder als → *Zitat* wiedergegeben. Grafiken und Bilder können den Text ergänzen. Ein Untersuchungsbericht kann z. B. einen Beruf oder eine Organisation vorstellen.

- Nenne zunächst das Thema des Berichts.
- Fasse wichtige Erkenntnisse in eigenen Worten zusammen.
- Verwende Informationen aus verschiedenen Quellen und gib diese am Ende deines Textes an (→ *Ein Quellenverzeichnis anlegen*).
- Gib Aussagen als Zitate oder in der indirekten Rede wieder.
- Zur Verdeutlichung der Aussagen kannst du Bilder oder Grafiken einfügen.

Beschreiben

Unser Alltag ist voll von Beschreibungen. An Bäumen hängen Zettel, auf denen in Form eines **Steckbriefs** eine entlaufene Katze beschrieben wird, in einem **Rezept** erfahren wir, wie man etwas kocht, in einer Bastelanleitung steht, wie etwas hergestellt wird, in Geschichten werden → *Figuren* beschrieben, und in einem Reiseführer werden fremde **Orte, Wege** und **Gegenstände** beschrieben.
Beschreibungen richten sich an **Adressat/-innen**. Sie **informieren** so, dass jemand, der das Beschriebene nicht kennt, eine genaue Vorstellung davon bekommt oder danach handeln kann.

1. **Plane deine Beschreibung:**
   - Mache dir klar, für wen und für welchen Zweck du die Beschreibung anfertigst.
   - Überlege, welche Informationen wichtig sind.
   - Sammle nötige Informationen z. B. in einem Cluster oder lege einen Stichwortzettel an.
   - Bringe sie in eine sinnvolle Reihenfolge.
   - Entscheide dich, ob du die Adressat/-innen ansprichst (du, Sie) oder eine neutrale Sprache verwenden möchtest (man, Passiv → *Verben*).
2. **Verfasse deine Beschreibung**. Nutze deine Vorarbeiten und berücksichtige die folgenden Tipps für unterschiedliche Beschreibungen.
3. **Überarbeite abschließend deine Beschreibung**, indem du die Tipps als Checkliste nutzt.

Tipps für die Funktionsbeschreibung eines Gegenstandes

- Benenne wichtige Elemente des Gegenstandes.
- Nenne eventuell ihre Position oder ein Merkmal, an dem man das Element erkennt.
- Beschreibe den Nutzen/die Bedienungsweise des Elementes und wozu es verwendet wird/wurde.

Tipps für die Beschreibung eines Vorgangs

Eine Vorgangsbeschreibung bezieht sich auf wiederkehrende Vorgänge. Eine Bedienungsanleitung oder eine Handlungsanweisung sind Vorgangsbeschreibungen.

- Handlungen oder Vorgänge, die nicht einmalig stattgefunden haben, sondern immer wiederkehren, werden im Präsens beschrieben.
- Die Sprache ist sachlich und anschaulich, z. B. durch → *Adjektive* und präzise Orts- oder Zeitangaben.
- Wichtig ist die richtige Reihenfolge der einzelnen Schritte und die Nennung aller notwendigen Details. Abhängig von den Adressat/-innen kann eine Anrede (du/Sie) oder eine neutrale Formulierung (man/→ *Verben* im Passiv) verwendet werden.

Tipps für die Beschreibung von Diagrammen

→ *Diagramme* bilden einen bestimmten Sachverhalt, eine bestimmte Entwicklung, einen Vergleich oder eine Verteilung übersichtlich und anschaulich ab. Bevor du ein Diagramm beschreiben kannst, musst du es zunächst auswerten.

- **Einleitung:** Nenne Titel, Thema, Art der Grafik (Schaubild, Kreisdiagramm ...), Veröffentlichungsdatum und die Quelle.
- **Hauptteil:** Beschreibe, was die Y-Achse und X-Achse anzeigen, und gehe dann auf die einzelnen Ergebnisse ein. Benenne und deute aussagekräftige Werte und Auffälligkeiten.
- **Schluss:** Fasse die Hauptaussage des Diagramms abschließend zusammen.

Schreibe sachlich/objektiv und im Präsens.

Sich bewerben

Vollständige Bewerbungsunterlagen zusammenstellen

Bei einer Bewerbung müssen die Unterlagen in einer bestimmten Reihenfolge angeordnet und als Bewerbungsmappe zusammengefasst werden.

1. **Deckblatt:** Damit gibst du einen ersten Überblick zu deiner Person. Es enthält dein Anliegen (Bewerbung um einen Praktikumsplatz als ...), deine Kontaktdaten, den Namen des Unternehmens sowie ein professionelles Bewerbungsfoto.
2. **Lebenslauf:** Falls du kein Deckblatt gestaltet hast, positionierst du dein Foto in der rechten oberen Ecke. Denke daran, den Lebenslauf zu unterschreiben.
3. **Anlagen**, wie dein aktuelles Schulzeugnis oder Bescheinigungen, beispielsweise über Praktika oder Nebenjobs, werden chronologisch sortiert.
4. **Bewerbungsanschreiben:** Diese Seite liegt obenauf und ist das zentrale Dokument. Viele Unternehmen verlangen Online-Bewerbungen. Für diese gelten die gleichen Regeln wie für die Bewerbung in Papierform. Fasse deine Unterlagen in einer Datei zusammen und schicke sie mit einer kurzen E-Mail an das Unternehmen.

Ein Bewerbungsanschreiben formulieren

Bei einem Bewerbungsanschreiben handelt es sich um einen offiziellen Brief mit folgenden Textelementen: Absender/-in, Empfänger/-in, Datum, Betreff, Anrede, Brieftext, Grußformel, Unterschrift, Anlage. Der Brieftext wird dabei üblicherweise so gegliedert:

- Erläutere zunächst kurz den **Grund** des Schreibens. Mache dabei z. B. genaue Angaben zum Praktikumszeitraum.
- Stelle deine **aktuelle Situation** dar. Gib an, welche Schule du besuchst und in welcher Klasse du bist. Du kannst auch auf deine Lieblingsfächer eingehen, wenn diese für die Stelle relevant sind.
- Präsentiere **Fähigkeiten, Stärken und Interessen**, die dich für diesen Beruf besonders qualifizieren. Führe dafür glaubhafte Belege an.
- Abschließend bittest du um **Rückmeldung** bzw. um ein persönliches Gespräch.

Ein Exzerpt erstellen

(→ Seite 38, 120/121)

Mithilfe eines Exzerpts (*lat.* excerpere: herausnehmen, auswählen) kannst du Texte erschließen und sie strukturiert wiedergeben, sodass du später auf sie zurückgreifen kannst. So lassen sich bei der Recherche die Informationen aus verschiedenen Materialien sammeln, um die Informationen zu vergleichen und miteinander in Bezug zu setzen.

1. Lies den Text, um dir einen Überblick zu verschaffen, worum es im Text geht und zu welchem Aspekt dir der Text Informationen liefern kann.
2. Halte im Exzerptkopf Thema und Textquelle fest.
3. Lies den Text abschnittsweise erneut und gib jeweils die Kerngedanken des Textes in eigenen Worten wieder.
4. Erscheinen dir Textstellen besonders wichtig, kannst du sie wörtlich zitieren. Notiere dir dazu die Seitenzahl, um das Zitat wiederzufinden.
5. Du kannst auch weiterführende Ideen, Anmerkungen oder kritische Fragen vermerken. Kennzeichne diese durch eckige Klammern, um sie nicht mit der Darstellung im Text zu verwechseln.

Eine Gliederung erstellen

(→ Seite 38, 43, 105)

Vor dem Verfassen von längeren Texten wie z. B. → *Sachtexten* und → *Argumentationen*, aber auch vor längeren mündlichen Beiträgen wie einer → *Rede*, solltest du diese planen, indem du eine **Gliederung** anfertigst. In der Gliederung kannst du deine Gedanken mithilfe von Haupt- und Nebenaspekten **geordnet** festhalten. Sie hilft daher auch, einen vorgegebenen Text inhaltlich zu erfassen und die Aussageabsicht zu verstehen.

Die **Hauptaspekte** werden dabei fortlaufend nummeriert (z. B. 1, 2, 3 ...). **Nebenaspekte** werden unter den einzelnen Nummern mit Dezimalzahlen (2.1, 2.2, 2.3 ...) aufgeführt.

Die Nummerierung orientiert sich an der Abfolge der Textteile, sodass die 1 in der Regel für die **Einleitung** steht und einen Aspekt benennt, der zum Hauptteil hinführt. Der **Hauptteil** beginnt entsprechend mit der Nummer 2. Dort finden sich die wichtigsten Informationen zum Thema in der Reihenfolge, in der sie im Text niedergeschrieben bzw. in der Rede besprochen werden. Der Hauptteil wird deshalb noch weiter in seine Nebenaspekte untergliedert. Die Gliederung schließt mit dem **Schlussteil** 3.

Einen Handzettel verfassen

- Vermutlich habt ihr einen Überschuss an Informationen. Klärt deshalb: Was wollt ihr als Wichtigstes vermitteln? Was interessiert eure Adressatinnen und Adressaten wohl am meisten?
- Achtet auf Übersichtlichkeit: Stellt eure Themenaspekte in einer sinnvollen Abfolge dar. Gliedert mit Zwischenüberschriften.
- Achtet auf Verständlichkeit: Erklärt Fremd- und Fachwörter.
- Regt zum Schluss zum Nachdenken, vielleicht auch zum → *Diskutieren* an.
- Formuliert im Präsens.
- Verwendet möglichst ein Textverarbeitungsprogramm. Euer Beitrag soll höchstens eine DIN-A4-Seite umfassen.
- Notiert in der Kopfzeile: Namen, Klasse, Fach, Schule, Ort, Datum.
- Gebt darunter euer Thema an.
- Teilt als Letztes mit, welche Hauptquellen ihr verwendet habt (→ *Ein Quellenverzeichnis anlegen*).

Informationstexte verfassen

Es gibt verschiedene Arten von **Informationstexten**, z. B. → *Beschreibungen* und Informationsbroschüren zur gesunden Ernährung, zur Verkehrssicherheit oder über Umweltthemen. Informierende Text sind sachlich und neutral formuliert. Passende Fachbegriffe und wichtige Fakten (z. B. Eigennamen, Jahreszahlen) stützen die Aussagen. Die Informationen sind gedanklich und sprachlich zusammenhängend präsentiert, Spannung wird vermieden. Informierende Texte weisen oft folgende Strukturierung auf:

- **Einleitung:** Hier wird das Thema deutlich. Schreibanlass sowie Adressatinnen und Adressaten können genannt werden.
- **Hauptteil:** Der Hauptteil umfasst die wichtigsten Sachinformationen.
- **Schluss:** Der Text schließt ab mit einem Fazit, einem Ausblick oder je nach Situation und Adressat/-in auch mit einem → *Appell*.

1. **→ *Das Schreiben vorbereiten*:**
   - Verschaffe dir einen Überblick über die vorliegenden Materialien. Dies können Texte, Fotos, Tabellen, → *Diagramme* ... sein.
   - Mache dir bewusst, was dein Schreibziel ist, an wen der Text adressiert ist und was die Textsorte erfordert.
2. **Die Materialerschließung vorbereiten:**
   - Mache dir Gedanken zum Titel und überlege dir, worum es gehen könnte.
   - Überlege dir, was du selbst zu dem Thema weißt. Aktiviere dein Vorwissen, indem du dir Notizen z. B. in Form einer Mindmap machst.
3. **Materialien erschließen, Ergebnisse sichern:**
   - Lies den Text ein erstes Mal zügig durch und markiere Stellen, die dir besonders wichtig erscheinen, die dich wundern oder die du nicht verstehst (= **orientierendes Lesen**) (→ *Lesetechniken*). Kläre Passagen, die dir unklar sind. Überlege dir, was die Leserin oder den Leser deines Textes besonders interessieren könnte, und formuliere hierzu Fragen.
   - Lies den Text ein zweites Mal, nun jedoch intensiv, und markiere wichtige Schlüsselbegriffe (= **intensives Lesen**) (→ *Lesetechniken*). Unterteile den Text in Sinnabschnitte und formuliere Unterüberschriften. Halte die wichtigsten Informationen schriftlich, z. B. in einer Mindmap, fest. Notiere dir, woher du die Informationen hast und was deine Quellen sind, um später darauf zurückzugreifen. Überprüfe, ob die Fragen, die du beim ersten Lesen formuliert hast, mit den Notizen beantwortet werden können.
   - Prüfe, wenn vorhanden, mehrere Materialien zu einem Thema auf Gemeinsamkeiten und Unterschiede und ergänze deine Notizen.
4. **Den Informationstext planen:**
   - Überlege, für wen und zu welchem Zweck du den Text schreibst.
   - Markiere Informationen, die du benötigst.
   - Vermerke, in welcher sinnvollen Anordnung du sie notieren möchtest.
5. **Den Informationstext verfassen:**
   - Verdeutliche in einer interessanten Einleitung, um was es gehen wird, und wecke das Interesse der Leser/-innen, indem du an die Lebenswelt anknüpft, Fragen stellst oder interessante Fakten aufzeigst.
   - Stukturiere den Hauptteil durch sinnvolle Textabschnitte.
   - Schreibe (z. B. mithilfe von Konnektoren) zusammenhängend und in der geplanten Reihenfolge.
   - Verwende bei → *Beschreibungen* das Präsens.
   - Informiere objektiv (sachlich), verzichte auf persönliche Äußerungen. Vermeide daher → *Personalpronomen* wie ich oder du, verwende stattdessen das allgemeine man.
   - Formuliere so, dass Leser/-innen, die sich noch nicht mit dem Thema beschäftigt haben, gut informiert werden.
   - Verwende treffende → *Nomen* (z. B. Fachbegriffe), → *Verben*, → *Adjektive* und Vergleiche (→ *Sprachliche Mittel*).
   - Schreibe abwechslungsreich. Vermeide z. B. inhaltliche Wiederholungen und die ständige Verwendung der Verben sein und haben.
   - Schließe mit einem Schluss ab.
   - Finde eine passende Überschrift.
6. **Den Informationstext überarbeiten:**
   Der Schreibauftrag
   - Passt der Informationstext inhaltlich zur gestellten Schreibaufgabe?
   - Spricht der Text die Adressat/-innen an?
   - Hat die Autorin/der Autor sich an die Vorgabe bzgl. des Umfangs gehalten?

   Erschließung der Materialien
   - Wurden die Materialien genau gelesen und im Hinblick auf das Schreibziel ausgewertet?
   - Enthält der Text alle wichtigen Informationen aus den vorliegenden Materialien?

   Der Informationstext
   - Passt die Überschrift zur Textsorte und zum Inhalt des Textes?

- Ist der Hauptteil sinnvoll aufgebaut?
- Handelt es sich um eine verständliche, zusammenhängende Darstellung?
- Ist der Schreibstil sachlich und genau?
- Ist der Text in eigenen Worten abgefasst?
- Dienen → *Zitate* zur Veranschaulichung oder als Beleg?
- Kann man eine sinnvolle → *Gliederung* des Textes in Einleitung, Hauptteil und Schluss erkennen?
- Weckt die Einleitung Interesse für das Thema?
- Rundet der Schluss den Text sinnvoll ab?

Innere Monologe verfassen

(→ Seite 231)

In einem inneren Monolog spricht die literarische → *Figur* sozusagen zu sich selbst, sie „denkt laut". Ihre Situation, ihr Handeln, was sie denkt, fühlt und wahrnimmt – all dies wird deutlich. Deshalb wird der innere Monolog auch aus der **Ich-Perspektive** und meist im **Präsens** geschrieben. Um die Gedanken und Gefühle deutlich zu machen, kannst du bestimmte Satzzeichen verwenden. Gefühle, Ausrufe oder bestimmte Vorhaben kannst du z. B. mithilfe von Ausrufezeichen kennzeichnen, Fragen durch Fragezeichen und Denkpausen durch Bindestriche. Abgebrochene Gedanken kannst du durch drei Punkte darstellen. Du kannst auch mit Füllwörtern (z. B. oh, oje) arbeiten, mit kurzen und abgehackten Sätzen, Satzabbrüchen und Wiederholungen (→ *Sprachliche Mittel*).

Kommentare verfassen

(→ Seite 92–115)

Der Kommentar ist eine journalistische Textsorte, bei der eine Verfasserin bzw. ein Verfasser den **eigenen Standpunkt** zu einem bestimmten Ereignis, einer speziellen Tatsache oder Gegebenheit äußert. Dabei reagiert die Verfasserin bzw. der Verfasser auf etwas bereits Berichtetes oder auch Gesagtes. Dies muss zunächst kurz erläutert werden, damit die Lesenden den Ausgangspunkt des Kommentars nachvollziehen können.
Ein Kommentar ist grundsätzlich **sachlich** geschrieben. Da es sich um die Meinung der Verfasserin bzw. des Verfassers handelt, kann sprachlich aber auch mit **Stilmitteln** gearbeitet werden. Der Journalist Walther von la Roche (1936–2010) unterscheidet folgende Formen des Kommentars:

- Beim **Geradeaus-Kommentar** äußert die Verfasserin bzw. der Verfasser die eigene Meinung, ohne diese groß argumentativ zu untermauern.
- Das Ziel des **Argumentations-Kommentars** ist es, die Leserin bzw. den Leser von der eigenen Meinung zu überzeugen. Aus diesem Grund werden → *Argumente* für und gegen die eigene Meinung dargestellt.
- Beim **Einerseits-Andererseits-Kommentar** legt die Autorin/der Autor sowohl die Pro- als auch die Kontra-Argumente dar, ohne dass dies am Schluss in eine eigene Meinung oder einen → *Appell* mündet.

Wenn du einen Kommentar verfassen möchtest, plane ihn vorab:

- Kläre den Ausgangspunkt. Überlege dir dazu, auf welches Ereignis, welche Entwicklung oder welche Aussage du dich in deinem Kommentar beziehen möchtest.
- Erschließe das Thema mithilfe einer Stoffsammlung.
- Mache dir klar, welche Meinung du zu dem Thema vertrittst.
- Entscheide dich für eine passende Kommentarform.
- Erstelle eine → *Gliederung*, in der du die Argumente, die du verwenden möchtest, in einer passenden Reihenfolge anordnest.

Ein literarisches Porträt verfassen

(→ Seite 116–141)

Ziel eines **literarischen Porträts** ist es, Leser/-innen eine **bekannte Persönlichkeit** (z. B. Schriftsteller/-innen, Schauspieler/-innen oder Künstler/-innen) vorzustellen.
Bei einem Porträt geht es darum, neben Lebensdaten und -abschnitten die **besondere Leistung** oder **Bedeutung** der Person möglichst **anschaulich** darzustellen. Der Text ist in erster Linie informierend, sollte aber neben sachlichen auch persönliche Aspekte beinhalten.
Ein literarisches Porträt stellt immer auch eine **subjektive** Sichtweise auf die Porträtierte oder den Porträtierten dar. Die Autorin/der Autor wählt selbst aus, worauf der Blick der Leserinnen und Leser gelenkt werden soll oder welche Aspekte besonders beleuchtet werden sollen. Verschiedene literarische

Porträts über ein und dieselbe Person können also ganz unterschiedlich sein.
Damit der Text interessant und gut zu verstehen ist, muss er **anschaulich**, **einfach** und **vielfältig** gestaltet sein.

- **Anschaulichkeit** erreichst du z. B. durch Anekdoten/Zitate von oder über die zu beschreibende Person. Es kann auch sinnvoll sein, rhetorische Fragen zu stellen, um das Interesse der Leser/-innen aufrechtzuerhalten. Auch mithilfe von Metaphern kannst du Ereignisse/Besonderheiten anschaulich darstellen.
- **Einfachheit** bedeutet, dass ein Text leicht und angenehm zu lesen ist. Dies gelingt dir, indem du auf lange, komplizierte und verschachtelte Sätze verzichtest. Das bedeutet aber nicht, dass du nur Hauptsätze aneinanderreihen solltest. Vermeide möglichst Passiv- oder Partizipialkonstruktionen, da diese sachlich und umständlich wirken.
- **Vielfältigkeit** spielt eine ebenso große Rolle bei Texten, damit die Leser/-innen nicht gelangweilt werden. Diese erreichst du, indem du Texte abwechslungsreich gestaltest. Du kannst z. B. humorvolle und sachlich-neutrale Textpassagen einsetzen. Auch ist es für Leser/-innen angenehm, wenn auf komplexe Sätze einfache Sätze folgen.

Grundsätzlich soll ein literarisches Porträt über das Leben der beschriebenen Person informieren. Dabei lassen sich **Informieren** und **Erzählen** nicht immer voneinander trennen. Vor allem bei einem literarischen Porträt sind erzählende Passagen wichtig, um die beschriebene Person „lebendig" werden zu lassen. Leser/-innen können auf diese Weise besondere Ereignisse, Lebensabschnitte oder Entscheidungen „miterleben" und besser nachvollziehen.
Ein literarisches Porträt soll also nicht nur sachliche Informationen liefern. Wenn es ausschließlich um Informationen ginge, wäre es auch möglich, einen Lexikonartikel zu schreiben. Das literarische Porträt **lebt geradezu von erzählenden Passagen**, die die beschriebene Person in verschiedenen Facetten darstellen; oft auch in besonderen Situationen.
Um ein möglichst lebendiges Bild zu erhalten, können **direkte Aussagen** und → ***Zitate*** verwendet werden, die von der beschriebenen Person selbst stammen oder die über sie geäußert worden sind. Dadurch erhält das literarische Porträt neben einem **sachlich-informierenden** auch einen **erzählenden Charakter**.

Einen Museumsgang durchführen

(→ Seite 36, 132, 208, 226)

Diese Methode dient der **Präsentation** von Texten und anderen Produkten aus Einzel- und Gruppenarbeit. Die Ergebnisse werden gut sichtbar im Klassenzimmer ausgestellt, auf den Tischen ausgelegt oder an die Wand gehängt – ähnlich wie in einem Museum. Ihr wandert im Klassenzimmer umher, seht euch die ausgestellten Produkte der anderen an und **bewertet** sie.

1. **Die Ergebnisse ausstellen:**
   Legt das Ergebnis eurer Arbeit (z. B. einen Text oder ein Plakat) auf euren Tisch oder hängt es an einer vorher festgelegten Stelle aus. Bei digital erstellten Produkten stellt ihr die Ergebnisse auf einem digitalen Endgerät, z. B. einem Laptop, zur Verfügung.
2. **Die Ergebnisse besichtigen und Bewertungen dazu festhalten:**
   Geht einzeln oder in Gruppen von Tisch zu Tisch und begutachtet die ausliegenden Arbeitsergebnisse. Wer das Produkt (z. B. den Text oder das Plakat) erstellt hat, kann es präsentieren oder für Fragen zur Verfügung stehen. Wenn ihr das Produkt in einer Arbeitsgruppe erstellt habt, stellt ein Schüler oder eine Schülerin aus dem Team die Ergebnisse vor.
   Ihr habt zwei Möglichkeiten, die gezeigten Produkte zu bewerten:
   - A Macht euch **Notizen zu den Ergebnissen** und präsentiert diese im Anschluss an den Museumsgang.
   - B Bei den Arbeitsergebnissen liegt ein **Rückmeldebogen** aus, den ihr mit euren Hinweisen ausfüllt.
3. **Die Rückmeldungen vorstellen und nutzen:**
   - A Wenn ihr euch Notizen zur Bewertung gemacht habt, stellt ihr sie anschließend vor.
   - B Wenn ihr mit Rückmeldebögen gearbeitet habt, kann der Schüler, die Schülerin oder die Arbeitsgruppe, der oder die das Produkt erstellt hat, diese in Ruhe auswerten. Ihr solltet den anderen aber für mögliche Rückfragen zur Verfügung stehen.
4. **Mit den Rückmeldungen weiterarbeiten:**
   Geht zu eurer eigenen Station zurück und überarbeitet eure Produkte mithilfe der Rückmeldungen, die ihr erhalten habt.

Aus der Perspektive einer Figur schreiben

(→ *Seite 195, 205)*

Wenn du einen Text (z. B. eine E-Mail oder einen Tagebucheintrag) aus der Sicht einer → *Figur* schreibst, solltest du darauf achten, dass der Inhalt und die sprachliche Gestaltung zu dieser Figur passen. Überlege dir im Vorfeld, wie sich die Figur verhält, welche Gefühle und Einstellungen für sie typisch sind, wie sie sich normalerweise ausdrückt und was sie weiß bzw. wissen kann.

Ein Quellenverzeichnis anlegen

Um am Ende einer schriftlichen Arbeit oder eines → *Kurzreferats* offenzulegen, woher du deine Informationen hast, musst du ein Quellenverzeichnis anlegen. Wenn es sich um mehrere Quellen handelt, sortierst du diese **alphabetisch** nach den Nachnamen der Autor/-innen. Internetseiten, bei denen dir der Autor nicht bekannt ist, folgen im Anschluss an die übrigen Quellen. Diese sortierst du dann alphabetisch nach dem Titel der Internetseite. Auf folgende Art und Weise kannst du die Quelle jeweils angeben:

- **Buch**: Nachname, Vorname: Titel. Ort: Verlag Jahr, Seite(n). Falls das Buch von einer Herausgeberin/einem Herausgeber veröffentlicht wurde, nennst du den Namen und notierst dahinter (Hrsg.).
- **Zeitungsartikel**: Name, Vorname: Titel des Artikels. In: Titel der Zeitschrift (Ausgabe) Jahr, Seite(n).
- **Internetseite ohne Autor**: Titel des Beitrags, >Internetadresse<, Datum der Veröffentlichung (letzter Aufruf: Datum, an dem du die Seite das letzte Mal aufgerufen hast).

Texte überarbeiten

(→ *Seite 120, 132, 350/351)*

Bei der Überarbeitung von Texten kannst du folgende Kriterien berücksichtigen:

Angemessenheit des Textes:

- **Textsorte/Textfunktion:** Wird die Funktion des Textes deutlich? Entspricht der Text den Anforderungen an die Textsorte (→ *Gliederung*, Sprachstil, Adressatenbezug ...)? ...
- **Textkohärenz:** Wird ein roter Faden des Themas deutlich? Gibt es Textstellen, die der Leserin und dem Leser helfen, die Zusammenhänge des Textes zu verstehen? Werden durch Absätze Sinnabschnitte gebildet? ...

sprachliche Richtigkeit:

- **Wortwahl:** Beschreibt das Wort/die Formulierung genau genug das, was gesagt werden soll? Passt das Wort/die Formulierung zur Textsorte, oder ist es zu formell/informell? ...
- **Rechtschreibung, Grammatik:** Sind die Wörter richtig geschrieben? ...

Mit einer **Textlupe** könnt ihr euch gegenseitig Rückmeldungen zu selbst verfassten Texten geben:

1. Jede/Jeder bekommt einen Text und eine Textlupe. Das ist eine Checkliste mit Gesichtspunkten zu Geschichten, Beschreibungen, → *Berichten* usw.
2. Lest den Text mehrmals und kreuzt einen Smiley zu jedem Gesichtspunkt an. Darunter könnt ihr eintragen, was euch an dem Text gut oder nicht so gut gefallen hat. Zusätzliche Überarbeitungstipps könnt ihr an den Rand des Textes schreiben.
3. Die bzw. der Verfasser/-in des Textes schaut sich die Rückmeldungen an und wählt drei oder vier Punkte aus, die sie/er verbessern will.

In einer **Schreibkonferenz** besprecht ihr eure Texte nacheinander in Kleingruppen:

1. Legt fest, auf welche Gesichtspunkte ihr besonders achten wollt: Textaufbau, Verständlichkeit ...
2. Eine Person liest ihren bzw. seinen Text vor, die anderen können dazu Verständnisfragen stellen.
3. Der Text wird nun Satz für Satz vorgelesen. Nach jedem Satz tauschen sich die Teilnehmenden aus, die/der Autor/-in des Textes macht sich Notizen.
4. Nach der Schreibkonferenz überlegen sich alle, welche Tipps sie berücksichtigen wollen, und überarbeiten ihren Text.

Bei einem **Papier-Posting** gebt ihr euch in Kleingruppen von ca. vier Schüler/-innen auf Klebezetteln Rückmeldung zu euren Texten.

1. **Textblätter vorbereiten:** Jedes Gruppenmitglied schreibt oder klebt seinen Text in die Mitte eines DIN-A3-Blattes. Dabei muss darauf geachtet werden, dass an den Seiten genügend Platz bleibt, um dort später Notizen festzuhalten.
2. **Beobachtungsaufträge verteilen:**
   - Macht euch bewusst, worauf es bei der jeweiligen Textsorte ankommt.
   - Verteilt innnerhalb eurer Posting-Gruppe Aufträge: Bei einer → *Inhaltsangabe* kann zum Beispiel eine Person darauf achten, ob die richtige Zeitform verwendet wurde, eine andere prüft,

ob die Inhalte sachlich wiedergegeben wurden, eine dritte korrigiert Rechtschreibung und → *Zeichensetzung* und eine vierte achtet auf den sprachlichen Stil.

3. **Texte lesen und Rückmeldung auf Klebezetteln geben:** Die Texte werden in der Gruppe reihum so ausgetauscht, dass alle jeden Text einmal gelesen und mit Notizen auf Klebezetteln versehen haben. Die Notizen der anderen Gruppenmitglieder dürfen ebenfalls kommentiert werden.
4. **Anregungen zum Überarbeiten nutzen:** Wenn alle die Texte kommentiert haben, erhält die/der Verfasser/-in den Text zurück und überarbeitet diesen. Sie bzw. er entscheidet selbst, welche Anregungen umgesetzt werden und welche nicht.

Das Schreiben vorbereiten

(→ Seite 34–36, 96, 120/121)

Wenn du eine Geschichte, ein → *Gedicht* oder einen → *Informationstext* schreiben möchtest, dann solltest du zunächst Ideen und Informationen sammeln, z. B. in einer **Stoffsammlung**:
In einer Stoffsammlung werden zunächst möglichst viele Stichpunkte (eigene Ideen, Aspekte aus Materialien) zu einer Problemstellung gesammelt. Anschließend ist es notwendig, die Stichpunkte nach inhaltlich zusammengehörenden Gesichtspunkten zu ordnen, um mit der Stoffsammlung sinnvoll weiterzuarbeiten. Diese Tipps helfen euch dabei:

- Streiche, was nicht zum Thema gehört.
- Streiche Aspekte, zu denen du nicht genügend Informationen hast und zu denen du dich daher nicht sinnvoll äußern kannst.
- Fasse die Punkte, die sich inhaltlich überschneiden, zusammen.
- Überprüfe, ob Aspekte zueinander passen. Stelle gegebenenfalls die Zuordnung um, ergänze oder streiche bestimmte Aspekte.

Du kannst deine Ideen und Informationen auch in einem **Cluster** sammeln:

- Schreibe das Thema in die Mitte eines leeren Blattes Papier und kreise es ein.
- Notiere alles, was dir zum Thema einfällt: Erlebnisse, Informationen, Gefühle ...
  Deine Einfälle können zum Ausgangspunkt für weitere Ideen werden.
- Einfälle und Ideen, die du verwenden willst, kannst du farbig markieren.

Anschließend kannst du deine Ideen ordnen und z. B. mithilfe eines gegliederten Stichwortzettels, eines Erzählplans oder einer Mindmap in eine sinnvolle Reihenfolge bringen.

Eine **Mindmap** ist eine geordnete Stichwortsammlung, gegliedert nach Ober- und Unterbegriffen:

- Schreibe das Thema in die Mitte eines leeren Blattes und kreise es ein.
- Zeichne von der Mitte aus Zweige und notiere am Ende Oberbegriffe. Hebe sie durch Einkreisen, Unterstreichen oder farbige Markierung hervor.
- Ergänze die Oberbegriffe um Unterbegriffe. Zeichne dazu weitere Zweige ein und schreibe an ihrem Ende weitere Stichwörter auf.

Um dir einen perfekten Überblick über mögliche Aspekte eines Themas und die inhaltliche Struktur eines Textes dazu zu verschaffen, bietet sich auch eine **Cognitive Map** an. Hierbei handelt es sich um eine Art geistige Landkarte.

- Notiere zunächst in der Mitte des Blattes den zentralen Schlüsselbegriff bzw. das Thema.
- Notiere in einer Art Brainstorming auf einem weiteren Blatt Begriffe und Themenbereiche, die dir zu dem Thema einfallen.
- Ordne die Begriffe, die du gesammelt hast, zu inhaltlich zusammengehörigen Begriffsgruppen und schreibe sie um das zentrale Thema herum.
- Sammle zu den Begriffsgruppen weitere Unterbegriffe, gruppiere sie und ergänze sie auf der Map.
- Ziehe Verbindungslinien von den Unterbegriffen zum zentralen Thema und notiere die Art der Beziehung zwischen Schlüsselbegriff und hinzugekommenem Begriff an der Linie.
- Verbinde nun auch alle Begriffe, bei denen sich untereinander eine logische Verknüpfung herstellen lässt.
- Du kannst diese Cognitive Map beliebig erweitern. Habe auch bei späteren Erweiterungen stets den Bezug zum zentralen Ausgangsthema deutlich vor Augen, da es sonst nicht mehr im Mittelpunkt deiner Arbeit steht.

Concept Maps sind eine weitere Möglichkeit, komplexe Zusammenhänge in → *Sachtexten* als übersichtliches Schema grafisch darzustellen.

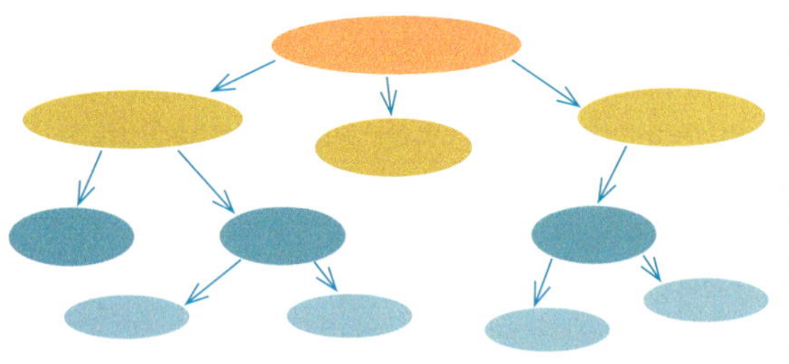

- **Erschließe** den Sachtext zunächst mit den dir bekannten → *Lesetechniken*.
- Überlege, wie du deine Concept Map **übersichtlich** anlegen kannst, beispielsweise von oben nach unten oder von links nach rechts. Notiere dann das **Thema** oben oder links und entwickele von dort deine Übersicht.
- Nimm nur **zentrale Aspekte** des Themas in deiner Concept Map auf.
- Nutze **visuelle Verstärker**. Kennzeichne Hervorhebungen durch Umrahmungen, schreibe in Großbuchstaben oder verwende farbliche Markierungen, Symbole oder Illustrationen, um einzelne Aspekte zu betonen.
- Verdeutliche Beziehungen zwischen den einzelnen Aspekten durch **Pfeile**. Beschrifte diese mit **Verben** oder **Schlüsselwörtern**, um die Art der Beziehung zu erklären

Zitieren

(→ Seite 121, 128, 158, 197, 247)

Direktes (wörtliches) Zitat

Bei dem direkten Zitat übernimmst du ein Wort, einen Teil eines Satzes oder ganze Sätze aus einem fremden Text im Wortlaut. Du setzt diese Textstelle in Anführungszeichen und darfst den Text nicht weiter verändern, außer du machst dies mit eckigen Klammern [...] kenntlich.

Kennzeichen des direkten Zitats:

- Es gibt einen Einleitungssatz oder Begleitsatz.
- Das Zitat steht in Anführungszeichen. Anführungszeichen stehen im Deutschen vorne unten und hinten oben.
- Das Zitat folgt auf den Einleitungssatz nach einem Doppelpunkt oder es steht vor einem Begleitsatz und wird dann mit Komma abgetrennt (→ *Zeichensetzung*).
- Der Wortlaut des Zitats wird in allen Einzelheiten beibehalten.
- Nach der zitierten Textstelle steht die Quellenangabe in Klammern.

Im Text „Integrationsproblem" heißt es: „Viele erleben den Umzug als Kulturschock." (Z. 3 f.).

Kennzeichen des verkürzten direkten Zitats:

- Der Einleitungssatz oder Begleitsatz kann fehlen.
- Es wird nur ein Wort/eine Wortgruppe zitiert, das/die in den Text einbezogen ist.
- Das Zitat steht in Anführungszeichen.
- Nach dem Zitat steht die Quellenangabe in Klammern.

Für viele Jugendliche war der Umzug nach Deutschland ein „Kulturschock" (Z. 3 f.).

Indirektes (sinngemäßes) Zitat

Bei dem indirekten Zitat gibst du den Inhalt einer Textstelle mit eigenen Worten wieder. Dabei werden keine Anführungszeichen gesetzt. Die Textstelle, auf die du dich beziehst, wird mit vgl. (vergleiche) oder s. (siehe) angegeben.

Kennzeichen des indirekten Zitats:

- Es gibt einen Einleitungssatz, der von einem Nebensatz (z. B. einem dass-Satz) gefolgt wird, oder der Einleitungssatz bzw. Begleitsatz fehlt.
- Der Inhalt, der wiedergegeben wird, ist in eigenen Worten benannt.
- Das indirekte Zitat wird in den eigenen Satz integriert, Anführungszeichen fehlen.
- Am Ende des Satzes steht in Klammern eine Quellenangabe. Diese wird mit vgl. für „vergleiche" oder s. für „siehe" eingeleitet und macht deutlich, dass es sich nicht um ein direktes Zitat handelt.

In dem Online-Lexikonartikel wird betont, dass sich viele Jugendliche schwer damit tun, ihre Heimat zu verlassen und in Deutschland Fuß zu fassen (vgl. Z. 3 f.).

Texte lesen und untersuchen

Äußere und innere Handlung

(→ *Seite 197*)

Die Ausgestaltung äußerer und innerer Handlung ist eine wesentliche Erzähltechnik.
Unter **äußerer Handlung** versteht man Geschehnisse, die für alle an einer erzählten Situation beteiligten → *Figuren* sichtbar und sinnlich wahrnehmbar sind. Als **innere Handlung** bezeichnet man Vorgänge, die sich nur im Kopf, im Bewusstsein einer Figur abspielen: Die Leserin/Der Leser erfährt, was eine Figur denkt, fühlt oder will.
Man unterscheidet also zwischen dem Fortgang der Handlung (= äußere Handlung) und der Beschreibung von Gefühlen und Gedanken der beteiligten Figuren (= innere Handlung).

Balladen

Das Wort Ballade stammt aus Südfrankreich und bezeichnete ursprünglich ein Lied, das beim Tanzen gesungen wurde. Der Begriff wurde im 18. Jahrhundert auch im deutschen Sprachraum heimisch, stand nun aber für ein mehrstrophiges Erzählgedicht, das herausragende Menschen und außerordentliche Ereignisse in den Mittelpunkt stellt.
Balladen enthalten Elemente aus allen drei literarischen Gattungen:

- **Erzählende Elemente**: Eine Ballade erzählt eine zumeist spannende Geschichte. Häufig gibt es einen → *Erzähler* (→ *Epik*).
- **Dramatische Elemente**: Die Ballade schildert eine besonders lebendige Szene. Spannung wird dabei vielfach durch die wörtliche Rede aufgebaut (→ *Dramatik*).
- **Lyrische Elemente**: Die Ballade hat die Formelemente des → *Gedichts* wie Strophen, Verse, Reime und vielfach ein Metrum (→ *Lyrik*).

Charakterisieren (Figuren)

(→ *Seite 25, 176, 216/217, 224–226*)

Bei einer Charakterisierung – auch **Figurenbeschreibung** genannt – beschreibst und erklärst du das Verhalten und die Eigenschaften einer literarischen → *Figur*. Wie beim Schälen einer Zwiebel lernst du die Figur beim Lesen Schicht um Schicht näher kennen und kannst sie schließlich charakterisieren. Dafür müssen **Hinweise** zum Aussehen der Figur, zu ihren Beziehungen und Lebensumständen, ihrem Verhalten und ihren Gedanken und Gefühlen zusammengetragen werden:

- Bei der **direkten Charakterisierung** werden die Merkmale des Charakters einer Figur direkt von der Figur selbst, einer anderen Figur oder vom → *Erzähler* beschrieben. Den Lesenden wird in Form von Bewertungen, Kommentaren, Einschätzungen und Urteilen explizit dargelegt, wie eine Figur aussieht, wie sie sich verhält (→ *äußere Handlung*), was sie denkt oder welche Charaktereigenschaften (→ *innere Handlung*) sie hat.
- Im Gegensatz dazu müssen die Leserinnen und Leser bei der **indirekten Charakterisierung** Aussagen zum Charakter einer Figur selbst aus ihrem äußeren Erscheinungsbild, ihrem Verhalten und ihren Gedanken und Gefühlen ableiten. Auch die **Beziehung** zwischen einzelnen Figuren (Figurenkonstellation) sagt viel über ihren Charakter aus. Es erfolgt keine nähere Kommentierung, Bewertung oder Beurteilung durch die Figur selbst, eine andere Figur oder den Erzähler.

Eine Charakterisierung sollte **folgende Bausteine** besitzen:

- Am Anfang gibst du an, um welchen Text und welche Figur es geht. Nenne dabei die Autorin/den Autor, die Textsorte und den Titel. Stelle dann die Figur kurz mit ein paar Sätzen vor und ordne die Textstelle ggf. in die Gesamthandlung ein.
- Dann beschreibst du die Figur vollständig und in richtiger Reihenfolge. Du kannst eingehen auf:
  - äußere Merkmale (Alter, Aussehen, Kleidung, Familie, Beruf, Lebensumstände),
  - Verhalten, Charaktereigenschaften, Einstellungen, Gedanken und Gefühle,
  - Verhältnis/Beziehungen zu anderen Figuren.
- Am Ende kannst du die Figur abschließend bewerten und darlegen, was du von ihr und ihrem Verhalten hältst.

Achte darauf, dass du ...

- passende → *Zitate* als Belege für deine Aussagen über den Charakter der Figur angibst.
- keine Aufzählung von einfachen Sätzen mit „ist" produzierst. Schreibe nicht: *Er ist stark. *Er ist wütend. *Er ist gewalttätig.

Verwende stattdessen Formulierungen wie: „Man erkennt an seinem Verhalten, dass ...“, „Daran wird deutlich, dass ...“, „Hinweise für ... sind ...“, „Daraus kann man schließen, dass ...“
- in der Zeitform Präsens schreibst.

Deutungshypothesen formulieren

(→ Seite 84/85, 112, 168, 277)

Aus → *Gedichten* lassen sich zumeist grundsätzliche Aussagen herauslesen, die über den Inhalt hinausgehen. Die Leserin oder der Leser ist daher aufgefordert, einen solchen Sinn im Text zu entdecken, das Gedicht also für sich selbst zu deuten.
Nach dem Lesen und dem Sammeln der ersten Eindrücke kann man daher eine sogenannte Deutungshypothese entwickeln. Diese hält man am besten in einem oder zwei Sätzen schriftlich fest. Die Deutungshypothese kann bei der Analyse behilflich sein. Sie sollte aber ständig überprüft werden.

Dialoge untersuchen

(→ Seite 158)

Halte zunächst fest, welche Handlung zu dieser Szene geführt hat, und fasse dann den Inhalt der Szene kurz zusammen. Folgende Fragen kannst du bei der Untersuchung beantworten:
- Wer sind die Gesprächspartner/-innen und um welches Thema, welche Themen geht es?
- Welche Positionen und Meinungen vertreten die Gesprächspartner/-innen?
- Bei einem Streit (Konflikt): Wird er gelöst? Wenn ja, wie? Wenn nein, warum nicht?
  Welche Gefühle werden deutlich?
- Ist der Redeanteil gleichmäßig verteilt oder spricht eine/einer der beiden mehr als die/der andere?
- Wie drücken sich die Gesprächspartner/-innen aus: Verwenden sie Alltagssprache, Umgangssprache, → *Dialekt* ...?
- In welcher Beziehung stehen die Gesprächspartner/-innen zueinander?
- Welche Ziele verfolgen die Gesprächspartner/-innen?
- Wer kann welches Ziel realisieren? Was verändert sich im Laufe des Gesprächs? (Was ist am Ende anders als zu Beginn? Warum kommt es zu einer Veränderung? Oder: Warum verändert sich nichts?)

Diagramme auswerten und erstellen

(→ Seite 108, 297, 315)

Ein Diagramm ist ein **Schaubild**, das dazu dient, Größenverhältnisse (z. B. Prozentzahlen) anschaulich darzustellen. Es gibt verschiedene Diagrammarten, z. B. **Balken-, Kreis- oder Säulendiagramme.**

Diagramme auswerten

- Gib die Thematik an. Manchmal gibt es eine Überschrift, die das Thema nennt.
- Verschaffe dir Klarheit über die Bedeutung der Zahlen, Beschriftungen, Farben usw.
- Stelle fest, woher das Diagramm und die Daten stammen. Gib die Quelle an.
- Notiere Aspekte, von denen du denkst, dass sie gut zu deiner Frage/Aufgabenstellung passen.
- Formuliere die benötigten Informationen aus.

Diagramme erstellen

Ein Diagramm kann Zusammenhänge manchmal verständlicher darstellen als ein Text. In einem → *Untersuchungsbericht* oder einem Sachtext kannst du Diagramme verwenden, die du selbst erstellt hast. Bei der Umwandlung eines Textes in ein Diagramm wählt man eine passende **Diagrammart**, einheitliche **Bezeichnungen** (Prozente, absolute Zahlen) und wichtige **Informationen** aus. Weniger Wichtiges kann weggelassen werden, wenn die Aussage dadurch nicht verfälscht wird.
Tipp: Mehrere kleine Diagramme können übersichtlicher sein als ein komplexes Diagramm.

Um auf einfache Art und Weise **Abläufe aller Art zu veranschaulichen**, eignen sich **Flussdiagramme** besonders gut. Mithilfe dieser lassen sich Handlungsschritte visualisieren, Abläufe erklären und Entscheidungsbäume darstellen. Neben Kästen und Pfeilen können auch Symbole zur Veranschaulichung genutzt werden. Du kannst Flussdiagramme zudem als Planungshilfe nutzen, z. B. für → *Inhaltsangaben* oder → *Informationstexte*.

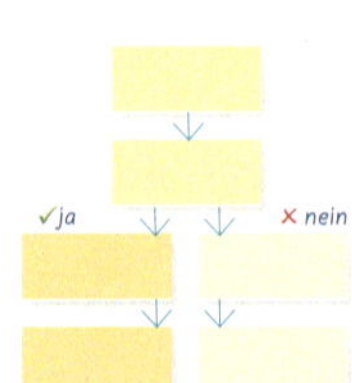

Drama → *Theater*

Epische Texte
(→ Seite 153, 193)

Schon seit mehr als 2500 Jahren gibt es epische Texte (Epik), lyrische Texte (→ *Lyrik*) und szenische Texte (→ *Drama*). **Epische Texte** sind erzählende Texte wie Romane, Anekdoten oder → *Erzählungen.* Sie haben einen → ***Erzähler*** und sind meist im **Fließtext** geschrieben. Der Erzähler ist fast immer eine unsichtbare oder erfundene → *Figur* (die „Stimme des Textes"). Von lyrischen Texten (→ *Gedichten*) unterscheiden sie sich dadurch, dass sie eine Handlung erzählen, nicht in Versen und Reimen geschrieben sind und kein festes Metrum haben. Im Gegensatz zu epischen Texten bestehen szenische Texte vor allem aus → *Dialogen und Monologen* und sind für das → *Theater* gemacht.

Episches Theater
(→ Seite 150–153, 157, 160, 163)

Das epische Theater will die Bühnenillusion zerstören. Ziel ist es, die Aufmerksamkeit der Zuschauer/-innen auf den Sinn des Geschehens zu lenken und sie so zu einer politisch-gesellschaftlichen Kritik anzuleiten. Das Publikum soll sozusagen wachgerüttelt werden. Dazu setzt Brecht unterschiedliche **Verfremdungseffekte** ein:
Die → ***Figuren*** sind oft nach ihrer Funktion benannt und beliebig austauschbar. Oft passen Sprechen und Handeln der Figuren aber nicht zueinander. Bisweilen treten sie aus ihrer Rolle (z. T. mit Kostümwechsel auf der Bühne) oder sie wenden sich an das Publikum. Die **Handlung** wird in andere historische und/oder geografische Räume verlegt, um eine Identifikation zu unterbinden. Die Figuren wechseln häufig die **Sprachebenen**, mal sprechen sie eine gehobene literarische Sprache, mal Alltagssprache. Das **Bühnenbild** bietet keinen realen Schauplatz. Requisiten werden sparsam eingesetzt. Die Illusion wird zusätzlich mithilfe von Tafeln, Projektionen oder anderen Mitteln der Bühnentechnik durchbrochen.

Erzähler, Erzählform und Erzählperspektive
(→ Seite 194, 200, 206, 217, 218, 230, 237, 279)

Der Erzähler einer Geschichte kann verschiedene **Perspektiven** einnehmen, aus denen er uns einen Einblick in die → *Figur*enwelt gibt:

Eine Geschichte kann in der **Ich-Form** erzählt sein. Dann spricht man von einem **Ich-Erzähler**. Der Ich-Erzähler ist eine Figur in der erzählten Welt. Er erzählt die Geschichte aus seiner Perspektive, die Leser/-innen sehen die erzählte Welt mit seinen Augen. Meistens erfahren sie dabei auch eine Menge über die Gedanken und Gefühle des Ich-Erzählers.

Steht der Ich-Erzähler außerhalb der Handlung, weiß aber alles über den Handlungsverlauf und die Gedanken und Gefühle der Figuren, so handelt es sich um einen **allwissenden (auktorialen) Erzähler**. Er bestimmt, von welchen Orten und Begebenheiten er als nächstes erzählt, legt die Zeitabläufe (Vor-/Rückblenden) fest und mischt sich durch Wertungen und Kommentare ein. Man bezeichnet dies auch als das **erzählende Ich**.
Ist der Ich-Erzähler gerade selbst in der Situation und berichtet, was er erlebt, handelt es sich um einen **personalen Erzähler**. Er kennt den Verlauf und Ausgang der Handlung nicht, hier spricht man von einem **erlebenden Ich**.

Eine Geschichte kann auch in der **Er-** oder **Sie-Form** erzählt werden. Dann spricht man von einem **Er-/Sie-Erzähler**. Der Er-/Sie-Erzähler ist keine Figur der Geschichte. Man erkennt ihn daran, dass in der 3. Person Singular (er/sie) erzählt wird. Er schildert das Geschehen meistens aus der Perspektive einer oder mehrerer Figuren, die in der Geschichte vorkommen. Dabei kann er auch die Gefühle und Gedanken dieser Figur bzw. Figuren wiedergeben.

Erzählschritte/Handlungsschritte

Eine Geschichte, z. B. ein Auszug aus einem Jugendbuch, besteht in der Regel aus verschiedenen **Erzählschritten**.
Ein Erzählschritt umfasst Sätze, die inhaltlich eng zusammengehören. Er endet, wenn etwas Neues passiert, z. B. wenn sich bei der → *Hauptfigur* etwas ändert, der Ort der Handlung wechselt, ein Zeitsprung stattfindet oder eine neue Figur auftritt. Statt von Erzählschritten kann man auch von **Handlungsschritten** oder Sinnabschnitten sprechen. Erzählschritte können, müssen aber nicht mit den Absätzen in einem Text übereinstimmen.

Erzählungen

Erzählungen sind Geschichten von besonderen Erlebnissen und Ereignissen, die tatsächlich stattgefunden haben oder die sich jemand ausgedacht hat. Häufig haben sie aktuelle Bezüge und handeln von Menschen und ihren Problemen. Oftmals behandeln Erzählungen ähnliche Themen, z. B. die Themen Freundschaft, Schule ...

Expressionismus

Der Expressionismus (1910–1925) entstand kurz nach Beginn des 20. Jahrhunderts als neue **Stilrichtung** zunächst in der bildenden Kunst und prägte dann die Literatur. Die Künstlerinnen und Künstler waren häufig noch jung und empfanden ihr Leben kurz vor Ausbruch des 1. Weltkriegs als sehr unsichere Krisenzeit. Sie erwarteten eine Katastrophe oder wollten einen völligen Umbruch. Sprachlich experimentierten sie mit neuen Ausdrucksmöglichkeiten, um ihre starken Emotionen und ihr Gefühl der Unsicherheit festzuhalten.
Häufige Merkmale der → *Lyrik*: Verzicht auf feste Gedichtformen, Auflösung von Satzstrukturen und Wortbedeutungen, Abkehr von nachvollziehbaren Zusammenhängen zugunsten von Eindrücken, die aneinandergereiht werden, intensive Metaphern (→ *Sprachliche Mittel*) und bedeutungsstarke Wörter, Übertreibungen und Verzerrungen.

Figuren
(→ Seite 145, 149, 158, 192, 216/217, 224–226, 273)

Personen, die in einer Geschichte oder einem → *Theaterstück* vorkommen, nennt man **Figuren**. Meist erfährt die Leserin/der Leser aus dem Zusammenhang der Geschichte, wie die Figur aussieht, welche Eigenschaften sie hat und was sie besonders beschäftigt, freut oder traurig macht.
Fast alle Geschichten, Romane, Theaterstücke oder Filme haben **Hauptfiguren** (→ *Theater*), die im Mittelpunkt der Handlung stehen. Über diese Figuren erfahren die Leser/-innen oder Zuschauer/-innen besonders viel. In einer → *Charakterisierung* kannst du das Verhalten und die Eigenschaften einer literarischen Figur beschreiben und erklären.
Das Beziehungsgeflecht der Figuren kann hingegen mithilfe einer **Personenkonstellation** grafisch dargestellt werden. Sie dient der Veranschaulichung, macht also die **Art der Beziehung** (Liebe, Freundschaft, Hass, Konkurrenz ...) deutlich und zeigt, **welche Figuren zusammengehören**. In einem Schaubild lässt sich die Art der Beziehung durch Striche, Pfeile, Schlüsselwörter und Symbole kennzeichnen, z. B. ♥ für Liebe, ⚡ für Hass, ☺ für Freundschaft ... .

Gedichte
(→ Seite 33, 112/113, 166–189, 209/210)

Gedichte, auch als **Lyrik** (*griech.* lyrikós = zum Spiel der Lyra gehörende Dichtung) oder Poesie (*griech.* poíēsis = Dichtkunst, das Dichten) bezeichnet, sind sprachliche Kunstwerke, die aus **Versen** (Zeilen) und **Strophen** (Abschnitten) bestehen. Innerhalb eines Verses kann es Einschnitte geben, also eine kurze (Sprech-)Pause im Vers. Diese bezeichnet man als **Zäsur**. Die Verse in einem Gedicht können sich reimen. Ein **Reim** bezeichnet den Gleichklang zweier oder mehrerer Silben: Haus – Maus, leben – geben. Klingen die Silben nur beinahe gleich, spricht man von einem unreinen Reim: Löwe – böse.
Die regelmäßige Anordnung der Reime bezeichnet man als **Reimschema**. Um das Reimschema eines Gedichts zu bestimmen, kann man die Versenden mit Kleinbuchstaben kennzeichnen. Jeder gleiche Reim bekommt denselben Buchstaben. Häufig vorkommende Reimschemata sind **Paarreim** (aabb), **Kreuzreim** (abab) und **umarmender Reim** (abba), hin und wieder auch der **Schweifreim** (aabccb).

Haus	a	Haus	a	Haus	a
Maus	a	gehen	b	gehen	b
gehen	b	Maus	a	stehen	b
stehen	b	stehen	b	Maus	a

Reimen sich Worte innerhalb eines Verses, spricht man vom **Binnenreim** (Und seufzte lang und bang). Einzelne Verse, die ohne Reim bleiben, bezeichnet man als „**Waise**". Gedichte ohne Reime nennt man **freie Verse**.
Wenn ein Satz (oder eine Wortgruppe) nicht mit dem Vers endet, sondern in den nächsten Vers, die nächsten Verse oder die nächste Strophe springt, spricht man von einem **Zeilensprung** (oder **Enjambement**). Mithilfe von Enjambements können einzelne Worte der Textfassung durch die End- oder Anfangsstellung im Vers hervorgehoben und Sachverhalte betont werden:

Und der Ritter in schnellem Lauf
Steigt hinab in den furchbarn Zwinger
Mit festem Schritte

Wichtig bei der Beschreibung der Form sind neben den regelmäßigen Strukturen vor allem auch die **Auffälligkeiten und Unregelmäßigkeiten**. Sie haben häufig eine besondere inhaltliche Bedeutung. Dabei kann es sich beispielsweise um fehlende oder überzählige Silben handeln, die das Metrum stören, oder auch um reimlose Verse innerhalb eines eigentlich regelmäßigen Reimschemas. So kann ein unregelmäßiges Metrum z. B. auf den Moment, in dem ein Unglück geschieht, hinweisen.
In Gedichten, besonders häufig in Liedern, kann es auch eine immer wiederkehrende Folge von Versen geben, die man **Refrain** oder **Kehrvers** nennt.
Gedichtverse sind oft nach einer regelmäßigen Abfolge von betonten (/) und unbetonten (_) Silben geordnet. Das nennt man **Versmaß (Metrum)**.
Man unterscheidet folgende Versmaße:

	_ / x x	
Jambus:	Del - fin	(unbetont, betont)
	/ _ x x	
Trochäus:	Lö - we	(betont, unbetont)
	_ _ / x x x	
Anapäst:	E - le - fant	(unbetont, unbetont, betont)
	/ _ _ x x x	
Daktylus:	Kän - gu - ru	(betont, unbetont, unbetont)

Die Klanggestaltung von Gedichten
Lyrische Texte haben vielfach einen **individuellen Klang**, der die Aussage des Gedichts unterstützt. Dieser Klang entsteht durch ein Zusammenspiel verschiedener Einzelaspekte, die du analysieren und in ihrer Wirkung beschreiben kannst.

- **Metrum:** Ein regelmäßiges Metrum wirkt ruhiger als ein unregelmäßiges. Die dreihebigen Versmaße wirken tänzerischer, die zweihebigen eher härter.
- **Kadenzen**: Ist die letzte Silbe eines Verses betont (stumpfe, männliche Kadenz), wirkt das härter, ist sie unbetont (klingende, weibliche Kadenz), klingt dies weicher.
- **Enjambement:** Zeilensprung – Er lässt den Text fließender wirken. Der Lesefluss wird nicht durch die Pause des Zeilenwechsels gestoppt.
- **Helle oder dunkle Vokale/kurze oder lange Vokale:** Tritt ein bestimmter Vokal sehr häufig auf, so beeinflusst dies den Klang und damit die Wirkung des Textes, z. B. wirkt die gehäufte Verwendung des kurz gesprochenen i munter oder aber auch aggressiv, viele lang gesprochene o machen den Text ruhiger und dunkler.
- **Harte oder weiche Konsonanten:** Auch die Auswahl der Konsonanten verändert den Klang eines Textes. So können harte Konsonanten wie t oder k den Text ebenso hart wirken lassen – weiche Konsonanten wie m oder l vermitteln hingegen eine harmonischere Stimmung.
- **Kurze oder lange Wörter:** Häufungen sehr kurzer Wörter beeinflussen das Tempo eines Textes.
- **Klangbetonte Stilmittel:** Hierzu gehören z. B. die Alliteration und die Onomatopoesie (Lautmalerei), also die Nachahmung eines Klangs mithilfe von Worten, z. B. plätschern, summen.

Um die Klanggestaltung eines Gedichts zu untersuchen, ist es manchmal empfehlenswert, sich den Text **laut und ruhig vorzusprechen**, statt ihn lediglich still zu lesen.

Gedichte analysieren
Wenn du eine Gedichtanalyse ausformulierst, solltest du immer eine Leserin bzw. einen Leser im Blick haben. Stelle dir vor, dass diese Leserin/dieser Leser sich für deine Arbeit interessiert, jedoch das vorliegende Gedicht nicht kennt. Du musst sie/ihn über alle deine Gedanken nachvollziehbar informieren.

1. **Einleitung:**
   - Formuliere einen Einleitungssatz: Autor/-in, Titel, Textart, Erscheinungsjahr, Thema.
   - Beschreibe die Form des Gedichts.
   - Fasse den Inhalt in eigenen Worten zusammen.
   - Formuliere ggf. eine → *Deutungshypothese*.
2. **Hauptteil:**
   Analysiere Inhalt, Form und Sprache in ihrem Zusammenspiel. Die in der Aufgabenstellung formulierten Leitaspekte geben dir eine Orientierung.
3. **Schluss:**
   Fasse die wichtigsten Ergebnisse der Analyse zusammen.

Graphic Novels
(→ Seite 231–233)

Graphic Novels erzählen Geschichten mithilfe von Texten und Bildern. Die Illustrationen sind dabei unverzichtbar für das Verstehen der Erzählung und eröffnen eine weitere Bedeutungsebene über den Text hinaus. Die Bandbreite von Graphic Novels ist groß und reicht von einer comicähnlichen Darstellung bis hin zu einer Kombination von Texten und Bildern. Es handelt sich hier also um „grafische Literatur".

Wichtige **Fachbegriffe** sind:
- Balloons (Sprech- und Gedankenblasen)
- Textbox (Kasten mit Text)
- Panel (Einzelbild)
- Strip (Folge von Einzelbildern)
- Soundword (Versprachlichung von Geräuschen)
- Speedline (Aktionslinie, die Bewegungen oder Bewegungsrichtungen darstellt)
- Rinnstein/Gutter (Lücke zwischen den einzelnen Panels)

Handlungsorte untersuchen
(→ Seite 214/215, 222/223)

Die Handlung von Romanen ereignet sich an bestimmten **Orten**, die oft eine wichtige Rolle für die → *Figuren* und die Handlung spielen. Bei der Untersuchung könnt ihr auf folgende Aspekte eingehen:
- die **Art** des Ortes, zum Beispiel eine Großstadt, ein Raum, ein Ort in der Natur,
- die **Bedeutung** eines Ortes für die Handlung,
- die **Wahrnehmung** des Ortes und seiner Atmosphäre durch eine Figur.

Inhaltsangabe
(→ Seite 158, 200, 246, 247)

Vorarbeiten:
- Lies den Text sorgfältig und markiere unbekannte Wörter, die du anschließend nachschlägst.
- Gliedere den Text, indem du Handlungsschritte findest und sie mit Kurztiteln oder Überschriften versiehst. Der Wechsel eines Schauplatzes, Auf- und Abtritte von Figuren oder Veränderungen im Handlungsablauf sind Gliederungssignale. **Achtung**: Nicht alle Textteile gehören zur Handlung. Beschreibungen, Erzählerkommentare oder Schilderungen können die Handlung unterbrechen und sollten in der Inhaltsangabe nicht wiedergegeben werden.

Das kennzeichnet die Inhaltsangabe:
- Die Inhaltsangabe informiert **sachlich** darüber, was in einem Text geschieht. Die Leserin/Der Leser soll den Text verstehen können, obwohl er die Geschichte nicht gelesen hat.
- Verfasse zuerst eine Einleitung, welche Auskunft über Textsorte, Autor/-in, Titel und **Thema** der Geschichte gibt. So kann die Leserin/der Leser den Text einordnen und weiß, worum es geht.
- Gib in eigenen Worten den Textinhalt in **knapper und sachlicher Sprache** wieder.
- Wörtliche Rede kommt in der Inhaltsangabe nicht vor, sie wird zusammengefasst oder durch **indirekte Rede** (→ *Verben*) wiedergegeben.
- Die Zeitform ist das **Präsens**. Achte auf die **Reihenfolge** der Handlungsschritte.

kafkaesk
(→ Seite 201/202)

Das Adjektiv kafkaesk ist seit 1973 im Duden zu finden. Ursprünglich wurde es nur innerliterarisch verwendet, um typische Textmerkmale Franz Kafkas oder Ähnlichkeiten zu seinen Texten zu bezeichnen. Erst später wurde es auch für außerliterarische Sachverhalte verwendet. Kafkaesk steht für **Bedrohung, Angst, Ausweglosigkeit und Unsicherheit**. Die → *Figuren* in entsprechenden Situationen sehen sich einer **unfassbaren** und oft **anonymen Macht** gegenübergestellt, der sie verzweifelt ausgesetzt sind. Diese innere Verzweiflung ist oftmals mit Schuld verbunden und wird auf absurde Art und Weise dargestellt. Das Adjektiv kann am ehesten mit dem Begriff **grotesk** assoziiert werden.

Kurzgeschichten
(→ Seite 205, 277)

Kurzgeschichten haben einen **geringen Umfang** und erzählen von **alltäglichen Situationen**. Die Handlung beginnt meist **unvermittelt** und endet plötzlich. Man hat den Eindruck, dass Kurzgeschichten nur einen Ausschnitt einer Gesamthandlung bieten. Dieser **Ausschnitt** wird linear erzählt, selten gibt es Vor- oder Rückblenden. Oft hat die Geschichte gegen Ende einen **Wendepunkt**, der überrascht oder irritiert.
Da Gefühle und Gedanken oft ausgespart sind, enthalten diese Texte viele **Leerstellen**, die die Leserin bzw. der Leser mit eigenen Gedanken füllen muss. Die **Sprache ist meist einfach** gehalten, häufig liegt Alltagssprache vor. In vielen Texten sind **Symbole** zu finden, die erst beim intensiven Lesen (→ *Lesetechniken*) entdeckt und gedeutet werden können.

Kurzgeschichten interpretieren

Ein Interpretationsaufsatz setzt sich aus der Erschließung (Analyse) sowie der Deutung (Interpretation) eines Textes zusammen.

Bei der **Analyse** beschreibst du den Text und seinen Aufbau ganz genau. Hier nimmst du vor allem Inhalt, sprachliche Gestaltung und Merkmale der Textsorte in den Blick.

Die anschließende Texterschließung baut auf diesen Ergebnissen auf. In dieser nimmst du eine **Interpretation** des Textes vor. Du gehst also den Fragen nach, was die Autorin oder der Autor der Leserin bzw. dem Leser anhand des Textes mitteilen will oder welche Bedeutung der Text für die Leserin bzw. den Leser heute hat.

Beim Planen, Schreiben und Überarbeiten des Interpretationsaufsatzes kannst du so vorgehen:

1. **Einen Schreibplan erstellen:**
   - Mache dir klar, wie der Arbeitsauftrag lautet.
   - Untersuche die Kurzgeschichte genau.
2. **Den Interpretationsaufsatz schreiben:**
   - **Einleitung:** Nenne Textsorte, Autor/-in, Titel und Erscheinungsjahr. Gib den Inhalt der Kurzgeschichte knapp wieder und nenne die Aussageabsicht der Autorin/des Autors.
   - **Hauptteil:** Treffe Aussagen zu der → *Erzählperspektive*, den Figuren und ihrer Charakteristik, der Zeit und dem Ort der Handlung, der Handlung/dem Ereignis/dem Konflikt und beschreibe Merkmale der Sprache (z. B. Sprachebene und Symbole).
   - **Schluss:** Fasse die wichtigsten Ergebnisse zusammen und erläutere die Absicht der Autorin/des Autors. Mache Aussagen zur Wirkung des Textes und äußere evtl. deine eigene Meinung.
3. **Den Interpretationsaufsatz überarbeiten:**
   - Überprüfe deinen Text auf inhaltliche und sprachliche Richtigkeit.
   - Kontrolliere, ob du alle Aufgaben abgearbeitet hast, die du bei der Abfassung eines Interpretationsaufsatzes zu erledigen hast.

Lesetechniken anwenden

(→ Seite 96, 120, 138, 306)

Folgende allgemeine Regeln gelten beim Sichten und Erschließen mehrerer Texte:

1. Kläre zuerst die Fragestellung: Was genau will ich wissen? Warum lese ich diesen Text?
2. Arbeite vom Bekannten zum Unbekannten, vom einfach Formulierten zum Speziellen und vom neuesten zum ältesten Text.

Man unterscheidet verschiedene Lesetechniken. Je nachdem, welche Fragen du an den Text hast, eignen sie sich unterschiedlich gut, um die gewünschten Informationen zu erlangen.

- **Intensives Lesen:** Das gründliche Durcharbeiten eines Textes sowie das Verstehen und Nachvollziehen des Inhaltes sind das Ziel dieser Lesetechnik. Das intensive Lesen strebt das umfassende Behalten des Textes und eine sichere Orientierung an, sodass du weißt, was wo geschrieben steht. Dies ist zeitintensiv, da du beispielsweise unbekannte Wörter nachschlägst oder ableitest, den Text in Sinnabschnitte gliederst und Wichtiges herausschreibst.
- **Orientierendes (diagonales) Lesen:** Mit dieser Lesetechnik kannst du dir in kurzer Zeit einen Überblick vom Inhalt verschaffen, um in einem nächsten Schritt die für deine Frage relevanten Passagen genau in den Blick zu nehmen. Dafür wird nicht Zeile für Zeile von links nach rechts gelesen, sondern auch von oben nach unten (= diagonales Lesen). Es geht dabei nicht um eine Steigerung der Lesegeschwindigkeit, lass dir also ruhig Zeit. Markiere Begriffe, die im Zusammenhang mit deiner Frage an den Text stehen (sog. Schlüsselbegriffe), und Passagen, die dich überraschen, dir wichtig erscheinen oder du nicht verstehst, z. B. mithilfe von Zeichen wie *, ! und ?.
- **Auswählendes (selektives) Lesen:** Bei dieser Technik liest du den Text suchend, das heißt, dass du dich ausschließlich auf bestimmte Begriffe (z. B. Namen, Zahlen, Wortketten) konzentrierst. Das Textverständnis steht nicht im Mittelpunkt dieser Technik, hier geht es ausschließlich um das Finden von vorher festgelegten Begriffen, die für die weitere Arbeit an dem Thema wichtig sind. Eine Folge dieser Lesetechnik ist es, dass ganze Abschnitte übersprungen werden können, da der gesuchte Begriff darin nicht auftaucht. In einem nächsten Schritt können die so gefundenen Stellen intensiv gelesen werden und gegebenenfalls weiterverwertet werden.
- **Vergleichendes Lesen:** Für das vergleichende Lesen liegen dir mindestens zwei verschiedene Texte zu einem gleichen Thema vor. Die Lesetechnik ist recht anspruchsvoll, da sie voraussetzt, dass du die Texte intensiv gelesen und verstan-

den hast. Nun geht es darum, der Argumentation des Textes zu einer Fragestellung zu folgen und dabei Gemeinsamkeiten und Unterschiede festzustellen.

Lyrik → *Gedichte*

Lyrisches Ich
(→ Seite 76, 87, 89, 167, 176, 178, 179, 181, 183, 185)

In → *Gedichten* werden Gefühle, Beobachtungen und Gedanken durch einen **lyrischen Sprecher** mitgeteilt. Dieser Sprecher darf nicht gleichgesetzt werden mit dem Autor/der Autorin, sondern ist – wie das Gedicht selbst – erfunden. Taucht im Gedicht ein Sprecher in der Ich-Form auf, so spricht man von einem **expliziten lyrischen Ich**. Fehlt das → *Personalpronomen*, so bezeichnet man den Sprecher als **implizites lyrisches Ich**. Wird der Inhalt des Gedichts eher neutral aus der Perspektive eines Beobachters präsentiert, wird die Bezeichnung Sprecher genutzt.

Moderne Lyrik
(→ Seite 169)

Der Begriff „moderne Lyrik" bezeichnet Formen von → *Lyrik*, die sich schon äußerlich von traditionell gestalteten → *Gedichten* unterscheiden. Diese Texte sind zeitlich nicht nur in der Gegenwartslyrik vorzufinden. Folgende Merkmale sind typisch für moderne Lyrik:

- **Freie Formen:**
  Moderne Lyrik **verzichtet häufig auf traditionelle, regelhafte Formelemente** wie Strophenbau, Reimschema oder Versmaß. Dennoch sind diese freien Formen nicht beliebig, sondern ganz bewusst gewählt. Die Verse der traditionellen Lyrik nennt man in der modernen Lyrik Zeilen.
- **Sprache und Satzbau:**
  Moderne Lyrik erweitert die sprachlichen Möglichkeiten, indem auch „unlyrische" Begriffe aus Fachsprachen, → *Fremdsprachen* oder Alltagssprache genutzt werden. Der Satzbau entspricht vielfach nicht der Standardgrammatik. Die Texte arbeiten mitunter mit Satzbrüchen oder -abbrüchen, Einklammerungen oder lose aneinandergereihten Wortgruppen, ungewöhnlichen Zeilenumbrüchen, Auslassungen und Lücken.
- **Paradoxien:**
  In modernen Gedichten werden das Leben und die Welt oft als kompliziert und undurchschaubar dargestellt. Lösungen für wahrgenommene Probleme bieten die Autor/-innen seltener an. Das drückt sich bisweilen darin aus, dass in den Texten paradoxe (= scheinbar widersprüchliche oder absurde) Situationen beschrieben werden.

Neue Sachlichkeit

Nach der Katastrophe des 1. Weltkriegs (1914–1918) wandten sich die Schriftsteller/-innen von der extrem emotionalen Ausdrucksweise des → *Expressionismus* ab. Sie sahen die Welt ernüchtert und wollten eine realistische, distanzierte Haltung einnehmen. Sie wollten die Fakten darstellen und das, was sie thematisierten, möglichst **klar, verständlich und einfach** formulieren. Der Blick der Neuen Sachlichkeit galt vor allem auch den scheinbar unwichtigen Details und dem einzelnen Menschen.

Novelle
(→ Seite 195, 212–235)

Die Novelle (*italienisch* novella: „Neuigkeit") ist eine kurze Prosaerzählung, die von sonderbaren oder dramatischen bzw. „unerhörten Begebenheiten" (Goethe) handelt. Novellen sind in der Form **kurz** gehalten, stellen eine **begrenzte Anzahl von Figuren** in den Mittelpunkt und zielen zumeist recht geradlinig auf einen **zentralen Höhe- oder Wendepunkt** der Geschichte ab. Sie können aber auch mehr als einen Wendepunkt haben.

Die **Falkentheorie** ist eine Novellentheorie, die vom Schriftsteller **Paul Heyse** entwickelt worden ist. Ihren Namen verdankt sie dem Umstand, dass Heyse seine Theorie am Beispiel der *Falkennovelle* von Giovanni Boccaccio (1313 – 1375) erläuterte. Zentrale Aussage der Theorie ist, dass jede Novelle von einem einzigartigen, besonderen **„Dingsymbol"** bestimmt ist, dem **„Falken"**. Dieses Dingsymbol taucht an wesentlichen Stellen einer Novelle auf und ist somit ihr verbindendes **Leitmotiv**. Oft wird der Falke am Höhepunkt beziehungsweise Wendepunkt der Novelle zum Symbol für den **zentralen Konflikt** der Geschichte.

NS-Propagandasprache

(→ Seite 248–251)

Folgende **sprachliche Mittel** wurden in NS-Reden gehäuft eingesetzt:

- Änderung des Wortwertes und der Bedeutung von Begriffen
- Grammatischer Superlativ (als Adjektivform) und semantischer Superlativ (als Einzelausdruck mit superlativem Wert, als superlativisch angelegtes Satzgebilde sowie als Zahl (oft 1000) oder Zahlenreihung (Hyperbel))
- Akkumulation/Reihung/Wiederholung
- Parallelismus
- rhetorische Frage
- religiöse Begrifflichkeit/Sprache des Glaubens
- Vokabular des unbedingten Willens (s. a. Superlativ)
- Personal- und Possessivpronomen
- Schlagwörter
- Antithese
- imperativische Formulierungen: Imperativformen: direkte Aufforderungen oder Modalverb müssen
- Metaphern vor allem aus den Bereichen Technik, Militär, Biologie, Medizin und Sport

Parabeln

(→ Seite 190–211)

Eine Parabel ist eine fiktive, meist epische Kurzform, deren Handlung sich auf andere Zeiten und Orte in der realen Welt übertragen lässt. Ziel der Parabel ist es, die Leserin bzw. den Leser zu belehren, eine **Erkenntnis** soll vermittelt werden. Dies geschieht durch einen Vergleich der fiktiven Situation in der Geschichte mit der Wirklichkeit. Also unterscheidet man zwischen der **Bild-** und der **Sachebene**.
Mit der Bildebene bezeichnet man die fiktive Handlung des Textes. Die Sachebene dagegen weist über den Text hinaus; sie erfasst das, was in der Parabel gemeint ist, und muss erst erschlossen werden.
Die Leserin bzw. der Leser muss also **das Gezeigte zu dem Gemeinten umdeuten**. In vielen Parabeln gibt es ein Element, das von der Bildebene auf die Sachebene verweist, also ein Vergleichsmoment: das **Tertium Comparationis**.
Parabeln sind aber selten eindeutig: Oft sind **mehrere Deutungen** möglich und müssen gefunden werden.

Die Geschichte von Parabeln
Der Begriff leitet sich aus dem Griechischen ab und bedeutet so viel wie „Nebeneinanderwerfen“ (para: daneben, ballein: werfen). Den Ursprung der Textsorte findet man in der **antiken Rhetorik**, denn schon damals tat ein Redner gut daran, komplizierte Sachverhalte mit Bildern oder erfundenen Beispielgeschichten für die Zuhörer/-innen zu veranschaulichen.
In der Folgezeit wird der Begriff auf **biblische Gleichnisse** angewendet. Während der Aufklärung wird er aus dem religiösen Bezugsrahmen wieder gelöst. Im Unterschied zum Gleichnis erzählt die Parabel eine Geschichte, die in sich **sinnvoll** und **abgeschlossen** ist, also auch ohne Übertragung in eine Sachebene verstanden werden kann. Daher wird in der Parabel auch das **Imperfekt** als Tempus (→ *Verben*) verwendet, während das Gleichnis im **Präsens** verfasst wird. In der modernen Literatur wird der Parabelbegriff auch für **andere Gattungen** wie Romane, Dramen oder Gedichte gebraucht.

Textsorten unterscheiden – Parabel im Vergleich zu Kurzgeschichte und Fabel
Eine klare Abgrenzung zwischen Parabel und → *Kurzgeschichte* ist schwierig. Folgende Gesichtspunkte tragen zur Unterscheidung bei: Die **Kurzgeschichte** erzählt ausschnitthaft Geschehnisse aus einer realen Welt. Sie ist an einen **bestimmten Augenblick**, eine **bestimmte Situation** oder an ein **Ereignis** gebunden. Die **Parabel** erzählt mitunter Vorgänge aus einer realen Welt. Sie verfügt aber freier über Raum und Zeit. Darüber hinaus verweist sie immer **über das Erzählte hinaus**. Indem die Leserin bzw. der Leser reflektiert und einen Analogieschluss vollzieht, verweist sie auf etwas Gemeintes außerhalb des Textes (Sachebene).
Die **Fabel** zählt ebenso wie die Parabel zu den **Lehrdichtungen**. Erst Lessing (1729–1781) unterscheidet zwischen Fabeln und Parabeln; vorher wurden diese Texte unter den Gleichnissen zusammengefasst. Grundlegend für die Fabel ist die vollständige **Vermenschlichung** der vor allem aus der Tierwelt stammenden Figuren. Der Leserin bzw. dem Leser wird ein Spiegel vorgehalten, da menschliche Charaktereigenschaften übertrieben und satirisch dargestellt werden. Fabeln schließen meist mit einem **ausformulierten Lehrsatz**, bei der Parabel muss die Leserin oder der Leser die Bedeutung selbst erschließen.

Parodien
(→ *Seite 79–81, 253, 257)*

Eine **Parodie** (von *griechisch* parodia = Gegengesang oder verstellt gesungenes Lied) ist eine **übertreibende** oder **verzerrende Nachahmung** von etwas Bekanntem. Die Parodie kann dazu dienen, die parodierte Vorlage **lächerlich** zu machen oder zu **kritisieren**.

Rahmenhandlung und Binnenhandlung
(→ *Seite 82, 214, 216, 218, 222, 227)*

Viele literarische Texte haben eine **Rahmenstruktur.** Eine Handlung bildet als Rahmen Anfang und Ende des Textes. Innerhalb dieses Rahmens ist eine zweite Ebene mit einer **Binnenhandlung** (z. B. als Rückblende) eingebaut, die sich meistens durch eine andere Zeit, einen anderen Ort oder andere handelnde Personen unterscheidet.

Reden
(→ *Seite 112, 236–259, 304–307)*

Seit Aristoteles (384–322 v. Chr.) werden in der Rhetorik folgende drei **Redegattungen** unterschieden, wobei die Übergänge fließend sein können:

- **Festrede:** Eine Person, eine Personengruppe, eine Einrichtung etc. wird für ihre Leistungen gelobt bzw. gewürdigt oder ihr Wirken wird kritisiert. Beispiele sind die Abiturrede, die Hochzeitsrede, die Gedenkrede, die Trauerrede, die Jubiläumsrede oder die Eröffnungsrede.
- **Politische Rede:** Die Rednerin/der Redner stellt ihre bzw. seine Position bezüglich einer Situation dar. Dabei legt sie/er ein bestimmtes Handeln nahe, → *appelliert* oder warnt. In der Zuhörerschaft sollen Entscheidungen, zu denen die Rednerin/der Redner steht, verfestigt werden. Während es in demokratischen Zusammenhängen um argumentative Auseinandersetzung und Aufklärung geht, lenkt die manipulative, hetzerische bzw. demagogische Propagandarede durch die Erzeugung von Emotionen von der Notwendigkeit solider Argumentation ab. Beispiele sind: die Parteitagsrede, die Wahlkampfrede, die Parlamentsrede, die Propagandarede.
- **Gerichtsrede:** Es handelt sich um Reden mit anklagender oder verteidigender Funktion, gemeint sind im Wesentlichen die Plädoyers von Staatsanwaltschaft und Verteidigung. Die jeweilige Argumentation soll bei der Entscheidung, was im Hinblick auf ein vergangenes Geschehen Recht bzw. Unrecht ist, helfen.

Eine Redeanalyse verfassen (→ *Seite 244–247)*

1. **Einleitung: Vorstellung/Rahmenbedingungen**
   Die Einleitung soll eine erste Orientierung zur Rede liefern. Sie beinhaltet daher folgende Angaben zur **Redesituation**: Merkmale der Rednerin/des Redners, Art der Rede, Ort, Zeitpunkt/historischer Kontext der Rede, Thema bzw. Problemstellung der Rede, Anlass und Absicht der Rede, Merkmale der Zuhörerschaft.
2. **Hauptteil: Darstellung der Redegestaltung**
   - **Inhaltswiedergabe:** prägnante Zusammenfassung des Redeinhalts bei Wiedergabe der zentralen Aussagen mit eigenen Worten und im Konjunktiv der indirekten Rede, dabei Beschreibung der Aufbaumerkmale: Position/These, Argumentationsweise etc.
   - **Sprachanalyse:** Untersuchung der Rede auf sprachliche Besonderheiten (z. B. syntaktische, lexikalische, semantische Merkmale).
   - **Strategieanalyse:** Untersuchung der Rede auf den Einsatz von Methoden der Beeinflussung
3. **Schluss: Formulierung eines Fazits der Analyse**
   - kurze Zusammenfassung der Analyseergebnisse und Auswertungen
   - abschließende Bewertung der Rede

Rollenbiografien
(→ *Seite 148/149)*

Eine **Rollenbiografie** ist ein Text, in dem die → *Figur* in Ich-Form Auskunft über sich selbst gibt, d. h. sie spricht über sich selbst, als stelle sie sich einem Fremden vor. Das tut sie im Präsens und sie spricht so wie im Stück. Dabei folgt ihre Vorstellung keinem festen Schema; nach der Begrüßung kann sie zunächst einige **allgemeine Fakten** über sich nennen: Wie heiße ich, wie alt bin ich, woher komme ich, was mache ich beruflich ...?
Danach kann sie über ihren **Charakter** und ihre **Einstellungen** sprechen: Welche Eigenschaften habe ich? Was kann ich besonders gut, was gar nicht? Was liebe ich, was hasse ich? Was wünsche ich mir? Wonach sehne ich mich? Wovor habe ich Angst? Was sind meine Ziele? Was ist mein größtes Problem? Was will ich, bekomme es aber nicht?

Auch die **Beziehungen** zu anderen sind wichtig: Was bedeuten mir Freunde und Familie? Wer ist mein bester Freund/Freundin? Wie komme ich mit anderen aus? Wie sehen andere mich?

Rollengedichte

(→ Seite 180–183)

Ein Rollengedicht ist eine Form des → *Gedichts*, in der das → *lyrische Ich* in die Rolle einer literarischen → *Figur* schlüpft und **aus deren Perspektive** schreibt. Häufige Rollen sind Knaben, Schäfer, Wanderer oder mythologische Figuren.
Diese Form ist in der Gegenwartslyrik weniger verbreitet als in früheren Epochen. Vielfach wurden mit Rollengedichten **Themen** aufgegriffen, die **nicht direkt ausgesprochen werden können**, da sie den Verfasser/-innen ansonsten soziale Probleme bereitet hätten, da häufig in der Rolle gegen herrschende gesellschaftliche Normen verstoßen wurde.

Rollenprofil

(→ Seite 272/273)

Ein Rollenprofil ist eine **konkrete Ausgestaltung einer → *Figur*** nach einer literarischen Vorlage. Es wird im **Präsens** und aus der **Ich-Perspektive** der jeweiligen Person geschrieben. Das Profil besteht aus der Zusammenstellung aller wesentlichen Informationen, die man aus dem Text über die Figur erhält. Man kann in ein Rollenprofil auch die **eigene Vorstellung** einfließen lassen. Diese darf jedoch nicht dem widersprechen, was man aus dem Text über die Figur erfährt. Bei der Erstellung eines Rollenprofils helfen folgende vier Leitfragen:

1. Welche Informationen erhalte ich aus dem Text über die Figur?
2. Wie sieht die Figur sich selbst?
3. Wie sehen andere diese Figur?
4. Wie sieht der Alltag dieser Figur aus? / Was tut die Figur normalerweise?

Sachtexte

(→ Seite 12–14, 34–36, 236–259, 353)

Sachtexte liefern vor allem Informationen und Erklärungen. Sie unterscheiden sich von literarischen Texten wie → *Erzählungen* oder → *Gedichten* dadurch, dass die Inhalte nicht frei erfunden sind, sondern sich vor allem mit wirklichen Themen beschäftigen.
Typische Sachtexte sind Nachrichten, → *Berichte*, → *Beschreibungen*, Informationsbroschüren, Lexikonartikel oder Kochbücher. Sachtexte enthalten häufig auch → *Diagramme*, Tabellen, Grafiken und Abbildungen. Um einen → *Informationstext* zu verfassen oder ein → *Kurzreferat* auszuarbeiten, kannst du z. B. Sachtexte, Diagramme und andere → *Medien* wie kurze Radiobeiträge oder Videoclips nutzen, die du zuvor im Internet gezielt gesucht (recherchiert) hast. Bei der **Recherche** ist immer auch auf die Zuverlässigkeit der Sachtexte zu achten, hilfreich ist dabei der Vergleich mit Texten, die sich dem gleichen Thema widmen: Bei unterschiedlichen Angaben musst du mit weiteren Texten prüfen.

Sachtexte erschließen
Die **Fünf-Schritt-Lesemethode** hilft dir, längere Texte Schritt für Schritt zu erschließen, wichtige Informationen zu erkennen und herauszuschreiben.

1. Den Text überfliegen:
a) Lies den Text zügig: Achte auf Überschriften, Anfänge der Textabschnitte sowie den Schluss.
b) Schau dir Abbildungen und Bildunterschriften an.
c) Bestimme das Thema.
Ziel: Überblick und Erfassung des Themas

2. Fragen stellen:
Schreibe auf, was dich an dem Thema interessiert, welche Fragen du an den Text hast. Du kannst z. B. W-Fragen stellen.
Ziel: Vorbereitung der Informationsentnahme

3. Den Text gründlich lesen:
Lies Absatz für Absatz genau:
a) Unterschlängele Wörter, die du nicht verstehst. Prüfe, ob sich der Sinn der Worte aus dem Textzusammenhang ergibt oder aus bekannten Wörtern ableiten lässt. Wenn nicht, schlage im Wörterbuch nach.
b) Markiere Schlüsselwörter, die für die Aussage des Textes wichtig sind und die du dir merken möchtest. Markiere nur das Nötigste, sonst verlierst du den Überblick.
c) Prüfe, welche weiteren Informationen Bilder und Grafiken liefern.
Ziel: genaues Textverständnis

4. Den Inhalt abschnittsweise erfassen:
a) Finde Überschriften zu den Abschnitten.
b) Fasse dann den Inhalt ganz kurz zusammen. Die Schlüsselwörter können dabei helfen.
Ziel: Auf diese Weise erfasst du die Hauptaussagen des Textes.

5. Informationen festhalten:
Schreibe die wichtigsten Informationen aus dem Text geordnet auf. Du kannst z. B.
- Fragen stellen und aus dem Text beantworten,
- einen gegliederten Stichwortzettel anlegen,
- eine Mindmap erstellen.

Ziel: So sammelst du die wichtigsten bzw. benötigten Informationen und kannst auf sie zurückgreifen.

Eine Sachtextanalyse verfassen

So kannst du die schriftliche Analyse aufbauen:

1. Einleitung:

Liefere folgende **Grundinformationen** zum analysierten Text:
- Verfasserin/Verfasser, Titel, Textsorte, Erscheinungsort, Erscheinungsdatum,
- Thematik bzw. zentrale Aussage des Textes,
- Adressat/-innen und vermutliche Absicht (z. B. Information, politische Beeinflussung, kommerzielle Werbung, Kommentierung gesellschaftlicher Ereignisse, Mitteilung persönlicher Eindrücke, Unterhaltung ...).

Die Einleitung sollte so kurz wie möglich und so umfangreich wie nötig gestaltet werden.

2. Hauptteil:

(1) **Inhaltswiedergabe:** Fasse die **Ausführungen des analysierten Textes** mit eigenen Worten und prägnant zusammen und beschreibe dabei auch seine **Aufbaumerkmale** (z. B. Thesen und Argumentation oder Behauptungen und Stützversuche, sachlogische Zusammenhänge).

(2) **Sprachanalyse:** Beschreibe die **auffälligen Elemente** und werte sie aus, z. B.:
- besondere syntaktische Merkmale: Satzart, Satzbau, Tempus, Modus usw.,
- besondere lexikalische Merkmale: Häufungen bestimmter → *Wortarten*, Wortbildungen/Wortneuschöpfungen usw.,
- besondere semantische Merkmale: Stilebene, Schlüsselstellen/Schlüsselwörter (Schlagwörter, Slogans, Redewendungen, Klischees ...), Wortfelder, Metaphorik usw.

3. Schluss
- Fasse die **Analyseergebnisse sowie Auswertungen** kurz zusammen.
- Nimm **Stellung** zu dem im Text behandelten Thema oder der dort vertretenen Position. Du kannst auch die Art der Darstellung kritisieren oder ein Fazit ziehen.

Beachte dabei grundsätzlich:
- Konzentriere dich auf auffällige und ergiebige Aspekte.
- Eine Auflistung sprachlicher Merkmale genügt nicht. Setze sie in Bezug zur Textwirkung.
- Verfasse die Analyse im Präsens.
- Kennzeichne Zitate als solche.
- Formuliere sachlich, verwende – soweit möglich – passende Fachausdrücke.
- Gehe davon aus, dass du ein breites Publikum über den analysierten Text informierst.

Sprachliche Mittel

(→ *Seite 81, 108, 129, 168, 171–177, 238, 247, 250)*

In Texten finden sich häufig sprachliche Mittel, auch **Stilmittel** genannt, die dazu beitragen, diese Texte lebendig, anschaulich und interessant zu machen, aber auch um „Selbstverständliches“ zu hinterfragen. Zu den sprachlichen Mitteln zählen z. B.:
- **Alliteration**: Zwei oder mehrere aufeinanderfolgende oder nahe beieinander liegende Worte haben denselben Anfangsbuchstaben, z. B.: weiche Wattewolken.
- **Anapher:** Eine Sonderform der Wiederholung; am Satz- oder Versanfang werden ein oder mehrere Wörter wiederholt, z. B.: Und schüttelt die Mähnen, Und streckt die Glieder, Und legt sich nieder.
- **Antithese/Kontrastierung**: Gegensätzliche Begriffe oder Vorstellungen sind einander gegenübergestellt, z. B.: Tag vs. Nacht, gut vs. böse.
- **Aufzählung/Akkumulation**: Mehrere Wörter oder Wortgruppen werden aneinandergefügt, durch → *Kommas* getrennt oder durch und verbunden. So wird eine Verstärkung erzielt, z. B.: wachsend und stoßend und vorwärtsdrängend.
- **Ellipse**: Ein Satz oder Teilsatz wird nur unvollständig gebildet, einzelne Satzglieder werden weggelassen, z. B.: Wie weit noch, Steuermann?
- **Humor:** Fähigkeit, mit alltäglichen Schwierigkeiten und Missgeschicken, den Unzulänglichkeiten der Welt und der Menschen heiter und gelassen umzugehen. Humor bringt andere Menschen zum Schmunzeln oder Lachen und funktioniert nur, wenn grundsätzliche moralische Prinzipien eingehalten werden.
- **Hyperbel**: Starke Übertreibung einer Darstellung, z. B.: unendliche Stadt, himmelhochjauchzend, ein Meer von Tränen.

- **Ironie:** Aussage, die das Gegenteil dessen sagt, was sie eigentlich meint. Mit Ironie distanziert man sich oder äußert indirekt Kritik, z. B.: Na, super!
- **Klimax:** Steigerung in einer Darstellung, häufig dreigliedrig, z. B.: Er kam, sah und siegte.
- **Lautmalerei**: Geräusche und Laute werden mit Worten so wiedergegeben, dass das Wort möglichst genau wie das Geräusch klingt, z. B.: rüttert und rattert.
- **Neologismus**: Bisher noch nicht existierende Wörter werden neu geschaffen, um damit eine Aussage zu verstärken, z. B.: rüttert.
- **Rhetorische Frage**: Frage, die keine Antwort erwartet bzw. bei der jeder die Antwort kennt, z. B.: Wer ist schon perfekt?, Siehst du das nicht auch so? Sie lässt eine Aussage eindringlicher wirken.
- **Sarkasmus:** Eine spezielle Form des Humors, die meist persönliche Eigenschaften verspottet und damit die andere Person bloßstellt.
- **Sprachliche Bilder**, dazu gehören:
  - **Personifikationen**: Leblosen Dingen, Tieren oder Naturerscheinungen werden menschliche Eigenschaften und Verhaltensweisen zugeordnet, z. B.: Die Herzen aber sind frei und froh.
  - **Metapher**: Ausdrücke werden aus dem üblichen Sprachgebrauch gelöst und auf einen anderen Bereich übertragen. So erhält das Wort eine neue Bedeutung, z. B.: ein Meer von Rosen, der Zahn der Zeit.
  - **Vergleich**: Mithilfe von Vergleichspartikeln (als, wie, als ob, als wenn) wird etwas direkt mit etwas anderem verglichen, z. B.: Er sieht aus wie ein Geist.
- **Symbol:** Unter einem Symbol versteht man etwas, das über sich selbst hinaus auf etwas anderes verweist, z. B. Herz als Symbol der Liebe.
- **Wiederholung**: Einzelne Wörter, Ausdrücke oder ganze Verse werden mehrfach verwendet.

Eine Stellungnahme zum Verhalten einer literarischen Figur formulieren

(→ Seite 155, 157, 197, 201)

In einer persönlichen Stellungnahme bewertest du die Handlungen, Konflikte oder Eigenschaften literarischer Figuren unter einer konkreten Fragestellung.

1. In der **Einleitung** gibst du an, zu welcher Frage du Stellung nimmst. Außerdem solltest du hier deine erste Einschätzung zur strittigen Frage formulieren, z. B.: Ich möchte zur Frage Stellung nehmen, ob ... Vrenchen ist der Überzeugung, dass ... Hat sie Recht? Ich denke ...
2. Im **Hauptteil** führst du Argumente für und/oder gegen deine Position an, z. B.: Ich denke einerseits, dass ..., weil ... Andererseits glaube ich, dass ...
3. Am **Schluss** fasst du deine Position zur Frage noch einmal zusammen, z. B. Abschließend kann man sagen, dass ...

Eine Szenenanalyse verfassen

(→ Seite 156–158)

In einer Szenenanalyse untersuchst du Inhalt und sprachliche Form einer → *Theaterszene*. Dabei betrachtest du insbesondere die Kommunikation der sprechenden Personen. Die Szenenanalyse besteht ähnlich wie andere Textanalysen aus **Einleitung**, **Hauptteil** und **Schluss**:

1. Einleitung:
In der Einleitung informierst du über die Textart, den Titel, die Autorin/den Autor, das Erscheinungsjahr, die Szene, die auftretenden → *Figuren*, das Thema und die Aufgabenstellung.

2. Hauptteil:

1. Inhaltsangabe: Fasse die wichtigsten inhaltlichen Informationen und Figuren der Szene abschnittsweise kurz zusammen und ordne die Szene in den Handlungszusammenhang ein.

2. Dialoganalyse: Untersuchung und Interpretation von Inhalt und Sprache
Analysiere den Dialog und untersuche hierfür:
- den **formalen Aufbau der Szene** (Gliederung, Verteilung von Dialog und Monolog, Regieanweisungen ...),
- **Art, Inhalt und Aufbau des Gesprächs** (z. B. Gesprächsart, Gesprächsgegenstand, Gesprächssituation, Gesprächsverlauf),
  - die **Figuren** und die **Figurenkonstellation**,
  - die **Sprache**,
  - das **Kommunikationsverhalten**.

Belege deine Äußerungen mit Zitaten.

3. Schluss:
Im Schluss fasst du deine Ergebnisse kurz zusammen und beurteilst die Bedeutung der Szene für die Figuren bzw. für die Handlung insgesamt. Hast du eine Zusatzfrage bearbeitet? Dann ist hier der Ort, um diese Frage abschließend zu beantworten.

Szenisch lesen

(→ Seite 144–146, 147, 152, 157, 195)

→ *Dramen*texte sind keine reinen Lesetexte. Es sind Spieltexte bzw. Partituren, ähnlich einem Filmdrehbuch. **Ziel ist ihre Aufführung auf der Bühne**. Beim szenischen Lesen lest ihr den Text in der Rolle derer, für die er gedacht ist: die **Schauspielerinnen und Schauspieler**. Genau wie Schauspieler/-innen erlest ihr euch die Rollen, um euch in sie **einzufühlen**: Wer ist die → *Figur*? Wie fühlt, wie denkt sie? Wie sieht sie aus? Wie bewegt sie sich und wie spricht sie?

Vorbereitungsphase: Verteilt die Rollen untereinander und beschäftigt euch genau mit eurer Figur.

1. Versetze dich in die Zeit und die Umgebung. Versuche die Wahrnehmungen, Wünsche, Ängste und Sehnsüchte der Figur zu erfassen.
2. Entwickle eine angemessene Sprechweise deiner Figur. Achte dabei auf die mimischen und gestischen Hinweise im Dramentext.
3. Versetze dich in das Verhältnis der Figur zu anderen Figuren, deren Beziehung und Verhalten hinein.
4. Ergründe die Einstellungen und Absichten deiner Figur. Werde dir der Gründe und Motive ihres Handelns bewusst.

Übungsphase: Besprecht euch mit den anderen Schauspielerinnen und Schauspielern, erkundet und probiert aus, wie sich die Figuren zueinander verhalten. Variiert eure Intonation, experimentiert mit Sprechpausen und dem Rhythmus.
Präsentation: Präsentiert eure szenische Lesung im Plenum.

Theater (Drama)

(→ Seite 19, 24/25, 28–30, 142–165)

Das Theater, so wie wir es heute kennen, ist vor ca. 2500 Jahren in Griechenland entstanden.
Die **Schauspieler** trugen Masken und standen auf Holzkisten, damit man sie besser sehen konnte. Gespielt wurde unter freiem Himmel und manche Theater (*griech.* theatrón = Platz, auf dem Schauspieler einem Publikum etwas vorführen) waren so groß wie Sportstadien. Die meisten Theateraufführungen heutzutage finden in Theaterhäusern statt. Die Art und Weise, wie ein Stück von einer Regisseurin/einem Regisseur auf der Bühne verwirklicht bzw. umgesetzt wird, nennt man **Inszenierung** (In-Szene-Setzen). Zu einer Inszenierung gehören zum Beispiel **Kulissen** (Bühnenbilder) sowie der Einsatz von **Requisiten** (Gegenständen).
Der aus dem Griechischen abgeleitete Fachbegriff für ein **Theaterstück** lautet **Drama** (*griech.* drãma = Handlung, Geschehen). Bereits die Griechen kannten die Unterscheidung zwischen einer **Tragödie** (das Stück endet mit dem Tod/dem Untergang des Helden oder der Heldin = **Katastrophe**) und einer **Komödie** (die Handlung arbeitet mit den Mitteln der Komik und endet gut). Wichtige Elemente des Dramas sind Ort und Zeit, das sogenannte „**Setting**“. Beides kann die Handlung entscheidend beeinflussen.

Aufbau eines Dramas
Die wichtigste (und umfangreichste) Handlungseinheit eines Dramas ist der **Akt** (vergleichbar mit dem Kapitel bei einem Roman). In der Regel besteht ein **Akt** aus mehreren **Szenen** oder **Auftritten**.
Eine **Szene** ist ein kurzer, abgeschlossener Teil eines Theaterstücks. Beginn und Ende einer Szene sind durch einen Zeit-, Orts- oder Figurenwechsel gekennzeichnet.
Viele Dramen aus früheren Zeiten sind in der Regel in drei bzw. fünf Akten aufgebaut: Der Beginn oder die Einleitung eines Dramas bezeichnet man als **Exposition**. Die Zuschauerin/Der Zuschauer lernt Ort, Zeit, die Figuren und erste Konflikte kennen. Die Handlung kommt in Gang und steigert sich über einen Konflikt zum Höhepunkt. So kommt dem **Konflikt** eine zentrale Funktion zu: Dieser entzündet sich an gegensätzlichen, sich widersprechenden Interessen oder Anschauungen (Einstellungen, Werten), die das Verhalten der Figuren motivieren. D.h. die Hauptfigur (Protagonist) verfolgt ein bestimmtes Ziel und wird von ihrem Gegner (Antagonist) daran gehindert. Der eskalierende Konflikt erzeugt Spannung, die einen Höhepunkt in der Auseinandersetzung zwischen beiden Figuren erreicht. Von einem **tragischen Konflikt** spricht man, wenn die Hauptfigur zwangsläufig in einen Konflikt gerät, dem sie nicht ausweichen kann.
Der Höhepunkt ist zugleich **Wendepunkt** und bezeichnet die Stelle, an der die Handlung sich plötzlich so verändert, dass die Situation der Hauptfigur(en) zum Besseren (Problem wird gelöst) oder Schlechteren (Katastrophe bahnt sich an) umschlägt. Nach dem Höhepunkt läuft die Handlung

und somit auch der Konflikt auf die **Auflösung** zu – in der Komödie kommt es häufig zum Happy End, in der Tragödie zur Niederlage (Tod) der Heldin oder des Helden.

Hauptfigur und Gegenspieler
Besteht der Titel eines Dramas aus einem Namen, kann man in der Regel davon ausgehen, dass es sich bei der → *Figur* um eine Hauptfigur (Held/-in, Protagonist/-in) handelt, die sich durch eine **besondere Eigenschaft** oder ein **besonderes Schicksal** auszeichnet. Meist sind dieser Figur weitere Figuren zugeordnet, die wichtig sind, weil sie **entscheidende Bedeutung** für die Hauptfigur (z. B. als Gegner/Antagonist oder Verbündeter) und den Verlauf der Handlung besitzen (weitere Hauptfiguren). Oft stehen sie im Personenverzeichnis vorne.

Bühne und Rolle
Die Handlung eines Stückes spielt sich immer an einem oder verschiedenen Orten ab. Dieser Ort oder Raum der Handlung wird im Theater auf der **Bühne** dargestellt. In der Regel ist dieser Raum, die Bühne, klar vom Zuschauerraum abgetrennt. Ein Bühnenbild und/oder Gegenstände können den Raum (Ort der Handlung) näher kennzeichnen.
Sobald die Schauspielerin/der Schauspieler die Bühne betritt, legt sie/er ihre/seine Persönlichkeit ab und schlüpft in eine Rolle. Diese **Rolle** besteht aus der → *Figur*, die sie/er verkörpert, dem Text und ihren Aktionen auf der Bühne. Auch eine Figur kann in eine Rolle schlüpfen. Dies nennt man dann **Spiel im Spiel**.

Monolog und Dialog
Ein szenischer Text besteht im Gegensatz zu einem → *epischen Text* vor allem aus Gesprächen zwischen → *Figuren* auf der Bühne, aus Monologen und Dialogen, die durch Regieanweisungen ergänzt werden. **Dialog** lautet der Fachbegriff für das Gespräch von zwei oder mehreren → *Figuren*. **Monolog** nennt man das Selbstgespräch einer Figur, aber auch den längeren Redeanteil einer Figur in einem Dialog (→ *Dialoge untersuchen*).
Um eine **Figur** zu verstehen und darzustellen, muss man sich in sie hineinversetzen und sich vorstellen, was sie fühlt (♥), denkt (💭) und mit ihren Worten beabsichtigt (⇒). Das nennt man den **Subtext** (wörtlich: Untertext). Man kann sich den Subtext bewusst machen, indem man ihn in der Ich-Form formuliert.

Botenberichte und ihre Funktion
Der Auftritt und Bericht eines „Boten“ (oder einer ähnlichen Figur) diente schon in der griechischen Tragödie dazu, die Zuschauer/-innen über ein **wichtiges Geschehen** zu unterrichten. Dieses sollte oder konnte nicht direkt dargestellt werden, z. B. weil es zeitlich vorher oder an einem weiter entfernten Ort stattfand oder weil das Geschehen tabuisiert war (Gewalt, Sexualität usw.). Der Bericht dient auch zur **Spannungssteigerung**, denn die Informationen verschärfen in der Regel den Konflikt.

Trümmerliteratur

Die im Krieg unumgänglichen materiellen sowie psychischen Verluste zeigen sich in den Texten der Trümmerliteratur. Sämtliche Vorkenntnisse zu → ***Figuren*** und zur Situation fehlen, da die Lesenden direkt in die Handlung hineingeworfen werden. Die Trümmerliteratur nimmt dabei oft nur einen einzigen **Augenblick** aus dem Leben einer Figur in den Blick und „kreist“ um diesen: Wiederholungen (→ *Sprachliche Mittel*) und ein → *parataktischer* Satzbau sind die Folge. Der dargestellte Moment wird knapp, einfach und oftmals distanziert erzählt. Durch diese Betonung eines einzigen Ausschnitts wird zum einen die seelische Erschütterung, die Traumatisierung, der Figuren verdeutlicht, zum anderen die Wahrhaftigkeit des Geschehnisses betont. Ein Hauptthema der Überlebenden ist der **alltägliche Überlebenskampf**, von dem in den Geschichten stets ruhig erzählt wird. Dieser Überlebenskampf bezieht sich nicht nur auf das Leben in völliger Armut, sondern auch auf die seelische und körperliche Zerstörung der Figuren durch den Krieg. Die Personen machen in den → *Kurzgeschichten* selten eine Entwicklung durch, die Kriegsheimkehrer versuchten verzweifelt, ihre Schuldgefühle in den Griff zu bekommen. Manche Texte der Trümmerliteratur enthalten jedoch auch die Hoffnung auf einen Neuanfang und ein besseres Leben. Dieser kleine **Hoffnungsschimmer** überdeckt jedoch niemals das unlösbare Problem der Figur.

Verschwörungserzählungen erkennen

In Verschwörungserzählungen werden gezielt sprachliche Muster eingesetzt, um **Zweifel an der geltenden Wirklichkeit** zu streuen. Häufig werden dabei folgende sprachliche Muster verwendet:

Satzbau (Syntax):
- Sätze mit Prädikat sein, die die Gültigkeit von verschwörungstheoretischen Behauptungen verstärken sollen (z. B. dem ist nicht so ...)
- Konditionalsätze, die Voraussetzungen für verschwörungstheoretische Erkenntnisse angeben sollen (z. B. wenn du weißt, dass ...)
- Aufforderungssätze, die nahe legen, selbst Beweise für einen Verschwörungsglauben zu suchen (z. B. Ich kann nur empfehlen: Recherchiert.)
- Häufung von Fragesätzen (z. B. Was wird hier gespielt?, Wieso gibt es keine Interviews mit Zeugen? ...)
- beharrliche Wiederholung (→ *Sprachliche Mittel*) von Behauptungen

Wortwahl (Lexik):
- Negationswörter, die die gültige Wahrheit infrage stellen sollen (z. B. nicht, kein, nirgends, niemand, niemals ...)
- → *Adverbien/Adjektive*, die die Richtigkeit der verschwörungstheoretischen Behauptungen unterstreichen sollen (z. B. sicher, klar, zweifellos ...)
- relativierende Ausdrücke, mit denen die geltende Wirklichkeit enttarnt werden soll (z. B. angeblich, vermeintlich ...)
- Schlagwörter/typische Wortbildungen (z. B. Elite, Kontrolle, Freimaurer, Illuminaten, ... sowie: Desinformation, Lügenpresse, Riesenlüge ...)

Bedeutung (Semantik):
- Wörter, die mit besonderer Bedeutung aufgeladen sind (z. B. Konnotationen (→ *Wortbedeutung*) zu Reptil: das Böse, das Teuflische, Verführung, Biss, Gift, Tod usw.)
- Redewendungen und Metaphern (→ *Sprachliche Mittel*), die gegenüber der offiziellen Darstellung Zweifel streuen sollen (z. B. falsche Fährten legen, ans Licht kommen, hinters Licht führen ...)

Sprache

Adjektive

(→ Seite 76, 202)

Mit Adjektiven kannst du **Eigenschaften** von Dingen, Lebewesen und Sachverhalten genauer **bezeichnen** und **vergleichen:** Die Brücke ist hoch, der Turm ist höher, der Wolkenkratzer ist am höchsten.
Je nach Kasus, Numerus und Genus des → *Nomens*, das sie begleiten, verändern sich Adjektive: eine schöne Katze, ein schöner Kater, einen schönen Kater.
Ein Adjektiv kann im Satz unterschiedlich gebraucht werden:
1. Es kann direkt vor dem **Nomen** stehen und dieses näher beschreiben. Dann wird es verändert: der gelbe Vogel, ein gelber Vogel.
2. Es kann mit den → ***Verben*** sein oder werden gebraucht werden. Dann verändert es sich nicht: Der Vogel ist gelb. Kinder werden groß.
3. Es kann ein **Verb näher bestimmen**. Dann wird es nicht verändert: Er fährt schnell.

Adverbiale

Adverbiale Bestimmungen (kurz: **Adverbiale**; Einzahl: das **Adverbial**) liefern im Satz Informationen über die genaueren Umstände der Geschehnisse. Deshalb werden sie auch Umstandsbestimmungen genannt. Adverbiale Bestimmungen sind Satzglieder. Sie können allein im Vorfeld des Satzes stehen. Adverbiale Bestimmungen können unterschiedliche **Funktionen** haben, da sie unterschiedliche Fragen beantworten können:
- Satzglieder, die auf die Fragen Wann? Wie lang? Seit/Bis wann? Wie oft? antworten, nennt man **Temporaladverbiale** (Zeitbestimmungen).
  Ben hat Montag einen Zahnarzttermin.
  Wann hat Ben einen Zahnarzttermin? – Montag
- Satzglieder, die auf die Fragen Wo? Wohin? Woher? Von wo? antworten, nennt man **Lokaladverbiale** (Orts- und Richtungsbestimmungen).
  In der Schule haben wir heute viel gelernt.
  Wo haben wir heute viel gelernt? – in der Schule (Ortsbestimmung)
  Die Austauschschüler kommen aus Kanada.
  Woher kommen die Austauschschüler? – aus Kanada (Richtungsbestimmung)
- Satzglieder, die auf die Fragen In welcher Art und Weise? Wie? Wodurch? Womit? Mit wem? antworten, nennt man **Modaladverbiale** (Bestimmungen der Art und Weise).
  Meine Tante fährt immer zu langsam Auto.
  Wie fährt meine Tante immer Auto? – zu langsam

- Satzglieder, die auf die Fragen Warum? Weshalb? Wieso? Weswegen? Wegen was/wem? antworten, nennt man **Kausaladverbiale** (Bestimmungen des Grundes).
  Der Hund döst wegen der großen Hitze den ganzen Tag im Schatten.
  Weswegen döst der Hund den ganzen Tag im Schatten? – wegen der großen Hitze
- Satzglieder, die auf die Frage Trotz welchen Umstandes? antworten, nennt man **Konzessivadverbiale** (Bestimmungen des Gegengrundes).
  Oliver geht trotz seiner Erkältung zum Training.
  Trotz welchen Umstandes geht Oliver zum Training? – trotz seiner Erkältung
- Satzglieder, die auf die Fragen Wozu? Wofür? Für was/wen? antworten, nennt man **Finaladverbiale** (Bestimmungen des Zwecks).
  Zu ihrem Schutz lernen die Kinder wichtige Verkehrsregeln.
  Wozu lernen die Kinder wichtige Verkehrsregeln? – zu ihrem Schutz
- Satzglieder, die auf die Frage Mit welcher Folge/ Konsequenz? antworten, nennt man **Konsekutivadverbiale** (Bestimmungen der Folge).
  Zu ihrer Freude bekam Christina eine Einladung zu Lenas Hochzeitsfeier.
  Mit welcher Folge bekam Christina eine Einladung zu Lenas Hochzeitsfeier? – zu ihrer Freude
- Satzglieder, die auf die Frage Unter welcher Bedingung? antworten, nennt man **Konditionaladverbiale** (Bestimmungen der Bedingung).
  Bei schlechtem Wetter trage ich einen Schirm bei mir.
  Unter welcher Bedingung trage ich einen Schirm bei mir? – bei schlechtem Wetter

Adverbiale Bestimmungen können unterschiedliche **Formen** haben:

- **Wortgruppe mit → *Präposition*** am Anfang
  Trotz des Gewitters gingen sie schwimmen.
- **Wortgruppe ohne Präposition** am Anfang
  Zwei Wochen lang wurde der Kater vermisst.
- **einzelnes Wort**
  Vorsichtig stellte sie das Tablett hin.

Adverbiale Bestimmungen und Präpositionalobjekte voneinander abgrenzen

Da adverbiale Bestimmungen, die mit einer → *Präposition* beginnen, und → *Präpositionalobjekte* die gleiche Form haben (beide beginnen mit einer Präposition und enthalten mindestens ein weiteres Wort/eine weitere Wortgruppe), sind sie auf den ersten Blick nicht leicht voneinander zu unterscheiden. Zur Unterscheidung kannst du zwei unterschiedliche **Proben** nutzen:

1. Wird die Präposition vom → *Verb* bestimmt oder ist sie frei wählbar, je nachdem, was man gerade ausdrücken möchte? Im ersten Fall handelt es sich grundsätzlich um ein Präpositionalobjekt, im zweiten Fall um ein Adverbial. Leider ist diese Frage nicht immer eindeutig zu beantworten.
   Sie telefonierte **mit** ihrer Mutter. (Die Präposition wird vom Verb bestimmt. → Präpositionalobjekt)
   Sie telefonierte auf/neben/vor ihrem Bett. (Die Präposition ist frei wählbar, je nachdem, was ausgedrückt werden soll. → Adverbial)
   Die Bürgerinitiative kämpft **für/gegen** den Ausbau der Bundesstraße. (Die Präpositionen werden zwar einerseits vom Verb bestimmt, andererseits hängt die Entscheidung für eine der beiden Präpositionen davon ab, was ausgedrückt werden soll. Insofern ist nach dieser Probe nicht klar, um welches Satzglied es sich handelt.)
2. Kann man die Präposition und das dazugehörige Wort/die dazugehörige Wortgruppe nur mit oder auch ohne die Präposition erfragen? Im ersten Fall handelt es sich meistens um ein Präpositionalobjekt, im zweiten Fall meistens um ein Adverbial.
   Für/Gegen was bzw. Wo**für**/Wo**gegen** kämpft die Bürgerinitiative? – Für/Gegen den Ausbau der Bundesstraße. (Die Präposition und die dazugehörige Wortgruppe kann nur mit der Präposition erfragt werden. → Präpositionalobjekt)
   Wo telefonierte sie? – Auf/Neben/Vor ihrem Bett. (Die Präposition und die dazugehörige Wortgruppe kann auch ohne die Präposition erfragt werden. → Adverbial)
   Manchmal führen die beiden Proben bei derselben Wortgruppe zu unterschiedlichen Ergebnissen:
   Es roch **nach** Pommes Frites in der Küche. (Die Präposition wird vom Verb bestimmt, was für ein Präpositionalobjekt spricht.)
   Wie roch es in der Küche? – Nach Pommes Frites. (Jedoch können die Präposition und die dazugehörige Wortgruppe auch ohne die Präposition erfragt werden, was für ein Adverbial spricht.)
   Insofern ist eine eindeutige Bestimmung nicht immer möglich.

Adverbialsätze

→ *Adverbiale Bestimmungen* kann man nicht nur in Form von Satzgliedern (Wörtern/Wortgruppen) formulieren, sondern auch in Form von Gliedsätzen (Nebensätzen). Solche Nebensätze nennt man Adverbialsätze. Adverbialsätze sind vor allem dann nützlich,

- wenn man Informationen logisch miteinander verbinden möchte:
  Er möchte nicht zu spät kommen. Er stellt sich den Wecker.
  → Um nicht zu spät zu kommen, stellt er sich den Wecker.
- wenn adverbiale Satzglieder zu lang und zu kompliziert erscheinen:
  Luisa möchte in den Sommerferien trotz der Einladung ihrer besten Freundin auf den Bauernhof ihrer Oma nach Helgoland fahren.
  → Luisa möchte in den Sommerferien nach Helgoland fahren, obwohl ihre beste Freundin sie auf den Bauernhof ihrer Oma eingeladen hat.
- wenn man eine adverbiale Bestimmung besonders hervorheben möchte:
  Sie möchte trotz dieser tollen Einladung nach Helgoland fahren.
  → Sie möchte, obwohl sie diese tolle Einladung erhalten hat, nach Helgoland fahren.

Adverbialsätze können genau dieselben **Funktionen** haben wie adverbiale Satzglieder und beantworten entsprechend dieselben Fragen. Je nach Funktion beginnen die meisten Adverbialsätze mit typischen Einleitewörtern (→ *Subjunktionen*). Diese stellen einen Bedeutungszusammenhang zwischen der Aussage des Hauptsatzes und den Informationen des Adverbialsatzes her.

- **Temporalsätze** dienen dazu, eine Aussage zeitlich einzuordnen (vorher, gleichzeitig, nachher), und können mit bevor, ehe, während, als, sobald, nachdem beginnen.
  Er spülte das Geschirr, **nachdem** er gegessen hatte.
- **Lokalsätze** dienen dazu, eine Aussage örtlich einzuordnen, und können mit wo, wohin, woher beginnen.
  Er ging zurück, **wo** er hergekommen war.
- **Modalsätze** dienen dazu, die Art und Weise, auf die etwas geschieht, darzustellen, und können mit indem, dadurch dass, ohne dass beginnen.
  Er pflegt sein Auto, **indem** er es mit Glanzwachs poliert.
- **Kausalsätze** dienen dazu, eine Aussage zu begründen, und können mit weil, da beginnen.
  Er kauft viele Getränke ein, **weil** er am Wochenende eine Party feiert.
- **Konzessivsätze** dienen dazu, einen sich nicht auswirkenden Gegengrund darzustellen, und können mit obgleich, obwohl, wenn auch beginnen.
  Er lebt äußerst sparsam, **obwohl** er im Lotto gewonnen hat.
- **Finalsätze** dienen dazu, einen Zweck darzustellen, und können mit damit, dass, auf dass, um beginnen.
  Er kauft neue Lautsprecher, **um** lauter Musik hören zu können.
- **Konsekutivsätze** dienen dazu, eine Folge darzustellen, und können mit sodass, dass, als dass beginnen.
  Er spielte so lang Tennis, **dass** ihm der Unterarm wehtat.
- **Konditionalsätze** dienen dazu, eine Bedingung darzustellen, und können mit wenn, falls, sofern, soweit beginnen.
  Er wird eine Reise machen, **falls** er gewinnt.

Adverbialsätze können unterschiedliche **Formen** haben.

- Am häufigsten treten sie als **Subjunktionalsatz mit finitem** → ***Verb*** auf:
  Er stellt den Wecker, **damit** er nicht **verschläft**.
  Bei diesem Finalsatz handelt es sich um einen Subjunktionalsatz mit finitem Verb, da er mit der Subjunktion damit eingeleitet wird und das Verb konjugiert ist.
- Bei Finalsätzen ist auch ein **Subjunktionalsatz mit zu-Infinitiv** gebräuchlich:
  Er stellt den Wecker, **um** nicht **zu verschlafen**.
  Bei diesem Finalsatz handelt es sich um einen Subjunktionalsatz mit zu-Infinitiv, da er mit der → *Subjunktion* um eingeleitet wird und das Verb als Infinitiv mit zu auftritt.
- Bei Konditionalsätzen ist auch ein **uneingeleiteter Nebensatz mit finitem Verb** gebräuchlich:
  Ertönt der Feueralarm, müssen wir das Schulgebäude verlassen.
  Bei diesem Konditionalsatz handelt es sich um einen uneingeleiteten Nebensatz mit finitem Verb, da keine einleitende Subjunktion vorhanden ist und das Verb konjugiert ist.

Adverbien

Adverbien (Sg. Adverb) bestimmen die näheren Umstände eines Geschehens, also genauer **wo, wann, wie** oder **warum** es stattfindet. Man unterscheidet daher Adverbien des Ortes (Lokaladverbien: hier, dort, oben, rechts, vorwärts ...), Adverbien der Zeit (Temporaladverbien: seither, immer, sofort, oft, abends ...), Adverbien der Art und Weise (Modaladverbien: gerne, sehr, leider, fast, genug ...) und Adverbien des Grundes (Kausaladverbien: deshalb, darum, folglich, trotzdem, dazu ...). Sie gehören zu den Wörtern, die im Satz unverändert bleiben.

Appositionen

Appositionen stehen rechts vom → *Nomen* und bestimmen dieses näher. Sie sind durch → Kommas abgetrennt. Nomen innerhalb der Apposition sowie das genauer bestimmte Nomen weisen in der Regel den gleichen Kasus auf:
Der Mann, der mit der Narbe an der rechten Wange, trägt eine Kappe.

Artikelwörter und Pronomen

(→ Seite 250, 325/326)

Bestimmte und unbestimmte Artikel sind häufige Begleiter des → *Nomens*. Der unbestimmte Artikel (ein, eine) kann etwas Unbekanntes einführen. Der bestimmte → *Artikel* (der, die, das) verweist oft auf etwas schon Bekanntes, Eindeutiges:
Ein Mann und **eine** Frau gehen spazieren. **Der** Mann trägt **einen** Hut, **die** Frau **eine** Tasche.

Das Wort das kann jedoch nicht nur als **Begleiter zu einem Nomen** auftreten (Lina kommt es nicht so sehr auf das Aussehen einer Person an.), sondern auch als **Demonstrativpronomen** (Im Moment gibt es an Linas Schule keine Uniformen, das könnte sich bald ändern.) oder als **Relativpronomen** (Lina liest im Internet von einem Internat, das Schuluniformen vorschreibt.).

Pronomen treten häufig statt Nominalgruppen in Texten auf. Sie dienen dazu, Bezüge deutlich zu machen und Verweise herzustellen. Außerdem helfen sie dabei, einen Text abwechslungsreicher zu gestalten. Es gibt verschiedene Arten von Pronomen:

Personalpronomen können in der 3. Person Singular (er, sie, es) und Plural (sie) Nomen oder ganze Nominalgruppen ersetzen.
Possessivpronomen können auf einen Besitz verweisen oder eine Zugehörigkeit zum Ausdruck bringen (mein, dein, sein, ihr ...).
Demonstrativpronomen (hinweisende Pronomen) verweisen deutlich auf Sachverhalte oder Lebewesen und stellen dadurch einen gedanklichen Zusammenhang her (dieser, diese, dieses, jener ...).
Indefinitpronomen (unbestimmte Pronomen) verweisen in sehr allgemeiner Weise auf Personen oder Sachverhalte (man, irgendwer, alle, jemand, keine/r ...).
Reflexivpronomen (rückbezügliche Pronomen) beziehen sich fast immer auf das → *Subjekt* des Satzes (zurück), in dem sie vorkommen (sich, mich, dich ...).
Relativpronomen leiten einen Relativsatz (→ *Attributsatz*) ein (der, die, das, welcher, welche ...).

Attribute

(→ Seite 295)

Attribute sind **Beifügungen zu → *Nomen***. Mit ihnen kannst du ein Nomen genauer beschreiben. Sie antworten auf die Frage „Was für ein/eine/einen ...?" oder „Welcher/welches/welche/welchen ...?". Ein Nomen kann mit mehreren Attributen gleichzeitig beschrieben werden. Dadurch können sehr viele inhaltliche **Informationen** in einen Satz integriert werden. Je mehr Attribute ein Nomen beschreiben, desto anspruchsvoller kann es für die Leserin/den Leser werden, den Satz zu verstehen. Ein bedeutender **Autor** der 1970er-Jahre, der in Köln geboren wurde, ...
Attribute können nicht allein im Vorfeld eines Satzes stehen, sondern nur zusammen mit den anderen Teilen des Satzglieds, zu dem sie gehören. Attribute sind also keine Satzglieder, sondern **Satzgliedteile**. Je nach ihrer Position unterscheidet man **Linksattribute**, die vor bzw. links von dem Bezugsnomen stehen, und **Rechtsattribute**, die hinter bzw. rechts von dem Bezugsnomen stehen.

Es gibt unterschiedliche **Formen** von Attributen:
- **Wortgruppen:** Adjektivattribute (der bedeutende **Autor**), Genitivattribute (Klaus Manns **Roman**/der **Roman** Klaus Manns), Präpositionalattribute (der **Autor** aus Köln).

- **Nebensätze:** Relativsätze (der **Autor**, der aus Köln stammt, ...), Subjunktionalsätze mit finitem → *Verb* (die **Tatsache**, dass er aus Köln stammt, ...), uneingeleitete Nebensätze mit finitem Verb (die **Tatsache**, er komme aus Köln, ...), uneingeleitete Nebensätze mit zu-Infinitiv (die **Tatsache**, aus Köln zu kommen, ...)

Adjektivattribute sind Linksattribute und bestehen aus → *Adjektiven*, die sich ihrem Bezugsnomen in Genus und Kasus anpassen. Sie beziehen sich immer auf das Nomen, das hinter ihnen steht.
Der junge Mann trägt einen grünen Mantel und eine alte zerrissene Jeans.
Was für ein/Welcher Mann? – Der junge Mann.
Was für einen/Welchen Mantel? ...

Genitivattribute können als Links- und Rechtsattribute auftreten und bestehen aus einem Wort oder einer Wortgruppe im Genitiv. In Form von Rechtsattributen beziehen sie sich immer auf das Nomen, das direkt vor ihnen steht.
Ich leihe mir Lisas Fahrrad.
Wessen Fahrrad leihe ich mir? – Lisas Fahrrad.
Der Ring des Zauberers wurde gestohlen.
Wessen/Was für ein Ring wurde gestohlen?
– Der Ring des Zauberers.

Präpositionalattribute sind Rechtsattribute und bestehen aus einer → *Präposition* und einem dazugehörigen Wort bzw. einer dazugehörigen Wortgruppe, dessen/deren Kasus durch die Präposition bestimmt wird. Wenn mehrere Rechtsattribute hintereinander stehen, können sich Präpositionalattribute entweder auf das Nomen beziehen, das direkt vor ihnen steht, oder auf ein Nomen, das im Satzglied weiter vorne steht.

Ich wünsche mir ein Fahrrad **mit** einer rosa Klingel **am** Lenker.

Ich kaufe mir das Fahrrad **mit** rosa Klingel **im** Schaufenster.

Viele Attribute können weggelassen werden, ohne dass dabei der Sinn des Satzes verloren geht. Sie enthalten zusätzliche Informationen, die für das Gesamtverständnis zwar bereichernd, aber nicht unbedingt notwendig sind.
Die Hundetrainerin hält ein hartes Abrichten unter Zwang für grausam.
Die Hundetrainerin hält ein hartes Abrichten für grausam. *(Präpositionalattribut weglassbar)*
Es gibt aber auch Attribute, die nicht weggelassen werden können, ohne dass der Sinn des Satzes sich verändert oder verloren geht. Sie enthalten Informationen, die für das Gesamtverständnis notwendig sind.
Die Hundetrainerin hält das Festhalten an Ritualen für wichtig.
Die Hundetrainerin hält das Festhalten für wichtig.
(Präpositionalattribut nicht ohne Sinnverlust weglassbar)

Präpositionalattribute und präpositionale Satzglieder unterscheiden
Da Präpositionalattribute und Satzglieder, die mit einer → *Präposition* beginnen (→ *Präpositionalobjekte* und → *Adverbiale* mit einer Präposition am Anfang), die gleiche Form haben (beide beginnen mit einer Präposition und enthalten mindestens ein weiteres Wort/eine weitere Wortgruppe), sind sie auf den ersten Blick nicht leicht voneinander zu unterscheiden. Um solche Wortgruppen sicher voneinander zu unterscheiden, kannst du folgendermaßen vorgehen:

1. Durch die Verschiebeprobe kannst du ermitteln, ob es sich um ein Satzglied oder ein Satzgliedteil handelt. Wenn es sich um ein Satzgliedteil handelt, ist es ein Präpositionalattribut. Wenn es sich um ein Satzglied handelt, ist es ein Präpositionalobjekt oder ein Adverbial.
   Ronja möchte immer die Erdnussbutter **mit** den großen Stückchen essen.
   ***Mit** den großen Stückchen möchte Ronja immer die Erdnussbutter essen. (Satzgliedteil, daher Präpositionalattribut)
   Ronja hat ein ganzes Glas Erdnussbutter **mit** einem großen Löffel verputzt.
   Mit einem großen Löffel hat Ronja ein ganzes Glas Erdnussbutter verputzt. (Satzglied, daher in diesem Fall: Modaladverbial)
2. Du kannst überprüfen, ob vor der Wortgruppe ein Nomen steht, auf das sich die Wortgruppe bezieht, oder ob sich die Wortgruppe auf das → *Prädikat* bezieht. Im ersten Fall handelt es sich um ein Präpositionalattribut, im zweiten Fall um ein Präpositionalobjekt oder ein Adverbial.
   Ronja möchte immer die Erdnussbutter **mit** den großen Stückchen essen. („Mit den großen Stückchen" bezieht sich auf das Nomen „Erdnussbut-

ter". Es ist also ein Präpositionalattribut.)
Ronja hat ein ganzes Glas Erdnussbutter **mit** einem großen Löffel verputzt. („Mit dem großen Löffel" bezieht sich nicht auf ein Nomen, das davor steht, sondern auf das Prädikat „hat ...verputzt". Es ist also ein Satzglied, in diesem Fall ein Modaladverbial.)

Attributsätze

Man kann → *Nomen* nicht nur mit Satzgliedern (→ *Prädikativen*) und Satzgliedteilen (→ *Attributen*) genauer beschreiben, sondern auch mit Nebensätzen. Solche Nebensätze werden Attributsätze genannt. Man benötigt sie,

- wenn man Informationen in einem Satzgefüge miteinander verknüpfen möchte,
  Das Schloss ist weltberühmt. Das Schloss besuchen wir morgen.
  → Das Schloss, das wir morgen besuchen, ist weltberühmt.
- wenn die Informationen, die einem Nomen beigefügt werden sollen, sehr umfangreich sind,
  Ein tagsüber an Höhlendecken hängendes Säugetier ist eine Fledermaus.
  → Ein Säugetier, das tagsüber an Höhlendecken hängt, ist eine Fledermaus.
- wenn die Informationen, die einem Nomen beigefügt werden sollen, nicht als Satzgliedteil (Attribut) oder dadurch, dass man das Nomen selbst mit anderen Wörtern zusammensetzt, formuliert werden können.
  Der Verdächtige machte die Keinesfallsalstäterinfragekommaussage.
  → Der Verdächtige machte die Aussage, keinesfalls als Täter infrage zu kommen.

Es gibt verschiedene **Formen** von Attributsätzen:

- **Relativsätze**
  Ein Säugetier, **das** tagsüber an Höhlendecken hängt, ist eine Fledermaus.
  Bei diesem Attributsatz handelt es sich um einen Relativsatz, da er mit dem → *Relativpronomen* das eingeleitet wird und sich auf das vorausgehende → *Nomen* Säugetier bezieht. Der Relativsatz ist ein Attribut zu diesem Nomen und bildet mit ihm zusammen ein Satzglied. Relativsätze beschreiben als Attributsätze das Nomen, auf das sie sich beziehen, genauer. Sie vermitteln damit wichtige Informationen, können aber weggelassen werden, ohne dass der Satz grammatisch falsch wird. Die Form des Relativpronomens richtet sich auch nach der Form des Nomens, auf das es sich bezieht. Einfluss haben der Numerus des Bezugsnomens und das Genus des Bezugsnomens. Weitere Relativpronomen sind: der, die, den, dem, dessen, welcher ...
- **Subjunktionalsätze mit finitem → *Verb***
  Der Verdächtige machte die Aussage, **dass** er keinesfalls als Täter infrage **komme**.
  Bei diesem Attributsatz handelt es sich um einen Subjunktionalsatz mit finitem Verb, da er mit der → *Subjunktion* dass eingeleitet wird und das Verb konjugiert ist.
- **uneingeleitete Nebensätze mit finitem Verb**
  Der Verdächtige machte die Aussage, er **komme** keinesfalls als Täter infrage.
  Bei diesem Attributsatz handelt es sich um einen uneingeleiteten Nebensatz mit finitem Verb, da keine einleitende Subjunktion vorhanden ist und das Verb konjugiert ist.
- **uneingeleitete Nebensätze mit zu-Infinitiv**
  Der Verdächtige machte die Aussage, keinesfalls als Täter infrage **zu kommen**.
  Bei diesem Attributsatz handelt es sich um einen uneingeleiteten Nebensatz mit zu-Infinitiv, da keine einleitende Subjunktion vorhanden ist und das Verb als Infinitiv mit zu auftritt.

Dialekte

(→ *Seite 323, 328/329, 338/339)*

Dialekte sind **regional gebundene sprachliche Formen**, die abhängig vom Zusammenleben in einem bestimmten Landstrich auftreten. Sie werden vorwiegend gesprochen. Dialekt beeinflusst die Aussprache, den → *Wortschatz*, aber auch den Satzbau oder die Tempuswahl (→ *Verben)*.

Einfache und Leichte Sprache unterscheiden

(→ *Seite 282–286, 293/294, 300/301)*

Die Bezeichnungen „Einfache" und „Leichte" Sprache werden häufig synonym verwendet, obwohl es Unterschiede gibt:
Orientiert an der UN-Behindertenrechtskonvention hat das Konzept **Leichte Sprache** das Ziel, Menschen mit Leseschwierigkeiten die Teilhabe an Gesellschaft und Politik zu ermöglichen. Dafür wurden spezielle Regeln entwickelt: Z. B. wird nach jedem Satzzeichen sowie nach sinnvollen Satzabschnitten ein Absatz gesetzt.

Für das Konzept **Einfache Sprache** gibt es kein festgelegtes Regelwerk. Im Vergleich zur Leichten Sprache ist es komplexer: Nach Satzzeichen und Satzabschnitten wird z. B. nicht unbedingt ein Absatz gesetzt, falls der Text überschaubar ist.

Formulierungsmuster in Texten

(→ Seite 108)

Es gibt in unserer Sprache typische Formulierungsmuster, mit denen wir wiederkehrende Handlungen in Texten durchführen (z. B. begründen, überleiten, beschreiben usw.). Um diese Formulierungsmuster in einem Text oder Teilen eines Textes zu untersuchen, helfen zwei Fragen:

- **Was macht die Autorin/der Autor inhaltlich?**
- **Wie macht sie/er das sprachlich?**

In einem Text treten meist verschiedene inhaltliche Teilhandlungen auf, z. B. beim Argumentieren (in einer Stellungnahme, einer Erörterung oder einem Kommentar): einen Überblick geben, Gründe nennen, Gegengründe nennen, Inhalte zusammenfassen, Lösungsvorschläge nennen ...

Frames

(→ Seite 308, 311)

Als Frames werden **gedankliche Deutungsrahmen** bezeichnet, die unser Wissen in Kategorien einordnen (z. B. beim Frame Schule denken wir an alles, was wir zu diesem Thema kennen und damit assoziieren). Sie heben bestimmte Fakten und Realitäten hervor und bewerten und interpretieren unsere Wahrnehmung, das funktioniert auch über Sprache.

Fremdwörter

(→ Seite 282/283, 298, 334)

Fremdwörter sind aus anderen Sprachen übernommene Wörter. Sie behalten ihre fremde Gestalt und sind nicht vollständig an die deutsche Aussprache, Betonung und Schreibweise angeglichen, sodass häufig andere Buchstaben und Buchstabenkombinationen vorkommen als im einheimischen → *Wortschatz* (z. B. sh, y, c, ph, rh).
Auch gelten für Fremdwörter zum Teil andere **Laut-Buchstaben-Zuordnungen** als für einheimische Wörter. Das liegt daran, dass Fremdwörter oft wie in ihrer Herkunftssprache geschrieben werden (z. B. chatten). Die meisten Fremdwörter des Deutschen stammen aus dem Lateinischen, Griechischen, Italienischen, Französischen und Englischen, wobei viele ursprünglich griechische Wörter über das Lateinische und viele ursprünglich lateinische Wörter über das Französische ins Deutsche kamen.
Eine Untergruppe sind **Anglizismen**, sie sind sprachliche Ausdrücke, die aus dem Englischen entnommen sind. Sie werden in allen Sprachebenen gebraucht (z. B. in der Fachsprache, → *Jugendsprache*, → *Werbung*).
Die Sprache, aus der ein Fremdwort stammt, nennt man auch **Gebersprache**. Manchmal lässt sich bereits anhand der Schreibung oder Aussprache eines Fremdwortes erkennen, aus welcher Gebersprache es stammt. Ob dies möglich ist, hängt u.a. vom Grad seiner **Integration** ab. Ist ein Fremdwort gut in das Deutsche integriert, sieht man ihm seinen Fremdwortstatus mitunter gar nicht an. Ein Beispiel hierfür ist das Wort Marker (ursprünglich englisch). Weniger gut integrierten Wörtern hingegen lässt sich die Gebersprache oft ansehen. So ist anhand der spezifischen Schreibung von Physik mit ph und y ein griechischer Ursprung zu erkennen.

Besonderheiten bei der Schreibung:

- In Fremdwörtern wird für das lange i, anders als in einheimischen Wörtern, oft i geschrieben (z. B. Risiko). Wenn das lange i am Ende steht und die letzte Silbe betont ist, wird meistens ie geschrieben (z. B. Philosophie).
- Im einheimischen Wortschatz kann der Buchstabe c nicht alleine vorkommen (sondern nur als ch oder ck). Anders verhält es sich in Fremdwörtern. Hier kann c auch alleine stehen. Er wird dann je nach Wort wie k (Cousin), s (Cent), tsch (Cello) oder ts (circa) ausgesprochen.
- Bei vielen Wörtern, die im Deutschen häufig verwendet werden, kann man am Klang nicht erkennen, dass es sich um Fremdwörter handelt, denn die Buchstaben klingen wie r, t oder f. Tatsächlich besitzen diese Fremdwörter Buchstabenverbindungen, die rh, th und ph geschrieben werden.

Besonderheiten bei der Aussprache:

- Fremdwörter bestehen häufig aus mehr als zwei Silben und sind selten auf der ersten Silbe betont (z. B. Kon fi <u>tü</u> re).
- Auch für ch gibt es in Fremdwörtern mehr Aussprachevarianten (→ *Zweifelsfälle und Varianten*) als im heimischen Wortschatz.

- In Fremdwörtern werden sp und st oft als st wie in Steak und sp wie in Spot gesprochen. In einheimischen Wörtern wird das st jedoch meist als scht (z. B. Stock) und das sp als schp (z. B. Spatz) gesprochen.
- In manchen Wörtern wird der Buchstabe v als w ausgesprochen, in anderen als f. Als Grundregel gilt: Handelt es sich um ein Fremdwort, spricht man meist w (Klavier), handelt es sich um ein einheimisches Wort, spricht man meist f (Vater).

Häufig gebrauchte Fremdwörter können sich in ihrer Schreibung und Aussprache allmählich der deutschen Sprache anpassen. Bei einigen Fremdwörtern mit den Buchstabenverbindungen rh, th und ph ist es z. B. inzwischen möglich, mehrere Schreibvarianten (→ *Zweifelsfälle und Varianten*) zu verwenden. So können z. B. alle Wörter mit den → *Wortbausteinen* phon, phot oder graph auch mit f geschrieben werden, also fon, fot oder graf, und werden dadurch langfristig zu Lehnwörtern. Man bezeichnet diese als **Lehnwörter**, da sie sozusagen aus einer anderen Sprache entlehnt sind. Ob und wie schnell diese Anpassung geschieht, lässt sich jedoch nicht voraussagen.

Funktionen von Fremdwörtern

Die Produktion von Texten ist anlass- und adressatenbezogen. Dies gilt auch für die Verwendung von Fremdwörtern in Texten. Sie können unterschiedliche Funktionen erfüllen, müssen jedoch zur Textsorte und zum Textinhalt passen:

- Sie werden verwendet, um sich durch den Sprachstil **von der Umgangssprache abzuheben**. Die Nutzer/-innen möchten als gebildet und kompetent wahrgenommen werden (z. B. Die Landschaft ist pittoresk statt malerisch.).
- Der gezielte Einsatz von Fremdwörtern kann dabei helfen, eine **bestimmte Wirkung** zu erreichen: Mit Fremdwörtern lassen sich Inhalte **sachlich** erläutern (z. B. Emissionen statt Ablassen von Gasen, Ruß usw.), man kann Inhalte **verniedlichen** oder als **harmlos** erscheinen lassen (anthropogene Klimaveränderung statt von Menschen verursachte Veränderung), man kann aber auch mit ihnen übertreiben, um eine hohe Aufmerksamkeit zu erzielen (z. B. technische Revolution statt grundlegende technische Änderung).
- Häufig lassen sich schwierige und auch umfangreiche Sachverhalte durch Fremdwörter **kurz und genau** auszudrücken (z. B. Pantomime, Intelligenz, Kredit).
- Fremdwörter können als → *Synonyme* verwendet werden. So lassen sich in Texten **Wiederholungen vermeiden** (z. B. adäquat für angemessen, diskret für vertraulich, infantil für kindisch).
- Die **internationale Verständigung** über Themen und Inhalte wird erleichtert, da gleiche Fachbegriffe verwendet werden (z. B. Internet, Emission).

Fremdwörter und fremd gebildete Wörter

Fremdwörter sind Wörter, die so oder mit veränderter Schreibung und/oder Aussprache aus einer anderen Sprache stammen. Hiervon muss man sogenannte **fremd gebildete Wörter** unterscheiden. Es handelt sich hierbei um Wörter, die → ***Fremdwortbausteine* enthalten** oder **fremd aussehende Schreibungen** aufweisen, aber **im Deutschen gebildet** wurden. Ein besonders populärer Fall ist das vermeintlich aus dem Englischen stammende Wort Handy. Dabei handelt es sich tatsächlich um ein fremd gebildetes deutsches Wort, denn handy bedeutet im Englischen nicht etwa Mobiltelefon, sondern handlich. Das englische Wort für ein Mobiltelefon lautet mobile.

Gendergerechte Sprache

(→ Seite 313/314)

Grundsätzlich wird zwischen dem **biologischen** Geschlecht (Sexus; körperliche Merkmale), dem **sozialen** Geschlecht (Gender; Geschlechtsidentität) sowie der **grammatischen** Kategorie Genus und dem **semantischen** Geschlecht (inhaltliche Bedeutung) unterschieden.
Die deutsche Sprache kennt für einige → *Nomen* und → *Pronomen* das **generische Maskulinum** (z. B. Lehrer, Schüler). Es wird durch grammatisch maskuline Personenbezeichnungen ausgedrückt, umfasst aber alle weiteren geschlechtlichen Wortformen, die nicht extra genannt werden.
Als gendergerechte Sprache (auch geschlechtergerechte, gendersensible oder geschlechtsneutrale Sprache) wird eine Form der Sprache bezeichnet, die eine **Gleichstellung der Geschlechter** zum Ausdruck bringen will. Diese findet sich vor allem in der Veränderung des **Sprachsystems** innerhalb des → ***Wortschatzes***, der **Rechtschreibung** oder sogar der **Grammatik**. Wenn ein Text entsprechend der Vorgaben geschlechtergerechter Formulierungen

verfasst oder überarbeitet wurde, nennt man das „**gendern**". In diesem Rahmen werden z. B. auch **Indefinitpronomen** wie alle, andere, niemand verwendet. Sie werden allgemein gebraucht, wenn Lebewesen oder Dinge nicht näher bezeichnet werden, oder um unbegrenzte Mengen unbestimmt auszudrücken.

Getrennt- und Zusammenschreiben
(→ *Seite 334*)

Wenn du dir unsicher bist, ob getrennt oder zusammengeschrieben wird, können dir die folgenden Rechtschreibstrategien helfen:

- **Umstellprobe:**
  Er streicht im ganzen **Haus Türen**.
  → **Türen** streicht er im ganzen **Haus**.
- **Ersatzprobe:**
  Er streicht im ganzen **Haus Türen**.
  → Er streicht im ganzen **Haus Fenster**.
- **Betonung:**
  Sie wollen die Belohnung **zusammen nehmen**. – Sie müssen den ganzen Mut **zusammennehmen**.
- **Bedeutungsprobe:** Die Gesamtbedeutung zusammengeschriebener Wörter ist oft mehr als die Summe ihrer Teilbedeutungen.
  krankschreiben = (als Arzt) schriftlich bestätigen, dass jemand aufgrund einer Krankheit vorübergehend arbeitsunfähig ist
- **Veränderungsprobe:** Zusammengeschriebene Wörter verändern sich nur am Ende, nicht in der Mitte: Haustüren – *Häusertüren.

Tipps zum Getrennt- und Zusammenschreiben

- **Adjektiv und Verb:** Wenn ein → *Adjektiv* und ein → *Verb* ihre eigentliche Bedeutung behalten sollen, werden sie in der Regel getrennt geschrieben. Wenn sie zusammen eine neue, von der ursprünglichen abweichende Bedeutung erhalten, müssen sie zusammengeschrieben werden.
- **Adjektiv und Adjektiv:** Wer zwei nebeneinanderstehende → *Adjektive* getrennt schreibt, macht in der Regel nichts verkehrt. Es gibt jedoch eine Ausnahme: Zwei Adjektive werden zusammengeschrieben, wenn das erste die Bedeutung verstärkt oder abschwächt. Adjektive, die oft an der ersten Stelle stehen, sind zum Beispiel: bitter-, brand-, dunkel-, erz-, extra-, früh-, gemein-, grund-, hyper-, lau-, minder-, stock-, super-, tod-, ultra-, ur-, voll-.
- **Nomen und Verb:** → *Nomen* und → *Verben* können eine Wortgruppe bilden. Beide Wörter werden dann betont. Das Nomen behält seine Eigenständigkeit und Nomen und Verb werden getrennt geschrieben: Eis essen, Rasen mähen. Hier werden Nomen und Verb zusammengesetzt: wertschätzen, heimgehen. Zwar sind beide Wortstämme noch erkennbar, doch die Nomen Wert und Heim sind stark verblasst. Sie werden gar nicht mehr als Nomen wahrgenommen, sondern sind zu Präfixen der Verben geworden. Daher werden diese Zusammensetzungen klein- und zusammengeschrieben. Das verblasste Nomen wird betont. Es gibt Nomen und Verben, die kannst du sowohl getrennt als auch zusammenschreiben: Acht haben – achthaben, Staub saugen – staubsaugen, Brust schwimmen – brustschwimmen, Halt machen – haltmachen.
  In Verbindung mit → *Artikelwörtern* werden Wortgruppen und Wortzusammensetzungen aus Nomen und Verb jedoch immer groß- und zusammengeschrieben.
- **Verbindungen mit** sein**:** Verbindungen mit sein werden getrennt geschrieben, wenn sie als → *Verb* verwendet werden. Als Nomen werden sie jedoch zusammengeschrieben. Oft signalisieren Artikelwörter die → *Großschreibung*:
  Morgen werde ich nicht **da sein**. Das **Dasein** vieler Menschen ist von Armut geprägt.
- **Nomen und Partizipien:** Nomen und Partizipien können eine Verbindung eingehen. Sie können dann sowohl zusammen- als auch getrennt geschrieben werden. Diese Verbindung wird wie ein → *Adjektiv* verwendet:
  eine **aufsehenerregende** Premiere
  eine **Aufsehen erregende** Premiere
  Wird diese Verbindung erweitert, richtet sich die Getrennt- und Zusammenschreibung danach, ob sich die Erweiterung nur auf das Nomen vor dem Partizip bezieht oder auf die ganze Verbindung.
  eine große **Not leidende** Bevölkerung
  eine äußerst **notleidende** Bevölkerung

Groß- und Kleinschreibung
(→ *Seite 324–327, 334*)

Für die Entwicklung der Großschreibung im Deutschen spielte es eine Rolle, was mit einem Wort jeweils bezeichnet wurde – was das Wort bedeutete.

Noch heute differenziert man Nomen ihrer Bedeutung nach in Konkreta und Abstrakta. So lassen sich Nomen gruppieren, die eine konkrete oder eine abstrakte Bedeutung haben.

- **Konkreta** (*sg.* Konkretum) sind Nomen, die sichtbare und anfassbare Gegenstände wie Tisch, Vase oder Buch bezeichnen. Ihre Bedeutung ist konkret und klar umrissen.
- **Abstrakta** (*sg.* Abstraktum) sind hingegen Nomen, die oft nicht direkt Sichtbares und nicht Anfassbares bezeichnen. Zu ihnen gehören u. a. Konzepte wie Liebe, Freundschaft oder Hoffnung.

Weitere Unterscheidungen in der Bedeutung haben in der Vergangenheit ebenfalls eine Rolle für die Frage nach der Großschreibung gespielt. Hierzu gehört die Klassifikation bestimmter Wörter als **Nomina sacra** (*lat.* heilige Namen; *sg.* Nomen sacrum). In diese Gruppe fallen Wörter mit religiösen Bedeutungen wie Kirche und Gott.

Zur Prüfung, ob ein Wort groß- oder kleingeschrieben wird, kannst du folgende Proben anwenden:

- **Artikelprobe:** Manchmal treten → *Nomen* ohne → *Artikel* auf, welcher die Großschreibung signalisiert. Wenn du dir unsicher bist, überprüfe, ob sich ein bestimmter/unbestimmter (definiter/indefiniter) Artikel vor das Nomen setzen lässt.
  Er repariert r/Räder. → Er repariert die Räder.
- **Erweiterungsprobe** (auch: **Attributprobe** oder **Adjektivprobe**): Überprüfe, ob sich ein flektiertes → *Adjektiv* vor das → *Nomen* setzen lässt. Achte dabei auf die Flexionsendungen der → *Adjektivattribute* (-e, -en, -er, -es oder -em). Großgeschrieben wird das Wort, das mit dem Adjektivattribut erweitert wurde. Überprüfe das Wort dabei stets im ganzen Satzkontext und nicht als Einzelwort.
  Er repariert die alten, klapprigen, rostigen Räder.
  Das großzuschreibende Wort, auf das sich der → *Artikel* bezieht, „rutscht" durch die eingefügten Adjektive immer weiter nach rechts. Es wird durch die Adjektive näher beschrieben.
- **Umstellprobe:**
  1. Ermittle mit der Umstellprobe die Satzglieder.
     der mops ist ein begleiter
     ein begleiter ist der mops
  2. Prüfe, ob du die Wörter erweitern kannst:
     Der dicke mops ist ein treuer, lieber begleiter
  3. Großgeschrieben werden alle Wörter, die am rechten Rand des Satzglieds stehen.
     Der Mops ist ein Begleiter.

- **K-Verneinung:** Probiere die Verneinung mit kein aus: Der Mann hat keinen Kopf.
- **N-Verneinung:** Probiere die Verneinung mit nicht aus: Ich stehe nicht kopf.

Ausnahmen bei der Großschreibung

Die meisten Fälle, in denen man großschreibt, kann man durch die vorgestellten Strategien ermitteln. Doch es gibt auch einige Ausnahmen. So ist zum Beispiel die Schreibung von Redewendungen nicht einheitlich geregelt (durch dick und dünn; über kurz oder lang, aber: von Nahem/von nahem; bis auf Weiteres/weiteres). Die richtige Schreibung muss man sich merken (→ *Merkwörter)* oder im → *Wörterbuch* nachschlagen.

Homophone und Homographe

Homophone sind eine Sonderform der → *Homonymie*. Sie sind Wörter, die gleich lauten, aber unterschiedlich geschrieben werden: Lerche – Lärche
Homographe sind dagegen Wörter, die gleich geschrieben werden, aber unterschiedlich ausgesprochen werden: Versendung (Versendung eines Päckchens vs. Ende eines Verses)

Interjektionen

Interjektionen sind eine eigene → *Wortart*, die meist Empfindungen, Emotionen oder Bewertungen ausdrücken. Sie sind nicht flektierbar und können allein für sich stehen. Sie sind keine Satzglieder oder Teil eines Satzes. Mit Interjektionen kannst du Empfindungen ausdrücken (z. B. Hurra!) oder jemanden auffordern, etwas zu tun oder zu lassen (z. B. Psst!). In → *Graphic Novels* und Comics beispielsweise werden Interjektionen als Hilfsmittel zur Darstellung von Geräuschen (z. B. Krach!, Wau!) oder zur Darstellung von Mimik (z. B. *grins*) verwendet.

Jugendsprache

Jugendsprache bezeichnet eine **Gruppensprache (Soziolekt)** mit bestimmten Merkmalen, die von unterschiedlichen Gruppen von Jugendlichen zu verschiedenen Zeiten und in verschiedenen Altersstufen verwendet wird. Sie verändert sich schnell und ist sehr vielfältig (z. B. regionale Einflüsse, Einflüsse der sozialen Gruppe, Einflüsse durch andere Sprachen).

Junktionen

Sätze oder Satzteile können mit Junktionen (Konjunktionen, Subjunktionen und → *Adverbien*) verknüpft werden, um Bedeutungszusammenhänge zwischen Einheiten eines Textes zu verdeutlichen. Durch Junktionen wird eindeutig, in welchem Verhältnis die einzelnen Geschehnisse zueinander stehen:
Anna schreibt gute Noten. Anna lernt Vokabeln.

- zeitlicher Zusammenhang: Anna schreibt gute Noten, **seit** sie Vokabeln lernt.
- begründender Zusammenhang: Anna schreibt gute Noten, **weil** sie Vokabeln lernt.
- Zusammenhang in Form einer Bedingung: Anna schreibt gute Noten, **falls** sie Vokabeln lernt.

Junktionen, die Sätze miteinander verknüpfen, kann man danach unterscheiden und benennen, welchen Zusammenhang sie deutlich machen, z. B., dass eine Aussage begründet wird (kausal): denn, deswegen, deshalb, daher, weil, da.
Die verschiedenen Junktionen besetzen unterschiedliche Positionen im Satz und können unterschiedliche Arten von Sätzen miteinander verbinden. Die Verbindung von zwei Hauptsätzen bezeichnet man als **Satzreihe**. Die Verbindung von Hauptsatz und Nebensatz bezeichnet man als **Satzgefüge**.

→ ***Adverbien*** können zwei Hauptsätze verbinden. Sie stehen im Vorfeld des einen Satzes.
Konjunktionen verbinden Hauptsätze. Sie stehen im Verbindungsfeld zwischen den beiden Sätzen.
Subjunktionen (z. B. dass) leiten Nebensätze (Verbletztsätze) ein und verbinden diese mit dem Hauptsatz. Sie stehen vor dem Mittelfeld.
Häufig treten **dass-Sätze** mit → *Verben* des Sagens, Meinens, Hoffens und Wünschens auf. Der dass-Satz gibt an, was jemand sagt, meint, hofft oder wünscht.
Sie hofft, **dass** das Wetter gut wird.

Kommasetzung

(→ Seite 330, 334)

Satzzeichen gliedern Texte und unterstützen damit das Lesen und Verstehen. Mithilfe von Kommas grenzen wir **Teilsätze** oder **Satzgefüge** (= Verbindung von Hauptsatz und Nebensatz) voneinander ab. Jeder Teilsatz enthält als Kern ein finites → *Verb*. Zu diesem Verb gehören weitere Satzglieder. Sie bilden gemeinsam eine **verbhaltige Gruppe**. Das Komma zeigt an, was grammatisch zu welcher Gruppe gehört. Es zieht die Grenze zwischen verbhaltigen Gruppen. So erkennst du die Grenze zwischen Teilsätzen:

1. Suche die finiten Verben.
2. Überlege, was jeweils zu dem finiten Verb gehört. Unterstreiche es in der gleichen Farbe.
3. Setze das Komma zwischen den verbhaltigen Gruppen in unterschiedlicher Farbe.

1. Lina mag Sport eigentlich nicht so sehr beim Sportfest hat sie aber trotzdem die meisten Punkte geholt.
2. + 3. Lina mag Sport eigentlich nicht so sehr, beim Sportfest hat sie aber trotzdem die meisten Punkte geholt.

Kommasetzung in komplexen Sätzen

Sätze können aus mehr als zwei verbhaltigen Gruppen bestehen. Alle Teilsätze müssen mit einem Komma voneinander abgegrenzt werden. Du kannst die gleichen Strategien nutzen wie bei der einfachen Verbindung aus Haupt- und Nebensatz:

1. Niko berichtet dass er und seine Freunde jedes Jahr ein Fest organisieren an dem alle Kinder aus der Nachbarschaft teilnehmen.
2. + 3. Niko berichtet, dass er und seine Freunde jedes Jahr ein Fest organisieren, an dem alle Kinder aus der Nachbarschaft teilnehmen.

Subjunktionen (→ *Junktionen*) sind wichtige Hinweise darauf, dass ein Nebensatz vorliegt, der mit einem Komma abgegrenzt werden muss. Wo ein Komma gesetzt werden muss, hängt davon ab, ob der Nebensatz dem Hauptsatz folgt, vorausgeht oder ob er eingeschoben ist. Wenn ein Nebensatz in einen anderen Satz eingeschoben ist, werden beide Satzgrenzen mit dem Komma markiert:

1. Milo hat obwohl er weit zurücklag nicht aufgegeben.
2. + 3. Milo hat, obwohl er weit zurücklag, nicht aufgegeben.

Als Sätze innerhalb von Sätzen treten häufig → *Attributsätze* wie der Relativsatz auf, deren → Bezugs*nomen* im Vorfeld oder im Mittelfeld steht:

1. Der Unfall der sich gestern ereignete war heute überall Thema.
2. + 3. Der **Unfall**, **der sich gestern ereignete**, war heute überall Thema.

Kommasetzung bei Parenthesen
Parenthesen unterbrechen als Einschübe eine Satzaussage, ohne in die syntaktische Struktur dieses Satzes integriert zu sein. Parenthesen können aus selbstständigen Sätzen bestehen, sie können durch eine → *Konjunktion* eingeleitet werden, sie können aber auch aus einer Wortgruppe bestehen. Anstelle von Kommas können auch Klammern oder Gedankenstriche eine Parenthese anzeigen:
Am frühen Morgen **(die Sonne schien schon)** starteten sie ihre Wanderung.
Am frühen Morgen **– die Sonne schien schon –** starteten sie ihre Wanderung.

Kommasetzung bei Partizipgruppen
Partizipien werden von einem → *Verb* abgeleitet. Häufig enden sie mit -end wie lesend (von lesen; sogenanntes „Partizip Präsens") oder werden mit ge- wie gelesen eingeleitet (sogenanntes „Partizip Perfekt").
Bei **Partizipgruppen** handelt es sich um erweiterte Partizipien, die durch Komma(s) abgegrenzt werden. Steht die Partizipgruppe vor einem Hauptsatz oder folgt sie auf das konjugierte Verb des Hauptsatzes, kann auf das Komma verzichtet werden.

Kommasetzung bei Sätzen mit zu-Infinitiv
Der zu-Infinitiv ist eine → *Verb*form, die aus zu und einer Verbform im Infinitiv besteht (Sie lieben es, draußen **zu spielen**.). Auch mit dem zu-Infinitiv können verbhaltige Gruppen entstehen (Infinitivsatz). Sie werden mit einem Komma abgegrenzt. Du kannst dafür die gleiche Strategie wie bei den finiten Verben verwenden:
1. Suche das finite Verb und den zu-Infinitiv. Kreise sie in verschiedenen Farben ein.
2. Welche Satzglieder gehören zum finiten Verb, welche zum zu-Infinitiv? Markiere sie in der passenden Farbe.
3. Setze das Komma zwischen die Verbgruppen in unterschiedlicher Farbe.

1. Die Mannschaft hofft das Turnier zu gewinnen.
2. + 3. Die Mannschaft hofft, das Turnier zu gewinnen.

Manchmal gibt es mehrere Möglichkeiten für ein Komma. Dann kommt es auf die Bedeutung an, die der Satz haben soll.
Ben verspricht, Patrick einen neuen Wecker zu kaufen.
In diesem Fall wissen wir nicht genau, wem Ben sein Versprechen gibt. Das Versprechen lautet, dass er Patrick einen neuen Wecker kauft.
Ben verspricht Patrick, einen neuen Wecker zu kaufen.
In diesem Fall wissen wir, dass Ben Patrick sein Versprechen gibt. Das Versprechen lautet, dass er einen neuen Wecker kauft, aber wir wissen nicht sicher, für wen er den Wecker kauft.

Kommentarglieder

Ausdrücke wie überraschenderweise, schlauerweise, zum Glück, offenbar, vielleicht, vergeblich, sicherlich, offensichtlich, doch ... nennt man **„Kommentarglieder"**. Mit ihnen kann die Sprecherin bzw. der Sprecher kommentieren, wie sie oder er zu der Aussage des Satzes steht. Ein Kommentarglied kann in einem Satz zusätzlich zum → *Prädikat* und den → *Satzgliedern* auftreten.

Konjunktionen → *Junktionen*

Merkwörtertraining

Wörter mit Dehnungs-h wie fahren, mahlen, dehnen, mit Doppelvokal wie Boot, See, Meer oder mit ih wie ihm, ihr, ihnen sind **Merkwörter**.

Tipps zum Trainieren von Merkwörtern:
- Wörter, deren Schreibung du nicht mit einer Rechtschreibstrategie erklären kannst, im **Wörterbuch** nachschlagen, aufschreiben und Sätze bilden
- Wörter gegenseitig als **Partnerdiktat** diktieren
- **Wortfamilien** bilden: der Schnee, der Schneeball, schneeweiß ...; fahren, der Fahrer, die Fährte ...
- Merkwörter mit der gleichen schwierigen Stelle **alphabetisch geordnet** aufschreiben
- (lustige) **Sätze** mit Merkwörtern bilden
- eine kurze **Geschichte** mit Merkwörtern ausdenken

Niederdeutsch
(→ *Seite 328/329, 338/339*)

Bei einer **Regionalsprache** handelt es sich um eine Sprachform, die dem überregional genutzten Standard zwar ähnelt, aber regional zum Beispiel in Aussprache und Wortschatz davon abweicht. Regionalsprachen gelten daher als Variantensysteme (sog. → *Sprachvarietäten*).

Im Gegensatz zum Standard werden Regionalsprachen vorwiegend zur mündlichen Kommunikation benutzt, weshalb sie anders als die Standardsprache auch keiner amtlichen Schreibnorm unterliegen. Niederdeutsch ist eine **regionalsprachliche Varietät** – d.h. ein regionales Sprachsystem – des Deutschen. Diese lässt sich in zahlreiche unterscheidbare → *Dialekte* untergliedern: die niederdeutschen Dialekte, die auch als **Plattdeutsch** bezeichnet werden. Von den mittel- und hochdeutschen Dialekten unterscheiden sie sich v. a. in der Aussprache: Während die mittel- und hochdeutschen Dialekte die sog. **zweite Lautverschiebung** historisch mitvollzogen haben, blieben die niederdeutschen Dialekte von diesem Lautwandel unberührt.
Während der zweiten Lautverschiebung veränderte sich die Aussprache bestimmter Laute. Beispielsweise verschob sich die Aussprache von p-Lauten zu pf- oder f-Lauten. Niederdeutsche Dialekte behielten Aussprachen wie slapen statt schlafen oder Schipp statt Schiff und haben deshalb noch heute oft eine größere Ähnlichkeit zum verwandten Englisch und Niederländisch.

Nomen

(→ *Seite 76, 289, 325*)

Nomen werden **großgeschrieben** (→ *Groß- und Kleinschreibung*). In Texten können wir sie oft auch daran erkennen, dass sie von einem → *Artikelwort* (z.B. ein, eine, einem, der, die, das, den, dem, seine, ihre, mein, viele, keine, nichts, etwas, zum, beim) und/oder einem → *Adjektiv* begleitet werden: das Tier, der schnelle Läufer, alte Hosen.
Die bestimmten Artikel (der, die, das) zeigen das **grammatische Geschlecht** (**Genus**, Pl. Genera) des Nomens an: Maskulinum (der Löwe), Femininum (die Katze), Neutrum (das Pferd). Manchmal stimmen grammatisches und natürliches Geschlecht überein: der Mann, die Frau, der Junge.
Nomen haben einen **Numerus** (Zahl). Sie können im **Singular** (Einzahl) und im **Plural** (Mehrzahl) stehen. Die meisten Nomen verändern sich, wenn sie im Plural stehen. Der Plural kann durch verschiedene Formen angezeigt werden: -e, -(e)n, -er, -s, mit Umlaut.

Der **bestimmte Artikel** lautet im Plural immer die: der Mann – die Männer, die Frau – die Frauen, das Kind – die Kinder.

Den **unbestimmten Artikel** gibt es nur im Singular: ein Mann – Männer, eine Frau – Frauen, ein Kind – Kinder.

Nomen können in vier verschiedenen **Kasus** (Fällen, Sg. der Kasus, Pl. die Kasus – sprich „Kasuus") stehen: im **Nominativ**, im **Genitiv**, im **Dativ** oder im **Akkusativ**. Je nachdem, in welchem Kasus ein Nomen steht, verändert sich der Begleiter des Nomens und manchmal das Nomen selbst.

Singular	**Maskulinum**	**Femininum**	**Neutrum**
Nominativ	der Ball	die Gabel	das Messer
Genitiv	des Balls	der Gabel	des Messers
Dativ	dem Ball	der Gabel	dem Messer
Akkusativ	den Ball	die Gabel	das Messer

Mithilfe der vier Kasus kannst du erkennen, in welcher Beziehung Nomen oder Nominalgruppen zu anderen Elementen im Satz stehen. So steht zum Beispiel das → *Subjekt* eines Satzes im Nominativ, das → *Objekt* im Dativ oder Akkusativ und seltener auch im Genitiv.

Nominalisierungen

(→ *Seite 287–289, 295/296, 298*)

Von einer Nominalisierung spricht man, wenn in einem Satz ein Wort als → *Nomen* verwendet wird, das in einem anderen Kontext einer anderen → *Wortart* (z.B. → *Verb*, → *Adjektiv* ...) angehört. Wird ein Wort im Satz als Nomen verwendet, schreibt man es groß. In Fachtexten, Rechts- oder Verwaltungssprache oder informierenden Texten treten häufig **Nominalisierungen** auf. Man spricht dann vom **Nominalstil** im Text. Wenn der Sachverhalt mit Nebensätzen formuliert wird, spricht man hingegen vom **Verbalstil**. Sätze im Verbalstil sind häufig länger.

Für Nominalisierungen kann mehr als eine Wortart verwendet werden:
z.B. haltbar (Adjektiv) + machen (Verb) → Haltbarmachung (Nomen)
Nominalisierungen können auch Nebensätze ersetzen:
z.B. Wenn Milch konserviert wird, dann wird sie länger haltbar. → Durch die Konservierung der Milch wird sie länger haltbar.

Die Nominalisierungen lassen sich mit den dir bekannten Proben ermitteln:
Ich jogge gerne. Aber:
Beim Joggen bekomme ich den Kopf frei. → Beim **regelmäßigen** Joggen bekomme ich den Kopf frei.

Das Hemd ist neu. Aber:
Ich wünsche mir etwas Neues. → Ich wünsche mir etwas **interessantes, spannendes** Neues.

Bei **nominalisierten Adjektiven** ist es manchmal schwierig, ein passendes Erweiterungswort zu finden. nichts Kluges → nichts schlaues Kluges (?), im Tiefen → im kalten Tiefen (?).
In diesen Fällen dienen die → *Artikelwörter* als Signal für ein großzuschreibendes Adjektiv. Beachte aber auch hierbei stets den gesamten Satz, damit keine Fehler entstehen: Er springt ins tiefe Wasser. vs. Er springt ins Tiefe.

Numeralia

Numeralia (Zahlwörter) sind Ausdrücke, die eine Menge oder Zahl bezeichnen (z. B. eins, erste, erstens, viele, mehrfach, viertel, Hundertstel). Sie können unterschiedlichen → *Wortarten* zugeordnet werden, manchmal werden sie auch als eigene Wortart gesehen, meist können sie flektiert werden.

Objekte

Viele Sätze benötigen neben dem → *Subjekt* zusätzlich **Objekte** als „Mitspieler". Das → *Verb* bestimmt, welche Arten von Objekten in einem Satz auftreten können. Bevor du die Objekte näher bestimmen kannst, musst du mithilfe des Vorfeldtests die Satzgliedgrenzen ermitteln.
Du hast bereits **Akkusativ-, Dativ- und Genitivobjekte** kennengelernt und gelernt, wie du sie mit der **Frageprobe** und der **Ersatzprobe** bestimmen kannst:

Bestimmung mit der Frageprobe:
Um die Frageprobe durchzuführen, probierst du aus, auf welches der folgenden Fragewörter das jeweilige Objekt antwortet. Nach den Fragewörtern muss immer das Verb mit dem Subjekt folgen, dann fragst du richtig.

- Wen oder was? = Akkusativobjekt
- Wem? = Dativobjekt
- Wessen? = Genitivobjekt

Peter antwortet Laura.
Wen oder was antwortet Peter? Frage passt nicht!
Wem antwortet Peter? – Laura. Frage passt.
Das Objekt ist also ein Dativobjekt.
Wessen antwortet Peter? Frage passt nicht!

Bestimmung mit der Ersatzprobe:
Um die Ersatzprobe durchzuführen, ersetzt du das Satzglied, das du bestimmen möchtest, durch ein Fantasiewort, z. B. „Schnirp", und probierst aus, welcher der folgenden → *Artikel* vor dem Fantasiewort passend ist.

- den Schnirp = Akkusativobjekt
- dem Schnirp = Dativobjekt
- des Schnirps = Genitivobjekt

Peter antwortet Laura.
Peter antwortet den Schnirp. Artikel passt nicht!
Peter antwortet dem Schnirp. Artikel passt.
Das Objekt ist also ein Dativobjekt.
Peter antwortet des Schnirps. Artikel passt nicht!

Ein weiteres Objekt ist das **Präpositionalobjekt**. Manche Verben treten nämlich in Verbindung mit einer ganz bestimmten → *Präposition* oder einigen wenigen ganz bestimmten Präpositionen auf, die nicht beliebig austauschbar sind. Diese Präpositionen stehen im Satz nie allein, sondern bilden zusammen mit einem Wort bzw. einer Wortgruppe ein Satzglied: das Präpositionalobjekt. Wie alle anderen Satzglieder kannst du auch das Präpositionalobjekt in das Vorfeld des Satzes verschieben.
Meine Schwester telefoniert stundenlang **mit** ihrer Freundin.
Mein Vater beschwerte sich **bei** meinem Lehrer/ **über** meinen Lehrer.

Das Wort bzw. die Wortgruppe nach der Präposition steht entweder im Akkusativ oder im Dativ.
Erfragen kannst du Präpositionalobjekte immer mit der Präposition + „wen/was" oder „wem/was" und meistens auch mit einem einzelnen Fragewort, in dem die Präposition enthalten ist.
Mit wem/was telefoniert meine Schwester stundenlang? – Mit ihrer Freundin. → Dativ
Über wen/was (wor**über**) beschwerte sich mein Vater? – Über meinen Lehrer. → Akkusativ

Parataxe und Hypotaxe

Reihungen von mehreren Hauptsätzen (Verbzweitsätzen) nennt man auch **Parataxen**. Parataxen können in manchen Fällen stilistisch genutzt werden: Achim wollte ein Brettspiel spielen. Ahmed wollte ein Bild malen.
Hypotaxen hingegen sind **Satzgefüge mit mindestens einem Nebensatz** (Verbletztsatz → *Satzstrukturen und -formen*), der einem Hauptsatz untergeordnet ist: Als Ahmed ein Bild malen wollte, wollte Achim ein Brettspiel spielen.

Politisch korrekter Sprachgebrauch
(→ Seite 313/314)

Politically correct benennt eine **sozial erwünschte Sprachverwendung**, bei der Sprecher/-innen mithilfe bestimmter Normen einen aktuellen Sprachgebrauch kritisch hinterfragen. Dabei können im Rahmen von historischen oder gesellschaftlichen Zusammenhängen Wörter, Redewendungen oder Denkfiguren als unangemessen verworfen oder durch Alternativen ersetzt werden.

Politische Schlagwörter
(→ Seite 250, 311/312)

Ein **Schlagwort** ist ein Ausdruck, der in der politischen Kommunikation zu einer bestimmten Zeit besonders an Aktualität gewinnt. Schlagwörter entstehen in bestimmten politischen Situationen und fassen diese oft auf ein **einprägsames Wort** oder einen **Satz zusammen**. Sie werden mit bestimmten Zielen oder einem Programm öffentlich propagiert (z. B. Flugscham, Gutmensch).
Schlagwörter wollen das Denken, aber auch die Gefühle und das Verhalten von Menschen steuern und können ein wesentlicher Teil der jeweiligen politischen Ideologie sein. Deshalb werden Schlagwörter häufig mit einer gefährlichen Waffe verglichen, die die Gegenpartei in den Händen hält. Sie können parteilich oder überparteilich, wertend oder neutral und positiv oder negativ eingesetzt werden. Häufig wird mit nur einem Wort ein **ganzes Inhaltsfeld** (Diskurs) abgebildet. Je nachdem, welche kommunikative Strategie sie verfolgen, unterscheidet man zwischen Stigmawörtern, Fahnenwörtern und Hochwertwörtern.

Politische Sprache
(→ Seite 304–312, 318, 319, 321)

Sprache und Politik sind eng miteinander verzahnt. Die Sprache hat in Demokratien eine **vermittelnde und informierende Funktion** und ist ein Medium zur öffentlichen, diskursiven **Meinungsbildung**. Dabei verfolgen alle Akteur/-innen die Durchsetzung bestimmter Ziele und die Gestaltung des öffentlichen Lebens. Politische Sprache lässt sich in folgende **Teilbereiche** unterteilen:

1. privat
   - Sprechen über Politik
2. öffentlich
   - politische Mediensprache
   - Politiksprache
     - Politikersprache
     - Sprache in der Politik

Polysemie und Homonymie

Polysemie (*griech.* polys = viel) liegt vor, wenn ein Wort mehrere Bedeutungen hat und mindestens ein Bedeutungsmerkmal identisch ist:
Glocke: a) Kirchenglocke, b) Klingel
→ gemeinsames Merkmal: Sie machen ein Geräusch.
Wenn zwei oder mehrere Wörter gleich geschrieben werden oder gleich klingen, aber eine unterschiedliche Bedeutung haben, spricht man von **Homonymie** (*griech.* homonymia = Gleichnamigkeit):
Ton: a) Lehm, b) Laut, Klang

Prädikat → *Subjekt und Prädikat*

Prädikativ

Das **Prädikativ** ist ein Satzglied, das die **Funktion** hat, das → *Subjekt* eines Satzes genauer zu beschreiben.
(1) Die Schildkröte ist langsam.
(langsam ist ein Prädikativ)
(2) Die Schildkröte geht langsam.
(langsam ist eine → *adverbiale Bestimmung*)
In Satz (1) wird durch das Wort „langsam" eine Eigenschaft der Schildkröte genannt, also das Subjekt des Satzes näher beschrieben. In Satz (2) wird durch das Wort langsam die Tätigkeit der Schildkröte, also das → *Prädikat* des Satzes, näher beschrieben.
Das Prädikativ ist eng an bestimmte → *Verben* bzw. das Prädikat gebunden, deshalb wird es auch

Prädikativ genannt. Typische Verben, bei denen ein Prädikativ steht, sind sein, werden und bleiben. Prädikative sind nicht weglassbar, ohne dass der jeweilige Satz seinen Sinn verliert oder verändert.
Mein Hund bleibt immer gelassen.
Mein Hund bleibt immer.
Das Prädikativ „gelassen" ist nicht weglassbar, ohne dass der Satz seinen Sinn verliert bzw. verändert.

Prädikative können unterschiedliche **Formen** haben. Neben Prädikativen, die aus einem → *Adjektiv* bestehen, gibt es auch Prädikative, die → *Nomen* enthalten und aus mehr als einem Wort bestehen. Sie erfüllen dieselbe Funktion wie adjektivische Prädikative, nämlich die genauere Beschreibung des jeweiligen Subjekts. Sie stehen, genau wie die Subjekte selbst, im Nominativ und können entsprechend mit „wer" oder „was" erfragt werden.
Mein Bruder war schon immer sehr **hilfsbereit**.
(Kern des Prädikativs ist ein Adjektiv.)
Er wird sicher einmal ein sehr guter **Polizist** werden.
(Kern des Prädikativs ist ein Nomen im Nominativ.)

Präpositionen

Präpositionen (Sg. Präposition) bezeichnen Beziehungen zwischen Dingen oder Personen. Sie sind deshalb meistens mit einer Nominalgruppe verbunden, deren Kasus sie bestimmen:
Der Genitiv folgt z. B. nach während, wegen:
Während des Einbruchs war niemand im Haus.
Der Dativ folgt z. B. nach aus, bei, mit:
Aus dem Haus hörte man Geräusche.
Der Akkusativ folgt z. B. nach durch, für, gegen:
Der Dieb kletterte durch das Fenster.
Einige Präpositionen (z. B. auf, über, neben, an und in) können mit Akkusativ und Dativ stehen. Die Präposition mit Akkusativ zeigt die Richtung an, die Präposition mit Dativ den Ort: Der Dieb flüchtet in das Versteck. (Wohin? → Akkusativ)
Der Dieb wartet in dem Versteck. (Wo? → Dativ)
In manchen Fällen kann sich die Präposition mit dem → *Artikel* verbinden: an + das → ans, zu + dem → zum, in + dem → im ...
Es gibt → *Verben*, die in Verbindung mit mehr als einer Präposition auftreten. Bei manchen dieser Verben kann man die Präposition austauschen, ohne dass sich dadurch der Sinn des Satzes verändert. Bei anderen Verben verändert sich der Sinn des Satzes, wenn man die Präposition austauscht.

Relativsätze → *Attributsätze*

Satzglieder und Satzgliedteile

Satzglieder und Satzgliedteile ermitteln

Satzglieder wie → *Subjekt*, → *Prädikat*, → *Objekte*, → *Adverbiale* oder das → *Prädikativ* können aus einem einzelnen Wort oder einer zusammengehörigen Wortgruppe bestehen. Um zu erkennen, was ein Satzglied bildet, kannst du den **Vorfeldtest**/die **Verschiebeprobe** anwenden:
Prüfe, welche Wörter aus dem Mittelfeld du als Paket ins Vorfeld des Satzes verschieben kannst. Sie bilden gemeinsam ein Satzglied. Manchmal ist das nur ein einzelnes Wort. **Achtung**: Der Sinn des Satzes darf sich beim Verschieben nicht verändern, wohl aber die Betonung und Akzentuierung.
Alle Wörter bzw. Wortgruppen, die du nicht ins Vorfeld des Satzes verschieben kannst, ohne dass der Sinn des Satzes verloren geht oder sich verändert, sind Satzgliedteile.
Auch kannst du die **Weglassprobe** anwenden. Prüfe: Welche Wörter kannst du weglassen? Wörter, die nur gemeinsam weggelassen werden können, bilden ein Satzglied. Aber **Vorsicht**: Die Weglassprobe kann nicht für alle Satzglieder angewendet werden.

Vorfeld	linkes Verbfeld	Mittelfeld	rechtes Verbfeld
Ronja	möchte	immer die Erdnussbutter mit den großen Stückchen	essen.
Immer	möchte	Ronja die Erdnussbutter mit den großen Stückchen	essen.
*Mit den großen Stückchen	möchte	Ronja immer die Erdnussbutter	essen.
Die Erdnussbutter mit den großen Stückchen	möchte	Ronja immer	essen.

* „Mit den großen Stückchen" ist kein Satzglied, sondern ein Satzgliedteil, da es nicht ins Vorfeld des Satzes verschoben werden kann.

Vorfeld	linkes VF	Mittelfeld	rechtes VF
Eric	liest	der alten Frau im Rollstuhl manchmal die Zeitung	vor.
Manchmal	liest	Eric der alten Frau im Rollstuhl die Zeitung	vor.
Die Zeitung	liest	Eric der alten Frau im Rollstuhl manchmal	vor.
*Im Rollstuhl	liest	Eric der alten Frau manchmal die Zeitung	vor.
Der alten Frau im Rollstuhl	liest	Eric manchmal die Zeitung	vor.

* „Im Rollstuhl" ist kein Satzglied, sondern ein Satzgliedteil, da es nicht ins Vorfeld des Satzes verschoben werden kann, ohne dass sich dabei der Sinn des Satzes verändert.

Formen von Satzgliedern untersuchen

Satzglieder können unterschiedliche Formen haben. Sie bestehen

- häufig aus einer **Wortgruppe**: **Ein Leser der Studie** kann Kinder unterstützen.
  (z. B. Wortgruppe mit → *Attributen* als → *Subjekt*)
- manchmal aus einem **einzelnen Wort**: **Leser** können Kinder unterstützen. (z. B. Wort als Subjekt)
- oder aus einem **Nebensatz**: **Wer die Studie liest,** kann Kinder unterstützen.
  (z. B. Nebensatz als Subjekt = Subjektsatz)

Wenn in einer **Wortgruppe** viele Attribute – also zusätzliche Informationen – auftreten, kann das beim Lesen schwieriger zu verstehen sein:

Die Forschenden vermuten ...
eine Unterstützung durch Gesten für die Kinder beim Spracherwerb. (z. B. Wortgruppe mit Attributen als → *Akkusativobjekt*)

Häufig wird dann die Variante, bei der das Satzglied als **Nebensatz** auftritt, als leichter verständlich empfunden:

Die Forschenden vermuten, ...
dass die Gesten die Kinder beim Spracherwerb unterstützen können. (z. B. Nebensatz als Akkusativobjekt = Akkusativobjektsatz)

Den Aufbau von Satzgliedern analysieren und darstellen

Alle Satzglieder, die aus mehreren Satzgliedteilen – also Wörtern oder Wortgruppen – bestehen, haben einen Kern, der in der Regel aus einem Wort besteht. Bei den meisten Satzgliedern ist dieses Wort ein → *Nomen*. Um diesen Kern herum befinden sich weitere Satzgliedteile.
Um den Aufbau eines Satzglieds zu analysieren und darzustellen, kannst du das Satzglied in eine **Satzglied-Feldertabelle** eintragen. Je nach Aufbau des Satzglieds können unterschiedliche Felder der Tabelle besetzt sein oder leer bleiben.

Auf die große Abschlussfeier der Abiturienten freue ich mich schon lange.
Ich musste gestern zum Zahnarzt.
Der Hund im Garten meines Nachbarn trägt ein blaues Halsband.

Präposition	Artikel	Linksattribut(e)	Kern des Satzglieds	Rechtsattribut(e)
Auf	die	große	**Abschlussfeier**	der Abiturienten
zu	dem		**Zahnarzt**	
	Der		**Hund**	im Garten meines Nachbarn
	ein	blaues	**Halsband**	

Satzstrukturen und -formen

(→ *Seite 297*)

Die typische Struktur des deutschen Satzes

Das → ***Prädikat*** besteht in deutschen Sätzen oft aus zwei → *Verben* oder Verbteilen. Diese beiden Verben bzw. Verbteile bilden zusammen die **Verbklammer**.

Vorfeld	linkes VF	Mittelfeld	rechtes VF	Nachfeld
Elsa	geht	Samstag ins Kino.		
Frida	darf	ihre Schwester	beglei- ten.	
In der Deutsch- arbeit	schnitt	Mathilda sehr gut	ab.	
Auf Gleis 3	fährt	in Kürze	ein	der ICE nach Berlin.

1. Im **linken** und **rechten Verbfeld** ist Platz für Verben und Verbteile. Sie bleiben auch beim Verschieben der Satzglieder immer an derselben Stelle. Das Verb mit der Personalform steht im linken Verbfeld. Das rechte Verbfeld kann leer sein.
2. Vor dem linken Verbfeld befindet sich das **Vorfeld**. Es hat Platz für ein Satzglied.
3. Die beiden Verbfelder „umklammern" das **Mittelfeld**. Hier kann der Satz um weitere Satzglieder erweitert werden.
4. Hinter dem rechten Verbfeld befindet sich das **Nachfeld**. Es wird häufig nicht besetzt, kann aber in allen Satzformen auftreten.

Im Deutschen ist die Stellung der Satzglieder recht flexibel. Im Gesprochenen kann man durch Betonung einzelne Informationen hervorheben. Im Geschriebenen kann man das durch die Position im Satz tun: z. B. im Nachfeld (der ICE nach Berlin), aber auch im Vorfeld (auf Gleis 3).

Satzformen/Stellungstypen im Deutschen

Sätze lassen sich nach der Stellung des konjugierten → *Verbs* im Satz unterscheiden. Beim **Verbzweitsatz** (V2) steht das konjugierte Verb an zweiter Satzgliedposition. Verbzweitsätze sind typisch für Aussagen und Ergänzungsfragen („W-Fragen").

Vorfeld	linkes VF	Mittelfeld	rechtes VF
Ina	muss	zum Zahnarzt	gehen.
Wann	muss	Ina zum Zahnarzt	gehen?

Beim **Verberstsatz** (V1) beginnt der Satz mit dem konjugierten Verb. Das Vorfeld bleibt unbesetzt. Mit Verberstsätzen werden Entscheidungsfragen („Ja-/Nein-Fragen") und oft Aufforderungen formuliert.

Vorfeld	linkes VF	Mittelfeld	rechtes VF
	Muss	Ina zum Zahnarzt	gehen?
	Geh	zum Zahnarzt!	

Beim **Verbletztsatz** (VEnd) steht das konjugierte Verb am Ende des Satzes. Das linke Verbfeld bleibt somit unbesetzt. Im Vorfeld steht ein einleitendes Wort (z. B. → *Subjunktion* oder → *Relativpronomen*). Verbletztsätze sind in ihrer Bedeutung in der Regel an andere Sätze gebunden. Deshalb treten sie vor allem in **Satzgefügen** auf.

Vorfeld	linkes VF	Mittelfeld	rechtes VF
Wenn		**Ina zum Zahnarzt**	**gehen muss**,
	wird	ihr angst und bange.	
Ina	geht	zu dem Zahnarzt,	
der		**ihre ganze Familie**	**behandelt**.

Wenn ein Verbzweit- oder Verberstsatz inhaltlich an einen vorangehenden Satz anschließt, können vor dem Vorfeld Konjunktionen stehen (z. B. und, oder, aber, denn, doch ...). Dadurch entsteht eine **Satzverbindung**.

	Vorfeld	linkes VF	Mittelfeld	rechtes VF
	Ina	muss	zum Zahnarzt	
und	ihre Mutter	fährt	sie	hin.

Sprachinseln und Sprachminderheiten

Sprachinseln sind **regional begrenzte geschlossene Sprachgemeinschaften**, die von einem größeren fremden Sprachgebiet umgeben werden (z. B. Texasdeutsch). Sie entstehen meist durch Migrationsbewegungen. In Sprachinseln wird eine vom → *Dialekt* des ursprünglichen Herkunftsgebietes beeinflusste → *Sprachvarietät* gesprochen. Für Sprachforscherinnen und -forscher sind sie wertvolle Quellen, die die Sprache einer bestimmten Zeit konserviert haben. **Minderheitensprachen** werden ebenfalls von einer geschlossenen Sprachgemeinschaft in einem abgegrenzten Gebiet **von einer Minderheit der Bevölkerung gesprochen**. Sie unterscheiden sich von der jeweiligen Amtssprache, aber stellen weder einen Dialekt noch eine Sprache von Zugewanderten dar (z. B. Ober-/Niedersorbisch, Saterfriesisch).

Sprachvarietäten

(→ *Seite 304/305, 308, 315/316*)

Jede und jeder von uns spricht nicht nur eine Sprache, sondern mehrere Formen von dieser (**innere Mehrsprachigkeit**). Je nach Situation und Gesprächspartner/-in ist eine andere **Sprachvarietät** (Teilsprache) angemessen. Das Wechseln zwischen Sprachvarietäten oder verschiedenen Sprachen nennt man **Code-Switching**. Im Zentrum steht dabei die allgemeine und verbindliche Sprachform der **Standardsprache**, häufig wird sie auch Hochdeutsch genannt. Sie wird in formellen Situationen verwendet. Wenn man sie verwendet, bleibt man eher in höflicher Distanz zu anderen Personen.
Eine informellere Form ist die sogenannte **Umgangssprache**, die Menschen überregional im täglichen Umgang miteinander verwenden. Wenn man sie verwendet, baut man sprachlich Nähe zu anderen Personen auf.
Daneben gibt es viele Sprachvarietäten, die nur in bestimmten Gruppen gesprochen werden (**Gruppensprachen/Soziolekte**) oder in bestimmten Regionen (→ *Dialekte*). Darüber hinaus hat jedes Fachgebiet eine eigene Spezialsprache (**Fachsprache**). Fachsprachen dienen der präzisen Kommunikation in bestimmten Tätigkeitsfeldern wie z. B. der Technik oder der Wissenschaft. Typische Kennzeichen von Fachsprachen sind ihr → **Fach*wortschatz*** und → ***Fremdwörter***. Diese ermöglichen eine exakte und eindeutige Kommunikation unter den Expert/-innen des Faches. Wenn man sich in einem Fachbereich aber nicht auskennt, kann man die Fachtexte – auch wegen des Fachwortschatzes – oft nicht verstehen.

Sprachwandel

(→ *Seite 324–327, 336/337, 343–345*)

Die Entwicklungen und Veränderungen einer Sprache werden als Sprachwandel bezeichnet. Sprachwandel hat viele Gründe und ist meist zweckmäßig. Dabei verändert sich Sprache aus **ökonomischen Gründen,** weil damit Zeit gespart wird oder es bequemer ist. Weitere Gründe sind die Innovationen (z. B. Denglisch) oder **Variationen** (z. B. Soziolekte), weil Sprecherinnen und Sprecher flexibel auf die jeweilige kommunikative Situation reagieren wollen. Auch **gesellschaftliche Veränderungen** können die Sprache verändern (z. B. Erfindung des Buchdrucks).
Sprachwandel vollzieht sich aus der Gruppe der Sprachanwendenden und durch den Gebrauch der Sprache selbst. Er ist ein **ständiger Prozess**. Aktiv gebrauchte Sprachen können sich **auf all ihren Sprachebenen** (z. B. Laute, → *Wortschatz*, Satzbau) verändern.

Stammprinzip

Wortstämme werden in allen Ableitungen gleich oder zumindest so ähnlich wie möglich geschrieben. Die Rechtschreibstrategien Verlängern und Ableiten helfen dir bei der Schreibung weiter, z. B. leiht wegen leihen; häuten wegen Haut.

Subjekt und Prädikat

Der inhaltliche Zusammenhang und die Endung des → *Verbs* zeigen an, wer in einem Satz etwas tut:
XY berichte aus dem Stadion. **XY** = ich
XY passt zu Meyer. **XY** = er, der Spieler ...
Dieses Satzglied nennt man **Subjekt**. Das Subjekt bestimmt die Endung (Personalform) des Verbs:
Ich bericht**e** aus dem Stadion.
Du bericht**est** aus dem Stadion.
Die beiden Reporter bericht**en** aus dem Stadion.
Subjekt und Prädikat gehören eng zusammen. Sie passen sich einander immer in **Person** und **Numerus** (Zahl) an.

So gehst du vor, um das Subjekt zu ermitteln:
1. Trage den Satz in eine Feldertabelle ein. Dabei bestimmst du das **Prädikat**.
2. Ermittle die **Satzglieder** bzw. die **Satzgliedgrenzen** mithilfe des Vorfeldtests/der Verschiebeprobe.
3. Wende die **Frageprobe** („Wer oder was ...?") an. Nach den Fragewörtern muss immer das Verb mit der Personalform folgen, dann fragst du richtig:
   Das Kind spielt Fußball.
   Wer oder was spielt Fußball? – Das Kind.
4. Das Satzglied, das die Antwort auf deine Frage gibt, ist das Subjekt.

Du kannst das Subjekt auch durch Umwandlung des Satzes in den **Notizzettelstil** (in eine **Infinitivkette**) ermitteln:

- Setze das Verb in den Infinitiv. Dabei wandert es ans Ende des Satzes.
- Das Satzglied, das du nun nicht mehr vor das Verb im Infinitiv setzen kannst, ist das Subjekt. Beispiel:
  Lea wischt nach jeder Stunde die Tafel.
  → ~~Lea~~ nach jeder Stunde die Tafel wischen
  Lea ist also das Subjekt des Satzes.

Subjunktionen → *Junktionen*

Synonyme und Antonyme

(→ *Seite 37, 167*)

Zwei Wörter werden als **Synonyme** bezeichnet, wenn sie dieselbe Bedeutung, aber eine unterschiedliche Lautgestalt haben: beginnen – anfangen
Antonyme drücken eine gegensätzliche Bedeutung aus: arm – reich

Verben

Im Wörterbuch steht das Verb im **Infinitiv**: springen. Verben können **Personalformen** bilden: Das Verb passt sich durch die Endung immer an die Person an. An den Verbstamm wird die passende Personalendung angehängt:

	Singular	Plural
1. Person	ich springe	wir springen
2. Person	du springst	ihr springt
3. Person	er/sie/es springt	sie springen

Die Verben dürfen, können, müssen, mögen, sollen, wollen werden als **Modalverben** bezeichnet.
Bei diesen handelt es sich um Verben, die mit einem Vollverb im Infinitiv das → *Prädikat* bilden:
Das Geschenk darfst du noch nicht öffnen.
Mit Modalverben kann man z. B. Wünsche, Möglichkeiten, Notwendigkeiten und Gebote ausdrücken, auch kann man seine Perspektive auf ein Geschehen verdeutlichen.

Verben können **Zeitliches** ausdrücken. Dafür verwenden wir verschiedene grammatische **Tempusformen:**

1. **Gegenwärtiges:** Das Ereignis ist gerade/jetzt; jemand berichtet/erzählt aktuell.
   Präsens: ich spiele, er springt …
2. **Vergangenes:** Das Ereignis ist vorüber; jemand berichtet/erzählt später darüber.
   Perfekt: ich habe gespielt, er ist gesprungen …
   Präteritum: ich spielte, er sprang …
   Im mündlichen Sprachgebrauch wird oft das Perfekt benutzt, im schriftlichen meistens das Präteritum. Wenn ein Ereignis weiter zurückliegt als das, was im Präteritum mitgeteilt wird, benötigt man das **Plusquamperfekt**: ich hatte gespielt, er war gesprungen.
3. **Zukünftiges:** Das Ereignis liegt noch vor uns; jemand berichtet/erzählt, was noch kommen wird, was man plant zu tun.
   Futur I: ich werde spielen, er wird springen …
   Präsens + Zeitangabe: ich spiele morgen
   Wenn man vermutet, dass ein Ereignis oder eine Handlung in der Zukunft abgeschlossen sein wird, kann man das **Futur II** verwenden: ich werde gespielt haben, er wird gesprungen sein.

am-Progressiv

Der ***am*-Progressiv** wird häufig im informellen Sprachgebrauch verwendet, um zu beschreiben, dass eine Handlung in diesem Moment verläuft. Er wird mit dem Hilfsverb sein + am + dem Infinitiv des Verbs gebildet, der in diesem Zusammenhang häufig nominalisiert (→ *Nominalisierungen*) ist. Häufig wird zusätzlich eine Zeitangabe verwendet. Im Gegensatz zum einfachen Präsens kann diese jedoch auch wegfallen, da die *am*-Formulierung bereits das Andauern der Handlung kennzeichnet.
Sie ist gerade am Tanzen. (Sie tanzt jetzt gerade.)
Sie tanzt gerade. (Sie tanzt jetzt gerade.)
Sie tanzt. (Tanzen ist ihr Hobby.)
Der *am*-Progressiv tritt in manchen deutschen Regionen häufiger auf. Er wird generell hauptsächlich im informellen Sprachgebrauch verwendet. Im formellen Sprachgebrauch ist er nicht üblich.

Aktiv und Passiv

Mit dem **Genus verbi** (wörtlich: dem Geschlecht des Verbs) kann man die Perspektive auf ein Geschehen verdeutlichen:
Im **Aktivsatz** erfährt man etwas über die Handelnden und auch die Handlung. In vielen Aktivsätzen ist das grammatische → *Subjekt* ein Handlungsträger, also beispielsweise eine Person, die etwas tut. Man spricht auch von **Agens** (von *lat.* agere = handeln).
Emma hat die Kekse aufgegessen. (Emma = Subjekt/Agens)

Im **Passivsatz** tritt das Agens, also der Handelnde, meistens nicht auf. Dadurch wird die Handlung mehr hervorgehoben.
Die Kekse wurden ~~von Emma~~ aufgegessen.
Das Passiv wird mit einem Hilfsverb (werden, sein) und dem Partizip II des betreffenden Verbs gebildet. Wenn du einen Aktivsatz in einen Passivsatz **umwandelst**, wird das → *Akkusativobjekt* des Aktivsatzes zum Subjekt des Passivsatzes. Das ehemalige Subjekt des Aktivsatzes kann mit der → *Präposition* von angefügt oder auch weggelassen werden:

Vorfeld	linkes VF	Mittelfeld	rechtes VF
Emma	hat	die Kekse	aufgegessen.
Die Kekse	wurden	~~(von Emma)~~	aufgegessen.

Unterschiedliche Formen des Passivs
Das **Passiv** kann verwendet werden, um eine Handlung oder ein Geschehen in den Mittelpunkt zu stellen. Man nennt diese Passivform daher auch **Vorgangspassiv**. Es wird gebildet mit dem Hilfsverb werden + Partizip II: Der Rasen **wird gemäht**.
Das Passiv kann jedoch auch verwendet werden, um einen Zustand zu beschreiben. Dieser Zustand ist dann das Ergebnis der Handlung oder des Geschehens. Das **Zustandspassiv** wird gebildet mit dem Hilfsverb sein + Partizip II: Der Rasen **ist gemäht**.
Sätze mit dem **bekommen-Passiv** dienen dazu, den Empfänger einer Handlung oder den Adressaten eines Geschehens besonders in den Vordergrund zu stellen. Es ist im informellen Sprachgebrauch häufig und üblich, im formellen Sprachgebrauch jedoch nicht akzeptiert. Das *bekommen*-Passiv wird mit einer Form von bekommen oder erhalten (informell auch kriegen) und dem Partizip II gebildet: Linda bekommt (von Daniel) das Wörterbuch geliehen.

Imperativ
Der Imperativ ist eine Verbform, mit der **Bitten, Befehle oder Aufforderungen** zum Ausdruck gebracht werden: Räum endlich auf! Hilf mir bitte!
Bei regelmäßigen Verben wird die Imperativform mit dem Präsensstamm gebildet, an den die Endung -e/-et angefügt wird: Acht-e! Acht-et!
Einige Verben bilden jedoch auch unregelmäßige Imperativformen mit i/ie:
Hilf mir! (nicht: helfe) Lies das Buch! (nicht lese)
Schlage im Wörterbuch nach, wenn du unsicher bist.

Konjunktiv I
Der Konjunktiv I wird verwendet, wenn die → ***Rede*** einer anderen Person wiedergegeben wird (indirekte Rede).
Leon: „Ich bin der Klassenbeste."
Pia: „Leon sagt, er **sei** der Klassenbeste."
Da mit dem Konjunktiv I meistens die Rede einer oder mehrerer Personen wiedergegeben wird, bewirkt er eine eigene Distanzierung von den wiedergegebenen Inhalten. Diese kann verschiedene Gründe haben: Sie kann dazu dienen,

- neutral zu bleiben,
- auszudrücken, dass man mit einer Aussage nicht übereinstimmt, oder
- die Verantwortung für den Inhalt einer Aussage nicht zu übernehmen.

Der Konjunktiv I ist besonders in formellen Kommunikationssituationen (z. B. in Zeitungsartikeln, Protokollen, Nachrichten ...) üblich. Er wird aus dem Wortstamm und der Konjunktivendung gebildet:
laufen → „Julius **läuft** die 800 m in unter drei Minuten." → Julius **laufe** die 800 m in unter drei Minuten.
sein → „Anton **ist** ein schrecklicher Angeber." → Anton **sei** ein schrecklicher Angeber.

Konjunktiv II
Der Konjunktiv II wird verwendet, um **Wünsche, Fiktives oder Aussagen über nicht Eingetretenes** zu beschreiben. Er wird mit der Präteritumsform des Verbs gebildet. Bei unregelmäßigen starken Verben ändert sich auch der Stammvokal.
heißen → hieß (Präteritum) → hieße (Konjunktiv II)
fliegen → flog (Präteritum) → flöge (Konjunktiv II)
Weil viele Konjunktivformen sehr selten im Sprachgebrauch auftreten, werden sie zum Teil als ungewohnt und sehr formell empfunden (z. B. heißen → hieße). In diesem Fall wird häufig die alternative Formulierung mit würde gewählt (würde heißen).
Aber auch wenn die Form des Konjunktiv II mit der Form des Präteritums identisch ist, wie es bei den regelmäßigen, schwachen Verben der Fall ist, wird häufig der *würde*-Konjunktiv verwendet. Damit wird gekennzeichnet, dass es sich nicht um ein Präteritum, sondern um einen Konjunktiv handelt.
Wenn ich bei einer Fee einen Wunsch frei hätte,
→ **spielte** ich in der Fußballnationalmannschaft.
(Präteritum und Konjunktiv II)
→ **würde** ich in der Fußballnationalmannschaft **spielen**. (*würde*-Konjunktiv)

Ersatzformen des Konjunktivs verwenden
Es gibt Fälle, in denen die Konjunktivform eines Verbs nicht eindeutig zu erkennen ist, weil sie mit einer Form des Indikativs identisch ist, aus der sie gebildet wird.

1. Wenn der Konjunktiv I mit dem Indikativ Präsens identisch ist, verwendet man stattdessen die Konjunktiv-II-Form des Verbs.
   Ich sagte, ich komme etwas später. (Konjunktiv I und Indikativ Präsens)
   Ich sagte, ich käme etwas später. (Konjunktiv II)
2. Wenn der Konjunktiv II mit dem Indikativ Präteritum identisch ist, verwendet man stattdessen die Umschreibung mit würde.
   Der Trainer sagte, ...
   ... alle hielten sich an seine Anweisungen. (Konjunktiv II und Indikativ Präteritum)
   ... alle würden sich an seine Anweisungen halten. (*würde*-Konjunktiv)

Verwaltungssprache reflektieren

(→ Seite 290/291, 297–299)

Bei der **Verwaltungssprache** handelt es sich um einen Sprachgebrauch, der von Institutionen benutzt wird, um **rechtliche Sachverhalte** zu beschreiben. Die Verwaltungssprache greift dazu auf **Fachwörter** und Formulierungen der **Rechtssprache** zurück. Verwaltungsbereiche sind zum Beispiel Sozialamt, Bauordnungsamt, Umweltschutzamt ...
Behörden treffen rechtlich bindende Entscheidungen: Sie erlassen Vorschriften und Verordnungen, genehmigen Anträge oder lehnen sie ab. Diese Texte sollen **eindeutig** sein sowie sprachlich verdeutlichen, dass jemand berechtigt ist, zu **bestimmen**. Daher weicht Verwaltungssprache von der Standardsprache ab. Verwaltungssprache wird von vielen Menschen als **schwer verständlich** empfunden. Typische **sprachliche Merkmale** sind z. B. eine große Genauigkeit, mit der beschrieben wird; → *Nominalstil*; ein unpersönlicher Stil; Intertextualität ...

Wortbausteine

Wörter setzen sich aus verschiedenen Bausteinen zusammen, z. B. **Präfix**, **Wortstamm**, **Suffix**.
Da gleiche Bausteine gleich geschrieben werden, kann dir dieses Wissen eine große Hilfe für die Rechtschreibung sein.

Wenn du dir beim Schreiben unsicher bist, zerlege die Wörter in Bausteine, um Fehler zu vermeiden. Auf den Wortstamm lassen sich alle Wörter einer **Wortfamilie** zurückführen.
entführen abführen Führung verführbar
Manchmal verändert sich der Wortstamm allerdings:
Wort wörtlich, nehmen Entnahme
Verbinden sich Präfixe mit Wortstämmen oder Wortstämme mit Wortstämmen, treffen manchmal zwei oder sogar drei gleiche Konsonanten im Wortinnern aufeinander. Man hört beim Sprechen jedoch nur einen: an- + -nehmen → annehmen, Fahr- + -rad → Fahrrad, Schiff- + -fahrt → Schifffahrt.

Wortbedeutung

(→ Seite 318)

Denotation und Konnotation
Eine **Denotation** (*lat.* denotare = bezeichnen) stellt die neutrale Bedeutung (= Grundbedeutung) eines Wortes dar und ist damit der kontextunabhängige, inhaltliche Kern eines Wortes (z. B. Pferd). Eine **Konnotation** (*lat.* connotare = mit bezeichnen) liegt vor, wenn bei der Bedeutung eines Wortes eine Nebenbedeutung zusätzlich mitschwingt. Diese ist immer subjektiv und kontextabhängig (z. B. Gaul → negative Konnotation, Ross → positive Konnotation.)

Bedeutungsveränderungen
Die Bedeutung von Wörtern kann sich im Laufe der Zeit verändern oder verschieben. Dabei können Teile der Bedeutung verloren gehen, sodass das Wort in einem größeren Anwendungsbereich verwendet werden kann. Diese Form wird **Bedeutungserweiterung** (Generalisierung) genannt (z. B. mhd. vrouwe = adelige Frau, heute: Frau).
Das Gegenteil dazu ist die Einschränkung der Wortbedeutung und die Verkleinerung des Anwendungsbereichs. In diesem Fall findet eine **Bedeutungsverengung** (Spezialisierung) statt (z. B. mhd. hochzît = Fest, heute: Fest der Eheschließung).
Bedeutungsveränderungen können zu einer Verbesserung oder Verschlechterung der Wortbedeutung führen. Bei einer **Bedeutungsverschlechterung** wird ein zuvor positiver oder neutraler Ausdruck verändert, sodass er negativ bewertet wird (z. B. gemein, früher: gewöhnlich, heute: böswillig), auch **Bedeutungsverbesserungen** sind möglich (z. B. ahd. Marahscalc = Pferdeknecht, heute: Marschall = höchster militärischer Rang).

Wortbildung

Neue Wörter entstehen häufig durch Zusammensetzung vorhandener Wörter oder durch Ableitung von vorhandenen Wörtern. Eine **Zusammensetzung** (Kompositum, Pl. Komposita) ist eine Verbindung aus zwei oder mehreren Wörtern.
Besonders häufig werden die Zusammensetzungen in diesen Formen gebildet:

- Das Erstglied (**Bestimmungswort**) bestimmt das Zweitglied (**Grundwort**) näher (z. B. hellgrün, Bargeld).
- Die Bedeutung der beiden Bestandteile ist gleichordnend, sie könnten vertauscht werden, ohne dass sich die Bedeutung verändert (z. B. Hosenrock).

Bestimmungswort und Grundwort können wiederum aus Wortzusammensetzungen bestehen (z. B. Rhabarbermarmeladenbrot). Das Genus des Kompositums richtet sich nach dem Grundwort.

Viele Komposita enthalten **Fugenelemente**, das sind Verbindungsstücke, wie das Fugenelement -s (z. B. Prüfung**s**angst) oder das Fugenelement -n (z. B. Sonne**n**schein).

Bei einer **Ableitung** (Derivation) wird der Wortstamm mithilfe von Suffixen und Präfixen ergänzt. Bei der **Suffixbildung** (Suffigierung) werden neue Wörter mit Suffixen wie -ung, -er, -heit, -isch, -lich, -bar gebildet (z. B. schön → Schön-heit). Häufig kommt es dabei zu einem → *Wortarten*wechsel.
Bei der **Präfixbildung** (Präfigierung) werden neue Wörter mithilfe von Präfixen wie be-, ent-, er-, miss-, ver- oder zer- gebildet (z. B. arbeiten → er-arbeiten, be-arbeiten). Durch diese Wortbildung findet eine Bedeutungsveränderung (→ *Wortbedeutung*) statt, aber meist folgt kein → *Wortart*wechsel.

Alle Wörter mit dem gleichen Wortstamm gehören zu einer **Wortfamilie**. Bei Ableitungen verändert sich bisweilen der Stammvokal, sodass sich mehrere Wortstämme ausbilden (z. B. verbindlich, Verbund, Bündnis, Verband).

Wörterbücher

Wie und welche Wörterbücher verwendet werden, hängt von der Nutzerin bzw. dem Nutzer, den zur Verfügung stehenden → *Medien*, aber besonders auch vom Zweck der Nutzung ab.
Einfache Fragen zur **Orthografie** können sowohl über das Internet als auch mit einem gedruckten **Rechtschreibwörterbuch** gelöst werden.
Weitergehende Informationen erhält man durch **Online-Wörterbücher** sowie spezielle Wörterbücher wie → ***Fremdwörter*bücher** oder -lexika und → ***Synonym*wörterbücher**. Diese helfen z. B. nicht nur beim richtigen Schreiben, sondern geben auch Anregungen beim Schreiben von Texten, indem sie Wörter mit ähnlicher Bedeutung aufzeigen, um z. B. Wiederholungen zu vermeiden.
Bei der Arbeit mit einem Textverarbeitungsprogramm werden dir unter dem Button „**Thesaurus**" → *Synonyme und Antonyme* vorgeschlagen, die du dir anzeigen lassen und anschließend auswählen kannst.

Wörter und Wortarten

Wörter lassen sich in veränderbare und nicht veränderbare Wörter einteilen, diese unterscheiden sich wiederum nach bestimmten **Wortarten**:

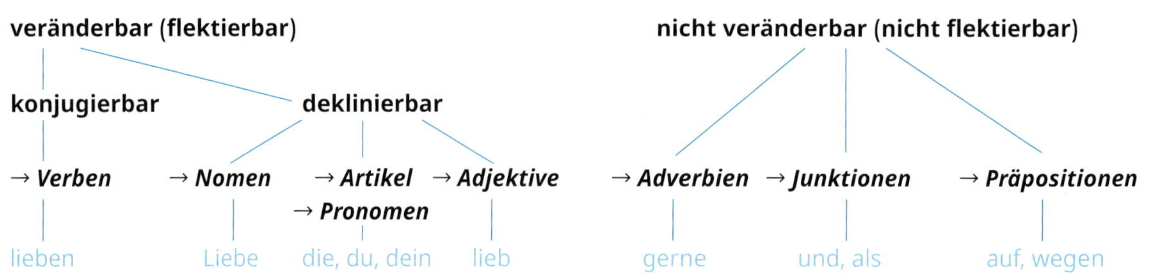

Es gibt Wortarten, die man **deklinieren** kann. Das bedeutet, dass man sie im Genus, Kasus und Numerus verändern kann: ein netter Junge, ein nettes Mädchen, einem netten Mädchen, die netten Eltern.
Bei → *Nomen* ist das Genus festgelegt, die anderen Wortarten passen sich auch im Genus an das Bezugsnomen an.
Das → *Verb* verändert ebenfalls seine Form. Die Formveränderung beim Verb nennt man **Konjugation:** sie kommt, er kam, wir sind gekommen.

Satzzeichen bei der wörtlichen Rede

Wenn eine Person in einem Text etwas sagt, dann steht dies in Anführungszeichen. Die wörtliche → *Rede* wird meist durch einen Redebegleitsatz begleitet:

- **Vorangestellter Begleitsatz:** Nach einem vorangestellten Begleitsatz steht ein Doppelpunkt. Nina sagt: „Das Eis schmeckt nicht."
- Nachgestellter Begleitsatz: Beim nachgestellten Begleitsatz trennt ein Komma nach dem Anführungszeichen oben die wörtliche Rede vom Begleitsatz. Beachte: Enthält die wörtliche Rede einen Aussagesatz, wird kein Punkt gesetzt.
  „Wann beginnt das Training?", fragt Antonio.
  „Es geht um 17.30 Uhr los", antwortet Mia.
- **Eingeschobener Begleitsatz:**
  „Um den Ball zu bekommen", erklärt der Trainer, „musst du sprinten."

Wortschatz

(→ Seite 329)

Der Wortschatz des Deutschen setzt sich aus Wörtern mit verschiedener Herkunft zusammen.
Er besteht aus einem nativen Wortschatz wie den **Erbwörtern**, die in der deutschen Sprache selbst geprägt worden sind. Sie sind ein Erbe des Germanischen oder Althochdeutschen (z. B. ahd. sunna – Sonne). Hinzu kommen Wörter aus anderen Sprachen, die sich angepasst haben, sowie der → ***Fremdwortschatz***).

Zeichensetzung (Interpunktion)

(→ Seite 330–333, 340/341, 343–345)

Die zwölf Interpunktionszeichen des Deutschen lassen sich ihren Funktionen nach in drei Gruppen einteilen:

- Punkt, Doppelpunkt, Semikolon und Komma gehören zu den Zeichen, die den Satzbau strukturieren und die Beziehungen im Satz und zwischen Sätzen regeln; sie heißen deshalb **syntaktische Zeichen**. . : ; ,
- Zu den Zeichen, die einen Einfluss auf den Informationswert einer sprachlichen Einheit (nebensächlich, wörtlich wiedergegeben, nachdrücklich oder infrage stehend) haben, gehören die Klammern, die Anführungszeichen, das Ausrufezeichen und das Fragezeichen. Man nennt sie **kommunikative Zeichen**. () „" ! ?
- Die letzte Gruppe bilden die **defektanzeigenden Zeichen**. Wie der Name schon sagt, zeigen die Zeichen in der Schrift an, wo sprachliche Defekte (wie Auslassungen oder fehlende Elemente und Bruchstellen) sind. Zu diesen Zeichen gehören der Gedankenstrich, der Divis, die Auslassungspunkte und der Apostroph. – - … ʼ

Fakultativ bedeutet freigestellt. Fälle, in denen die Interpunktion freigestellt ist, werden entsprechend als Fälle **fakultativer Interpunktion** bezeichnet. Man kann hierbei grundsätzlich zwei Fälle unterscheiden:

- Ein Zeichen darf an einer Stelle gesetzt werden, es muss aber nicht, z. B.:
  Ich werde laufen(,) und du wirst schwimmen.
- Es muss ein Zeichen gesetzt werden, aber die Wahl des Zeichens ist freigestellt, z. B.:
  Ich werde nach Hause laufen, / – alleine übrigens.

Weitere Informationen zur Zeichensetzung findest du unter → *Kommasetzung* und → *Satzzeichen bei der wörtlichen Rede*.

Zweifelsfälle und Varianten

Sprachliche **Zweifelsfälle** sind jene Fälle, in denen auch geübte Nutzerinnen und Nutzer einer Sprache sich nicht einfach zwischen zwei **Varianten** entscheiden können. Die Varianten werden dann reflektiert und gegeneinander abgewogen, um begründet zu einer Entscheidung zu gelangen.
Varianten gibt es auf den verschiedensten Ebenen eines Sprachsystems, auch in der **Rechtschreibung**. In der Rechtschreibung ist es in einigen Fällen sogar so, dass beide Varianten zugelassen sind, in anderen Fällen ist die Entscheidung von einer normgebenden Instanz (dem Rat für deutsche Rechtschreibung) gefällt worden.

Seite 18, Aufgabe 7

Beispiele: „Räume deine Sachen auf, bitte!“ „Hilf mir mal bei den Hausaufgaben!“ „Wenn Sie nochmal jemanden beleidigen, werden Sie von der Versammlung ausgeschlossen!“

Seite 30, Aufgabe 4

Verändert den Dialog ab Z. 29.

Seite 33, Aufgabe 4a

Überlege dir, welches Wort du jeweils besonders stark betonen möchtest und was dies für die jeweilige Aussage bedeutet, zum Beispiel: Betonst du das Wort „Hier“ besonders stark, liegt der Fokus auf dem Ort, es wird also deutlich gemacht, dass an diesem Ort, also in der Stadt, das Leben besonders pulsiert.

Seite 34, Aufgabe 1b

Beantworte zum Beispiel die folgenden Fragen:
Mutter: Wie fühlt sie sich in der Situation? Was macht es mit ihr, dass so oft ein fremder Mann anwesend ist? Was wünscht sie sich für die Zukunft?
Schlafgänger: Wie fühlt er sich in der Situation? Was denkt er darüber, dass er in keinem Moment für sich allein ist? Was wünscht er sich für die Zukunft?

Seite 40, Aufgabe 7b

Berücksichtigt dabei zum Beispiel folgende Aspekte:
Welche Vorteile bringen die Erfindungen, die ihr in der Aufgabe 7a recherchiert habt, jeweils? Für wen entsteht ein Vorteil? Neue Erfindungen sind in der Anfangszeit meist sehr teuer, bevor sie nach und nach billiger werden. Welche Konsequenzen hat dies jeweils für die reiche und die ärmere Bevölkerung?

Seite 44, Aufgabe 9a

Beginne zum Beispiel so:
Für wen von euch ist Schokolade die absolute Lieblingssüßigkeit? (einige Finger gehen hoch) Bevor die Maschine, um deren Erfindung es heute geht, existierte, hätten viele von euch wahrscheinlich noch ganz anders geantwortet, weil Schokolade lange Zeit vor allem eins war: bitter.
Du kannst auch mit einem Zitat beginnen:
„Forschungen haben ergeben, dass 14 von 10 Menschen Schokolade mögen.“ Dieses Zitat von ...

Seite 65, Aufgabe 2a

Entmündigung ist eigentlich ein juristischer Begriff. Er bedeutet, dass die Person, die entmündigt wurde, wichtige Entscheidungen ihres Lebens, z. B. in Geldfragen, nicht mehr eigenständig treffen kann. Jemand anderes übernimmt diese Entscheidungen. Im übertragenen Sinne bedeutet es bei Kleiner, dass die Entscheidung, welche Inhalte eine Person streamt ...

Seite 66, Aufgabe 2

Die Rollenverteilung von Mann und Frau ist „klassisch“. Bei der „romantischen“ Begegnung übernimmt der Mann die Initiative, indem er...
Findet nun Hinweise in Text und Bild, die das Rollenverständnis belegen. Schaut dazu auch in den zweiten Text.

Seite 67, Aufgabe 4

Alma erscheint als eine selbstbewusste Frau, die mit beiden Beinen im Leben steht und die gebildet ist. Den Satz „Deine Augen sind wie zwei Bergseen, in denen ich versinken möchte“ findet sie kitschig, weil er nichts mit ihrer Persönlichkeit zu tun hat. Tom hätte ihn auch ...

Seite 71, Aufgabe 3b

Was real ist, definiert nach Morpheus das Gehirn, indem es elektrische Signale interpretiert. Die Interpretation hängt davon ab, was der jeweilige Mensch in seinem Leben zuvor erlebt hat. Für die Menschen in der Matrix ist diese real, weil ...

Seite 71, Aufgabe 3c

Nach Metzingers Theorie legt unser Gehirn ein Modell von Wirklichkeit an. Es verarbeitet das Erlebte. Wenn das Erlebte aber ausschließlich in einer virtuellen Welt stattfindet, dann bildet das Gehirn von dieser „Wirklichkeit" ein Modell ab. Verbindet diese Gedanken nun mit der Idee von Morpheus, die in Aufgabe 3a erläutert wurde.

Seite 77, Aufgabe 4c

Bereits die erste Einstellung des Videos zeigt den Blick auf eine Autobahn bei sehr trübem Wetter, alles erscheint in Grautönen. Die Bilder sind unscharf und wirken wie mit einer älteren Videokamera aufgenommen. Dadurch entsteht zunächst eine etwas bedrückte Stimmung ...

Seite 82, Aufgabe 4b

In beiden Passagen teilt die Zuschauerin/der Zuschauer den Blick auf den Computerbildschirm des Jungen. In der ersten Passage kann der Junge bei der Arbeit an den noch unfertigen Objekten, die er am Computer programmiert, beobachtet werden ...

Seite 84, Aufgabe 4a

Der Titel des Songs lautet „Denken Sie groß". Dies spiegelt sich auf mehreren Ebenen im Video wider. Auffällig ist etwa, dass die Objekte, die der Junge am Computer programmiert, im Laufe des Videos immer größer werden ...

Seite 85, Aufgabe 4

Auch in den Kameraeinstellungen des Videos zeigt sich die Aufforderung, groß zu denken. Während im ersten Teil des Videos die programmierten Objekte und Personen oft in Nah- und Großaufnahmen zu sehen sind ...

Seite 94, Aufgabe 3

Mögliche Einflussfaktoren für die Wirksamkeit von Argumenten sind:

- Nachvollziehbarkeit,
- Richtigkeit,
- ...

Seite 103, Aufgabe 4

Überlege, für welchen Schritt im Schreibprozess es wichtig ist, sich die Frage nach der Verwendbarkeit von Quellen zu stellen, und warum dies sinnvoll ist.

Seite 103, Aufgabe 5

Stelle dir die Frage, welchen Vorteil es hat, Material zielgerichtet zu lesen im Vergleich zu einem Vorgehen, bei dem du einfach drauflos liest und alles markierst, was du gut findest.

Seite 106, Aufgabe 5

Untersuche die Einleitungssätze dahingehend, ...

- ... welcher der Einleitungssätze eher dein Interesse wecken würde, den darauffolgenden Text zu lesen, und begründe deine Einschätzung.
- ... welcher der Einleitungssätze einen Bezug zur Aufgabenstellung hat.
- ... welcher der Einleitungssätze der Leserin bzw. dem Leser präzise aufzeigt, worum es in dem darauffolgenden Text gehen wird.
- ... welcher der Einleitungssätze sprachlich den Anforderungen an einen Kommentar gerecht wird.

Seite 107, Aufgabe 7

Orientiere dich an folgenden Denkimpulsen:

- Stelle dir vor, du liest einen Fließtext, der ohne jegliche optische Trennung mehrere Seiten lang ist. Welche Schwierigkeiten ergeben sich hierbei für dich als Leserin bzw. Leser?
- Welchen Vorteil könnte es haben, wenn jeder neue Gedanke/jedes neue Argument auch durch einen neuen Absatz gekennzeichnet ist?

Seite 108, Aufgabe 11a

- Es wird eine Behauptung aufgestellt: Es gibt so viel Text auf dieser Welt wie noch nie, ...
- Es wird eine Begründung für eine Behauptung angegeben: weil ...
- Es wird eine Verknüpfung der vorherigen Behauptung mit einer daraus resultierenden Konsequenz gezogen: Die logische Schlussfolgerung muss demnach lauten ...

Seite 108, Aufgabe 11c

Prüfe, was dir an dem folgenden Satz auffällt: „Die Trainingsumstände." (Z. 26)

Seite 110, Aufgabe 14b

Untersuche die Texte daraufhin, inwiefern ...
- ... die verwendete Sprache als sachlich zu bezeichnen ist.
- ... rhetorische Mittel oder sprachliche Bilder verwendet werden.
- ... der Inhalt der Leserin bzw. dem Leser direkt ersichtlich wird oder eher zwischen den Zeilen versteckt ist.
- ... die Sprache auf die Leserin bzw. den Leser wirkt.

Seite 118, Aufgabe 3a

Wiederhole zunächst die Merkmale argumentativer und informierender Texte. Vergleiche diese anschließend miteinander.

Seite 120, Aufgabe 3c

Folgende Fragen helfen bei der Beantwortung:
- Welche Besonderheiten weisen die jeweiligen Textarten auf?
- Welchen Zweck erfüllen die Textarten?
- Auf welche Weise wird der Inhalt dargestellt?

Seite 128, Aufgabe 6a

Nutze die folgende Definition einer Überschrift für die Bearbeitung der Aufgabe:
Überschriften sollen klar und eindeutig sein sowie kurz und knackig. Schlüsselwörter wecken das Interesse von Leserinnen und Lesern, aber die Überschrift darf nichts versprechen, was sie nicht halten kann.

Seite 129, Aufgabe 7b

- Anschaulichkeit: Werden z. B. Zitate oder Metaphern verwendet?
- Einfachheit: Wie ist die sprachliche Gestaltung?
- Vielfältigkeit: Achte auf den Satzbau.

Seite 130, Aufgabe 3a

Nutze die folgenden Fragen für den Vergleich:
- Wo finden sich informierende Passagen?
- Wo finden sich erzählende Passagen?
- Wie kann man feststellen, um was es sich jeweils handelt?

Seite 149, Aufgabe 4

Vergleicht dazu, wie sich Shen Te und Shui Ta gegenüber dem Schreiner und der Familie verhalten.

Seite 149, Aufgabe 6b

Shen Te versorgt so viele Arme, dass ihr der Bankrott droht. Shui Ta ermöglicht es ihr, dass ...

Seite 163, Aufgabe A/B 4b

Mögliche Antworten wären z.B.: Die Welt ist schlecht, weil die Menschen schlecht sind. Es herrscht nur eine zeitweilige Krise: Alles wird bald besser. Die Schöpfung der Götter hat sich bewährt. ...

Seite 163, Aufgabe B 4d

Ein weiterer Gott könnte z. B. dem Publikum erklären, wie gut es dem anderen Gott gelingt, Shen Te zu überzeugen, und wie treffend seine Argumente sind.

Seite 167, Aufgabe 1c und 2b

Wenn dir keine passenden Wörter einfallen, schau in einem Synonym-Wörterbuch (die gibt es auch online) nach. Dort findest du eine große Anzahl bedeutungsähnlicher Wörter.

Seite 170, Aufgabe 8b

Beachte bei dem Vergleich, in welchem Gedicht aktiv agiert werden kann bzw. in welchem Gedicht passiv auf einen Impuls von außen reagiert wird. Nutze diese Erkenntnis für die Interpretation der Beziehung.

Seite 172, Aufgabe 4

Achte hier besonders auch auf die Groß- und Kleinschreibung sowie auf die Zeichensetzung bzw. die Erkennbarkeit der Satzkonstruktionen. Was sagt diese formale Gestaltung inhaltlich über die Beziehung aus?

Seite 173, Aufgabe 7b

Bezieht hier auch die formale Gestaltung des Gedichts von Jäger ein. Ist sie für euch angemessen?

Seite 173, Aufgabe 11

Wenn du hier keine Position finden kannst, dann überlege vorab, wie eine Liebesbeziehung für dich aussehen sollte: Was ist für dich notwendig in der Beziehung? Wie sollten die Partner/-innen miteinander umgehen? Wie viel Freiheit sollte jede und jeder haben?

Seite 173, Aufgabe 12

Mögliche Symbole können sein: Meer als Symbol für die unendliche Größe der Liebe; Löwe als Symbol für die Kraft, die aus der Liebesbeziehung erwächst.

Seite 176, Aufgabe 2

„Sonntag in Lübeck": Sprecher 1 liest jeweils die 1. und 2. Zeilen der Strophen, Sprecher 2 liest die 3. Zeilen.
„Immer": Sprecher 1 liest die einzeln stehenden Zeilen, Sprecher 2 liest die Strophen.

Seite 176, Aufgabe 6

Falls ihr in eurer Gruppe zu keiner Einigung kommen könnt: Nehmt einzelne Wörter aus dem Gedicht zur Hilfe, an denen ihr jeweils eure Zuordnung festmachen könnt. Falls ihr euch nicht eindeutig festlegen könnt, dann lasst mehrere Aussagen nebeneinander zu, solange sie begründbar sind.

Seite 182, Aufgabe 8a

Typische Attribute und Gegenstände, die gerne mit dem Mann verbunden werden, können sein: Auto, Werkzeug, Unordnung, muskulöser trainierter Körper.

Seite 183, „Frommer Wunsch"

Nutze zum besseren Verständnis auch die Informationen aus dem Wissen-und-Können-Kasten zu Humor, Ironie und Satire. Beziehe dich dann besonders auf den Titel des Gedichts, der an ein Gebet erinnert, und die letzte Zeile. Untersuche, ob diese Zeilen wörtlich gemeint sind.

Seite 183, „Nachruf"

Betrachte die Sprecherin im Gedicht unter der Perspektive, dass sie eine selbstbewusste, emanzipierte Frau ist: Wie viel Anteil an der Welt und den Dingen, die ihr angeboten werden, möchte sie haben? Was sagt das über ihre Ansprüche aus?

Seite 194, Aufgabe 3

In Zeile 12 wird die Stimmung deutlich ausgedrückt. Überlege, wie jemand nach Hause kommen würde mit dem Wissen, dass man sich auf ihn freut. Vergleiche dies mit den Erfahrungen des Ich-Erzählers. Beachte vor allen Dingen den Moment, als er ins Haus geht. Die Stimmungskurve sollte abwärtsgerichtet sein, die Stimmung wird immer betrübter.

Seite 198, Aufgabe 7 B

Das Unbewusste liegt unter der Wasseroberfläche und ist dem Bewussten verborgen, es erhält also keinen Zugriff darauf. Überlege, welche Rolle der Faktor Angst spielt. Wovor könnte der Steuermann größtmögliche Angst haben? Wie zeigt sich dies im Text?

Seite 200, Aufgabe 5a

Bedenke, dass zu dieser Zeit der Konkurrenzdruck unglaublich groß war. Büros waren neu in der Gesellschaft; es war wichtig, sich zu etablieren. Von daher spielt auch hier Angst eine große Rolle. Die Menschen standen unter sozialem und wirtschaftlichem Druck.

Seite 200, Aufgabe 5b

Politisch betrachtet ist die Parabel eine Kritik an den fehlenden Gedanken einer Gemeinschaft. Die Konkurrenz und das damit verbundene Streben sind politisch so gewollt und daher zu kritisieren; der Mensch ist Teil dieses Systems und als Individuum Opfer einer solchen Politik. Biografisch betrachtet ist der Konkurrent Harras in der Rolle von Kafkas Vater zu sehen. Kafka hat keine Möglichkeit, gegen Harras zu bestehen, und greift deshalb zu komisch bis grotesk wirkenden Mitteln.

Seite 201, Aufgabe 4

Politisch: Der Einzelne wird mit seinen Problemen nicht ernst genommen und allein gelassen. Autobiografisch: Schutzmann = Vater. Beschreibe den Statusunterschied.
Psychologisch: Überlege, welche Rollen Zeit, Orientierung und Obrigkeit für dich spielen. Wie verhältst du dich gegenüber diesen Kriterien?

Seite 204, Aufgabe 4 A

Eine gesellschaftskritische Deutung geht davon aus, dass der Galeriebesucher den Missstand im Zirkus erkennt. Inwiefern ist das Verhalten der Gesellschaft dann zu kritisieren?

Seite 204, Aufgabe 4 B

Psychologisch betrachtet geht es um das Spiel zwischen Wirklichkeit und vorgespielter Wirklichkeit. Überlege, inwiefern du dir deine Welt selbst zurechtbiegst: Bestimmt gab es auch schon einmal Momente, die du dir schöngeredet hast. Beachte im Text den Moment des Weinens. Worüber weint der Besucher?

Seite 215, Aufgabe 3c

Bedenke zum Beispiel, welche Grundbedürfnisse der Mensch bezüglich seiner Lebensplanung hat und welche Probleme dabei auftreten können. Oder berücksichtige die lange Geschichte der Schifffahrt sowie das menschliche Bedürfnis nach Bildern und setze diese Gedanken in Beziehung.

Seite 217, Aufgabe 2b

Du kannst so beginnen:

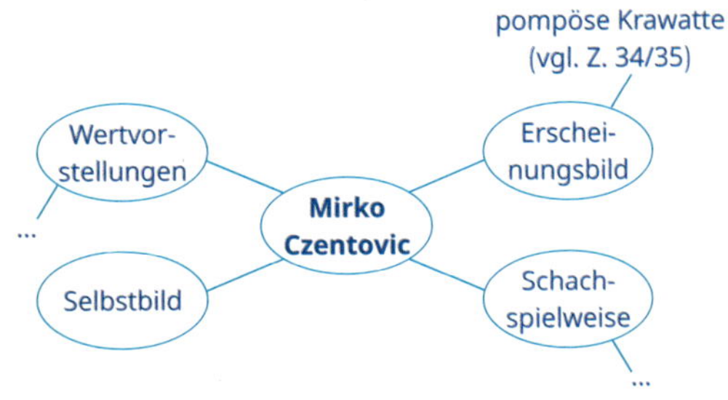

Seite 217, Aufgabe 3b

Überlege dir als Ausgangspunkt, welche Wirkung die Erzähltechnik bei den Leserinnen und Lesern erzielt. Wie erscheint Czentovic dadurch? Wird Sympathie geweckt?

Seite 221, Aufgabe 5a

Überlege dir zunächst, welche Informationen von Interesse sein könnten. Entwickle daraus entsprechende Gliederungspunkte für deinen Kurzvortrag. Mögliche Gliederungspunkte für das Pistyaner Großturnier sind z. B.: Spielort, weitere Teilnehmer/-innen, Preisgelder etc.

Seite 223, Aufgabe 4b

Die folgenden Aussagen können zur Kategorie *fehlende Beschäftigungsmöglichkeiten* zusammengefasst werden: „kein Blatt Papier, kein Bleistift" (Z. 44), „dass ich nicht etwa schreiben könne" (Z. 50) und „nichts zu tun" (Z. 62)

Seite 223, Aufgabe 4c

Fasse zunächst noch einmal die wesentlichen Merkmale des Hotelzimmers zusammen sowie die wesentlichen Kennzeichen von Dr. B.s persönlicher Situation. Überlege dir, welche Auswirkungen die Situation im Hotelzimmer auf die psychische Verfassung von Dr. B. hat und inwiefern sich hier Parallelen zeigen. Berücksichtige auch, inwiefern die Differenz zwischen der eigentlichen Funktion eines Grandhotels und dessen Umfunktionierung durch die Nationalsozialisten den Zusammenhang zwischen Schauplatz und persönlicher Situation Dr. B.s zusätzlich beeinflusst.

Seite 226, Aufgabe 3b

Vergleiche z. B. die Ausgangssituation, in der sich Czentovic und Dr. B. befanden. Worin liegt das „Nichts" bei beiden Figuren begründet? Oder vergleiche, welche Bedeutung das Schachspielen für beide Figuren hat.

Seite 228, Aufgabe 4a

Schreibe den Text ab Z. 21 neu. Der Umfang soll in etwa so groß sein wie beim bisherigen Schluss, also ca. 400 Wörter.

Seite 232, Aufgabe 5b

Entsprechende Hinweise findest du in den Texten auf Seite 220/221 und Seite 222/223.

Seite 240, Aufgabe 3c

Überlege, welche Adjektive auf die Inszenierung am ehesten zutreffen:
- seriös, staatsmännisch, berechenbar, charakterstark, integer, korrekt, solide, vertrauenswürdig, führungsstark, zuverlässig ...
- unseriös, agitatorisch, populistisch, aufwieglerisch, anbiedernd, demagogisch, unverbindlich, rätselhaft ...

Seite 243, Aufgabe 7

Alle Elemente können zugeordnet werden. Allerdings ist die Captatio Benevolentiae von Raoul Schrott ins Gegenteil verkehrt. Außerdem lassen sich Thema und Problem hier zusammenfassen.

Seite 245, Aufgabe 3

Achte für deine Einschätzung auf Folgendes:
In welchem Maße bzw. Umfang findet ...

a. ... eine Reflexion, eine Argumentation über die Ursachen, Zusammenhänge, Motive des Fremdenhasses und der damit verbundenen Gewalttaten sowie über Auswege statt?
b. ... das Entsetzen, die Betroffenheit und entsprechend die Meinung des Redners über die „Menschensprenger" seinen Ausdruck?
c. ... der Appell gegen Fremdenhass, Ausgrenzung, Unterdrückung, Gewalt und für die verbale Auseinandersetzung, für den Dialog Raum?

Seite 250, Aufgabe 1

Welche der folgenden Gründe für die Wirkung der Rede treffen nach deiner Einschätzung zu?
Darstellung des Publikums als Repräsentant des Deutschen Volkes; ruhiges, bestimmtes Sprechen; religiöse Verbrämung der Forderungen; enthusiastische, zustimmende Zwischenrufe; Darstellung des Publikums bzw. des deutschen Volkes als Solidargemeinschaft; argumentative, abwägende Ausführungen; Verbreitung der Hoffnung, Krieg noch zu gewinnen; Aufwertung von Führer und Volk, höhnische Abwertung der Engländer als Feinde; schrilles, einpeitschendes Herausschreien der Redeformeln durch den Redner; Klarheit der Gliederung; Darstellung der Komplexität der aktuellen Situation; Emotionalisierung durch Superlative; von der NSDAP ausgewähltes Publikum ...

Seite 251, Aufgabe 3

Schaut euch die Zusatzinfo zur Strategieanalyse zum Methodenkasten „Eine Redeanalyse verfassen" (S. 247) aus dem Medienpool an.
Ergiebig ist u. a. die Suche nach direkter Anrede, Emotionalisierung, Appell an das Wir-Gefühl, Auf- und Abwertung, Polarisierung.

Seite 254, Aufgabe 3

Ordnet folgende drei Statement-Elemente den Textabschnitten ❶–❸ zu:
- Beschreibung des Ist-Zustandes (Problem, eigene Position, These)
- zentrale Aussage/Argument (Begründung, Beleg/Beweis/Erläuterung/Beispiel)
- Fazit/Lösungsvorschlag/Appel/Forderung/Aufforderung zum Handeln

Seite 265, Aufgabe 3b

Geht dazu folgendermaßen vor:

- Schaut in eure Tabelle: Welche Eigenschaften und Begriffe, die ihr entweder Dr. Frankenstein oder der Kreatur zugeordnet habt, lassen die jeweilige Figur stärker oder schwächer im Vergleich mit dem Gegenüber erscheinen?
- Fasst erst für Dr. Frankenstein, dann für die Kreatur alle Eigenschaften und Begriffe zusammen. Überlegt, wie stark oder wie schwach sich die Figur in der Gesamtschau der Eigenschaften darstellt.
- Überlegt nun, wer von den beiden Kontrahenten der Über- bzw. der Unterlegene ist.
- Schaut euch auch noch einmal die Textstelle an und überlegt, ob es innerhalb des Textes Passagen gibt, an denen sich dieses generelle Machtverhältnis zwischen den beiden Kontrahenten verändert.
- Begründet, warum sich diese Änderungen im Machtverhältnis zwischen den beiden eurer Meinung nach einstellt.

Seite 266, Aufgabe 2

Bedenkt bei eurer Antwort folgende Aspekte:

- Durch welche Eigenschaften zeichnet sich die Kreatur in ihrem Verhalten gegenüber ihrem Schöpfer in „Frankenstein" aus?
- Auf welche Handlungsweisen sind die Roboter in den Werken von Asimov durch die Robotergesetze festgelegt?
- Vergleicht die tatsächlichen Handlungen der Kreatur aus „Frankenstein" mit den möglichen Handlungsoptionen der Roboter bei Asimov. Haben beide die gleichen Handlungsmöglichkeiten?
- Welches von Asimovs Robotergesetzen verhindert, dass sich die Roboter so verhalten wie Frankensteins Kreatur?

Seite 268, Aufgabe 4a

Beachtet dabei noch einmal besonders die Aussage von Dr. Calvin in Z. 51–56.

Seite 271, Aufgabe 3

Folgende Fragen können euch dabei helfen:

- Durch welche Eigenschaften der KI entsteht jeweils die Ausgangsproblematik bzw. der Konflikt in den beiden Romanauszügen?
- Wie entsteht jeweils durch das Verhalten der KI eine Bedrohung oder gar eine Gefahr für den Menschen?
- Welcher Art sind die Bedrohungen und Gefahren?
- Mit welchen Maßnahmen reagieren die Menschen auf die vermuteten Bedrohungen bzw. Gefahren?

Seite 282, Aufgabe 2

Beantworte z. B. die folgenden Fragen:

- Warum gibt es *Leichte Sprache*?
- Welche Merkmale hat *Leichte Sprache*?
- Für welche Zielgruppe ist sie gedacht?
- Wie werden Texte in *Leichter Sprache* entwickelt?
- …

Seite 283, Aufgabe 5a

Nutze deinen Steckbrief aus Aufgabe 3.

Seite 283, Aufgabe 5c

Du kannst so vorgehen:

In der ersten Zeile nennt man …
Man teilt den Satz auf: …
Dann beschreibt man …
Danach …

Seite 287, Aufgabe 2b

Überlege z. B., welche Formulierungen du selbst schwer verstehst, welche nicht alltäglich sind oder welche du selbst das erste Mal so liest.

Seite 288, Aufgabe 5

Orientiere dich am folgenden Beispiel:

Die Schule übernimmt keinerlei Gewährleistung im Falle <u>einer Beschädigung oder eines Verlustes</u>. (Nominalstil)

Die Schule übernimmt keinerlei Gewährleistung im Falle, <u>wenn etwas beschädigt wird oder wenn etwas verloren geht</u>. (Verbalstil)

Seite 288, Aufgabe 6

Überprüfe, zu welchen der großgeschriebenen Wörter es ein dazugehöriges Verb gibt, mit dem der Sachverhalt beschrieben werden kann.

Seite 294, Aufgabe B 3c

Vergleiche dazu den folgenden Text mit dem Text auf S. 284.

Seite 296, Aufgabe B 2a

Formuliere die Sätze in Verbalstil um. Vergleiche die Länge der beiden Texte.

Seite 297, Aufgabe 1c

Ergebnis einer deutschlandweiten Umfrage:
- Zustimmung erste Aussage: 70 %
- Zustimmung zweite Aussage: 20 %
- Unentschieden: 10 %

Seite 306, Aufgabe 2b

Ordne die einzelnen Beispiele einer Kommunikationsstrategie zu, wie z. B.: Events, Printmedien, Website, Social Media, Werbung, Pressearbeit, weitere Medien

Seite 309, Aufgabe 3

Eines der bekanntesten Beispiele für das rhetorische Mittel der Begriffsbesetzung hat die Partei CDU in ihrer Wahlwerbung im Jahr 1976 mit der Wahlkampfparole „Freiheit oder Sozialismus" verwendet. Man kann diesen nur so verstehen, dass „Sozialismus" in diesem Zusammenhang als negativ geprägtes Schlagwort (Stigmawort) verwendet wurde. „Sozialismus" wurde in diesem Zusammenhang der Gegenpartei zugeschrieben. „Freiheit" hingegen wurde als positiv bewertetes Schlagwort (Fahnenwort) für die eigene Sache in Anspruch genommen.

Seite 311, Aufgabe 1b

Die folgenden Leitfragen helfen bei der Analyse:
1. Wer spricht?
2. Welche Intentionen hat die/der Sprecher/-in?
3. An wen richtet sie/er sich?
4. Ist die Aussage faktisch richtig?
5. Ist die Aussage verständlich formuliert?
6. Wie lässt sich die Aussage korrigieren/vereinfachen?
7. Was würde passieren bzw. wäre passiert, wenn die „ungeschminkte Wahrheit" geäußert werden würde bzw. worden wäre?

Seite 312, Aufgabe 4a

Alle Begriffe werden im Kontext von Klimaschutz und -aktivismus verwendet. Es gilt, dass jemand sich für jedes Verhalten, dass für CO_2-Ausstoß sorgt oder dem Klima schadet, schämen kann. Umgekehrt gilt, dass jemand sich dafür schämen kann, nicht genug für das Klima zu tun.
Das Wort Flugscham beschreibt Folgendes: Jemand schämt sich, dass sie oder er zu viel mit dem Flugzeug fliegt, da das bei einem Flug ausgestoßene CO_2 dem Klima schadet.

Seite 313, Aufgabe 2b

Recherchiere was der Begriff in folgenden Zeiträumen bedeutet hat: 1900 - 1933, 1933 - 1945, 1945 - 1970, 1970 - 1990, 1990 - 2007, ab 2007. Notiere dir dazu mindestens ein einschneidendes politisches Ereignis für den Zeitraum und beschreibe, wie es sich auf die Wortbedeutung ausgewirkt hat.

Seite 316, Aufgabe 5a

Gib den jeweiligen Wahlslogan in einem Online-Übersetzer ein, um die Sprache zu ermitteln, falls du sie nicht erkennen kannst.

Seite 319, Aufgabe 2b

Recherchiere, welche Interessen ein Verbraucherschützer vertritt. Welches Vorwissen wird von der Werbung vorausgesetzt? Was könnte für Finn von Interesse sein?

Seite 330, Aufgabe 2a

1. Überlegt zunächst, wozu ein Punkt und ein Komma jeweils im Satz dienen.
2. Übertragt diese Überlegungen auf das Leben der sterbenden Kakerlake: Was ist ein Komma im Leben? Was ist ein Punkt im Leben?

Seite 332, Aufgabe 1b

Ein Semikolon kann verwendet werden, um verschiedene Effekte zu erzeugen und so bestimmte Zwecke zu erfüllen. Zu diesen gehören:
- die übergeordnete Gliederung komplexer Sätze und Aufzählungen (insbesondere, wenn bereits Kommas in den Sätzen enthalten sind),
- das Stiften und Unterstützen bestimmter (oft gegensätzlicher, aber auch anderer) Zusammenhänge zwischen zwei Satzteilen oder Teilsätzen.

Seite 334, Aufgabe 4a

Mögliche Fehlerursachen sind z. B. Unaufmerksamkeit, Unwissenheit oder Tippfehler.

Seite 337, Aufgabe A 3b

Denkbare Variantenpaare sind:
- <Orthografie> und <Orthographie>
- <Foto> und <Photo>
- <telefonieren> und <telephonieren>
- <Photosynthese> und <Fotosynthese>
- <Delphin> und <Delfin>

Seite 337, Aufgabe B 3b

In den folgenden Variantenpaaren ist die jeweils fettgedruckte Variante heute bereits die häufigere und durch Wörterbücher empfohlene:
- <**Foto**> und <Photo>
- <**telefonieren**> und <telephonieren>
- <Delphin> und <**Delfin**>

In den folgenden Variantenpaaren verläuft die Entwicklung aktuell ähnlich wie für <Phantasie> und <Fantasie>:
- <Orthografie> und <Orthographie>
- <Fotosynthese> und <Photosynthese>

Anders verhalten sich <Physik>, <Physis> und <Phonetik>.

Seite 339, Aufgabe 2a

Hier siehst du, was die Sprecher/-innen sagen:
a. Ich muss ans Telefon gehen.
b. Er hat ein Bild gemalt.
c. Nein, ich möchte ein Stück Kuchen.

Seite 339, Aufgabe 3a

Ein Beispiel für ein plattdeutsches Online-Wörterbuch ist unter dem folgenden Link zu finden: www.platt-wb.de

Seite 341, Aufgabe B 2a

Recherchiert – falls nötig – zunächst, was am 09. November 1989 geschehen ist.

Autoren- und Quellenverzeichnis

Umschlag: Kafka, Franz: *Der Nachbar*. In: Diekhans, Johannes (Hg.): EinFach Deutsch – Franz Kafka: Die Verwandlung, Brief an den Vater und weitere Werke. Paderborn: Schöningh 1998, S. 144–146.

Seite 11: Watzlawick, Paul: *Man kann nicht ...* (Originaltitel: *Jeder Mensch kommuniziert, auch wenn er gar nichts sagt. Interview mit Paul Watzlawick*). In: Schuster, Otto (Hg.): P.M. Perspektive – Kommunikation. München: Gruner und Jahr 1989, o. S.

Seite 11: Niedecken, Wolfgang: *Verdammt lang her ...* (Originaltitel: *Verdamp lang her*), >www.bap.de/songtext/verdammp-lang-her/<, BAP, 1981 Musikverlage Hans Gerig oHG, Bergisch Gladbach (letzter Aufruf: 09.11.2022).

Seite 11: Schulz von Thun, Friedemann: *Gespräch zwischen einem Ehepaar*. Aus: Miteinander reden, Bd. 2. Reinbek bei Hamburg: Rowohlt Taschenbuch Verlag 1995, S. 192.

Seite 11: Galli, Johannes: *Der Körper lügt nie*. Aus: Körpersprache und Kommunikation. Freiburg im Breisgau: Galli 2008, S. 13.

Seite 11: Molcho, Samy: *Der Körper spricht immer*. Aus: Das ABC der Körpersprache. München: Hugendubel 2006, S. 11.

Seite 11: Shakespeare, William: *Dass einer lächeln ...* . Aus: Hamlet I, 5. Übersetzt von August Wilhelm von Schlegel. Projekt Gutenberg, Hamburg, o. D., >www.projekt-gutenberg.org/shakespr/hamlet-s/chap01.html< (letzter Aufruf: 09.11.2022).

Seite 19: Reza, Yasmina: *Die Kunst des zivilisierten Umgangs*. Aus: Der Gott des Gemetzels. Übersetzt von Hinrich Schmidt-Henkel. München: Hanser 2021, S. 10/11.

Seite 24: Reza, Yasmina: *Das Kind mit dem zerschmetterten Gesicht und der ausgesetzte Hamster*. Aus: Der Gott des Gemetzels. Übersetzt von Hinrich Schmidt-Henkel. München: Hanser 2021, S. 11–14.

Seite 28: Reza, Yasmina: *Und so was läuft?* Aus: Der Gott des Gemetzels. Übersetzt von Hinrich Schmidt-Henkel. München: Hanser 2021, S. 15/16.

Seite 29: Hamilton, Patrick: *Ich bin doch nicht wahnsinnig!* Aus: Gaslicht. Übersetzt von Günter Blöcker. Berlin: Kiepenheuer Bühnenvertriebs-GmbH o.J., S. 14–16.

Seite 33: Hoffmann, Max: *Hier ist der...* . Aus: Straßenbild. >www.abipur.de/gedichte/analyse/11774-strassenbild-hoffmann.html< (letzter Aufruf: 09.11.2022).

Seite 34/35: Moser, Ulrike: *Sozialgeschichte: Berlin um 1900*, >www.geo.de/magazine/geo-epoche/10369-rtkl-sozialgeschichte-berlin-um-1900<, GEO EPOCHE, G+J Medien GmbH, Hamburg, 02.03.2004 (letzter Aufruf: 09.11.2022).

Seite 42: mel: *Bitte, was ist eigentlich Conchieren?*, >www.welt.de/lifestyle/article2154457/Bitte-was-ist-eigentlich-Conchieren.html<, WELT, Axel Springer SE, Berlin, 03.07.2008 (letzter Aufruf: 09.11.2022).

Seite 49: *E-Mobilität – gar kein neuer Trend*, >www.ardalpha.de/e-mobilitaet-elektroauto-geschichte-elektrische-antriebe-e-auto-e-fahrrad-100.html<, ARD alpha, Bayerischer Rundfunk, München, 12.10.2021 (letzter Aufruf: 09.11.2022).

Seite 52: Pinthus, Kurt: *Die Überfülle des Erlebens*. In: Vietta, Silvio (Hg.): Lyrik des Expressionismus. Tübingen: Max Niemeyer 1990, S. 9.

Seite 55, 56–58: Wolfangel, Eva: *Mein Leben als Avatar*, >www.ewo.name/themengebiete/wissenschaftsreportage-technik/357-95mein-leben-als-avatar<, Eva Wolfangel, Stuttgart, 30.09.2016 (letzter Aufruf: 09.11.2022).

Seite 60: dpa: *Identität in sozialen Netzwerken: Echte Menschen auf Facebook* (Originaltitel: *Netzwerk-Profile zeigen meist wahre Identität*), >www.sueddeutsche.de/digital/identitaet-in-sozialen-netzwerken-echte-menschen-auf-facebook-1.126786<, Süddeutsche Zeitung, München, 17.05.2010 (letzter Aufruf: 09.11.2022).

Seite 62: *Was genau ist (d)eine digitale Identität?* (Originaltitel: *Ich wurde Opfer eines Identitätsdiebstahls*), >polizei.brandenburg.de/seite/ich-wurde-opfer-eines-identitaetsdiebsta/56591<, Zentraldienst der Polizei des Landes Brandenburg, Potsdam, 07.07.2022 (letzter Aufruf: 09.11.2022).

Seite 63: *Identitätsdiebstahl* (Originaltitel: *Welche Folgen Identitätsdiebstahl im Internet haben kann*), >www.verbraucherzentrale.de/wissen/digitale-welt/datenschutz/welche-folgen-identitaetsdiebstahl-im-internet-haben-kann-17750<, Verbraucherzentrale NRW e.V., Düsseldorf, 20.12.2021 (letzter Aufruf: 09.11.2022).

Seite 64/65: Kleiner, Markus S./Unger, Kolja: *Entmündigung im Streaming?*, >www.deutschlandfunk.de/netflix-co-entmuendigung-im-streaming-100.html<, Deutschlandradio, Köln, 01.10.2020 (letzter Aufruf: 09.11.2022).

Seite 66, 67: Schomburg, Jan/Schrader, Maria: *Tom und Alma lernen sich kennen, Die Programmierung humanoider Roboter*. Aus: Ich bin dein Mensch. Deutsche Filmakademie e.V., Berlin, 02.09.2021, S. 4/5, 8/9, >issuu.com/deutschefilmakademiee.v./docs/ich_bin_dein_mensch_drehbuch_final< (letzter Aufruf: 09.11.2022).

Seite 69: Metzinger, Thomas: *Zwischen biologischer und virtueller Welt macht unser Gehirn keinen Unterschied* (Originaltitel: *Virtuelle Welten – Gefahr für die Psyche?*). Transkribiert von Klaus-Michael Guse, >www1.wdr.de/mediathek/video-virtuelle-welten--gefahr-fuer-die-psyche-100.html<, BR/planetWissen; in Lizenz BRmedia Service GmbH, 06.09.2019, Länge: 03:32 Min. (letzter Aufruf: 09.11.2022).

Seite 70: Wachowski, Larry/Wachowski, Andy: *Was ist Realität?*. In: Hilgart, Johannes (Hg.): Standpunkte der Ethik. Braunschweig: Westermann Bildungsmedien Verlag 2022, S. 76.

Seite 76: Hagedorn, Patrick: *Großstadtvagabunden*, >www.youtube.com/watch?v=uJ3HssXCY5Y<, Punch Drunk Poets, 41065 Musikverlag Oliver Alexander eK, 27.03.2020 (letzter Aufruf: 09.11.2022).

Seite 80: Dürre, Sebastian/Grütering, Philipp/Hartmann, Christian Malte/Reimann, Sascha: *Denken Sie groß*, >genius.com/Deichkind-denken-sie-gro-lyrics<, Deichkind, BMG Rights Management GmbH, Berlin/Hanseatic Musikverlag GmbH & Co. KG, Hamburg/It sounds Edition bei Arabella Musikverlag GmbH, Berlin/Tiergarten Edition bei Sony/ATV Music Publishing (Germany) GmbH, Berlin, 09.01.2015 (letzter Aufruf: 09.11.2022).

Seite 86: Schreiber, Lukas: *Planetarium*, >www.youtube.com/watch?v=9Kse9EZXYCU<, Punch Drunk Poets, 41065 Musikverlag Oliver Alexander eK, 17.07.2020 (letzter Aufruf: 09.11.2022).

Seite 88: Buchholz, Joris Ramon/Hesselbarth, Maximilian/Stegmiller, Niko: *Herz über Kopf*, >www.songtexte.com/songtext/joris/herz-uber-kopf-2372345b.html<, Joris, Affenpublishing GbR bei Universal Music Publishing GmbH, Berlin, Herz über Kopf Edition bei Sony/ATV Music Publishing (Germany) GmbH, Berlin, 13.03.2015 (letzter Aufruf: 09.11.2022).

Seite 91: Gemke, Henning: *Pocahontas*, >genius.com/Annenmaykantereit-pocahontas-lyrics<, AnnenMayKantereit, Sony/ATV Music Publishing (Germany) GmbH, Berlin, 05.02.2016 (letzter Aufruf: 09.11.2022).

Seite 92, 93, 94, 104: Manguel, Alberto: *Lesen ist wie atmen*. Aus: Eine Geschichte des Lesens. Berlin: Volk und Welt 1998. In: Martin Ebel: Eine Geschichte des Lesens. Deutschlandradio, o.O., 12.04.1998, >www.deutschlandfunk.de/eine-geschichte-des-lesens-100.html< (letzter Aufruf: 09.11.2022).

Seite 92: Wilde, Oscar: *Es gibt Bücher …*, >www.zitate.eu/autor/oscar-wilde-zitate/8540< (letzter Aufruf: 09.11.2022).

Seite 92: Carlyle, Thomas: *In Büchern liegt …* . Aus: Über Helden und Heldenverehrung und das Heldentümliche in der Geschichte (On Heroes, Hero-Worship, and The Heroic in History), 1841, >www.aphorismen.de/zitat/155438<, (letzter Aufruf: 09.11.2022).

Seite 98/99: Bruggaier, Johannes: *Lesen bildet? Von wegen: Wir lesen zwar viel – aber das Falsche!*, >www.suedkurier.de/ueberregional/kultur/Lesen-bildet-Von-wegen-Wir-lesen-zwar-viel-aber-das-Falsche;art10399,10362185<, Südkurier, Konstanz, 27.11.2019 (letzter Aufruf: 09.11.2022).

Seite 99/100: Schroeder, Sascha: *Was Kinder lesen – REaD-Studie erläutert kognitive Konsequenzen und pädagogische Herausforderungen*, >www.mpg.de/8396448/Lesen_lernen<, Max-Planck-Gesellschaft zur Förderung der Wissenschaften e.V., München, 03.09.2014 (letzter Aufruf: 09.11.2022).

Seite 101: *Forumsbeiträge* (Originaltitel: *Warum gibt es Menschen, die nicht gerne lesen?*), >www.gutefrage.net/frage/warum-gibt-es-menschen-die-nicht-gerne-lesen<, gutefrage.net, München, 12.03.2016 (letzter Aufruf: 09.11.2022).

Seite 102: Göres, Joachim: *Studie zur Schullektüre* (Originaltitel: *Studie zur Schullektüre: Verkannt und verbannt*), >www.sueddeutsche.de/karriere/studie-zur-schullektuere-verkannt-und-verbannt-1.4764188<, Süddeutsche Zeitung, München, 23.01.2020 (letzter Aufruf: 09.11.2022).

Seite 102/103: *Leseratten leben länger: So gesund ist Bücherlesen*, >www.aok.de/pk/magazin/wohlbefinden/motivation/wie-gesund-ist-lesen-wirklich/<, AOK-Bundesverband, Berlin, 14.10.2021 (letzter Aufruf: 09.11.2022).

Seite 109, 110: Wirsching, Stefanie: *Warum Lesen auf dem Papier immer noch so wichtig ist, Text 1*, >www.augsburger-allgemeine.de/kultur/Kommentar-Warum-Lesen-auf-Papier-immer-noch-so-wichtig-ist-id53848276.html<, Augsburger Allgemeine, Augsburg, 22.03.2019 (letzter Aufruf: 09.11.2022).

Seite 113: Kunert, Günter: *Bücherlesen*. Aus: Ich du er sie es: Gedichte. Ravensburg: Ravensburg Otto Maier 1988, >www.deanita.de/buecher09.htm< (letzter Aufruf: 09.11.2022).

Seite 113: Kulick, Hartmut: *Bücher*. In: Grädler, Iris (Hg.): Zeit zum Lesen. Rheda-Wiedenbrück: RM-Buch-und-Medien 2008, >www.booklooker.de/B%C3%BCcher/Zeit-zum-Lesen/id/A02qvMQk01ZZu< (letzter Aufruf: 09.11.2022).

Seite 114/115: Hartung, Manuel J.: *Lesen, nur lesen! – Wie neue Technologie und alte Ignoranz die schönste aller Kulturtechniken gefährden*, >www.zeit.de/2017/47/lesen-kulturtechnik-buecher-kommunikation-technologie<, DIE ZEIT Nr. 46/2017, Hamburg, 16.11.2017 (letzter Aufruf: 09.11.2022).

Seite 119: *Bertolt Brecht*, >kuenste-im-exil.de/KIE/Content/DE/Personen/brecht-bertolt.html<, Deutsche Nationalbibliothek, Frankfurt am Main, o.J. (letzter Aufruf: 09.11.2022).

Seite 121: Brecht, Bertolt: *An die Nachgeborenen*. In: Paucker, Henri R. (Hg.): Neue Sachlichkeit. Literatur im „Dritten Reich" und im Exil. Die deutsche Literatur in Text und Darstellung 15. Stuttgart: Reclam 1974, S. 83/84.

Seite 122: Brenner, Hildegard: *Deutsche Literatur im Exil 1933–1947*. In: Kunisch, Hermann (Hg.): Handbuch der deutschen Gegenwartsliteratur. München: Nymphenburger Verlagshandlung 1965, S. 678–694.

Seite 123: *Bertolt Brecht – Eine Kurzbiografie*. In: Pleticha, Heinrich (Hg.): dtv junior-Literatur-Lexikon. München: dtv Verlagsgesellschaft 1986, S. 113/114.

Seite 124: Stephan, Inge: *Die besondere Rolle Brechts* (Originaltitel: *Die deutsche Literatur des Exils*). In: Beutin, Wolfgang u.a. (Hg.): Deutsche Literaturgeschichte. Von den Anfängen bis zur Gegenwart, 7. Aufl. Stuttgart: J.B. Metzler 2008, S. 471–478.

Seite 124/125: Heitmann, Claudia/von der Bank, Matthias: *Deutsche Künstler im Exil*. In: Kat. Ausst. Deutsche Künstler im Exil 1933–1945. Werke aus der Sammlung Memoria von Thomas B. Schumann. Mittelrhein Museum Koblenz 2019, S. 12–15.

Seite 126: Schlosser, Horst Dieter: *Fluchtbewegung deutscher Schriftsteller nach 1933*. Aus: dtv-Atlas zur deutschen Literatur. München: dtv 1983, S. 254.

Seite 130: Liedtke, Gabriele: *S[eghers] wurde aufgrund …* (Originaltitel: *Anna Seghers*). In: Heyde, Hartmut von der (Hg.): Lexikon Deutsch. Autoren und Werke. Freising: Stark 2002, S. 183/184.

Seite 134: Baum, Vicki: *Ich weiß, was …* . Aus: Es war alles ganz anders. Erinnerungen. Berlin: Ullstein 1962, S. 386.

Seite 135: Eckholt, Marike: *Lexikoneintrag „Heinrich Mann"* (Originaltitel: *Heinrich Mann*). In: Heyde, Hartmut von der (Hg.): Lexikon Deutsch. Autoren und Werke, Freising: Stark 2002. S. 132–135.

Seite 136/137: Mann, Heinrich: *Schule der Emigration*. In: Klein, Wolfgang (Hg.): Heinrich Mann. Essays und Publizistik, Bd. 6: Februar 1933 bis 1935, Teil 1: Texte, Bielefeld: Aisthesis 2009, 305–328.

Seite 137/138: *Lexikonartikel „Heinrich Mann“*. In: Pleticha, Heinrich (Hg.): dtv junior-Literatur-Lexikon. München: dtv Verlagsgesellschaft 1986, S. 165.

Seite 139: Peine, Sibylle/dpa: *Der Emigrant Stefan Zweig und „Das unmögliche Exil“* (Originaltitel: *Das unmögliche Exil: Der Emigrant Stefan Zweig*), >www.volksstimme.de/kultur/buch/der-emigrant-stefan-zweig-und-das-unmogliche-exil-804446<, „Volksstimme“, Mitteldeutsches Verlags- und Druckhaus, Magdeburg, 31.10.2017 (letzter Aufruf: 09.11.2022).

Seite 140: Zweig, Stefan: *Abschiedsbrief Stefan Zweigs*, >www.nli.org.il/en/archives/NNL_ARCHIVE_AL003520668/NLI#$FL81793606<, The National Library of Israel, Jerusalem, o.J. (letzter Aufruf: 09.11.2022).

Seite 141: Spitzer, Wiebke: *Lexikoneintrag „Stefan Zweig“*. In: Heyde, Hartmut von der (Hg.): Lexikon Deutsch. Autoren und Werke, Freising: Stark 2002, S. 223/224.

Seite 141: *Lexikonartikel „Stefan Zweig“*. In: Pleticha, Heinrich (Hg.): dtv junior-Literatur-Lexikon. München: dtv Verlagsgesellschaft 1986, S. 196.

Seite 143, 144, 146, 147, 148/149, 150–152, 154/155, 156, 159, 161, 162 164/165: Brecht, Bertolt: *Die Welt kann ..., Gute Taten ..., Besonders die wenig ..., Je schlimmer seine ..., Die Leute haben ..., Wie soll ich ..., Was haben Geschäfte ..., Wenn wir halbwegs ..., Die Mission der Götter, Shen Te, der gute Mensch von Sezuan?, Shen Te eröffnet einen kleinen Tabakladen, Der Vetter Shui Ta taucht plötzlich auf, In der Tabakfabrik von Shui Ta, Das Göttergericht – Shui Tas Enthüllung, Das Göttergericht – das Urteil, Der Vorhang zu ..., Klagen der Götter, Shen Te und ihre Verwandlung zu Shui Ta, Die Hoffnung der Götter*. Aus: Der gute Mensch von Sezuan. Berlin: Suhrkamp Verlag 2017, S. 10, 137, 49, 94, 30, 16, 55, 94, 10/11, 15–17, 19–23, 32–36, 111–117, 138–140, 140–143, 144, 130/131, 65/66, 53–55.

Seite 166: Kaléko, Mascha: *Die vielgerühmte Einsamkeit*. In: Rosenkranz, Jutta (Hg.): Mascha Kaléko: Sämtliche Werke und Briefe in vier Bänden, Band I: Werke. München: dtv Verlagsgesellschaft 2012, S. 361.

Seite 167: Brecht, Bertolt: *Der Rauch*. In: Werke. Band 12: Gedichte 2. Sammlungen 1938–1956. Frankfurt am Main: Suhrkamp Verlag 1988, S. 308.

Seite 168: Meyer, Conrad Ferdinand: *Zwei Segel*. In: Conrady, Karl Otto (Hg.): Das große deutsche Gedichtbuch. Frankfurt am Main: Athenäum Verlag 1987, S. 541/542.

Seite 169: Kunze, Reiner: *Rudern zwei*. Aus: Gespräch mit der Amsel. Frankfurt am Main: S. Fischer 1984, S. 9.

Seite 171: *Dû bist mîn*. In: Des Minnesangs Frühling. Bearbeitet von H. Moser, H. Tervooren. Stuttgart: S. Hirzel Wissenschaftliche Verlagsgesellschaft 1988, S. 21

Seite 172: Jäger, Bernd: *Ehepaar*. In: Gnüg, Hiltrud (Hg.): Nichts ist versprochen. Liebesgedichte der Gegenwart. Stuttgart: Reclam 2000, S. 122.

Seite 173: Klose, Hans-Ulrich: *Liebesgedicht*. In: Gnüg, Hiltrud (Hg.): Nichts ist versprochen. Liebesgedichte der Gegenwart. Stuttgart: Reclam 2000, S. 126.

Seite 174, 175: Gernhardt, Robert: *Sonntag in Lübeck, Immer*. Aus: Gesammelte Gedichte 1954–2006. Frankfurt am Main: S. Fischer Verlag 2018, S. 547, 426–428.

Seite 177: Kästner, Erich: *Der Humor ist ...* (Originaltitel: *Der Humor*). Aus: Kurz und bündig. Epigramme. Zürich: Atrium Verlag 2017, S. 88.

Seite 178: Mayröcker, Friederike: *was brauchst du*. Aus: Notizen auf einem Kamel. Gedichte 1991–1996. Frankfurt am Main: Suhrkamp Verlag 1996, S. 7.

Seite 179: Fried, Erich: *An dich denken*. In: Kaukoreit, Volker/Wagenbach, Klaus (Hg.): Erich Fried: Gesammelte Werke. Bd. 2: Gedichte. Berlin: Verlag Klaus Wagenbach 2006, S. 434/435.

Seite 180: Schopenhauer, Adele: *An die Liebste*. In: Baers, Anna (Hg.): Frauen/Lyrik. Gedichte in deutscher Sprache. Ditzingen: Reclam 2020, S. 255/256.

Seite 182: Rasp, Renate: *Die Beiden*. In: Gnüg, Hiltrud (Hg.): Nichts ist versprochen. Liebesgedichte der Gegenwart. Stuttgart: Reclam 2000, S. 92.

Seite 183: Gernhardt, Robert: *Frommer Wunsch*. Aus: Gesammelte Gedichte 1954–2006. Frankfurt am Main: S. Fischer Verlag 2018, S. 194.

Seite 183: Aichinger, Ilse: *Nachruf*. Aus: verschenkter Rat. Gedichte. S. Fischer Verlag GmbH, Frankfurt/Main 1978.

Seite 184: Kaléko, Mascha: *Unabgesandter Überseebrief*. In: Rosenkranz, Jutta (Hg.): Mascha Kaléko: Sämtliche Werke und Briefe in vier Bänden, Band I: Werke. München: dtv Verlagsgesellschaft 2012, S. 240.

Seite 185: Darian, Yasmin: *Wer bin ich – Wer bist du?*. In: Düzyol, Tamer (Hg.): Araf. Un:::sichtbar. Gedichte und mehr. Münster: Edition assemblage 2021, S. 15.

Seite 186: Branco, Helene: *Des Mädchens Wunsch und Geständnis*. In: Baers, Anna (Hg.): Frauen/Lyrik. Gedichte in deutscher Sprache. Ditzingen: Reclam 2020, S. 297/298.

Seite 186: Gerstl, Elfriede: *frau sisyphus*. In: Baers, Anna (Hg.): Frauen/Lyrik. Gedichte in deutscher Sprache. Ditzingen: Reclam 2020, S. 635.

Seite 187: von Chamisso, Adelbert: *Die alte Waschfrau*. In: Baers, Anna (Hg.): Frauen/Lyrik. Gedichte in deutscher Sprache. Ditzingen: Reclam 2020, S. 256–258.

Seite 189: Hahn, Ulla: *Verzeihung*. Aus: Gesammelte Gedichte. München: Deutsche Verlags-Anstalt 2013, S. 199.

Seite 190: Kafka, Franz: *Du bist die ...* . In: Stach, Reiner (Hg.): Franz Kafka. „Du bist die Aufgabe“. Aphorismen. Göttingen: Wallstein Verlag 2019, o. S.

Seite 191, 194, 197, 201, 203, 206, 211: Kafka, Franz: *Kleine Fabel, Heimkehr, Der Steuermann, Gib's auf! / Ein Kommentar, Auf der Galerie, Eine kaiserliche Botschaft, Der Geier*. In: Diekhans, Johannes (Hg.): EinFach Deutsch – Franz Kafka: Erzählungen und Parabeln. Braunschweig: Westermann Bildungsmedien Verlag 2008, S. 131, 26/27, 90, 11, 41/42, 8/9, 131.

Seite 192: Tolstoi, Leo N.: *Die drei Söhne*. In: Hahn, Manfred (Hg.): Pädagogische Welt, 42 (1988). Donauwörth: Auer Verlag, S. 366.

Seite 193: Lessing, Gotthold Ephraim: *Der Besitzer des Bogens*. In: Poser, Therese (Hg.): Fabeln. Stuttgart: Reclam 1975, S. 18.

Seite 195: Mann, Thomas: *Tonio Kröger*. Aus: Tonio Kröger, Berlin: S. Fischer 1972.

Seite 198: Schippers, Danielle: *Kafkas Beziehung zu ...* (Originaltitel: *Franz Kafka*), >www.planet-wissen.de/kultur/mitteleuropa/geschichte_tschechiens/pwiefranzkafka100.html<, Planet Wissen, Westdeutscher Rundfunk, Köln, 2010 (letzter Aufruf: 09.11.2022).

Seite 199/200, 202: Kafka, Franz: *Der Nachbar, Als Gregor Samsa ...* . In: Diekhans, Johannes (Hg.): EinFach Deutsch – Franz Kafka: Die Verwandlung, Brief an den Vater und weitere Werke. Paderborn: Schöningh 1998, S. 144–146, 5.

Seite 204/205: Walser, Robert: *Ovation*. In: Jochen Greven (Hg.): Das Gesamtwerk in zwölf Bänden. Band II. Frankfurt am Main/Zürich 1978/9: Helmut Kossodo, S. 214

Seite 209: Kafka, Franz: *Eisenbahnreisende*. In: Hermsdorf, Klaus (Hg.): Kafka, Franz: Das erzählerische Werk. Teil 1: Erzählungen, Aphorismen, Brief an den Vater. Berlin: Rütten & Loening 1988. S. 341.

Seite 209: Kästner, Erich: *Das Eisenbahngleichnis*. In: Ein Dichter gibt Auskunft: 121 Gedichte. Zürich: Atrium Verlag 2017, S. 134/135.

Seite 213: Zweig, Stefan: *Ich will hier ..., Per Spaß machte ...* . In: Friedenthal, Richard (Hg.): Brief an Freunde. Frankfurt am Main: S. Fischer Verlag 1978, S. 331, 337.

Seite 213: Zweig, Stefan: *Hier korrigiere ich ...* . In: Zweig, Friderike Maria (Hg.): Ein Briefwechsel 1912–1942. Bern: Alfred Scherz Verlag 1951, S. 342.

Seite 213: Zweig, Stefan: *Von mir ist ...* . In: Kesten, Hermann (Hg.): Deutsche Literatur im Exil. Briefe europäischer Autoren 1933–1949. Frankfurt am Main: Fischer Taschenbuch Verlag 1973, S. 155.

Seite 214, 216/217, 218, 219, 220/221, 222/223, 224/225, 227/228, 229, 230, 234/235: Zweig, Stefan: *Reiseaufbruch, Mirko Czentovic, Ich 'spiele' Schach ..., Schach – ein Spiel?, Schach gespielt, Dr. B.s Isolationshaft im Hotel, Dr. B., Schach als Kampf (Teil 1), Schach als Kampf (Teil 2), McConnor, Dr. B. als Retter*. In: Diekhans, Johannes (Hg.): EinFach Deutsch – Schachnovelle. 5. Auflage. Braunschweig: Westermann Bildungsmedien Verlag 2022, S. 5, 10–13, 17, 14–17, 23–26, 34–36, 42–52, 62–64, 64–66, 17/18, 25–28.

Seite 215: Hönig, Christoph: *Der Topos der Lebensfahrt auf dem Meer der Welt*. Aus: Die Lebensfahrt auf dem Meer der Welt. Der Topos. Texte und Interpretationen. Würzburg: Königshausen und Neumann 2000, S. 9ff., >www.humboldtgesellschaft.de/inhalt.php?name=topos< (letzter Aufruf: 09.11.2022).

Seite 236: Meyer, Clemens: *TEXT 1*. Aus: Als wir träumten. Frankfurt am Main: S. Fischer 2006, S. 56.

Seite 236: Emcke, Carolin: *TEXT 2*. Aus: Journal. Tagebuch in Zeiten der Pandemie. Frankfurt am Main: S. Fischer 2021, S. 209/210.

Seite 236: von Weizsäcker, Richard: *TEXT 3*. Aus: Gedenkveranstaltung im Plenarsaal des Deutschen Bundestages zum 40. Jahrestag des Endes des Zweiten Weltkrieges in Europa. Bonn, 08.05.1985, >www.bundespraesident.de/SharedDocs/Reden/DE/Richard-von-Weizsaecker/Reden/1985/05/19850508_Rede.html<, Bundespräsidialamt, Berlin (letzter Aufruf: 09.11.2022).

Seite 241: Sentker, Andreas: *Rhetorik: Einfach überzeugen* (Originaltitel: *Reden kann man lernen, am besten von großen Vorbildern – höchste Zeit für eine Lektion in Rhetorik*). In: DIE ZEIT Nr. 20/2016, 04.05.2016.

Seite 242, 243: Schrott, Raoul: *Der wölfische Hunger. Über das Alter der Jugend (Anfang), (Schluss)*. Aus: Der wölfische Hunger. Über das Alter der Jugend, Blieskastel: Gollenstein 2004, S. 5–7, 40–43.

Seite 244/245: Turrini, Peter: *Liebe Mörder!*. In: Hassler, Silke/Siblewski, Klaus (Hg.): Von der Gegenwart, dem Theater und dem lieben Gott. München: Luchterhand 1996, S. 56–58.

Seite 248/249: Goebbels, Joseph: *Rede im Berliner Sportpalast, 18. Februar 1943*. Aus: Rede im Berliner Sportpalast. Auszug aus der Rundfunkübertragung, DRA-Nr. 2600052. 18.01.1943, >www.1000dokumente.de/index.html?c=dokument_de&dokument=0200_goe&object=translation&l=de<, Bayerische Staatsbibliothek, München (letzter Aufruf: 09.11.2022).

Seite 251, 253: Klemperer, Victor: *LTI. Notizbuch eines Philologen, Der Stil der ...* . Aus: LTI. Notizbuch eines Philologen, Leipzig: Reclam 1975, S. 36, 35.

Seite 251: Grünbein, Durs: *„Das Wort Volk macht mich nervös“*. Der Spiegel 35/2017, S. 40.

Seite 253: Kempowski, Walter: *Der Hitler war ...* . Aus: Haben Sie Hitler gesehen? Deutsche Antworten, München: Carl Hanser 1973, S. 60.

Seite 253: Goebbels, Joseph: *Die Propaganda] darf ...* . Aus: Der Kampf und seine Mittel. In: Kube, Wilhelm (Hg.): Almanach der Nationalsozialistischen Revolution. Berlin: Brunnen-Verlag 1934.

Seite 254: Thunberg, Greta: *I. Es ist kein ...* (Originaltitel: *Transcript of Greta Thunberg's speech, 5 November 2021*). Aus: Greta Thunberg full speech from Glasgow COP26 or „Global North Greenwash Festival“. In: FridaysForFuture, 2021. Transkript von Hayhurst, Ruth. Übersetzt von Klaus Ackermann, >investigatingbalcombeandcuadrilla.files.wordpress.com/2021/11/greta-thunberg-speech-5-november-2021.pdf< (letzter Aufruf: 09.11.2022).

Seite 255: Zeh, Juli: *Das Mögliche und die Möglichkeiten*. Aus: Das Mögliche und die Möglichkeiten. Rede an die Abiturienten des Jahrgangs 2010. Merzig: Gollenstein 2010, S. 6, 41/42, 52/53.

Seite 256: Hitler, Adolf: *Rede im Nürnberger Stadion vor rund 50.000 HJ-Jungen, 14. September 1935*. Aus: Landesbildungsserver Baden-Württemberg: Analyse einer Rede Hitlers, >www.schule-bw.de/faecher-und-schularten/sprachen-und-literatur/deutsch/sprache/analyse-reden/hitler-rede-jugend-1935.pdf<, Land Baden-Württemberg, Stuttgart (letzter Aufruf: 23.11.2022).

Seite 257: Tucholsky, Kurt: *Ratschläge für einen guten Redner*. In: Gerold-Zucholsky, Mary/Raddatz, Fritz J. (Hg.): Gesammelte Werke in 10 Bänden, Band 8. Reinbek bei Hamburg: Rowohlt 1930, S. 290–292.

Seite 258: Friedrich II. von Preußen: *Man musste die ….* In: Volz, Gustav Berthold (Hg.): Die Werke Friedrichs des Großen. Dritter Band Geschichte des Siebenjährigen Krieges (Erster Teil). Übersetzt von von Oppeln-Bronikowski, Friedrich/von Scheffer, Thassilo. Berlin: Reimar Hobbing 1913, 6. Kapitel, >friedrich.uni-trier.de/de/volz/3/text/< (letzter Aufruf: 09.11.2022).

Seite 259: Friedrich II. von Preußen: *Ansprache vor der Schlacht bei Leuthen.* In: von Kaltenborn, Rudolf Wilhelm: Briefe eines alten preußischen Offiziers, verschiedene Charakterzüge Friedrich des Einzigen betreffend. Hohenzollern 1790.

Seite 264/265: Shelley, Mary: *Frankenstein – ein Monster mit Moral?* Aus: Frankenstein oder Der moderne Prometheus. Übersetzt von Ursula und Christian Grawe. Stuttgart: Reclam 1986.

Seite 266: Asimov, Isaac: *Die Gesetze der Robotik.* Aus: Meine Freunde, die Roboter. Übersetzt von Otto Schrag. München: Heyne 1982, S. 67.

Seite 267/268: Asimov, Isaac: *Ich, der Roboter – oder: die Geister, die ich rief.* Aus: Ich, der Roboter. Übersetzt von Otto Schrag. München: Heyne 2014, S. 180–182.

Seite 270/271: Dick, Philip K.: *Träumen Androiden von elektrischen Schafen? – Wann ist ein Robot ein Robot?* Aus: Träumen Androiden von elektrischen Schafen? Übersetzt von Norbert Wölfl. Zürich: Haffmans 1997.

Seite 272/273: Molk, Angelika: *Von R2-D2, C-3PO – und warum Star Wars bis heute fasziniert,* >bene.com/de/office-magazin/von-r2-d2-c-3po-und-warum-star-wars-bis-heute-fasziniert/<, BENE GmbH, Waidhofen an der Ybbs, o. D. (letzter Aufruf: 09.11.2022).

Seite 274/275: Adams, Douglas: *Per Anhalter durch die Galaxis.* Aus: Per Anhalter durch die Galaxis, Übersetzt von Benjamin Schwarz. München: Heyne 2005.

Seite 278/279: Aldiss, Brian W.: *Superspielzeug.* Aus: Künstliche Intelligenzen. Übersetzt von Usch Kiausch. München: Heyne 2001, S. 43–47.

Seite 280: Gellner, Anna-Kathrin: *Wahlbriefe in „Leichter Sprache": Um Schönheit geht es nicht,* >www.shz.de/regionales/schleswig-holstein/politik/wahlbriefe-in-leichter-sprache-um-schoenheit-geht-es-nicht-id16557912.html<, sh:z Schleswig-Holsteinischer Zeitungsverlag, Flensburg, 11.04.2017 (letzter Aufruf: 09.11.2022).

Seite 281: *Keine Wahlbenachrichtigung mehr in Leichter Sprache,* >www.landtag.ltsh.de/nachrichten/17_10_leichte_sprache/<, Schleswig-Holsteinischer Landtag, Kiel, 11.10.2017 (letzter Aufruf: 09.11.2022).

Seite 282/283: *„Jeder komplexe Inhalt kann in Leichte Sprache übersetzt werden",* >www.bundesregierung.de/breg-de/aktuelles/interview-anne-leichtfuss-1918176<, Presse- und Informationsamt der Bundesregierung, Berlin, 28.05.2021 (letzter Aufruf: 09.11.2022).

Seite 284: *Es gibt eine neue Bahn-Verbindung zwischen Chemnitz und Berlin,* >www.mdr.de/nachrichten-leicht/leichte-sprache-sachsen-neue-bahnstrecke-chemnitz-berling-100.html<, Mitteldeutscher Rundfunk, Leipzig, 02.03.2022 (letzter Aufruf: 09.11.2022).

Seite 285/286: *Deutsche Bahn fährt Intercity von Chemnitz über Berlin an die Ostsee,* >www.mdr.de/nachrichten/sachsen/chemnitz/chemnitz-stollberg/fernverkehr-berlin-warnemuende-intercity-deutsche-bahn100.html<, Mitteldeutscher Rundfunk, Leipzig, 12.06.2022 (letzter Aufruf: 09.11.2022).

Seite 288: Beilharz, Joachim P.: *Präambel – Leitbild und Ziele der Schule* (Originaltitel: *Schulordnung des Franken-Gymnasiums Zülpich*), >www.fragy.de/index.php/ueber-uns/schulordnung-und-regeln<, OStD Joachim P. Beilharz (Schulleiter), Zülpich, 15.06.2022 (letzter Aufruf: 09.11.2022).

Seite 292: *Schwäne wieder auf der Alster,* >www.ndr.de/fernsehen/barrierefreie_angebote/leichte_sprache/Schwaene-wieder-auf-der-Alster,schwaene322.html<, Norddeutscher Rundfunk, Hamburg, 03.05.2022 (letzter Aufruf: 09.11.2022).

Seite 293: Ströbl, Josef: *Das ist mein Traum,* >www.gemeinsam-einfach-machen.de/GEM/DE/AS/Leuchttuerme/Ratgeber/Ratgeber_LS/LS/Statements/statements_node.html<, Bundesministerium für Arbeit und Soziales, Berlin, o.J. (letzter Aufruf: 09.11.2022).

Seite 293: Dedreux, Natalie: *Leichte Sprache ist …* (Originaltitel: *„Jeder komplexe Inhalt kann in Leichte Sprache übersetzt werden"*), >www.bundesregierung.de/breg-de/aktuelles/interview-anne-leichtfuss-1918176<, Presse- und Informationsamt der Bundesregierung, Berlin, 28.05.2021 (letzter Aufruf: 09.11.2022).

Seite 293: Spitzeck, Paul: *Ich bin Prüfer …* (Originaltitel: *„Jeder komplexe Inhalt kann in Leichte Sprache übersetzt werden"*), >www.bundesregierung.de/breg-de/aktuelles/interview-anne-leichtfuss-1918176<, Presse- und Informationsamt der Bundesregierung, Berlin, 28.05.2021 (letzter Aufruf: 09.11.2022).

Seite 293: Papendorf, Nicole: *Schwere Sprache ist schlecht für mich,* >www.gemeinsam-einfach-machen.de/GEM/DE/AS/Leuchttuerme/Ratgeber/Ratgeber_LS/LS/Statements/statements_node.html<, Bundesministerium für Arbeit und Soziales, Berlin, o.J. (letzter Aufruf: 09.11.2022).

Seite 293/294: *Anne Leichtfuss im Interview zu Kritik an Leichter Sprache,* >www.bundesregierung.de/breg-de/aktuelles/interview-anne-leichtfuss-1918176<, Presse- und Informationsamt der Bundesregierung, Berlin, 28.05.2021 (letzter Aufruf: 09.11.2022).

Seite 294: Wenzel, Tobias: *Kritik an den vielen Bindestrichen* (Originaltitel: *Behördenschreiben endlich verstehen*), >www.deutschlandfunkkultur.de/leichte-sprache-behoerdenschreiben-endlich-verstehen-100.html<, Deutschlandradio, Köln, 02.01.2018 (letzter Aufruf: 09.11.2022).

Seite 297: Ebert, Helmut: *Vom Nutzen einer verständlichen Verwaltungssprache,* >www.bpb.de/themen/parteien/sprache-und-politik/42703/verwaltungssprache-buerokratenspeak-oder-buergerdeutsch/<, Bundeszentrale für politische Bildung, Bonn, 12.11.2010 (letzter Aufruf: 09.11.2022).

Seite 299: Loriot: *Parkgebühren*. Das
Frühstücksei. Zürich: Diogenes 2003,
S. 203.

Seite 301: Neukirchen, Nelly: *Viele
Schlimme Dinge*, >kunst-der-einfach-
heit.de/viele-schlimme-dinge/<, Le-
benshilfe Berlin e.V., Berlin, o.J. (letzter
Aufruf: 09.11.2022).

Seite 301: Lüthen, Alexandra: *Ha-
senherz und Löwenmut*, >www.
leichte-sprache.berlin/leichte-sprache/
einfach-lesen/posts/Wettbewerb-
Hasenherz-und-Loewenmut.php<, Le-
benshilfe Berlin e.V., Berlin, 21.01.2021
(letzter Aufruf: 09.11.2022).

Seite 304: Wagner, Carolin: *„Wir schaf-
fen Perspektiven, wir schaffen Zukunft"*.
Aus: Deutscher Bundestag: Stenogra-
fischer Bericht, 25. Sitzung. Plenar-
protokoll 20/25. Berlin, 24.03.2022, S.
2153/2154, >dserver.bundestag.de/
btp/20/20025.pdf#P.2153<, Deutscher
Bundestag, Berlin (letzter Aufruf:
09.11.2022).

Seite 306/307: Klein, Josef: *Merkmale
der Kommunikation politischer Sprache*
(Originaltitel: *Sprache und Macht*). In:
Bundeszentrale für politische Bildung:
Politik und Zeitgeschichte (APuZ/8),
Bonn 2010, S. 8–11.

Seite 308: *Der Bundestag kann …* .
Aus: Art. 67 GG. In: Grundgesetz für
die Bundesrepublik Deutschland.
Bundesrepublik Deutschland, Berlin,
>www.gesetze-im-internet.de/gg/
BJNR000010949.html< (letzter Aufruf:
09.11.2022).

Seite 308: *Der Stabilitätsrat stellt …* . Aus:
Pressemitteilung zur 18. Sitzung des
Stabilitätsrates am 6. Dezember 2018,
Bundesministerium der Finanzen, Ber-
lin, 06.12.2018, >www.bundesfinanzmi-
nisterium.de/Content/DE/Standardar-
tikel/Themen/Oeffentliche_Finanzen/
Foederale_Finanzbeziehungen/
Stabilitaetsrat/2018-12-06-sitzung-des-
stabilitaetsrates.html< (letzter Aufruf:
09.11.2022).

Seite 308: Merkel, Angela: *Der Klima-
schutz ist …* . Aus: Kluge Antworten fin-
den. Presse- und Informationsamt der
Bundesregierung, Berlin, 14.09.2019,
Untertitel 00:58–01:02 Min. >www.
youtube.com/watch?time_continue=54
&v=102Hp0YiytQ&feature=emb_logo<
(letzter Aufruf: 09.11.2022).

Seite 308: Scholz, Olaf: *Freiheit und Si-
cherheit …* . Aus: Fernsehansprache des
Bundeskanzlers der Bundesrepublik
Deutschland. Presse- und Informati-
onsamt der Bundesregierung, Berlin,
08.05.2022, S. 7. >www.bundesregie-
rung.de/resource/blob/992798/20376
08/883b3ea4c4c65852c8a8da991559
c7e4/2022-05-08-bk-ansprache-8-mai-
pdf-data.pdf?download=1< (letzter
Aufruf: 09.11.2022).

Seite 310: *Niemand darf wegen …* .
Aus: Art. 3, Abs. 3 GG. In: Grundgesetz
für die Bundesrepublik Deutschland.
Bundesrepublik Deutschland, Berlin,
>www.gesetze-im-internet.de/gg/art_3.
html< (letzter Aufruf: 09.11.2022).

Seite 310: Hopf, Wulf/Edelstein,
Benjamin: *In all jenen …* (Originaltitel:
*Chancengleichheit zwischen Anspruch
und Wirklichkeit*), >www.bpb.de/the-
men/bildung/dossier-bildung/174634/
chancengleichheit-zwischen-anspruch-
und-wirklichkeit/<, Bundeszentrale für
politische Bildung, Bonn, 12.09.2018
(letzter Aufruf: 09.11.2022).

Seite 310: *Kinder verdienen die …* (Ori-
ginaltitel: *Kinder sind nur so stark wie
ihre Chancen*), >www.gruene.de/artikel/
kinder-sind-nur-so-stark-wie-ihre-
chancen<, BÜNDNIS 90/DIE GRÜNEN,
Berlin, 30.07.2021 (letzter Aufruf:
09.11.2022).

Seite 310: Dahrendorf, Ralf: *Um eine
freie …* . Aus: Bildung ist Bürgerrecht.
Plädoyer für eine aktive Bildungspoli-
tik. o.O.: Nannen-Verlag 1965, S. 25/26.

Seite 310: Korn, Erhard: *Es zeigt sich
…* (Originaltitel: *Die Bildungspolitik der
AfD: „Survival of the Fittest"*), >www.gew.
de/aktuelles/detailseite/die-bildungs-
politik-der-afd-survival-of-the-fittest/<,
Gewerkschaft Erziehung und Wis-
senschaft (GEW), Frankfurt am Main,
02.05.2018 (letzter Aufruf: 09.11.2022).

Seite 310: Himmelrath, Armin: *Chan-
cengerechtigkeit? Digitalkompetenz der …*
(Originaltitel: *Mehrheit der Jugendlichen
glaubt nicht an Bildungsgerechtigkeit*),
>www.spiegel.de/panorama/bildung/
schule-mehrheit-der-jugendlichen-
glaubt-nicht-an-bildungsgerechtigkeit-
a-de76d7ee-d8c0-4ed7-a2bb-ae-
9fa3ac174b<, DER SPIEGEL, Hamburg,
02.12.2021 (letzter Aufruf: 09.11.2022).

Seite 310: Basan, Sandra: *Unser
Bildungssystem produziert …* (Original-
titel: *Unser Bildungssystem produziert
Verlierer*), >www.bild.de/politik/inland/
petitionen/unser-bildungssystem-pro-
duziert-verlierer-54058828.bild.html<,
BILD, Berlin, 02.12.2017 (letzter Aufruf:
09.11.2022).

Seite 311: Spallek, Sebastian/Stuken-
berg, Kurt/Wiese, Rebekka: *Flugscham:
Können wir …* (Originaltitel: *So will
die Luftfahrt klimafreundlich werden*),
>www.spiegel.de/wissenschaft/technik/
flugscham-koennen-wir-klimafreund-
lich-fliegen-ohne-reue-a-54d04fdb-
ae40-4500-aff6-243a447f01a8<, DER
SPIEGEL, Hamburg, 29.03.2022 (letzter
Aufruf: 09.11.2022).

Seite 311: Schönberg, Kai: *Die Luftfahrt-
branche erwartet …* (Originaltitel: *Volk
der Klimaheuchler*), >taz.de/Flugverhal-
ten-der-Deutschen/!5608645/<, TAZ.
DE, Berlin, 25.07.2019 (letzter Aufruf:
09.11.2022).

Seite 311: Probst, Maximilian: *Doch wie
realistisch …* (Originaltitel: *Die Zukunft ist
schon da*), >www.zeit.de/2021/43/das-
ministerium-fuer-die-zukunft-kim-stan-
ley-robinson-roman-klimawandel<, DIE
ZEIT Nr. 42/2021, Hamburg, 23.10.2021
(letzter Aufruf: 09.11.2022).

Seite 311: *Denn um die …* (Originalti-
tel: *Fliegen und Klimaschutz – geht das
überhaupt?*), >fliegen-und-klima.de/<,
Öko-Institut, Freiburg, o. D. (letzter
Aufruf: 09.11.2022).

Seite 313: Schöneberger, Barbara:
Früher durfte man … (Originaltitel:
*Schöneberger: Zigeunersauce heißt jetzt
Sauce ohne festen Wohnsitz*), >www.n-tv.
de/der_tag/Schoeneberger-Zigeu-
nersauce-heisst-jetzt-Sauce-ohne-
festen-Wohnsitz-article22031184.
html<, ntv Nachrichtenfernsehen, Köln,
11.09.2020 (letzter Aufruf: 09.11.2022).

Seite 313: *Beschämend und unwürdig
…*, >twitter.com/zr_sintiroma/status
/1304330557942362113?lang=de<,
Zentralrat Deutscher Sinti und Roma,
Heidelberg, 11.09.2020 (letzter Aufruf:
09.11.2022).

Seite 313: Milski, Jürgen: *Ja, ich komme …* (Originaltitel: *Das Ende der Zigeunersauce: Ist das ein notwendiger Schritt?*). Transkribiert von Christina Knott, >www.youtube.com/watch?v=v32zQTd7JwAhttps://programm-stage.ard.de/TV/wdrkoeln/die-letzte-instanz-/eid_281113993693282<, Die letzte Instanz – Der Meinungstalk mit Steffen Hallaschka. WDR, Köln, 29.01.2021, Auszug: 01:41–02:06 Min. (letzter Aufruf: 09.11.2022).

Seite 313: *Zigeuner*. Aus: DWDS: Der deutsche Wortschatz von 1600 bis heute. Berlin-Brandenburgische Akademie der Wissenschaften, Berlin, o. D., >www.dwds.de/wb/Zigeuner< (letzter Aufruf: 09.11.2022).

Seite 314, 318: Nützel, Nikolaus: *Voll korrekt? – Darf man das sagen?, Gute Politik! Gute Politik?* Aus: Sprachzauber. Warum unser Blabla mehr als Hokuspokus ist. München: arsEdition 2020, S. 132/133, 120.

Seite 316: Undéhn, Carl: *Mehrsprachigkeit in Europa – früher und heute*, >www.goethe.de/ins/se/de/kul/ges/spr/22656187.html<, Goethe-Institut, Berlin, o. D. (letzter Aufruf: 09.11.2022).

Seite 316: Schwarz-Jung, Silvia: *Die Fähigkeit, in …* (Originaltitel: *Fremdsprachenunterricht in Baden-Württemberg*). Aus: Statistisches Monatsheft Baden-Württemberg. Statistisches Landesamt, Stuttgart, 11/2009, S. 13, >www.statistik-bw.de/Service/Veroeff/Monatshefte/PDF/Beitrag09_11_03.pdf< (letzter Aufruf: 09.11.2022).

Seite 316: *Let's renew our country together*, >cms.gruene.de/uploads/documents/Wahlprogramm_DIE_GRUENEN_Bundestagswahl2021_international.pdf<, BÜNDNIS 90/DIE GRÜNEN, Berlin, o. D. (letzter Aufruf: 09.11.2022).

Seite 317: *Der Klimawandel ist …* (Originaltitel: *Klima*), >www.fdp.de/position/klima<, Freie Demokratische Partei, Berlin, o. D. (letzter Aufruf: 25.11.2022).

Seite 317: Lindner, Christian: *Ich finde politisches …*, >twitter.com/c_lindner/status/1104683096107114497?lang=de<, Twitter, o. O., 10.03.2019 (letzter Aufruf: 25.11.2022).

Seite 317: Stark-Watzinger, Bettina (BMBF): *Es werden zusätzliche …*, >twitter.com/BMBF_Bund/status/1594350969965277184<, Twitter, o. O., 20.11.2022 (letzter Aufruf: 25.11.2022).

Seite 317: *Die Klimakrise ist …*, >www.gruene.de/themen/klimaschutz<, BÜNDNIS 90/DIE GRÜNEN, Berlin, o. D. (letzter Aufruf: 25.11.2022).

Seite 317: Hofreiter, Anton: *Der Weltklimarat zeigt …* (Originaltitel: *Hofreiter zu Weltklimabericht: „Was wir derzeit erleben, ist nur der Beginn der Klimakrise"*), >www.rnd.de/politik/hofreiter-zu-weltklima-bericht-was-wir-derzeit-erleben-ist-nur-der-beginn-der-klimakrise-OL-M3EUFKLJB73IUYYBPZIWSARU.html<, RedaktionsNetzwerk Deutschland, Hannover, 10.08.2021 (letzter Aufruf: 25.11.2022).

Seite 317: Baerbock, Annalena: *Die #COP27 ist …*, >twitter.com/ABaerbock/status/1592903068873814018<, Twitter, o.O., 16.11.2022 (letzter Aufruf: 25.11.2022).

Seite 317: Schulz, Martin: *Dass man die …* (Originaltitel: *Wahlkampf – Wie uns Sprache manipuliert*), >www.youtube.com/watch?v=FcS_xf-f-Lw<, Westdeutscher Rundfunk Köln, 08.09.2017, Untertitel, Auszug: 03:19 Min. (letzter Aufruf: 09.11.2022).

Seite 317: Rau, Johannes: *Wir haben uns …* (Originaltitel: *Rede von Bundespräsident Johannes Rau auf dem Jahresforum des Vereins „Gegen Vergessen – Für Demokratie e. V." am 14. Oktober 2000 in Berlin*), >www.bundesregierung.de/breg-de/service/bulletin/rede-von-bundespraesident-johannes-rau-784866<, Presse- und Informationsamt der Bundesregierung Berlin, 14.10.2000 (letzter Aufruf: 09.11.2022).

Seite 317: eeejoeeieiejoo: *Ist 'Dickmann' nicht …*, >www.gutefrage.net/frage/ist-dickmann-nicht-noch-diskriminierender-als-negerkuss-<, gutefrage.net, München, 2012 (letzter Aufruf: 09.11.2022).

Seite 318: Rüdell, Tom: *Es friert und …* (Originaltitel: *Trump macht weiter Witze über den Klimawandel*) >www.wort.lu/de/international/trump-macht-weiter-witze-ueber-den-klimawandel-5a45d634c1097cee25b7afd4<, Luxemburger Wort. Mediahuis Luxembourg, Howald, 29.12.2017 (letzter Aufruf: 09.11.2022).

Seite 319: *Klima schützen. Jobs …* (Originaltitel: *Christlich Demokratische Union Deutschlands (CDU)*), >www.wuv.de/Archiv/Mit-dieser-Kampagne-startet-die-CDU-in-den-Wahlkampf<, W&V. Ebner Media Group, München, 07.07.2021 (letzter Aufruf: 09.11.2022).

Seite 319: *Aus Respekt vor …* (Originaltitel: *Unser Weg zum Koalitionsvertrag*), >mailer.spd.de/13/68/35/136835b6abacc53a76a48b3eab4c31c3/Unser_Weg_Zum_Koalitionsvertrag.pdf<, Sozialdemokratische Partei Deutschlands (SPD), Berlin, o. D. (letzter Aufruf: 09.11.2022).

Seite 319: *Deutschland. Aber normal …* (Originaltitel: *Alternative für Deutschland (AfD)*), >www.focus.de/politik/deutschland/bundestagswahl/btw21-frag-mayer-macht-ein-wahlkampf-mit-plakaten-im-digitalen-zeitalter-noch-sinn_id_13537567.html<, FOCUS Online, München, 30.07.2021 (letzter Aufruf: 09.11.2022).

Seite 319: *Nie gab es mehr zu tun …*, >www.fdp.de/sites/default/files/2021-07/FDP_BTW_KWP_Einzelseiten.pdf<, Freie Demokratische Partei (FDP), Berlin, o. D. (letzter Aufruf: 09.11.2022).

Seite 319: Außendorf, Maik: *Bereit, weil Ihr …*, >www.facebook.com/maussendorf/<, BÜNDNIS 90/DIE GRÜNEN, Berlin, o. D. (letzter Aufruf: 09.11.2022).

Seite 319: *Macht das Land …* (Originaltitel: *Zeit zu handeln: Für soziale Sicherheit, Frieden und Klimagerechtigkeit!*), >btw2021.die-linke.de/wahlprogramm-2021/10-gruende/<, DIE LINKE, Berlin, o. D. (letzter Aufruf: 09.11.2022).

Seite 319: *Mehr Wohnungen – bezahlbare …, Damit Wohnen nicht …, Ich fordere: Tempolimit …, Für mehr Freude …* (Originaltitel: *Wahlkampagnen zur Bundestagswahl 2021*), >www.bundestagswahl-bw.de/kampagnen-2021#c72699<, Landeszentrale für politische Bildung, Baden-Württemberg, 2021 (letzter Aufruf: 09.11.2022).

Seite 320: Klein, Mechthild: *Wenn die Mischpoke …*, >www.deutschlandfunk.de/antisemitismus-in-der-sprache-wenn-die-mischpoke-schachert-100.html<, Deutschlandradio, Köln, 01.12.2020 (letzter Aufruf: 09.11.2022).

Seite 322: *Backe, backe, Kauken*, >www.goettinger-tageblatt.de/lokales/goettingen-lk/gieboldehausen/tagung-der-fachgruppe-plattdeutsche-sprache-JIQEZCGCGSMUNU4COOPKMJKFH4.html<, Göttinger Tageblatt, Hannover, 23.01.2019 (letzter Aufruf: 09.11.2022).

Seite 322: Meinzenbach, Sandra: *Apostrophe: So geht's ...* (Originaltitel: *Apostrophe setzen: So klappt es mit korrekter Zeichensetzung*), >www.textskizzen.de/apostrophe-setzen/<, Leipzig, 30.04.2018 (letzter Aufruf: 09.11.2022).

Seite 322: Schöneberg, Dominik: *FEHLER HELFER*, >bildungsluecken.net/562-warum-schueler-nicht-aus-ihren-fehlern-lernen-koennen<, Bildungslücken, Köln, 26.07.2017 (letzter Aufruf: 09.11.2022).

Seite 324: *Swem ist mit ...*. Auszug aus dem Codex Manesse ca. 1330–1340. In: Voetz, Lothar: Der Codex Manesse. Die berühmteste Liederhandschrift des Mittelalters. 3. Aufl. Darmstadt: WBG 2020.

Seite 326/327: Häntzschel, Jörg: *Das Alphabet bekommt einen neuen Buchstaben*, >www.sueddeutsche.de/bildung/rechtschreibung-das-alphabet-bekommt-einen-neuen-buchstaben-1.3566309<, Süddeutsche Zeitung, München, 29.07.2017 (letzter Aufruf: 09.11.2022).

Seite 332: Kafka, Franz: *Sollte der Wecker ...*. Aus: Die Verwandlung. Hamburg: Nikol Verlagsgesellschaft 2020, S. 7/8.

Seite 332: Mann, Thomas: *Im Übrigen, wie ...*. Aus: Der Zauberberg. Berlin: S. Fischer 1924, S. 315/316.

Seite 332: Nietzsche, Friedrich: *Und als er ...*. Aus: Also sprach Zarathustra. Berlin: Holzinger 2013, S. 286.

Seite 332: Schlink, Bernhard: *Der Sommer war ...*. Aus: Der Vorleser. Zürich: Diogenes Taschenbuch 1995, S. 67.

Seite 332: Coelho, Paulo: *Menschen, die kein ...*. Aus: Veronika beschließt zu sterben. Zürich: Diogenes 2022, >www.you-books.com/book/P-Coelho/Veronika-beschliebt-zu-sterben< (letzter Aufruf: 09.11.2022).

Seite 340: Schalansky, Judith: *Der Hals der Giraffe*. Berlin: Suhrkamp 2011, S. 9/10.

Seite 341: Tellkamp, Uwe: *Der Turm*. Frankfurt am Main: Suhrkamp 2008, S. 973.

Seite 342: Pratchett, Terry: *Einfach göttlich. Ein Scheibenwelt-Roman*. Übersetzt von Andreas Brandhorst. München: Goldmann 1995, S. 5.

Seite 343/344: Frey, Andreas: *Die Regeln von morgen*, >www.sueddeutsche.de/wissen/linguistik-die-regeln-von-morgen-1.2705006<, Süddeutsche Zeitung, München, 23.10.2015 (letzter Aufruf: 09.11.2022).

Bildquellenverzeichnis

|akg-images GmbH, Berlin: 34.1, 37.1, 40.1, 49.1, 123.1, 168.1, 171.1, 188.3, 189.1, 196.1, 248.1; Album 133.1; Album / Fine Art Images 264.1; Album / Prisma 190.3; Archiv K. Wagenbach 207.2; Archive Photos 207.1; Heritage-Images / The Print Collector 187.1; historic-maps 51.1; Meya, Bruni 188.7; picture alliance / Arno Burgi 236.3; picture-alliance/dpa 125.1; Roehr-v. Alvensleben, Viola 116.1; © Salvador Dalí, Fundació Gala-Salvador Dalí / VG Bild-Kunst, Bonn 2022 172.1; © VG Bild-Kunst, Bonn 2022 169.1. |Alamy Stock Photo, Abingdon/Oxfordshire: access rights from Pekydeco 214.1; Azenha, Sergio 212.4; Celeste, Sunny 186.1, 239.1; Dempsey, Andrew 190.2; Gnatiuk, Sergii 220.1; Kneschke, Robert 47.1; Kotelnikov, Alexey 261.1; Okolo, Cum 190.1; Uliasz, Marek 330.1; VM/BT 222.1; Weaver, Robin 197.1; World History Archive / © VG Bild-Kunst, Bonn 2022 116.3. |Alamy Stock Photo (RMB), Abingdon/Oxfordshire: Heritage Image Partnership Ltd 212.3; Pictorial Press Ltd 266.1; Willson, Chris 273.1. |APA-PictureDesk GmbH, Wien: Imagno/Setzer, Franz Xaver 139.1. |Bartning, C. Constantin, Berlin: 203.1. |Berghahn, Matthias, Bielefeld: 23.1, 23.2, 24.1, 24.2, 30.1, 46.1, 53.1, 140.1, 198.1, 265.1, 266.2, 266.3, 266.4, 268.2, 271.2, 273.2, 277.1, 279.1, 287.1, 287.2, 289.1, 289.2, 289.3, 296.4, 305.1, 305.2, 305.3, 305.4, 308.1, 315.1, 316.1, 318.1, 331.1, 331.2, 331.3, 347.1, 347.2, 349.1, 351.1, 351.2, 351.3, 351.4, 352.1, 352.2, 352.3, 352.4, 352.5, 353.1. |Beta Film GmbH, Oberhaching: Roxy Film 228.1, 235.1. |Beyer, Hans-D., Berlin: mit freundlicher Genehmigung der Lebenshilfe Berlin 300.1. |bpk-Bildagentur, Berlin: Deutsches Historisches Museum 116.4; Nationalgalerie, SMB / Göken, Klaus 258.1. |Caricatura Museum Frankfurt, Frankfurt am Main: ©Robert Gernhardt/ Sammlung Caricatura Museum Frankfurt 177.1. |Carl Hanser Verlag GmbH & Co. KG, München: Quint Buchholz, BuchBilderBuch / © Sanssouci in der Carl Hanser Verlag GmbH & Co. KG, München 92.2. |Die kleine Bühne, Hannover: 20.2. |Dr. Fronius, Christoph, Wien: © Ch. Fronius / VG Bild-Kunst, Bonn 2022 199.1. |ETH Zürich, Thomas-Mann-Archiv, Zürich: Fotograf: Unbekannt 136.1. |Europäische Kommission, Berlin: 315.2. |EWE Stiftung, Oldenburg: 328.2. |fotolia.com, New York: grounder 312.1. |Fritz Theater GbR, Chemnitz: 29.1. |Gesellschaft für deutsche Sprache e.V., Wiesbaden: 291.1. |Getty Images, München: Bajic, Ivan 26.1. |Google Books Ngram Viewer: 322.3, 336.1, 337.1, 337.2, 337.3. |Güttler, Peter - Freier Redaktions-Dienst (GEO), Berlin: 32.3. |Heinz, Thomas, Köln: www.flachbild.de 166.1. |Höing, Lena, Velen: 316.2. |IMAGNO brandstaetter images GmbH, Wien: Archiv Setzer-Tschiedel / brandstaetter images / picturedesk.com 212.7. |Imago, Berlin: Heinrich, Jürgen 302.1; NurPhoto 254.1; photothek 309.1; Political-Moments 307.1; Segerer, Manfred 304.1; Skata 242.1; Wölk, Rüdiger 240.1; ZUMA Press 239.4; ZUMA Wire 302.5. |Institut für Demoskopie Allensbach, Allensbach: Stiftung Lesen 97.1. |iStockphoto.com, Calgary: alvarez 108.1; bojanstory Titel; brizmaker 68.2; Chih, Hung Chung 206.1; desifoto 218.1; DMEPhotography 21.1; everythingpossible 60.1; FatCamera 120.1, 131.1; FinnGirl 195.1; Floortje 230.1; franckreporter 61.1; fstop123 290.1; GlobalP 191.1; HRAUN 105.1; izusek 81.1; kali9 68.3; mediaphotos 79.2; Migliarini, Andrea 59.1; monkeybusinessimages 118.1; monsitj 69.1; narvikk 90.2; Nikada 32.2; Obzerova, Andrea 158.1; PonyWang 72.1; Qvasimodo 345.1; Rawpixel 62.2; Richards, Joel 194.1; Ridofranz 45.1, 73.2; SDI Productions 297.1; Sedykh, Andrii 89.2; SimoneN 159.1; South_agency 54.4. |Keith Haring Foundation, New York: Keith Haring artwork 174.1, 175.1. |koljaMatzke.com, Bonn: 282.1. |Landschaftsverband Westfalen-Lippe (LWL) Kommission für Mundart- und Namenforschung Westfalens, Münster: Markus Denkler: Das münsterländische Platt. Münster: Aschendorff 2017 (Westfälische Mundarten, Bd. 1), (ISBN

978-3-402-14344-5), S. 11, Kartographie: Dirk Frerichmann (Senden) 322.1. |mauritius images GmbH, Mittenwald: Alamy Stock Photos / Entertainment Pictures 25.1, 25.2, 264.2, 268.1, 274.2; Alamy Stock Photos / Entertainment Pictures 25.3; Alamy Stock Photos / Esser, David 59.2; Alamy Stock Photos / King, Barry 212.2; Alamy Stock Photos / Landmark Media 70.1; Alamy Stock Photos / LH Images 260.1; Alamy Stock Photos / Lifestyle pictures 66.1, 71.1; Alamy Stock Photos / Moviestore Collection 278.2; Alamy Stock Photos / Moviestore Collection/ The Big Bang Theory, (2007) Johnny Galecki, Jim Parsons, Kunal Nayyar/Faye Oshima Belyeu 276.1; Alamy Stock Photos / Pictorial Press 267.1, 272.2, 275.1; Alamy Stock Photos / Wiktor, Kris 260.4; Collection Christophel 260.6; Collection Christophel / The Ladd Company/Shaw Brothers 270.2; Screen Prod 271.1. |meta bene, Berlin: Robin Thiesmeyer 330.2. |Microsoft Deutschland GmbH, München: 43.1, 44.1, 53.2, 350.1. |Museen der Stadt Nürnberg, Nürnberg: Memorium Nürnberger Prozesse; Foto: Christine Dierenbach 239.3. |Naumann, Andrea, Aachen: 386.1. |Picture-Alliance GmbH, Frankfurt a.M.: 28.1, 263.1; akg-images 129.1, 208.2, 239.5, 250.1; ASSOCIATED PRESS 239.2; Associated Press / Kilpatrick, Sean 302.6; Berliner Verlag/Archiv 32.1; Christoph Hardt/ Geisler-Fotopress 260.5; dpa 188.6, 256.2, 263.3; dpa / Carstensen, Jörg 41.1; dpa / Koll 188.1; dpa / Morriss, Jimmy 272.1; dpa/ Linden Research, Inc. 58.1; dpa/Kolbe, Jörg 119.1; Effigie/Leemage 270.1; Eibner-Pressefoto / Duddek, Dennis 89.1; Eventpress Golejewski 314.1; Flashpic / Krick, Jens 253.1; GERT EGGENBERGER / APA / picturedesk.com 244.1; HERBERT P. OCZERET / APA / picturedesk.com 19.2; imageBROKER / Bienewald, Frank 208.1; imageBROKER / Frey, Thomas 176.1; imageBROKER / Ziese, Stefan 260.2; Jansen, Stephan / dpa 326.2; Jung, Michael 236.2; Krick, Jens/Gies, Ludwig, Bundestagsadler © VG Bild-Kunst, Bonn 2022 302.3; Neubauer, Herbert / APA / picturedesk.com 165.1; Photo12/Ann Ronan Picture Library 252.1; PHOTOPQR/LE PARISIEN / Frédéric DUGIT 19.1; Photoshot 193.1, 274.1, 278.1; Pressebildagentur ULMER 15.1; Rehder, Carsten / dpa 280.1; rtn - radio tele nord / juergen kreye 144.1, 154.1, 155.1; Rudi Keuntje/Geisler-Fotopress 80.1; World History Archive 252.2, 252.3, 252.4, 252.5; zb / Nijhof, Kirsten 236.1; ZUMAPRESS.com 212.6. |Punch Drunk Poets GbR, Köln: 77.1, 78.1, 87.1; Markus Rogalski 76.1. |Rödel, Michael, Bamberg: 338.1. |Rügler, Alexandra, Berlin: 210.1. |Schulz von Thun Institut für Kommunikation, Hamburg: 22.1. |Schwarzstein, Yaroslav, Hannover: 55.1, 58.2, 61.2, 63.1, 65.1, 67.1, 68.1, 72.2, 73.1, 95.1, 103.1, 103.2, 105.2, 106.1, 108.2, 108.3, 110.1, 143.1, 144.2, 145.1, 146.1, 148.1, 148.2, 150.1, 151.1, 152.1, 152.2, 153.1, 157.1, 157.2, 159.2, 160.1, 162.1, 256.1, 301.1, 301.2, 323.1, 323.2, 325.1, 326.1, 343.1. |Shutterstock.com, New York: Arhelger, Tobias 320.1; Gorodenkoff 71.2, 74.1; Pavel L Photo and Video 74.3; Rawpixel.com 75.1. |Sony Music Publishing, Berlin: Tiergarten Musikverlag Philipp Gruetering* / Hanseatic Musikverlag GmbH** / Dolcerita Publishing E. KFR.*** / IT Sounds Edition**** / BMG Rights Management***** 82.1, 83.1, 84.1, 85.1, 85.2. |Statista GmbH, Hamburg: 97.2. |stock.adobe.com, Dublin: A. Solano 321.1; Aleksej 311.1; Aleksey 159 310.1; Alex 170.1; astrosystem 88.1; Baumgart, Anselm 178.1; bedya 185.1; beeboys 109.1; Berkmann, Daniel 182.3; Blue Planet Studio 260.3; Broszat, Max 296.1; CGiHeart 173.1; cherryandbees 31.1; Chinnapong 111.1; Cookie Studio 334.1; David 211.1; David, Carlos 13.2; dennisjacobsen 221.1; DIgilife 54.1; Dmitriy, Vasilenko 104.1; donatas1205 313.1; Drobot, Dean 340.1; Elnur 27.1; Ernst, Daniel 106.2; Fiedels 182.1, 182.2; Figurnyi, Sergii 79.1; fizkes 288.1; GiZGRAPHICS 180.3; Helevachuk, Vasyl 177.2; Hero Images 346.1; ijeab 90.1; katjacasper 180.1, 180.2; Kim, YEVGENIY 167.1; kite_rin 287.3; klesign 181.1, 181.2; Kneschke, Robert 18.1; Krok, Tom 42.1; Lastochkin, Evgeny 155.2; LIGHTFIELD STUDIOS 10.1; liuzishan 263.2; Lobanov, Dmitry 13.1; Lorenzelli, Luca 262.1; Losevsky, Pavel 74.4; Lund, Jacob 54.2; Marcel/Stocksy 202.1; Mari_art 292.1; Mateusz 184.1; motizova 113.1; nana 56.1; panitan 95.2; Pavel 86.1; PictureP. 296.2, 296.3; Popov, Andrey 10.2; Pregizer, Dieter 329.1; Prostock-studio 12.1, 115.1; Proxima Studio 64.1; psdesign1 62.1; pwollinga 179.1; Ryschow, Kirill 10.3; Sanders, Gina 184.2; Scatena, Francesco 173.2; sebra 92.1; Seventyfour 333.1; SHOTPRIME STUDIO 10.4; Skat, Andrey 102.1; Smileus 216.1; Sylfida 341.2; THANANIT 74.2; the_lightwriter 17.1; tippapatt 39.1; Torbz 54.3; Vectoressa 183.1; vectorfusionart 335.1; Vitaliy 92.3; Voennyy, Valery 332.1; Wagner, Achim 201.1; www.peopleimages.com / Arcurs, Yuri 212.1; yanlev 98.1. |Studio Loriot: mit freundlicher Genehmigung von Radio Bremen 299.1. |Süddeutsche Zeitung - Photo, München: Lehnartz, Klaus / Süddeutsche Zeitung Photo 341.1; SZ Photo/Scherl 130.1. |Südwestrundfunk (SWR), Stuttgart: © Saarländischer Rundfunk (SR) 239.6. |Theater und Orchester Heidelberg, Heidelberg: Foto: Sebastian Bühler 142.1, 142.2, 142.3. |twitter.com: 302.4. |ullstein bild, Berlin: Andree 188.4; Fotografisches Atelier Ullstein 188.2; Friedrich, Brigitte 188.5; Ritter, Jürgen 298.1. |Verlag für Regionalgeschichte, Gütersloh: mit freundlicher Genehmigung des Kreisheimatvereins Herford 339.1. |Verlag Königshausen & Neumann GmbH, Würzburg: 2000 215.1. |Vieweg, Christoph, Berlin: mit freundlicher Genehmigung der Büchergilde Gutenberg 226.1. |VMS Verkehrsverbund Mittelsachsen GmbH, Chemnitz: 284.1. |Wagner, Dr. Carolin, Berlin: Katja Ertl / Wahlkreisbüro Dr. Wagner 302.2. |Weckmüller, Thilo, Mainz: www.widerstand-portrait.de 116.2. |Wolfangel, Eva, Stuttgart: www.ewo.name / https://www.riffreporter.de/vr-reporterin / Linden Research, Inc. (High Fidelity) 57.1. |wunschpunkt, Regina Fettköther, Bayreuth: c/o Studiobühne Bayreuth 20.1. |© dtv Verlagsgesellschaft mbH & Co. KG, München: © 1978, 1994, 2007 / Werner König: dtv-Atlas Deutsche Sprache. Mit Grafiken von Hans-Joachim Paul. 328.1. |© Editions Sarbacane, Paris: Le Joueur d'échecs von Thomas Humeau (nach Stefan Zweig) / www.editions-sarbacane.com / Deutsche Übersetzung: Knesebeck Verlag 231.1, 231.2, 231.3, 233.1. |© Suhrkamp Verlag, Berlin: 212.5. |© SWR, Stuttgart: Saarländischer Rundfunk (SR) 255.1. |®K-DESIGNBÜRO, Dortmund: rk-designbuero.de 322.2.

Textsortenverzeichnis

Szenische Texte

Wörterbuch-Einträge / Worterklärungen

Stichwortverzeichnis